대한제국의 토지제도와 근대

연구 참여자

이영학 | 한국외국어대학교 사학과 교수
이영호 | 인하대학교 사학과 교수
왕현종 | 연세대학교 역사문화학과 부교수
최윤오 | 연세대학교 사학과 부교수
박진태 | 대진대학교 사학과 부교수
최원규 | 부산대학교 사학과 교수
이세영 | 한신대학교 국사학과 교수

연세근대한국학총서 55 H-011

대한제국의 토지제도와 근대

한국역사연구회 토지대장연구반 편

2010년   6월   30일 초판 1쇄 발행

펴낸이 · 오일주
펴낸곳 · 도서출판 혜안
등록번호 · 제22-471호
등록일자 · 1993년 7월 30일

㊱ 121-836 서울시 마포구 서교동 326-26번지 102호
전화 · 3141-3711~2 / 팩시밀리 · 3141-3710
E-Mail hyeanpub@hanmail.net

ISBN 978-89-8494-396-4 93910

값   38,000 원

대한제국의 토지제도와 근대

한국역사연구회 토지대장연구반 편

혜안

책 머 리 에

　이 책은 한국역사연구회 토지대장연구반 구성원들이 『대한제국의 토지
조사사업』(민음사, 1995)을 간행한 이후 대한제국기 토지제도에 대해 개별
적으로 연구하여 학술지에 발표한 논문들을 모은 것이다.

　한국역사연구회 토지대장연구반은 1988년 12월에 설립되었다. 우리들
은 매월 모임을 가지면서 대한제국이 전국의 토지를 조사하면서 생산한
'광무양안'과 '관계(官契)' 및 주변자료를 토대로 본격 연구하기 시작하였
다. 토지대장반은 당시 대한제국이 제국주의의 공세 속에서도 주체적인
입장을 견지하면서 토지조사사업을 어떻게 시행했는지, 구체적인 내용과
목적, 지향점, 실패 원인에 대하여 구체적으로 연구하였다. 연구 결과,
대한제국이 시행한 양전사업과 관계발급사업은 구래의 양전사업에서 시
행한 방법을 계승하여 토지권을 조사하고, '균부균세'의 원칙하에 지세제
도를 개혁한다는 취지로 사업을 추진했지만, 사업의 방법과 목적 및 지향점
등은 그 이전과 크게 달랐다고 보았다.

　첫째, 양전사업은 구래의 측량방식을 동원했지만 조사내용은 전과 크게
달랐다. 시주·시작의 조사(양지아문), 두락제(지계아문) 등 절대면적제의
도입, 지적도의 일종인 전답도형도의 도입, 무주 진전의 일소 등이 그것이
다. 둘째, 종전 토지거래에서 사적으로 명문을 주고받는 민간관행을 국가
가 제도권내로 흡수한 관계제도를 도입하였다. 관계(官契)는 맨 처음에는
양전사업으로 확정한 토지소유권자(시주)에게 발급해주었다. 이후 거래

6

등으로 소유권자가 변동되었을 때는 관에서 새 토지소유자에게 발급해주었다. 관이 소유권 변동을 문서로 증명해주는 일종의 등기제도였다. 결국 이 사업은 대한제국이 토지주권을 주창하고 일제의 침략과 식민지화를 반대하면서 전국토의 모든 필지에 대해 토지소유권자를 확정하고 관리하려한 토지권의 근대적 국가관리체계를 확립하려 한 것이었다.

　이러한 공동 연구의 성과를 『대한제국의 토지조사사업』(민음사, 1995)으로 발표하였다. 이것은 일부 연구자들이 일제의 토지조사사업을 한국의 근대적 토지제도의 수립이라고 의미를 부여하면서 대한제국의 토지조사사업을 상대적으로 평가절하하거나 두 사업을 동일선상의 발전과정이라 파악한 것과 관점을 달리하였다. 다음으로 우리의 후속작업은 바로 앞시기인 조선후기까지 도달한 토지소유권의 수준을 파악하기 위해 조선후기 숙종년간의 양전사업으로 옮아갔다. 그 작업은 1996년부터 2001년까지 시행했으며, 결과물은 『조선후기 경자양전 연구』(혜안, 2008)로 간행했다.

　현재 토지대장반은 일제가 강점초기 강력하게 추진한 토지조사사업에 대한 재검토 작업을 진행 중이다. 우리는 일제가 마산·창원 지역에서 토지조사사업을 시행하면서 생산한 일괄 자료를 마산시청에서 발굴하여 2002년부터 분석 작업에 착수하였으며, 지금 진행 중에 있다. 그 연구성과는 연구팀의 연차별 계획에 따라 순차적으로 발표하고 있다. 차후 주제별로 체계화하여 별도의 책으로 발간할 예정이다.

　본 책은 대한제국기 토지제도에 대해 연구반원들이 개별적으로 발표한 글들을 모은 것이기 때문에 책의 구성에서 짜임새가 정치하지 못하고 부분별로 시각적 편차도 없지 않다. 하지만 우리들이 지녔던 문제의식이 어느 정도 반영되었을 뿐만 아니라 지금까지의 연구와 논쟁을 되돌아보는 것도 의미있다는 판단 아래, 그동안의 성과를 모아 비판과 반성의 기회를 가짐으로써 앞으로 발전의 디딤돌로 삼기로 하였다.

　이 책의 내용을 소개하면 다음과 같다. 제1부에서는 대한제국의 경제제도와 양전 관계발급사업을 중심으로 한 토지제도를 다룬 논문들을 배치하였다. 내용상으로 몇 개의 그룹으로 구분할 수 있다. 먼저 대한제국이 호구조사와 토지조사를 실시하게 된 의미를 경제정책 전반과 관련지어 검토하였다. 두 번째로 대한제국의 양전사업과 관계발급사업(광무 양전·지계사업)에 대한 연구사의 쟁점과 그 대안을 제시하였다. 양안의 체제, 시주 및 시작의 존재형태, 농민층분화의 실태와 문제점, 관계발급사업을 통한 근대적 토지소유제도의 성립에 대하여 검토하였다. 대한제국의 이 사업은 근대적인 토지제도와 지세제도를 수립할 것을 목표로 하여 전국가적인 차원에서 추진된 사업이라고 결론지었다. 세 번째로는 광무양안을 소재로 하여 농민층분화의 실태를 분석하였다. 충청북도 충주군 양안을 가지고 지주경영과 작인 농민의 동향을 검토하고, 또 경기도 용인군을 사례로 하여 대한제국의 토지조사를 통해 작성된 양지아문양안, 지계아문양안과 일제의 토지조사사업 결과 작성된 토지조사부의 기재방식, 소유실태를 비교하였다.

제2부에서는 근대적 토지소유권의 형성문제를 다루었다. 대한제국은 관계발급사업을 통해 토지소유자에게 관계를 발급함으로써 토지소유권을 보장하고자 하였다. 이때 민유지에서는 별 문제가 없었으나 국유지에서는 문제가 남아 있었다. 이 점과 관련하여 여기서는 갑오개혁 이후 국유지 조사과정을 검토하였다. 갑오개혁 이후 정부는 역토, 둔토, 궁장토 내에 존재하는 중층적 권리를 어떻게 해소할 것인가의 문제로 고심하였다. 대한제국은 공토정책을 통해 국유지의 중답주를 허용하지 않고 국유지를 확대하려는 정책을 추진한 것으로 이해된다. 대한제국의 양전사업과 관계발급사업에서도 중답주를 허용하지 않았다.

두 번째로 대한제국은 지계아문을 설치하여 관계를 발급하여 토지소유권을 보장하고자 하였는데 이것은 이미 개항장과 한성부에서 실시한 지계와 가계의 발급과 연관되어 있었다. 개항장에서는 외국인의 토지소유를 인정하고 지계와 가계를 발급하였지만, 서울에서는 그것을 제한하였다. 전국토를 대상으로 토지소유권 증서로서 관계를 발급할 때 외국인의 토지소유를 금지한 점이 주목된다.

통감부 시기에는 일제가 한국의 토지제도를 조사하여 새로운 토지소유권 규정을 마련하려 하였다. 도장과 중답주로 나타난 중층적 권리를 유상

혹은 무상으로 소멸시키고 일본 민법을 도입하여 사용, 수익, 처분권을 내용으로 하는 근대적 토지소유권 개념으로 한국의 토지권을 재단하였다. 그 과정에서 구래의 경작권은 물권적 성격의 권리라도 법적 보장을 받지 못하고 소멸하고 말았다.

　제3부에서는 대한제국의 양전사업과 관계발급사업에 대한 쟁점과 토지대장연구반의 연구역정에 관한 글을 모았다. 이 부분은 연구동향, 서평, 촌평, 취재의 다양한 형식으로 발표된 글로 구성되어 있다. 먼저 토지대장연구반은 이영훈 등의 『대한제국기의 토지제도』(민음사, 1990)가 간행되자, 다음과 같은 내용의 서평을 게재하였다. 광무양안의 시주가 독립농가세대라고 보기 어렵다는 지적을 수용하는 한편, 여러 쟁점에 대한 이견도 제시하였다. 특히 양안의 성격을 지세징수를 위한 것에 불과하고 소유권이 허구적이라는 견해를 비판하면서, 관계 발급의 의미를 부각하는 방향으로 연구를 발전시켰다. 즉 개별 필지의 토지소유권에 대한 국가의 법인과 관리라는 차원에서 대한제국의 토지조사사업의 의의를 강조한 것이다. 다음은 이에 대한 공동연구 결과 간행된 『대한제국의 토지조사사업』에 대한 서평들을 여기에 수록하여 쟁점을 제공하고자 하였다. 마지막으로 토지대장연구반이 결성된 이후의 활동상을 소개한 취재기사를 수록하여 공동연구의 전모를 제시하였다.

10

이 책을 발간하는 데 많은 사람들의 도움이 있었다. 책 발간에 물심양면으로 신경을 써주신 연세대학교 원주캠퍼스 한기수 부총장을 비롯하여 근대한국학연구소 윤덕진 소장, 김영민 교수께 감사드린다. 또 귀중한 서평 원고를 허락해 주신 이윤갑, 조석곤 교수와 연구반 소개 글을 싣도록 허락해 주신 김성보 교수께 감사를 드린다. 또한 책표지 디자인에 도움을 주신 오병근 교수께 감사드린다. 여러 글을 모으고 정리해 준 연세대학교 원주 사학과 대학원 안지영 박사생에게도 감사드린다. 그리고 이 책에 포함된 난삽한 글과 다양한 표를 편집하고 깔끔하게 출판해 주신 혜안 출판사의 오일주 사장님을 비롯한 김태규, 김현숙, 오현아 님께 충심으로 감사의 마음을 전한다.

2010년 6월 10일
한국역사연구회 토지대장연구반

차 례

제3부 연구의 쟁점과 歷程

제1부

대한제국의 토지제도와 농촌경제

대한제국의 경제정책

이 영 학

1. 머리말

1894년 개화파들의 갑오개혁은 조선사회의 체제를 크게 변화시켰다. 그들은 전제왕권의 제한과 입헌군주제의 실시, 조세제도의 개선, 근대적 화폐제도의 모색, 도량형의 실시, 신분제 철폐 등을 시행하며 중세사회체제를 와해시키고 근대사회의 틀을 형성해갔다. 그러나 그 일은 일본의 침투를 용이하게 하는 양면적 성격을 지닌 것이었다. 개화파는 자체 세력의 허약함과 일본정부의 간섭으로 그들 의도대로 정책을 집행해가지 못하였다.

1896년 2월에 고종이 러시아공사관으로 피신하면서 개화파 정권은 무너지고 고종은 러시아에 의존하면서 정치를 행하였다. 그 후 국내 정치세력의 환궁 요구와 러시아의 지원이 고종의 기대에 훨씬 못 미쳐, 1897년 2월 고종은 경운궁으로 환궁하였다. 그해 10월에 고종은 제국주의 열강간의 세력균형과 유생들의 자주의식 고조 및 고종의 황제로의 희망을 바탕으로 대한제국을 건립하게 되었다. 대한제국을 공포한 뒤 고종은 나름대로 부국강병할 방법을 강구하게 되었다.[1]

고종은 자신의 친위세력과 궁내부를 중심으로 개혁정책을 실시해갔다.

---

1) 나애자, 「대한제국의 권력구조와 광무개혁」, 『한국사』 11, 한길사, 1994.

먼저 황실재정을 맡고 있던 궁내부의 재정을 확충해갔고,[2] 국가재정의
집행에서도 황제권을 뒷받침하는 정책을 우선적으로 실시하였다.[3] 그리
하여 황제권을 강화하기 위한 군사제도의 개편과[4] 경찰제도의 재편에[5]
예산을 집행하였고, 내각의 권한을 약화시켰다.

또한 대한제국 정부는 호구조사의 실시, 토지조사의 실시,[6] 근대적 화폐
제도의 모색,[7] 우체 · 전신사업의 실시, 전차 · 전기사업의 실시,[8] 서북철
도의 부설,[9] 서울의 신도시건설,[10] 산업진흥정책 등 개혁정책들을 실시해
갔다.

이 글에서는 먼저 고종이 개혁정책을 실시해가기 위한 기초작업으로
호구조사와 토지조사를 실시해간 과정과 의미를 살펴보았다. 개혁정책을
실시하기 위해서는 먼저 호구와 토지를 조사해야했다. 그것은 국가의 현황
을 파악한다는 점뿐만 아니라 국가재정을 내실화한다는 점에서도 시급히
행해야 할 일이었다. 다음으로 농업 · 공업 · 상업 등 산업진흥정책을 실시

2) 楊尙弦, 『大韓帝國期 內藏院 財政管理 硏究』, 서울대 국사학과 박사학위논문,
   1997.
3) 李潤相, 『1894~1910년 재정제도와 운영의 변화』, 서울대 국사학과 박사학위논문,
   1996.
4) 조재곤, 「대한제국기 군사정책과 군사기구의 운영」, 『역사와 현실』 19, 1996 ; 徐仁
   漢, 『大韓帝國 軍事制度 硏究』, 국민대 국사학과 박사학위논문, 1996.
5) 차선혜, 「대한제국기 경찰제도의 변화와 성격」, 『역사와 현실』 19, 1996.
6) 한국역사연구회 토지대장연구반, 『대한제국의 토지조사사업』, 민음사, 1995.
7) 오두환, 『한국개항기의 화폐제도 및 유통에 관한 연구』, 서울대 경제학과 박사학위
   논문, 1984 ; 羅愛子, 「李容翊의 貨幣改革論과 日本第一銀行券」, 『韓國史硏究』
   45, 1984 ; 都冕會, 「갑오개혁 이후 화폐제도의 문란과 그 영향」, 『韓國史論』 21,
   1989.
8) 김연희, 「대한제국기의 전기 사업」, 서울대 석사학위논문, 1996 ; 노인화, 「대한제
   국시기의 한성전기회사에 관한 연구」, 『梨大史苑』 17, 1980.
9) 정재정, 『일제의 한국철도침략과 한국인의 대응』, 서울대 국사학과 박사학위논문,
   1992.
10) 이태진, 「18~19세기 서울의 근대적 도시발달 양상」, 『서울학연구』 4, 1995.

해간 과정을 살펴보고자 한다. 대한제국 정부는 산업을 발달시키기 위해서 노력하였고, 그것을 체계적으로 이루기 위해서 실업교육을 강화해가기도 하였다. 여기에서는 그 정책이 지닌 의의와 한계가 무엇인지를 검토해보고 자 한다. 아쉽게도 이 글에서는 지면관계상 경제정책 가운데 화폐제도의 개혁과 중앙은행의 설립을 통하여 근대사회로 이행해가려고 한 노력을 다루지 못하였다.

2. 호구조사와 토지조사의 실시

1) 호구조사의 실시

고종은 1896년 2월 러시아공사관으로 피신한 후 민영환을 특사로 파견 하여 재정고문과 군사교관 200명의 파견, 개혁정책에 필요한 차관 등을 러시아에 요청하였다. 그러나 러시아정부는 13명의 군사교관만 파견하였 을 뿐, 더 이상의 지원을 하지 않았다. 러시아는 고종의 러시아공사관 피신으로 세력을 확대할 기회를 가졌음에도 불구하고, 당시 만주를 차지하 는 데만 관심을 집중하고 있었으므로 조선에까지 영향을 미칠 여유를 가지지 못하였다.[11]

이에 실망한 고종은 러시아의 지원에 기대하지 않으면서 나름대로 개혁 정책을 추진해 갈 계획을 도모하게 되었다. 우선 조선을 부국강병한 국가로 만들기 위한 시도를 행하였는데, 정책을 집행해가기 위해서는 재원이 필요 하였다. 그에 따라 고종은 당시 국가재정에서 큰 비중을 차지하고 있던 지세와 호세를[12] 재정비하면서 확대해가고자 하였다. 그러한 시도의 일환

---

11) 최문형,『열강의 동아시아정책』, 민음사, 1990 ; 이민원,『아관파천 전후의 한러관
　　계(1895~1898)』, 한국정신문화연구원 박사학위논문, 1994.
12) 1896년 조세 수입 243만 원 중에 지세가 148만 원, 호포전 22만 원, 인삼세 15만

으로 시행된 것이 호구조사와 토지조사의 실시였다.

호구조사와 토지조사의 실시는 당시 국가 재정수입의 큰 부분을 차지하였던 호세와 지세를 확대해간다는 목적뿐 아니라 국가정책을 집행해가기 위한 바탕을 마련하는 일이었다. 당시의 호구현황과 토지현황을 파악한 후에 부국강병을 위한 정책을 마련할 수 있을 것이고, 그 재원(호세와 지세)을 바탕으로 정책을 집행해갈 수 있었던 것이다.

갑오개혁기에는 정부에서 조세를 토지에 부과하는 지세와 호에 부과하는 호포전으로 간결화함에 따라 여러 가지 명목으로 징수하고 있던 잡세를 모두 혁파하였다. 1895년 8월에는 법률 제13호로 「잡세 혁파에 관한 건」을 반포하여 잡세 혁파에 대한 방침을 명확히 하였다. 이 조치는 지세, 호포전, 광세, 해관세 및 國課 이외의 모든 잡세를 폐지한다는 것을 의미하였다.[13] 아울러 지세와 호세를 원활히 징수하고, 징수기구를 개혁하기 위한 정책을 마련하였다. 갑오정권은 1894년 이후 賦稅所나 稅務視察官을 두어 수령과 이서층을 지세 수취로부터 배제함으로써 지세를 원활히 징수하고자 하였다. 또한 1895년 9월 5일에 「地稅及戶布錢에 관한 건」[14]을 반포하여 호포전을 그해 3월과 9월 이내에 각각 분납하도록 함으로써 원활히 징수하고자 하였다.

그러나 고종은 아관파천을 행하여 개화파 정권이 실각한 이후, 1896년 4월 19일에는 「지세·호포전의 收納을 관찰사·군수로 하여금 句管케 하는 건」[15]을 반포하여 호포전을 관찰사와 군수가 맡아서 징수하여 관리

원, 관세 43만 원 등이었다(金順德, 「1876~1905년 關稅政策과 關稅의 운용」, 『韓國史論』 15, 1986, 336쪽 참조).

13) 李潤相, 『1894~1910년 재정제도와 운영의 변화』, 서울대 국사학과 박사학위논문, 1996.

14) 『韓末近代法令資料集』(이하 『법령집』으로 줄임) 1권, 560쪽, 法律 제15호.

15) 『법령집』 2권, 74쪽, 勅令 제17호.

하도록 하였다. 이 조치는 갑오개혁기에 세무 업무를 위해 별도로 설치하였던 부세소나 세무시찰관을 철회하고 갑오개혁 이전으로 회귀하는 것을 의미하였다.[16]

고종은 징수기구의 환원과 함께 호구조사를 계획하였다. 호구조사를 통한 정확한 호구 파악은 국가재정의 근원이 되는 호세를 징수하는 바탕이 되며 아울러 국가가 호구를 바탕으로 사회조직을 편제해가면서 사회를 통제해가는 기초작업이었다. 그리하여 1896년 9월 1일 「戶口調査規則」[17]을 반포하고, 호구조사의 원칙을 제시하였다. 그 규칙 제1조에서 호구조사의 목적을 "전국내 호수인구를 상세히 編籍하야 인민으로 하여금 국가에 보호하는 이익을 均霑케 함"이라 규정하고 종래의 오가작통제와는 달리 10호를 1통으로 하고 統首를 두어 인민을 통제하도록 하였다.[18] 또한 인민이 호구조사에서 빠지는 것을 막기 위하여 인민 중에 原戶를 은닉하여 호적에 빠뜨린 자나 原籍 내에 인구를 고의로 탈루시킨 자는 처벌하도록 하였다.[19]

호구조사의 시행세칙으로 內部에서 9월 3일에 「戶口調査細則」[20]을 반포하여 본격적으로 호구조사를 실시하고, 그것을 바탕으로 호적을 작성하고 다시 10호씩 모아 作統을 하여 통수가 관할하면서 里尊位→ 面執綱→ 府牧郡廳→ 觀察使→ 內部의 상부기구로 보고하도록 하였다. 여기에서는 호적과 작통, 호패의 작성방법과 사무절차 등을 구체적으로 규정하였다. 특히 호와 인구의 변동에 따라 호적을 새로이 작성하고, 分居・移居의 경우도 호를 별도로 파악함으로써 호구를 철저히 파악하도록 하였다.[21]

16) 이영호, 『1894~1910년 지세제도 연구』, 서울대 국사학과 박사학위논문, 1992.
17) 『법령집』, 勅令 제61호(1896.9.1).
18) 위의 법령 제2조.
19) 위의 법령 제4조.
20) 『법령집』 2권, 166~169쪽, 內部令 제8호(1896.9.3).
21) 이세영, 「대한제국기의 호구변동과 계급구조」, 『역사와 현실』 7, 1992 ; 趙錫坤,

「호구조사세칙」에는 담당부서와 실무자의 세부업무사항이 세밀히 규정되면서 호구조사를 시행하게끔 규정하였다. 이 세칙의 제3조와 제4조의 규정에 의하면 호와 인구를 정확하게 파악하도록 규정하였다. 호구파악은 이러한 호적 외에 다시 각 통마다 호주를 중심으로 가족구성원 및 가옥칸수 등을 기록한 統表, 호주의 성명과 직업을 명시해야 하는 호패로 보완하였다. 기재 내용에서 볼 수 있는 특징적 사항은 호주 부분이었다. 호주를 신분이 아니라 직업으로 파악함으로써 정부의 인구 파악이 신분제틀에서 벗어나고 있음을 알 수 있다. 이 사실은 새로운 사회질서의 체계가 열려감을 보여주고 있는 것이다.

內部에서는 호구조사를 실시하여 호적을 작성하고 그것을 바탕으로 사회조직을 편제하는 작통을 실시하여 사회조직을 통제해가려고 하였다. 이 「호구조사규칙」에 따른 호구조사는 당시의 정치정세에 의해 계획대로 실시되지는 못하였지만, 1897년 이후부터는 그 이전보다 실재호를 파악할 수 있게 되었다. 즉 갑오농민전쟁 이후 전국적인 의병전쟁, 흉년과 기근 등으로 인한 자연적인 호구변동, 그리고 이에 더하여 호적제의 시행과정에서 나타난 군수 특히 서기들의 작간 때문에 제대로 호구조사가 시행되지 못하기도 하였다. 그러나 호구 조사사업은 지속되어 1897년 이후는 실재호를 어느 정도 파악할 수 있게 되었다. 조사 후에는 각군의 호총과 인구수가 증가하였다.

당시 호포세는 1호당 3냥이었다. 종전에는 군 단위의 군액에 기초하여 계산된 균역세를 부과하였는데, 이제는 군 전체의 호총에 매호 3냥씩 부과한 호전을 각 면, 각 리에 배정하고, 최종적으로 각 리는 應役戶의 '빈부'를 고려하여 차등적으로 수세하였다. 그렇게 하여 1년에 부과한 호포세는

「光武年間의 戶政運營體系에 관한 小考」, 『대한제국기의 토지제도』, 민음사, 1990.

22만 원에서 46만 원 이내였다.[22]

요약하면 호구조사사업은 단순히 호와 인구를 파악하여 호포세를 징수하는 데만 목적이 있는 것이 아니었다. 그것은 호포세를 증수하는 효과뿐 아니라, 유동하는 인구에 대한 국가 차원의 편제와 통제를 시도하는 의도를 지니고 있었으며, 나아가 그것을 바탕으로 국가정책을 집행해가는 기초자료의 마련이라는 의미를 지니고 있었던 것이다.

2) 토지조사의 시행

토지조사(양전사업)는 국가 재정세입의 대부분을 차지하는 지세 수입을 합리적으로 징수하면서 토지소유권을 확립하고, 나아가 토지제도를 개혁할 수 있는 기초작업이기 때문에 기본적으로 행해야 할 일이었다. 18세기 초에 전국적으로 양전사업이 행해진 이후, 양전사업을 실시하자는 여러 차례의 논의가 있었으나 전국적인 양전사업은 행해지지 못하였다.

고종이 근대적 정책을 실시해가기 위해서는 기본적으로 토지조사를 행해야 했다. 토지조사는 당시 국가적 부에 대한 파악을 의미하였고, 아울러 당시에 존재하였던 토지소유관계를 확인하는 작업이었으며, 그와 함께 조세 중 가장 큰 비중을 차지하고 있었던 지세를 합리적으로 징수하는 근거를 확보할 수 있는 것이었다. 그리하여 대한제국에서는 개혁정책을 집행해가기 위해서는 가장 먼저 실시해야 할 작업이었다.

그러나 토지조사가 지니는 의미와 파급력은 가볍지 않은 것이었다. 그리하여 19세기 이후 토지조사에 대한 논의가 조정에서 있을 때마다 찬반에 대한 논의가 끊이질 않았다.[23] 찬성하는 견해는 1720년 경자양전

22) 李潤相, 『1894~1910년 재정제도와 운영의 변화』, 서울대 국사학과 박사학위논문, 1996.
23) 金容燮, 「純祖朝의 量田計劃과 田政釐正 문제」, 『增補版 韓國近代農業史硏究』

이후에 토지의 형상과 비옥도 및 지목이 변화하였음에도 불구하고, 그 뒤에 전국적인 양전을 실시하지 않아 그것을 제대로 파악하지 못함으로써 지세부과나 지세량 등에서 불공평하므로 실시해야 한다는 것이었다.

반면에 반대하는 의견은 토지조사를 행하는 양전사업을 행하기 위해서는 많은 재원과 전문적 인력이 들어가는데 그것이 갖추어져 있지 않았기 때문에 시기상조라는 의견이 주였다. 그러나 반대하는 의견의 본 의도는 양반층과 서리, 수령 등의 은결과 누결이 발각될 우려에 있었던 것이고, 나아가서는 토지조사사업에 의한 토지소유관계의 확인은 생산관계의 변화를 유발하는 잠재력을 지닌 것이고 사업이 진행되면서 많은 시행착오를 거칠 것이기 때문이었다.

이런 복합적인 측면이 있음에도 불구하고 개혁정책을 펴가기 위해서는 국가 재부의 근원인 토지에 대한 조사를 실시하지 않을 수 없었다. 고종은 그것을 강력하게 실시해가고자 하였다. 1898년 6월 23일 내부대신 朴定陽과 농상공부대신 李道宰에게 의정부에 양전사업에 관한 건을 청의하도록 하였고, 박정양과 이도재가 의정부에 「토지측량에 관한 청의서」24)를 제출하였지만, 대신들간에 격렬한 논의 끝에 부결되고 말았다.25) 그러나 고종은 이러한 대신들의 논의에 구애되지 않고, 양전사업의 실시를 결정하여 집행하도록 하였다.26)

1898년 7월 「量地衙門職員及處務規定」이 반포되고, 주관기관인 量地衙門을 설립하였다. 고종은 양지아문이라는 특별기구를 설치하고, 내부·탁

(上), 一潮閣, 1988.

24) 『農商工部去牒存案』(규18152) 3책, 1897년 6월 22일.

25) 議政府, 「全國土地測量件 會議否決事」(1898년 6월 23일), 『奏本』 17책, 보경문화사 영인본.

26) 왕현종, 「대한제국기 量田·地契事業의 추진과정과 성격」, 『대한제국의 토지조사사업』, 민음사, 1995.

지부·농상공부와 동등한 위치에 있으면서 서로 밀접한 관련을 맺게 하였
다. 그 기관에서 量田條例 등 각종 법령을 정비하면서 준비작업을 행하다가
1899년 여름부터 양전사업을 본격적으로 실시하였다.

양지아문의 직제는 본부의 임원과 양전사업에 종사하는 실무진으로
구성되었다. 본부의 임원은 총재관 3명(내부대신 朴定陽, 탁지부대신 沈相
薰, 농상공부대신 李道宰), 부총재관 2명, 기사원 3명, 서기 6명 등이었고,
양전사업에 종사하는 실무진은 양무감리, 양무위원, 조사위원, 기술진 등
이었다.

대한제국의 양전사업이 이전의 그것과 다른 점은 농지에 국한하지 않고
전체 토지에 대한 조사를 대상으로 한 점이었다. 양전조례에 의하면 農地만
이 아니라 山林·川澤·家舍 등 모든 토지의 종목을 조사하고자 하였다.
그것은 토지조사를 바탕으로 국가경영의 기반을 마련하고자 하는 의미를
담고 있었다.[27]

처음의 양전사업에서는 그러한 의도를 관철시키고자 하였다. 그리하여
처음에 작성된 양안에서는 단순히 토지에 대한 정보만이 아니라 토지에
관련된 모든 정보를 기록하고자 하였다. 『충청남도온양군양안』 '중초
책'[28]을 살펴보면, 토지의 소유자인 田主, 경작자인 作人, 결세납부자인
結戶 및 結名, 기주와 작인이 살고 있는 가옥의 칸수, 夾戶 등을 모두
파악하려고 하였다. 그러나 그것은 너무 방대한 작업이어서 양지아문에서
그러한 형식으로 모두 파악할 수는 없었다. 그러한 형식으로 양전사업을
실시하고 그 결과물로 양안을 작성하려면 너무 많은 인원과 시간이 드는

27) 최원규, 「대한제국기 量田과 官契發給事業」, 『대한제국의 토지조사사업』, 민음사,
    1995.
28) 『忠淸南道溫陽郡量案』(규17667, 중초책 양안 18책) ; (규17666, 정서책양안 9책).
    '중초책'은 각 지방에서 양전사업을 행하면서 작성한 것이고, 그것을 중앙의
    양지아문에서 받아서 최종 정리한 것이 '정서책'이다.

일이었다. 그리하여 양지아문에서 양안을 정서('正書冊')할 때는 토지의 소유자인 기주와 경작자인 작인을 중심으로 기록하였다.

양전사업은 1899년 여름에 충청남도 아산군부터 시작하여 전국으로 확대되었다. 그러나 양전을 실시한 지 2년만인 1901년에 큰 흉년이 들어 양전사업을 계속할 수가 없었다. 그해 12월에 양지아문에서 양전사업을 당분간 중지할 것을 선포하였다. 그때까지 양전사업을 마친 곳은 124개 군이었다.

한편 양전사업으로 토지소유권자를 확인하여 양안에 기재함으로써 그 토지의 소유권을 확인해주었지만, 그 후의 변동관계에 대한 아무런 제도적 확인장치가 마련되어 있지 않았다. 당시에는 농민층분화 현상의 진전을 바탕으로 매매 등을 통한 소유권 변동과 궁방의 민전 침탈, 盜賣, 외국인의 潛賣 등의 부정한 방법을 통한 소유권 변동이 빈번히 일어나고 있었다. 이에 토지소유권자나 관리들은 이러한 폐단을 막기 위해 토지소유권의 확인과 변동의 公認을 요구하였고, 정부는 그 요구를 수렴하여 1901년 10월 20일에 地契衙門을 창설하고 그곳에서 토지소유권을 관에서 확인한 官契를 발행하였다. 관계의 발급대상은 농지만이 아니라 전국의 모든 산림과 가사까지 포괄하였다. 토지소유권의 官認인 官契는 국내인에게만 발급해주었다. 외국인이 토지를 소유하는 것은 법적으로 인정하지 않았으며 관계도 발급해주지 않았다.

1902년 1월부터 지계아문에서 양지아문의 양전사업과 양안작성의 업무를 인수하는 작업이 수행되었으며, 그 해 3월 17일에 정부에서 지계아문과 양지아문의 사업이 병행되어야 한다는 것을 인식하고, 두 기구를 통합하여 지계아문을 토지의 측량과 관계의 발급기관으로 정립하게 되었다. 지계아문의 초대 총재서리 부총재는 이용익이었다.

지계사업을 담당할 관리는 지계감독, 지계감리, 지계위원 등으로 이루어

지게 되었다. 지계감독은 각 도의 관찰사가 맡아 양전과 관계발급 사업을
통괄하였고, 지계감리는 양전과 관계발행의 실무 책임자로서 각 도에 1명
씩 파견되어 각 군의 지방관에게 지령을 내리면서 양전을 실시하고 官契를
발행하는 모든 업무를 실질적으로 관장하였다.

  이러한 관계발급사업은 1902년 4월에 강원도부터 시작되어, 11월에는
경기도·충청도를 비롯하여 전라도·경상도 및 함경도에 이르기까지 확
대되고 있었다.29) 이것은 국가경영의 단초를 이루는 작업이었다. 그러나
지계아문의 사업은 1904년 1월에 중지되었다. 지계아문에서 1902년부터
2년간 94개 郡에서 양전사업을 마침에 따라 종래 양지아문에서 양전한
지역까지 합하면 218개 군에 이르렀다. 이것은 전국 郡의 2/3 지역에 해당하
였다.

  그런데 국가재정의 압박과 국제정세의 변화에 의해 대한제국의 국가권
력이 불안정해짐에 따라 1904년 1월에 기구 개편으로 지계아문을 포함한
관청을 혁파하고, 대신 그 기구를 축소하여 탁지부에 편입시켰다. 그 후
탁지부 量田局에서 官契발행은 중지하고 양전사업만 담당하게 되었으나
그마저도 제대로 실시되지 못하였다. 이러한 배경에는 일제가 외국인의
토지소유를 금지시키는 대한제국의 정책에 반대하여 자신의 금융자본을
매개로 농업이민과 토지침탈을 관철시키려는 정책이 작용하였기 때문이
다.30) 이후 1904년에 메가다(目賀田種太郎)가 재정고문으로 부임하면서
일본의 이해관계에 맞는 재정정리사업의 시행으로 양전사업을 포기하였
으며, 1905년 2월에 양지국을 폐지하고 탁지부 사세국에 양지과를 두어
기구를 흡수하는 것으로 결정하였다.

  29) 최원규, 「대한제국기 量田과 官契發給事業」, 『대한제국의 토지조사사업』, 민음사,
      1995.
  30) 왕현종, 「대한제국기 量田·地契事業의 추진과정과 성격」, 『대한제국의 토지조사
      사업』, 민음사, 1995.

대한제국의 양전사업 결과, 양전사업을 실시한 지역에서 30% 정도의
지세가 증가하였고, 1년의 지세액은 170만 원 정도였다.[31] 나아가 그것은
국가가 토지가격을 바탕으로 지세를 책정하는 근대적 조세제도를 이루는
기반을 마련하였다.

대한제국의 양전사업이 거둔 가장 큰 성과는 국가가 토지소유권을 公認
해준 것이었다.[32] 이전에는 매매문기를 통하여 사적으로 인정되었던 소유
권을 국가가 관에서 발급해주는 문기[官契]를 통하여 확실하게 인정해줌
으로써 田主들은 확실한 토지소유권을 행사하게 되었다. 즉 대한제국의
양전사업은 근대적 소유권을 확립하는 계기가 되었다. 근대적 소유권의
확립은 전주들의 토지매매를 활성화시켰으며, 그것은 지주의 산업자본가
화를 촉진하는 요인도 되었다. 물론 지주의 산업자본가화는 근대적 화폐경
제의 성립, 상공업의 발달 등 사회적 여건의 성숙과 함께 이루어질 수
있는 일이었다.

대한제국의 양전사업에서는 외국인에게 토지소유를 인정해주지 않았
다. 대한제국 정부는 외국인의 토지 潛賣를 불법으로 규정하면서 적극적으
로 막고자 하였으며, 그것을 매개로 한 외국인의 경제적 침투를 저지하고자
하였다. 또한 국가재정적 측면에서는 지세의 增收를 도모하였고, 징세방식
에서는 근대적인 지세제도를 이룰 수 있는 발판을 마련하였다. 즉 官契에
地價를 기입하도록 함으로써 지가에 근거한 근대적인 지세제도를 시행할
수 있도록 하였다.

---

31) 地稅가 1898년에는 173만 원, 1899년에는 177만 원, 1900년에는 237만 원, 1901년에
   는 439만 원, 1902년에는 406만 원, 1903년에는 586만 원, 1904년에는 708만 원이었
   다(지세는 갑오개혁기에 1결당 평야지대(沿郡)는 30냥, 척박한 지역(山郡)에는
   25냥이었다가, 1900년에 1결당 50냥으로 증가하였고, 1902년에는 1결당 80냥으로
   증가하였다).
32) 이영학, 「대한제국기 토지조사사업의 의의」, 『대한제국의 토지조사사업』, 민음사,
   1995, 32~35쪽.

3. 농업정책의 추진

1) 농상공부 주도의 농업정책

개항 이후 조선정부는 산업의 근간인 농업을 발달시키면서 부국강병을 이루려는 정책을 실시해갔다. 개항 이후 수신사, 신사유람단, 영선사, 보빙사 등으로 외국을 관람할 기회를 지녔던 관료들은 외국 문물의 우수성을 확인하고, 서양의 농업기술과 기술자를 수입하여 농업을 발달시키려고 하였다. 그리하여 農務牧畜試驗場과 蠶桑公司 등을 설치하여 서양의 농업기술 수용을 시도하거나, 혹은 서양의 농업기술을 정리한 농서를 발췌·번역하여 소개하는 시도를 행하였다. 그러한 노력은 국가재정의 미비·장기적 전망의 부족과 조선의 농학적 전통을 고려하지 않은 상태에서 전개되었기 때문에 뿌리내리지 못하였다.[33]

1894년 갑오개혁을 실시한 개화파들은 지주제를 유지·보호하는 바탕 위에서 농민경제의 안정과 부국강병한 국가를 수립해가려는 구상하에 농업정책을 실시해갔다. 그들은 農商衙門을 설치하여[34] 산업을 발달시켜가는 정책을 실시하려고 하였다. 그러나 그들은 조세제도의 개편, 징세기구의 설치, 화폐제도의 개량, 도량형의 실시 등 조세와 유통부분의 정책을 집행하는 데 노력을 기울였기 때문에 농업 생산부분에는 힘을 기울일 여유가 없었다. 또한 그들이 하고자 하는 개혁정책들도 일본의 견제에 밀려 제대로 실시하지 못하였다. 예를 들면 공업을 발달시키기 위하여 工務衙門을 별도로 설치하였지만, 일본의 압력을 받아 1895년 3월에는 관제를 개편하여[35] 농상아문과 공무아문을 합쳐 農商工部로 통합함으로

---

33) 李永鶴,「開港期 朝鮮의 農業政策-1876~1894년을 중심으로」,『韓國 近現代의 民族問題와 新國家建設』(韓國史研究會 編), 지식산업사, 1997.
34) 『日省錄』고종 31년 6월 28일,「農商衙門管理 農桑 商務 藝術 漁獵 種牧 鑛山 地質 及 營業會社等 一切事」.

써 개화파들의 공업발달 의지는 펴지 못하였다.[36]

대한제국시기에 들어와 지식인들 사이에는 대한제국의 건립과 더불어 산업을 발달시켜야 한다는 의식이 크게 생겨났다. 당시 지식인들은 현재의 위기를 극복하고 국가를 부흥·발달시키기 위해서는 농업과 제조업 및 상업을 발달시켜야만 가능하다고 주장하였다.[37]

대한제국 초기에는 농상공부가 주관이 되어 농업정책을 추진해갔다. 1895년 3월에 설립된 農商工部에는 그 밑에 農務局·通信局·商工局·鑛山局·會計局이 설치되었다. 그 중 농무국과 통신국은 중요시되어 二等局으로 삼았고, 나머지 국은 三等局으로 삼았다.[38] 농무국에는 다시 農事課·森林課·産業課의 3課를 두었는데, 농사과에서는 농업 및 농업 토목, 농산물의 충해 예방, 축산, 수렵에 관한 사항을 담당하였고, 삼림과에서는 삼림의 보호 및 이용, 삼림의 經費, 林産物品에 관한 사항을 담당하였으며, 산업과에서는 어업·염업·양잠에 관한 사항을 담당하였다.[39]

대한제국기에 농상공부에서 정책을 펴가는 데 중점을 둔 분야는 통신과 농업이었다. 특히 중점을 둔 정책은 통신국이 주관이 되면서 행하였던 郵遞와 電信사업이었다. 통신 분야는 근대화를 이루는 바탕이라고 여겼기 때문에 농상공부에서 심혈을 기울여 정책을 펴나갔다. 농상공부는 전국적으로 중요도시를 기점으로 우체사를 설치해갔고, 1895년부터 실시한 우체

35)「勅令 제48호 農商工部官制(1895.3.25)」,『법령집』1권 214쪽, "農商工部大臣은 農業 商業 工業 郵遞 電信 鑛山 船舶 海員等에 關한 一切 事務를 掌理홈."
36) 李憲昶,「甲午·乙未改革期의 産業政策」,『韓國史研究』90, 1995, 60~66쪽.
37)『皇城新聞』1898년 10월 6일, 12월 16일, 1899년 1월 9일, 4월 25일, 7월 26일 論說.
38)「勅令 제48호 農商工部官制(1895.3.25)」,『법령집』1권, 214쪽.
39)「內閣制定 農商工部分課規程」,『官報』개국 504년 4월 22일(『법령집』1권, 228쪽 재수록). 通信局에는 遞信課·管船課를 두었고, 鑛山局에는 鑛業課·地質課를 두었으나, 商工局과 會計局은 소속 課를 두지 않았다.

사업은 몇 년 동안 계속되어 1897년에는 전국에 27개 도시에 우체사가 설치되어 우체와 전신사업을 활발히 행해갔다.[40] 그 후 우체사업은 어느 정도 성과를 거두어 재정수입을 올리기도 하였다. 1900년 7월에는 황제 직속기구로 통신원이 설치되어 우체·전신사업은 궁내부 산하로 이관되었다.

농상공부에서 농업 가운데 힘을 기울인 분야는 제언의 수축과 황무지의 개간이었다. 대한제국시기 이전에도 관이 주도하면서 민을 끌어들여 農商會社를 만들어 제언을 수축하면서 토지를 개간하는 일에 몰두하기도 하였는데,[41] 대한제국시기에 들어와서도 농상공부에서는 그 일에 관심을 기울였다. 고종은 1897년 10월 12일에 원구단에서 백관을 거느리고 告天地祭를 행한 후 황제위에 올랐는데, 그 다음날 백관들에게 관리의 부정부패 방지, 황무지의 개간, 빈민 구휼, 도로망 수리 등을 정책의 지침으로 반포하였다.[42]

대한제국시기에 제언을 수축한 예를 들면 다음과 같다. 1897년 7월에 농상공부대신이 의정부에 함경남도 함흥군의 제언을 수축하는 데 필요한 예산을 신청하여 제언을 수축하였다. 함흥의 제언은 크기가 매우 커서 둘레가 1만 9천 把가 되어 2,118냥을 지원받아 수축하였다.[43] 그 후 1899년에는 2,118냥(423원 60전, 1원은 5냥)을 예산 외로 지원받아 함흥군의 五大

---

40) 1895년 5월에 농상공부 통신국 체신과에서 우체사무를 관장하기 시작하였고(『법령집』 1권, 230, 408쪽), 그 해 윤5월에 한성 등 24개 도시에 우체사를 설치하여 우체사업을 벌여 갔다. 그 후 우체사업은 확대되어 1897년 3월에 27개 도시에 우체사를 설치하였고(『법령집』 2권, 223쪽), 1900년 7월에는 통신원에서 관할하면서 40개 도시에 우체사를 설치하였다(『법령집』 3권, 130쪽).

41) 李永鶴, 「開港期 朝鮮의 農業政策」, 앞의 책, 1997.

42) 『日省錄』 광무 원년 9월 18일(양력 10월 13일).

43) 議政府, 「咸鏡南道咸興郡堤堰修築에 關한 請議書」, 『奏本』 8책, 1897(보경문화사 1권, 326쪽) ; 議政府, 「農商工部所管咸興郡堤堰修築費를 豫算外支出請議書」, 『奏本』 9책, 1897(보경문화사 1권, 392쪽).

川 제언을 수축하였다.[44] 1901년에는 농상공부대신이 의정부에 청의하여 1,150냥(230원)의 금액을 지원받아 충청북도 괴산군의 제언을 수축하였다.[45] 이러한 제언의 수축은 농업에서 근간이 되는 작업이기 때문에 기본적으로 행해야 할 일이었다. 그리하여 농무국에서는 해마다 예산을 마련하여 제언을 수축해갔다.[46]

한편 정부에서는 양잠진흥에도 노력을 기울였다.[47] 특히 1900년 이후에 농상공부 농무국에 蠶業課를 설치하면서 양잠업 진흥에 힘을 쏟았다. 1900년 이후 농상공부 농무국에서는 양잠업을 적극적으로 권장해갔다. 농상공부의 관제를 개정하여, 농무국의 업무인 농업·삼림·수산·목축·수렵 이외에 '양잠업의 시험 및 傳習과 蠶種 검사'를 추가하도록 하였고,[48] 그 일을 적극적으로 추진하기 위하여 농무국 산하에 존재하였던 농사과·삼림과·산업과의 3과 외에 蠶業課를 신설하였다. 잠업과에서는 養蠶, 養蠶試驗場, 植桑, 製絲, 잠업교육 및 傳習에 관한 사항을 맡아서 집행하도록 하였다.[49]

정부에서는 잠업과의 관리들을 외국에서 양잠기술을 습득하고 온 인물로 충당하였으며, 그들을 통하여 양잠기술의 진흥과 보급에 노력을 기울였다. 잠업과의 관리로는 참서관에 徐丙肅을, 주사에 徐相勉·李錫夏를, 기수에 강홍대, 방한영, 윤수병, 김한목, 권재민 등을 임명하였다.[50] 그들은

44) 議政府, 「咸興五大川堤堰修築費를 豫算外支出 請議書」, 『奏本』 25책, 1899(보경문화사 3권, 36쪽).

45) 議政府, 「槐山郡堤堰修築費 豫備金中 支出件 請議書」, 『奏本』 50책, 1900(보경문화사 5권, 23쪽).

46) 농상공부에서 제언수축비로 쓰인 예산은 연 400원 정도로 적었다(이윤상, 앞의 논문, 1996, 148~150쪽).

47) 金英姬, 「大韓帝國時期의 養蠶振興政策과 民營蠶業」, 『大韓帝國硏究』 5, 梨花女大 韓國文化硏究院, 1986.

48) 勅令 제50호 「農商工部官制 改正(1900.12.19)」, 『법령집』 3권, 254쪽.

49) 「農商工部分課規程 改正」(1900.12.26), 『법령집』 3권, 267쪽.

1년에 7~8차 사육할 수 있는 인공양잠의 방법을 전파하였고, 재래의 잠종과 뽕나무 품종의 열등함을 극복하기 위하여 새로운 품종을 도입하려고 노력하였다.[51] 또한 새로운 기계와 원료를 구입하여 전파하려고 시도하기도 하였다. 그 예로 1901년에 徐丙肅과 韓宜東이 잠업기계의 구입과 양잠실의 구입을 위해 일본으로 가기도 하였다.[52]

정부에서는 잠업시험장을 설치하여 양잠에 관한 기술을 전수하여 전파하고자 하였다. 1900년 12월 13일에 잠업시험장을 설치하고, 1901년 1월부터 학생을 모집하여 그들에게 교육을 시킴으로써, 양잠기술을 전수하여 새 기술을 전파 보급시키려는 노력을 기울였다. 그리하여 농상공부에서는 잠업과 산하에 시험장을 설치하고 『관보』에 광고를 내어 남녀 학생을 모집하였다.

> 본부(농상공부 : 필자) 蠶業課試驗場을 南署 筆洞에 설립하고 內外舍를 따로이 만들어 남녀학도를 모집하여 人工과 天然의 兩法으로 교수할 터이니 원하는 학생은 음력 3월 7일내로 본 시험장을 방문하여 應試規則과 개학일자를 문의하시오.[53]

라고 광고하면서 학생들을 모집하여 양잠업에 대한 교육을 실시하였다.

잠업과의 관료들은 학생들을 열심히 교육하였으며, 1901년 첫해에는 82명의 졸업생을 배출하였고, 1902년에는 29명의 졸업생을 배출하였다.[54] 관료들은 1904년까지 학생을 모집하고 학생들을 교육하였다. 양잠시험장

---

50) 『皇城新聞』 1900년 12월 21일, 雜報.
51) 『皇城新聞』 1900년 2월 20일, 「廣告 大韓帝國人工養蠶合資會社」. 그들은 大韓帝國人工養蠶合資會社에 참여하다가 잠업과의 관리로 발탁된 것 같다.
52) 『農商工部去來案』(규17802), 1901년 6월 ; 『皇城新聞』 1901년 7월 2일.
53) 議政府總務局官報課, 『官報』 1901년 4월 17일, 廣告.
54) 『農商工部來文』(규17781). 잠업시험장에서는 1년에 춘기와 하기 및 추기 3번에 걸쳐 졸업생을 배출하였다.

에서 교육을 받은 학생들은 각 지방에 가서 양잠학교나 시험장을 설치하여 양잠기술을 보급하는 데 큰 역할을 담당하였다.[55] 나아가 농상공부에서는 각 도에 양잠업을 행하는 자세한 방법을 알리고, 道·郡·面에 勸桑委員을 1명씩 파견하여 양잠업을 적극적으로 권장하였다.[56] 정부의 양잠진흥정책과 함께 민간인들의 양잠진흥 노력도 꽤 활발하였다. 그들은 양잠회사나 양잠전습소를 만들어 양잠을 진흥해가는 노력을 기울였다.[57]

그러나 농상공부에서는 재원이 충분하지 못하여 양잠진흥정책을 지속적으로 펴가지 못하였다. 잠업과를 설치하여 사업비를 지출하면서 사업을 많이 벌려 놓았는데, 잠업과의 관리들에게 봉급을 제대로 지불하지 못하여 관리들의 잠업시험장 교육도 원활히 이루어지지 못하였다.[58] 그 후 고종은 잠업과의 운영을 궁내부의 水輪院으로 이속시켰고, 1902년에는 수륜원 내에 公桑課를 설치하여 양잠업을 진흥시켜가는 정책을 펴갔다.

농상공부에서는 통신사업·제언수축·양잠진흥·광산경영·회사설립 이외의 일은 심혈을 기울이지 못하였다. 농상공부의 예산이 부족하여 그 이외의 사업에는 힘을 쏟지 못하였으며, 또한 고종이 산업정책을 농상공부를 통하여 실시하려고 하기보다는 내장원을 통하여 실시하려고 하였기 때문에 농상공부를 통한 농업정책은 활발하지 못하였다.

고종은 정부예산을 군대의 설치와 내장원의 확대에 주로 사용하였기 때문에 농상공부에 예산을 충분히 할당하지 못하였다. 농상공부에 할당된 예산도 주로 통신과 우체사업을 수행하는 데 소요되었기 때문에 농업부문에는 투자할 여력이 적었다.[59] 또한 고종은 내각에서 논의하여 정책을

---

55) 『皇城新聞』 1901년 8월 28일, 9월 12일, 1902년 7월 3일, 1903년 4월 9일.
56) 『皇城新聞』 1902년 1월 25일, 別報, 雜報.
57) 金英姬, 앞의 논문, 1986 참조.
58) 『皇城新聞』 1901년 5월 15일, 6월 15일, 7월 11일, 雜報.
59) 이윤상, 앞의 논문, 1996 참조.

집행해가는 것보다 자신이 주관하여 내장원을 중심으로 실시해가고자
하였기 때문에 농상공부대신을 자주 교체하였다. 그리하여 농상공부에서
는 재원의 부족과 대신의 잦은 교체로 인하여 장기적인 전망을 세우면서
효과적인 농업정책을 실시해갈 수 없었다.

2) 궁내부 주도의 농업정책

1894년 개화파들은 왕의 권한을 약화시키기 위하여 왕실재정과 국가재
정을 분리하고자 하였다. 그러한 의도로 설립된 것이 궁내부였다.[60] 그러
나 고종은 1897년 10월에 대한제국을 건립하면서 황제권을 강화해가는
노력을 기울였고, 그 과정에서 궁내부의 권한과 재정을 크게 강화해갔다.
특히 1898년 말에 고종은, 자신의 아버지이면서 정치적 경쟁자인 대원군이
죽고, 황제권의 견제세력인 독립협회를 해산하고 난 후, 황제권을 강화하
면서 자신의 친위세력을 바탕으로 자신의 의도대로 대한제국을 근대화시
켜가는 정책을 집행해갔다.[61]

그리하여 고종은 궁내부 산하에 개혁사업을 담당하는 기구를 설립하고
그것을 중심으로 정책을 펴나갔다. 특히 1899년 8월에 궁내부 산하기구인
내장사를 内藏院으로 개칭하면서 그 기구를 크게 확대해갔으며, 고종이
내장원을 중심으로 한 궁내부를 그의 물적 기반으로 확보해가면서 그가
추구해가고자 하는 방향대로 정책을 집행해갔다. 예를 들면, 1899년 6월
궁내부 산하에 通信司를 설치하고 그 밑에 전화과와 철도과를 두어 전화와
철도사업을 주관해가도록 하였다.[62] 1900년에는 철도원과 서북철도국을
두어 철도 건설을 직접 지시해가거나, 1902년에는 平式院을 두어 도량형의

60) 서영희, 「1894~1904년의 정치체제 변동과 궁내부」, 『韓國史論』 23, 1990.
61) 서영희, 「광무정권의 형성과 개혁정책 추진」, 『역사와 현실』 26, 1997.
62) 『법령집』 2권, 510쪽, 「布達 제47호 宮內府官制 改正(1899.6.24)」.

제조 및 검정을 관장해가거나, 博文院을 두어 국내외의 도서 신문 등을 보관하는 역할을 담당하였다.

이러한 측면은 농업부문에서도 마찬가지였다. 1899년 8월에 內藏司가 內藏院으로 확대 개편된 이후 내장원에서 대부분의 농업정책을 추진해갔고, 그에 따른 수세도 행하였다. 즉 농업부문에서 농상공부는 형식적인 기구로 남게 되고 내장원이 그 역할을 주도해갔다. 궁내부 산하의 하부기구였던 내장사가 내장원으로 개칭되면서 산하기구를 크게 확대하였다. 내장원 설립 당시에 산하에는 莊園課·種牧課·水輪課를 두었는데, 그 후 蔘政課(1899년 12월 신설)·貢稅課(1900년 9월 신설, 1902년 4월 공업과로 개칭)·記錄課(1900년 9월 신설)·典牲課(1902년 4월 신설) 등이 증설되었다. 그 중 종목과·수륜과·삼정과·장원과 등이 중심이 되어 농업정책을 수행해갔다.

種牧課에서는 가축의 품종 및 곡식의 품종을 개량해가는 시도를 하였다. 1884년에 설립된 농무목축시험장이 1886년에 종목국으로 변경되었고, 이 종목국이 궁내부에 이속된 것은 1895년이었다. 종목국에는 東種牧局과 南種牧局이 있었는데, 남종목국은 이미 궁내부에 환속되었고, 동종목국은 1895년 5월에 궁내부에 이속되었다. 즉 동종목국의 말·양 등 가축류와 畜舍 등을 모두 궁내부에 부속시켰다.[63] 이에 1896년 10월에 궁내부에 종목과를 증설하고 長 1인과 主事 2인을 두어 사무를 관장하도록 하였다.[64] 그 후 1899년 8월에 내장사가 내장원으로 확대 개편되면서 내장원 산하에 장원과·종목과·수륜과의 3과를 두게 되자, 이전의 종목과는 내장원으로 편입되었다.[65] 내장원 종목과에서 담당하는 일이 많아지자 1900년 1월에 技手를 2명 늘렸으며,[66] 11월에는 技師 1인을 증치하고 主事도 1인을

---

63) 『법령집』 奏本(1895.5.26) ;『農商工部請議書』(규17719) 제5호.
64) 『법령집』 2권, 186쪽, 「布達 제17호 宮內府官制 改正(1896.10.3)」.
65) 위의 책 2권, 545쪽, 「布達 제50호 궁내부관제 개정(1899.8.22)」.

증원하였다.[67]

水輪課는 황폐한 땅을 개간하여 경지로서 이용 가능하게 하는 역할을 담당하였다. 1899년 1월에 내장사 내의 수륜과로 설치되었고,[68] 2월에 '水輪課章程'을 마련하여, 국내의 황폐한 땅에 수륜을 설치하여 築垌・掘浦하여 관개함으로써 수확할 수 있도록 하였다. 즉 宮이나 관청 등의 公土 가운데 황폐한 땅을 개척하여 수륜과에 부속시키도록 한 것이었다.[69] 수륜과의 할 일이 많아지자 監督 2명을 증치하였으며,[70] 1902년에는 수륜과를 水輪院으로 확대 개편하였다. 그리하여 수륜원은 내장원 다음으로 비중이 큰 기구가 되었다.[71] 수륜원 산하에는 水輪課・堤堰課・公桑課・査計課 등의 기구가 존재하였으며, 수륜원은 국내의 황폐한 땅을 개간하고 築堰開洑하여 경지를 관리하였으며, 碓舂(대용 : 방앗간)과 種桑 등의 사무도 모두 관장하였다.[72] 수륜원에서는 1902년 11월에 '水輪院章程'을 마련하여 관리의 역할을 규정하고, 수륜원의 사업과 업무를 상세히 규정하였다. 그 장정에는 황무지를 개간하여 수세하는 원칙을 상세히 규정하였다. 황폐한 관유지의 경우 개간하여 소출의 반을 수륜원에 바치게 하였으며, 민유지의 경우도 황폐한 경우 개간하면 5년 동안은 소출을 모두 걷고 그 이후에는 작인과 반분한 가운데 그 중 절반(1/4에 해당)은 지주에게 주고・나머지 절반(1/4에 해당)은 수륜원에 바치게 하였다. 수륜원에서는 개간을 통하여 많은 세를 징수할 수 있었다.[73] 그 후 1904년 1월에 수륜원은

66) 위의 책 3권, 6쪽, 「布達 제54호 宮內府官制 改正(1900.1.6)」.
67) 위의 책 3권, 239쪽, 「布達 제66호 宮內府官制 改正(1900.11.5)」.
68) 위의 책 2권, 441쪽, 「布達 제45호 宮內府官制 改正(1899.1.23)」.
69) 위의 책 2권, 373쪽, 「宮內府所屬內藏司水輔課章程(1899.2.7)」.
70) 위의 책 3권, 321쪽, 「布達 제76호 宮內府官制 改正(1901.7.9)」.
71) 위의 책 3권, 364쪽, 「布達 제80호 宮內府官制 改正(1902.4.11)」.
72) 위의 책 3권, 469쪽, 「布達 제91호 宮內府官制 改正(1902.11.18)」.
73) 내장원에서 제언을 수축하여 새로이 개간하게 됨으로써 세금을 징수하는 사례는

폐지되었다가, 5월에 御供院을 증치하여 황무지를 개간하고 제언을 수리
하게 하였다. 그러다가 7월에 다시 어공원을 폐지하였다.[74]

蔘政果는 1899년 12월에 내장원 산하에 신설되었다.[75] 삼정과에서는
'蔘政社章程'을 만들어 본격적으로 인삼관리에 나섰다. 고종은 內藏院卿
이용익으로 하여금 蔘政監督을 겸임케 하여 인삼의 제조 및 판매에 따른
이익을 장악하게 하였다. 삼정과에서는 삼포농업을 관리하고, 일제에 의한
인삼침탈을 방지하며, 홍삼을 제조하여 판매함으로써 큰 이익을 얻고 있었
다. 즉 삼정과에서는 인삼 재배를 관리하고 홍삼 제조를 담당하였으며,
그를 바탕으로 인삼세와 매매이익을 확보하고자 하였다.[76]

莊園課에서는 황실에 부속된 토지와 장원 및 재산 등을 관리하게 하였
다.[77] 1900년에는 황실에 부속된 토지의 세금 징수를 원활히 하기 위해서
莊園課長 산하에 봉세관 13명을 증원하였다.[78] 장원과가 중심이 되어
행했던 역둔토의 경영형태를 살펴보면 당시 궁내부 정책 방향의 일면을
살펴볼 수 있을 것이다. 장원과가 관할하고 있는 역둔토의 농업경영은
지주경영을 강화하는 형태로 진행되었다. 내장원에서는 중답주를 제거하
면서 작인과 사음에 대한 감독을 강화하였고, 역둔토 작인이 납부하는

많다(『훈령조회존안』(규19143) 참조).

74) 『법령집』 3권, 567쪽, 「布達 제110호 宮內府官制 改正(1904.1.11)」 ; 위의 책 3권,
   604쪽, 「布達 제115호 宮內府官制 改正(1904.5.19)」 ; 위의 책 3권, 632쪽, 「布達
   제121호 宮內府官制 改正(1904.7.30)」.

75) 人蔘業은 1895년 3월에 농상공부 관제가 제정되면서 그곳에서 관리하게 되었고,
   홍삼은 탁지부가 관리하였다. 그 후 1898년 6월에 궁내부관제가 개정되면서 내장
   사가 蔘政을 관할하게 되었다.

76) 楊尙弦, 『大韓帝國期 內藏院 財政管理 硏究』, 서울대 국사학과 박사학위논문,
   1997 ; 元潤喜, 「韓末・日帝强占初 蔘圃農業의 變動과 紅蔘政策」, 『歷史敎育』
   55, 1994.

77) 『법령집』 2권, 545쪽, 「布達 제50호 宮內府官制 改正(1899.8.22)」.

78) 『법령집』 3권, 139쪽, 「布達 제62호 宮內府官制 改正(1900.8.31)」.

賭租나 賭錢을 인상하거나 혹은 代錢納을 철회하거나 현물수납을 강제하
였다. 또한 소작료 납부방법을 도조제로부터 타조제로 요구하거나 結稅를
作人에게 전가하거나, 혹은 소작료 납부를 거부하는 拒納作人에 대해
처벌을 강화하는 등 내장원 위주의 지주경영을 강화해갔다.[79]

　그것은 내장원이 작인들을 수탈하여 부를 축적해가면서 국가가 주도하
여 근대적 정책을 실시해가려는 의도였다. 즉 내장원이 자본을 축적해가면
서 '위로부터의 근대화'를 행해가려고 하였다고 말할 수 있다.

　대한제국기의 농업정책은 정부의 공식기관인 농상공부를 통해서 발달
시켜가기보다는 고종이 자신의 직속기구인 내장원을 통하여 농업을 발달
시켜가고, 그에 따라 수세하여 부를 축적하고자 하였다. 고종은 축적한
부를 바탕으로 황제권을 강화해가면서 황제가 중심이 되어 근대화를 지향
해가는 '위로부터의 근대화'를 추구해갔다고 할 수 있다.

4. 상공업정책의 실시

1) 특권상인층 중심의 상업정책

　1894년 군국기무처를 주도하였던 개화파들은 자유상업주의를 표방하
면서 상업정책을 펴나갔다. 그들은 상행위독점권을 지니고 있었던 도고를
폐지하고, 유통세 명의의 영업세 등을 폐지하면서 상인들의 자유로운 활동
을 보장하는 기반을 마련해가고자 하였다.[80] 또한 그들은 일본으로부터
차관을 얻어 민간산업을 발달시키는 것을 이상적으로 생각하였다. 그러나

---

79) 이세영, 「개항기 지주제의 변동」, 『한국사』 12, 한길사, 1994 ; 朴贊勝, 「韓末 驛土·
　　屯土에서의 地主經營의 강화와 抗租」, 『韓國史論』 9, 서울대 국사학과, 1983.
80) 李憲昶, 「甲午·乙未改革期의 産業政策」, 『韓國史研究』 90, 1995 ; 吳斗煥, 「甲午
　　經濟改革의 구조와 성격」, 『仁荷大論文集』 3, 1984.

특권상인인 도고는 이중적 성격을 띠고 있었다. 그들은 상업적인 독점권을
지니면서 소상인들의 상행위를 제한하기도 하였지만, 다른 한편으로 강고
한 독점적 폐쇄성으로 인해 외국 상인의 국내 침투를 저지하는 역할을
하고 있었다.

1897년 2월에 고종은 러시아공사관으로부터 경운궁으로 돌아와 그해
10월에 대한제국을 건립한 후 상공업정책을 변경하였다. 고종은 황제권을
강화해가면서 외세의 경제적 침략을 막고 국가를 부국강병케 하는 정책을
행하였다. 먼저 지세와 호세 이외의 모든 세원은 내장원에서 징수하려고
하였으며,[81] 상업적으로는 대특권상인에게 독점권을 허용하여 외국상인
의 침투를 막고 그 반대급부로 영업세를 징수하여 황실재정을 강화해가고
자 하였다.

1895년 이후 상공업정책을 주관하고 있었던 정부기구는 농상공부의
商工局이었다. 상공국에서 회사나 공장의 설립을 허가해주고 관리하는
정책을 펴가고 있었다.[82] 1898년 이후 정부는 외국인에게 철도 및 광산에
대한 이권을 양여하는 것을 금지하고,[83] 나아가 국내회사가 외국인과 합작
하거나 외국인에게 권한을 양도하는 경우 허가를 취소하도록 명하였다.

대한제국 정부는 1899년 이후 농상공부의 상공국을 강화하면서 상공업
정책을 적극적으로 펼쳐갔다. 1899년 9월에 농상공부 관제를 개정하면서
상공국 산하에 商業課·工業課·勸業課 3개 과를 설치하였다. 상업과에
서는 상업·회사 등에 관한 사항을 관장하였고, 공업과에서는 도량형과
공업 및 공장에 관한 사항을 관장하였고, 권업과에서는 박람회 및 試藝에

81) 楊尙弦,『大韓帝國期 內藏院 財政管理 硏究』, 서울대 국사학과 박사학위논문,
    1997 ; 須川英德,「開港期商業の特質と國家權力」,『李朝商業政策史硏究』, 東京
    大學出版會, 1994.
82) 『법령집』 1권, 230쪽,「農商工部分課規程(1895.4)」.
83) 『高宗實錄』 광무 2년 1월 12일.

관한 사항을 관장하였다.[84]

정부는 산업을 발달시키기 위하여 상업에 관련된 회사를 적극적으로 권장해갔고, 공장들도 적극적으로 설립해가도록 하였다. 회사 설립은 1883년부터 이루어졌는데, 초기에는 정부가 주도하면서 회사를 설립하였다. 즉 당시 회사는 정부에서 직접 경영하는 官營이거나 정부에서 주도하면서 민간인이 참여하는 官督商辦型 기업이 다수를 차지하였다. 예를 들면 기기창, 연화연무국, 박문국, 전환국, 잠상공사, 직조국 등은 그러한 예였다. 설립회사의 수는 1883년에 17개, 1884년에 13개로 붐을 이루었다가 1894년까지는 연평균 5개 정도에 이르렀다. 1895년 이후에는 회사 설립이 연평균 10개로 증가하였다가, 1899년 이후에는 회사 설립이 붐을 이루어 연평균 약 30개 내외가 설립될 정도로 급증하였다.[85]

대한제국시기에 이러한 회사 설립의 증가는 당시 산업이 발달해간 탓도 있지만, 내장원에서 수세를 하기 위하여 민이 회사를 요청하면 즉시 허가해주었기 때문이기도 하였다. 또한 황실을 비롯한 宗親과 관료들이 회사에 참여함으로써 회사가 증가하기도 하였다.

대한제국시기에 회사의 관리는 농상공부와 내장원으로 이원화되어 있었다. 회사 설립의 인가는 내장원에서 많이 행하였다. 내장원에서는 세금 징수를 필요로 하였고, 이에 회사 설립자들이 내장원 납세를 전제로 회사 설립을 요구하면 회사를 인가해주었다. 회사의 도고행위나 分稅의 강제징수는 표면적으로 금지되었지만, 내장원의 세수 확대라는 필요에 압도되어 제대로 지켜지지 못하였다. 이 시기의 회사들은 대다수 내장원 납세를 전제로 설립되고 있었으며, 경우에 따라서는 내장원에서 직접 회사 설립을

84) 『법령집』 2권, 572쪽, 「農商工部分課規程 改正(1899.9.14)」. 1895년 농상공부가 설치될 때는 상공국 밑에 산하기관을 설치하지 않았다.

85) 全遇容, 『19世紀末~20世紀初 韓人 會社 硏究』, 서울대 국사학과 박사학위논문, 1997. 상업정책에 관한 부분은 전우용의 논문을 많이 참고하였다.

지시하기도 하였다.[86]

　또한 인적 측면에서는 황실을 비롯한 宗親과 관료들이 회사에 참여하였다. 갑오개혁시 개화파들은 양반의 상업활동을 허용함으로써 그들의 자본을 기업에 투자하도록 하였으나, 단 양반이 관직을 그만둔 후에 회사에 참여하도록 하였다. 그러나 대한제국시기 이후에는 관료가 퇴직하지 않고도 회사에 참여하는 것이 합법화되었다. 황실을 비롯한 종친과 관료들은 회사에 참여하여 간부로 활동할 뿐만 아니라, 그들이 직접 자본을 투자하여 회사를 설립하고 경영에 나서기도 하였다.[87]

　고종과 황실은 한성전기회사(1896), 특립제일대한은행(1898), 대한천일은행(1899) 등의 은행과 회사를 설립하도록 하고, 그에 직접 출자함으로써 회사를 근대적 문물제도를 도입하는 기구인 동시에 소요 재원을 조달하는 기구로 활용하였다. 고종과 황실의 회사 참여는 관료들의 회사 설립 및 운영에 자극제가 되었으며, 대한제국기에 관료들의 회사 참여는 큰 폭으로 증가하게 되었다. 대한제국시기 회사의 설립과 운영에 참가한 인물 중 관료층이 약 40%의 비율을 차지할 만큼 많은 수를 차지하고 있었다.[88]

　한편 민간인에 의한 회사 설립도 증가하였다. 1899년 이후에는 산업의 발달, 대외무역의 증가 등에 의해 회사 설립이 크게 증가하였고, 이에 황실과 관료에 의한 회사 설립과 함께 민간인에 의한 회사 설립도 증가하였다. 특히 개항장과 개시장의 객주들이 회사 설립에 적극적이었다. 민간인들은 외국상인의 상업기법과 신진관료들에 의한 상업활동을 본받으면서 나름대로 상업기법을 익혀가고 있었다.

　당시 회사의 종류는 크게 네 가지로 나눌 수 있다. 첫째는 조선후기에

---

86) 全遇容, 위의 논문, 99~102쪽. 내장원 외에도 통신원, 경위원, 한성부 등에서
　　별도로 회사에 대한 감독권을 행사하기도 하였다.
87) 全遇容, 위의 논문, 158~163쪽.
88) 全遇容, 위의 논문, 158~173쪽.

존재하였던 도고가 회사로 전화하는 경우이다. 즉 都賈會社이다. 도고회사 특권상인들은 자본을 모아 회사를 만들고, 농상공부나 내장원에 납세하는 것을 바탕으로 물종별, 지역별로 판매독점권을 부여받아 부를 축적하였다. 그들은 생산자나 상인들에게 물자를 모아 전담하여 판매하는 형태를 취함으로써 이익을 얻고 있었다. 즉 영업권을 독점하면서 이윤을 수취하고 있었던 것이다. 이 시기에 다수의 회사는 이 부류에 속한다.

회사 중 일부는 내장원 허가 아래 일반 상인을 수탈하는 데 전념하였던 收稅會社로 존재하였다. 전자의 도고회사는 자기 자본을 구비한 경영주체이면서 내장원으로부터 공식적인 영업독점권을 부여받은 회사였던데 반해, 수세회사는 도고회사와 동일한 명목으로 허가를 받았음에도 불구하고 章程을 위반하면서 단지 收稅기능만을 행하는 회사였다. 그들은 상민을 수탈하고 그 중 일부를 농상공부나 내장원에 세금으로 바쳤던 것이다. 특히 내장원은 회사가 일단 상납 의사만 밝히면 인허해주었기 때문에 이러한 수세회사가 난립하게 되었던 것이다. 수세회사로 대표적인 것은 保險會社 종류들이나 保船會社・渡津會社・船商會社 등이었다.

다음에는 개항장의 客主都中들이 모여서 만든 客主商法會社이다. 갑오개혁 때는 도고・여각 등을 혁파하고 객주도 상무회의소로 개편하려고 했으나, 그 후 실제로 그렇게 되지 못하였다. 대한제국시기에는 개항장 객주들이 중심이 되어 객주상법회사를 만들었는데, 정부에서는 그것을 모두 내장원에 귀속시켜 관리하고자 하였다. 내장원은 객주상법회사에게 개장항 내에서의 독점영업권을 부여하고, 반대 급부로 객주들에게 세금을 징수하여 바치도록 하였다. 내장원은 개항장 객주들이 의무적으로 객주상법회사에 가입하도록 하였으며, 그에 가입하지 않고 영업하는 객주들은 엄단하였다.

대한제국 정부는 1899년 5월 보부상과 상인들을 商務社로 귀속시켜

한편으로는 상업세를 납부하게 하고, 다른 한편으로는 상업진흥에 힘쓰게
하였다. 그러나 상무사의 활동은 수세청부 기능에 치우쳐 일반 상인들을
수탈하는 행위로 치우쳐서, 지방 상민들의 상무사에 대한 반발이 지속적으
로 행해지고 외국영사관에서도 항의함으로써 정부는 1903년에 지방의
상무사 지사를 철폐하고, 1904년 2월에는 상무사 자체를 혁파하지 않을
수 없게 되었다.[89]

　이와 같이 대한제국 정부는 모든 상인을 조직함으로써 한편으로는 특권
상인을 중심으로 상업을 재편해가면서 다른 한편으로는 그를 통해 세금을
징수하고자 하였다. 일반 상인들은 도고회사를 통하여 관리하면서 그들로
하여금 영업세를 징수하여 내장원이나 농상공부에 바치도록 하였다. 개항
장의 객주들은 객주상법회사를 통하여 관리하고자 하였고, 보부상들은
상무사를 통하여 관리하고자 하였다. 즉 정부는 개항 이후 상업유통의
활성화에 따른 이윤의 창출을 그 담당자인 상인들을 관리 통제함으로써
수취하고자 하였던 것이다.

　대한제국 정부의 상업정책은 상인, 자본가로부터 수세를 강화하고, 그
대가로 그들에게 물종별, 지역별로 판매독점권을 부여하는 형태를 취하였
다. 정부는 1899년 商務會議所規例를 개정하여 회사 설립을 인정해주고
그 대가로 세를 납부하게 하였다. 즉 정부는 특권상인층의 회사를 허가해주
면서 그들의 상권을 보호해주고 신규 상인의 진출을 억제함으로써 기성
상인층의 독점권을 유지시키는 기능을 하였다. 그 대신 특권상인층은 상인
들에게 세금을 징수하여 내장원에 바치는 역할을 하였다.

　대한제국의 상업정책은 상업의 자유로운 발전을 억제하고 상인층으로
부터 과중한 조세를 수탈함으로써 자본축적을 저해하는 것으로 나타나지
만, 그 이면에는 이들로부터 수탈된 자금이 황실 또는 황실과 연결된 관료

---

89) 全遇容, 위의 논문, 128~158쪽.

충에게 집중됨으로써 관료자본이 축적되는 결과로 나타났다. 황실과 관료
층 특히 고종은 이 축적된 자본을 바탕으로 산업자본화하는 등 '위로부터
의 근대화'의 길을 열어가려고 하였다. 그 예로 은행을 설립하거나, 혹은
서북철도국을 세워 철도건설을 시도하거나, 연초제조회사 등의 제조회사
를 만들어 생산에 참여한 예를 들 수 있다.

그러나 이 축적된 자본을 효율적으로 산업자본화하기 위해서는 근대적
화폐제도의 성립과 중앙은행의 설립 등 경제적 여건이 이루어져야 가능하
였다. 이에 정부에서는 이 일들을 시행하려고 시도하였으나 국가재정의
부족과 외세의 간섭 및 견제로 효과를 거두지 못하였고, 황실 및 관료자본
이 효과적으로 산업자본화하지 못하였다.

대한제국이 특정 도고를 중심으로 한 대특권상인에게 회사 설립을 허가
하고, 그들에게 영업의 특권과 독점권을 부여하면서, 그 대가로 영업세를
궁내부에 내도록 하는 상공업정책은 두 가지 결과를 초래하였다. 하나는
갑오개혁 때 지향하였던 자유상업체제를 역행하여 소상인들의 성장을
저해하는 결과를 가져왔고, 다른 하나는 외국상인의 침투를 저지하는 효과
를 가져왔다. 즉 갑오개혁기에는 대특권상인인 도고체제를 해체시킴으로
써 소상인의 활동이 활발하거나 외국상인들의 내륙활동이 활발하였는데,
대한제국기에는 영업의 독점권을 지닌 회사에 가입하지 않고서는 상업활
동을 제대로 행할 수 없었기 때문에 소상인이나 외국상인들은 상행위에
제한을 받았다. 그리하여 외국상인들은 그들의 원활한 상업활동을 위해
특권상인의 독점권을 폐지하라고 대한제국에 항의하기도 하였다.

이와 같이 대한제국의 대특권상인을 중심으로 한 상업정책은 황실,
관료, 대특권상인의 자본축적을 가져왔고, 다른 한편으로 소상인이나 외국
상인의 상업행위를 제한하는 결과를 가져왔다.

2) 실업교육의 장려와 제조업의 육성

조선을 부국강병한 나라로 만들기 위해서는 농업·공업·상업 등 산업을 발달시켜가야 했다. 그러한 산업을 체계적으로 발달시키기 위해서는 회사나 공장을 세워 제품을 생산·제조·유통시키는 것과 아울러 실업교육을 통하여 전문기술자를 양성하고 산업을 지속적으로 발전시켜가야 했다.

당시 정부와 지식인들은 그것을 인식하고 주장하면서 실천에 옮겨가려고 하였다. 지식인들은 그러한 논리를 바탕으로 실업교육을 적극적으로 주장하였다. 『황성신문』에서는 「부강의 근본은 농공상의 교육에 있다(富強之本在乎敎育農工商)」라는 論說로 실업교육을 강조하였다. 즉 "부국강병한 국가를 만들기 위해서 농공상업을 발달시켜야 하는데, 그것을 효율적으로 하기 위해서는 먼저 실업교육을 행해야 한다. 즉 농학교·공학교·상학교를 설립하여 많은 선비들을 교육시켜야 한다. 정부는 실업을 장려하고 군자도 이에 적극적으로 참여하여야 한다"[90]고 실업교육을 강조하였다.

대한제국 정부에서는 적극적으로 학교를 세워 실업교육을 행해갔다.[91] 먼저 1898년 5월에 농상공부 商工局이 주관하여 織造勸業場을 설립하였다. '인민의 工藝를 양성하고 이익을 進取해갈 목적'[92]으로 織造勸業場을 설립하였고, 학생을 모집하기 위하여 『관보』에 광고를 내기도 하였다.[93] 나아가 직조권업장에서 학생들을 가르칠 일본인 기술자를 교사로 초빙하기도 하였다.[94]

90) 『皇城新聞』 1900년 3월 7일, 論說 「富强之本在乎教育農工商」.
91) 劉奉鎬, 「大韓帝國下 實業教育 展開考」, 『大韓帝國研究』 2, 梨花女大 韓國文化研究院, 1984.
92) 『農商工部來文』 2책, 광무 2년 5월 13일 ; 『독립신문』 1898년 5월 21일.
93) 議政府, 『官報』 광무 2년 5월 16일, 廣告.
94) 『農商工部來去文』(규17802) 6책, 照會 제11호(1898.7.2) ; 『舊韓國外交文書』 제4권, 日案4 「勸業場教師로 日人鹿子延聘의 件(1898.7.4)」.

대한제국 정부는 1899년 이후 기술교육을 크게 확대해갔다. 농상공부가
중심이 되어 학교를 설립하고 학생들을 모집하여 실업교육을 강화해갔
다.[95] 먼저 농상공부에서는 1899년 4월 27일에 관립상공학교의 관제를
마련하고, 학교 개설을 준비하였다. 학과는 공업과와 상업과로 구분되어
예과 1년과 본과 3년의 수업연한으로 운영하도록 되어 있었다.[96] 교사는
한국인 전공자가 부족하여 외국인을 초빙할 수는 있지만, 학교 운영에는
전혀 간섭하지 못하게 하였다.

다음해(1900)에는 관립으로 礦務學校가 설립되어 광업에 대한 교육을
실시해갔다. 광무학교는 농상공부 광산국에 속하였으며, 교장은 농상공부
광산국장인 玄尙健이 겸임하였다. 감독은 프랑스 광산기술자 트레뮬레이
고, 교관은 프랑스인 쿠빌리에(M. Cuvilier)를 초빙하여 교육을 실시하였다.
학생들의 수업연한은 3년이었다.[97]

아울러 정부에서는 1899년 郵務學堂과 電務學堂을 설립하여 우체와
전신에 관해 교육을 시키도록 하였다. 우체와 전신사업은 정부에서 심혈을
기울이고 있었기 때문에, 그 분야에서 일할 전문적 인력이 매우 필요하였던
것이다. 그리하여 1900년에 「우무학도규칙」, 「전무학도규칙」을 제정하
여[98] 학생으로서의 자격과 품성을 규정하고, 각각 25명의 학생을 모집하여
1년 과정으로 운영해가려고 하였다. 우무학당에는 프랑스인 클레망셋(M.
Clemencette)을, 전무학당에는 덴마크인 무렌스테스(H. J. Muhlensteth)를 초
빙하여 교육을 담당하도록 하였다.

이와 같이 정부에서는 직접 실업학교를 설립하여[99] 상업·공업·광업

95) 김근배, 「대한제국기-日帝初 官立工業傳習所의 設立과 運營」, 『韓國文化』 18,
   서울대 한국문화연구소, 1996.
96) 『官報』 1899년 6월 28일, 「商工學校官制」.
97) 李培鎔, 『韓國近代鑛業侵奪史研究』, 一潮閣, 1989, 36~38쪽.
98) 『官報』 1900년 11월 5일, 「郵務學徒規則」·「電務學徒規則」.
99) 農業學校도 세웠다가 탁지부에서 예산을 정지시켜 운영되지 못한 것 같다.

기술자를 양성하여 산업을 발달시켜 가려고 노력하였다. 뿐만 아니라 그러한 실업교육을 내실화하기 위하여 외국의 전문적인 기술자를 초빙하여 조선인을 교육시키고자 하였다. 그리하여 1897년에는 프랑스의 목공기술자, 기와쟁이, 제철기술자 등을 초빙하여 교육을 시키려고 노력하거나,[100] 직조권업장처럼 일본인 기술자를 초빙하여 국내의 장인들에게 기술교육을 시켜 기술수준을 높이고자 하였다. 또한 상공학교, 광무학교, 우무학당, 전무학당에서도 외국인 기술자를 초빙하여 학생들을 교육시켰다.

한편 대한제국 정부는 국가가 직접 학교를 세워 기술교육을 행하는 것은 한계가 있었기 때문에 민간인의 기술학교 설립도 적극적으로 지원하였다. 1898년 商務社를 복설하면서 商務學校의 설립을 의무화하였고, 또한 사립학교에서도 실업교육을 강화하도록 유도하였다. 그리하여 많은 실업학교가 설립되었다. 1900년에는 漢城織造學校와 사립 廣成商業學校가 개설되었고, 사립 鐵道學校도 개교하였다. 또 사립 樂英學校 내에 공업전수과와 철도과가 설치되기도 하였다. 1900년 3월에는 직조단포주식회사에서 학교를 설립하여 직조기를 구입하고 직조기술을 전수하기도 하였으며, 대한국내철도운수회사 산하에도 철도기사 양성을 위한 학교가 설립되었다. 민영환이 세운 사립 興化學校도 정부의 양지아문과 계약을 맺어 양지속성과를 설립하여 토지측량기술 교육을 행하였다.[101]

과학기술교육을 담당하는 공사립학교 학과의 교사는 대개 갑오개혁을 계기로 일본에 파견되었다가 귀국한 기술부문 유학생들로 충당되었다. 이들은 1895년, 1896년 두 해에 걸쳐서 파견되었다가 1899년부터 귀국하기 시작하여 각종 학교의 교사 또는 기술부문 관서의 관리로 활동하였다.[102]

(『皇城新聞』 1900년 1월 19일, 雜報)
100) 『舊韓國外交文書』 제19권, 法案1 No. 831, 832, 836, 838, 861.
101) 김근배, 앞의 논문, 1996, 427~436쪽.
102) 김근배, 위의 논문, 1996 ; 전우용, 앞의 논문, 1997, 98쪽.

이와 같이 대한제국 정부는 정부가 직접 학교를 세워 실업교육을 행하거나 혹은 민간인의 기술학교 설립을 유도하면서 기술교육을 장려해가고 있었다.

한편 대한제국 정부는 제조업을 발달시키는 노력을 기울이기도 하였다. 갑오개혁 이후 정부와 지식인층에서 산업진흥에 대한 관심이 고조되면서 國富의 근원을 제조업에서 찾아야 한다는 논의가 본격적으로 제기되었다. 즉 국부를 이루기 위해서는 상업만으로 행할 수 없고 제조업을 육성해야 한다는 인식이 확대되기 시작하였다.[103]

또한 개항 이후 국내에 들어오는 제국주의의 상품은 국내시장을 잠식해갔고, 아울러 국내 소상품생산자의 시장을 잠식하여 그들이 쇠퇴해갔기 때문에, 그에 대항한다는 측면에서도 국내의 제조업을 발달시켜야 했던 것이다. 그런 측면에서 제국주의의 수입상품에 대항한다는 측면에서 제조업이 발달하였다. 그리하여 직조업 분야의 제조회사들이 나타났고, 그 외 연초업, 양조업, 철물, 제혁 등의 제조회사들이 나타났다.[104]

대한제국시기에 가장 활발한 제조업 분야는 직조업이었다. 개항 이후 조선이 수입하는 물품 중에 다수가 직물이었다. 이에 직물업을 담당하는 수공업자들이 계속 쇠퇴해가고 있었다. 그러나 직물업 수공업자들도 외국제품에 대항해서 치열하게 경쟁해가고 있었다.

이 시기에는 정부에서 직접 설립한 직조회사는 없고, 주로 민간인 자본가들이 설립하여 경영하는 것이 많았다. 관독상판형의 회사로서 1897년에 大韓織造工場이 있고, 고위 관리 출신인 민병석과 이용익이 각각 설립한 鐘路織造社(1900)와 布木組織所(1901)가 있을 따름이다. 大韓織造工場은 안경수가 중심이 되어 설립한 것으로, 일본제 면제품을 국내생산품으로

---

103) 『皇城新聞』 1898년 10월 6일, 12월 16일, 1899년 1월 9일, 4월 25일, 7월 26일, 論說 ; 『독립신문』 1896년 9월 15일, 1899년 5월 22일, 論說.

104) 全遇容, 앞의 논문, 1997, 110~114쪽.

대체하자는 의도에서 설립하였으나 지속하지는 못하였다.[105]

또한 같은 해(1897)에 大朝鮮苧麻製絲會社가 설립되었다. 이 회사는 내외국인이 합자하여 우리나라에서 생산되는 삼과 모시로 실을 만들어 수출할 목적으로 설립된 것이었다. 안경수, 서재필 등 독립협회에 속한 인물들이 타운센트 회사 등 서구인과 합자하여 설립하였으나, 공장건립은 이루지 못하고 중단되고 말았다.[106]

당시에는 민간인 자본가나 상인들이 세운 직조회사들이 많았다. 1899년에 漢上紡績股本會社가 정섭조·이헌규·김창한에 의해 설립되었으며, 1901년에는 정동식이 일본에서 기술을 배워온 강영우와 함께 製織會社를 설립하여 직기를 설비하고 면포를 제직하였다. 그 외 직조단포주식회사(1900, 민병석), 남죽동직조소(1900), 중곡염직공소(1902, 김덕창) 등의 직조회사가 존재하였다.[107]

그러나 대한제국기의 직조회사들은 성공적으로 사업을 진행해가지는 못하였다. 정부의 지원이 부족하고 관세의 보호장벽이 결여된 상태에서, 수입되어 오는 일본제 면포에 대항할 수가 없기 때문에 효율적으로 제조업을 행해갈 수가 없었다.

다음으로 이 시기에 설립된 연초제조회사의 자본주는 일정한 성과를 거두고 있었다. 1894년 이후 지권연초의[108] 수요가 증가함에 따라 외국 지권연초의 수입이 확대되었다. 이에 수입되는 외국 지권연초에 대체하여 국산 지권연초를 제조하여 판매하는 연초제조회사들이 생겨나게 되었다.[109] 지권연초를 제조하는 소규모의 회사들이 나타났고, 그 중에서 일정

---

105) 조기준, 「민족자본」, 『한국사』 16, 국사편찬위원회, 1983, 735~736쪽.
106) 權泰檍, 『韓國近代綿業史研究』, 一潮閣, 1989, 49~54쪽 ; 조기준, 위의 논문, 1983.
107) 權泰檍, 위의 책, 1989, 49~54쪽.
108) 紙卷煙草란 담뱃잎을 종이로 말은 연초를 일컫는데, 이전에는 담뱃잎 자체를 피우는 葉煙草나 담뱃잎을 썰은 刻煙草만 존재하였다.
109) 이 시기에 한국인들은 주로 엽연초를 많이 피웠으며, 상류계층의 사람들은 각연초

한 규모를 지닌 연초제조회사는 1899년 2월에 정인홍·서상훈·박영두에 의해 설립된 香煙合資會社이다. 이 회사는 1902년에 황족인 李載純이 자본을 투자하면서 大韓京城香煙合資會社로 개칭되고, 자본금 2천 원에 직공수가 30명이면서 기계를 설치한 큰 연초제조회사로 발전하였다. 또한 1903년에는 최석조가 信錫煙草合名會社를 설립하고 연초제조를 행하였다. 이 연초제조회사들은 외국의 지권연초의 판매망과 다툼을 벌이면서 어느 정도 성장하였으나,110) 대한제국 정부의 지원 부족과 외국 연초의 수입 확대로 성장이 지속되지는 못하였다.

대한제국 정부는 공·사립학교를 통한 실업교육은 강화해갔지만, 제조회사에 대한 구체적인 지원을 행하지 못하였다. 즉 수입품에 대한 고관세율 부과로 인한 국내산업의 보호, 제조업 자금의 지원 등의 구체적인 산업진흥정책을 펴지 못하였다. 그러나 제조회사의 판매망을 확대시켜주기 위해서 외국의 만국박람회 참가를 유도하거나, 국내에서도 박람회 개최를 시도하는 노력을 기울였다. 박람회 개최와 참여를 위해서 1898년에 농상공부 상공국 산하에 권업과를 설치하였고, 그에 따른 예산을 지출하였다. 대한제국 정부는 외국에서 열리는 박람회에 참여하는 것은 물론 국내에서도 여러 차례 박람회를 개최하였다. 1900년 프랑스 파리에서 열린 만국박람회에 정부 대표단을 파견하고 한국제조품인 電信打報機와 우표 등을 출품하기도 하였다. 또한 1902년 7월에는 농상공부 산하에 임시박람회사무소가 설치되어 내·외국인이 관람할 수 있는 상설전시장을 만들기도 하였다.111)

를 피웠고, 1894년 이후 지권연초가 사용에 편리하다는 점 때문에 소비가 증가하기 시작하였다. 그리하여 한국인의 연초제조업은 주로 각연초 제조를 행하였으며, 1894년 이후 지권연초의 수요가 증가하자 1898년부터 지권연초를 제조하는 회사들이 나타나기 시작하였다.

110) 李永鶴, 『韓國 近代 煙草業에 대한 硏究』, 서울대 국사학과 박사학위논문, 1990, 93~97쪽.
111) 이윤상, 앞의 논문, 1996, 148~152쪽.

이와 같이 대한제국 정부는 제조회사에 대해 구체적인 재정지원은 하지 못하였지만, 실업교육을 강화함으로써 전문기술자를 양성하는 교육을 장려하거나 제조업자의 판매망을 넓혀주기 위해서 박람회 개최를 유도하는 등의 간접적 지원은 아끼지 않았다.

5. 맺음말

고종은 1897년 2월 러시아공사관으로부터 경운궁으로 환궁한 이후 그 해 10월에 대한제국을 건립하고 개혁정책을 펴나갔다. 정치적으로 고종은 자신의 경쟁세력인 독립협회와 전통적인 양반관료들을 약화시켜가는 한편 자신의 친위세력을 구축해가면서 황제권을 강화하여 갔다. 그리하여 독립협회를 해산시키고, 중인 출신의 관료들을 자신의 측근으로 중용하면서 황제권을 강화해갔다. 또한 경찰제도와 군사제도를 재편하여 황제권을 강화해가는 무력적인 기반으로 삼았다.

경제적으로는 호구조사, 토지조사사업의 실시, 중앙은행의 설립, 근대적 화폐제도의 시도, 재정의 확대, 산업의 발달 등을 바탕으로 근대적 사회를 만들어가려고 하였다. 고종은 먼저 1896년 9월에 호구조사를 실시하였다. 호구를 파악하여 호와 인구에 대한 현황과 변동을 파악함으로써 사회조직을 편제하면서 통제해가고자 하였고, 나아가 호세를 징수하여 재정적인 기반을 마련하고자 하였다.

다음에는 토지조사사업을 행하였다. 1898년 6월에 의정부에서 대신들이 논의하여 부결되었지만, 고종이 적극적으로 주장하여 1898년 7월에 양지아문을 설립하여 8월부터 토지조사(양전사업)를 실시하였다. 대한제국시기에 행한 토지조사사업은 토지소유권을 확립하였을 뿐만 아니라 지세를 합리적으로 징수한다는 측면에서 사회적·재정적으로 큰 의미를

지닌 것이었다. 아울러 토지의 상품화를 촉진하여 지주의 자본가화를 유도
하는 계기를 만들었다.

나아가 산업을 발달시키면서 근대국가를 이루기 위한 정책을 펴나갔다.
농업정책은 1899년 이후에는 정부의 공식 기구인 농상공부보다는 내장원
이 중심이 되어 집행해갔다. 내장원 산하에 종목과 · 수륜과 · 삼정과 · 장
원과를 중심으로 농업을 발달시키면서, 다른 한편으로 그에 대한 수세를
행하는 정책을 펴나갔다. 그것은 내장원 및 지주층을 중심으로 한 농업정책
의 실시였다.

대한제국의 상업정책은 상인 · 자본가로부터 수세를 강화하고, 그 대가
로 그들에게 물종별 · 지역별로 판매독점권을 부여하는 형태를 취하였다.
즉 정부는 특권층의 회사 설립을 인정해주면서 그들의 상권을 보호해주고,
그 대신 특권상인층은 상인들에게 세금을 징수하여 내장원에 바치는 역할
을 하였다. 한편 정부는 외국인에게 이권을 양도하는 것을 금지하고, 나아
가 국내 회사가 외국인과 합작하거나 외국인에게 권한을 양도하는 경우
허가를 취소하도록 하였다. 즉 외국인의 침탈을 막으면서, 특권상인층을
중심으로 상업을 발달시켜가고, 그와 함께 상인의 상업이윤을 궁내부가
수취하려고 하였던 것이다.

한편 정부는 공사립학교에서 실업교육을 강화 유도함으로써 전문기술
자를 양성하고, 그를 바탕으로 제조업을 발달시키고자 하였다. 이 시기에
는 어느 정도 성과를 거두어 관립으로 상공학교, 광무학교, 우무학당, 전무
학당을 설립하여 기술교육을 실시하고, 사립학교에서도 많은 기술학교가
생기거나 기술학과를 설립하여 기술자를 양성해갔다. 또한 만국박람회의
참여를 권장하여 국제시장에 대한 안목과 제조품의 판로를 확대해가는
데 기여하고자 하였다. 그러나 제조회사나 공장들은 자본 부족, 보호관세
의 미비, 정부의 지원 부족 등과 외국 자본제 공산품의 국내 침입으로

말미암아 고전을 면치 못하고 있었다.

대한제국 정부는 황실, 지주층, 특권상인층을 중심으로 산업을 발달시켜 가려고 하였으며, 그것은 소작농과 소상인의 진출을 저지하였지만, 다른 한편으로 외국상인 및 외국인의 진출을 저지하는 효과를 거두었다. 그리하여 황실·지주층·특권상인층이 자본을 집적하여 근대사회를 만들어가는 가능성을 열어갔던 것이다. 그러나 그것은 내적으로 자본의 부족, 근대적 화폐제도의 미비, 중앙은행의 미설립 등의 한계를 지니고 있었고, 외적으로 외세자본주의의 침탈로 말미암아 순조롭게 발전하지는 못하였다.

이와 같이 대한제국의 경제정책은 특권상인층이나 지주층을 옹호하면서 정책을 집행해갔다. 그 정책은 소상인층과 농민층의 성장을 저지하는 것이었지만, 다른 한편으로 외세의 경제적 침투를 저지하는 길이었다. 그것은 특권상인층이나 황실·지주층의 자본집적을 이루는 길이기도 하였다. 그것은 원시적 자본축적의 한 형태이었으며, 그것을 바탕으로 근대사회를 지향해갈 수 있었다.

대한제국의 경제정책은 당시의 효율적인 대안이기도 하였다. 당시의 여건에서 황실·지주층·상인층이 자본을 축적하고, 외국인의 경제적 침략을 방지하면서 '위로부터의 근대화'를 지향해가는 국가발전의 한 모델이었다. 그것은 황실을 중심으로 한다는 점에서 한계로 지적될 수 있었지만, 당시의 여건에서는 그러한 방법이 외세의 침략을 막고 조선의 식산흥업 정책을 이룰 수 있는 하나의 방법이었다.

근대 토지소유제도의 변천

이 영 호

1. 머리말

전근대의 토지제도는 왕토사상 및 그 결과로서의 조세부과에 의해 토지
소유에 제약이 주어져 있는 것을 전제로 하여, 소유의 주체에 따라 왕실과
국가기관의 소유, 자치기관의 공동소유, 그리고 개인의 소유로 구분된다.
그러나 근대적 토지소유권을 사용, 수익, 처분권을 내용으로 한다고 볼
때, 전근대의 토지소유권은 그러한 내용을 완결적으로 구현하지 못하는
경우가 많다. 왕토사상과 사적 토지소유의 접점에, 황무지의 절수와 개간
의 결과에서 비롯된 중층적 토지소유가 존재하는 것이 대표적이다. 그
경우 한 조각의 토지 위에 국가, 왕실 및 국가기관, 중간지주, 소작인 사이에
중층적으로 토지에 대한 권리가 분할되어 있는 특징을 보인다.

갑오개혁 이후 근대 토지소유제도의 수립과정에서 과제가 되는 것은
먼저 토지소유권 개념의 법제화일 것이다. 그러나 그것은 헌법과 민법의
제정에 의하여 가능한 일이므로, 이 시기 토지제도의 정비는 명확한 토지소
유권 개념의 부재 하에 추진되었다. 그러나 일본의 영향 등으로 인하여
사용, 수익, 처분권을 내용으로 하는 一地一主의 소유권을 암묵적으로
전제하고 있는 것으로 읽혀진다. 갑오개혁 이후 식민지 초기에 이르기까지
수많은 토지소유권분쟁은 바로 이러한 소유권 개념의 전제를 배경으로
하는 것이다.

따라서 구체적인 과제는 근대적 토지소유권 개념 하에 중층적 소유구조를 변혁하는 문제, 일지일주의 소유권을 행사할 주체를 확정하는 문제로 등장한다. 전자는 면세지의 폐지와 도장 및 중답주의 폐지에 의하여 진행되고, 후자는 지주납세와 민적부에 기초한 실명제의 구현에 의하여 진행되었다. 기왕의 연구성과를 토대로 이 문제들을 개괄적으로 정리하기로 한다.

2. 갑오 광무년간의 토지조사

1) 驛土·屯土·宮庄土의 정리방향

갑오정권은 지세수입의 확대를 통해 재정기반을 강화하고자 하였다. 이를 위해 궁방 아문의 각종 免稅地를 出稅地로 陞總하는 조치를 취하였다.[1] 면세지의 경우 국가적 간섭 없이 궁방과 아문의 완전한 사유농장으로 경영되던 것을 과세를 통하여 국가적 통제의 대상으로 편입하였다. 지세부과를 중심으로 볼 때 종래의 [궁방·아문－작인]의 관계가 [국가－지주(궁방·아문)－작인]의 관계로 개편된 것이다.

역토·둔토의 경우 종래에는 장토의 설치목적에 따라 현물지대를 거두어 현장에서 목적에 적합한 재정지출의 재원으로 삼았지만, 갑오개혁의 행정 재정제도의 개혁에 의하여 재정은 탁지부가 일원적으로 관리하고 예산·회계제도에 의거한 지출방식을 채택함으로써 장토의 의미는 변질되었다. 장토는 국가재정수입의 한 부분으로 통합되고 획일화되었다. 지세와는 별도로 장토경영의 수입도 그 관리를 담당한 국가기관이 일률적으로 수취하게 되었으므로 통일적인 경영방식으로서 지주제적 경영방식이 확대 강화되지 않을 수 없었다.

---

1) 『한말근대법령자료집』 1, 1894년 8월 26일 의안, 宮土 驛土 屯土의 出稅에 관한 건.

1895년 9월에서 1896년 3월에 걸쳐 농상공부에서 역토·둔토에 대한 査辦사업을 실시하여 진폐지·신간지를 조사하여 實結을 파악하고, 기경지의 경작자를 조사기록하고 賭錢을 책정하여 지주제적 경영체제를 확립하였다. 1897년 그 소관이 군부로 이관되면서는 賭租制로 바뀌어 지주경영이 더욱 강화되는 모습을 보인다. 1899년 둔토가, 1900년 역토가 내장원으로 이관됨에 따라 내장원에서는 1900~1901년에 걸쳐 전국의 둔토에 대한 査檢사업을 진행하고, 역토에 대하여도 조사하였다. 수세장정을 새로 마련하여 도조액을 인상하고 민유와의 관계를 재조사하여 公土化의 공세적 정책을 추진하였다.[2]

이와 같이 장토에 대한 지주제적 경영은 장토에 대한 소유의 권리를 왕실과 국가기관에게 귀결시키는 결과를 초래하였다. 여전히 지세 또는 지대의 양에 의하여 소유의 권리가 좌우되고는 있었지만, 획일적인 지주제적 경영은 토지소유권도 지주로 간주된 왕실 및 국가기관으로 돌리게 하였다. 그것은 사용, 수익, 처분권을 내용으로 하는 일지일주의 토지소유권을 암묵적으로 전제하게 되어가는 상황과 맞물려, 일대 장토분쟁의 회오리를 일으키면서 재조정되어갈 것임을 예고하고 있다.

문제는 역토·둔토·궁장토의 소유구조가 장토의 성립기원에 따라 다양하다는 점이고, 거기에 중층적 토지소유가 존재한다는 점이다. 갑오개혁 이후 토지소유권분쟁의 대부분은 여기서 나온다. 종래에는 장토 성립기원의 차이에 따라 다양한 방식의 장토경영이 가능했으나 이제는 지주제적 경영방식만을 강요하고, 지주의 토지소유권을 왕실이나 국가기관이 행사하고자 했기 때문이다.

2) 배영순, 「한말 역둔토조사에 있어서의 소유권분쟁」, 『한국사연구』 25, 1979 ; 김용섭, 「한말에 있어서의 中畓主와 驛屯土地主制」, 1978(『한국근대농업사연구』(증보판) 하, 1984 재수록) ; 김양식, 『근대권력과 토지-역둔토 조사에서 불하까지』, 해남, 2000 참조.

일본인 고문관의 영향 하에 일본의 세제를 참작하여 편찬된, 갑오개혁의 성과를 정리한 재정운영지침서라고 할 수 있는『結戶貨法稅則』은, 승총의 대상인 국유지를 무토면세결과 유토면세결로 구분짓고, 유토면세결에도 두 가지 종류가 있음을 지적하고 있는데, 거기서 갑오개혁이 중층적 토지소유에 대하여 어떻게 인식하고 있는지의 단서를 읽을 수 있다.

> 一. 有土免稅結에 二種이 有하야 其 區別이 左와 如하나 此 二種의 結數는 戶曹에서도 判明치 못함.
> 第一種 各宮의 財産으로써 買入한 土地에 其 租稅를 免除하야 流來한 者를 云함이니 但各宮은 槪 小作人으로부터 每年 收穫의 一半을 徵收하는 例가 有함.
> 第二種 官으로부터 或 民有地를 限하야 其 稅金을 與하는 者를 云함.
> 一. 無土免稅結이라 함은 或 民有地를 限하야 其 稅金을 與하는 者를 云함이니 前揭한 有土免稅 第二種과 差異는 左와 如함.
> (一) 有土는 其 土地를 永久히 變치 아니하나 無土는 槪 三四年에 其 土地를 變換함.
> (二) 無土는 必 官에서 徵稅하야 各宮에 與하나 有土는 不然하야 各宮으로부터 直接으로 徵收하거나 又 各邑으로부터 各宮에 送納케 하거나 二者 中 其一에 居함.[3]

無土免稅地의 지세는 官(호조)에서 징수하여 궁방에 보내며 3~4년마다 지역을 옮겨 輪廻하는 것이고, 有土免稅地는 장토가 고정되어 있고 궁방에서 직접 그 장토에서 지세를 징수하거나 각읍에서 징수하여 궁방으로 보내는 것으로 설명되고 있다. 이러한 국유지 유형구분은 지세수취의 주체와 장토의 고정 여부에 의하여 규정된 것이다. 장토의 기원이나 지대수준에

---

3) 『結戶貨法稅則』 '免稅結收入表'의 부록인 '各宮房有土免稅結', '各宮房無土免稅折受結', '各衙門免稅結(有土無土混合)'의 통계에 대한 備考로서 면세결에 대한 해설.

관련하여 규정되고 있지 않다.

국유지의 소유구조와 관련하여 주목되는 것은 유토면세결에 제1종과 제2종의 두 가지 종류의 소유형태가 있다고 지적한 점이다. 그동안의 연구는 제1종은 궁방의 소유지로서 의심치 않고 제2종은 민전임에도 불구하고 궁방의 지배 하에 놓여 있어 여기에 중답주가 존재하고 주로 여기서 소유권 분쟁이 일어난 것으로 파악하고 있다. 그런데 엄밀하게 말하면 제1종은 각궁이 매입한 재산이고, 제2종은 민전으로만 규정되었지 중답주가 존재하는 장토라는 설명은 없다. 이것은 『結戶貨法稅則』이 중층적 소유구조의 존재를 인정하지 않고 있는 것을 의미한다. 궁방소유지와 민전을 명백하게 구분하고 일지일주의 소유권만을 기준으로 국유지의 소유형태를 설명하고 있는 것이다.

대한제국도 다양한 기원을 가진 역토·둔토·궁장토에서 중답주를 인정하지 않는 입장을 표명하였다.[4] 광무 양전·지계사업에서 파악하고자 하였던 것은 역토·둔토·궁장토의 作人이었지 中畓主가 아니었다. 작인의 개념 속에 중답주를 포함할 수도 있지만 중답주와 작인의 관계는 국가의 입장에서는 전혀 인정치 않는 私的 관계로만 존재하였다. 이렇게 하여 중답주의 권리는 일제가 국유지를 정리하기 이전부터 소멸의 과정을 밟았다.

2) 대한제국의 量田 및 官契發給사업

양전사업은 1898년 6월 23일 내부대신 박정양과 농상공부대신 이도재가 전국의 山林, 川澤, 海濱, 道路의 모든 토지들의 측량을 주장하는 '토지측량

---

4) 김용섭, 『한국근대농업사연구(증보판)』(하), 433쪽 ; 이영호, 「대한제국시기 국유지의 소유구조와 중답주」,『한국 근현대의 민족문제와 신국가 건설』, 지식산업사, 1997.

에 관한 청의서'를 의정부에 제출하면서 시작되었다. 그러나 1899년 4월
5일 탁지부의 결세전 수입이 각군의 無亡, 陳川 때문에 해마다 줄어들고
있으므로 時起田畓의 결총에 隱漏함이 없도록 양전할 것을 양지아문에서
청의하면서, 양전은 지세수입의 확충을 위한 것으로 그 방향을 전환하였
다.5) 實結의 확대를 목표로 한 양전이며 지세부과를 위한 양전이었다.

양지아문에서 시행한 양전사업의 원칙은 9개조의 양지아문 응행조례에
서 살필 수 있다. 9개조의 내용 중 일부를 살피면 다음과 같다.6)

應行條例
1. 成冊式은 左開를 依할 事.
   某道某郡時起田畓字號夜味斗數落成冊
   某面 某坪 或稱員 或稱里 依前日量案
   某字田 幾夜味(或稱座) 幾斗幾升落(日耕息耕) 時主姓名 時作姓名
   某字畓(上同)
   已上某字田 合幾夜味 幾斗落, 某字畓 合幾夜味 幾斗落, 共合田 幾夜味 幾斗
   幾升落, 畓 幾夜味 幾斗幾升落, 年月日 郡守姓名 鈐章 踏勘有司姓名 鈐章
   該掌書記姓名 鈐章.
2. 田畓을 勿論 原結 還起 加耕 新起 火粟하고 但 從今日耕農하야 一體登載하야
   毋或一夜味一座見漏하며 至若陳川等田畓은 雖昨年耕農이라도 今日 陳川
   이어든 勿爲入載할 事.
4. 自該郡으로 另擇該面內有地望公正解事者 一員 或 二員하야 差定踏勘有司
   하야 該掌書記와 該面任과 各田畓主와 作人을 指揮辦事케할 事.
5. 田畓主 或 舍音作人輩가 疑阻或漫汗하야 夜味數와 斗落이 隱漏 或 錯誤하는
   弊가 有하야 改量後 綻露하면 該有司와 書記와 田畓主를 別般嚴懲할 事.
6. 田畓時主가 朝暮變遷하며 一家異産하니 田畓主姓名上左는 勿爲究詰하야

---

5) 왕현종, 「대한제국기 양전 지계사업의 추진과정과 성격」, 『대한제국의 토지조사사
   업』, 민음사, 1995, 51~64쪽.
6) 『時事叢報』 1899년(광무 3) 5월 11~13일, 量地發調 ; 왕현종, 「대한제국기 지계아
   문의 강원도 양전사업과 관계발급」, 『동방학지』 123, 연세대 국학연구원, 2004,
   140~143쪽.

民等의 便宜를 從케할 事.
  8. 驛土 屯土 及 各樣 公土도 一例入錄하되 區別標題할 事.

  時主와 時作, 즉 전답주와 작인을 파악하되 전답시주의 변동이 심하므로
성명의 상이함을 엄격히 조사하지 말고 편의에 따라 하라는 점이 주목된다.
'時'의 표현은 변동의 가능성을 염두에 둔 한시적 성격의 의미일 것이다.
전답시주의 성명을 엄격히 규정하지 않고 있는 점에서 이렇게 작성된
광무양안의 토지대장으로서의 한계가 있으며, 그 점은 지계아문양안에서
도 동일하다고 생각한다. 양지아문양안에서 전답시주의 성명에 중점을
두지 않은 것은 收稅實結의 확보를 목표로 한 양전의 성격과 관련된다는
점은 분명하다.[7] 그렇기 때문에 陳田은 양전의 대상에서 아예 제외하고
있는 것이다. 산림 천택이 포함되지 않는 것도 당연하다.
  양지아문 대신 설립된 지계아문에서는 '田土時主'에게 지계를 발급하
여 소유권을 분명하게 하고자 하였다. 처음에는 전답에만 발급할 계획이었
지만 곧 '山林土地田畓家舍'에 契券(地契, 官契)을 발급하는 것으로 대상을
확대하였다.[8] 지계아문의 사업에 대한 중요한 규칙을 소개하면 다음과
같다.[9]

  1. 地契를 所管地方에 前往實施하되 田畓山林川澤家舍를 一切 調査打量하여
    結卜 及 四標의 分明함과 問數 及 尺量에 的確함과 時主 及 舊券의 證據를
    必認한 후 成給이되……
  1. 各陵園墓宮校驛屯院塾寺刹의 關한 田畓山林川澤과 碓春家屋도 官契를

  7) 이영호, 「광무양안의 기능과 성격」, 『대한제국의 토지조사사업』, 민음사, 1995
    참조.
  8) 1901년 10월 20일 칙령 제21호 지계아문직원 급 처무규정 제17, 18, 19조 ; 1901년
    10월 22일 칙령 제21호 지계아문직원 급 처무규정 개정 제1조.
  9) 1903년 2월 27일, 地契監理應行事目.

成給할 事.

1. 正田正畓의 等은 國朝舊典을 依하여 六等으로 定하되 行量할 時에 舊案을 憑照하여 舊陳中可陞者와 原起中陳落者를 昭詳區別할 事.

1. 正田正畓은 常耕하는 田畓을 指함이니 正田正畓以外에 地質이 瘠薄하고 禾穀이 不穩한 田은 火粟이라 續鰥이라 稱하고 另定三等하여……農民에 濫徵하는 寃이 無케 하고 量案에 漏한 者는 依原結案例하여 字號犯數와 一字五結로 別成量案할 事.

1. 中草는 量案에 字號卜數를 一從하여 另具成冊이되 陳起와 時主姓名을 區別錄할 事.

1. 陳落成冊中에 還起한 土品이 瘠薄者는 續降田에 附하고 續降一等田中에 可合陞總者는 原結案에 抄入할 事.

1. 具案外에 或浦或淵或沙或陳荒處의 新起한 者는 這這查出하여 原結案에 陞入할 事.

1. 各公土中에 年久禾賣하여 仍作私土者는 這這查覈하여 從實懸錄할 事.

1. 各公土도 私土例를 依하여 定等執結할 事.

1. 竹田蘆田楮田漆林을 分別懸錄할 事.

1. 山林川澤을 行量하는 境遇에는 四標와 尺數를 昭詳케할 事.

관계를 발급할 대상은 '田畓山林川澤家舍'로 표현되었다. 역토·둔토·궁장토, 기타 공유지도 민유지와 똑같이 취급하여 양전하고 소유자에게 관계를 발급하도록 하였다. 관계를 발급받을 자는 시주로 표현된 소유자이다. 산림천택 등도 구별 측량하도록 하였다. 진전을 기재하되 거기에 과세할 때는 세심한 주의를 기울이고 있다.

官契는 3편을 만들어, 소유주, 지방관청, 지계아문이 각각 보존하고, 매매할 때에는 구권을 회수하고 신권을 발행하는 것으로 하였다. 이것은 일본 지권제도를 본받은 측면이 강하다. 1872년 일본의 지권 뒷면에는 "일본제국의 인민이 토지를 소유하는 자는 반드시 이 券狀을 가져야 한다. 일본제국 외의 인민은 이 토지를 소유할 권리가 없는 것으로 한다"라고 되어 있고,[10] 대한제국 전답관계의 뒷면에는 "대한제국 인민이 전답을

가지는 자는 이 官契를 반드시 가지되 舊契는 시행하지 않고 본아문에
수납할 것. 대한제국 인민 외에는 전답소유주되는 권리가 없다"라고 되어,
외국인의 토지소유를 금지시킨 것도 동일하다. 그러나 지권을 소유할 '대
한제국 인민'이 實名으로 등장하는 비율이 높지 않은 점은 量案과 官契에
의하여 보장된 토지소유권을 법률적으로 행사할 주체가 국가의 지배체제
안에서 실체로서 확정되지 못한 한계를 안고 있는 것을 의미한다. 대한제국
의 호구조사사업이 과세를 위한 호총의 조사와 확보에 중점이 놓여 있고,
대한제국을 구성하는 인민의 실존재를 파악하는데 한계에 직면하고 있었
던 점과 같은 맥락에 놓여 있다.

3. 통감부·총독부의 토지조사

1) 구관조사와 소유권 규정의 확립

일제는 1901년 일본인의 自由渡韓을 허용하였다. 일본인들은 개항장
인근의 비옥한 농지를 사문기의 매매형식을 활용하여 한국인 명의로 헐값
에 사들이기 시작하였다. 러일전쟁 이후 일본의 보호국이 되자 문제로
부각된 것은 일본인이 한국의 토지소유제도를 무시하고 한국인의 명의로
사들인 불법적인 토지를 어떻게 처리할 것인가 하는 점이었다. 통감부는
이를 위해 한국토지제도의 실상을 조사하기 시작하였다. 짧은 기간의 조사
결과, 예상한 것과 같이 한국에는 개인의 사적 토지소유가 존재한다는
점이 확인되었다. 일본인이 매집한 토지의 소유권도 소유권 제도의 차원에
서는 문제될 것이 없었다. 일본은 토지가옥증명규칙을 제정하여 기왕에
일본인이 소유한 토지를 그 불법성을 불문하고 그대로 증명하여 소유권을

---

10) 宮川澄,『日本における近代的所有權の形成』, 御茶の水書房, 改裝版, 1978, 178쪽.

인정하는 한편, 장래의 외국인, 결국 일본인의 토지소유를 합법적으로 인정하는 조치를 취하였다.[11] 일본인은 기경지뿐만 아니라 미간지 개간에 대한 참여 및 그 소유권 불하 등 한국인과 똑같이 토지의 소유와 경영, 개발에 대한 권리를 가질 수 있게 되었다.[12]

이후 민법제정을 위한 관습조사의 결과, 사용, 수익, 처분권을 내용으로 하는 프랑스민법의 토지소유권 규정 및 그것을 계승한 일본민법의 규정을 한국에 적용하는 데 하등의 문제도 발견되지 않았다. 그리하여 토지소유권 규정은 1912년 일본민법을 依用한 조선민사령의 제정에 의하여 일본의 것과 동일하게 되었다. 중층적 토지소유가 제거되고 사용, 수익, 처분의 근대적 토지소유권 개념이 성립하고, 이에 기초하여 토지조사사업에서 소유권 사정과 법인이 이루어졌다. 이것은 한국 토지소유권 사상의 발전 및 일본과의 유사성, 그리고 일제의 동화주의적 식민통치방침의 기묘한 일치에 의하여 가능하게 된 것이다.

2) 導掌과 中畓主의 처리

사용, 수익, 처분권을 내용으로 하는 일지일주의 소유권 규정은 주로 궁장토, 역둔토에 남아있는 중층적 소유구조와 정면으로 배치되었다. 따라서 전국에 걸친 토지조사사업에 앞서서 일지일주의 소유권 규정에 근거한 궁장토의 도장권, 역둔토의 중답주의 처분이 추진되었다.

궁장토는 직할경영과 도장경영으로 구분되는데, 도장은 장토성립에 결정적인 기여를 한 존재로서 궁방에 대한 상납의 의무는 대단히 적고 작인들로부터 수취하는 것은 지대라고 볼만한 것이므로 사실상 지주적

---

11) 최원규, 『한말 일제초기 토지조사와 토지법 연구』, 연세대 박사학위논문, 1994, 제4장.
12) 이영호, 「일제의 식민지 토지정책과 미간지문제」, 『역사와 현실』 37, 2000.

성격을 지니고 있었다. 궁방은 도장경영의 비호자로서 지대의 일부를 수취하고 있을 뿐이다. 그래서 일본측도 도장이 장토형성에 기여한 것, 예를 들면 납가액이나 출자액을 환급하거나 그에 해당하는 토지를 제공할 것을 검토했으나, 결국은 도장의 토지소유권을 인정하지 않고, 도장 순익의 3년분을 공채로 배상하는 방법을 취하였다. 도장권은 소멸되고 장토는 국유지로 편입되어 국유소작제 하에 경영되었다.[13]

도장권 처분의 방식은 일본의 영주권과 대만의 大租權을 공채발행을 통해 유상처분한 것에서 이미 일본측에게는 익숙한 것이었고, 한국에 그것을 적용하는 데 아무 어려움이 없었다고 생각된다. 유상처분의 결과 일본에서는 그 토지를 농민에게 귀속시킬 수 있었고, 대만에서는 小租戶의 토지소유권을 인정함으로써 지세수입의 안정화를 꾀할 수 있었다.[14] 한국에서는 도장권을 인정할 경우 한국인의 광범한 대토지소유의 출현을 허용하는 것으로 되는 것인데, 그렇게 하지 않고 국유화를 꾀하였다. 국유화가 제국의 식민통치에 유리하였다는 점은 동양척식주식회사를 비롯한 수많은 일본 농업회사의 출현을 보더라도 알 수 있다.

다음으로 중답주의 도지권은 어떻게 되었는가. 갑오개혁 이후 토지제도의 정비과정에서 중답주의 도지권은 배제되는 방향으로 진행되는데, 통감부시기 일본측도 당연히 이를 인정하지 않았다. 역토·둔토·궁장토는 모두 역둔토로 일원화되고, 1910년 '조선토지조사사업'의 시행에 의하여 그것은 확실하게 국유의 개념으로 정리된다.

이미 지적한 바와 같이 역둔토에는 광범한 소유권의 분할과 중층성이 존재하고 있었다. 대한제국의 중답주 불인정 방침에 밀려 중답주의 권리는

---

13) 배영순,「한말 司宮庄土에 있어서의 導掌의 존재형태」,『한국사연구』30, 1980 ; 荒井賢太郎,『臨時財産整理局事務要綱』, 朝鮮總督府, 1911.

14) 江丙坤,『臺灣地租改正の硏究-日本領有初期土地調査事業の本質』, 東京大學出版會, 1974, 25～227쪽.

위축되었지만 지세와 지대의 양에 의한 권리의 차이는 존재하였다. 그러나 1908년 6월 역둔토관리규정의 제정에 의하여 중답주는 제거된다. 여기서 소작권의 매매가 불허되고, 소작기한을 5년으로 하는 소작계약제도가 도입되어 지주제적 경영의 정형이 마련되었다. 중답주의 권리는 5년간의 소작기간으로 제한당하는 차지권으로 전락하였다. 다만 평안도 대동강 유역, 황해도, 전주 등지의 민간에서는 일제시기에도 중답주의 도지권이 소작관행의 형태로 유지되거나,[15] 아니면 1912년 조선민사령에 의하여 일본의 영소작권의 규정을 받아 20~50년의 소작권으로 변질되었다.

1909년 6월부터 1910년 9월까지 실시된 '역둔토실지조사사업'은 중답주 제거를 중요한 정책목표로 제시하고 있다.[16] 보고서의 제목은 '역둔토'로 표시하였지만 내용에서는 '국유전답'이라 하였다. 역둔토를 국유지화하는 과정을 표현한 것이다. 이것은 역둔토 實地를 조사하고 거기에 소작료를 책정하며 각종 장부를 정리하는 사업이다. 실제의 소작인을 파악하는 것을 목적으로 실시한 소작인 조사는 소작인으로 하여금 이름을 적은 표항을 세워 실지조사시 입회하도록 하는 방법으로 진행되었다. 이 결과로 중간소작, 즉 중답주를 파악하고 이를 제거하고자 한 것이다.

이와 같이 하여 역토·둔토·궁장토는 국유화되었다. 국가의 소유지로 단일화되었다. 장토의 성립과정의 각종 중층적 권리는 모두 배제되었다. "국가는 국유지의 지주로서 일반민유지에 있어서의 지주와 조금도 다르지 않은 존재"로 된 것이다.[17] 역둔토는 국가의 소유지로서 지주제 방식으로 경영되어 역둔토의 수입을 국고에 확보하였다. 동척을 비롯한 일본농업회사에 불하하거나 일본인이나 조선인 개인에게 불하하기도 하였다. 국가가

---

15) 朝鮮總督府, 『朝鮮小作慣行』(下), 1932 참조.
16) 朝鮮總督府, 『驛屯土實地調査槪要』, 1911, 凡例.
17) 宮嶋博史, 『朝鮮土地調査業史の研究』, 東京大學東洋文化研究所, 1991, 336, 338쪽.

소유권을 완전하게 보유한 전제하에 가능한 것이었다.

3) 토지조사의 전제

양안은 지세수취와 더불어 소유권대장의 역할을 겸비하고 있지만 소유권 이전의 상황이 등기되지 않기 때문에 세월이 지나면 소유권 증명에는 결점을 지니지 않을 수 없었다. 소유권의 확인은 사문기의 수수에 의하여 보장되었다. 대한제국의 관계발급사업은 이것을 극복하는 의미가 컸지만 거기에서도 소유자 실명의 확정을 성취하지는 못하였다. 양안에는 가족구성원 다수의 명의, 타인명의, 노명, 호명, 결명 등이 기재되는 경우가 많았다. 소유자 실명의 성취 없이는 토지소유의 권리를 법률적으로 행사할 주체를 확정하기 어렵다.

통감부시기 일본측은 지세 재정제도의 개편이 토지조사사업으로 연결되어 가자 이 문제에 관심을 기울이기 시작하였다. 깃기 대신 개발한 지세대장으로서의 結數連名簿의 작성과정에서 우선 납세자를 지주로 확정하고자 하였다. 그러나 1908년 6월 지주납세의 원칙을 법률로서 규정하였지만 관행적인 작인납세의 현실을 완전하게 규제할 수는 없었다. 지주납세의 원칙은 식민지로 된 이후 1912년 강력한 행정적 조치를 거쳐 1913년 8월 부령 제82호에 의하여 지세는 결수연명부에 토지소유자로 등록된 자로부터 징수하는 것으로 되고, 1914년 지세령에 의하여 지세는 토지대장 또는 결수연명부에 등록된 자로부터 수취하는 것으로 명백하게 되었다.

지주납세제를 실현하기 위하여 일본측은 여러 가지 방법을 동원하였는데, 가장 실효성이 있는 방법이 토지소유권과 연결짓는 것이었다. 1910년 7월 광주재무감독국에서 지방위원 및 일반 결민에게 내린 훈령의 내용을 보자.[18]

　　이번에 상부의 훈칙을 다시 받아 관하 각 재무서로 하여금 이미 제작한 결수연명부를 상세히 개정하여 이에 고시한다. 일반 결민은 이 호기를 잃지 말고 각각 그 소유권을 확고히 수호해야 할 것이다. 만약 이번에도 전과 같이 지주인 자가 자기의 성명을 기입하지 않고 소작인 혹은 타인명을 기재하면 그후 자기의 토지라고 칭할 수 없다. 그것을 매각 또는 양여하려 할 때는 所轄 군아에 증명을 청구하더라도 관은 결코 이와 같은 자에게 증명을 부여하지 않는다. 또한 그 토지가 공용지로 범입되는 경우에도 무엇으로써 자기의 소유권을 주장하여 상당한 가격을 청구할 것인가? 도는 지세에 관한 법률 제15호 제4조에 의하여 民隱 토지를 발견한 때는 그 토지를 관아에서 몰수한다. 이러한 화는 미리 脫免함만 못하다. 그러니까 이번 연명부 개정에 임하여는 귀원은 충분히 주의하여 본 고시의 전문을 다수 등사하여 각동리에 면밀히 게시하여 일반 결민에게 간절히 說示하여 이번 연명부 개정에서는 지주인 자는 반드시 자기의 진정한 성명으로써 신고하여 장래 후회하는 歎이 없도록 해야 할 것이다. 융희 4년 7월 15일 광주재무감독국장

　　결수연명부를 작성하는 목적은 과세결수를 장악하기 위한 것인데 그와 함께 土地所有者의 권리가 보장될 것이라는 점을 강조하고 있다. 결수연명부의 납세자를 지주로 등록하여야만 토지소유권을 확인해 줄 수 있고, 기왕의 土地家屋證明規則 등에 의한 증명도 결수연명부에 의거할 것을 천명한 것이다. 결수연명부에 지주가 아닌 소작인이나 대리인을 등록하는 경우 잘못하면 토지소유권을 상실할 수도 있다는 위험성을 부각시켰다. 여기서 한 가지 주목해 둘 것은 '자기의 진정한 성명'으로 신고해야 한다는 점이다.

　　앞서 살핀 바와 같이 대한제국의 양전사업에는 실명의 등록을 강요하지 않았다 양전의 목적이 지세수입의 확대에 있었기 때문이다. 토지소유권의 보장을 목적으로 한 지계사업에서는 실명의 사용이 요구되었으나 양전사

---

18) 度支部, 『財務彙報』 제45호, 1910년 9월 10일 발행, 報告, 1910년 8월 8일 '私稅局報告, 結數連名簿 完成上에 關한 設', 23~26쪽.

업의 관행에 의하여 실명의 등록을 법제화하지 못하고 말았다. 대한제국의 호구조사사업도 갑오개혁 이전에 비하면 실제의 상황에 근접하고 있었으나 기본적으로는 그것이 호세의 수취와 관련되고 신분관계를 분명하게 규정하지 않았기 때문에 실명의 등기는 이루어지지 못하였다. 법률적 권리를 행사할 주체의 신분관계의 불확정은 양안과 호적의 괴리를 좁히지 못하였다.

1909년 3월 민적법에 의하여 民籍簿가 작성되었다. 민적부에는 본적(동리 아래 통호수 기재), 본적의 변동사유, 호주(본, 전호주, 호주된 원인 및 시기, 부모 및 出生別, 성명, 생년월일), 身位(부모 및 출생별, 본, 성명, 생년월일)를 기록하도록 되어 있는데, 이에 의하여 출생, 사망, 이혼 등 인구의 변동에 관한 모든 사항이 등록되었다.[19] 이때 신고 작성된 민적부의 성명이 법률적 인격의 명칭으로 사용되어 갔다. 결수연명부에서 '자기의 진정한 성명'의 등록을 요구할 때 그것은 본인이 신고하여 등록한 민적부의 그것과 일치되었다. 전주의 지주들이 결수연명부 작성에 있어서 "소유자 성명은 민적부에 기재한 것에 따를 것"으로 결의하고 있는데,[20] 이것이 지주들이 결의할 사항인지 의아하고, 마땅히 민적부의 성명이 실명화되는 것임에도 불구하고 이러한 결의를 한 것은 법률적 실명의 미정착을 의미할 것이지만, 이렇게 하여 토지소유자의 성명은 민적부를 따르는 것으로 되어 갔다.

---

19) 內部警務局編纂, 『民籍事務槪要』, 1910년 5월 10일 조사, 1910년 9월 발행.
20) 『財務彙報』 제44호, 1910년 8월 25일 발행, 報告, 全州財務監督局報告, '全州郡에 係한 地稅作伏에 關하여 大地主協議會 開催狀況', 20~23쪽.

4. 맺음말

갑오개혁 이후 일제의 조선토지조사사업에 이르기까지의 토지소유제도의 변천에 대하여 그동안 일제의 식민정책이 미친 영향에 대한 논의가 활발하였다. 근대성과 식민성을 어떻게 평가해야 할 것인가의 문제로서, 비단 토지제도만에 해당하는 문제는 아니다. 이 글에서는 그런 측면보다는 계승성의 측면에 초점을 두었다. 근대적 토지소유권의 개념을 사용, 수익, 처분권을 내용으로 하는 일지일주의 토지소유권으로 상정하고, 그러한 개념이 갑오개혁 이후 어떤 방식으로 토지제도의 변화과정에 작용하는가 하는 점을 고찰하였다.

갑오개혁의 면세지 출세조치와 역토, 둔토, 궁장토의 관리체계의 개혁에서 근대적 토지소유권의 개념을 전제한 조치들이 취하여지기 시작하는 것으로 보았다. 그것은 한국에서 토지소유사상의 발전에 힘입은 바 크지만 일본의 영향도 적지 않았다. 갑오개혁의 구체적 제도의 개혁은 일본에서 파견된 고문관에 의하여 추진되었다. 일본은 1890년 민법에서 이미 프랑스 민법의 사용, 수익, 처분권을 내용으로 하는 일지일주의 토지소유권 개념을 수용한 상태였다. 도장과 중답주의 권리를 제외하면 이러한 개념이 큰 마찰 없이 현실화될 수 있었다. 서양의 근대적 토지소유권 개념의 重譯的 移植의 과정을 거쳐 이 땅에 성립하였다. 그 이식에 크게 무리가 없는 토양이 존재하고 있었던 환경을 전제로.

광무 양전·지계사업의 성격

왕 현 종

1. 머리말

19세기 후반 한국사회는 1876년 개항과 1880년대 초에 이루어진 제국주의 열강과의 통상확대로 말미암아 크게 변화하고 있었다. 개항 이후 상품화폐경제의 발달과 미곡무역의 활성화로 인하여 토지의 상품화가 촉진되었으며, 토지소유를 둘러싼 계층간의 분해가 심화되었다. 당시 제국주의 열강, 특히 청·일 상인층의 토지침탈과정이 중첩되어 진행되었으므로 토지문제는 국내 계급문제에 국한되는 것이 아니라 열강과의 대립으로 비화되고 있었다.

1898년부터 대한제국은 전국적으로 토지를 조사하고 토지소유자에게 지계를 발급하기 위한 사업을 추진하였다. 이는 '量田·地契사업'으로 불리었다. 1898년 7월 양전을 담당할 기구로서 量地衙門을 설립하였으며, 한성부로부터 전국적으로 토지측량사업을 확대시켰다. 1901년 10월에는 지계를 발급하기 위한 기구로서 地契衙門을 설립했다. 이에 양지아문의 토지측량사업을 인수받아 지계아문은 1902년 3월부터 순차적으로 각 지방의 양전과 官契발급사업을 진행시키고 있었다.

지금까지 양전·지계사업의 시행과 성격에 대하여 많은 연구가 진행되었다. 초기 연구에서는 이 사업을 대한제국이 추진하는 근대적 토지제도의 수립으로 높이 평가하였다. 1980년대 중반부터는 기존 연구에 대한 비판적

인 견해가 제시되었다. 지계사업과 관련해서는 일부 추진의도를 인정하면
서도 근대적 소유권의 법인이라는 측면에서 제도상으로나 실질상으로도
결함이 많다고 하였다. 결국 일제의 토지조사사업을 통해야만 우리나라의
근대적 토지제도와 소유권제도가 확립되는 것으로 파악하였다. 1990년대
중반 이후 양전사업과 관계발급사업에 대해 종합적인 연구가 시도되었다.
여기에는 구체적인 양전·지계사업의 추진과정과 아울러 장부형식체제
와 양안분석의 방법론에 이르기까지 전반적인 측면이 재검토되었다.

　이렇게 지금까지 대한제국의 양전·지계사업의 추진과정과 양안의 내
용분석에 이르기까지 다양한 문제의식이 제기되고 농민층분화의 구체적
인 분석이 진행되고 있다. 최근에는 사업의 근대적 토지소유제도의 수립과
관련된 사업의 평가에 대해 크게 의견이 엇갈리면서 새로운 단계의 논쟁으
로 심화되고 있다.

2. 광무 양전·지계사업의 연구사

　대한제국의 양전·지계사업에 대한 본격적인 연구는 1968년 김용섭에
의해 이루어졌다(김용섭, 1968, 1975, 1984). 그는 광무년간의 양전사업이
지니는 개혁적인 의의를 분명히 하고자 하였다. 이 사업은 봉건적인 부세제
도의 모순을 개혁하기 위해 개항 전부터 제기되어 왔던 양전론과 양전사업
을 총결산한 것이었다고 보았다. 당시 양전의 추진기구로 설립된 양지아문
은 활발한 토지매매와 관련해 토지소유권을 보호하고 외국인 특히 일본인
의 토지 투매나 잠매를 막기 위해 양전과 지계사업을 계획하고 있었으며,
지계아문에서는 1901년부터 본격적으로 지계를 발급하였다고 보았다. 특
히 토지소유권 증서인 지계는 모든 토지를 대상으로 발급되었지만, 철저히
내국인 토지소유자에게만 발급하는 것을 원칙으로 하였는데, 이는 당시

제국주의 열강의 토지침탈에 대항하는 구래의 지배층 위주의 자주적인 개혁임을 보여주는 것으로 간주하였다. 따라서 광무년간의 양전·지계사 업은 조선왕조 양전의 최종적인 형태인 동시에 근대적 개혁의 주요한 지주였다고 평가되었다. 또한 이 사업은 조선후기 이래 지배적인 소유관계 인 지주적 토지소유를 그대로 온존시키면서 근대적 소유권제도로서 추인 해 주는 것이었다고 평가함으로써 토지소유권제도에는 본질적인 차이가 없었다고 간주하였다. 그래서 그는 광무 양전·지계사업을 '토지소유권의 변화 없는 부르주아 개혁'으로 평가하였다(김용섭, 1988).

이후 사업 연구에 대한 비판은 근대 개혁의 주체 평가라는 반론으로 제기되었다. 신용하는 '광무개혁'이란 개념이 성립될 수 있는가, 대한제국 시기에 근대 개혁운동의 주체를 누구로 설정할 것인가 하는 문제를 제기하 였다. 광무개혁의 주체가 되는 대한제국의 집권세력은 친러수구파로 규정 할 수 있고, 그들의 정책은 결코 개혁적이지도 주체적이지도 않다고 하였 다. 그리고 양전·지계사업은 '농업개혁이나 토지개혁이 아니라 조세증가 정책에 불과'했다고 비판하였다(신용하, 1976).

본격적인 비판은 1990년에 간행된『대한제국기의 토지제도』에서 이루 어졌다. 이 연구서는 김홍식, 미야지마 히로시(宮嶋博史), 이영훈, 조석곤, 이헌창의 공동연구 성과를 수록한 것이다(김홍식 외, 1990). 김홍식은 "대 한제국기에 있어서 사실상 근대적 토지소유에 부합할 정도의 높은 수준으 로 사적 토지소유가 발전하였음에도 불구하고, 그에 상응하는 국가적 법인 체제가 끝내 결여되고 있을 때, 이 같은 사태의 기저에 놓인 사적 토지소유 와 조선국가의 토지지배의 상호관계를 어떠한 역사적 성격의 것"으로 규정할 것인가라고 문제를 제기하였다(김홍식, 1990, 31쪽). 그는 이 시기 근대적 토지소유의 변혁 내용을 근대적 지세제도의 성립으로 설명될 수 없고, 도리어 전근대적 토지소유 그 자체의 구조의 해체와 재편이라는 시각에서 보아야 한다고 하였다. 그래서 국가적 수취제도의 개혁을 중심으로 하는 개혁노선을 근대적 개혁으로 평가할 수 없다고 비판했다.

또한 미야지마 히로시와 이영훈은 양안 자체를 실증적으로 분석함으로써 이전에 파악하지 못한 양안장부상의 문제점을 제기하였다(宮嶋博史, 1990 ; 이영훈, 1990). 예컨대 양안분석에서 하나의 농가세대로 전제하였던 '起主', 혹은 '時主'는 분록과 대록 현상으로 말미암아 그 자체로 분석할 수 없다는 점과 지주적 토지소유가 현실보다 적게 나타난다는 점, 그리고 사업이 가지는 토지제도 개혁의 문제점 등을 비판적으로 검토하였다. 그렇지만 이러한 연구는 광무양안에 대한 실증적 분석에 국한되어 사업의 추진의도와 전개과정에서 나타나는 개혁적 성격을 충분히 해명하지 못하였고, 지계사업의 실효성에 대해 부정함으로써 근대적 토지소유제도의 수립가능성 자체를 부인하는 한계가 있었다(왕현종, 1991).

이러한 공동연구에 대한 반비판으로서 제기된 것은 1995년 한국역사연구회 근대사분과 토지대장연구반의 『대한제국의 토지조사사업』이었다. 이 책에서는 광무양전의 실시과정 및 사업의 구체적 경과와 양안 및 지계에 대한 실증적 연구를 수행함으로써 양전·관계발급사업이 토지제도사적 관점에서 근대적이었는가를 종합적으로 검토하고자 하였다(한국역사연구회, 1995).

이 공동연구에서는 대한제국의 개혁사업이 근대적 소유권의 법적 확립을 이룩하고 지주적 자본주의적 경제체제의 기초를 수립하려는 사업이었으며, 동시에 地價制에 의한 개별 부과제로의 개편을 통해 근대적 지세제도의 확정을 지향한 사업으로 결론지었다. 따라서 이 사업을 근대적 토지소유권의 수립이라는 측면에서 일제의 토지조사사업과의 차별성을 굳이 두지 않아도 되었으므로 양전사업의 명칭도 새로이 '대한제국의 토지조사사업'으로 고쳐졌다.

여기에서는 특히 양안을 작성단계별로 野草冊, 中草冊, 正書冊 양안으로 구분하고, 아울러 양지아문양안과 지계아문양안으로 구분하여 각각의 특징과 변동과정을 해명하였을 뿐만 아니라, 양안을 구성하는 여러 항목에 대해서도 상세히 연구함으로써 토지제도면에서 광무 양전 및 양안·지계의 근대성을 밝힐 수 있는 종합적 근거를 마련하였다. 따라서 이 공동연구는 양안 및 지계에 대한 최초의 체계적인 공동연구로서 평가되었다(이윤갑, 1995).

이 시기 근대적 토지제도의 수립을 둘러싼 논의는 이후 일제의 토지조사사업과의 비교 연구를 통하여 심화되어 갔다. 앞서 김홍식을 비롯한 경제사학자들은 다시 1997년에 공동연구로서 『조선토지조사사업의 연구』를 내놓았다. 이 공동연구에서는 조선후기 이래 토지소유권의 발전과 토지소유자인 '主'의 존재형태에 대한 연구와 함께, 광무양안과 토지대장의 비교연구도 제기되었다(김홍식 외, 1997). 이 밖에도 1990년대 초·중반에는 광무양전·지계사업과 일제의 토지조사사업에 관련된 많은 연구서들이 박사학위논문이나 간행본 형태로 제출되었다(宮嶋博史, 1991 ; 崔元奎, 1994 ; 趙錫坤, 1995).

지금까지의 연구에서는 역시 대한제국의 양전·지계사업과 이후 일제의 토지조사사업이라는 양 사업의 연관성과 단절성을 둘러싼 성격파악이 핵심적인 과제로 설정되어 있다. 즉 광무 양전·지계사업을 통해 객관적인 토지조사와 근대적 소유권의 법인을 성취하고 근대적 토지제도를 수립할 수 있었는가, 아니면 대한제국의 개혁사업이 처음에는 의도와 지향점을 가지고 있었다 하더라도 실제로 실현될 수 있는 제반 여건이 갖추어지지 않았으므로 성취될 가능성이 없었는가라는 문제였다. 특히 후자의 비판적인 견해는 일제토지조사사업에 중점을 두고 근대적 토지소유권의 확립을 강조하였으므로 사업 성격에 대한 평가가 상호 대립적이었음을 알 수

있다.[1)

이러한 논란은 무엇보다도 조선후기 이래 근대적 토지제도의 개혁 흐름을 어떻게 파악할 것인가에 대한 근본적인 시각의 차이에서 비롯되고 있다. 앞으로 현재의 논쟁구도를 넘어서 역사적 실체를 해명하기 위해서는 당연히 광무 양전·관계발급사업에 관한 구체적인 실증적 연구를 계속해 나가야 하지만, 더불어 토지제도의 전환에 대한 올바른 시각 정립과 접근방식을 새롭게 제시해야 하는 과제를 안고 있다.

3. 양전·지계사업의 쟁점과 '時主'의 성격

1) 양전사업의 추진 목적과 지향

대한제국기에 들어와서 토지문제를 둘러싼 계층간의 대립은 보다 심화되었다. 이 시기에는 종래 관행적으로 이루어지고 있던 매매문기 교환이 아니라 토지파악의 객관성을 확보하고, 보다 합리적으로 소유권을 이전하는 방안을 제기하고 있었다. 그러면서도 토지소유의 제권리를 어떻게 근대적인 토지제도로 확립시키는가 하는 문제가 초점이 되고 있었다. 이러한 여론을 배경으로 하여 대한제국기 광무정권은 1898년 6월 『토지측량에 관한 청의서』를 마련하였다.[2)

이 청의서의 취지에 따르면, 양전사업은 종래와 같이 농지와 가옥을

---

1) 왕현종, 「광무양전사업의 다양한 성격과 좁은 시각(서평)」, 『역사와 현실』 5, 1991 ; 근대사분과 토지대장연구반, 「'내재적 발전론'을 가장한 또 하나의 식민주의 역사인식(서평)」, 『역사와 현실』 7, 1992 ; 이윤갑, 「대한제국의 양전·지계발급사업을 둘러싼 제2단계 광무개혁 논쟁(서평)」, 『역사와 현실』 16, 1995 ; 조석곤, 「(서평) 한국역사연구회 근대사분과 토지대장반 : 대한제국의 토지조사사업」, 『경제사학』 19, 1995.

2) 이기, 『해학유서』 권1, 「전제망언」 및 권2, 「급무팔제의」 ; 유진억, 『전안식』, 「방전조례」 ; 유치범, 『일신록』.

조사할 뿐만 아니라 전국의 모든 토지를 측량의 대상으로 삼았다. 즉 지질, 산림과 천택, 수풀과 해변, 도로에 이르기까지 광범위하게 확대되어 있었다.[3] 당시 의정부 회의에서는 격론 끝에 토지측량건을 부결시켰지만, 이를 뒤집은 것은 고종의 시행의지였다. 이렇게 대한제국의 황제인 고종이 전격적으로 전국적인 양전을 시행하라고 지시함으로써 양전사업이 비로소 실시되었다. 양전사업은 성격상 정부기구 중에서 내부, 탁지부, 농상공부 등 3부와 밀접한 관계에 있었다. 범정부적인 유관기구를 포괄하면서 양전을 전담할 독립관청으로서 양지아문을 1898년 7월 발족하였다.

양전사업의 추진배경에 대하여 초기 연구에서는 기존의 봉건지배층과 이들을 주체로 하여 위로부터 근대개혁을 추진하려고 하였던 개혁론의 연장선상에 서 있으며, 갑오개혁의 대외의존적 개혁 태도를 반성하고 자주적이고도 현실적인 개혁방안을 마련한 데서 시작한 것으로 파악하였다. 그래서 사업의 추진이념을 '舊本新參'으로 설정하였다(김용섭, 1968). 양전 방식은 대체로 구래의 전통에 입각하면서도 기존 양전법의 결함을 제거하기 위해 근대적인 서구의 측량기술을 도입하였으며, 구래의 토지지배관계를 제도상 근대사회의 토지제도로 전환시키려고 했다. 그리하여 대한제국은 지주들의 토지소유를 인정함으로써 구래의 지배층을 중심으로 하여 자본주의 경제체제를 수립하려 한 것으로 파악하였다.

이후 광무 양전·지계사업의 추진과정과 양 사업의 시행의도에 대한 구체적인 연구가 수행되었다. 우선 초기 시행과정에 대해 대한제국 정부 내의 논의과정을 심층 분석하여 의정부의 심의에서 일단 부결되었던 양전 사업 안건을 고종의 결단으로 시행될 수 있었다는 것, 시험양전으로 아산군 양전에서 여러 가지 양전방식이 시도되고 있으나 결국 양지위원인 李沂의 양안 작성방식이 기본원칙으로 채택되었다는 점, 야초의 작성과 중초책,

---

3) 『奏議』 17책, 「토지측량건」, 1898년 6월 23일.

정서책 양안의 작성과정, 그리고 지계양안의 작성과정을 체계화했다는 점 등이 밝혀졌다(왕현종, 1995, 51~72쪽).

양전과정에 대해 최원규는 토지조사의 항목과 장부내용을 중심으로 세분하여 검토하고, 관계발급사업의 구체적인 규정과 발급절차를 자세히 검토하였다. 특히 양전사업과 지계사업과의 연계와 발전과정을 강조하면서 종래 지계사업이라고 부르던 용어를 고쳐서 이전의 지계발행과는 차원을 달리하는 '관계발급사업'으로 재규정하였다(최원규, 1995, 269~306쪽). 반면에 이영호는 양전과 지계발급사업은 목적이 서로 다른 두 개의 사업이라고 파악하고, 양안은 실제의 측량을 거쳐 작성되었으며 조세부과를 위한 장부였고, 지계가 실제 토지소유권을 증명하기 위해 발급되었다고 함으로써 양 사업을 분리하여 이해하였다(이영호, 1995, 179~192쪽).

반면에 광무 양전사업의 의도를 부정적으로 보는 견해에서는 이 사업이 종래의 수조권적인 토지지배에서 벗어난 것이 아니며, 양전의 목적이 국가의 수세지 확충을 기도하는 것에 지나지 않는다고 비판하였다. 앞서 1990년도 경제사 연구자들의 공동연구에서 광무양전은 이전과 마찬가지로 국가의 수세지 파악이라는 양전의 특성에 규정되어 사적인 토지소유의 근대적 법인, 달리 말해 부르주아적 토지개혁에는 도달할 수 없었다는 점을 강조했다. 이들은 광무양전에서의 토지파악방식이나 기주의 실체 해명을 제한적 내지 부정적으로 본 것이었다(김홍식 외, 1990). 특히 미야지마 히로시는 양안을 근대 이후에서의 토지대장과 기본적으로 같다고 하는 정의는 옳지 않다고 하면서 결부제에 의거한 토지파악은 국가가 수조권 분여를 위해 마련한 제도였으며, 양안은 토지의 경제적 실체를 객관적으로 기록한 것으로 볼 수 없고, 어디까지나 경제와 정치가 미분리 상태에 있는 전근대사회의 장부로서 파악되어야 한다는 것이었다(宮嶋博史, 1990, 77~79쪽).

지금까지의 연구에서는 대한제국의 양전사업의 추진방향과 관련하여 당시 농촌사회에서 토지소유구조를 어떠한 방향으로 변화시키고, 지주와 소작농민층간의 계급적 이해관계를 변화시키려고 했는가와 관련된 사업의 추진의도가 구체적으로는 밝혀지지 않고 있다. 또한 광무 양전사업의 주체인 대한제국 정권의 정치경제적 지향과 여타 정책과의 연관성에 대해서는 앞으로 밝혀야할 과제로 남아 있다.

2) 양전사업의 시행여부와 양안의 체제

양전사업의 실시과정에 관한 연구에서는 1898년 이래 전국 각지에서 구체적으로 어떻게 시행되고 있었는가. 종래 양전과정에서도 간혹 볼 수 있는 문서조사에 그치지 않았는가. 양전시행조례와 현지 양전조사와는 어떠한 차이가 있었는가. 광무양안은 어떠한 과정을 거치면서 조사되고 수정되었는가. 토지와 소유자에 대한 조사는 어떻게 최종적으로 완성되었는가 등 여러 가지 문제가 논쟁의 초점이 되고 있다.

양지아문의 양전사업은 측량 방식과 시행목적의 차원에서 크게 2개의 지역에서 나뉘어 실시되었다. 우선 한성부에서는 서양의 측량기술에 의거하여 측량하되 기존의 가계발급제도의 확대 실시라는 방향으로 추진되었다. 한성부 지역에는 1899년 4월 1일 숭례문에서 양전을 처음 시작하여 1년 후인 1900년 5월 경까지 측량을 마무리할 예정이었다. 또한 각도 단위로 전국적인 양전사업을 실시하였다. 각 지방의 양전을 책임지는 관리는 각도 단위로 임명되는 양무감리였다. 양무감리는 대개 각도 현직 군수 중에서 임명되며, 각 지방에 양전 사무를 주관하는 역할을 맡았다. 실제 실무관리로는 별도로 量務委員을 임명하여 토지의 측량과 문서정리를 담당하도록 하였다.

당시 양지아문이 정리한 양안의 체제와 작성방식에 대해서는 초기부터 관심의 대상이기는 했으나 구체적인 연구가 진행되지 못하였다. 1990년대

들어 본격적으로 광무양안의 장부양식에 주목하여 국가적 토지파악의
역사적 의미를 살피려고 했다. 초기 시행과정에 대한 연구에서는 아산군
양전사례를 주목하였다. 1899년 6월 양지아문은 전국적인 양전방침을 조
속히 시행하기 위한 방법으로서 충청남도 아산군에서 시범적인 양전을
실시했다. 이곳의 양전에서는 매 필지마다 실지에 나아가 민간의 斗落이나
舊結負를 조사하였다. 특히 주목되는 점은 농지의 형상을 그대로 본떠서
전답도형을 그렸고, 실적수를 정밀하게 표기하였다는 것이다. 또한 토지의
소유자인 전주와 답주 이외에 작인도 빠짐없이 조사하였으며, 심지어 垈主
이외에 여러 명의 家主를 조사하였다. 아산군 양전에서는 각면마다 각기
다른 양식으로 조사하였다는 점이 밝혀졌다(宮嶋博史, 1990, 61~62쪽).

그런데 최근에 발견된 자료에 의해서 1899년 5월 초 양지아문은 구체적
인 양전시행조례를 미리 공포하였다는 사실이 새로 밝혀졌다.[4] 이 시행조
례는 전국적인 양전을 앞두고 양전의 원칙과 시행방식을 구체적으로 규정
한 것으로 다음과 같은 특징이 있었다.

첫째, 토지조사의 방식이 실제의 토지상태를 고려하고 배미(夜味)와
斗落을 파악하고자 하였다. 이는 조선후기 이래 전통적인 양전방식인
결부제를 폐기하고 객관적인 토지면적단위인 두락제를 채택한 것이다.
그렇지만 이 원칙은 아산군의 실측과정에서 변경되기도 했다.

둘째, 양안에 수록될 농지의 범위를 일단 한정하고 있었다. 토지를 측량
할 때 원래 양안에 수록된 환기전, 가경전, 신기전, 화속전 등의 명목을
가리지 말고 올해 경작하고 있는 농지를 일체 수록한다는 것이다. 예컨대
진전, 포락전 등은 작년에 경작을 했더라도 올해 진전이 되었다면 등재시키
지 않는다는 원칙을 제시하였다. 실제 양전과정에서 이러한 원칙을 그대로

---

4) 「量地衙門 施行條例」, 『시사총보』 52호, 1899년 4월 2일(양력 5월 11일) ; 同 53호,
   1899년 4월 4일(양력 5월 13일).

적용하여 기경전 위주로 토지를 조사하고 있었다.

셋째, 토지의 경영과 소유권과 관련되어 있는 당사자로서 전답주와 작인을 동시에 조사하려고 하였다. 기왕의 양전에서는 전답주만을 조사하는 원칙을 가지고 있었지만, 양지아문의 양전에서는 작인을 조사한다는 원칙을 세웠다. 이는 규정 자체만으로도 중요한 의미를 갖고 있었다. 양안에 작인의 성명이 기록됨으로써 작인의 경작권과 관련된 모종의 후속조치를 기대할 수 있었다. 그러나 지주조사의 원칙을 강조하기는 했지만, 개별적인 토지소유자를 파악하기 위한 구체적인 조사방식을 규정하지 않았음으로 크게 미흡한 규정이었다.[5]

넷째, 「양지아문시행조례」에서 가장 주목되는 점은 양전사업에서 조사될 전주와 답주, 그리고 작인의 이름에 새로운 표기명을 부여하고 있다는 것이다. 즉 전답의 '時主'와 '時作'으로 표기하고 있다. 이제까지 1899년 6월 충청남도 아산군 시험양전을 통해서 표기방식이 정해졌다는 연구는 이제 수정할 필요가 있다.[6] 양지아문의 양전사업은 시행 이전에 '시주'와 '시작'의 기재원칙을 확정함으로써 대한제국은 이미 국가적인 차원에서 일정한 개념을 부여하고 있었던 것이다. 결국 새로운 양전조례를 마련함으로써 조선후기 숙종조 경자양전 이래 거의 180년만에 전국적인 양전사업을 시행하게 되었다.

현재 양지아문에서 작성한 양안은 대개 세 가지 종류의 장부형태로 남아있다. 그래서 기존 양전과정과 양안의 작성방식에 대한 심층적 이해를

---

5) 「量地衙門 施行條例」, "전답 시주가 아침 저녁으로 변동하며, 一家의 경우에도 異産, 즉 分戶別産의 경우가 많은데, 이를 치밀하게 조사하는 것은 물의를 일으킬 수 있으므로 이를 가급적 민인들의 편의에 따르도록 한다"고 규정하고 있다.
6) 종전에는 양전조례를 알지 못했기 때문에 충청남도 아산군 양안에서 李沂의 정리방식에 의해 '시주'와 '시작'의 표기가 처음으로 나타난 것으로 해석하였지만, 이제는 재고의 여지가 많다(왕현종, 1995, 65~75쪽).

가능케 했다. 양지아문은 일반적으로 세 단계의 과정을 거쳐 양안을 작성·
정리하고 있었다는 점이 밝혀졌다.

우선 각 지방에서 면 단위로 실제 들에 나가 측량하고 관련사항을 기록하
는 단계이다. 초기 양전에서 작성되는 장부를 '野草'라 규정하였다. 경상북
도 의성군 북부면의 야초가 유일하게 남아있다. 여기에는 각 필지별로
전답과 초가·와가의 구별, 배미의 기재, 양전 방향, 토지형상, 四標, 실적
수, 등급, 결부수, 전답주 및 작인 등의 순서로 기록하였다. 실지조사를
통해 실적수와 등급, 결부수를 계산하여 기록하고 사표명과 전답주명이
양전방향과 반드시 일치하도록 표기하였다(이영호, 1995, 128~131쪽). 초
기 양전과정에서 기록의 정확성 여부가 전체 양전 및 양안작성에 결정적으
로 중요한 의미를 지니고 있었음이 확인되었다. 또한 당시 광무양전이
시행하는 동안 실제 측량이 실시되었다는 점도 전라도 구례군 오미동의
사례연구를 통해서 밝혀졌다(이종범, 1995, 546쪽). 야초의 말미에는 하루
측량한 토지면적을 마무리하면서 총실적수와 결부수가 표기되었다. 대개
하루의 측량필지수와 결부수는 88필지에서 128필지에 이르기까지 다양하
였다. 평균적으로는 121필지, 8결여를 측량하였다. 이는 이전의 경자양전
에서는 하루당 3결이 조사되었음에 비추어 광무양전은 보다 짧은 기간에
많은 토지를 조사하였음을 알 수 있었다(宮嶋博史, 1997, 204쪽). 아무튼
당시 광무양전에서 명백하게 실지조사가 이루어졌다는 점이 입증되었다

다음으로 광무양전의 두 번째 단계는 각 도별로 '中草冊 양안'을 작성·
정리하는 단계였다. 이는 군별로 양무위원과 학원들이 한데 모여 각 면별로
측량된 야초를 수집해서 전체 군 단위로 새로 정리하는 과정을 말하였다.
이에 관한 사례로서는 용인군의 상동촌면과 하동촌면(이영호, 1995, 131~
134쪽), 온양군 일북면과 남상면(최윤오·이세영, 1995, 334~340쪽) 중초
책이 분석되었다. 당시 양무관리들은 일정한 면의 순서에 따라 각 필지별로

자호와 지번을 부여하였으며, 면적과 결부, 시주와 시작기재의 정확성, 사표와 시주의 일치 등을 수정하였다. 일부 지역의 중초책 양안에는 조사형식과 내용이 달리 기재된 것도 주목되었다. 예를 들어 경기도 지역 양안에서는 면 總目에 이전의 舊結數 및 戶數 총액을 조사한다든지, 충청남도 남부지역 양안에서는 家戶를 조사하면서 元戶 뿐만 아니라 挾戶도 조사하고 있다(이영훈, 1988, 264~268쪽).

　다음으로 각 군별로 정리된 중초책 양안을 양지아문에서 모아 놓고 재수정하는 과정을 거쳐 '正書冊 양안'을 완성하는 단계를 밟았다고 보았다. 양지아문의 조사위원들은 중초책 양안의 표지에 初査, 再査를 붙여가면서 각 면별로 전답의 실적통계 및 결부수, 시주와 시작 등을 최종적으로 확정하였다. 각 군현이나 도 단위에서 양전관리가 나름대로 파악하여 중초책 양안에서 기재한 구결총이나 전답주와 소작인의 표기 등은 삭제되었으며, 정서책의 광무양안은 통일적인 형식을 갖추게 되었음을 알 수 있었다(최윤오・이세영, 1995, 374~376쪽). 이렇게 광무양안은 야초의 작성단계에서 대개 3개월 정도의 측량과정을 거치고, 중초책 양안에서 정서책 양안의 정리단계에서 거의 1년 이상 기간을 거쳐 완성을 보게 되었던 것이다.

　이렇게 토지조사 방식에 있어 구래의 양전방식을 유지하기는 했지만 보다 객관적인 토지면적을 파악하기 위한 새로운 조사방식도 추가하였다. 첫째, 매 필지의 면적을 기록하는 방식의 차이가 있었다. 종래에는 長廣尺만을 기록한 데 대해 이것 이외에도 總實績數를 기입하여 절대면적을 표시하였다. 둘째, 개별 필지의 형상을 다양하게 파악했다. 종전 단순화했던 다섯 가지 圖形에 그치지 않고 다양한 등변, 부등변형을 표기하여 세분화된 토지의 형상을 파악하려고 했다. 셋째, 전답도형도를 처음으로 도입함으로써 이전의 양전에서 파악된 토지형상의 파악에서 한 단계 진전시켜 지적도제로 이행하려는 중간과정을 보여주었다(최원규, 1995, 222~

229쪽). 따라서 양지아문의 양전사업은 종래 소출 중심으로 토지를 평가하던 단계에서 객관적인 면적과 토지 가치를 평가하는 단계로 전환하는 것을 의미했다.

한편 객관적인 토지면적을 파악하기 위한 측량단위의 기준변화에 대해서도 주목하였다. 실제 지계아문의 양안작성에서는 면적을 표기할 때 이전 양지아문에서 조사한 실적수와 결부만이 아니라 객관적인 토지면적의 단위를 새로 제정했다. 이는 답에서 석락(1석락=15두락=150승락), 전에는 일경(1일경=4시경=32각경)단위를 사용하였다. 이는 답 1승락은 50평방척, 전의 1각경은 125평방척을 기준으로 하였다(宮嶋博史, 1990, 63~67쪽). 이를 들어 이전의 결부제적 토지파악방식에서 이제 두락제적 토지파악방식으로 전환되었다는 점을 강조하기도 했다. 즉 결부제가 기본적으로 '異積同稅'를 본질로 하고 있는 수조권적 토지지배의 기본단위인 동시에 科田 배분의 단위로서 기능하였으므로 구래의 양전과 밀접하게 결부되어 있었던 반면, 두락제는 토지의 절대면적을 기준으로 하여 지세를 수취할 수 있었음으로 새로운 두락제적 토지파악방식으로 전환되었다는 점을 강조하였다(宮嶋博史, 1990, 74~75쪽). 물론 두락제적 토지파악이 일본에 의한 토지조사사업에서 채택된 町反坪制와 비교하여 절대면적 파악이라는 점에서 공통적이라는 측면을 강조하기 위한 것이었다.

그렇지만 두락제란 토지면적의 계량단위로 민간에서 쓰이던 두락과 일경이라는 용어를 채용하되 양전 실적수에서 기계적으로 간단하게 산출한 절대면적 단위였다. 더구나 양전척 1척은 周尺으로 5척이었는데, 1902년에 제정된 도량형 규칙에 의해 1주척은 20cm로 제정되었으므로 양전척 1척은 미터법으로 정확하게 1m였다(왕현종, 1995, 104~107쪽). 이는 국제적인 측량단위와 대한제국의 '양전척'을 일치시키는 결과를 가져왔다. 이러한 토지면적이 결부제와의 관련성에서 벗어났다는 것과, 장차 시행될 관계제도에서 매매가를 기준으로 재조정되는 토지등급제의 실시와 조응한다는 점에서 근대적인 토지측량과 토지평가로 전환되는 계기를 이루고 있었다.

한편 광무양안의 또다른 기능인 국세조사와 관련해서 국가수세지의 확충이라는 목표를 달성하기 위해 실제 경작농지의 면적을 파악하여 종래의 결총보다 많은 新結을 찾아서 기록하였으며, 가옥세나 호구조사와 연계하여 대지의 규모와 가옥 상태, 현거주자의 가호구성 여부 등을 정밀하게 파악하였음을 밝혔다(김용섭, 1984 ; 배영순, 1988 ; 이영호, 2001). 이러한 작업을 기초로 하여 이후 완성된 광무양안은 비로소 토지의 위치와 면적 및 토지소유자를 기재한 '토지조사부'의 기능을 갖게 되었음을 알 수 있었다.

1899년부터 1904년까지 전국적인 양전의 결과는 다음과 같았다.

<표 1> 양전기관과 지역별 양안 분포 상황

지역	양지아문		지계아문
	양지아문(A)	지계아문(B)	지계아문(C)
경기	果川 1900 廣州 1900 廣州 1900 水原 1900 安山 1900 安城 1901 陽城 1901 陽智 1901 驪州 1901 龍仁 1900 陰竹 1901 利川 1901 竹山 1901 高陽 長端	安城 1902 陽城 1902 陽智 1902 振威 1902	水原 1903 龍仁 1903 始興 南陽 楊州 楊根 砥平
충북	槐山 1900 文義 1900 延豊 1901 陰城 1900 鎭川1901 淸安 1900 忠州 1900 淸州 沃川 淸風 報恩 丹陽 提川 永同 黃澗 靑山	永春 1902 忠州 1902 懷仁 1901	
충남	鎭岑 1901 天安 1900 韓山 1901 石城 1901 木川 1900 扶餘 1901 牙山 1900 燕岐 1900 連山 1901 溫陽 1900 全義 1900 定山 1901 公州 林川 鴻山 恩津 魯城 藍浦 鰲川 靑陽 泰仁 保寧	石城 1902 連山 1901 韓山 1903	德山 新昌 禮山 大興 海美 沔川 唐津 瑞山 泰安 洪州 庇仁 瑞川 結城 稷山 平澤 懷德

전북	南原 古阜 金堤 錦山 金溝 咸悅 淳昌 任實 高山 井邑 雲峰 長水 求禮	全州 礪山 益山 臨陂 扶安 茂朱 鎭安 珍山 沃溝 萬頃 龍安 龍潭
전남	羅州 靈光 寶城 興陽 長興 康津 海南 茂長 綾州 樂安 南平 興德 和順 高敞 靈巖 務安	
경북	大邱 永川 安東 醴泉 淸道 靑松 寧海 張機 盈德 河陽 榮山 奉化 義城 淸河 眞寶 軍威 義興 新寧 延日 禮山 英陽 興海 慶山 慈仁 比安 玄風 慶州 1903	尙州 星州 金山 善山 仁洞 順興 龍宮 開寧 聞慶 咸昌 知禮 高靈 漆谷 豊基
강원		江原道전부(杆城 1903 平海 1902) 原州 江陵 襄陽 春川
경남	密陽 蔚山 宜寧 昌寧 居昌 彦陽 靈山 昆陽 南海 泗川	昌原 金海 咸安 咸陽 固城 梁山 機張 草溪 漆原 巨濟 鎭海 安義 丹城 熊川 三嘉 晉州 河東 東萊 1904 山淸 1904 鎭南 1904 陜川 1904
황해	海州 瓮津 康翎	

주 : 연도가 표시된 지역은 규장각에 양안이 소장되어 있는 지역이며, 밑줄 친 지역은 전답관계의 발견 지역임.

자료 : 『增補文獻備考』, 田賦考2, 中卷, 645쪽 ; 奎章閣, 『奎章閣韓國本圖書解題-史部2』, 1982 ; 최원규, 1995, 212~213쪽 일부 수정 재인용.

3) '시주'와 '시작'의 존재양태

대한제국은 당시 과연 농촌에 존재하고 있는 토지소유자를 정확하게 조사하여 量案에 기록하고 있는가 하는 문제는 '시주'의 존재형태를 규명하는 문제와 연결되어 있다. 초기 연구에서는 양안이 본래 토지에 대한 세를 부과하는 기능이 있지만, 동시에 소유권을 보호하기 위한 등기부의 기능도 있다고 보았다. 더구나 광무양안이 토지소유권의 보호를 목적으로 시행하는 지계제도의 수립을 위한 것이었음으로 토지소유자인 '時主'의 기록은 비교적 정확했을 것이라고 전제하였다(김용섭, 1968(1984), 336쪽 ; 이영학, 1991, 327~343쪽).

그러나 1980년대 중반부터 양안의 사실성 여부와 토지조사부의 성격을 부정하는 연구가 제기되었다. 이러한 입장에서는 광무양전이 토지의 측량에만 어느 정도의 정확성을 부여할 수 있을 뿐 실제 토지소유자에 대한 조사는 제대로 이루어지지 않았다고 비판하였다. 이영훈은 충청남도 연기군을 비롯하여 경기도 광주군, 수원군 등 여러 지역의 광무양안을 실증적으로 분석하였다. 특히 연기군의 광무양안(1990)을 토지대장(1912), 광무호적, 순흥안씨족보, 남양홍씨족보 등의 자료와 상호 대조하여 비교하였다. 분석의 결과, 양안 상에 올라있는 '시주'가 광범한 分錄과 代錄 등의 현상이 나타났으며, 현실의 사적 소유자와 크게 괴리되었다고 파악하였다(이영훈, 1990, 115~134쪽). 이를테면, 양안 상의 호와 호적 상의 호가 커다란 차이를 보이고 있었으며, 동일인으로 확인된 167명 가운데에도 불과 48명만이 정상적으로 기록되었으며, 나머지는 형제들이나 사망한 선조의 이름으로 기록되었다는 점을 밝혔다. 이른바 양안 상의 分錄과 代錄이라는 문제를 지적하였다. 그의 결론에 의하면, 광무양전에서 국가의 사적 토지소유자에 대한 파악은 사실상 허구화하였으며, 양안작성에 실제 활용된 자료는 당시 매년 촌락마다 작성되고 있던 징세기, 곧 깃기였을 것이며, 따라서 광무양전의 성격은 국가의 수세지 파악에 불과한 것으로 파악하였다(이영훈, 1990, 115~123쪽 ; 이영훈, 1992, 2255~2256쪽). 이로써 '起主'를 곧바로 하나의 독립적인 '농가세대'로 간주하는 것은 무리이며, 또한 시주와 시작 자체를 곧바로 토지소유자와 경영자로 단순화하기 어렵다는 점이 제기되었다(宮嶋博史, 1996, 128~131쪽).

그렇지만 1899년 5월 양지아문의 시행조례에 규정되었듯이, 광무 양전사업에서 행한 토지소유자의 조사에서는 현실의 토지소유자를 조사하려는 의도는 분명했다. 다만 구체적으로 토지소유자의 신고가 일정한 공식절차와 법인과정을 거치고 있는가의 여부가 중요한 문제로 부각될 수 있었다. 당시 토지소유자의 신고원칙은 대체로 지주의 자진신고였던 것으로 추측된다. 실제 현지에서 지주들이 적극적으로 참여했는지는 거의 알 수 없다. 경기도 수원과 용인군 일부의 토지조사과정에서 나타났듯이, 指審人이나 頭民, 동장들이 지주를 대신하여 보고하거나 소작인의 간접신고를 통해서 부정확하게 조사되었을 가능성이 높았다(이영호, 1990, 92쪽).

한편 광무양안 상 토지소유자의 조사방식과 관련하여 온양군 양안의 일부 자료에서 하나의 실마리를 찾을 수 있었다. 一北面의 일부, 南上面, 西面 등에서 기존의 조세수취와 관련된 인명을 조사하였다. 이런 지역에서는 시주와 시작의 기재란에 結名과 結戶가 같이 표기되었다. 이는 대체로 특정한 성에다 奴名이나 戶名類의 이름을 조합시킨 형태를 취하고 있었다.

<표 2> 결명별 시주・시작 기재유형(단위 : 정보, %)

구분	중초책 양안 전・답주명-결명-작인명	정서책 양안 시주명-시작명	필지수	전답면적)
I	A-a-A	A-A	190(27.5)	29.10(21.2)
II	A-a-B	A-B	243(35.2)	54.52(39.8)
III	a-a-a	a-a	1(0)	0.13(0.1)
IV	a-a-B	a-B	5(0.7)	0.65(0.5)
V	A-A-A	A-A	97(14.2)	14.65(9.8)
VI	A-A-B	A-B	141(20.4)	36.85(26.9)
VII	A-B-B	A-B	13(2.0)	0.93(0.8)
계			690(100)	136.83(100)

주 : 대문자 A,B는 성명이 기재된 것, 소문자 a는 성이 없이 노명이나 호명 형태의 이름만 기재된 것.

출전 : 최윤오・이세영, 「광무양안과 시주의 실상」, 『대한제국의 토지조사사업』, 1995, 341쪽, <표 2> 전재

<표 2>와 같이 결명은 전답주와 작인 사이에 다양한 상호관련을 보이고 있다. 그런데 결명은 대부분의 경우(I-VI)에서 전주・답주와 밀접하게 관련되어 있었다. 즉 실질적인 토지의 소유자가 결명을 借名하여 代錄하고 있는 것이 아닌가 추측할 수 있었다(최윤오・이세영, 1995, 340~355쪽).

이렇게 온양군 양전에서 결명을 기록한 것은 시주·시작을 파악하기 위한 하나의 조사과정이었음을 알 수 있다. 새로이 토지소유자와 작인을 조사하면서 종래 서로 분리되었던 수세장부와 양안을 일치시키는 동시에 조세납부자를 파악하고자 했기 때문이었다. 그래서 양안의 기재양식상으로도 현실의 조세납부의 대상자를 곧 토지의 소유자인 '時主'로 귀착시키고 있었음을 유추할 수 있었다.

그럼에도 양안 상에 기록된 '시주'의 정확한 성격에 대해서는 논란의 여지가 많았다. 특히 시주의 성격을 매우 한정적인 의미를 두는 견해가 제기되었다. 여기서는 광무양전의 시주 규정이 아산군 양전에서 양무위원으로 종사한 李沂의 개인적 발상으로 성립하였다고 보았다. 이는 초기 양전과정에서 아직 양지아문의 통일적인 방침이 정해지지 않았으며, 각 지역에서도 '시주'의 조사가 매우 다양하면서도 자의적으로 시행되었다고 보았다.

더구나 토지의 본래 소유자인 本主는 국가이고, 인민은 그에 제약된 임시적 내지 한시적인 존재라고 규정하였다. 그리하여 광무양안 상의 '시주'란 단지 '인민의 임시적 내지 한시적 존재'임을 규정한 것에 불과하다고 하였다. 일반 인민이 토지의 '主'이긴 하지만, 그것은 국전의 보유자에 지나지 않는다는 뜻이라고 주장하였다(이영훈, 1994, 69~77쪽 ; 이영훈, 1997, 196~197쪽). 이러한 견해는 조선의 토지제도가 초기 國田制 이념을 말기인 大韓國國制까지도 동일하게 적용되고 있다는 한계를 강조한 것이었다. 그것은 대한제국시기까지도 국가적 토지지배가 사적 토지소유권보다 상위에 위치하였다는 국가적 토지지배론을 강조한 것에 다름이 아니었다.

과연 대한제국시기에 '시주'의 소유권에 대한 국가적 구속력이 실제로 관철되었는지는 의문이다. 이 시기 대한제국의 국제를 '天上의 帝國'이라고 규정하였듯이(이영훈, 1997, 180쪽), 사적 토지소유자에 대한 국가적 구속력은 거의 허구화되어 있었다고 볼 수 있다. 또한 양안 상 '시주'의 표기가 초기 양전에서 각기 다른 형태로 기록되었다는 점을 들어 각 지역에서 자의적으로 시행되었다는 것은 양전과 양안의 수정과정에 대한 오해에서 비롯된 것이었다. 일부 지역의 양안에서 '시주'와 다른 '전주', '답주'라고 표기하였던 것은 사실이나 양안의 정리과정에서 수정되고 있었다는 점을 고려해야 한다. 실제로 충청남도 아산, 온양, 연기군 일부 및 경기도 광주군 일부 및 수원과 용인군 전체의 중초책 양안에서 토지소유자를 전주와 답주로 표기하기도 했으나, 이후 정서책 양안에서는 모두 일률적으로 '시주'로 바뀌었다. 아산군의 시험양전에서 토지소유자를 '시주'로서 파악하고 있는 것은 이미 양전의 시행조례에서 명백히 규정되었던 것이었다.

19세기 말 대한제국의 양전 당시 양안 상의 시주 실체를 보다 분명히 파악하기 위해서는 조선후기 이래 발달하고 있었던 양전방식의 변화와 개혁방향을 서로 연관시켜 보아야 한다. 17세기 중반 '갑술(1634)양전'에는 양안에 主 규정이 미성립되었다가 경기도 '임인(1662)양전'에서 처음으로 성립하였으며, '경자(1718~1721)양전'에 이르러 비로소 기주 규정으로 전면화되었다(이영훈, 1997, 191~192쪽). 또한 경자양전 이후에도 영조·정조 연간에 전국 각 지역에서는 양전사업이 계속해서 시행되고 있었다는 점도 고려되어야 한다(왕현종, 2001, 230~244쪽). 예컨대 전라도 고산현 진전양안(1759)과 충청도 회인현 양안(1791)에서 '時'라는 표기가 처음으로 등장하였는데, 이는 起主에서 時主로 전환되는 중간형태라고 볼 수 있다(왕현종, 2001, 230~244쪽). 그만큼 광무양안의 '시주'는 조선후기 이래 토지소유권자의 표기방식의 발전과정에서 최정점에 위치하고 있음을 알 수 있다.

　당시 토지소유자로서의 권리를 행사하는 측면과 관련하여 광무양안 상에 '시주'의 소유권 행사 여부도 검토하여야 했다. 광무양안에는 전답주가 實名을 사용하든 代錄名을 사용하든 자신의 토지에 대한 토지소유권을 행사하는 데 전혀 문제를 느끼지 않았다는 점이 주목되었다. 그래서 향촌에서는 해당토지의 소유자명이 비실명이라도 그 토지의 실질적인 소유주가 누구인지를 알고 있었기 때문에 굳이 대록이 문제시되지 않았다고 보았다 (최윤오·이세영, 1995, 355쪽). 또한 당시 철도용지의 보상을 위해 지급된 명세서에서도 나타난 바와 같이, 토지소유자의 이름형태와 관계없이 보상이 이루어졌으며, 결국 국가에서 이들 戶名이나 假名으로 기재된 토지에 대해서도 소유자와 그 소유권을 인정하고 있었다는 점을 알 수 있었다(이영호, 1995, 179~187쪽).

　한편 양안 상의 '시작' 규정은 단순히 조세납부자로서 조사된 것이 아니라 소작인의 경작권을 보호하고 일정하게 보장해주려는 의도를 포함하는 것으로 보았다(최원규, 1995, 211~212쪽). 조선후기 이래 사적 토지소유권의 성장이 이루어지고 있는 가운데 독특한 재산상속과 권리의식이 형성되고 발전하고 있었으며, 대한제국은 사적 토지소유권과 더불어 농민의 경작권도 일정하게 보호하려는 정책 방향을 취했다는 점이 강조되었다.

　따라서 대한제국기 광무양안의 등재사항이 비록 현실의 엄밀한 토지소유관계를 충분히 반영하지 못하는 것이라고 하더라도 그 자체를 '虛簿'로 규정한다는 것은 당시 토지소유관행을 고려하지 않았을 뿐만 아니라, 대한제국의 양전·지계사업의 단계적 전진성을 고려하지 않은 견해라고 볼 수 있다. 양안 상의 '시주' 규정은 당시 현실의 토지소유자를 가리키는 말로서 양지아문의 조사를 통하여 일률적으로 파악된 소유자를 말하는 것이다. 양전조례의 규정상 "전답시주가 아침저녁으로 변천한다"는 표현에서도 알 수 있듯이, 양전조사 당시의 시점에 파악된 '시주'는 이후 전개될 지계사업을 통해 관계발급과정에서 재확인되고 수정될 토지소유자였다.[7] 이후 최종적으로 관계발급과정을 통해서 '原始取得'의 소유권자로 査定될 것이었다(최원규, 1994, 119~121쪽).

4. 광무양안과 농민층분화 연구

초기 광무양안의 연구에서는 양안 상의 '시주'와 '시작'이 현실의 지주와 소작인을 표시해 준다고 간주하였다. 그래서 양안 자료가 현실의 농민층분화를 그대로 나타내준다고 파악하였다. 현존 양안 가운데 광주군, 수원군, 안성군, 온양군, 연산군, 석성군 등지에서 특정 면내의 몇 개 마을을 대상으로 조사하여 당시 토지소유상황을 파악하기도 했다(김용섭, 1968, 587~623쪽). 그 결과 소수의 부농이나 중농에 의해서 많은 농지가 소유되고, 다수의 소농이나 빈농에 의해서는 극히 적은 토지가 소유되는 데 불과하며, 토지를 소유하지 못한 무전농민도 많았다고 파악했다. 이러한 분석은 대상이 몇 개의 마을로 분석했기 때문에 농민층분화의 전반적인 양상을 검토하기에는 무리가 따랐다.

이에 대한 비판으로 연기군 양안 전체를 대상으로 하는 분석이 수행되었다(이영훈, 1990, 102~115쪽). 일차적인 분석 결과, 광무양안 상 압도적인 다수인 93.8%가 2정보 미만의 영세경작규모에 속하는 것으로 보아 당시 연기지방에 지배적인 소유-경영관계는 '자작농체제 하의 영세소경영체제'였다고 결론지었다. 자작농의 범주에 들 수 있는 농민들은 모두 3,432명, 60.6%의 지배적 비중을 보이고 있으며, 또한 순지주와 순소작이 적지

---

7) 당시 조선에 거주하던 일본인들도 광무양안 상 '時主'를 '舊主'에 대비하여 '조사 당시의 소유자'로 보고 있었다(藤川利三郎,「朝鮮に於ける地稅制度の沿革」,『朝鮮彙報』특별호, 1916.6, 24쪽).

않은 비중을 차지하고 있었지만, 전과 답의 소작지율을 조사해 보았을 때 최고 40.8%에 불과하였다고 보았다. 이는 이후 토지조사사업 시기의 소작지율과 비교해 볼 때에도 실제의 소작지율에 크게 미치지 못하는 것으로 평가하였다. 이렇게 된 이유는 경자양전에 의해 작성된 경상도 예천군 양안의 분석에서도 나타났듯이, 양안 상의 기주를 그 자체 농가세대로서 설명할 수 없으며, 농민층분화 양상은 부농과 영세빈농, 무전농민으로 구성되는 농민층분해로 볼 수 있는 것이 아니라 '영세소농의 자작농체제'로 평가할 수 있다는 입론 때문이었다(이영훈, 1988, 제1장).

그렇지만 당시 농민층분화 양상은 단순히 자작농체제로 부르기에는 너무도 열악한 상황이었다. 당시 농촌사회는 이미 조선후기 이래 지주제가 발전해 오고 있었고, 개항 이후 곡물유통의 증가와 미곡무역의 확대는 각 지역에 지주제의 발전을 더욱 촉진시키고 있었다. 이는 1930년대 대지주의 창업 시기가 대부분 개항 이후인 것으로도 알 수 있다. 당시 지주들은 대체로 거주지 군과 면을 포함하여 수개 지역에 걸쳐 토지를 소유하고 있었다. 특히 서울 지역에 거주하는 부재지주들은 전국적으로 많은 지역에 걸쳐 토지를 소유하고 있었다.

한편 당시 비교적 지주제가 덜 발달된 지역에서도 농민층분화 양상이 심화되고 있었다(이세영 · 최윤오, 1995, 424~439쪽). 예를 들어 충청도 온양군 일대가 그러한 지역인데, 일북면의 경우 5정보 이상의 토지소유자가 전체 소유자의 4.0%인데도 전체 경작지의 39.3%를 차지하고 있는 반면, 0.5정보 이하의 소유자는 61.3%이지만, 전경지의 15.1%만을 차지하고 있는 양상을 보여주고 있다. 이는 전체적으로 빈농 중심의 계급구조이지만, 부농의 대부분이 자작상농이거나 자소작상농인 점을 보아 전형적인 부농의 존재로 확인될 수 있다. 반면에 산간지대에 위치한 남상면의 경우는 절대 다수의 영세소유자와 빈농중심의 구조를 보여주고 있었다.

이러한 연구를 통하여 지금까지 자작농이 차지하는 비율이 상대적으로 높은 것을 이유로 당시의 농민경영을 자작농중심체제로 설명한다든가, 혹은 양안이 지주제의 실상을 반영하지 못하고 있다는 것은 아직까지 성급한 결론이었다고 지적할 수 있다. 특히 소유지와 경작지의 일치를 근거로 하는 자작농 중에서는 대부분 경작규모로 보아 농업수입만으로는 살아가기가 어렵기 때문에 농업외의 수입이나 기타 부수입에 의존해야 하는 '반농·반프로 농민'으로 볼 수 있기 때문이다(이세영·최윤오, 1995, 438~439쪽).

지금까지 광무 양전·지계사업에 대한 당시 지주와 농민층의 대응방식에 대한 분석은 충청도 정산군의 사례를 제외하고는 거의 이루어지지 못했다(조동걸, 1981, 35~53쪽). 더욱이 많은 지역의 광무양안이 있음에도 불구하고 대부분 양안 상의 '시주'와 '시작'의 표기방식의 검토에 그치고 있을 뿐 농민층분화의 다양한 사례를 검토하지 못하고 있다. 또한 대한제국 시기 농민의 계급구성을 파악하기 위해서는 단순히 계량적인 경작형태의 분석이 아니라 반드시 구조적인 농업경영의 분석이 필요할 것이다. 앞으로 19세기 농민층 분화양상에 대한 이론과 성격에 대한 이론적 재정립이 필요한 부분이다.

5. 지계사업과 근대적 토지소유제도의 수립

대한제국은 양전사업을 통하여 전체 토지와 토지소유자를 조사하고 양안에 등재시키고 있었지만, 토지의 소유권을 보장하는 제도는 아직 시행하지 못하고 있었다. 1900년 11월 중추원에서는 官給契券제도의 시행을 요구하는 건의안과 지세제도 개혁안, 인지세 도입안을 제기하였다(왕현종, 1992, 118~120쪽). 다음해인 1901년 10월 다시 중추원에서는 토지매매에 있어서 위조나 盜賣를 방지하기 위하여 「田土官契之法」을 재차 논의하였다. 대한제국 정부는 비로소 이를 수용하고 토지소유권의 법인제도로서 관계제도를 처음으로 수립하려고 했다.

1901년 10월 20일 칙령 21호 「지계아문직원급처무규정」이 제정되었다. 이로써 지계아문은 한성부와 13도 지역에 걸쳐 田土契券을 정리 실시하는 기구로 정식 출범했다. 지계아문에서 특히 전토의 답사, 新契의 환급 및 舊契의 繳銷, 매매증권의 발급 등을 전담하였다. 직원은 총재관 1인과 부총재관 2인, 위원 8인 및 기수 2인으로 구성되었다. 이후 11월 11일에 「처무규정」을 부분적으로 개정하였는데, 이때 지계의 발급대상이 전토에 국한되지 않고 산림, 토지, 전답, 家舍 등으로 확대되었다. 또한 지계의 발행 범위도 개항장 이외에는 외국인의 토지소유를 정식으로 금지한다는 조항을 명문화하여 삽입하였다(김용섭, 1968, 1975, 572~583쪽). 양지아문에서 행한 한성부의 토지조사가 거의 마무리단계에 와 있었으므로 향후 근대적 토지소유권의 제도수립에 대한 방침이 가능한 한 빨리 내려져야 했기 때문이었다(왕현종, 1998, 25~28쪽).

이러한 대한제국기의 토지제도 개혁정책은 크게 2계통의 정책이 이어져 왔다고 보아야 한다. 하나는 1893년 이래 가계발급제도를 비롯하여 종래 입안이나 입지제도보다 진전된 부동산 공증제도를 수립하였다는 점이다. 1896년 이래 새로운 호구조사제도와 연계하여 가옥대장을 마련하였으며, 1898년부터는 양전사업과 관계사업을 단계적으로 추진하여 근대적인 토지소유제도를 수립하려고 했다. 다른 하나는 외국인의 토지침탈에 대한 정책이 단계적으로 추진되었다는 점이다. 1885년 이래 漢城開棧權 철회 추진, 1895년 한성부 내 외국인 잡거지 설정, 1898년 외국인의 한성부 무가옥 토지매입 금지, 그리고 1900년 외국인 가옥거래 허가제 등이 추진되었다(왕현종, 1997, 149~157쪽 ; 왕현종, 2001, 109~118쪽). 두 흐름의 개혁정책이 1903년 이후 관계발급사업의 시행을 통해서 수렴되었다(왕현종, 1998, 4~20쪽).

이렇게 대한제국의 양전·지계사업의 기본 흐름과 성격을 파악하여 보는 것은 기본적으로 양전·지계사업이 과연 객관적인 토지조사와 근대적 소유권의 법인을 성취하고 근대적 토지제도를 수립할 수 있었는가 하는 과제에 기본적인 접근방식이 될 것이다.

당시 대한제국의 지계아문은 토지소유자에게 지계를 발행하여 토지소유권을 법인한다는 데 목표를 두었다. 양전과정에서 토지의 소유자를 정확히 파악하는 것에 초점을 맞추고 있었다. 특히 국유지에는 관둔·궁방의 토지를 명시해 놓고 있었으며, 민유지에서도 현재 경작되고 있는 토지의 소유자인 시주만이 아니라 진전의 소유자인 陳主도 파악하고 있었다. 경기도 수원군 등 일부 지역에서는 시주의 거주지도 파악했으며, 강원도 간성군에서는 전답양안과는 별도로 '家舍案'을 작성하여 가옥의 소유권자를 표기하였다(이영호, 1995, 173~175쪽).

그렇다면 실제 지계가 어떻게 발행되었는가. 당시 지계의 발급규정에 의하면, 전답, 산림, 천택, 가사를 소유한 자는 종래 舊券을 지계아문에 납부하고 새로이 官契를 발급받도록 하였다. 특히 문제가 되었던 것은 구권과 관계가 서로 교환될 때, 어떻게 동일한 토지소유권자로서 확인될 수 있는가 하는 것이었다. 즉 소유자의 실명과 양안 상의 시주명을 어떻게 대조·확인할 수 있는가 하는 문제였다. 원칙적으로는 시주와 구권 상의 명문을 근거로 하여 반드시 확인한 연후에 발급하게 되어 있다(「지계감리응행사목」제8항 참조). 다만 소송사건이나 양자가 근거가 없는 경우에는 현재 領有者가 각 군에서 확인을 받아 발급하도록 하였다.[8] 그렇지만

---

8) 「전답산림천택가사관계세칙」 1, 2, 3항 및 「一. 大韓帝國人民이 家舍가 有호 者는 此官契를 必有호더 舊契는 勿施호야 本衙門에 收納홀 事 一. 家舍所有主가 該家舍를 賣買或讓與호는 境遇에는 官契를 換去호며 或典質호는 境遇에는 該地方官廳

구체적으로 매매문기 소유주와 양안 상의 토지소유자인 '시주'와의 대조
확인 과정에서 양쪽 중에 어느 것을 기준으로 할 것인지는 규정조항의
문맥상으로 파악하기 어렵다. 매매문기를 기준으로 한다면 양안을 일일이
재수정한 뒤 발급하는 절차를 밟을 것이지만, 양안 상의 '시주'를 기준으로
한다면, 일정하게 구권과 연결되기만 하면 일률적으로 발급하는 방식을
취할 것이다. 광무양안이 관계발급의 기본 장부로서 역할을 할 수 있느냐
하는 여부가 핵심이었다.

그렇지만 아직까지 관계발급의 구체적인 절차를 알 수 있는 자료는
발견되지 않았다. 그래서 '시주'기재의 혼란과 불철저성을 근거로 사업
자체를 부정적으로 인식하는 연구가 있다(이영훈, 1992, 2229~2235쪽).
그렇지만 최근의 사례에 의하면, 양안에 등재된 내용 그대로 전답관계에
기재되어 있는 것으로 보아 양안에 등재된 소유자에게 기존의 문기소유자
임을 확인해서 현실의 토지소유자로 확정하고 관계를 발급한 것임을 알
수 있다(왕현종, 1999, 81~83쪽). 앞으로도 보다 많은 사례와 지계발급
과정의 분석이 필요하다.

한편 지계아문 시기 '시주'의 등재 방식을 둘러싸고 '시주'의 토지소유권
에 상당한 제약성이 있다는 점이 지적되었다. 지계양안에서는 비록 민유지
에만 '시주'라는 규정이 적용되고 국유지에는 적용되지 않았다는 점이
제기되었다. 이에 반해 田畓官契에서는 민유지와 국유지를 막론하고 모든
토지의 소유자를 시주로 규정하고 있었다는 점도 주목하여야 한다.

그런데 당시 한성 주재 각국 공사와 외국인들은 양지아문의 양전사업을
토지소유권 조사와 직접적으로 관련된 것으로 간주하고 있었다. 이들은
양지아문의 설립초기부터 단순히 한성내의 가옥과 토지면적만 측량하는

에 認許를 得ᄒᆞᆫ 後에 施行홀 事 一. 家舍所有主가 官契를 不願ᄒᆞ고 賣買或讓與홀
時에 官契를 換去치 아니ᄒᆞ거ᄂᆞ 典質홀 時에 官許가 無ᄒᆞᆫ즉 該家舍ᄂᆞ 一切屬公홀
事."('전답관계' 뒷면 발급조항 참조)

사업이 아니라 장차 토지소유자에 대해서 별도의 立案을 나누어준다고
보았다. 그래서 이들은 자국민에게 契案의 발급제도를 세울 수 있는 좋은
기회로 파악하였다. 이들은 이미 한성부에서 시행되고 있었던 家契制度를
개항장에서 사용하고 있었던 地契와 같은 제도로 확립해 줄 것을 요구하고
있었다. 특히 일본은 1899년 3월 한성부 내 토지 가옥의 위치와 면적을
측량하되 부동산의 原簿를 작성하고 이에 의거하여 地券과 家券을 발급해
달라고 요구하고 있었다. 이렇듯 제국주의 열강은 자국민의 토지와 가옥의
소유권을 공인하는 제도의 필요성을 제기하고 있었지만, 그 이면에는 외국
인 토지소유의 합법화를 기도하려는 의도가 깔려 있었다.

한편 대한제국 정부는 당시 광범위하게 행해지고 있었던 일본인의 토지
침탈을 금지하기 위한 일련의 조치를 취하고 있었다. 한성부에서는 도성
내 토지에 대해서는 매매・양여를 금지한다는 원칙을 강조하면서 아직
토지조사가 완료되지 않고 관계가 시행되지도 않았으므로 새로운 가사관
계 발급을 일단 유보해 두고 있었다(왕현종, 1998, 35~41쪽).

이런 상황에서 대한제국은 외국인의 소유권이나 점유권을 금지하는
조처를 취하기도 했는데, 「전당포규칙」을 발포하여 외국인의 전당행위도
금지시켰다. 그러나 이 제한규정도 아직까지 외국인에 대한 처벌규정은
마련하지 않고 한국인만 대상으로 삼았으며, 지방관들도 전당행위가 결국
소유권까지 잃게 된다는 사실을 거의 인식하지 못하고 있었다. 전국적으로
전당을 통한 소유권 침탈행위가 여전히 빈번하였다(최원규, 1999, 85~103
쪽). 대한제국은 1903년부터는 전국적으로 외국인의 토지침탈을 구체적으
로 조사하기 시작했다. 이는 충청도, 전라도, 경상도 등 삼남지방에 집중적
으로 조사되었고, 그 결과가 계속해서 정리되어 보고되었다. 이제 지계아
문이 한성부를 비롯한 전국 각 지역에 외국인의 토지소유를 금지하는
관계발급사업에 실제 착수한다면, 일본인들을 위시한 외래자본의 불법적

인 토지거래가 이제 전면적으로 금지될 것이었다. 더욱이 외국인의 토지자
본은 장래 토지소유권 자체를 환수 당할 위기에 빠졌던 것이다. 또한 지계
사업으로 수많은 가옥을 전당한 일본 금융자본의 활동을 사실상 중지시키
는 역할을 하는 것이었다. 결국 1903년 말에는 토지소유권의 국가적 공인과
관리체계를 둘러싸고 민족간, 사회계급간의 분쟁이 크게 확대되어 파국의
국면으로 나아가고 있었던 것이었다.

그러나 1904년 1월 대한제국의 광무황제 고종은 이제 각 지방에서 막
시행하려던 관계발급사업을 갑자기 정지시켰다. 그리고 지계아문을 축소
하여 탁지부 양지국에 소속시켰다. 그리고 그 해 4월에는 급기야 관계발급
사업을 폐지하고 말았다.9) 당시 러일전쟁의 와중에서 일본은 종래 양전을
그대로 실시하되 지계발행사업을 정지시켜 일본의 토지침탈을 용이하게
하려는 계획을 관철시키려고 했기 때문이다. 결국 대한제국의 양전사업과
관계발급사업은 더 이상 실시되지 못하고 중단됨으로써 대한제국이 추구
하는 근대적 토지소유제도의 독자적인 수립은 외국인 토지침탈 금지정책
과 더불어 미완의 과제로 남았다.

6. 대한제국기 양전·지계사업의 의의

1898년부터 1904년까지 7년여 동안 추진한 광무 양전·지계사업은 근대
적인 토지제도와 지세제도를 수립하고자 하는 목표아래 전국가적인 차원
에서 추진되었던 사업이었다. 이 사업은 양지아문의 양전사업과 지계아문

---

9) 1904년 1월 11일에 의정부에서는 "지계아문을 혁파하여 탁지부에 속하게 한다"라
하여, 지계아문을 폐지하는 결정을 내렸다. 그 해 4월 19일 '탁지부 양지국관제'를
제정하는 과정에서 종래 지계아문이 담당한 지계발행을 삭제하고 지세수취와
관련된 양전만 규정되었다(왕현종, 1995, 114~116쪽).

의 양전·관계발급사업으로 전개되었다.

대한제국의 양전·지계사업은 무엇보다도 '토지소유권의 법인'이라는 측면에 중요한 성과를 거두고 있었다. 이전의 양전사업과 달리 토지소유자에게 관계를 발급하였다. 즉 양전사업을 통하여 개별토지와 토지소유자를 조사하고, 그 토지소유자가 매매문기 등을 제출하여 현실의 토지소유자임을 확인하는 사정과정을 거쳐 토지소유권자로 확정되었다. 이 관계사업은 주도면밀하게 양전과정과 결합되지는 못했으나 적어도 사적 토지소유에 대한 근대적 법인을 목표로 한 것이었고, 조선후기 이래 지배적 소유관계인 지주적 토지소유를 그대로 온존시키면서 그것을 토대로 하여 근대적 제개혁을 추구한 것이다. 결국 이들 지주·부르주아 계층의 입장에서 근대적 토지소유권의 확립을 추구한 것이었다(김용섭, 1968 ; 김용섭, 1988).

이에 대해 국가적 토지소유의 지배적 규정성을 강조하는 입장에서는 양전이란 어디까지나 국가적 수취의 입장에서 그 수조지와 수조대상자를 확정하는 과정이었다고 보고 있다. 특히 토지소유권의 조사의 측면에서는 추진주체의 의도가 있었을지 모르지만 근대법적인 소유권 확정과 관리체계를 결여하고 있었기 때문에 양전사업이 그 자체로 실패할 수밖에 없었다고 파악하였다(宮嶋博史, 1991 ; 김홍식 외, 1990). 따라서 광무 양전사업에서는 소유권조사사업으로서의 성격은 하나의 의제에 불과하였다고 하였다(이영훈, 1989). 그러한 사업은 도리어 일제의 토지조사사업에서 찾아볼 수 있다고 간주하였다.

그렇지만 대한제국의 양전·지계사업과 일본제국주의의 토지조사사업은 지주적 토지소유의 법인이라는 측면에서는 사업의 목표와 내용에 있어 크게 다른 것이 아니었다. 대한제국의 토지조사와 관계발급에서도 이전의 모든 매매문기를 강제적으로 거둬들이고 새로이 관계로 환급함으로써 국가가 토지소유권을 공인한다는 것이 핵심이었다. 이것은 국가가 모든 부동산의 소유권 등록과 이전 및 관련사항을 통제하도록 하는 강제규정이었다. 이렇게 구권과 관계의 교환과정을 통하여 그 시점 이후로는 관계가 소유권의 법적, 실제적 權原簿로서 사적 토지소유권을 행사하는 문서가 됨을 의미했다. 양전사업에서 잠정적으로 조사되고 인정받았던 토지의 소유자인 시주가 관계발급과정을 통해 최종적으로 사정 이후에 확정된 토지소유권자가 되는 것에 다름이 아니었다. 따라서 관계발급으로 취득한 소유권은 어떤 이유로도 취소할 수 없는 국가로부터 추인받은 一地一主의 배타적 소유권으로서 '原始取得'한 소유권이었다(최원규, 1995, 308~309쪽).

　더욱이 양 사업의 중요한 차이점은 외국인에게 토지소유를 허용하지 않았다는 점이다. 대한제국의 사업에서는 당시 외국인들의 침탈이 빈번해짐에 따라 증대된 토지의 매매 혹은 양여의 경우뿐만 아니라 전당의 경우에도 관의 허가를 받도록 되어 있었다. 또한 대한제국에서는 일정하게 소작농의 제권리를 보호하려는 정책이 취해졌던 점이다. 토지조사사업을 계기로 농민적 토지소유나 소작권 등 농업에 대한 제권리는 배제되고 농민수탈을 통해 식민지농업체제를 갖추었던 것과는 다른 사업이었다. 이런 측면에서 보더라도 일제의 토지조사사업에 의해서 근대적인 토지소유권이 정착되는 것이라기보다는 대한제국 고유의 양전 · 관계발급사업에 의해 형성될 것이었다. 당시 외국인 토지소유의 무제한적인 개방과 합법화 요구는 대한제국의 토지주권뿐만 아니라 대한제국 국민의 토지소유권의 해체를 추구하고 있었다. 그래서 대한제국은 토지주권 강화정책의 일환으로 외국인 토지소유 금지정책을 강력하게 추진하려고 하였다. 특히 '시주'의 자격규정에도 조약 상으로 허용된 지역 이외에 불법적으로 토지를 취득한 외국인의 소유권을 용인하지 않았던 것이다.

　그러므로 19세기 말 대한제국의 토지개혁정책은 양지아문과 지계아문의 단계적 발전을 거치면서 본래 의도한 바대로 근대적인 토지소유제도의 확립과 외국인의 토지침탈 방지정책을 수행하고 있었다. 따라서 양전・지계사업은 한국의 토지제도 발전과정에서 볼 때 한국 중세사회의 최종적인 해체를 이룸과 동시에, 근대국가의 형성에 경제적 토대를 제공할 수 있었다는 점에서 의의를 부여할 수 있을 것이다.

참고문헌

金容燮, 「光武年間의 量田・地契事業」, 1968(『韓國近代農業史硏究』, 일조각, 1975 수록) ; 『韓國近代農業史硏究(下)』(증보판), 일조각, 1984 재수록.

_____, 「韓末 高宗朝의 土地改革論」, 『東方學志』 41(『韓國近代農業史硏究(下)』 (증보판), 일조각, 1984 재수록).

_____, 「近代化過程에서의 農業改革의 두 方向」, 『한국자본주의 성격논쟁』, 대왕사, 1988.

金鴻植 외, 『대한제국기의 토지제도』, 민음사, 1990.

_____, 『조선토지조사사업의 연구』, 민음사, 1997.

朴慶龍, 「大韓帝國時代 漢城府 硏究-漢城府 [去文] 內容을 中心으로」, 『水邨朴永錫 敎授華甲記念 韓國史學論叢(下)』, 1992(『開化期 漢城府硏究』, 一志社, 1995 재수록).

裵英淳, 『韓末 日帝初期의 土地調査와 地稅改正에 관한 硏究』, 서울대 국사학과 박사학위논문, 1988.

孫禎睦, 『韓國開港期 都市變化過程硏究』, 일지사, 1982.

愼鏞廈, 「김용섭 저, 『한국근대농업사연구』 서평」, 『한국사연구』 13, 한국사연구회, 1976.

왕현종, 「(서평)광무양전사업의 다양한 성격과 좁은 시각」, 『역사와 현실』 5, 1991.

_____, 「한말(1894-1904) 지세제도의 개혁과 성격」, 『한국사연구』 77, 한국사연구회, 1992.

_____, 「대한제국기 양전・지계사업의 추진과정과 성격」, 『대한제국의 토지조사사업』, 민음사, 1995.

_____, 「19세기 후반 地稅制度 改革論과 甲午改革」, 『韓國 近現代의 民族問題와 新國家建設』, 지식산업사, 1997.

_____, 「대한제국기 한성부의 토지・가옥조사와 외국인 토지침탈대책」, 『서울학연구』 10, 서울학연구소, 1998.

_____, 「광무 양전·지계사업」, 『한국사 42 : 대한제국』, 국사편찬위원회, 1999.

_____, 「갑오개혁기 개혁관료의 상업육성론과 경제정책」, 『한국학보』 105, 일지사, 2001a.

_____, 「18세기 후반 양전의 변화와 '시주(時主)'의 성격」, 『역사와 현실』 41, 한국역사연구회, 2001b.

元永喜, 『韓國地籍史』, 新羅出版社, 1972.

李炳天, 『開港期 外國商人의 侵入과 韓國商人의 對應』, 서울대 경제학과 박사학위논문, 1985.

이세영·최윤오, 「대한제국기 토지소유구조와 농민층분화」, 『대한제국의 토지조사사업』, 민음사, 1995.

이세영, 「대한제국기 농촌사회경제구조의 변화 ; 1900~1903년 경기도 광주부 북방면을 중심으로」, 『韓國文化』 16, 서울대 한국문화연구소, 1995.

이영학, 「광무양전사업 연구의 동향과 과제」, 『역사와 현실』 6, 한국역사연구회, 1991.

_____, 「총설·대한제국기 토지조사사업의 의의」, 『대한제국의 토지조사사업』, 민음사, 1995.

이영호, 「대한제국시기의 토지제도와 농민층분화의 양상」, 『한국사연구』 69, 한국사연구회, 1990.

_____, 「光武量案의 기능과 성격」, 『대한제국의 토지조사사업』, 민음사, 1995.

_____, 『한국근대 지세제도와 농민운동』, 서울대학교 출판부, 2001.

李榮薰, 『조선후기사회경제사』, 한길사, 1988.

_____, 「光武量田의 歷史的 性格-忠淸南道 燕岐郡 光武量田에 관한 事例分析」, 『近代朝鮮의 經濟構造』, 비봉출판사, 1989.

_____, 「광무양전에 있어서 <시주> 파악의 실상」, 『대한제국기의 토지제도』, 민음사, 1990.

_____, 「광무양전에 있어서 <시주> 파악의 실상 2」, 『성곡논총』 23, 1992.

_____, 「갑오개혁과 한말의 토지제도」, 『갑오개혁의 사회경제사적 의의』, 경제사학회, 1994.

_____, 「量案上의 主 規程과 主名 記載方式의 推移」, 『조선토지조사사업의 연구』, 민음사, 1997.

이윤갑, 「대한제국의 양전 지계발급사업을 둘러싼 제2단계 광무개혁 논쟁(서평)」, 『역사와 현실』 16, 한국역사연구회, 1995.

이종범, 「한말·일제초 토지조사와 지세문제」, 『대한제국기의 토지조사사업』, 민음사, 1995.

조동걸, 「地契事業에 대한 定山의 農民抗擾」, 『사학연구』 33, 사학연구회, 1981.

조석곤,『朝鮮土地調査事業에 있어서의 近代的 土地所有制度와 地稅制度의 確立』, 서울대 경제학과 박사학위논문, 1995a.

_____,「(서평) 한국역사연구회 근대사분과 토지대장반 : 대한제국의 토지조사사업」,『경제사학』19, 경제사학회, 1995b.

최원규,「일제의 초기 한국식민책과 일본인 '농업이민'」,『東方學志』77·78·79, 연세대 국학연구원, 1993.

_____,『韓末·日帝初期 土地調査와 土地法 硏究』, 연세대 사학과 박사학위논문, 1994.

_____,「대한제국기 量田과 官契發給事業」,『대한제국의 토지조사사업』, 민음사, 1995.

_____,「19세기 후반·20세기초 경남지역 일본인 지주의 형성과정과 투자사례」,『한국민족문화』14, 부산대, 1999.

최윤오,「肅宗朝 方田法 시행의 역사적 성격」,『국사관논총』38, 국사편찬위원회, 1992.

최윤오·이세영,「光武量案과 時主의 실상 : 충청남도 온양군 양안을 중심으로」,『대한제국의 토지조사사업』, 민음사, 1995.

한국역사연구회 근대사분과 토지대장연구반,「'내재적 발전론'을 가장한 또 하나의 식민주의 역사인식(서평)」,『역사와 현실』7, 한국역사연구회, 1992.

한국역사연구회 근대사분과 토지대장연구반,『대한제국의 토지조사사업』, 민음사, 1995.

宮嶋博史,「광무양안의 역사적 성격」,『대한제국기의 토지제도』, 민음사, 1990.

_____,『朝鮮土地調査事業史の硏究』, 東京大學 東洋文化硏究所, 1991.

_____,「量案における"主"の性格-1871年 慶尙道彦陽縣量案の事例」,『論集 朝鮮近現代史 : 姜在彦先生古稀記念論文集』, 明石書店, 1996.

吉田光男,「大韓帝國期の서울住民移動」,『朝鮮文化硏究』1, 東京大學 文學部 朝鮮文化硏究室, 1994.

대한제국기 충주군 양안의 지주제와 부농경영

최 윤 오

1. 머리말

본 연구의 장기적인 목표는 기존의 연구를 충실히 반영하되,[1] 진정한 의미의 지역사 연구를 위해 다각도로 양안분석 방법론을 모색하려는 것이다. 그 첫 번째 결실이 충북 진천지역의 토지소유구조와 농민층의 동향에 대한 연구였다.[2] 양안만으로는 충분한 연구를 행하기 어렵다는 점을 확인했지만, 본 연구에서는 한 걸음 더 나아가 양안 분석에서 미처 다루어보지 못한 부분을 정리하는 계기로 삼고자 한다.

즉 본 연구는 충주읍 광무양안 분석을 통해 농민층의 토지소유 방식뿐 아니라 특히 農業經營 형태를 추적함으로써 농민의 구체적인 삶과 경영방식을 추적하는 데 그 목표를 두고 있다. 양안이 갖는 자료상의 한계에도 불구하고 양안에 나타난 농업경영 형태를 보다 면밀히 추적함으로써 지주경영과 농민경영이 어떠한 방식으로 결합되어 있는지를 구체적으로 묘사하고자 한다.

기왕의 연구에서는 주로 토지소유와 관련하여 대토지소유자 및 중소지

---

1) 김용섭, 「韓國近代農業史研究」, 일조각, 1975 ; 한국역사연구회 근대사분과 토지대장연구반, 『대한제국의 토지조사사업』, 민음사, 1995.
2) 최윤오, 「대한제국기 광무양안의 토지소유구조와 농민층의 동향-충북진천군 양안을 중심으로」, 『역사교육』 86, 2003.6.

주 또는 自營農民과 無土地農民 등을 구분해내는 데 주력함으로써 농민층
의 소유분해를 주목하였다. 그렇지만 농민층의 경우 토지소유 여부가 중요
하지 않은 것은 아니지만, 소유분해 과정에서 탈락하는 가운데 지주의
토지를 차경함으로써 농업경영을 확대해 갈 수밖에 없는 현실이 나타나고
있었다. 이같이 自耕, 또는 借耕을 통해 자신의 생계를 이어갔던 농민층의
경영분해를 추적한다면 이전의 소유분해 중심의 분석에서 확인할 수 없었
던 농민층의 경영형태와 소득을 통해 그들의 존재형태를 좀 더 명확히
할 수 있을 것이다.[3]

　　양안 연구에서 구체적인 경영을 추적하기란 쉽지 않다. 時主와 時作의
존재 역시 대록되거나 분록되어 소유와 경영형태를 추적하는 데는 여러
가지 어려움이 따른다. 그러나 전답주가 실명을 사용하든 대록하든 자신의
토지에 대한 토지소유권을 행사하는 데 전혀 문제를 느끼지 않았기 때문에
특정한 토지에 대해 대록, 분록을 하고 있었다. 實地調査簿로서의 광무양
안은 따라서 개개토지의 현실적인 토지소유자와 토지소유관계를 철저히
파악하고 있다고 할 수 있다.[4]

　　따라서 우선 소유분해만이 아니라 농민층의 경영형태까지 추적해 낼
수 있는 방법론을 개발하여 새로운 분석방법을 시도해 봄으로써 농민의
존재형태를 체계적으로 분석할 필요가 있다. 양안 분석에 대해서는 지금까
지 수많은 연구가 진행되어 왔지만 소유분해를 추적하는 데 그쳤지 농민경

---

3) 농민의 경영을 분석하는 데 있어 기존의 연구에서는 소유와 경영 면적만으로
　통계처리를 하는 방법을 사용했지만 형식적인 분석에 그칠 수밖에 없었다. 즉
　소유와 경영의 결과물인 잉여생산물, 즉 소득을 누가 얼마나 확보하는가를 분석해
　내는 것이 농민의 존재형태를 정확히 밝힐 수 있기 때문이다.

4) 최윤오·이세영, 「光武量案과 時主의 실상-충청남도 온양군 양안을 중심으로-」,
　『대한제국의 토지조사사업』, 민음사, 1995 ; 이세영·최윤오, 「대한제국기 토지
　소유구조와 농민층분화-충청남도 온양군 일북면·남상면 양안을 중심으로」, 같
　은 책.

영의 정확한 실상을 추적하지 못했다. 그 이유는 우선 양안 상의 농업경영
이 어떠한 방식으로 이루어지는지 구체적으로 기술되어 있지 않기 때문이
다.5) 시주와 시작 간의 관계뿐 아니라 地代형태도 명확치 않다. 전답에
따라 지대 수취방식이 다르다는 점 외에도, 結稅나 제반 雜稅를 누가
부담하는가도 명확치 않다. 게다가 농민의 소득은 단순히 토지에서만 나오
는 것이 아니다. 임노동 등의 품팔이에서도 나올 수 있고, 나아가 여러
가지 부업을 통해 생계를 유지하고 있었기 때문이다.

　양안이라는 자료가 갖는 이러한 한계에도 불구하고 양안은 수많은 정보
를 담고 있다. 이에 충주읍 양안을 중심으로 민전과 역토, 궁장토의 농업경
영이 갖는 특징을 추출해 냄으로써 농업경영의 구체적인 양상을 추적해
보고자 한다. 특히 농업경영에 참여하는 時作 농민층의 존재야말로 당시
농민의 구체적인 삶의 형태를 보여주기 때문에 양안에 대한 체계적이고
다양한 분석이 시도될 필요가 있다. 예컨대 충북 진천에 대한 양안분석에서
도 밝혀진 바 있지만6) 궁방전의 농민층이 하향분화를 이루고 있다는 연구
의 문제점이 확인되기도 했다. 진천 읍내의 궁방전을 차경했던 농민들은
대개 권력과 밀접한 관련을 맺거나 맺고자 했던 농민층으로 드러났으며
지주층이나 부농층도 다수 발견된다는 점이다. 이 같은 점을 충주에서도
확인하여 비교할 것이며, 또한 驛土를 경영하던 농민층과의 비교를 통해
역토와 궁장토의 지주경영이 강화되었던 당시의 시점에서 작인경영이
어떠한 방식으로 결합되어 있는지를 추적할 것이다.

---

5) 지주가 사례분석은 이 같은 양안의 한계를 극복할 수 있는 연구방법으로서 지주층
　의 농업경영을 밝힐 수 있는 중요한 연구방법이 되고 있다. 그러나 이러한 지주제
　사례는 다른 토지를 경작하는 농민층의 농업경영 형태는 전혀 밝힐 수 있는
　방법이 없다는 점 때문에 농민층의 동향을 살피기 어렵다. 따라서 현재로서는
　농민층의 동향을 밝힐 수 있는 자료는 양안이 유일한 대안이 아닌가 한다.
6) 최윤오, 앞의 글, 2003.6.

이러한 목표를 달성하기 위해서는 새로운 분석방법이 필요하다. 가장 먼저 양안 상의 농업경영 분석 지역과 대상을 설정하는 문제가 하나 있고, 또 하나는 이들 농민층의 경영확대를 어떻게 추적하는가이다. 분석대상 지역은 충주읍으로 재편된 광무양안 상의 남변면과 북변면을 대상으로 한다. 이를 통해 읍내 농민이 어떠한 방식으로 존재했는가를 추적할 것이다. 문제는 경영확대 분석에 있다.

양안 상의 농민경영 분석은 각 지역 농업관행을 통해 추적할 수 있을 것이다. 통계처리 방식에 있어 농업관행상의 정율지대인 打作과 정액지대인 賭地를 구분하되 결세나 잡세를 결합시켜 분석한다면 농민의 경영 내용을 대강 확인할 수 있을 것이다. 물론 이 같은 분석은 지주경영의 유형에 따라 달라질 수 있다는 점을 전제해야 할 것이다. 일반 민전농민과 궁방전 농민의 차이, 역둔토 농민의 차이 등을 전제하면서 분석된다면 지주제 유형에 따라 농민층의 구체적인 경영형태가 밝혀질 것이다.

2. 충주읍의 지주경영과 농민층의 동향

1) 지주경영

본 연구는 충주군 양안 가운데 충주읍의 농업경영 형태를 추적하여 지주경영과 농민층의 동향을 검토하고자 한다. 광무양전 시기의 충주읍은 남변면과 북변면으로 구성되어 있다. 1914년 개편 때 두 면이 합해져 읍내 면이 되고[7] 1917년에 충주면, 1932년 충주읍으로 확대되면서 1956년 충주 시로 승격되었다.[8] 100년 전 옛 충주는 광무양안 상의 남변면과 북변면을 통해 그 모습을 복원할 수 있다. 여기에서는 1914년 남변면과 북변면이

---

7) 『新舊對照 朝鮮全道府郡面里洞名稱一覽』, 朝鮮總督府, 大正 6年.
8) 『忠州中原誌』, 충주문화원, 1985.

합해져 읍내면이 되었지만 충주의 사례라는 점을 보이기 위해 충주읍으로 호칭하기로 한다.9)

충주읍은 남한강 유역 내 최고의 수륙교통의 중심지였기 때문에 장시와 포구를 통한 유통경제가 다른 어느 지역보다 발달하고 있었으며 농업경영 역시 그러한 유통망을 이용한 형태가 발달하고 있었다. 서울에 이르는 길목에는 여주, 이천, 광주 등이 위치하고 있어 보다 확대된 유통망을 형성할 수 있었다. 그러나 남한강의 포구 시설은 금강이나 만경강 등의 경우처럼 해로와 연결되는 것이 아니었기 때문에 비교적 간단한 포구가 설치되어 운영된 것으로 보인다.10) 이러한 포구는 충주장시와 연결되고 있었는데 충주는 남한강 상류의 상품유통의 중심지였기 때문에 충청도 최대의 장시로 발달할 수 있었다. 개시일도 5일장의 2배였다. 따라서 부유한 자가 많이 살고 있었다고 한다.11) 이러한 충주읍의 유통망은 역토의 지주경영을 발달시키고 있었고, 궁방전 역시 이 같은 유통망을 이용하여 농장경영을 행하고 있었다고 할 수 있다.

광무년간 양전사업의 추진과정에서도 자세히 검토된 바 있지만12) 충주읍의 양전·지계사업 역시 1902년(광무 6) 지계아문 양안으로 일단락된다.13) 이에 따르면 충주읍인 남변면과 북변면의 전답 총결수는 1734결

9) 광무년간 이전에도 충주읍이라는 호칭은 쓰이고 있었다. 예컨대 본고의 사례로 검토할 1896년의 명례궁 추수책도 표지에 『충주읍추수책』(규한22018-1)이라는 제목을 달고 있다.

10) 崔英俊, 「南漢江 水運 硏究」, 『地理學』 35, 1987 ; 김종혁, 「朝鮮後期 漢江流域의 交通路와 杖匙」, 고려대학교 박사학위논문, 2001.

11) 『擇理志』, 八道總論 京畿.

12) 왕현종, 「대한제국기 양전지계사업의 추진과정과 성격」, 『대한제국의 토지조사사업』, 민음사, 1995 ; 「광무양전 지계사업」, 『한국사』 42, 1999.12.

13) 충주군의 광무양안은 현재 양지아문의 『忠淸北道忠州郡量案』(규17682, 광무 4) 98책과 지계아문의 『忠淸北道忠州郡量案』(규17681, 광무 6) 38책이 남아 있다. 본 연구에서는 광무 6년(1902) 양안을 분석하였다.

90부 6속으로서 田結 933결 30부 5속, 畓結 801결 60부 1속으로 파악하고 있다. 면적으로 환산하면 田은 15,571,856척(약 1,699정보), 畓은 11,128,710 척(약 1,214정보)으로서 답의 비율이 전체의 41%에 해당한다. 각각 충주군 전체 田(138,845,395척, 15,145정보)의 11.2%, 전체 畓(132,471,849척, 14,449 정보)의 8.4%에 해당한다.[14]

충주읍(남·북변면)의 지주경영의 추세를 알 수 있는 것은 1909년의 『土地農産調査報告書』이다. 이에 따르면 충주의 지주가 대부분 京城人이 라는 것을 통해 부재지주가 많았다는 것을 알 수 있다.[15] 그 외 진천, 청주, 음성 등의 주요 지주 역시 대부분 경성에 거주하며 해당 토지를 관리한다고 기록하고 있어 충청북도 지역이 서울과 가까워 대부분의 서울 부재지주가 이 지역의 토지를 장악하고 있음을 알 수 있다.

충주군의 지주 현황에 대해 1909년의 기록이 남아 있어 참고가 된다.[16] 1902년 광무양안의 기록과는 7년 정도의 차이가 나지만 충북 내 여타 군현과 비교하면 그 규모를 짐작할 수 있다.

충북 전체에서 인원수로는 충주군이 가장 많다. 그러나 청주, 괴산, 영동, 문의, 보은군에도 비교적 많은 지주가 존재한다. 연풍군이나 청안, 청산군에는 지주가 거의 보이지 않는다. 이러한 분포는 충북지역에 부재지 주가 많다고 한 사실과 관련하여 해석될 수 있다. 남한강의 조운과 쉽게

---

14) 지주의 토지소유 현황을 町步(1정보=3000평) 단위로 나타낼 수 있지만, 1등에서 6등에 이르기까지 등수에 따라 면적이 모두 다르기 때문에 생산량 환산에는 부적절하다. 따라서 본 연구에서는 정확한 면적을 곧바로 환산하기 어렵다고 할지라도 결부제를 이용하고자 한다. 환산하는 방법은 해당 필지의 町步(척수 /9168로 하면 된다. 남변면과 북변면의 경우 각 등전에 따른 1결당 면적(정보)은 1등전은 1.1정보, 2등전은 1.3정보, 3등전은 1.6정보, 4등전은 2.0정보, 5등전은 2.7정보, 6등전은 4.3정보로 환산될 수 있다.
15) 『土地農産調査報告書』 제5편, 1장 1절. 분배 및 경작면적(충청북도).
16) 『韓國忠清北道一斑』, 1909, 6장 농업. 지주편.

연결되거나 시장이 발달하여 생산물을 바로 소비할 수 있는 대도시는 생산물을 판매하는 데 수월하기 때문에 대지주가 주로 분포하고 있었다.

<표 1> 1909년도 충북지역의 지주 현황

구분 / 지역	1천석 이상	700석 이상	500석 이상	400석 이상	300석 이상	200석 이상	150석 이상	100석 이상	계
충청북도	2	1	5	1	9	30	21	138	207
청주군	1				2	3	1	24	31
충주군					1	3	1	27	32
문의군			2			8	6	1	17
회인군							1	4	5
옥천군						2	1	7	10
영동군	1	1	3	1	2	4		9	21
황간군								5	5
청산군								1	1
보은군					1	1		13	15
진천군						4	2	3	9
청안군								1	1
음성군					1		1	4	6
괴산군					2	2	1	18	23
연풍군									0
단양군							1	6	7
청풍군							1	7	8
제천군						3	2	6	11
영춘군							1	6	5

출전 : 『韓國忠淸北道一斑』, 1909.

우선 충주읍의 지주 가운데 부재지주의 존재형태를 추출해 보기로 하자. 충주읍의 토지를 소유한 자로서 거주하지 않는 경우를 부재지주로 설정했기 때문에 충주군 전체의 부재지주와는 성격이 다르다고 할 수 있다. 그 특징을 추출하기 위해 부재지주로 보이는 지주를 검토했지만 충주읍만을 대상으로 해서인지 그 수가 적다. 이들은 대개 충주읍내에 거주하지 않으며 대부분의 토지는 중간관리인을 두고 경영하는 경우이다. 이들의

지주경영은 주로 병작에 의존하고 있기 때문에 경영확대를 꾀하던 지주층
보다 소극적이다.

이들은 단순히 토지를 소유만 하고 경영은 대개 작인농민에게 맡기는
전형적인 부재지주의 경영방식을 보여주고 있다. 전형적인 부재지주의
형태로 보이는 지주로서, 경영에 손을 대지 않는 2결 이상의 토지소유자가
총 11명이 등장한다. 모두 63결 25부 5속을 소유하고 있어 평균 5결 75부를
소유한 중소지주라는 것을 알 수 있다. 이들은 평균 6.2호의 가옥을 소유하
고 있으며 남변면과 북변면에 거주하는 지주는 한 명도 없다.[17]

이들 부재지주 11명의 소유실태는 아래 <표 2>와 같다.

<표 2> 충주읍 지주 11인의 소유경영

	인명	농업경영(결-부-속)				가옥	칸수
		소유	대여	차지	경작		
1	홍순형	15-80-1	15-80-1	0	0	36	154
2	민영철	12-09-7	12-09-7	0	0	0	0
3	가덕선	6-53-2	6-53-2	0	0	1	7
4	정두교	6-07-8	6-07-8	0	0	22	62
5	서상윤	6-06-4	6-06-4	0	0	0	0
6	정계원	4-00-0	4-00-0	0	0	3	8
7	정리원	3-30-7	3-30-7	0	0	0	0
8	이정하	2-64-9	2-64-9	0	0	3	15
9	최억복	2-55-5	2-55-5	0	0	0	0
10	박복은	2-08-7	2-08-7	0	0	0	0
11	이용교	2-08-5	2-08-5	0	0	3	7
	계	63-25-5	63-25-5			68	253

출전 : 『忠淸北道忠州郡量案』 제1책, 제2책(이하 동일. 생략함).

이들 가운데 1위로 나타난 홍순형은 15결 80부 1속을 소유하고 있으며
가옥도 36호나 소유하고 있다. 남변·북변면을 통틀어 최대의 지주이다.[18]

---

17) 충주읍 이외의 지역에 토지를 소유하고 있지만 여기에서는 포함시키지 않았다.
18) 본고에서 다룰 1901년의 명례궁추수책의 수취량을 보면 結卜을 부담하는 16결

2위인 민영철도 12결 9부 7속을 소유하고 있는데 거주 가옥이 없다. 3위 가덕선이나 4위 정두교 역시 가옥을 소유하고 있으나 거주하지 않는 것으로 드러난다. 양안 상에서는 垈主순으로만 되어있을 뿐 家主는 모두 다른 사람이라는 점을 통해 알 수 있다. 단순히 토지를 소유하고 그것을 대여하여 지대수익을 꾀하는 지주의 형태로서 전형적인 부재지주라고 할 수 있다.

이러한 지주의 경영은 대개 가옥을 소유하더라도 거주하지 않으며 중간 관리인(마름이나 次知)을 두어 생산물을 수확하고 있다. 1909년의 충주 관행은 병작법과 함께 도지법이 행해지고 있다고 보고되는데, 도지법의 경우는 두락당 10~15두의 정액제를 통해 수취한다고 기록하고 있다.[19] 그러나 이 시기의 지주층은 지금까지 살펴본 대로 부재지주 경영방식으로만 농업경영을 행하고 있지 않다. 소유지를 배경으로 자신의 토지를 직접경영하면서 수확을 증대시키거나 더 나아가 타인의 토지를 차지하여 경영하는 경우도 있다는 점을 고려할 필요가 있다. 자영농을 포함하면서 자작 겸 소작 경영방식까지 계산하면 지주경영의 확대된 실태를 보다 정확히 그려낼 수 있다.

이들의 농업경영 방식을 추적하기 위해 2결 이상의 소유를 배경으로 경영확대를 꾀하던 농민층을 지주층의 범주에 넣어 검토해 보면 다음과 같다. 그 추세를 명확히 하기 위해 2결, 3결, 5결, 10결 이상의 지주로 나누어 살펴보았다.

<표 3>에 따르면 10결 이상의 지주 10명은 평균 19결 73부 6속을 소유하고 있으며 평균 20채 정도의 가옥을 소유하고 있다. 그 외에 5결 이상

7부 1속의 전답에서 총 90석 3두를 수취한다고 기록하고 있다. 이로써 추정을 해보면 홍순형의 15결 80부에서 수취하는 지대량도 90석 정도에 이를 것이다. 필지마다 생산량이 다르지만 대강 이 정도로 추정할 수 있다.

19) 『土地農産調査報告書』 제5편, 7장, 소작제도(충청북도).

지주는 13명, 3결 이상은 31명이며, 2결 이상을 소유하는 자도 49명이나
된다.

<표 3> 충주 남변·북변면 지주의 소유형태

구분 소유	인원	소유(결-부-속)		戶		
		면적	평균	초가	와가	칸수
10결이상	10	197-35-9	19-73-6	202	2	846
5결~10결	13	85-76-1	6-59-7	132	1	544
3결~5결	31	120-57-2	3-88-9	130	5	606
2결~3결	49	118-44-2	2-41-7	179	4	682
계	103	522-13-4	5-06-9	643	12	2678

이들 가운데 상위 10명의 지주를 보면 아래와 같다.

<표 4> 10결 이상 지주의 토지소유와 주거형태

구분 지주	소유 결-부-속	대여면적 (비율)		차지	경영	초가(戶) /칸수		작인수	거주 장소
1. 김갑규	39-05-8	36-17-8	92.6	0	2-88-0	23	80	92	*(동량 大也)
2. 민병한	34-44-8	34-23-0	99.4	0	21-8	14	60	97	남변 關山垈
3. 정보원	27-95-1	27-04-7	96.8	0	90-4	43	158	107	*(금천 渴馬洞,光垈)
4. 홍순형	15-80-1	15-80-1	100.0	0	0	36	154	60	
5. 권재항	14-97-9	6-39-5	42.7	0	8-58-4	27	102	43	북변 枼枝洞
6. 김각규	14-31-4	13-58-7	94.9	4-4	77-1	18	95	53	
7. 김덕수	13-04-8	3-73-0	28.6	1-82-4	11-14-2	23	111	33	북변 凡衣洞新村, 瓦家2戶
8. 이준명	13-00-4	12-84-6	98.8	0	15-8	19	84	36	남변 達川垈
9. 권명변	12-65-9	4-43-3	35.0	0	8-22-6	1	2	21	
10.민영철	12-09-7	12-09-7	100.0	0	0	0	0	32	*(감물 赤德洞)
계	197-35-9	166-34-4	84.3	1-86-8	32-88-3	202	846	574	

*표는 모두 충주군의 면리로서 충주읍 이외의 지역임.

이들 지주 10명은 총 197결 35부 9속을 소유하고 있으며 84.3%인 166결
34부 4속을 대여하는 지주경영을 행하고 있다. 직접 경영하는 토지는 32결

88부 3속으로 아주 적은 면적이다. 가옥은 모두 202채로서 총 846칸의 초가(와가)를 소유한 것으로 나타난다. 이 중 김덕수는 기와집 2채를 소유하고 있어 부귀와 권세를 드러내고 있다. 또한 이들이 거느리고 있는 작인 숫자는 총 574명이며, 지주 1인당 작인수는 평균 57명 정도이다.

10명의 대지주 중 대여지가 90%를 넘는 지주 가운데 김갑규, 민병한, 정보원, 홍순형, 김각규, 이준명, 민영철은 전형적인 병작지주이다.

1위 김갑규는 39결 5부 8속을 소유하고 있으며 92.6%에 해당하는 토지를 대여하고 있는 최대의 지주이다. 가옥은 23채를 소유하고 있는데 남·북변면에 거주하고 있지 않은 것으로 나타난다. 『忠州郡量案』을 확인해본 결과 東良面에 거주하고 있는 것으로 나타났다.[20] 북변면의 북쪽에 위치하고 있으며 남한강을 건너야 한다. 인접해 있지만 남한강을 사이에 두고 농업경영을 관리하는 부재지주 형태라고 할 수 있다.

김갑규는 남한강 너머 가까운 지역의 땅 약 2결 88부 4속 정도를 직접 경작하고 있었으며, 거주지 주변의 동량면 토지 약 1결 41부 가량을 직접 경작하고 있는 것으로 조사 결과 확인되었다. <표 4>에서 보듯이 39결 가운데 36결 정도를 대여하고 2결 88부 4속(거주지 토지를 포함하면 4결 29부 1속) 정도를 직접 경작하는 지주로서 대단한 力農家라 할 수 있다. 작인수는 모두 92명으로 작인의 평균 경작면적은 39부 3속 정도이다.[21]

---

20) 『忠淸北道忠州郡量案』(규17681, 광무 6) 東良面 참조.
21) 그러나 김갑규의 작인의 평균 경작면적이 39부 3속이라는 것은 잘못이다. 이들 작인은 자신의 자경지와 다른 지주의 차경지까지 경작하기 때문에 이 같은 지주가 사례를 통해서 해당 작인들의 경작면적을 말하는 것은 커다란 오류를 범하기 쉽다. 기존의 지주가 사례에서 분석한 농민층의 하향분화 연구는 재검토할 필요가 있다. 예컨대 김건규라는 작인은 김갑규의 토지 39부 1속을 경작하고 있지만, 남변면과 북변면에 걸쳐 총 5결 45부 8속을 경작하는 지주이며, 이만보라는 작인은 89부 2속을 경작하지만 남변면과 북변면에 총 3결 32부 5속을 경작하고 있다(『충청북도충주군양안』 제1책, 제2책).

2위인 민병한은 남변면의 關山垈에 거주하고 있으며 34결 44부 8속을 소유하며 99.4%에 해당하는 토지를 모두 대여하여 지주경영을 행하고 있다. 3위 정보원은 금천면 渴馬洞과 光垈에 거주하는 것으로 나타났는데, 북변면의 서쪽 방향이며 달천을 건너야 한다. 96.8%를 대여하여 지주경영을 행하는 부재지주라고 할 수 있다.

이들 지주 가운데 5위 권재항과 7위 김덕수, 9위 권명변은 각각 8결 58부 4속, 11결 14부 2속, 8결 22부 6속을 직접 경영하고 있는 것으로 나타나고 있다. 직접 경영을 행함으로써 지대수익을 보다 많이 확보하려 하는 경영지주의 전형적인 경영방식이라고 할 수 있다.[22] 경영지주층은 조선후기 이래 자신의 토지 가운데 적어도 30% 이상을 직접 경영하던 지주층이라고 할 수 있다. 이들은 이 같은 직접지 경영확대를 통해 토지생 산성 확대를 꾀하고 있었다. 권재항은 57%에 해당하는 토지를 직접 경영하 고 있으며, 김덕수는 71.4%, 권명변은 약 65%의 토지를 경영하고 있다. 직접 임노동(또는 노비노동)을 이용하여 경작함으로써 지대 수익을 최대한 확보하려는 경우이다.

2) 농민층 동향

1902년 광무양안의 농업경영 형태를 보다 정확하게 추적하기 위해서는 소유면적을 검토하는 것보다 경영면적을 추적할 필요가 있다. 특히 농민층 의 동향을 검토해 내기 위해서는 소유면적 보다는 경영면적에 대한 검토를 통해 농민의 수중에 확보되는 소득을 분석하는 것이 필요하기 때문이다.[23]

---

22) 김용섭, 「조선후기 양반층의 농업생산」, 『東方學志』 64, 1990(『增補版 朝鮮後期農 業史硏究』Ⅱ, 지식산업사, 재수록) ; 최윤오, 『朝鮮後期 土地所有權의 발달과 地 主制』, 혜안, 2006.
23) 田畓마다 서로 다르고 또한 打作인가 賭地인가에 따라 다르며, 田의 경우에는 농작물에 따라 다르며, 畓의 경우에도 借地계약에 따라 서로 다르기 때문에

경작자를 중심으로 파악한 1909년도의 아래 <표 5>가 이 같은 상황을 이해하는 데 도움을 준다.[24]

<표 5> 충청북도 경작자 현황(1909)

구분 지역	자작	지주	자소작	소작	합계 (명)
충청북도	11,897	4,024	26,285	60,210	102,416
청주군	1,430	2,940	3,820	10,550	18,740
충주군	1,984	156	4,297	10,111	16,548
문의군	154	118	547	3,230	4,049
회인군	270	37	400	1,170	1,877
옥천군	592	73	1393	3,432	5,490
영동군	867	59	1755	3,296	5,977
황간군	214	23	835	2,075	3,147
청산군	173	6	744	1,296	2,219
보은군	576	139	1,039	4,241	5,995
진천군	744	69	1,624	3,565	6,002
청안군	731	112	1,087	1,788	3,718
음성군	747	147	3,520	3,044	7,458
괴산군	1,156	38	1,165	2,532	4,891
연풍군	214	13	428	1,223	1,878
단양군	294	18	843	2,133	3,288
청풍군	629	26	1,017	1,643	3,315
제천군	706	43	1,074	2,806	4,629
영춘군	416	7	697	2,075	3,195

출전 : 『韓國忠淸北道一斑』, 1909

<표 5>의 자작은 자기소유 토지를 自家 경작하는 자이고, 지주란 자기소유 토지 모두를 타인에게 병작 또는 도조를 주어 경작하는 자, 자소작이란 자기소유의 토지는 물론 타인의 토지를 함께 경작하는 자, 소작은 타인

경영조건을 정하는 것이 제일 커다란 문제이다. 이러한 조건을 일일이 확인할 수 있다면 농민층의 소득 추적이 가능하다는 점에서 중요한 분석이 될 수 있다. 그러나 본 연구에서는 소득 전체를 추적하지는 못하고 경영면적만을 중심으로 土地所得을 추적하는 것으로 제한한다.

24) 『韓國忠淸北道一斑』, 1909, 6장 농업. 경작자 현황편.

의 토지만 경작하는 자를 가리킨다. 그러나 지주의 경우를 비롯하여 자소작
이나 소작농민의 구분이 애매해질 가능성이 높다. 때문에 위의 <표 5>를
다른 지역과 비교하는 것은 문제가 있고 경향성만을 읽어낼 필요가 있다.
그러한 경향성은 청주와 충주지역이 자작 비율이나 지주·자소작 비율
등이 다른 지역보다 우세한 것으로 나타나고 있다. 최하층으로 보이는
소작인도 청주와 충주가 가장 높다.

다음의 <표 6>은 충주군 광무양안의 남변면과 북변면에 나타난 경작방
식을 貸與, 自作, 自小作, 純小作 형태로 나누어 본 것이다.

<표 6> 충주 남변·북변면의 농업경영 형태 구분

구분 유형	인원 (비율)	소유면적 (결부속)	경영면적 (결부속)	가옥소유 현황(戶)		
				소유	임대	칸(間)
대여	402 (8.3)	356-79-7 (20.8)	0 (0)	488	0	1703
자작	1603 (33.2)	311-34-5 (18.1)	311-34-5 (18.1)	312	0	1128
자소작	1541 (31.9)	1051-12-2 (61.1)	1083-23-8 (63.0)	1564	680	8479
순소작	1284 (26.6)	0 (0)	324-68-1 (18.9)	0	659	2045
계	4830	1719-26-4	1719-26-4	2364	1339	13355

위의 <표 6>은 농민층의 경작면적을 추적하기 위해 경작방식에 따라
구분해 본 것이다. 여기에서 전체를 대여하고 농업에 참여하지 않는 자를
'대여농'으로 구분했다. 이들은 자신의 토지를 모두 대여하며 직접 경작하
는 면적은 없다. 따라서 이들은 전형적인 병작지주도 포함되지만 모두
지주는 아니다.[25] 대여농이 8.4%라고 하는 것은 토지만 소유하고 있지

---

25) 지주 가운데는 2결 미만의 토지를 대여하여 생계를 유지하는 자들도 포함되어
   있다. 이들을 지주로 보기는 어렵다. 경영형식으로만 구분한 결과 나타난 문제점
   이다. 또한 차경지의 실태를 추적하기 위해 궁방전이나 관둔전 등의 토지를

경영에는 전혀 참가하지 않는 층을 말한다. 전형적인 병작지주층 외에 다른 직업을 가진 상인, 관료층까지 포함한 숫자라고 할 수 있다. 그에 비해 자작농은 자신의 토지를 모두 자신이 경작하는 농민이다. 자소작농민은 자경 면적 이상으로 타인으로부터 농지를 차경하여 경영을 확대하는 농민이다. 순소작농민은 소유지는 없지만 타인으로부터 차경하여 생계를 유지하는 농민이다.

이 같은 <표 6>을 통하여 다음과 같은 농업경영의 추세를 살필 수 있다. 즉 토지 대여층은 8.3%에 비해, 자작, 자소작, 순소작의 비율이 각기 33.2%, 31.9%, 26.6%로서 비교적 높게 나타난다. 자작이나 자소작 농민의 비율이 65.1%나 되어 농업경영 방식이 자작이나 자소작 중심으로 나타나고 있다는 것을 확인할 수 있다.

소유면적 별로 보면 지주층은 전체 토지의 20.8%를 차지하고 있고, 그에 비해 자작농은 18.1%, 자소작 농민은 61.1%의 토지를 차지하고 있다. 남·북변면 토지는 이들 자소작 농민에 의해 지배되고 있음을 잘 알 수 있다.

경영면적 별로 보면 대여농이나 자작농은 18.1%의 토지를 경작하는 데 지나지 않고, 대부분은 자소작 농민이 경작하며 전 토지의 63%를 차지하고 있다. 순소작 농민은 18.9% 정도의 토지를 경작하고 있다. 여기에서 알 수 있듯이 81.9%의 토지는 자소작 또는 순소작 농민에 의해 경작되고 있다는 점에서 남변·북변면의 농업경영 방식을 읽을 수 있다.

농민층의 경영형태를 보다 면밀하게 추적하기 위해서는 소유면적과 경영면적을 합하여 농민의 소득을 계산할 필요가 있다. 소유를 하더라도 모두 대여한다면 그 소득은 병작제인 경우 절반 정도에 불과할 것이다. 따라서 각 농민층의 생산량을 계산해 내기 위해서는 소유와 경영 면적과의

포함시켰기 때문에 지주층의 범위가 확대되었다.

관계를 모두 추적하여 소득을 환산할 필요가 있다.

아래의 <표 7>은 소유면적과 경영면적의 상관관계를 표시한 것이다. <표 7>에서 볼 수 있듯이 좌측 하단의 소유방식과 상단 부분의 경영면적은 아주 다양한 농업경영 형태를 보여준다. 좌측 상단의 A부분은 최하층농민의 현실을 보여준다. 10부의 토지를 소유하며 10부의 경영을 하던 797명의 농민으로부터 50부까지 소유경영하는 농민층은 빈농층으로서 순소작 혹은 소자작 농민층에 속한다. 하단부 D에 해당하는 소유층은 10결 이상의 지주에 이르기까지 소유토지를 배경으로 토지를 임대하여 수익을 올리는 지주층이라고 할 수 있다.

<표 7> 충주 남변·북변면의 소유와 경영분해 상관표

경영\소유	무농	~10부	~20부	~30부	~40부	~50부	~60부	~70부	~80부	~90부	~1결	~2결	~3결	~4결	~5결	~10결	10결~	계	비율
무전	A	566	245	145	92	65	42	30	29	13	5	40	8	1	1	2		1284	26.6
~10부	122	797	77	42	30	19	16	14	4	2	1	6			1			1131	23.4
~20부	108	16	486	42	31	19	17	12	7	5	4	11	2		1			761	15.8
~30부	61	8	15	281	29	20	16	13	5	8	10	12	1	3				482	9.98
~40부	33	9	8	13	140	20	10	11	7	6	4	19	3	1	B			284	5.88
~50부	12	3	9	4	11	89	14	10	8	5	3	10	1	1				180	3.73
~60부	12	3	1	6	6	10	48	9	7	2	3	14	1					122	2.53
~70부	8	1	3	2	3	4	5	47	10	4	1	8	1					97	2.01
~80부	7	2	1	1		4	1	3	41	5	4	16	1			1		87	1.8
~90부	7	2	1	2	1	1	2	4		23	2	5	1	1		1		57	1.18
~1결	4	1				1	1	1	4	3	22	15	2					54	1.12
~2결	6	1	3	5	3	1	4	6	2	11	7	116	10	3				178	3.69
~3결	8		1		2	1		1	2		1	12	19	3	2			52	1.08
~4결	3				1							8	1	5	1	1		20	0.41
~5결	1	D						1	1			3	2	1	3	1		13	0.27
~10결	5				1							3	3	1	1	1		15	0.31
10~	5		1	1				1		1		1		C	2	1		13	0.27
계	402	1409	851	544	349	255	176	161	132	88	68	298	57	20	10	9	1	4830	100
비율	8.3	29.2	17.6	11.3	7.2	5.3	3.6	3.3	2.7	1.8	1.4	6.2	1.2	0.4	0.2	0.2	0.0	100	

B에 해당하는 농민층은 차경지를 배경으로 자신의 경영을 확대해 나가

던 농민층으로서 경영형부농층이라고 할 수 있다. 또한 C에 해당하는 농민층은 좌상단으로부터 우하단 대각선 방향으로 집중되어 있는 것을 보면 알 수 있듯이 자신의 토지를 자신이 직접 경영하는 자경농민이다. 이들의 농업경영은 가족 노동력을 중심으로 주로 타인 노동력을 이용하지만 대개는 노동을 교환하거나 임노동을 이용하는 경우가 대부분인 자경농민층이라고 할 수 있다. 우측 하단 쪽으로 갈수록 자경농민의 농업경영은 직영지 경영을 최대한 확대시킴으로써 수익을 최대한으로 증대시키는 자작 상농층이라고 할 수 있다.

이들의 존재형태를 정확히 추적하기 위해서는 소유와 경영 면적을 합해서 검토할 필요가 있다. 다음 <표 8>은 각 농민층의 토지소유와 경영을 소득분해표로 그려낸 것이다.

<표 8> 충주 남변면 · 북변면의 토지소득 분해표

소득 \ 소유	무농	10부	20부	30부	40부	50부	60부	70부	80부	90부	1결	2결	3결	4결	5결	10결	10결~	계	비율
무전	A1	811	237	107	59	18	14	12	7	6	1	9	3						1284	26.6
~10부		961	95	39	26	3		3		2	1		1						1131	23.4
~20부		114	518	63	31	17	4	2	5	2	2	2	1						761	15.8
~30부			77	300	48	22	16	8	4	2		5	B1						482	10.0
~40부			39	16	158	26	14	9	9	6	1	6							284	5.9
~50부				22	12	101	21	11	5	4	A3	3	1						180	3.7
~60부			14	5	14		55	16	5	6	3	4							122	2.5
~70부				10	7		6	56	8	4	1	5	B2						97	2.0
~80부	A2				9	2	3	4	45	8	8	7	1						87	1.8
~90부					10		3	1	7	27	2	6	1						57	1.2
~1결					5				3	6	25	15							54	1.1
~2결							2	4	7	11	8	138	8						178	3.7
~3결												21	27	4					52	1.1
~4결												4	9	6	1				20	0.4
~5결	D1											D2	3	6	3	1	D3		13	0.3
~10결													1	6	4	4			15	0.3
10결~															C	4	9		13	0.3
계	0	1886	966	561	358	225	138	126	105	84	52	225	55	23	7	10	9		4830	100
비율	0.0	39.0	20.0	11.6	7.4	4.7	2.9	2.6	2.2	1.7	1.1	4.7	1.1	0.5	0.1	0.2	0.2		100	

여기에서 드러난 농민의 소득은 토지를 소유하고 경영하는 방식에 그치는 것에서 한 단계 나아가 1년 경영의 결과 농민의 수중에 남는 소득을 중심으로 분석한 것이다. 소득을 추적하는 데는 지대수취량을 정확히 추적해 내야 하지만 자료상 불가능하다. 때문에 전체 지주경영을 1/2 수취형태로 분석하였다. 단 병작제는 1/2을 수취하지만, 도지제의 경우는 지대수취량이 정액이고 수취량이 병작제의 50%보다는 적다는 점을 확인할 필요가 있다. 그러나 병작제 하에서 지주가 조세를 부담하는 것과 비교하면,[26] 도지제의 경우는 지세부담이나 종자부담이 주로 작인농민층이 부담하는 관행이 있다. 따라서 양자의 소득은 크게 차이가 나지 않는 것으로 보고, 전체의 소득 분포를 지주와 작인농민이 50%씩 차지하는 것으로 환산하여 그 경향성을 추적하는 방법은 크게 문제가 되지는 않을 것이다.[27]

이 <표 8>에서 알 수 있는 것은 소유와 경영형태의 관계를 형식적으로 표현한 것보다 훨씬 간결해졌고, 또한 그 경향성 역시 우측하단 대각선 방향으로 집중되어 나타나고 있다는 점이다.

즉 앞의 소유경영 분해표와 가장 큰 차이는 앞의 <표 7>에서는 단순히 소유와 경영면적 만을 중심으로 표시해 놓은 것이지만, 여기에서는 소유와 경영의 결과물인 소득이 어떠한 방식으로 나타나는가를 보여준다. <표 8>에서 알 수 있듯이 대각선을 중심으로 자신의 소유만큼 소득을 올리는 경향이 많다는 것이다. 즉 A-C 대각선은 이 같은 소득의 경계선으로서, A-C 대각선의 아래쪽은 자신의 소유토지를 소극적으로 경영함으로써 소득이 적은 농민이며, A-C 대각선의 위쪽은 자신의 소유토지 이상으로 적극적

---

26)『土地農産調査報告書』제5편, 7장. 소작제도, 506쪽, 충청북도 참조.
27) 표의 상단부 소득부분은 작인농민의 경우 토지소유는 하지 않더라도 잉여생산물의 50%를 차지하기 때문에 그에 해당하는 몫을 토지로 표현하였다. 따라서 이 표는 모든 토지를 생산량을 1/2로 나눈다고 보아 모든 토지를 1/2로 나누어 계산함으로써 그 경향성을 보고자 하는 것이다.

으로 경영하는 농민들이다.

중소지주 이상 대지주 측은 좌하측 소유를 중심으로 농업경영을 행하던 농민층으로서 소유토지의 소득을 배경으로 A에서 C에 이르는 대각선 방향으로 수렴시키고 있다. 적어도 자신의 토지소유 만큼의 소득을 확보하고 있다는 점에서 자경을 하거나 일부 차경지를 얻는 경우도 나타난다.

D층은 단순히 대여만을 통해 소득을 얻으려는 대지주층으로서 우하귀 방향으로 다시 집중시키고 있다. 이들의 토지소유와 소득은 비례하며 우측 하단으로 집중되고 있음을 알 수 있다. 직접 경영을 하지 않더라도 소유토지가 많기 때문에 1/2을 거두어 들이더라도 소득분포는 당연히 우측 하부쪽으로 수렴될 것이다. D1층 32명은 자신의 2결 소유에 못미치는 소득을 내고 있다. 소극적인 지주경영을 행하는 농민층이다. D2층은 소유면적에 근접하는 소득을 올리고 있다. 대각선을 중심으로 D3에 이르는 농민층은 지주경영에 적극적이다.

D부류의 지주 가운데 10결 이상을 소유하며 10결 이상의 소득을 올리는 자들은 김갑규, 민병한, 정보원, 김덕수, 권재항, 권명빈 등이다.[28] 이들 가운데는 앞에서도 보았듯이 김덕수, 권재항, 권명변은 대략 13결 정도를 소유하지만 57%에서 85%에 이르는 토지를 직접경영하고 있다. 나머지 일부만 대여하는 경영지주층의 적극적인 경영형태가 주목된다.[29] 28결에서 39결 정도를 소유하고 있던 대지주층(김갑규, 민병한, 정보원)과 비견될 정도이다.

A1의 하층민들은 자신의 토지가 적은 소빈농이다. 소유토지가 적은 만큼 적극적으로 차경을 할 것으로 예측하지만 여전히 열악한 상황에 놓여 있음이 드러난다. 이들은 차지경쟁에서도 밀려난 것으로 보인다.

---

28) 궁방전이나 둔전, 역전, 교궁전 등은 순위에서 제외시키고 설명한다. 이러한 토지를 포함시킨 것은 경작농민의 통계를 위해서이다.

29) 金容燮, 앞의 글, 1990.

50부까지의 토지에서 소득을 올리는 소빈농층은 A1범주에 3,920명(4,830
명의 81.1%)이 몰려 있다. 충주읍의 읍내면 하층민이 이 같은 소빈농에
의해 구성되었다는 점은 읍내 하층민의 존재형태를 잘 보여준다. 특히
이들 가운데 소득이 20부 이하인 농민층의 경우(2,852명, 59%)는 농업만으
로 생계가 불가능하기 때문에 다른 부업을 가진 것으로 볼 수 있다. 임노동
으로 소득을 올리거나 수공업이나 상업 등에 종사하는 것으로 보인다.
A2층은 50부에서 1결 정도를 소유하지만 소득은 1결 미만인 농민층이다.
토지를 소유하고 있지만 대여하고 일부만 농사를 짓는 농민층으로 다른
직업을 가진 경우가 아니라면 이 같은 농업경영을 행할 이유가 없다. 이
같은 소농층 가운데 대각선에 걸려있는 55명, 56명, 45명, 27명, 25명은
소유토지를 모두 자경하는 중소 농민층이라고 할 수 있다(208명). A3에
해당하는 층은 자신의 소유토지 이상으로 경작을 꾀하는 농민층으로서
장차 B부류의 경영형부농을 꿈꾸는 자들이라고 할 수 있다.

　<표 8>에서 가장 특징적인 농민이 B류의 경영농민층이다. 이들은 자신
의 토지소유 이상으로 차경지를 확보하고 소득을 올리던 농민층으로서
경영형부농 범주에 포함시킬 수 있는 농민층이라고 할 수 있다. 부농이라면
소득이 적어도 1결 이상이 되어야 하며, 지주의 토지를 2결 이상 빌려야
그만한 소득을 올릴 수 있다. B1 농민층 30명은 소유토지는 50부 정도에
지나지 않지만 소득은 3결 정도의 토지생산량을 확보하고 있다. 이 중
토지는 전혀 없지만 2~3결 정도의 소득을 올리는 농민층이 발견된다.[30]
B2의 경영형부농층 39명은 소유토지가 50부에서 1결에 이르는 자들로서
소득을 2결(37명) 내지 3결(1명), 4결(1명)을 올리고 있다. 이들은 농업기술
을 배경으로 力農에 힘쓰던 자들로서 상업적 농업을 이용하여 경영확대를

---

30) 최군실, 이승업, 유학년, 정을록, 이사곤, 김규현, 차덕원, 정억만, 서정실, 임순기,
　　채범이 등이다(여기에서 통계 처리상 역전답 1건은 제외하였다).

꾀하는 자들이다.31) 이들은 향후 토지소유를 확대함으로써 자소작 상농층
으로 상승할 수 있다.

3. 역토와 궁방전의 지주제 강화와 작인 농민

1) 역토의 지주경영과 작인 농민

앞에서 충주읍 양안을 통해 지주층과 농민층의 존재형태를 살펴보았는
데, 이제 이들과 驛田畓(驛土) 농민의 농업경영을 비교하여 그 특징을
추출해 보자.

역토를 비교대상으로 설정한 배경은 첫째로는 역둔토의 지주경영이
강화되면서 그 성격이 변화하고 있으며, 따라서 역둔토와 관련된 계층은
어떠한 농업경영을 행하고 있는지를 살펴볼 필요가 있다. 둘째로 역토는
일정 지역에 토지가 집중되어 있다. 따라서 역토를 하나의 거대지주로
본다면 해당 지역은 거대한 지주의 토지가 될 것이며, 그 토지를 경영하는
농민형태는 일반 민전을 경영하는 경우와 다른 독특한 형태가 추출될
수 있기 때문이다.

광무양안에는 驛田畓이 실려 있어 충주지역의 역토와 농민의 존재형태
를 알게 해 준다. 충주는 사통팔달의 요충지로서 교통상의 요지이다. 충주
를 중심으로 경상도와 연결하는 육로와 수로가 특히 발달하여 서울과
연결하고 있다. 육로는 鷄立嶺과 鳥嶺, 竹嶺이 서울과 경상도를 연결하고
있고, 일단 충주에 이르면 남한강 수로를 통해 서울로 직행할 수 있다.
이러한 육로는 충주의 驛을 중심으로 연결되고 있었다.

충주의 驛院은 영조 41년(1766)에 일단락된『輿地圖書』에서부터 1871년

---

31) 金容燮,「朝鮮後期의 經營型富農과 商業的農業」,『증보판 朝鮮後期農業史硏究』
　　Ⅱ, 지식산업사, 1990.

의 『湖西邑誌』, 1895년의 『湖西邑誌』에 이르기까지 連原驛을 중심으로 可興驛, 龍安驛, 丹月驛, 林鳥撥站, 可興撥站, 丹月撥站이 운용되고 있다고 기록하고 있다. 이 가운데 광무양안 충주읍에 기록된 역전답은 연원역과 단월역뿐이다. 연원역은 북변면에 위치하면서 서울 방향으로 연결하고 있으며, 단월역은 남변면에 위치하고 있으며 남쪽의 괴산을 연결하고 있다.

연원역은 충주시 連守洞 연원마을에 위치하고 있으며[32] 이곳에는 정9품의 察訪이 배치되어 있고 주변 14개 驛道를 아울러 관할하고 있다. 驛吏가 50명, 知印(일명 通引)이 20명, 使令이 6명, 奴 155명, 婢 94명이 배치되어 있으며, 大馬 3필, 騎馬 4필, 卜馬 7필을 운용하고 있었다.[33] 단월역은 지금의 丹月洞 유주말에 위치하고 있으며, 노 110명, 비 89명이 배치되어 있고, 대마는 2필, 기마 7필, 복마 5필을 운용하고 있었다.

대한제국기 내장원으로 이속된 재원 가운데 가장 중요한 것이 역둔토였다. 역둔토 관리권은 농상공부, 군부, 탁지부 등으로 관할이 바뀌다가 1899년경에 내장원으로 최종 귀속되었다. 이에 따라 역둔토 및 목장토, 제언답 등의 각종 토지에 대한 통일적인 수세규정이 마련되면서 적극적인 지주경영 형태로 바뀌게 되었다. 탁지부를 중심으로 국가재정을 유도하던 이전까지의 원칙을 무너뜨리면서 대한제국이 선택한 이 같은 황실재정 강화는 당 시기 재정확보책의 일환으로 제시된 것이다.

충주지역의 역토 역시 이 같은 정책에 따라 경영방식이 변하게 되었다. 역둔토 정비사업의 일환으로 1895년 甲午 免稅地 陞總에 의해 度支部로 집중되면서 出稅하는 방식으로 바뀌었고,[34] 이에 따라 농민에게 소유권이 있던 無土는 탁지부에 出稅하면서 역토에서 폐지되고 국가에 소유권이

---

32) 『忠州 中原誌』, 충주문화원 편, 1985, 110쪽.
33) 『興地圖書』, 『湖西邑誌』 참조.
34) 度支部, 『韓國稅制考』 21, 1909.

있던 有土만 남는다. 따라서 이 같은 유토는 지주제를 기초로 운영되는 가운데 地稅마저 작인에게 전가되면서 지주경영이 강화되게 되며 소유권 분쟁이 야기되는 계기가 된다.[35] 이후 광무 3년(1899) 이후 모든 둔토가 내장원에 집중되게 되고, 역토 역시 1900년 내장원에 귀속되면서 1907년까지 내장원에 의해 관리되게 된다. 이 시기 역토경영은 대한제국의 황실재정 확보차원에서 더욱 강화된 형태로 경영되게 된다.

특히 내장원으로 소속이 바뀌면서 역토를 둘러싼 분쟁은 『公文編安』(규18154)이나 『忠淸北道各郡訴狀』(규19150)과 같은 자료에 자주 소개되고 있다. 대개 마름을 교체하거나, 奪耕移作 등의 분쟁사례로 나타나고 있다. 이러한 점은 양안에 직접 나타나지는 않지만 역토경영의 강화형태로 전제할 필요가 있다.

광무양안 상의 연원역과 단월역의 역토 경영방식을 살피기 위해 토지의 면적과 경영형태를 추적해 보기로 하자. 역토의 면적과 주거형태는 아래 <표 9>와 같다.

<표 9> 남변면·북변면의 역토

면\구분	필지수	면적		결부 (결-부-속)	가옥	칸수	비고	
		척수	정보				초가	와가
연원역	416	786903	85.83	73-87-6	78	262	252	10
단월역	453	874642	95.41	70-09-3	100	310	310	0
계	869	1661545	181.24	143-96-9	178	572	562	10

위의 <표 9>에서 알 수 있듯이 연원역의 토지는 73결 87부 6속(약 85.83정보)으로서 가옥은 78채에 초가 252칸, 와가 10칸이 배치되어 있다.

35) 배영순, 「한말 역둔토조사에 있어서의 소유권분쟁」, 『韓國史硏究』 25, 1979 ; 김양식, 『大韓帝國·日帝下 驛屯土 硏究-地主制 經營과 小作農民層의 反應을 中心으로-』, 서울 단국대 대학원 사학과 박사학위논문, 1992.8 ; 박진태, 『韓末 驛屯土조사의 歷史的 性格 硏究』, 서울 성균관대 대학원 사학과 박사학위논문, 1996.2.

연원역의 기와집 10칸에는 정9품 찰방이 위치하고 있음을 알 수 있다. 단월역은 70결 9부 3속(약 95.41정보)의 넓이에 가옥은 100채(초가 310칸)가 배치되어 있다. 두 역의 넓이는 비슷하며 각각 453필지, 416필지에 총 143결 96부 9속의 토지를 경영하고 있다.

　두 역에 속한 농민의 농업경영 형태를 통해 구체적인 지주경영 방식을 확인해 보자.[36) 우선 역토의 지주경영 형태를 알아보기 위해서는 앞에서 살펴보았듯이 143결 96부 9속에 대한 역전답 농민의 경영형태를 검토할 필요가 있다. 아래의 <표 10>은 연원역과 단월역의 토지를 경작하는 농민의 경영형태를 그린 표이다.

<표 10> 역토농민의 차지경영과 거주형태

구분 경영	작인수		면적		거주 (가옥)	비고
	인원	평균	(결-부-속)	(평균)		
10결 이상	0	0	0	0	0	*역토에 가옥이 없는 경우는 개인 가옥에 거주함
5결 ~10결	0	0	0	0	0	
1결 ~5결	17	3.9	25-41-2	1-49-5	11	
50부~1결	85	19.5	57-04-1	67-1	42	
25부~50부	109	24.9	38-05-7	34-9	29	
25부 미만	226	51.7	23-45-9	10-4	96	
계	437	100	143-96-9	32-9	178	

　<표 10>에서 알 수 있는 것은 전체 437명의 역토농민이 총143결 96부 9속의 토지를 경작하고 있으며 178채의 가옥에 거주하고 있다는 점이다. 178채의 가옥은 역토에 마련된 것이지만 여기에 거주하지 않는 농민은 자신의 개별 토지나 다른 지주에게서 빌려 거주하는 것으로 드러났다.

　연원역과 단월역의 역토농민 437명 가운데 1결부터 5결까지 농사를

36) 金容燮, 「韓末에 있어서의 中畓主와 驛屯土地主制」, 『東方學志』 20, 1978.12 ; 金容燮, 「韓末·日帝下의 地主制-事例 2 : 載寧東拓農場에서의 地主經營의 變動-」, 『韓國史研究』 8, 1972.9.

짓는 부농 또는 지주층은 17명에 이른다. 이들의 평균 경작면적은 1결 48부 5속에 이르며 11채의 가옥에 분포되어 있다. 이들 가운데 가장 부유한 농민이 3결 37부 6속을 경작하는 權禮釗와 2결 46부 2속을 경작하는 權鐘應 이다. 이외에도 역전답 1~2결을 경작하는 농민은 임칠례 등 15명에 이른 다.

권예쇠와 권종응의 역토 경영은 50부 이하의 토지를 경작하던 76.6%의 소빈농과는 큰 차이가 있다. 역답을 경작하기 위해서는 읍내의 권세가나 이속배가[37] 아니면 쉽지 않았다는 점에서 이들의 경제적 위치를 짐작할 수 있다. 작인이면서도 읍내의 권세를 이용하던 작인이기 때문에 邑作人으 로도 불렸으며 이들은 중간관리인이나 중답주로도 활동하는 경우가 많았 다. 특히 역둔토 지주제의 정비과정에서 적극 진출하던 이속배들로서, 갑오개혁이나 광무개혁 때 지방관속의 정비가 이루어지면서 실직한 후 이 같은 토지와 결합하여 이권을 장악해 갔던 것이다. 그러나 이 같은 확대과정은 대개 1905년 역둔토 정비과정이 대대적으로 이루어지기 직전 까지의 일이었고, 통감부의 재정정리가 진행되면서 이들은 제거될 수밖에 없는 운명에 처하게 된다.[38]

대한제국시기의 역둔토 정비사업은 지주제 강화로 나타났고 재정확보 를 위해 농민부담을 증가시키기보다는 중답주 희생을 통해 문제를 해결하 려 했다. 중답주 제거조치 외에 역둔토 지주제 강화는 또한 작인과 舍音에 대한 감독강화, 賭租・賭錢의 인상, 代錢納의 철회와 현물수납 강제, 타작 제의 실시, 결세의 작인으로의 전가, 거납작인에 대한 처벌강화 등의 조치 로 이어졌다. 이 같은 과정에서 나타난 소유권분쟁은 이후 1908부터 1909년 에 이르는 「驛屯土管理規程」・「驛屯土實地調査」의 규정을 받게 되면서

---

37) 『驛屯土實地調査槪要報告』 8, 朝鮮總督府, 1911, 8쪽.
38) 김용섭, 앞의 글, 1978(『한국근대농업사연구』Ⅱ, 지식산업사, 2004 재수록).

중답주가 완전히 제거되는 방향으로 나타난다.[39)]

역토농민은 이 같은 역둔토 지주경영 강화에 직면하여 항조운동에 참가하고 있었다. 이들의 항조운동은 중답주 관행을 반대하면서도 지대 강화에 반대하는 형식으로 나타났다. 즉 농민은 내장원에 지대와 지세를 내면서 중답주에게도 대가를 바치는 一土三稅의 상황이었기 때문에 그것을 반대할 수밖에 없었다.

역토농민의 농업경영은 역토를 중심으로 살펴보았을 때는 <표 11>과 같이 열악한 존재형태로 나타난다. 역토농민의 소유지는 여기에 포함되어 있지 않다. 단순히 역토에 긴박된 농민의 외형적 형태만 분석한 것이다. 따라서 이들 농민의 농업경영 형태는 소유는 전혀 없는 상태에서 역토를 경작하는 차지농의 존재로만 나타나고 있다.

<표 11> 역전답 농민의 역토 경작현황

	0	10 부	20 부	30 부	40 부	50 부	60 부	70 부	80 부	90 부	1결	2결	3결	4결	5결	10 결	10 결~	계
0		124	73	56	59	23	31	21	20	9	4	15	1	1				437
~10부																		0
~20부																		0
	:		:			:			:				:			:		
~3결																		0
~4결																		0
~5결																		0
~10결																		0
10~	#2																	0
계	0	124	73	56	59	23	31	21	20	9	4	15	1	1	0	0	0	437
비율	0	28.4	16.7	12.8	13.5	5.3	7.1	4.8	4.6	2.1	0.9	3.4	0.2	0.2	0.0	0.0	0.0	

비고 : #2는 연월역과 단월역의 역토 2곳을 의미한다(10결 이상 소유칸).

여기에서 주목되는 농민은 1결 이상의 경작지를 차경하여 경영하는

---

39) 소유권분쟁에 대해서는 앞의 배영순, 김양식, 박진태의 글 참조.

최상급의 부유한 역토농민이다. 이들의 경영은 앞의 <표 10>에서 본 1결부터 5결까지의 농민 17명으로서 3결 이상을 차경하여 경작하던 권예쇠와 2결 이상을 차경하여 경작하던 권종응 등을 포함한 농민 17명이다. 50부에서 1결까지의 면적을 차경하던 중농은 85명으로서 19.5%정도이고, 50부 이하를 차경하던 소빈농은 335명으로서 76.6%에 달한다. 이들의 소득은 역둔토 지주경영 강화정책 때문에 이전처럼 賭地를 통한 이익을 볼 수 없고, 점차 지대가 병작제처럼 50%를 상회하는 형태로 강화되기 때문에 역토만을 경영했다면 이들 역토농민의 경영형태는 대단히 열악한 방식으로 나타난다. 외형상으로만 본다면 이들 대부분의 역토농민은 하향 분화 상태의 최하층민으로 파악될 것이다.

　그러나 역토농민의 존재를 보다 분명히 살펴보기 위해 역토경영 외에 별도의 토지를 경영하고 있다는 점을 감안하여 이들의 토지소유와 경영형태를 살펴볼 필요가 있다.

　<표 12>의 소유와 경영분해 상관표는 역토농민의 소유 경영형태를 추적한 것으로, 역토를 포함하여 본래 자신들이 소유하고 경영하던 남변면과 북변면의 토지 전체를 포함시킨 것이다. 이 <표 12>에서 드러나는 특징은 역토농민의 소유면적이 10결을 넘는 농민으로부터 최하층민의 토지소유까지 다양하게 확인되는 가운데 지주층과 부농, 중농이나 소빈농의 존재가 확인된다는 점이다. 이들 가운데 1결 이상의 부농층과 지주층 23명이 발견되며, 특히 1~2결까지의 면적을 경영하는 부농층의 비율이 16.2%(71명)로 나타나고 있어 역토를 차경하는 농민들 가운데 광작을 시도하는 농민들이 많다는 점이 발견된다. 농업경영에 있어 가족단위 경영으로 확대할 수 있는 최대의 단위 면적이 아닌가 한다. 또 다른 특징은 50부 미만의 소빈농층의 비율이 아주 높게 나타난다는 점이다. 이들 가운데 소유토지가 거의 없는 소빈농의 존재가 많다는 뜻이다.

<표 12> 역토농민의 전체 소유경영 분해표

소유＼경영	0	~10부	~20부	~30부	~40부	~50부	~60부	~70부	~80부	~90부	~1결	~2결	~3결	~4결	~5결	~10결	10결~	계
0		72	45	33	28	16	15	16	11	7	2	16	2	1				264
~10부	3	5	4	7	3	5	3	1	2	1	1							35
~20부			3	6	4	3	4	2	4	3	2	6	2					39
~30부				2	2	5	4	2	1	1	3	3		1				24
~40부					1		1	3	1		1	6	2	1				16
~50부							1	1	2	1	1	4						10
~60부							1	2		1		4	1					9
~70부									1			2						3
~80부												5	1					6
~90부								1				1		1				3
~1결											1	4						5
~2결												10	2	1				13
~3결								1					1	1				3
~4결												2		1				3
~5결												1						2
~10결																2		2
10~												1						0
계	0	72	55	42	43	27	32	27	24	13	10	71	10	6	3	2	0	437

다음 <표 13>은 지금까지 살펴본 역토농민의 소유방식을 기준으로 다시 구분한 것이다.

<표 13> 역토농민의 전체소유 분해표

소유＼구분	소유 면적 (결-부-속)	인원		
		명	비율	평균 소유
10결 이상	0	0	0.0	0
5결~10결	12-41-6	2	0.5	6-20-8
1결~5결	46-03-8	21	4.8	2-19-2
50부~1결	18-84-0	26	5.9	72-5
25부~50부	12-33-9	35	8.0	35-3
25부 미만	10-73-7	353	80.8	3-0
계	100-37-0	437	100.0	23-0

소유면적에 따라 구분하면 <표 13>에서 볼 수 있듯이 5~10결 이상의

농민이 2명, 1~5결 이상의 농민이 21명에 이른다. 비율로는 1결 이상의 소유농민이 5.3%에 지나지 않지만 토지비율로 보면 전체 토지 100결 37부 58.2%를 소유하고 있다. 지주, 부농층의 토지소유 비중을 잘 볼 수 있다.

이들 가운데 5결 이상을 소유하는 전충석과 김사원이라는 인물이 주목된다. 전충석의 토지소유 면적은 비록 6결 78부 1속에 달하지만 대부분의 토지 5결 9부 9속을 대여하고 1결 88부 9속 정도의 면적만 경영하고 있다. 전형적인 지주로 볼 수 있다. 그러나 전충석의 역토차경은 고작 20부 7속에 불과하다. 김사원의 경우는 전충석과는 달리 소유토지 5결 63부 5속 가운데 5결 88부 7속을 경영하고 있어 대다수를 직접 경영하는 경영지주로 보인다. 그도 역시 역토를 차경한 면적은 23부 4속에 불과하다. 이들은 앞의 <표 10>에서 보았던 최대의 차경농민인 권예쇠와 권종응과는 비교가 되지 않을 정도의 농민이다. 읍내의 유력 양반가로 보인다. 이외에도 엄덕호, 정덕원 역시 소유토지가 거의 5결에 이르며, 엄덕호는 4결 정도를 직접 경작하고 있고, 정덕원은 거의 9결에 이르는 토지를 직접 경작하고 있어 이들의 경영형태가 대단히 역동적이라는 것을 보여준다. 엄덕호, 정덕원의 역토경영 역시 각각 57부 1속, 20부에 지나지 않는다.

그에 비해 50부 미만의 소빈농 역토농민은 388명(88.8%)으로서 전체 소빈농 평균 79.5%(<표 5> 참조) 보다 다소 높게 나타난다. 역토경작 농민의 하층부를 구성하는 소빈농의 토지소유는 열악하며 전체 평균보다 높은 것으로 보아 역토에 경작하는 농민층의 존재형태를 짐작할 수 있다. 두 역에 배치된 노비의 숫자도 200명에서 250명에 이르는 것을 보면 이들을 포함한 하층민의 농업경영 형태가 어떤지를 추정할 수 있다.

아래 <표 14>는 이들 농민의 경영면적과 그를 통해 얻는 소득을 기준으로 구분한 것이다. 소득을 환산하는 방식은 병작지의 지대량을 기준으로 환산하였으나 토지에 따라 일정치 않고 지세나 종자부담의 경우까지 포함하여 계산해야 하기 때문에 세밀하게 추적하기는 쉽지 않다. 1899년 역둔토를 모두 자기 관할하에 둔 내장원은 1899년과 1900년 양년에 걸쳐 이른바 光武査檢을 실시하여 둔토와 역토의 賭租(혹은 賭錢)를 인상 책정하였다.[40] 이후 「驛屯土管理規程」이나 「驛屯土實地調査」가 행해지던 시기부터는 지대책정이 절정에 달하고 지주제는 최대로 강화되기에 이른다.[41] 역토의 지대를 결정할 때 일반 민유지의 지대를 참고하여 결정하기도 하는 것은 흔히 발견되는 일이었다.[42] 역토의 지대는 민유지의 경우와 같이 절반의 수준에 이르게 되었던 것이다.

이러한 점을 배경으로 역토농민의 전체 경영면적과 소득분해를 살펴본 것이 <표 14>이다.

<표 14> 역토농민의 전체 경영 및 소득 수준

구분 면적	경영면적	인원		소득면적	인원	
		명	%		명	%
10결 이상	0	0	0.0	0	0	0.0
5결~10결	14-68-3	2	0.5	12-59-9	2	0.5
1결~5결	145-55-6	84	19.2	76-66-6	45	10.3
50부~1결	76-51-6	109	24.9	42-03-5	60	13.7
25부~50부	31-50-7	88	20.1	35-57-6	99	22.7
25부 미만	17-90-4	154	35.2	23-42-5	231	52.9
계	286-16-6	437	100.0	190-30-1	437	100.0

---

40) 박찬승, 「韓末 驛土·屯土에서의 地主經營의 강화와 抗租」, 『한국사론』 9, 서울대 국사학과, 1985.

41) 내장원의 1900년 이후 역토 관리 형태를 보면 도조운반비나 제언수축비 등도 소작농민이 부담하면서, 부담량이 전체 지대 3할 내외와 종자와 결세 1~2할을 합해 대략 4~5할 내외가 되어 실질적인 농민부담은 매우 많아지고 있었다(김양식, 『근대권력과 토지』, 해남, 1999, 165~166쪽).

42) 여기에서는 이 같은 사정까지 고려하여 차경한 경우의 경영면적의 소득을 50%로 일률적으로 환산하였다. 물론 지주층의 대여면적도 50%로 계산하였으며, 자경일 경우에만 100% 소득으로 인정하였다.

경영면적을 통해 역토농민의 존재형태를 살펴보면 10결 이상을 경영하는 농민은 보이지 않더라도 5결 이상을 직접 경영하면서 소득을 올리는 농민이 발견되며, 1결 이상을 경영하는 농민 84명까지 포함하면 86명(19.7%)이 지주 또는 부농층으로 역토를 함께 경작하는 것으로 나타난다. 50부 이하의 소빈농층의 비율은 242명(55.3%)으로 <표 13>의 소유면적(88.8%)에 비해서 훨씬 낮은 비율로 나타난다. 이 같은 점을 통해 역토를 경작하는 농민의 형태는 역토 차경을 통해 경영확대를 꾀하는 대단히 역동적인 농민의 모습으로 나타나고 있다. 소유토지는 비록 적더라도 역토를 차경해서 차경지를 확대하는 최하층 소빈농의 경영방식을 발견할 수 있다.

그러나 이들 소빈농층의 소득형태를 보면 경영면적에 비해 낮은 비율로 나타난다. 즉 소빈농층의 소득면적은 330명(75.6%)의 농민이 위치하고 있어 비록 차경면적을 넓혀 경작을 한다고 하더라도 소득면에서 보면 최하층 수준을 벗어나지 못하고 있음이 드러난다. 역둔토의 지주제는 민유지에서의 지주제와 큰 차이가 없었다. 오히려 조선후기 보다 지대액이 강화된 형태로서 농민의 역둔토 소작조건에 역행하고 있었다. 정액지대라는 점 외에는 민유지에서의 소작조건 보다 나을 것이 없었다.

아래 <표 15>는 역토를 경작하는 농민의 전체 토지를 추적하여 모두 합산한 결과를 분석한 것이다. 역토만 경작하는 것이 아니라 지주층이나 부농층의 역토를 차경하는 형태를 발견할 수 있으며 이들의 존재형태는 <표 15>를 통해 그 경영의 특징을 찾을 수 있다.

50부 이하의 면적에서 소득을 올리는 소빈농층(A1)의 소득수준은 최저로서 위에서 살펴보았듯이 330명(75.6%)에 달한다. 50부~1결의 토지에서 소득을 올리는 중농층(A3) 역시 60명(13.7%)이 확인된다. 역토를 경작하는 농민의 열악한 존재형태를 발견할 수 있다.

<표 15> 역토농민 전체의 소득 상황표

소유 \ 경영	0	~10부	~20부	~30부	~40부	~50부	~60부	~70부	~80부	~90부	~1결	~2결	~3결	~4결	~5결	~10결	10결이상	계
0	A1	117	60	31	27	9	6	5	3	1	1	3						264
~10부		6	10	8	7	3			1			B						35
~20부			8	7	7	7	2	1	3	2		2						37
~30부				4	7	5	4	1				2						24
~40부					1	2	3	1	3	2	A3	4						16
~50부						1	2	3	1	2		1						10
~60부							1	2	1	2	2	1						9
~70부									1			2						3
~80부	A2									1	1	4						6
~90부											1	2						3
~1결											1	4						5
~2결												12	1					13
~3결												1		2				3
~4결													1	1				3
~5결				D1									1					2
~10결													D1		1	1		2
10~																		
계	0	123	79	50	49	27	18	13	14	10	5	39	3	3	2	2	0	437

한편 B구역의 농민들은 부농에 포함시킬 수 있는 농민층으로서 비록 소유는 1결 미만이지만 2결 정도의 소득을 올리는 경영형부농의 모습을 보여준다. 1결부터 2결 정도의 면적에 해당하는 소득을 올리는 농민이 39명으로서 8.9%에 이른다는 점은 경영확대에 전력하던 농민의 일반적인 경영방식을 보여주는 것이 아닌가 한다. 특히 2결을 소유하고 2결에 해당하는 토지의 소득을 올리던 12명이 주목되는데, 이들이야말로 소유토지 2결 모두를 자경하는 자작상층 농민으로서 주목된다. 자작농 가운데 역토까지 차경하면서 부를 축적하던 전형적인 자작 상농층이라고 할 수 있다.

D1의 농민은 2결 이상을 소유하며 2결 이상의 토지생산량을 확보하던 지주층이다. 소득통계를 보면 2결 이상의 수입을 올리며 대개의 토지를 직접 경영하거나 대여를 하더라도 그에 상당하는 토지를 차경함으로써 경영에 집중하는 지주층의 모습이라고 할 수 있다. 이런 점에서 역토와

관련된 지주층은 광작을 시도하는 지주층으로써 경영확대를 꾀하던 경영 지주층이라고 할 수 있다. 역토경영에 참여하는 지주 부농층의 비율은 그다지 높지 않지만 참가한 경우의 지주층은 대단히 역동적인 모습을 보여주고 있었다.

2) 궁방전의 지주경영과 작인 농민

(1) 명례궁의 지주제 위기

궁방전도 역토와 마찬가지로 1894년 甲午陞總으로 모두 出稅地로 바뀌면서 궁방의 지주경영은 궁방의 소유지인 有土만으로 한정되는 가운데 점차 지주경영이 강화되었다. 면세특권을 이용해서 궁방전 경영을 확대하던 형태가 소멸됨으로써 소유지를 중심으로 지주경영을 강화하게 된 것이다. 이는 갑오개혁을 계기로 정부재정과 왕실재정이 분리되면서 궁방재정이 점차 정부재정으로부터 분리되게 된 것과도 관련이 있었다.

그러나 대한제국기에 들어 황실재정의 강화방침에 따라 국가의 주요 재원이 내장원으로 이속되게 되면서 궁방에 대한 지원이 부분적으로 이루어지게 된다. 어세, 염세, 인삼세 등도 내장원 소관으로 귀속되는 한편, 역둔토 지주경영도 강화함으로써 국가재정을 강화시켜가고 있었던 상황에서의 지원이라고 할 수 있다. 대한제국시기의 궁방전은 1908년 최종적으로 역둔토에 포함되면서 통감부에 의해 국유화되게 된다. 이후 역토, 둔토, 궁장토 등으로 불리고 있던 명목이 역둔토로 통합되어 호칭되면서 일제의 국유지 창출의 주요한 대상이 되게 된다.[43]

광무양전 시기의 궁방전의 지주경영 사례에 대해서는 자세한 연구가 없다. 여기에서는 충주지역의 명례궁 추수기를 중심으로 양안 상의 궁방전

---

43) 『驛屯土實地調査槪要』, 1911.

의 경영형태와 비교하여 그 성격을 밝혀 보기로 한다.[44] 유토를 중심으로 지주경영을 행하던 궁방전의 경영형태를 통해 농민층의 존재형태를 추적할 수 있을 것이다. 명례궁 추수기는 우선 명례궁이라는 거대지주를 배경으로 지대경영이 이루어지고 있다는 점에서 주목되며, 또한 양안 상의 궁방전과 비교 검토함으로써 그 성격을 밝힐 수 있을 것이다.

아래 <표 16>은 남변면 궁방전의 추수기를 중심으로 작성된 것이다. 이 시기 명례궁의 추수기 가운데 3개 년도를 비교할 수 있는 필지를 모두 뽑아 지대 수취량의 추이를 분석한 표이다.[45]

<표 16> 지대수취량 총액의 추세

구분 전답	필지수	두락	지대수취량(단위 : 斗)		
			1893년	1896년	1901년
전	25	18.5	532	528	448
답	82	442	5840	4890	1428
합	107	460.5	6372	5418	1876

<표 16>을 보면 궁방전 총합계 107필지 460.5두락에서 매년 지대수취량이 감소하고 있다는 것을 확인할 수 있다. 1893년 6,372두(318석12두, 1석=20두 환산)를 수취하던 것이 5,418석, 1,876석으로 감소하고 있다.

1901년의 추수기에는 지대수취량 총액을 기록하고 있어 총 수취액과 제반 조세와 마름에게 지불한 금액, 서리에게 지불한 금액 등을 제외한 실상납 금액을 적고 있다.[46] 이에 따르면 田 20.5일경에 賭租를 23석 8두 거두고 있고, 畓 24석 7두 5승락(487두 5승락)에서는 竝作으로 거두어들인

---

44) 본 연구에서 사례로 검토한 추수기는 다음 4시기의 것이다. ① 奎20961 明禮宮秋收記(1893) ② 奎22020 明禮宮秋收冊(1896) ③ 奎21911 明禮宮秋收記(1901). ④ 奎20981 忠州邑秋收記(1906).
45) 앞의 추수기 가운데 앞의 시기 3개만 비교했다.
46) ③ 奎21911 明禮宮秋收記(1901).

打租 66석 15두를 합하여 모두 90석 3두를 수취량 총액으로 기록하고
있다. 이 가운데 종자가나 비축미 제방축조비용을 제외하고 있는데, 種子
價로 5석 10두, 비축미(留糧)로 2석, 제방축조비용(防川役費役糧)으로 3석
을 공제하여 총 10석 10두를 공제하였다. 그 외에 宮監宮差에 지불하는
중간 관리비용 8석을 제외하면 上納租 총액이 71석 13두에 이른다고 정리
하고 있다. 종자나 제반 修築비용은 궁방 측에서 부담하고 있으며 마름
역할을 하던 궁감, 궁차에게도 8석을 지불하고 있었던 것을 알 수 있다.

상납은 모두 價錢으로 환산하여 바치고 있었는데 1석에 엽전 20냥(1두에
1냥)으로 환산하여 총 1,433냥에 이른다. 여기에 木麥 1석 7두에 해당하는
13냥 5전, 稷 12두에 해당하는 6냥을 합하여 총 1,452냥 5전이 되지만,
16결 7부 1속의 結卜價로 808냥 5전 5분을 빼고, 書員에게 紙租債로 지불한
16냥 1전 7분을 제외하면 실상납 엽전은 총 627냥 7전 8분이 된다. 여기서
주목되는 것이 궁방에서 지불하는 結卜이 16결 7부 1속이란 점이다. 이에
대해서는 1893년부터 1906년까지 거의 비슷하게 기록하고 있으며 그에
해당하는 결복가는 80석 17두 1승으로 결당 100두를 지불한 것으로 나타난
다. 이것을 두락당 수취량의 평균추세로 살펴본 것이 <표 17>이다.[47]

<표 17> 두락당 수취량의 평균 추세

구분 전답	필지수	두락	평균수취량(단위 : 斗)		
			1893년	1896년	1901년
전	25	18.5	28.8	28.5	24.2
답	82	442	13.2	11.1	3.2
합	107	460.5	13.8	11.8	4.1

47) 충청북도의 평균 1두락 면적은 126평으로 추산하고 있다(『한국토지농산조사보고
서-경기, 충청, 강원도』, 99쪽). 그러나 추수기와 양안의 같은 필지를 비교한 결과
1두락이 172평 정도로 환산되고 있다. 일치하는 필지가 적어 환산하는 것이 쉽지
않다.

107필지 460.5두락의 두락당 수취량을 보면 1893년 13.8두를 수취하던 것이 1896년에는 11.8두, 1901년에는 4.1두 정도만을 수취하고 있다.

이런 궁방전의 지대량 감소 기록은 3가지 차원에서 분석될 수 있다. 첫 번째로는 1901년의 흉년이 극심했다는 것을 배경으로 진휼 차원에서 지대를 받지 않은 경우이다. 실제로 답의 경우 82필지 가운데 23필지가 '未付' 상태로 지대를 받지 못한 경우로 나타난다. 추수기 상의 남변면 蓮池坪 17필지 가운데 7필지가 未付로 기록되어 있다. 따라서 위와 같은 지대수취량의 급감으로 나타난다. 정부에 보고된 내용을 보더라도 1901년의 흉년이 얼마나 극심했는가를 살필 수 있다. 즉 8월에 들어 "가을철이 이미 되었건만 비 올 기미는 막연하며 들판은 거북등 처럼 갈라 터지고 개울과 못은 모두 말라 버렸다"고 보고하고 있고,[48] 9월 29일의 보고는 더욱 절망적이어서, "올해처럼 가문 때가 역대로 언제 있었겠는가" 하고 있다.[49] 특히 전라도와 충청도, 경기도, 황해도는 모두 벌거숭이가 되었다고 하여 1901년 흉년이 전국의 3/5에 이른다고 하고 있다.[50]

두 번째로는 1902년 8월에 작성된 충청도 광무양안은 이러한 궁방전의 일부만을 기록하고 있다는 점이다. 즉 궁방전의 일부가 누락되었다는 점이 확인된다. 즉 광무양안에 나타난 남변면과 북변면의 명례궁전답은 총 79필지로 27결 89부 1속이다. 이 중 田結은 15필지 2결 92부 6속, 畓結은 64필지 24결 96부 5속이다. 그런데 추수기에 나타난 필지수는 畓이 97필지, 田이 31필지로 총 128필지를 기록하여 추수하고 있다.[51] 이것을 궁방에서 지불하는 結卜 16결 7부 1속과 비교해 보면 11결 82부에 해당하는 결부가

---

48) 『高宗實錄』 권41, 고종 38년 8월 9일(양력).

49) 『高宗實錄』 권41, 고종 38년 9월 29일(양력).

50) 『高宗實錄』 권41, 고종 38년 10월 10일(양력).

51) 추수기 자료 답 97필지 487.5두락에서 1356두의 지대를 수취하고 있으며, 전 31필지 20일경에서 468두를 수취하고 있다.

차이가 난다. 궁방에서는 지주경영의 위기를 은결이나 진결을 통해 돌파하려고 했다는 것을 쉽게 알 수 있다.

양안에 나타난 남변면과 북변면의 명례궁 궁방전과 명례궁 추수기를 비교해 보더라도 그러한 흔적이 드러난다. 즉 1901년의 추수기에 기록된 전답의 상당수가 1902년의 양안에는 일부만이 기록되어 있다는 점에서 陳結이나 隱結로 처리한 흔적이 보인다. 1901년의 추수기에도 字號가 기록되어 있어 양안 상의 字號와 비교할 수 있으나, 문제는 추수기에 地番이 기록되어 있지 않기 때문에 연결시키기 어렵다. 마지막 남은 방법이 수평적으로 해당 필지의 두락수를 비교하여 연결시키는 방법이 있으며 이를 통해 은결로 처리된 필지를 찾아낼 수 있으나 쉽지는 않다.

세 번째로는 소유권분쟁과 관련하여 지대감소를 초래한 요인을 살펴볼 필요도 있다. 이러한 요인은 갑오개혁 이후 一物一權의 사적 토지소유권이 확립되어가던 과정에서 중답주의 권리는 인정되지 않았고 이러한 과정에서 지대가 납부되지 않았을 가능성도 존재한다는 점이다.[52] 1901년의 충주읍 궁방전 상황을 읽어낼 자료는 없지만 그러한 가능성도 존재한다는 점에서 궁방전의 중답주 제거 과정과 지대수취량 감소의 관련성을 고려할 필요가 있다.

궁방전의 지주경영의 위기는 다음 <표 18>에서도 드러난다.

이 도표는 비교가 가능한 필지를 뽑아 추세를 확인한 것이다. 필지의 면적이나 크기가 달라지는 경우는 필지를 나누거나 합하여 경작을 시키는 것이었기 때문에 비교하기가 어려워 제외시켰다. 이러한 1893년부터 1906년까지 네 시기를 비교할 수 있는 필지를 뽑아 비교해 본 결과 1901년의 지대수취량은 급격히 감소하는 것을 볼 수 있다.

---

52) 이영호, 「대한제국시기 국유지의 소유구조와 중답주」, 『한국근현대의 민족문제와 신국가건설』, 지식산업사, 1997, 217~225쪽 참조.

<표 18> 남변면 궁방전의 지대수취 사례

필지＼수취량	두락 수	두락당 수취량(斗)				필지별 지대수취량(斗)			
		1893	1896	1901	1906	1893	1896	1901	1906
A-新場垈	4	17.5	16	5	8	70	64	20	32
B-新場垈	10	16.2	16	4.3	9	162	160	43	94
C-氷峴	5	23	15.6	5.6	20	115	78	28	101
D-光佛堂	7	12.9	11.4	0	11	90	80	0	80
E-龍山	2	17.5	13	5.5	10	35	26	11	19
F-龍山	9	13.9	16.4	5.44	9	125	148	49	80
G-龍山	4	16.3	16	5.5	10	65	64	22	38
H-龍山	4	17.3	13.8	6.75	13	69	55	27	52
I-芝谷	6	20.5	17.5	9	17	123	105	29	100
J-芝谷	6	20	16.7	0	10	120	100	20	60
K-芝谷	5	16	16	6	17	80	80	25	83
L-芝谷	4	11.5	13.5	0	17	46	54	10	67
M-蓮池坪	4.5	9.33	10.7	9.33	5	42	48	42	21
N-蓮池坪	3	8.67	10	2	9	26	30	6	28
O-蓮池坪	7	11.7	6	0.57	9	82	42	4	64
P-蓮池坪	7	14.6	4.14	0.71	9	102	29	5	60
총계	76.5					1352	1163	341	979

출전 : 자료는 1893, 1896, 1901, 1906년의 명례궁 추수기

필지당 수취량을 보면 최저 8.76두(M-연지평)에서 23두(C-빙현)에 이르기까지 천차만별이다. 두락당 수취량이 일정하다면 이 같은 통계를 통해 그 추이를 명확히 설명할 수 있겠지만 다르기 때문에 명확히 드러나지 않는다. 그렇지만 이 같은 통계를 통해서도 1893년에서 1896년까지의 두락당 수취량은 조금 감소하는 형태를 보이지만 1901년의 것은 급감하는 것을 발견할 수 있다. 거두지 못하는 필지(D-광불당, J-지곡, L-지곡)도 있다.

다음으로 필지별 수취량의 추이를 보더라도 두락당 수취량의 추세와 비례하는 것을 발견할 수 있다. 1893년에는 16필지에서 1,352두의 지대를 거두고 있었다면, 1896년에는 1,163두, 1901년에는 급감하여 341두만을 거두고 있다. 전체적으로 지대수취량이 감소하고 있으며 특히 1894년 농민

전쟁 시기를 거치면서 1896년의 지대수취량이 감소하였고, 1901년에는 특히 감소가 심하다. 이러한 추세는 1906년 총 979두로 상당히 회복된 것을 볼 수 있다.

다음 <그림 1>의 가장 아래 점선으로 표시된 1901년의 수취량이 이 같은 상황을 잘 보여준다. 1893년과 1896년 필지별 지대수취량의 추이는 일부 필지를 제외하면 크게 차이가 나지 않는다. 그러나 1901년의 상황은 크게 다르다. 거의 모든 필지에서 차이가 확연하다. 다시 1906년에 이르러 다소 회복되었지만 수취량은 1893년 수준에 이르지 못하고 있다.

<그림 1> 남변면 궁방전의 필지별 지대수취량

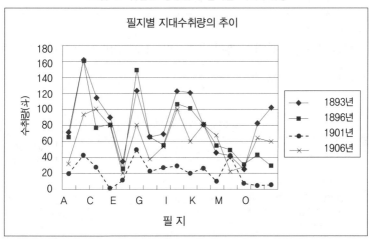

아래 <그림 2>는 <그림 1>의 통계를 좀더 확대하여 보여준다.

가장 아래의 검은 부분이 1901년의 지대수취량이 최저 수준임을 보여준다. 1896년이 가장 높은 지대수취량을 보여주며, 그 다음이 1893년이며, 1906년은 1893년에는 미치지 못하지만 다소 회복한 양상을 보여준다.

<그림 2> 남변면 궁방전의 필지별 지대수취량 2

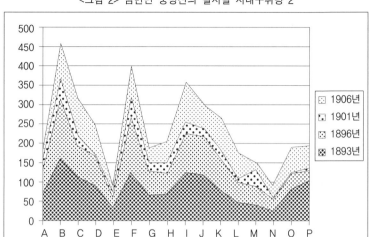

<그림 3>은 남변면 궁방전의 연도별 지대수취량이 1901년도에 모두 급감하고 있는 것을 보여준다.

<그림 3> 남변면 궁방전의 년도별 지대수취량

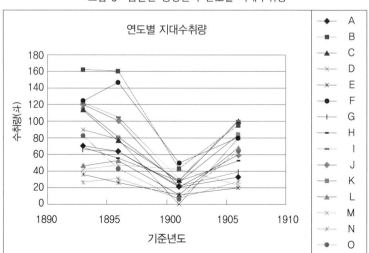

궁방전의 경우 1894년 갑오승총을 거치면서 경영 상의 위기에 직면하게 되자 지주제를 강화하는 한편 흉년을 이용하여 陳結이나 은결의 명분으로 양안에서 누락시키고 있었던 것을 알 수 있다. 이들의 추수기를 보면 다른 년도의 추수기에는 전혀 보이지 않는 '未付'라고 하여 지대수취를 하지 못했다는 것을 기록하고 있다.

(2) 양안에 나타난 궁방전과 작인 경영

충주읍에 분포된 궁방전 가운데 양안에 기록된 궁방전 경영형태를 추적하여 궁방전의 지주경영과 농민의 존재형태를 추적해 보기로 하자. 앞의 추수기에서도 살펴보았듯이 전체 궁방전은 아니지만 궁장토와 결합된 농민의 존재형태를 추적할 수 있다는 점에서 의미가 있다.

남변면에 설치된 궁방전은 細可門里, 松亭, 藪巨里, 達川(垈, 店), 大堤(垈, 後谷), 氷峴 주변에 널려 있으며,[53] 북변면에는 渴馬坪, 校洞, 九雲谷, 內里, 大加美洞(上坪, 前坪, 坪, 防等坪), 島村, 東守洞, 鷺坪, 鳳溪洞(鳳溪前坪, 鳳溪下村), 御臨上村, 南山坪 등에서 확인된다.[54]

다음 <표 19>에서도 알 수 있듯이 남변면과 북변면의 궁방전은 명례궁 79필지, 운현궁 29필지, 홍인궁 1필지 등 총 109필지 34결 66부 9속(약 47.9정보)이 설치되어 있다.

명례궁의 궁방전이 가장 많이 설치되어 있으며 충주읍 전역에 걸쳐 분포되어 있다는 것을 알 수 있다. 운현궁 역시 남변면과 북변면에 걸쳐 토지를 매입하고 있었으며, 홍인궁은 북변면에 1필지만이 분포하고 있었다. 가옥은 8채가 있으며 모두 초가집이다.

---

53) 이외에 남변면의 庫坪, 南山山上坪, 沙坪, 上南部, 新垈, 龍山垈, 周峰谷에도 궁방전이 설치되어 있다.

54) 이외에도 북변면의 上坪, 南域坪, 北域坪, 上洑坪, 上沙陽坪, 上廉所大坪, 新深坪, 冶峴洞店, 漁汀坪, 珠峰, 下洑坪, 黃沙坪 등지에도 설치되어 있다.

<표 19> 충주읍 남변·북변면의 궁방전

구분\궁방	필지	면적		결부	가옥		
		척수	(정보)	(결-부-속)	채	칸	초가
명례궁	79	334357	(36.470)	27-89-1	3	19	19
운현궁	29	102141	(11.142)	6-58-9	5	13	13
홍인궁	1	2700	(0.295)	18-9	0	0	0
계	109	439198	(47.907)	34-66-9	8	32	32

궁방전을 경작하는 작인농민의 경영형태는 아래 <표 20>에서 잘 드러나듯이 75.4%에 해당하는 농민이 50부 이하의 경작지와 결합되어 있다. 농민의 소득을 기준으로 볼 때는 1결을 경작하더라도 1/2을 바치면 50부에 해당하는 생산만을 가질 수 있다. 따라서 소빈농층에 해당하는 50부 이하의 농민은 1결을 경작하는 농민까지 포함시키면 거의 89.7%에 이른다.

<표 20> 충주읍 궁방전의 차지경영과 주거형태

구분\경영	인원		면적(결-부-속)		가옥	칸수
	명	비율	전체	평균		
10결 이상	0	0.0	0	0		
5결~10결	1	1.3	5-45-8	5-45-8		
1결~5결	7	9.0	8-14-4	1-16-3	1	4
50부~1결	11	14.3	7-96-1	72-4		
25부~50부	28	36.4	9-88-0	35-3	1	4
0~25부	30	39.0	3-22-6	10-8	6	24
합계	77	100	34-66-9	45-0	8	32

<표 20>의 합계에서 잘 드러나듯이 궁방전 전체 34결 66부 9속을 77명이 평균 45부씩 나누어 경작하는 형태이다. 이에 따르면 궁방전 경작농민은 대단히 열악한 형태로 나타나며 하향분화로 보이기까지 한다. 게다가 10결 이상을 경작하는 농민은 없으며 5~10결을 경작하는 농민이 1명(이동근)이며, 그의 실제 소득은 5결 45부 8속의 1/2에 불과할 것이다.[55] 마찬가지로

---

55) 이동근의 토지를 남변면과 북변면 전체에서 추적한 결과 소유면적이 3결 37부에

1~5결을 경작하는 농민 7명의 평균 경작면적은 1결 16부 3속으로 지대를 상납하고 나면 그 반인 58부 2속 정도의 토지생산량으로 생계를 유지하는 형태가 된다. 이 정도면 지주나 부농이 나타나기 어렵다는 분석까지 나올 수 있다.[56] <표 21>은 이 같은 궁방전 농민의 경작현황을 부분적으로만 보여준다. 그들이 갖고 있는 토지 전체를 보여주고 있지 못하기 때문이다.

<표 21> 궁방전 농민의 경작현황

	0	10부	20부	30부	40부	50부	60부	70부	80부	90부	1결	2결	3결	4결	5결	10결	10결~	계
0		11	13	13	11	7	4	2		3	2	7				1	0	77
~10부																		0
~20부	#1																	1
	:			:			:				:				:			
~3결																		0
~4결																		0
~5결																		0
~10결	#1																	1
10~	#1																	1
계	3	11	13	13	11	7	4		0	3	2	7				1	0	77
비율	3.9	14.3	16.9	16.9	14.3	9.1	5.2	2.6	0.0	3.9	2.6	9.1	0.0	0.0	0.0	1.3	0	100

비고 : #1 표시는 각기 명례궁과 운현궁, 홍인궁의 필지를 의미한다.

이르며 1결 44부 9속을 대여하는 중소지주로 나타나고 있다. 이러한 지주가 궁방전 5결 37부 5속을 차경하여 총 7결 37부 9속을 경영하고 있다는 점은 궁방과 아주 밀접한 관련성이 있거나 대단한 권력가로 보인다.

56) 농민의 존재형태는 하향분화 형태로 나타나며 상향분화 역시 불가능하다는 연구가 이러한 궁방전 분석을 통해 제시되고 있다. 이 같은 연구를 통해 당시기 농민의 존재형태를 추적한 대표적인 경우가 경제사학자 이영훈 교수(『朝鮮後期社會經濟史』)의 양안분석 방법론이다. 특히 「개항기 지주제의 일존재 형태와 그 정체적 위기의 실상-명례궁방전에 관한 사례분석」(『경제사학』 9, 1985)의 분석은 대표적인 형태이다. 이러한 연구의 문제를 극복하기 위해서는 향후 궁방전에 대한 분석이 전면적으로 다시 이루어질 필요가 있다. 자료의 선택과 분석방법이 잘못된 연구로서 그를 바탕으로 한 조선후기 이래의 역사상 파악방식은 잘못되어 있기 때문이다.

위와 같은 <표 21>을 통해서는 궁방전과 결합한 농민의 존재형태를 추적하기 어렵다. 궁방전과 결합한 농민은 매년, 또는 2, 3년마다 교체되고 있다는 것이 일반적이기 때문이다. 앞에서 사례로 검토한 4시기를 보더라도 궁방전을 지속적으로 경작하는 농민을 거의 발견하기 어렵다. 이들 농민은 궁방전의 토지만 차경하는 것이 아니라 다른 지주의 토지와도 결합하기 때문이다.

이 같은 점에서 궁방전과 결합된 농민의 소유와 경영형태를 추적하기 위해 충주읍 전체를 대상으로 할 필요가 있다. 이들 농민의 소유와 경영은 궁방전에만 한정된 것이 아니라 충주읍 전체의 토지와 결합되고 있었기 때문이다.

<표 22> 충주읍 궁방전농민의 전체 소유경영분해표

소유	무농	10부	20부	30부	40부	50부	60부	70부	80부	90부	1결	2결	3결	4결	5결	10결	10결~	계	비율
무전		3	4	2	3	3	1		1			5				1		23	31.1
10부				2	4		1	1				2						10	13.5
20부						2		3				1						6	8.1
30부					1			1		1	1	2	1					7	9.5
40부					1				1			3						5	6.8
50부									2			1						3	4.1
60부												1	1		A			2	2.7
70부										1		2						3	4.1
80부										1		1	1					3	4.1
90부												1						1	1.4
1결												C2						0	0.0
2결												1	3	2				6	8.1
3결													1	1				2	2.7
4결												1			B	1		2	2.7
5결																1		1	1.4
10결												C1						0	0.0
10~																		0	0.0
계	0	3	4	4	9	5	2	5	4	1	3	20	7	4	0	3	0	74	100.0
	0	4.1	5.4	5.4	12	6.8	2.7	6.8	5.4	1.4	4.1	27	9.5	5.4	0	4.1	0	100	

위 <표 22>는 이러한 점을 고려하여 충주읍(남변면, 북변면)에 한정된

지역이기는 하지만 궁방전 농민의 전체 소유경영을 추적하여 그것을 분석하고 도표로 그린 것이다(앞의 77명 가운데 궁방전을 소유한 경우를 제외하고 단순히 경작하던 농민 74명만을 대상으로 하였다). 이에 따르면 궁방전 농민이 위의 <표 21>에서 나타난 것처럼 무전농민으로서 궁방전만 경작하는 것이 아니라 자신의 토지를 별도로 갖고 있으며 나아가 경영방식에 있어서도 다양하게 나타나고 있다.

궁방전을 경작하는 농민 74명의 소유와 경영형태 가운데 C2구역의 20명 (27%)이 주목된다. 이들은 1결 미만의 토지를 소유하고 있지만 경영을 2결(정확히는 1~2결)까지 확대한 농민들로써, 1결 이상을 소유하면서 2결을 경영하는 농민(C1) 2명보다 훨씬 많다. C2의 농민 가운데, 50부 미만의 토지를 소유한 농민들이 2결까지 확대한 경우가 14명(18.9%)이라는 점을 보더라도 특이한 분포를 보인다고 할 수 있다. 물론 이들 가운데 A구역의 4명처럼 3결, 또는 4결까지 토지를 경영하는 농민들도 대단히 역동적인 모습을 보이기는 하지만 실제의 경영면적인지 아니면 중답주 형태로 경영면적을 넓힌 것인지는 알 수 없다.

C2구역에 2결 이상의 토지를 경영하는 농민층이 집중되어 있다는 점은 부농층의 일반적인 토지경영 방식을 보여준다. 茶山은 19세기 전반기의 표준경영 규모를 1호당 50負(20두락) 정도의 토지로 보았다.[57] 따라서 자영농으로서 1결 정도의 토지는 표준 농민의 2배가 되는 부농층이라고 할 수 있다. C2구역의 2결은 작인층으로서는 1결 정도의 소득을 올릴 수 있는 곳으로 볼 수 있다. 특히 궁방전을 차경하는 농민층들은 대개 부유한 농민이라는 점이 C2구역과 A구역 농민을 통해 확인될 수 있다. 지주층이면서 경영확대를 꾀하던 C1구역과 B구역 농민과는 다른 경영방식을 보인다고 할 수 있다.

---

57) 『牧民心書』 戶典, 平賦.

특히 A구역의 농민 5명은 1결 미만의 토지를 소유하며 2결 이상을 경작하는 농민들로서 전형적인 경영형부농층으로 추정된다. 또한 B구역의 농민 11명(C1구역의 2명 포함)은 1결 이상의 토지를 소유하면서 경영에 있어서도 1결 이상의 면적을 경작하는 농민들이다. 소유만 하고 경영을 전혀 하지 않던 구래의 양반지주와는 또 다른 형태로 나타난다. 중소지주 형태의 계층이면서 경영 역시 3, 4결 또는 그 이상도 행하는 적극적인 농민층으로서 경영지주와 유사하다.

이들을 소유면적만을 기준으로 분석한 것이 아래 <표 23>이다.

<표 23> 궁방전 농민의 전체소유 분해표

구분 소유	소유면적	인원		
		명	비율	평균소유
10결 이상	0	0	0.0	0
5결~10결	0	0	0.0	0
1결~ 5결	25-03-9	11	14.9	2-27-6
50부~1결	6-15-7	9	12.2	68-4
25부~50부	4-09-5	12	16.2	34-1
25부 미만	2-03-6	42	56.8	4-8
계	37-32-7	74	100.0	50-4

이에 따르면 50부 이하의 토지를 소유하는 농민이 54% 정도로 나타나고 있다. 충주읍의 일반 농민보다 열악함의 정도가 비교적 낮다. 1~5결 정도의 면적을 소유하는 농민층이 모두 11명으로 14.9%에 이르고 있다. 부농 또는 지주경영을 행하는 농민층이라고 할 수 있다.

아래 <표 24>에서 1위로 나타난 정덕원이라는 인물은 소유토지가 4결 87부 8속이지만, 6결 58부 8속을 차경하여 모두 8결 79부 6속을 경영하는 최대의 지주이다. 가옥은 모두 10채(44칸)이며 9채는 대여하고 있다. 3위의 이동근도 앞에서 보았지만 5결 45부 8속에 해당하는 궁방전을 차경하여 경영하고 있다.

<표 24> 1결 이상 농민 10인의 농업경영

순위	인명	토지(결-부-속)				가옥		대지			
		소유	대여	차지	경영	채	칸	소유	대여	임대	거주
1	정덕원	4-87-8	2-67-0	6-58-8	8-79-6	10	44	10	9	0	1
2	한성회	3-91-0	3-09-8	19-0	1-00-2	4	22	4	4	0	0
3	이동근	3-37-0	1-44-9	5-45-8	7-37-9	2	12	2	1	0	1
4	김덕여	2-14-6	40-1	54-7	2-29-2	2	5	2	0	2	4
5	곽성화	2-08-2	0	1-39-2	3-47-4	0	0	0	0	0	0
6	김태순	1-72-1	0	1-35-1	3-07-2	0	0	0	0	1	1
7	이춘경	1-65-7	0	84-0	2-49-7	0	0	0	0	2	2
8	조원경	1-56-4	0	1-14-7	2-71-1	0	0	0	0	0	0
9	김사근	1-36-7	0	1-71-8	3-08-5	0	0	0	0	1	1
10	임치근	1-34-0	0	73-2	2-07-2	0	0	0	0	1	1
11	김사문	1-00-4	25-7	63-2	1-37-9	0	0	0	0	1	1

자신의 소유면적을 훨씬 넘어 7결 37부 9속을 경영하고 있다는 점에서 자신의 소유를 넘어서는 경영형태를 보이고 있다. 대단히 역동적인 경영지주의 형태라고 할 수 있다. 4위에서 11위까지의 농민은 대체로 지주경영보다는 자신의 소유지 외에 1결 전후의 토지를 더 차경하면서 경영면적을 넓히는 농민층이라고 할 수 있다. 자신의 토지 모두를 직접 경영하는 경영지주의 모습이라고 할 수 있다.

<표 25>는 경영과 그를 통해 얻는 소득을 기준으로 정리한 것이다.

<표 25> 궁방전 농민의 전체경영과 소득분해표

구분 / 면적	전체 경영면적	인원		전체 소득면적	인원	
		명	%		명	평균
10결 이상	0	0	0.0	0	0	0.0
5결~10결	21-86-8	3	4.1	12-21-2	2	2.7
1결~5결	55-91-0	31	41.9	31-26-5	17	23.0
50부~1결	11-25-9	15	20.3	16-20-9	22	29.7
25부~50부	5-72-1	15	20.3	4-20-3	12	16.2
25부 미만	1-49-7	10	13.5	2-92-1	21	28.4
계	96-25-5	74	100.0	66-81-0	74	100.0

<표 25>에 따르면 경영형태 만으로 볼 때 50부 이하의 면적을 경작하는 농민이 25명(33.8%)으로서 1결 미만의 농민 15명까지 포함하면 40명 (54.1%)에 이른다. 충주읍 전체 농민보다 소빈농의 농민이 적다. 또한 1~5 결까지 경작하는 농민의 수가 31명(41.9%)으로서 그 비율이 대단히 높다. 이러한 점을 보더라도 궁방전을 경작하는 농민들은 대단히 부지런한 力農 者라는 것을 알 수 있다. 궁방의 입장에서도 富實한 농민에게 토지를 대여하고 있다는 것을 보여준다.

이들 농민의 소득은 소유면적과 경영면적을 합산하여 계산한 것인데, 50부 미만의 토지생산량을 갖고 생활하는 소빈농층이 33명(44.6%)으로서 여타의 일반 농민보다 그 비율이 낮다. 1~5결 면적에 해당하는 소득을 올리는 농민층은 총 17명으로서 23%에 달한다. 아주 높은 비율이라고 할 수 있다. 5~10결에 해당하는 소득을 올리는 농민 2명까지 포함하면 19명으로서 25.7%에 달한다.

이들 농민들의 존재형태를 그림으로 표시하면 다음과 같은 차이가 있다.

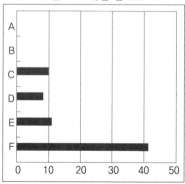

<그림 4> 소유별 분포표

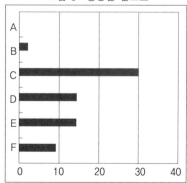

<그림 5> 경영별 분포표

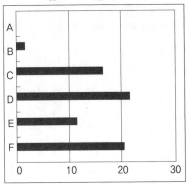

<그림 6> 소득별 분포표

이 그림에서 A~F는 각각의 토지면적을 의미한다. A는 10결 이상, B는 5~10결, C는 1~5결, D는 50부~1결, E는 25~50부, F는 25부 미만을 의미한다. 첫째 그림은 소유면적을 기준으로 농민의 분포를 그린 것인데 여기에서는 하층농민이 가장 높은 비율로 나타난다. 그러나 두 번째 그림에서 보듯이 경영별 분포표를 그려보면 C의 1~5결 농민이 두드러진다. 그러나 경영을 많이 한다고 하더라도 그것이 소득과 얼마나 연결되는가가 중요하다. 이것을 실제 농민의 소득으로 환산한 것이 세 번째 그림이다. 이를 통해서 보면 소득별 분포표가 농민의 존재형태를 가장 잘 보여준다고 할 수 있다. 궁방전을 경작하는 농민은 대단히 부지런하고 역동적인 농민층이었다고 할 수 있다. 소득분포표를 보더라도 하향분화가 아니라 상층(A, B, C구역)이 불룩하고 소농층(E)이 오목하며 최하층(F구역)이 다시 튀어나온 항아리型 형태를 취하고 있다는 점에서 특징적이다.

아래 <표 26>은 소득을 기준으로 도표를 그린 것이다. <표 26>에서 볼 수 있듯이 2~3결의 칸(C1, C2구역)에 17명이 분포되어 있다. 이들 농민은 1~5결에 해당하는 소득을 올리는 농민층이다. 부농층으로서 지주경영보다는 선진적인 농법을 동원하며 임노동을 이용하여 역동적인 농업경영을 행하는 경영형부농 또는 경영지주형 농민이라고 할 수 있다.

<표 26> 충주읍 궁방농민의 전체 소득분해표

소득	무농	10부	20부	30부	40부	50부	60부	70부	80부	90부	1결	2결	3결	4결	5결	10결	10결이상	계	비율
무전		7	5	4	1		1	2	2	1								23	31.1
10부			5	1	2				1	1								10	13.5
20부				1	2	2					1							6	8.1
30부				1		1	1	1	1	1		1						7	9.5
40부					1		1	3										5	6.8
50부									2			1						3	4.1
60부										1		1						2	2.7
70부										1		2						3	4.1
80부											1	1	1	C2				3	4.1
90부												1						1	1.4
1결																		0	0.0
2결												2	4					6	8.1
3결													2		B			2	2.7
4결													1			1		2	2.7
5결													C1			1		1	1.4
10결																		0	0.0
10~																		0	0.0
계	0	7	10	7	6	3	3	6	6	5	2	9	8	0	0	2	0	74	100.0
비율	0	9.5	14	9.5	8.1	4.1	4.1	8.1	8.1	6.8	2.7	12	11	0	0	2.7	0	100	

C2의 농민은 1결 미만의 토지를 소유하는 농민들로 2~3결의 토지를 경영하던 자들로서 부농경영을 행하던 자들이라면, C1의 농민은 1결 이상의 토지를 소유하면서 경영을 확대하던 농민층들로서 주목되는 지주층이라고 할 수 있다.

아래 <표 27>은 소득 1결 이상의 농민 19명의 존재형태를 추적한 것이다. 1위 정덕원은 경영면적에서도 1위를 차지했던 인물이며 <표 27>에서 알 수 있듯이 적극적인 경영의 결과 최대의 토지생산 소득을 올린 인물로 등장한 것이다. 궁방전을 5결 45부 8속이나 경작하던 이동근의 소득 역시 2위에 올라와 있다. 3위의 최군실의 경우는 소유면적이 없는데도 불구하고 차경한 면적이 5결 69부 3속에 이른다. 중답주로 추정되며 그러한 권리를 이용하여 높은 소득을 올린 것으로 보인다.

<표 27> 소득별 농민분해표(1결 이상)

구분 순위		토지(결-부-속)				소득 순위	가옥		대지			
		소유	대여	차지	경영		채	칸	소유	대여	임대	거주
1	정덕원	4-87-8	2-67-0	6-58-8	8-79-6	6-83-7	10	44	10	9	0	1
2	이동근	3-37-0	1-44-9	5-45-8	7-37-9	5-37-5	2	12	2	1	0	1
3	최군실	0	0	5-69-3	5-69-3	2-84-7	0	0	0	0	1	1
4	곽성화	2-08-2	0	1-39-2	3-47-4	2-77-8	0	0	0	0	0	0
5	한성회	3-91-0	3-09-8	19-0	1-00-2	2-45-6	4	22	4	4	0	0
6	김태순	1-72-1	0	1-35-1	3-07-2	2-39-7	0	0	0	0	1	1
7	김사근	1-36-7	0	1-71-8	3-08-5	2-22-6	0	0	0	0	1	1
8	김덕여	2-14-6	40-1	54-7	2-29-2	2-22-0	2	5	2	0	2	4
9	조원경	1-56-4	0	1-14-7	2-71-1	2-13-8	0	0	0	0	0	0
10	이춘경	1-65-7	0	84-0	2-49-7	2-07-7	0	0	0	0	2	2
11	임치근	1-34-0	0	73-2	2-07-2	1-70-6	0	0	0	0	1	1
12	이정보	29-7	0	2-73-9	3-03-6	1-66-7	0	0	0	0	1	1
13	이덕여	75-8	0	1-70-1	2-45-9	1-60-9	0	0	0	0	2	2
14	한덕이	82-2	0	1-22-1	2-04-3	1-43-3	0	0	0	0	0	0
15	임치순	51-8	0	1-59-4	2-11-2	1-31-5	0	0	0	0	1	1
16	김사문	1-00-4	25-7	63-2	1-37-9	1-19-2	0	0	0	0	1	1
17	김문선	66-3	0	88-8	1-55-1	1-10-7	0	0	0	0	2	2
18	안춘선	42-4	0	1-30-0	1-72-4	1-07-4	0	0	0	0	1	1
19	김만엽	64-0	0	76-5	1-40-5	1-02-3	0	0	0	0	1	1

따라서 이들의 소득은 소유토지와 상관없이 경영에 직접 참가하는 비율에 따라 결정되며, 소유가 없더라도 차지면적이 넓다면 3위 최군실처럼 높은 생산량을 확보할 수 있다는 것을 보여준다. 결국 토지생산량을 가장 많이 올린 농민들의 농업 경영방식은 소유면적 보다는 그러한 소유를 바탕으로 얼마나 많은 토지를 직접 경영하느냐에 따라 결정된다고 할 수 있다.

이들 농민의 특징은 5위까지의 농민을 제외하면 소유면적이 1결에서 2결 정도에 지나지 않지만 차경을 통해 경영면적을 확대하는 적극적인 경영을 보이는 농민이 많다. 5위의 한성회의 경우는 대부분의 지주경영 일반과 유사하지만 여기에서는 오히려 특이한 존재로 나타난다. 3결 9부 8속을 대여하여 지주경영을 행하던 중세의 전형적인 병작경영이다. 이러한 형태를 제외하면 대개의 경우 자신의 토지는 모두 직접 경영하며 더나아가 다른 토지를 차경하고 있다는 점이 두드러진다. 자신의 소유면적보다 많거나 비슷한 정도의 토지를 차경하여 경영확대를 꾀하고 있다는 점에서 대단히 부지런한 농민층의 모습을 확인할 수 있다.

따라서 충주읍의 농업경영 형태를 추적한 결과 일정 시점의 기록이기는 하지만, 토지소유에 근거한 지주경영보다 일정한 소유토지를 근거로 경영확대를 꾀하던 경영지주가 가장 높은 생산성을 보이고 있다는 점을 확인할 수 있었다. 또한 역토나 궁방전에 적극 참여하던 농민층 가운데 지주는 물론이려니와 부농층의 적극적인 차지경영이 두드러지는 모습을 발견할 수 있었다. 특히 궁방전을 차지하여 경영확대를 꾀하던 농민층은 상당수가 부농 출신이라는 점이 확인되었다. 이들은 자신이 갖고 있는 농법을 통해 생산성을 높일 수 있었고, 궁방측에서도 이 같은 當實한 농민을 이용하고 있었다는 것을 확인할 수 있었다.

4. 맺음말

본 연구에서는 양안 분석을 통해 지역사 연구방법론을 모색해 보려고 하였다. 특히 양안에 나타난 충주 지역의 농민과 토지를 종합적으로 이해하고 진정한 의미의 지역사를 복원하는 것을 장기적인 목표로 설정하고 있다. 본고에서 시도한 것은 양안분석을 통해 농민층의 경영 뿐 아니라 소득까지 추적함으로써 그 존재형태를 명확히 하는 것이다.

첫 번째로는 양안분석을 통해 소유분해가 아니라 경영분해를 중심으로 지주나 작인농민층이 실제 농업생산물 소득을 어느 정도 확보할 수 있는가를 추적하려 하였고, 두 번째로는 충주읍 농민층의 존재를 복원하기 위해 민전과 역토, 궁장토의 경영형태를 비교하여 보았다.

충주읍 농민층의 경영형태를 분석한 결과 소유분해를 통해서는 볼 수 없는 농민층의 농업경영 형태가 추출되었다. 지주의 분포는 민전의 경우 대지주보다 중소지주가 다수 분포하고 있으며 역토와 궁방전의 경우 역시 지주경영 강화를 통해 위기를 극복하려 했다는 점이 확인된다. 지주층의 경우 소유토지가 많다고 하더라도 직접경영을 하느냐 그렇지 않느냐에 따라 소득면에서 크게 차이가 있었다. 부재지주의 경우는 소유토지를 모두 대여함으로써 타작이나 도지를 통해 병작경영하는 형태가 일반적이었지만, 자신의 소유토지 30% 이상을 직접 경영함으로써 경영확대를 꾀하던 경영지주의 경우는 자신의 소유지보다 더 많거나 그에 버금가는 토지를 차경함으로써 수익을 올리고 있었다. 능동적으로 경영에 참여함으로써 소유지를 많이 갖지는 못했지만 소득은 더 많이 올리던 경영지주층을 확인할 수 있었다.

역토나 궁장토의 지주경영은 1894년 갑오승총 이후 무토가 사라지는 가운데 유토를 중심으로 지주경영을 강화시켜 가고 있었다. 역토나 궁장토의 지주경영 강화 형태는 지주경영의 위기를 극복하기 위해 마련된 것이기도 하였다. 역토의 경우는 중답주를 제거하는 방향 속에 지대수취를 증가시켜 가고 있었고, 궁장토의 경우도 내장원의 지원을 받기도 하지만 스스로 경영위기를 극복하는 방법을 모색하고 있었다. 특히 광무양안에 나타난 남변면과 북변면의 명례궁전답은 총 79필지로 27결 89부 1속인데, 명례궁의 추수기에 기록된 結卜은 16결 7부 1속으로써 양안의 기록보다 11결 82부가 적은 세액을 부담하고 있었다. 궁방에서는 지주경영의 위기를 은결이나 진결을 통해 돌파하려고 했다는 것을 쉽게 알 수 있다.

일반 민전과 비교하여 역토나 궁장토의 지주경영과 결합된 농민층의 경영참여는 민전에 비해 더욱 치열하다. 특히 경영확대에 관심을 갖던 경영지주나 부농경영의 형태는 더욱 적극적으로 참여하고 있었다. 작인 가운데는 대토지소유자도 존재하며 부농층도 다수 확인된다. 이들 농민층이야말로 구래의 지주층에게서 보이던 지대수익이 아니라 차경지 경영을 통해 소득을 확보하던 경영지주 또는 경영형부농층이라고 할 수 있다.

역토에서는 1~2결의 소득을 올리던 농민층 39명이 발견되는데 이들은 8.9%에 이를 정도로 특징적인 계층으로 나타나고 있었다(<표 15> 참조). 궁장토의 경우도 1~2결 사이의 농민이 9명, 2~3결 사이의 농민이 8명으로 전체의 23%를 차지할 정도로 비중이 높다(<표 25>, <표 26> 참조). 역토나 궁방전의 작인 농민은 일반 농민과 달리 부농 또는 지주층 가운데 경영확대를 꾀하던 농민들이 다수 참여하고 있다는 것을 확인할 수 있다.

최하층 농민의 경우 경영에 적극적으로 참여하더라도 소득이 50부의 토지생산량에 겨우 달하는 경우가 전체 4,830명의 81.1%로서 3,920명이나 된다(<표 8> 참조). 역토를 경작하던 작인농민의 경우는 단순히 역토만을 중심으로 했을 때는 소빈농층이 76.6%에 이르러 민전의 경우보다는 낮고 열악한 정도가 비슷했지만(<표 10> 참조), 실제 그들의 소유지와 경작지를 추적하여 다시 분석한 결과 경영면적으로 55.3%, 소득면적으로는 75.6%(<표 14> 참조)로 나타나고 있어 민전보다는 낮은 비율로 나타나고 있었다. 궁장토의 경우는 소득분포가 50부 미만인 경우가 33명 44.6%(<표 25> 참조)로 나타나고 있어 민전이나 역토보다 그 비율이 훨씬 낮다. 최하층인 소빈농층은 궁방전에 접근하는 것이 어려웠다는 것을 알 수 있다. 지주층이 원하는 작인농민은 富實한 작인이지 소빈농이 아니었기 때문이다.

<그림 4>, <그림 5>, <그림 6>을 통해 소유별, 경영별, 소득별 분포를

비교해 보았다. 즉 양안분석이 소유별 분포를 중심으로 농민층의 존재형태
를 설명하는가, 경영별 분포를 중심으로 설명하는가, 아니면 소득별 분포
를 통해 해석되는가에 따라 분석이 달라지는 것을 확인할 수 있다. 이에
따르면 농민의 존재형태를 추적하기 위해서는 소유분해를 통해 해석하면
극단적인 하향분화 형태로 나타나며, 경영분해를 통해 분석되는 경우에는
오히려 중농이나 부농층, 중소지주층의 비율이 높은 비율로 나타난다는
점이 확인된다. 그렇지만 경영면적이 넓다고 해서 소득이 많은 것은 아니
다. 타작이나 도지의 경우 거의 50%에 해당하는 지대를 부담하기 때문에
소득이 1/2로 줄기 때문이다. 이러한 점을 고려한다면 소득분해를 중심으
로 농민의 존재를 추적한 <그림 6>의 형태가 가장 정확하게 농민의 존재
를 보여주는 것이라고 할 수 있다. 상층 부농이나 중간의 중농층이 볼록하
고 최하층농민이 다시 튀어나온 항아리 형태를 취하고 있었다. 궁방전의
경우라는 특이한 경우이기는 하지만 궁방전 농민층은 대단히 부지런하고
역동적으로 농업경영에 참가하고 있다고 할 수 있다. 노련한 농민층들이
주로 궁방전에 참가할 수 있었다면 그러한 양상을 충분히 이해할 수 있을
것이다.

이 시기 지주제는 소유권 중심의 농업경영보다는 경영 중심의 농업경영
이 활발하다는 것을 확인할 수 있었다. 일반 민전의 경우는 물론이려니와
역토나 궁방전에서 드러나듯이 적극적으로 그 토지를 차경하여 경영확대
를 꾀하던 농민들은 경영지주나 경영형부농이었다.

지금까지 충주읍의 농업경영 형태를 통해 지주경영과 작인경영의 관련
성을 추적해 보았다. 이러한 농업경영 분석은 양안의 한계를 극복할 수
있는 방법의 하나가 될 수 있다고 본다. 소유나 경영면적이 아니라 소득
부분을 중심으로 분석된다면 그 특징을 더욱 정확히 포착할 수 있기 때문이
다. 본 연구를 통해 당시 농민들 가운데 능동적이고 적극적으로 농업경영을

행하던 계층을 발견할 수 있었던 점은 커다란 수확이라고 할 수 있다. 앞으로는 이러한 분석의 연장선에서 다수의 지주와 다수의 농민층이 상호 결합하고 있는 양상을 추적하여 그 특징을 분석할 예정이다. 이러한 분석을 통해 중세의 촌락과 농민층의 존재형태를 복원해 낸다면 지금까지 검토되지 못한 농업경영 형태와 농민의 존재방식이 밝혀질 수 있을 것이다.

대한제국시기의 토지제도와 농민층분화의 양상
-京畿道 龍仁郡 二東面「光武量案」과 「土地調査簿」의 비교분석-

이 영 호

1. 문제의 제기

한말·일제 초의 토지제도에 관한 연구는 크게 보아 세 가지 방향으로 진행되었다. 일제에 의한 '朝鮮土地調査事業'(1910~1918년)의 역사적 의의를 강조하여 근대적 토지소유(권)의 성립을 주장하는 방향, 토지조사사업의 약탈적 성격을 강조하면서 '光武 量田·地契事業'(1898~1904년)의 역사적 의의를 평가하는 방향, 두 사업을 연관지어 이해하려는 방향 등이다. 세 번째 방향과 관련하여서는 김해군청에서 토지조사사업관계 일차자료가 발견되고 이에 의거하여, 토지조사사업이 이미 지주적 토지소유에 도달한 기존의 소유관계에 근대적 형식을 부여하여 법인한 것에 불과하다는 주장이 제기되었다.[1] 그러나 광무 양전·지계사업과 조선토지조사사업을 직접적으로 비교하여 두 사업의 관련성을 분석한 연구는 거의 없다. 이 글에서는 바로 이러한 비교분석을 통하여 연구의 진전을 모색하고자 한다.

---

[1] 배영순, 「조선토지조사사업에 있어서 김해군의 토지신고와 소유권사정에 대한 실증적 검토」, 『인문연구』 8-2, 영남대 인문과학연구소, 1987.

광무 양전·지계사업은 한편으로는 중세사회의 토지제도와 관련해서,
다른 한편으로는 일제의 조선토지조사사업과 관련해서 상호 비교되어야
할 것인데, 필자는 이 가운데 일제의 토지조사사업과 관련한 부분을 중점적
으로 검토하고자 한다. 광무 양전·지계사업과 토지조사사업을 비교하는
방법은 여러 가지가 있을 수 있지만 두 사업의 결과 작성된 「光武量案」과
「土地調査簿」를 비교하는 것이 가장 직접적인 방법이라고 생각된다.[2]

광무 양전·지계사업은 대한제국에 의해 수행된 양전사업(1898~1902)
과 지계사업(1901~1904)을 말하는데, 양전사업의 결과 量地衙門量案이 작
성되었고, 지계사업의 결과 地契衙門量案이 작성되고 그에 따라 소유권
증서로서의 地契가 발급되었다. 물론 이 사업은 중단되고 말았기 때문에
양안이 조세수취에 사용되지 못하였고 지계가 소유권증서로서의 효력을
발휘하지도 못하였다. 한편 조선토지조사사업에서도 토지소유권조사를
통하여 土地臺帳을 작성하고, 그리고 그 증명을 위해 土地登記簿를 작성하
였다. 이 글에서 검토하고자 하는 토지조사부는 토지대장을 작성하기 전에
사용된 토지소유권의 査定原簿로서 광무양안에 대비될 수 있는 자료이
다.[3]

광무양안과 토지조사부의 비교분석은 두 사업의 역사적 의의를 규명하
는데 단서를 제공해 줄 것으로 기대되지만, 이 글에서는 광무 양전·지계사

2) 광무양안과 토지조사부를 비교분석한 논문은 아직 제시된 바가 없고 洞里차원에서
「광무양안」과 「토지대장」을 비교한 연구로서는 이영훈의 논문(「광무양전의 역사
적 성격-충청남도 연기군 광무양안에 관한 사례분석」, 『근대조선의 경제구조』,
비봉출판사, 1989)이 처음이다. 이 글에서 대상으로 삼은 용인군의 광무양안은
양지아문에서 작성한 양지양안(양지아문편, 『京畿道龍仁郡量案抄』(규장각도서
no.17645), 1900, 29책)과, 지계아문에서 작성한 지계양안(지계아문편, 『京畿道龍仁
郡量案』(규17644), 1903, 27책)의 두 종류가 있다.
3) 광무 양전·지계사업과 조선토지조사사업의 전모에 대하여는 다음의 논저를
참고하였다. 김용섭, 「광무년간의 양전·지계사업」, 『한국근대농업사연구』, 일조
각, 1975 ; 신용하, 『조선토지조사사업연구』, 지식산업사, 1982.

업에 그 초점을 맞추어 검토하기로 한다. 사례로서는 경기도 龍仁郡 二東面을 선택하였다. 먼저 용인군에서는 1899년에 농민들의 항세운동이 일어나는데 이 운동이 광무 양전사업의 시행과 어떠한 관련을 가지고 있는지 검토하고, 다음으로 용인군 이동면의 광무양안과 토지조사부의 자료를 비교 검토하여 두 자료가 지니는 특징과 사료적 가치를 파악하고자 한다. 그리고 광무양안과 토지조사부를 비교 분석하여 토지소유분화와 농업경영분화의 실태를 파악함으로써 당시 농민층분화의 양상과 계급구성의 성격에 대하여 정리한다. 이상과 같은 작업을 통하여 광무 양전·지계사업의 역사적 성격을 이해하는 데 한발 다가설 것을 기대한다.

그러면 용인군 이동면의 사례연구에 들어가기에 앞서서 이동면의 지역적 특성을 간단히 개관해 보기로 한다. 경기도 용인군은 한말 당시 동으로는 양지, 남으로는 진위, 서로는 수원, 북으로는 광주에 둘러싸여 있었고, 하부에 16개 면이 편제되어 있었다. 上東村面은 邑治로부터 남쪽으로 30~50리의 위치에, 下東村面은 40~60리에 위치하였다.[4] 일제에 의하여 지방행정구역이 변경되기 이전인 1912년 1월 현재 용인군은 16개 면 136개 동리로 구성되어 있었다. 그 가운데 상동촌면에는 墨洞, 德成洞, 泉洞, 院村, 西洞의 5개 동이, 하동촌면에는 時美洞, 牟山洞, 堯山洞, 卯峰洞, 魚肥洞, 松田洞의 6개 동이 포함되어 있었다.[5] 일제에 의하여 지방행정구역이 개편된 이후인 1917년 4월 1일 현재에는 12개 면 115개 동리로 되었다. 상동촌면과 하동촌면은 二東面으로 바뀌고 산하에 9개 동이 포함되었다. 동리의 변동상황을 대조해 보면 <표 1>과 같다.[6]

4) 『京畿邑誌』(규12177), 용인, 1871 ; 『龍仁縣邑誌成冊』(규古915.12-Y8h), 1891 ; 『龍仁郡誌』(규10706), 1899 참조
5) 조선총독부, 『舊韓國地方行政區域名稱一覽』, 1912.
6) 越智唯七편, 『新舊對照朝鮮全道府郡面里洞名稱一覽』, 1917.

<표 1> 龍仁郡 二東面 洞里의 변동상황

院村, 泉洞→泉里	西洞→西里
德成洞, 墨洞→德成里	墨洞 일부→墨里
時美洞→時美里	牟山洞, 堯山洞→華山里
卯峰洞→卯峰里	松田洞→松田里
魚肥洞, 南村面放木洞→魚肥里	

상동촌면 지역은 원촌이 천리에 병합되고 묵동이 덕성리와 묵리로 나뉜 것 이외에는 행정구역의 변경이 거의 없다. 반면 하동촌면 지역은 모산동과 요산동이 합하여 화산리가 되었고, 남촌면 방목동이 어비동과 합하여 어비리가 되었다. 동리는 주로 호구를 중심으로 하고, 면은 호구와 함께 토지를 중심으로 하였기 때문에 동리의 경계는 불명확하지만 대체로 면의 경계는 분명하다고 볼 수 있다.[7] 따라서 상동촌면의 면적은 이동면 천리, 서리, 덕성리, 묵리의 4개 리와 같은 면적으로 간주하여도 좋을 것이다. 이 글에서는 광무양안의 상동촌면과 토지조사부의 이동면 천리, 서리, 덕성리, 묵리의 4개 리를 같은 면적으로 전제하고 분석한다.

2. 용인농민의 抗稅運動과 量田事業

용인농민의 항세운동은 1899년 음력 6월 29일에서 7월 2일에 걸쳐 일어났다. 그곳은 반봉건 농민항쟁의 일반적인 수준을 벗어나지 못하는 것이었지만 그 의미는 각별한 데가 있었다. 즉 용인농민항쟁의 문제제기는 광무양전사업으로 연결되었고, 양전의 결과 結數의 지나친 증가가 초래되어 농민들이 이에 저항함으로써 재양전을 실시하는 곡절을 겪은 때문이었다. 이러한 사정은 용인농민항쟁을 광무 양전사업과 연관지어 이해할 수 있는

---

7) 탁지부, 『土地調査參考書』 제3호, 1909, 3~6쪽.

좋은 사례가 되게 하였다.

용인농민항쟁은 收稅元摠에 충당하기 위해 민간에서 추가로 징수한 加結(添卜)문제로 말미암아 발생하였다. 가결문제는 1841년 당시의 縮結 306結 29負 8束을 時起結에 분배하여 보충 상납토록 하면서 시작되었는데, 이러한 조치 이후에도 다시 축결이 92결 17부 9속이나 되었고, 갑오개혁 후에 吏隱結 33결을 찾아내어 상쇄하였지만 나머지 59결 17부 9속은 여전히 남아 있었다. 1895년부터는 이은결 53결이 원총에 올라가 모두 112결 17부 9속을 상납할 길이 없게 되었다.[8]

용인농민들은 이러한 가결문제를 해결하기 위하여 여러 차례 정부에 호소하였으나 합당한 조치를 받지 못하였다. 1898년 11월 19일에는 용인군 지내면의 金秉夏가 각 면에 通文을 돌려 面會를 개최하고, 添徵의 폐단을 시정해 줄 것을 용인군에 요청하였고, 12월 2일에는 탁지부에 올라가 訴狀을 올리려 하기도 하였다. 탁지부 주사의 권고에 따라 12월 20일 面會를 열고 면회가 주체가 되어 作夫를 시행하여 보았지만, 收稅實結과 비교하여 오히려 376결 62부 6속이나 부족한 결수가 되고 말았다. 1899년 정월에서 3월에 걸쳐 탁지부에 상소하여 상납액의 감소를 청원하기도 하였으나, 隱漏泥生還起를 조사하여 원총에 보충하라는 답변만을 들었다. 농민들은 3월 28일 다시 면회를 열고 이 문제를 논의하였고, 4월 말경에는 다시 탁지부에 청원하였지만 은결을 조사하여 보충하라는 지시가 반복되었다. 그러나 용인군에서는 은결의 색출에 적극적으로 나서지 않고 양전을 기다리고 있었다.

이러한 상황 속에서 농민들의 집단적인 실력행사가 나타났다. 음력 6월 29일 狀頭 김병하는 結民 천여 명을 이끌고 읍내로 들어가, 탁지부에서 은결을 색출하여 농민에게 추가된 가결을 대신하라는 명령을 내렸음에도

---

8) 『度支部內部公文來去牒』(규17881-제5책), 광무 2년 1월14일 照會.

불구하고 이를 시행하여 가결을 탕감하지 않는다고 항의하였다. 용인군수는 가결이 상납원총에 포함되어 있기 때문에 탕감할 수 없다고 거부하였다. 이에 농민들은 관정으로 몰려가 首書記 朴熙宗을 결박 구타하고 面會가 열리던 金良場으로 끌고가 주둔하면서 요구조건의 관철을 고집하였다. 이렇게 되자 군수는 가결의 탕감을 허락하지 않을 수 없었다. 그러나 군수는 양지아문이 설치되어 이제 양전을 실시하려고 하는 시점이었기 때문에 양전을 실시하여 은결이 발견되면 이 문제는 자연히 해결될 수 있으리라 기대하고 있었다.

그러나 박희종의 동생 박희순이 형을 구원하기 위해 金良場을 습격하고, 여기서 70여 명의 농민이 부상하면서 사태는 악화되었다. 박희종은 도주하고 장두 김병하는 그 이튿날 체포되었다. 이에 7월 2일 부상당한 농민들의 가족을 중심으로 각 면에서 수천 명의 분노한 농민들이 읍내로 모여들어 군수를 끌어내고 관예를 구타하고 공공건물과 관속의 주택을 파괴하였다. 그리고 체포된 김병하 등 죄인들을 석방 탈취하였다. 통문을 돌릴 때 環書姓名(사발통문)하였기 때문에 통문을 돌린 주동자를 가려낼 수는 없었다. 사태의 방향이 모든 농민들의 분노를 사고 있었기 때문에 쉽게 농민들의 결집이 이루어졌던 것이다.[9]

7월 12일 사태를 수습하기 위하여 죽산군수가 파견되었다. 농민들은 等狀을 올려 첨복의 폐단, 吏屬의 협잡, 군수의 무능, 박희종의 간활 등으로 인하여 항쟁이 발생하였다고 호소하면서 항쟁의 정당성을 주장하였다.[10] 가결문제를 해결하기 위하여 장두로 나섰던 김병하의 석방운동도 전개하였다. 법부에 김병하의 석방을 탄원하였는데, 탄원서에 서명한 농민의

---

9) 이상은 『司法稟報』甲, 光武三年八月十八日報告書, 光武三年八月日龍仁郡民擾事査官竹山郡守行査文案, 光武三年九月二十三日報告書 ; 『司法稟報』乙, 光武三年八月二十九日의 기사를 참고하였다.
10) 『司法稟報』갑, 광무 3년 8월일 용인군민요사사관죽산군수행사문안.

수효만도 400여 명이 넘었다.[11]

사관은 용인군의 가결문제를 두 가지 방향으로 해결하려 하였다. 하나는 수세실결(상납원총) 중에서 가결을 탕감하는 방법이고, 다른 하나는 양지아문에서 경기도의 양전사업을 먼저 시작하여 은결을 찾아내어 원총에 보충하는 방법이었다. 이미 그 전해부터 양전사업의 실시가 결정되어 그 준비작업이 진행되고 있었지만 우선 가결의 탕감으로 민심을 무마하지 않으면 안되었고 또한 곧 뒤이어 양전사업을 통해 소유관계를 재조정함으로써 자연히 은결의 문제가 해결될 것을 기대하는 것이었다.

그런데 사관은 隱結에는 서리의 은결(吏隱)과 민인의 은결(縮結) 두 가지가 있다고 하면서, 민인의 축결은 대개 大民이 그 장본인이라고 파악하였다. 흔히 군현에는 서리의 은결이 민인의 축결보다 많은 편이지만 용인의 경우에는 민인의 축결이 훨씬 많다고 하였다. 그것은 주변 전토의 태반이 서울의 舍音과 鄕大夫의 토지이기 때문이라는 것이다. 따라서 민인의 축결은 시정하기가 어렵고 사관은 이것을 일단 탕감하자는 것이었고, 양전을 시행하면 민인의 축결도 자연히 드러날 것이라고 생각하였다.[12] 그러나 탁지부에서는 은결을 색출하여 보충하지 않고 탕감한다는 것은 있을 수 없는 일이라는 종래의 완강한 주장을 되풀이하였다.[13] 결국 용인군의 가결문제는 양전을 기다리지 않으면 안 되는 형편이었다.

용인군의 가결문제는 양전을 엄격하게 시행하여 토지의 경계와 토지소유자를 파악하지 않으면 해결되기 어려운 문제였다. 오랫동안 양전을 시행하지 않아 토지의 소유관계가 불명확하였고, 따라서 조세수취는 서리의

---

11) 법부편, 『訴狀』(규17281-제18책), 광무 3년 9월 京畿龍仁郡大小民人等의 소장 2건 참조.
12) 주10)과 같음.
13) 『度支部內部公文來去牒』(규17881-6 책), 광무 3년 8월 29일 照會, 광무 3년 9월 8일 照復.

현란한 깃기에 의존할 수밖에 없는 상황이었던 것이다. 은결이 발생하고 이를 보충하기 위하여 가결을 시행하지 않을 수 없었다. 농민들은 가결의 탕감을 요구하였지만, 가결에 대한 탕감은 은결의 색출을 통한 수세실결의 보충이 없다면 조세수입의 감소를 의미하는 것이었다. 은결의 색출은 조세 징수대장만을 조사하여서는 실효를 거둘 수 없는 것이고 오히려 은결을 가진 자들의 불만을 초래할 뿐이었다. 용인군수가 은결의 색출을 위한 구체적인 조사작업에 착수하지 않은 이유도 여기에 있었다. 양전을 시행하 여 토지소유자를 재확인하는 수밖에 도리가 없었다. 광무 양전사업은 정부 차원에서 그 필요성이 인정되어 추진되고 있었지만 용인군의 사례에서 보면 양전을 통한 은결의 발견과 가결의 폐지, 그리고 궁극적으로는 수세실 결의 보전에 양전의 목적이 있었던 것이다.

<표 2> 용인군의 結數 및 收稅현황

연도	元帳付田畓	元摠田畓	實田畓	實上納額	未納稅額
1894					1,351,012
1895					1,169,376
1896	4719-31-9	2549-15-5	2415-95-5	72478-6-5	2,753,480
1897	〃	2528-29-1	2366-30-0	70989-0-0	5,031,336
1898	〃	〃	2372-69-7	71180-9-1	6,474,264
1899	〃	2549-15-5	2396-82-9	71904-8-7	1,498,514
1900	〃	〃	2365-40-3	118270-1-5	636,442
1901	〃	〃	2130-59-0	106529-5-0	2,425,628
1902	〃	〃	2380-29-1	179653-2-8	1,791,004
1903	〃	〃	2397-85-5	191828-4-0	2,185,044
1904	〃	〃	2425-96-5	194077-2-0	931,370
1905	〃	〃	2428-45-5	19427圓64錢	

비고 : 1. 출전은 『京畿管下四府三十四郡收租成冊』(규17899), 『京畿管下三府三 十五郡收租成冊』(규17900)인데, 「미납세액」은 『結稅未納額調』(광무 9년 6 월 말일 현재)(국립도서관도서 한 36-105)를 참조하였다.

2. 원장부전답, 원총전답, 실전답의 단위는 結-負-束이고, 실상납액의 단 위는 兩-錢-分인데 단 1905년분은 圓-錢이다. 미납세액의 단위는 미상 이다.

그러나 광무 양전사업의 결과 지나친 결수의 증가현상이 나타났다. 이 문제를 구체적으로 검토하기 위하여 먼저 용인군의 결수 및 수세현황을 살펴보면 <표 2>와 같다.

<표 2>의 '元帳付田畓'은 호조의 양안에 기록되어 있는 전답결수를 말하는데 이것은 새로이 양전을 실시하여 재조정하지 않는 한 변하지 않는다. 20년 간격으로 양전을 실시하게 한 『경국대전』 규정에도 불구하고 양전은 조선시기 전체를 통틀어 불과 서너 차례에 불과하였기 때문에 원장부전답은 실제의 상황을 반영해 주지 못하였다. 이러한 원장부전답에서 실제의 수세결수를 산출하려면 免稅結을 제외하여야 하는데, 갑오개혁 이전에는 많은 면세결이 있었으나 이제 이 시기에는 국유지의 출세조치에 따라 면세결이 出稅結로 陞摠되었고, 남은 면세결은 이미 오래 전부터 陳田化되어 실제로 결세를 부과할 수 없게 된 토지가 대부분이었다. 그리고 다시 개간된 토지나 국유지에서 출세결로 승총된 토지, 조사 발견된 은결 등이 수세결에 포함되었다. 즉 면세결과 승총결을 增減하면 각년도의 '元摠田畓' 結數가 산출되는 것이다. 바로 이 원총전답 결수가 결세부과의 기준이 되는데 용인군에서는 이 액수를 채우기 위하여 가결의 폐단을 일으켰던 것이다.

'實田畓'은 당해연도의 災結과 다른 국가기관으로 이획된 것을 제외하고 탁지부에 실제로 상납할 결수를 의미한다. 풍흉에 따라 약간씩의 변화를 보이고 있다. 이 실전답 결수를 代錢하면 '實上納額'이 산출되는데 여기에서 본군의 경비로 매년 10,770냥을 제외하고 나머지를 상납하였다. 대전은 1896~1899년도분은 1결에 30냥씩, 1900~1901년은 50냥씩, 1902~1904년은 80냥씩, 1905년에는 8환씩의 비율로 실시하였다.[14] 수세결수의 증가를

---

14) <표 2>의 작성자료 및 배영순, 『한말 일제초기의 토지조사와 지세개정에 관한 연구』, 서울대 박사학위논문, 1988, 100~109쪽 참조

꾀하는 것 이외에 화폐가치의 변화에 따라 결당 대전수세액을 인상하고 있는데 이와 같은 방법으로 농민들의 조세부담은 가중되었다.

마지막의 '未納稅額'은 단위를 분명히 알지 못하여 해석의 어려움이 있으나 이 미납세액의 산출은 그 해의 미납액에서 陳虛結과 公用未勘을 제외한 것으로서 미납액의 누진적 합계를 의미하는 것이 아니라 당해연도의 미납세액을 나타내는 것으로 이해된다. 용인농민의 항세운동과 관련되는 1897년도분과 98년도분의 결세미납액이 다른 시기에 비하여 압도적으로 많다. 항세운동의 상황을 단적으로 보여준다고 하겠다.

그런데 사실에 입각한 원총전답 결수의 결정이 중요한 문제인데, 이는 양전을 통하여 해결할 수밖에 없는 문제였다. 당시의 원총전답 결수가 대체로 2,549결 15부 5속으로 되어 있는데, 1900년 양지양안의 전답결총은 3,542결 97부 4속이었다. 應頉과 陳田을 제외한 實전답결총은 3,540결 65부 6속이었다.[15] 원총전답 결수와 비교하면 양전의 결과 1,000여 결의 증가를 보임으로써 1899년의 가결문제를 훨씬 초월하는 결수의 증가를 초래하였다.

지나친 결수의 증가는 농민의 반발을 불러 일으켰다. 정부에서도 수원과 용인의 경우 결수가 지나치게 증가하였음을 인정하여 그 책임자인 양무감리 李鍾大를 구속하고 지계아문으로 하여금 다시 양전하도록 지시하였다. 이리하여 수원과 용인의 경우 양지아문과 지계아문에서 두 번에 걸쳐 양전을 시행하게 되었던 것이다.[16] 재양전의 결과 용인군 상동촌면의 경우 <표 3>과 같은 변화가 나타났다.

---

15) 『경기도용인군양안초』 제1책 참조.
16) 『高宗實錄』 광무 7년 9월 25일 ; 『司法稟報』乙, 광무 7년 10월 9일 평리원검사의 보고서 ; 『照牒』(규17277의 11), 광무 7년 10월 2일 지계아문총재의 법부협판에 대한 照會.

<표 3> 상동촌면 광무양안의 면적변화

구 분	筆地數	平方尺數	結 負 束
양지양안	2,978	4,394,149	199결35부2속
지계양안	2,831	4,613,481	184결61부

비고 : 지계양안에서 1필지의 토지가 일부는 起耕田이고 일부는 陳田인 경우
　　　 2필지로 산정하였다. 그러한 필지는 모두 27건이므로 지계양안의 실제
　　　 필지수는 2,804필지이다.

양지양안에 비하여 지계양안의 실면적은 219,332평방척이 증가한 반면
필지수는 174필지, 결부는 14결 74부 2속이 줄어들었다. 그런데 양지양안
에서는 진전을 거의 파악하지 않았지만 지계양안에서는 다수의 진전을
파악하였다. 상동촌면 지계양안의 진전은 139필지(기경전과 중복된 27필
지 포함), 231,204평방척, 6결 6부 4속이었다. 지계양안의 증가한 실면적은
진전의 면적과 비슷하였다. 이러한 점에서 볼 때 양지양안은 결세를 담당할
수 있는 수세실결의 파악에 주안점을 두고 출세자로서의 時主와 時作을
파악한 것이었다고 한다면, 지계양안은 지계발급을 위한 대장으로서 진전
까지 파악하여 그 소유자에게 지계발급을 계획한 것이었다고 여겨진다.

필지수는 진전이 포함되었음에도 불구하고 전반적으로 감소되고 면적
은 진전이 포함되어 증가하였기 때문에, 한 필지당 평균면적은 1,476평방
척, 평균결부는 6부 7속인데 반하여 지계양안의 필지당 평균면적은 1,645
평방척, 평균결부는 6부 6속이었다. 이러한 현상은 토지등급의 조작에서
비롯된 것이었다.

지나친 결수의 증가로 재양전을 실시하게 되면서 고려하지 않으면 안되
었던 점은, 궁극적으로 결수의 일정한 감소를 꾀하지 않으면 안 된다는
사실이었다. 실면적을 그대로 두고 결수의 감소를 꾀할 수 있는 방법은
토지등급의 조작, 특 토지등급을 하향조정하는 방법뿐이었다. 그렇게 되면
면적은 넓어지지만 결수는 줄어들게 된다. 상동촌면 지계양안의 경우 진전

6결 6부 4속이 포함되었음에도 불구하고 결부는 14결 74부 2속이나 줄어들었고, 필지당 평균면적은 크게 늘었음에도 불구하고 평균결부는 늘지 않았던 것이다. 이제 이러한 사정을 보다 구체적으로 살펴보면 <표 4>와 같다. 전, 답, 대지를 토지등급별로 모두 합계하고, 지계양안의 진전은 제외하였다.

<표 4> 광무양안의 토지등급별 면적

구 분	양지양안			지계양안		
토지등급	필지수(%)	평방척수(%)	결부속(%)	필지수(%)	평방척수(%)	결부속(%)
3등급	188(6)	120,579(3)	8-45-2(4)	84(3)	88,175(2)	6-18-2(3)
4등급	1,140(38)	1,919,576(44)	105-25-5(53)	552(21)	1,046,729(24)	57-67-3(32)
5등급	1,181(40)	1,811,917(41)	71-98-3(36)	1,294(48)	2,225,965(51)	88-84-7(50)
6등급	469(16)	542,077(12)	13-66-2(7)	762(28)	1,021,408(23)	25-84-4(15)

<표 4>에서 보면 양지양안의 3, 4등급 필지수와 면적(평방척)이 지계양안에서는 급격히 감소한 반면, 5, 6등급은 급격히 증가하였다. 그 결과 결부수는 양지양안에서 57%이던 3, 4등급의 토지가 지계양안에서는 35%로, 43%이던 5, 6등급의 토지는 65%로 급격히 변화하게 되었다. 재양전에서는 토지등급을 하향조정함으로써 결수의 감소를 꾀할 수 있었던 것이다. 바꾸어 말하면 양전을 통한 결수의 증가는 토지등급의 상향조정에서 비롯된 것이었다. 결부제는 생산량을 단위로 한 것이기 때문에 생산량을 추정하는 방법으로 토지등급을 사용하는데, 이 토지등급을 어떻게 산정하는가 하는 점에 따라 실면적에는 많은 차이가 있을 수 있고 실면적에 변동이 없더라도 토지등급을 상향조정하면 결수의 증가를 가져올 수 있는 것이었다.

가결문제로 발생한 1899년의 용인농민항쟁은 은결의 색출을 통한 가결의 상쇄방향으로 그 문제가 해결될 수밖에 없는 것이었고, 은결의 색출은

양전의 시행으로 가능한 것이었다. 그러나 양전의 결과 토지등급을 상향조
정함으로써 지나친 결수의 증가를 가져오게 되었고, 이것이 다시 용인농민
의 저항을 불러 일으켰다. 결수를 재조정하지 않으면 안되었다. 재조정은
이전의 상납원총을 기준으로 할 수밖에 없었고, 이것은 양전사업이 지닌
한계였다. 양전의 방향이 정확한 실면적을 파악하려는 데로 전환되는 과정
에서 아직 결부제의 한계를 극복하지 못하고 있었다.

3.「光武量案」과「土地調査簿」자료의 성격

1) 광무양안과 토지조사부의 기재방식

광무 양전 · 지계사업에 의하여 양지양안이 124개 군, 지계양안이 94개
군에서 작성되었는데, 현재 남아 있는 양안은 41개 군에 불과하다. 양지양
안과 지계양안이 동시에 남아 있는 곳은 12개 지역(용인, 수원, 광주, 안성,
양성, 양지, 진위, 석성, 한산, 연산, 온양, 충주)으로서, 대체로 양지양안은
中草本, 지계양안은 正書本으로 되어 있다. 이러한 경우의 지계양안은
양지아문이 폐지되어 양전의 업무가 지계아문으로 넘어간 뒤 중초본 양지
양안을 지계아문에서 정서한 것이기 때문에 사실상 양지양안과 다를 바
없다.17) 그러나 수원군의 양안과 이 글의 대상인 용인군의 양안은 양지아문
과 지계아문에 의하여 두 번 양전이 시행되었고 양지양안과 지계양안의
내용은 전혀 다르다.

광무양안은 양전의 가장 기초적인 단위를 面으로 하였다. 면 이하의
村이나 洞里는 양전단위와는 상관없고 따라서 작성된 양안에도 그것을
적당히 頭註를 달아 놓는데 그쳤다. 그것은 면의 경우는 전통적인 토지대장

---

17) 서울대학교도서관 奎章閣편, 『규장각한국본도서해제』史部 2, 1982 참조.

의 작성과정에서 그 기초단위가 되어 왔기 때문에 면 사이의 경계를 구분하
지 않을 수 없었고 따라서 면은 토지를 중심으로 한 행정단위로 발전한
데 비하여, 촌이나 동리는 토지와는 관계없이 호구를 중심으로 구분되었기
때문에 토지측량의 단위로는 부적절하였던 것이다.[18] 동리뿐만 아니라
들이나 산간지역을 칭하는 명칭도 坪, 員, 谷 등으로 막연하게 붙여졌다.
반면에 토지조사부는 행정구역의 개편에 따라 동리의 통폐합이 시행되었
고 그에 따라 동리단위로 토지조사가 이루어졌다.

　광무양안은 5결 단위로 字號를 붙이고 자호 아래 필지마다 순서대로
地番을 달았다. 양지양안은 지번 아래 양전방향, 토지모양, 전답구분, 夜味
의 수, 전답의 모형그림과 長廣의 길이 및 四標, 면적(平方尺數), 토지등급,
結負, 田畓主와 作人의 성명(대지의 경우는 垈主와 家主의 성명 및 瓦家,
草家의 칸수)이 기재되어 있다. 반면 지계양안에는 일련지번 아래 양전방
향, 토지등급, 토지모양, 전답구분, 야미의 수, 장광의 길이, 면적(평방척수),
결부, 斗落 또는 日耕, 四標, 時主의 성명이 기재되어 있다. 양지양안에는
전답의 모형그림과 작인성명, 그리고 가옥보유관계가 기재된 점, 지계양안
에는 두락과 일경이 기재된 점이 두 양안의 뚜렷한 차이일 것이다.

　용인의 지계양안에는 별도로 대지가 표시되지 않고 田에 포함되었다.
양지양안의 陛字 95~139호, 지계양안의 主字 92~124호, 云字 1~24호에
걸치는 '원촌'의 院屯은 양지양안에서는 모두 원둔의 '대지'로 나타나고,
지계양안에서는 모두 '전'으로 표시되어 있는 점을 예로 들어 보더라도
분명한 사실이다.[19] 그리고 양지양안에는 진전이 거의 파악되지 않은데
반하여 지계양안에는 진전이 다수 파악되었다. 지계양안은 토지소유권증
서로서의 지계발급을 목표로 하였기 때문에 진전까지 그 소유자를 파악하

---

18) 주7)과 같음.
19) 경상도의 동래, 산청, 합천의 지계양안에는 대지의 경우 시주 성명 옆에 '垈'라는
　　부기를 달았다. 『규장각한국본도서해제』 사부 2, 351~359쪽 참조.

였고, 소유자가 없는 진전은 '陳無主'로 확인해 두고 있었다.

한편 토지조사부에는 지번, 지목, 假地番, 地積(坪數), 신고 또는 통지년 월일, 소유자주소, 소유자씨명, 적요로 되어 있다. 지번은 동리단위로 일련 번호가 주어졌다. 지목은 전답 대 임야 잡종지 분묘지 등으로 되어 광무양 안에 비하면 임야 잡종지 분묘지가 포함되었다. 지적은 근대적인 측량기술 을 동원하여 정확히 산출하였고 그 단위는 坪이었다. 주소는 어느 지역에 거주하는지 동단위까지 기재되어 있어서 부재지주 여부를 가릴 수 있게 되어 있다. 그리고 소유자의 성명은 實名을 사용함이 원칙이었다. 국유지 의 경우 '國'으로 표시되어 있고 공유지의 경우에는 대표자가 기재되고 동리단위의 말미에 공동소유자의 성명이 연명되어 있다. 적요란에는 공유 의 여부와 신고의 여부가 기재되어 있다.

광무양안과 비교해 볼 때 토지조사부에는 토지의 비옥도나 생산성과는 관계없이 평수로 면적이 정확하게 산출되어 있다는 점, 주소가 정확하게 기재되어 있는 점, 소유자의 성명이 실명으로 기재되어 있는 점 등이 특징 으로 나타난다. 토지조사부의 이러한 특징은 광무양안의 약점이라고 할 수 있다. 그러나 양지양안에는 작인과 가옥보유관계가 기재되어 있고, 지계양안에는 두락과 일경이 기재되어 있는 점이 광무양안의 특징으로 나타난다.

2) 結負制와 斗落日耕制

양지양안의 면적은 평방척수와 結負로 기재되어 있고, 지계양안은 그 외에 斗落, 日耕이 추가로 기재되어 있다. 평방척수는 長廣의 척수로 산출 된 것인데, 조선시기의 양안이 장광의 척수만을 기재하는 것이 일반적이었 다면, 광무양안에서는 장광의 척수와 그 산출의 결과인 평방척수를 기재하 고 있는 점이 특징이다. 결부의 산출은 지세부과를 위하여 반드시 필요한데 여기서 산출과정의 일부라 할 수 있는 평방척수를 기재한 것은 정확한 실면적을 산출하려는 의도로 보아도 좋을 것이다. 평방척수와 결부, 두락 일경 가운데 측량기술 수준의 한계를 감안하면 평방척수가 가장 정확한 면적단위라고 할 수 있다.

광무양전시에 사용된 자는 물론 量田尺이었다. 양전척의 길이는 시대의 변화에 따라 계속 변화해 왔다. 조선전기에는 세종년간의 양전척으로 측량 하였는데, 임진왜란 이후 이를 분실하여 갑술양전(1634년)시에 재조정하 였다. 그런데 이것이 구양전척에 비하여 布帛尺으로 1寸이 길었다. 그러나 논란은 많았지만 이를 가지고 갑술양전과 경자양전(1720)을 시행하였고, 1819년 이후에는 완전히 갑술양전척으로만 측량하기에 이르렀다.[20] 광무 양전도 바로 이 갑술양전척으로 측량되었다고 여겨진다.

면적은 양안에 표시된 전답의 모양에 따라 장광의 척수를 가지고 산출된 다. 그런데 문제는 전답의 모양이 장광척수의 측량에 부적합하다는 점이 다. 토지모양이 예전의 5개 유형에서 19개 유형으로 증가하여 토지모양을 보다 정확하게 규정함으로써 보다 정확한 면적의 산출을 의도하고 있지 만,[21] 삼각측량법과 지적도에 의거한 면적의 산출과 비교할 수 있는 것은 아니었다. 그러나 양전척에 의하여 전답의 모형에 따라 산출된 평방척수 가, 이를 토대로 다시 산출되는 결부 또는 두락일경보다는 정확한 면적단위 인 셈이다.

결부는 토지등급에 따라 평방척수를 가지고 산출된다. 양전척이 1등전 척이기 때문에 양전척 사방 100척, 측 10,000평방척은 1등전의 1결이 되고, 2등전으로는 85부, 3등전 70부, 4등전 55부, 5등전 40부, 6등전 25부로 되어 등급에 따라 10,000평방척의 실면적이 결부로는 무려 4배까지 차이가

---

20) 박흥수, 『도량형과 국악논총』, 박흥수선생화갑기념논문집간행위원회, 1980, 187 쪽.
21) 『完北隨錄』 癸卯 2월 27일 地契監理應行事目.

난다. 결부는 실면적과는 거리가 먼 생산량의 단위였던 것이다. 생산수준을 파악하기 위해서는 결부가 적절한 방법이라고 할 수도 있지만, 이 시기에 이르면 이미 토지등급의 자의적 설정 때문에 결부는 실질적인 생산수준과는 별개로 지세수취를 위한 단위로서만 기능하게 되었다. 따라서 결세의 증가 곧 지세의 증가를 위해서는 양전을 시행하여 토지등급을 높게 책정하면 되었다.

토지등급은 토질과 수리관계, 지형을 고려하고 지가와 생산량을 참작하고 指審人의 평론과 구양안의 등급을 고려하여 책정되는 것이었지만,[22] 과학적인 정확성을 지니는 것은 아니었다. 따라서 토지등급에 의한 결부의 산정은 지세부과 단위로서는 적절하였는지 모르지만 면적파악은 훨씬 복잡하게 만드는 결과를 초래하였다.

토지등급의 조작에 따른 결부수의 증감현상은, 이미 지적한 바와 같이 용인 양지양안의 결수를 줄이기 위하여 지계양안의 토지등급을 하향조정하였던 데서 발견할 수 있는데, 그 외에 전, 답, 대지 등 지목에 따라 토지등급의 책정이 달라지는 현상도 발견할 수 있다. 전, 답, 대지의 생산량과 경제적인 효용성이 다르기 때문에 그럴 수밖에 없을 것으로 예상되는데, 상동촌면 양지양안에서 이를 살펴보면 <표 5>와 같다.

<표 5> 양지양안의 토지등급별 지목별 면적

등급	田평방척(%)	畓평방척(%)	垈평방척(%)	합계(%)
3등급	6,083(1)	18,102(1)	96,394(39)	120,579(3)
4등급	341,089(17)	1,447,819(68)	130,668(53)	1,919,576(44)
5등급	1,162,180(57)	629,884(30)	19,853(8)	1,811,917(41)
6등급	515,644(25)	26,433(1)	0(0)	542,077(12)
합계	2,024,996(100)	2,122,238(100)	246,915(100)	4,394,149(100)

---

22) 위와 같음.

전의 경우에는 5등급이 57%로 가장 많고 5, 6등급이 전체의 80% 이상을 차지하였다. 답은 4등급이 68%로 가장 많고 4, 5등급을 합하면 92%에 달하였다. 토지등급은 대지가 가장 높고, 다음은 답이며 전이 가장 낮은 등급에 속한다. 지계양안의 전답별 분석에서도 이와 유사한 결론을 얻을 수 있다. 지계양안의 경우에는 대지가 전에 포함되어 있지만 전(평방지수)은 5등급이 45%, 6등급이 40%에 달하고, 답은 4등급이 38%, 5등급이 58%에 달하였다. 이와 같이 토지등급은 지목에 따라 상당한 차이를 보이는데 대체로 대지는 3, 4등급, 전은 4, 5등급, 답은 5, 6등급이 다수를 차지하였다.

한편 지계양안에 기재되어 있는 두락과 일경은 이상에서 논의한 평방척수나 결부와는 어떠한 관계가 있는가, 1斗의 종자를 파종하는 답의 면적을 1斗落이라 하고 1日 牛耕할 수 있는 전의 면적을 1日耕이라 하였는데, 두락일경이 일정한 면적을 의미하는 것은 틀림없지만 그 기준이 애매하여 그 면적을 정확하게 산출하는 것은 불가능하다. 두락은 토지의 비옥도, 파종의 厚薄에 따라, 일경은 토질, 쟁기, 牛耕시 소의 수 등에 따라 그 면적을 달리할 수밖에 없는 것이다. 따라서 각 지역마다 두락과 일경의 실면적은 상당한 차이를 보여준다. 그러나 결부에 비하면 다소 실면적에 가깝다고 할 수 있지만 결국은 생산량을 고려하여 설정되기 마련이어서, 두락과 일경은 면적과 생산량을 아울러 고려한 단위라고 해야 할 것이다.[23] 두락일경은 생산량과 면적개념이 혼동되어 있고 지역적 관행에 따라 그 면적을 달리하였던 면적단위로 이해된다. 이러한 두락일경제는 주로 민간에서 매매 또는 지대납부시에 사용되었다.

그러면 두락과 일경은 어떠한 방식으로 지계양안에 기재되었을까. 그것은 實地調査의 과정에서 洞長과 指審人의 지적에 따라 기재되었는가 아니

---

23) 山口精, 『朝鮮産業誌』 상, 1910, 313~314, 385~387쪽 ; 『財務週報』 제1호, 「結 및 斗落 등에 대하여」 참조.

면 면적을 산술적으로 산출한 것인가. 두락일경은 토지등급에 관계없이 그 평방척수가 일정한 양상을 보여주는데, 상동촌면의 지계양안에서 보면 전의 경우에는 3등급의 1刻耕當 평균평방척수가 4등급은 50척, 5등급은 51척, 6등급은 55척으로 나타났다. 두락과 일경은 토지의 비옥도와는 전혀 상관이 없고 면적에 따라 달라지는 단위임을 보여주는 것이다. 이것은 위에서 두락과 일경이 면적과 생산량을 동시에 고려한 단위라고 한 결론과는 상반되는 현상이다. 여기에 광무 양전·지계사업의 특징이 있다. 즉 지계사업을 통하여 실면적을 나타내는 순수한 면적단위로서의 두락일경의 개념을 새롭게 정립하려는 의도가 있었던 것이 아닌가 생각된다. 일반적으로 두락일경은 면적과 생산량을 동시에 고려한 면적단위로서 관행적으로 지방마다 그 면적을 달리하였기 때문에, 실지조사를 하였다면 지역적으로 또 지역내에서도 필지마다 두락과 일경의 평방척수는 많은 오차를 나타냈을 것이다. 그러나 상동촌면 지계양안 상에서는 두락과 일경의 평방척수에 대한 상관관계의 오차가 매우 작았고, 경상도 합천, 강원도 간성, 경기도 용인 등 그 지역적 관행을 달리하는 지역들을 비교해 보더라도 두락과 일경의 면적이 거의 동일하게 나타나는 것을 발견할 수 있다. 두락일경이 실지조사에 의한 것이 아니라 일정한 평방척수를 기준으로 산술적으로 산출된 것임이 분명하다. 즉 전국적으로 지역의 관행에 따라 그 면적을 달리하는 두락과 일경의 면적을, 지계양안의 작성에서는 동일한 면적을 기준으로 산정하였던 것이다. 민간에서 주로 사용하고 지역적으로 면적을 달리하고 있었던 두락과 일경을 전국적인 새로운 면적단위로 확립하려는 의도가 있었을 것으로 해석된다.

한편 토지조사부에는 坪이 면적단위로서 채택되어 있다. 이것은 오늘날 사용하고 있는 미터법으로 환산할 수 있는 단위로서 실면적을 그대로 표현해준다.

3) 時主와 時作의 관계

양지양안에는 田主 또는 畓主(垈地의 경우는 垈主)와 作人(대지의 경우는 家主 및 瓦家 草家의 間數)의 성명이 기재되어 있고, 지계양안에는 時主(陳田畓은 陳主)의 성명만이 기재되어 있고, 토지조사부에는 토지소유자의 주소와 성명이 기재되어 있다. 이러한 기재사항을 놓고 검토하여야 할 문제는 기재된 인물의 實名 여부, 時主와 時作의 관계, 거주관계 및 부재지주 여부 등이다.

먼저 광무양안에 기재된 인물의 성명은 실제의 성명인가. 중세사회에서는 토지소유 등 재산이나 물질에 관계되는 부분은 노비명이나 戶名을 사용하는 것이 보통이었고, 광무양안도 이와 마찬가지였다. 반면에 토지조사부는 실명 사용을 원칙으로 하고 있었다. 따라서 실명이 분명하지 않았던 평민이나 노비출신도 모두 실명을 정하여 사용하지 않으면 안되었다.

토지조사부의 소유자 성명을 실명이라고 전제하고 이를 기준으로 광무양안의 실명제 비율을 조사해 보기로 한다. 상동촌면의 경우 전, 답, 대지의 소유자로서 양지양안에 등장하는 인물은 모두 613인이고, 지계양안은 653인, 토지조사부는 651인이었다. 토지조사부에 등장하는 인물 가운데 양지양안이나 지계양안 어느 하나에든 등장하는 인물은 모두 73인으로서 약 12%에 불과하고, 이 중 3개의 토지대장에 모두 등장하는 인물은 43인으로서 7%에 불과하다. 실명제의 비율이 매우 저조함을 알 수 있다. 양지양안(1900)과 지계양안(1903)의 두 양안에 모두 등장하는 인물은 399인으로 65%를 점하고 있는데, 이것은 3년 사이에 35%의 소유변동률을 나타내는 셈이다. 이러한 추세로 소유관계가 변화하였다면 토지조사부에 등장하는 인물은 광무양안과 비교하여 상당히 바뀌었을 것으로 예상할 수 있다. 그러나 당시의 향촌사회 상황에서 토지상품화의 수준에 비추어 볼 때 이러한 소유변동률은 현실을 그대로 반영한다고 믿어지지는 않는다.

그래서 향촌사회에 큰 변동이 일어나지 않았던 동족부락에서 소유자의 변화를 살펴보았다. 상동촌면 덕성리에는 泗川睦氏 직장공파와 晋州蘇氏 남강공파가 동족부락을 이루고 있고 현재도 다수 남아 있어서 토지소유자의 변동이 매우 적었을 것으로 예상되지만, 광무양안과 토지조사부를 비교한 결과 정반대의 결론에 이르렀다. 즉 양지양안의 토지소유자 목씨 29인 가운데 지계양안에는 19인이 등장하고, 7인이 새로이 등장하였지만, 토지조사부의 목씨 24인은 전혀 새로운 이름이었다. 그리고 양지양안의 소씨 28인 가운데서 지계양안에는 15인이 등장하고, 14인이 새로이 등장하였지만, 토지조사부의 소씨 17인 가운데 16인은 전혀 새로운 이름이었다. 양지양안과 지계양안 상에서는 동일인이 상당히 발견되지만 토지조사부에서는 거의 발견되지 않았던 것이다. 목씨의 경우 족보를 대조해 본 결과 토지조사부의 인물은 22인이 족보에서 발견되었지만 광무양안 상의 인물은 전혀 발견되지 않았다. 다만 토지조사부의 인물 3인이 광무양안에서는 字로 기록된 것이 발견되었을 뿐이었다. 이러한 점에서 볼 때 광무양안 상의 인물은 상당수가 여러 가지 방식으로 붙여진 가명이었다고 여겨진다.[24]

그러면 시주와 시작란에 기록된 인물은 과연 어떤 존재인가. 지계양안의 時主는 陳主와 대비되는데, 그렇게 보면 '時'의 의미는 경자양안(1720)의 '起'의 의미와 마찬가지로 경작이 가능한 기경지를 의미하는 것으로 여겨지고, 시주는 그 토지의 소유자를 의미하게 된다. 황폐하여 경작하기 어려운 농지는 주인이 없으면 '陳無主'라고 표시하고 주인이 있으면 陳主의 성명을 밝혔다. 시주와 진주는 분명 토지소유자임에 틀림없다. 토지조사부에서는 기경전과 진전을 구별하지 않고 토지소유자만을 밝히고 있다. 時作

---

24) 이영훈은 주2)의 논문에서 연기군의 광무양안과 광무호적 및 족보를 대조하여 조상이나 자손, 字 등의 익명을 이용한 分錄과 代錄의 현상이 광범하게 나타나고 있는 사정을 제시한 바 있다.

(작인)은 양지양안에만 기록되어 있고 지계양안이나 토지조사부에는 기재되어 있지 않다. 그것은 지계양안은 소유권증서로서의 지계를 발급하려는 것이 목적이었기 때문이고, 토지조사부 역시 토지소유권의 조사에 일차적인 목적이 있었기 때문이다.

중세사회의 토지대장에는 소유자인 起主만이 기재되는데 유독 양지양안에만 작인이 기록된 이유는 무엇일까. 양지양안의 전답주와 작인은 과연 실제의 지주전호관계를 의미하는가. 그것은 분명히 현실의 지주전호관계를 나타내고 있다고 생각된다. 수원과 용인의 양전을 시행한 양무감리 이종대가 결수의 濫增으로 재판에 회부되고 그 재양전의 비용을 부담하게 되었을 때 진술한 내용 가운데서 그 증거들을 찾을 수 있다.[25]

> 經界之模糊 時作之錯亂 不可歸責於量地人也 邑有魚鱗成冊 洞有指審民人 而頭民洞長之所告 作人及畓主 各爲懸錄 以其邑洞之不審 反爲歸咎於他人 豈 不模糊

여기서 보면 작인과 답주는 두민과 동장이 보고한 대로 양안에 등록이 되었는데, 두민과 동장이 보고한 바로 이 작인과 답주는 실제의 지주와 전호를 의미하는 것으로 해석된다. 주로 지세의 수취에 관심이 있었던 국가의 양안에 지주전호관계를 기재한다는 사실은 지주전호제의 법제적 확인으로 해석할 수도 있고 작인을 기재하였다는 사실을 중시하여 경작권의 성장을 법적으로 인정한 것으로 해석할 수도 있다. 그러나 필자는 이를 국가의 조세수취와 관련지어 이해하려 한다. 양전의 시행이 전정의 문란을 시정하려는 것이었고 전정의 문란 가운데는 징세대장의 문란이 중요하다는 점을 상기하면, 양전의 목적이 토지소유자의 확정뿐만 아니라 납세자의 확인에도 있었다는 사실을 알 수 있다. 납세자는 지역적 관행과 지대수취

---

25) 『司法稟報』乙, 광무 8년 6월 15일.

관행에 따라 지주가 되기도 하고 작인이 되기도 하였다. 따라서 시주는 토지소유자의 의미와 동시에 납세자의 가능성으로서 파악되었고, 시작은 오로지 납세자의 가능성만으로 전면적으로 파악되었다고 여겨진다. 양전은 토지소유자의 확인과 함께 '납세자로서의 시주와 시작'의 파악에도 그 목적이 두어졌던 것이다. 지계발급을 목적으로 한 지계양안에는 작인이 기재되지 않았던 점, 통감부의 징세대장 정비과정에서 납세자를 토지소유자로 일원화하고 '납세자로서의 토지소유자'를 파악하고자 하였던 점 등이 이를 반증한다. 납세자로서 파악된 시주와 시작의 관계는 현실의 지주전호관계를 반영하고 있다고 해석된다.

그런데 시주와 시작이 가명으로 기재된 것이 많다는 점과 함께 그것이 정확하게 파악되었을까 하는 점에는 의문의 여지가 적지 않다. 代錄과 分錄의 현상이 광범하게 나타나고, 후술하듯이 소작지의 비율이 극히 낮게 나타나는 점 등에서 특히 시작에 대한 파악의 부적확성이 짐작된다.

마지막으로 시주는 과연 어디에 거주하고 있는가. 부재지주인가 재지의 지주 또는 자작농인가. 또 작인은 과연 그 지역에 거주하고 있는 인물들인가. 광무양안에는 거주지 주소가 기재되어 있지 않기 때문에 이러한 사실들을 알 수 없다. 더구나 지계양안에는 대지를 전에 포함하여 이를 구분할 수조차 없다. 그런데 양지양안에는 대지 및 가옥의 소유관계, 즉 垈主와 家主, 그리고 와가와 초가의 칸수를 기재하고 있어서 이러한 관계를 파악할 수 있는 단서를 얻을 수 있다.

대주는 대지의 소유자를 가리키고 가주는 가옥의 주인을 의미하는데, 대주와 가주가 동일인인 경우는 대지와 함께 가옥까지 소유하고 있는 것을 의미하고, 대주와 가주가 동일인이 아닌 경우는 가주는 그곳에 가옥을 가지고 거주하는 자를 의미하지만 대주는 어떠한 상황인지 알 수 없게 된다. 따라서 가주는 대지를 소유하든 하지 않든 현지에 거주하는 原戶를 가리킨다고 볼 수 있다. 그러나 원호에 더부살이하는 挾戶가 적지 않게 있었고, 남의 집을 세내어 거주하는 사람도 없지 않았는데, 이들은 양안 상에 표시되어 있지 않았다. 충청도의 일부 양안에는 협호의 표시가 기재되어 있지만 기재되지 않은 곳도 적지 않다. 이와 같이 가옥을 가지지 않으면서 거주하고 있는 자들을 어떻게 파악할 것인가. 그 대안으로 자작지 또는 소작지를 경영하고 있는 자들을 '無家屋經營者'로 간주하고, 소유지는 가지고 있으나 경영에는 참가하지 않는 자들을 부재지주로서 '無家屋非經營者'로 파악하는 방법이 제시되어 있다.[26]

가옥 또는 경영 유무를 가지고 생산관계를 파악하는 방법이 어느 정도 타당한 방법인가. 마침 하동촌면 양지양안의 일부에 주소가 附記되어 있는 경우가 있어서 이를 가지고 위의 분석방법을 검증해 본다. 하동촌면 양지양안의 일부에 기재된 주소는 洞, 谷 단위로 되어 있고, 면을 벗어나는 경우에는 면명 또는 군명을 사용하고 있는데, 모두 합하여 85인에 달했다.

<표 6> 가옥 및 경영유무와 거주지의 관계

성명	주소	가옥및경영유무	성명	주소	가옥및경영유무
1.박소재	경성	원호	11.오삼노미	수여면	무가옥경영자
2.최오들	읍내면	원호	12.서한갑	읍내면	무가옥경영자
3.민귀득	경성	무가옥경영자	13.조약대	경성	무가옥비경영자
4.민흥복	경성	무가옥경영자	14.김학남	양성군	무가옥비경영자
5.이일성	경성	무가옥경영자	15.백성현	이동면	무가옥비경영자
6.이호동	경성	무가옥경영자	16.송칠복	이동면	무가옥비경영자
7.강화집	광주군	무가옥경영자	17.양이환	이동면	무가옥비경영자
8.한몽이	진위군	무가옥경영자	18.윤청산	이동면	무가옥비경영자
9.최만보	직산군	무가옥경영자	19.이오장	이동면	무가옥비경영자
10.오삼남	양성군	무가옥경영자			

주소가 서울인 자는 6인, 타군 4인, 타면 4인, 상동촌면과 하동촌면을

---

26) 이영훈, 『조선후기사회경제사』, 한길사, 1988, 제5장 참조.

합한 이동면 전체에는 71인이 있었다. 전체 85인을 가옥 및 경영 유무로 분석해 보면 原戶는 36인, 無家屋經營者 42인, 無家屋非經營者 7인이 되었다. 그 가운데 무가옥비경영자로 분석된 자들과, 이동면을 벗어나서 거주하는 사람의 명단은 <표 6>과 같다.

무가옥비경영자 7인은 대여지 또는 대지의 소유자로서 부재지주일 가능성이 높은 편인데, 이들 가운데 2인만이 타지역 거주로서 부재지주로 볼 수 있고(13·14) 나머지 5인은 모두 이동면에 거주하는 재지지주로 나타났다. 반면 주소가 이동면을 벗어나 경영에 참가하기 어렵다고 판단되는 14인은 원호 2인(1·2), 무가옥경영자 10인(3~12), 무가옥비경영자 2인(13·14)으로 되었다. 무가옥비경영자 7인 가운데 2인만이 타군거주로서 부재지주이고 나머지 5인은 이동면에 거주하면서 대여만을 하는 존재로 이것 자체로서는 모순되는 것은 아니지만, 주소가 타지역인 14인 가운데 12인이 원호 및 무가옥경영자로서 재지에서 경영에 참가하고 있다고 파악된 점은 모순이다. 주소가 타지역이면서도 무가옥경영자로 규정된 10인은 많은 대여지를 소유하는 부재지주인데도 불구하고 소수의 자소작지가 포함되어 무가옥경영자로 판정된 자들이었다. 자소작지에 대한 기재의 부정확성, 즉 작인기재의 부정확성이 이들 부재지주를 무가옥경영자로 파악하게 만든 원인이었다. 당시의 소작지율이 일반적으로 50%를 상회하는데 비하여, 상동촌면의 소작지율이 35%밖에 되지 않는 점도 작인기재의 부정확성을 반영하는 것으로 보인다. 또한 상동촌면 지역 토지조사부의 부재지주 비율이 19%(123인/651인)인데 비하여 광무양안의 무가옥비경영자는 9%(76인/890인)에 불과하게 나타나고 있는 점에서도[27] 가옥 및 경영 유무에 의한 생산관계의 파악이 안고 있는 문제점을 알 수 있다. 이렇게 보면

---

27) 상동촌면의 양지양안에서 국유지를 제외하고 대지를 포함하여 조사한 결과 원호는 52%에 69%의 면적을, 무가옥경영자는 39%에 25%의 면적을, 부재지주로 판정되는 무가옥비경영자는 9%에 6%의 면적을 차지하고 있는 것으로 나타났다.

가옥과 자소작지의 보유 여부를 중심으로 한 재지경영과 부재지주로의 구분은 매우 불확실한 것임에 틀림없다. 따라서 이러한 방식은 분석에 극히 주의를 요하며, 그 결과 또한 제한적인 의미밖에 지니지 못할 것으로 생각된다. 이와 같이 광무양안에 주소가 기재되지 않은 점은 토지대장으로서의 큰 한계였다.

이상에서 시주와 시작의 관계를 검토해 보았다. 이들의 관계가 현실의 지주전호관계를 표현하는 것은 틀림없는 사실이다. 그러나 그들은 실명으로 기록되어 있지 않고 시주의 경우 분록에 의하여 현실적인 소유관계가 혼란되어 있고, 거주지가 기록되지 않아 부재지주의 여부 및 경영에의 참여 여부를 가려내는 데 많은 어려움을 주고 있다. 따라서 지주전호관계를 표시하고는 있지만 사실상의 지주전호관계를 파악하기에는 한계를 안고 있다.

4) 국유지와 中畓主

상동촌면의 양지양안에는 訓屯, 院屯, 京營屯, 屯結 등으로 표시된 토지가 있고, 지계양안에는 훈둔, 원둔, 경영둔이 있다. 둔결은 훈둔과 동일한 것인데 명칭이 달리 붙어 있다. 그리고 토지조사부에는 국유지의 항목이 세분되지 않고 그저 '國'으로만 표시되어 있다.

<표 7> 광무양안의 국유지

구분 / 종류	양지양안			지계양안		
	필지	평방척	결부속	필지	평방척	결부속
훈 둔	323	395,695	17-61-5	314	428,801	16-50-6
원 둔	38	11,845	65-5	49	31,355	1-19-2
경영둔	4	8,462	46-5	4	10,062	55-9
합 계	365	416,002	18-73-5	367	470,218	18-25-7

<표 8> 토지조사부의 국유지

지목	필지수	면적(평)	소재지	비고
전	1	543	묵리	無申告
답	4	3,850	덕성리	
대지	1	8,797	천리	

국유지의 면적은 위 <표 7>, <표 8>과 같다. 양지양안과 지계양안의
국유지의 면적은 유사하게 나타나는데, 그 가운데 훈둔이 가장 많은 양을
차지하고 있다. 원둔은 대부분이 대지였고, 천리에 병합되어진 원촌에
모여 있었다. 경영둔은 답 4필지에 불과하였다. 반면 토지조사부의 국유지
는 광무양안에 비하여 그 면적이 현저하게 줄어들었다. 이러한 현상을
어떻게 해석할 것인가 하는 점이 과제로 된다. 광무양안의 훈둔, 원둔,
경영둔은 과연 국유지인가. 그 소유구조는 어떠한 것이었는가 하는 것이
문제이다.

訓屯은 訓練都監屯田을 의미하는데 선조 26년 훈련도감을 설치하면서
그 軍需에 충당하기 위하여 황무지의 개간, 公田折受, 籍沒전답, 민전매입,
민전의 投托이나 奪入, 민전징세권의 획득 등의 방법으로 설정된 둔전이
다. 이후 현종 7년에 일부는 糧餉廳으로 이속되고 일부는 훈련둔으로
그대로 남았다가 개항 이후 武衛營, 親軍營으로 옮기기도 하다가 갑오개혁
에 의하여 둔전으로서 국가의 관리로 넘어갔다.[28] 그런데 문제는 이러한
훈둔의 구체적인 소유구조에 있다. 민전징세권의 획득은 민전의 조세를

<hr>

28) 和田一郎, 『조선토지지세제도조사보고서』, 1920, 341~347쪽. 당시 궁내부 내장원
의 조사에 의하면 훈련둔은 답 1,400여 石落, 전 600여 日耕으로 전답이 700여
결에 이르렀다고 한다. 훈련둔은 갑오개혁 당시에는 전국에 33개 소가 남아
있었다고 하며(조선총독부, 『소작농민에 관한 조사』, 1912 참조), 그 결수가 有土
無土 합하여 3,508결 91부 8속이었다는 기록(『結戶貨法稅則』 참조)과 대조해
보면, 700여 결의 숫자는 유토만을 의미하는 것으로 판단된다. 내장원 조사 당시에
는 무토는 일반수세지로 전환되었기 때문이다.

훈련도감에 상납하는 것이고, 공전의 절수, 적몰전답, 매입한 민전은 훈련
도감에서 토지의 소유권을 장악하고 있기 때문에 토지소유구조는 단순하
다.

그러나 황무지의 개간, 민전의 투탁이나 탈입 등의 경우에는 복잡한
문제가 발생한다. 민전의 투탁이나 탈입의 경우에는 애초에 민전이었는데
조세 부담의 가중을 피하거나 피역을 위하여 지주가 스스로 군영에 투탁하
거나 아니면 군영에서 빼앗은 토지이기 때문에, 賭租의 액수가 結稅를
약간 상회하는 수준에서 결정되고 따라서 소유구조는 군영 아래에 지주전
호제가 성립되는 중층적인 형태를 띠기 마련이었다. 황무지 개간의 경우에
도 역시 개간에 투자한 자본과 노동력의 여하에 따라 소유권리의 행사에
차별이 발생하여 여기에서 중층적인 소유권이 형성되고, 中畓主가 나타났
다.

중답주는 전국 여러 지역에 존재하였는데, 평안도 지역의 원도지, 굴도
지, 황해도 지역의 중도지, 전주 지역의 화리 등이 대표적이었다. 경기도
지역에도 중답주가 있었다. 韓末 경기도 이천에 내린 내장원의 훈령은,
경기도 각군 公土에 중답주가 존재하여 민전과 마찬가지로 타작을 시행하
고 문권을 가지고 매매하는 데 거리낌이 없다고 지적하면서 이러한 중답주
의 폐단을 금지할 것을 지시하고 있다.[29]

용인에서도 중답주의 존재를 확인할 수 있다. 용인군의 양지양안은
1900년에 작성되었고 지계양안은 1903년에 작성되었는데 그 와중인 1901
년의 기록에 의하면, 용인군의 모현둔, 도촌둔, 훈련둔, 사복둔은 민전으로
인식되어 매매되는 현상을 보여주었다. 즉 갑오개혁 이전 면세할 당시에는
賭稅가 結稅에 불과하였기 때문에, 농민들은 이를 민전으로 인식하고
'轉相賣買'하였던 것이다. 갑오개혁 이후에도 여전히 도세를 결세로 간주

---

29) 『訓謄冊』(규古5120-149), 광무 8년 8월 20일.

하여 전상매매하였으며 모두 '豪勢家'의 소유가 되어 '許民并作'한다고
하였다.30)

또한 1906년 용인군 수진면의 이진현은 도촌면에 있는 둔토 중 '買得畓'
가운데 7두락을 1877년 150냥을 주고 사서 경작하면서, 이제는 경리원에
도조 1석을 상납하고 결전은 용인군에 상납하고 있는데, 이운서가 감관을
통하여 奪耕하려 한다고 호소하였다. 그러면서 도촌면 등지에 이러한
'傳受畓'이 수십 석락이 넘으며 舊作人이 특별히 방매하고자 하면 사려는
자는 가격을 정하여 전수하고, 옮겨서 경작한다고 증언하였다.31) 여기서는
전수답의 인계인수자들이 모두 '作人'으로 인식되고 있다. 그리고 1907년
에는 임선녀가 경작하던 도촌둔 5두락을 조치서가 2,00냥에 '典執'하였다
는 주장을 하기도 하였다.32)

이상에서 볼 때 전상매매, 전수, 전집의 구체적인 내용을 알 길은 없으나
이러한 것들은 일정한 토지소유권을 전제로 하여야만 성립될 수 있다는
점은 분명하고, 따라서 여기에 중답주가 존재할 가능성이 높다는 점을
추측할 수 있다.

중답주의 존재는 조선후기 이래 지속되어 온 것인데 이를 용인 司僕寺屯
을 통하여 확인할 수 있다. 용인 사복시둔은 賭地를 납부하던 토지로
작인들이 이미 오래 전부터 전상매매하여 왔는데, 1791년 수진궁에서 사복
시로 이속된 뒤 사복시에서 매매를 금지하면서 분규가 발생하였다. 작인들

30) 「京畿道各郡報告」 3, 『各司謄錄』 2, 광무 5년 7월 5일, 광무 5년 7월 7일.
31) 「京畿道各郡訴狀」 19, 『各司謄錄』 3, 광무 10년 3월. 둔토중 매득답이란 둔토의
　　설치방법이 매득에 의한 것이라는 뜻으로 받아들여진다. 7두락에 도조 1석은
　　상당히 저렴한 액수이므로 여기에 중답주가 존재할 수 있는 객관적 가능성이
　　주어져 있는 것으로 생각된다.
32) 「경기도각군소장」 22, 『各司謄錄』 3, 광무 11년 1월 龍仁道村倉洞 이만철의 소장.
　　「丙申十月日龍仁導村屯」(『秋收記』(奎22036-제3책)]에는 임선녀가 倉村의 답 3두
　　락을 경작하고 1석 14두의 도조를 내는 것으로 기록되어 있다.

은 자기의 소유권을 주장하여 전상매매하면서 값싼 도지만을 상납하던 것으로 생각하였다. 작인들은 매매문권에 壽進宮賭地畓 또는 司僕寺賭地土라고 기재하면서도 자신들의 소유권을 주장하였다. 주로 양반들인 大作人들이 서울에 올라가 等狀을 올리는 등 사복시의 조치에 저항하였다.[33] 이러한 사실은 이 장토의 성립기원을 분명히 알 수는 없지만 궁방전, 둔전 아래에 중답주가 존재하고 있음을 말해 준다. 용인 사복시둔의 중답주는 갑오개혁 이후에도 여전히 분쟁의 대상이 되면서 존재하고 있었다.

이와 같이 보면, 상동촌면의 훈둔에 중답주가 존재했을 확률이 매우 높아진다. 이제 훈둔의 중답주는 광무양안 상에 어떤 형태로 존재하고 있었는가를 살펴보자. 상동촌면 양지양안의 경우 ① '訓屯＋人名'의 형태, ② '屯結＋(時主名＋時作名)'의 형태('屯結＋人名'의 형태도 포함) 등 두 가지 형태의 훈둔이 존재하였다. 상동촌면 양안은 상하 2책으로 되어 있는데 상권에는 ①의 형태, 하권에는 ②의 형태로 나타나, 작성자에 따라 기재원칙이 달라진 것 같다. ①의 형태에는 ②의 형태의 '시작명'이 기재되지 않은 것으로 보인다. ②의 형태에서 중답주의 존재 가능성을 짐작할 수 있고, '시주명'에 해당하는 자가 중답주로 추정된다. '시작명'은 중답주의 토지를 경작하는 전호로 이해된다. ①의 형태에서는 중답주만이 기재되어 있는 것으로 해석된다.

한편 지계양안에는 둔결이 모두 훈둔으로 합쳐져 있고 그 기재방식은 '訓屯＋作＋人名'으로 표현되어 있다. 토지소유권증서로서의 지계발급을 위해 작성한 지계양안에 '훈둔'이 표현되어 있고 거기에 또 '작'인이 기재되어 있는 것은 어떠한 의미를 지니는 것인가. 동일한 지역에서 양지양안과 지계양안의 기재방식을 비교해 보면 <표 9>와 같다.

33) 『牧場色謄錄』 戊辰(1808) 11월, 己巳(1909) 2월, 4월, 5월.

<표 9> 국유지의 중답주

양지양안								지계양안						
書字	둔결	전답주	작인	지목	등급	尺	束	杏자	時主	作	지목	등급	尺	束
61호		김덕손	문호연	대	4	400	22	89호	김덕손		전	4	400	17
62호	둔결	이임산		전	4	414	23	90호	훈둔	이임산	전	5	414	17
63호	둔결	이임산	안득순	대	4	361	20	91호	훈둔	이임산	전	4	361	20
64호	둔결	이임산	김기돌	대	4	4400	242	92호	훈둔	이임산	전	5	4400	176
65호	둔결	이임산		전	4	392	22	93호	훈둔	이임산	전	4	392	22
66호	둔결	김덕손	최봉팔	대	4	1496	82	94호	훈둔	김덕손	전	4	1496	82
67호	둔결	이임산	양승서	대	4	700	39	95호	훈둔	이임산	전	4	700	39
68호		이만갑	목의선	대	4	228	13	96호	훈둔	이만갑	전	4	221	13
69호	둔결	김덕손	양승서	답	5	896	36	97호	훈둔	김덕손	답	5	671	27

<표 9>를 볼 때 양지양안의 전답주와 지계양안의 '작'인은 훈둔(둔결)의 중답주였음이 틀림없다고 해석된다. 이 중답주는 실질적인 토지소유자였다. 그러나 일물일권의 소유권을 누구에게 귀속시켜야 할 것인가는 아직 결정되지 않았다. 실질적인 소유자인 중답주는 작인으로 인식되고 있는 것이다.

그런데 토지조사부에는 훈둔으로 간주할 만한 국유지가 거의 나타나지 않는다. 일제는 토지조사사업을 통하여 가급적 많은 국유지의 창출을 위하여 노력하였고, 창출된 국유지를 일본인에게 불하하여 식민지지주제를 창설하려 하였다. 따라서 광무양안에 나타난 국유지가 토지조사부에 보이지 않는 현상은 광무양안 상의 국유지인 훈둔이 사실상 민전이거나, 중답주가 존재하여 토지조사사업과정에서 민전으로 그 소유권이 사정된 것으로 여기지 않을 수 없다.

다음으로 院屯은 서원둔을 의미하는데 유림의 제사와 후진의 장려를 위하여 설치된 서원의 경비에 충당하기 위한 것으로, 주로 선현의 후예 또는 유림이 갹출하여 마련하는 것이 일반적이었다. 賜額書院의 경우에는 3결에 한하여 면세를 받았다.[34] 용인군에는 정몽주를 배향한 모현면의

忠烈書院과 조광조를 배향한 지내면의 深谷書院과 함께, 陶菴 李縡를
배향한 상동촌면의 寒泉書院이 있었는데 이들은 모두 사액서원이었다.[35]
상동촌면의 원둔은 바로 이 한천서원에 소속된 둔토였다. 마침 원둔은
院村에 존재하고 있고 원촌은 한천서원이 있었던 고을의 지명으로 사용되
었다. 한천서원의 원둔은 갑오개혁 이전에는 경기감영에서 관할하였는데
그 이후 둔전에 포함되어 관할기관이 옮겨지다가 1899년 이후 내장원에
소속되었다.[36] 1899년의 조사에 의하면 寒泉書院位는 답이 1석 3두락으로
서 도전이 46냥이고, 대지 도조가 4석이었다.[37] 광무양안 상의 원둔과
비교하여 그 규모가 비슷한 것을 알 수 있다. 이상에서 볼 때 원둔은 국유지
로서 작인란의 인물이 바로 실작인으로 보아 큰 무리는 없을 것이다. 토지
조사부의 천리에 있는 대지 8,797평이 원둔을 의미하는 것으로 추정된다.

경영둔은 4필지에 불과한데 양지양안과 지계양안 사이에 작인이 변화하
고 있는 것으로 보아 국가의 소유지로 여겨진다. 양지양안 상의 8,462평방
척(46부 5속)과 지계양안 상의 10,062평방척(55부 9속, 20두 7승락)을 환산
하면 각각 2,770평과 3,293평이 되는데, 이 경영둔이 덕성리에 있었다면
토지조사부에 나오는 덕성리의 국유지 답 3,850평이 바로 이 경영둔이
아닐까 생각된다.

이상에서 볼 때 광무양안에는 중답주가 기재되어 있었다. 국가에서는
중답주의 존재를 부정하고 있고, 내장원과는 도조수취를 둘러싸고 심각한
대립을 보이고 있는 상황 속에서 국가가 조세수취를 위하여 작성한 토지대
장에 중답주와 그 아래의 작인을 기재하였다는 점은 특기할 만하다. 어떻게

34) 최원규, 「조선후기 書院田의 구조와 경영」, 『손보기박사정년기념한국사학논총』,
    1988 참조.
35) 『京畿誌』, 1842~1843년경, '용인'.
36) 「경기도각군소장」 4, 『各司謄錄』 2, 광무 5년 3월 청원서.
37) 『內臟院各道公土案』, 「경기각군공토안」(1899년 7월)(규19614-제11책).

보면 국가에서는 중답주가 있든지 없든지 조세수취 또는 내장원의 도조수
취에 장애만 되지 않으면 무방하다는 입장이었을 것이며, 만약 수취상의
제약이 발생한다면 중답주는 제거되지 않으면 안될 것이다. 오히려 조세수
취에 관련되는 한 중답주의 존재는 국가에 의하여 파악되어야 할 것이다.
수세실결의 확보와 그 납세자로서의 시주와 시작의 확인을 기도한 양지양
안에서는, 그 토지가 국유지와 관련된다는 사실과, 그 납세자로서의 중답
주와 작인의 파악이 필요하였을 것이다. 그러나 지계양안은 토지소유권자
를 파악하는 것이 목적이었기 때문에 중답주 아래의 실작인은 파악의
대상에서 제외되었고, 국가기관의 소유인가, 중답주의 소유인가 하는 점이
문제되었다. 국가에서는 이를 국가기관의 소유지로 잠정적으로 확인하였
고, 중답주는 일반적인 작인과는 다른 賭地權을 가진 작인으로서 지계양안
에 기재되었다고 여겨진다. 광무정권에서는 중답주의 존재를 부정하는
입장이었지만 그들의 권리를 전적으로 부정할 수는 없었다. 국유지에서는
아직 중세적이고 중층적인 토지소유권이 일물일권의 근대적인 토지소유
권과 병행되어 있었다.

한편 일제는 토지소유권 정리과정에서 국유지에서의 導掌權 배제와
함께 중답주의 도지권을 배제하려 하였다. 1910년 민유지를 국유지로 측량
하려다가 주민들의 저항을 받았던 용인군 모현면의 사정에서38) 보면 일제
가 중답주의 권리를 쉽게 인정하지는 않았다고 생각된다. 그러나 상동촌면
의 사례에서는 중답주의 권리가 인정되어 모두 민전으로 환원되었다. 즉
그 과정을 확인할 수는 없지만 중답주의 도지권이 토지소유권으로 인정을
받은 것이다.39) 이러한 문제는 광무 양전·지계사업의 중답주 처리방향,

38) 『皇城新聞』 1910년 6월 3일, 잡보 「龍仁不隱」.
39) 용인군 모현면에 있던 洪啓禧의 토지가 적몰되어 餉庫에 부속되었다가 후에
그 자손에게 환급된 뒤, 轉輾賣買되어 서울의 민판서댁에서 소유하게 되었는데,
1896년 봄 屯土査辦시에 餉屯으로 침책되었지만 여러 문적으로 증명되어 사유지

토지조사사업의 처리방향, 그리고 그 역사적 성격 등을 중심으로 별도로
세밀하게 검토되어야 할 것이지만, 여기서는 상동촌면의 사례에 나오는
내용을 그대로 제시하는 데 그쳤다.

4. 농민층분화의 양상

대한제국시기 농민층분화의 양상을 용인군 상동촌면의 사례를 통하여
검토하고 이를 토대로 이 시기 계급구성의 상황을 살펴보고자 한다. 농민층
분화의 양상은 토지소유의 분화와 농업경영의 분화로 구분되는데, 토지소
유의 분화는 양지양안, 지계양안, 토지조사부의 3자의 비교를 통하여 분석
하고, 농업경영의 분화는 양지양안의 분석을 통하여 살펴보려 한다.

이미 지적한 바와 같이 용인군 상동촌면 천동, 원촌, 서동, 묵동, 덕성동의
5개 동은 일제의 지방행정구역 개편에 의하여 용인군 이동면 천리, 서리,
묵리, 덕성리의 4개 리로 바뀌어, 두 지역의 면적은 동일한 것으로 간주한
다. 그리고 광무양안에는 면적이 甲戌量田尺에 의한 平方尺과 이를 환산한
結負로 표시되어 있고 토지조사부에는 坪數로 표시되어 있는데, 비교를
위하여 이를 모두 坪과 町步로 환산하였다.[40] 그리고 광무양안의 인명은

로 인정되었던 사정에서, 국유와 민유 사이의 분쟁이 민유로 해결된 하나의
사례를 발견할 수 있다. 중답주의 사유권이 인정된 한 과정이라 여겨진다. 『各道各
郡訴狀』(규19164-제2책) 건양 원년 5월과 9월의 京居閔判書宅畓音金俊業原情
참조.

40) 면적척수와 결부의 평수의 관계는 다음과 같이 산출하였다. 즉 1등전 1결=양전척
100x100척=10,000평방척이고, 2등전 1결=11,764.7평방척, 3등전 1결=14,285.7,
4등전 1결=18,181.8, 5등전 1결=25,000.0, 6등전 1결=40,000.0평방척인데(조선총
독부, 『조선토지조사 특히 지가설정에 관한 설명서』, 5쪽), 갑술양전척 1척이
104.021cm이므로 갑술양전척 1등전 1결=(1.0402m)²x10,000척=10,820.2㎡=3,273.1
평이 된다(박홍수의 앞 논문 참조). 따라서 갑술양전척 10,000평방척을 3,273.1평으
로 간주하였다. 갑술양전척으로 측량된 평방척을 평수로 환산해 보면 1정보 3,000평

한자가 다르더라도 한글발음이 같은 경우에는 동일한 인물로 간주하였다. 토지조사부에는 주소가 기재되어 있어서 同名異人을 쉽게 가릴 수 있게 되어 있다.

용인군은 총면적이 63,878정보인데 그 가운데 경지가 29%(18,463정보), 대지는 1.3%(813정보), 경지와 대지를 합하면 30%(19,276정보)에 이른다.[41] 이것은 토지조사사업을 담당한 임시토지조사국의 통계이기 때문에 토지조사부의 자료와 그 결론이 일치할 것이다. 그런데 양지양안 상의 경지면적은 9,068정보(83,112,711평방척)였다. 토지조사부의 경지면적은 양지양안에 비해 213%에 달하며 2배 이상 증가한 결과를 보여준다. 불과 10여 년 사이에 나타난 경지면적의 엄청난 차이는 양전 상의 차이를 의미한다고 생각된다. 상동촌면 지역을 대상으로 보다 정확한 통계를 양지양안, 지계양안, 토지조사부에서 조사해 보면 <표10>과 같다.

<표 10> 용인군 상동촌면의 경지면적과 전, 답, 대지의 비율

구분	양지양안		지계양안		토지조사부
지목	면적坪數(%)	結負束(%)	면적평수(%)	결부속(%)	면적평수(%)
답	694,630(48.3)	106-29-1(53.3)	657,183(43.5)	91-10-9(49.4)	1,075,535(39.4)
전	662,801(46.1)	78-30-8(39.3)	852,855(56.5)	93-50-1(50.6)	1,494,190(54.8)
대지	80,818(5.6)	14-75-3(7.4)			156,781(5.8)
합계	1,438,249(100)	199-35-2(100)	1,510,038(100)	184-61-0(100)	2,726,506(100)

양지양안의 토지면적은 1,438,249평, 지계양안은 1,510,038평인데 비하여 토지조사부는 2,726,506평이었다. 토지조사부의 토지면적은 양지양안에 비하면 190%, 지계양안에 비하여는 181%로 증가하였다. 용인군 전체의 통계에 비하여 상동촌면의 통계는 그 증가폭이 줄어들기는 하였지만, 토지조사부에 와서는 역시 거의 2배 가까운 증가를 보여준다. 토지조사사업의

이 9,165.5평방척이었다.
41) 조선총독부 臨時土地調査局편, 『朝鮮地誌資料』, 1918, 431~438쪽 참조.

결과 토지면적이 전반적으로 81% 정도 증가하였다는 지적에서 보면[42] 이러한 토지면적의 증가는 사실에 가까운 것이라고 볼 수 있다.[43] 이러한 현상은 토지소유권조사를 위하여 隱結과 新田 등을 철저히 파악하고, 임야와 陳田의 지경에 있는 많은 토지를 포함한 결과일 것으로 추측된다. 이것은 광무양안에는 상당한 양의 경지면적이 은결로서 누락되어 있었음을 반증하는 것이기도 하다. 광무양안과 토지조사부의 직접적인 비교분석에 있어서 경지면적의 현격한 차이는 하나의 한계가 될 것이다.

그리고 전, 답, 대지 비율의 변화를 살펴보면, 답면적의 비율은 양지양안의 48%에서 지계양안의 44%, 토지조사부의 39%로 줄어들고 있는 반면, 전의 면적은 46%, 57%, 55%로 증가하고 있다. 지계양안 전의 면적이 급격히 증가한 것은 양지양안과는 달리 지계양안에는 진전과 대지가 전에 포함되어 그 비율이 증대한 것이다. 그러나 이러한 이유를 감안해 보더라도 전면적은 크게 증가하고 있는데, 그것은 역시 신전, 진전, 은결 등에 대한 엄격한 파악의 결과였을 것이다.

그런데 종래에는 용인군 전답결의 비중이 대체로 전 60%, 답 40%의 비율이었다.[44] 그러나 용인군 양지양안 상에서는 전 39%, 답 61%의 반대현상이 나타났고,[45] 상동촌면 양지양안에서는 답결이 53%를 차지하였다. 광무양안 상에서 답결이 현저하게 증가하는 것은 다른 지역에서도 일반적

---

42) 신용하, 『조선토지조사사업연구』, 지식산업사, 1982, 98~100쪽 참조.
43) 연기군의 사례연구에 의하면 용호리와 합강리의 경우 1912년 토지대장의 면적은 1900년의 양지양안에 비하여 115% 증가한 것으로 나타나(이영훈의 주2) 논문 49쪽 참조), 용인의 경우와는 상당히 다른 결과가 나왔는데, 호구 중심의 동리단위 보다는 지역 중심의 면단위의 통계가 보다 정확할 것으로 생각된다.
44) 『京畿管下四府三十四郡收租成冊』, 『京畿管下三府t三十五郡收租成冊』, 『경기지』, 『경기읍지』, 『용인현읍지성책』 등 참조.
45) 전결은 1,372결 13부 3속(37,315,834평방척), 답결은 2,170결 84부 1속(45,796,877평방척), 전답합결은 3,542결 97부 4속(83,112,711평방척)이었다.

으로 발견되는 현상이다.[46] 답결의 현저한 증가는 토지등급의 상향조정, 생산력의 발전과 수리관개의 개발에 따른 反畓현상 등에서 그 이유를 찾을 수 있을 것으로 예상되는데 보다 엄밀한 검토가 요청된다. 광무양전에 서는 양전의 결과 답결이 증가하였지만, 토지조사사업에서는 전답 모두 절대면적이 현저하게 증가하면서 전답의 면적비율은 6대 4로 다시 바뀌었 다. 이와 같이 보면 광무양전에서는 답에 대한 평가가 강화되었던 것으로 해석된다.

이와 같이 양지양안, 지계양안, 토지조사부 면적의 현저한 차이를 전제 하면서 당시의 소유분화양상을 비교해 보기로 한다. 세 자료의 소유분화양 상을 비교하여 <표 11>을 작성하였다. 양지양안과 지계양안에서는 국유 지로 판명된 원둔과 경영둔은 제외하고, 민전으로 판명된 훈둔과 둔결은 포함하였다. 그리고 지계양안의 전에는 대지가 포함되어 있어서, 비교를 위해 전, 답, 대지를 모두 합산하였다. 또한 양지양안에서는 진전을 파악하 지 않아 지계양안의 진전도 제외하였다. 토지조사부에서는 국유지, 동유 지, 공동소유지와 분묘, 임야, 기타 잡종지를 제외하고 전, 답, 대지만을 합산하였다.

양지양안의 소유분화 양상을 살펴보면 전혀 토지를 가지지 못한 농민이 양안에 등장하는 전체 인물 가운데 31%인 277인을 차지하고 있다. 이들은 전, 답, 대지를 전혀 소유하지 못하면서 이 지역에 가옥을 가지고 거주하고 있거나 소작지를 차경하고 있는 자들이다. 지계양안과 토지조사부는 토지 소유자만을 파악하였기 때문에 이러한 인물들은 누락되어 비교할 수가 없게 되어 있다. 이들을 제외하면 양지양안과 지계양안의 분화양상은 거의 유사하다고 할 수 있다. 그러나 토지조사부의 소유분화는 광무양안에 비하

---

46) 왕현종, 「한말(1894~1904) 지세제도의 개혁에 관한 연구」, 연세대 석사학위논문, 1989, 78쪽 참조

여 상당한 차이를 보여준다. 광무양안의 경우 1정보 이하의 소소유자는 압도적인 다수인 82%에 33%의 면적을 차지하고, 1~3정보의 중소유자는 14%에 31의 면적을 차지하고, 3정보 이상의 대소유자는 4%에 불과하지만 36%의 면적을 차지하고 있는데 비하여, 토지조사부의 경우는 1정보 이하의 소소유자는 65%에 19%의 면적을, 1~3정보의 중소유자는 26%에 31%의 면적을, 3정보 이상의 대소유자는 8%에 50%의 면적을 차지하고 있는 것이다.

<표 11> 양지양안, 지계양안, 토지조사부의 소유분화양상 비교

구분 町步	양지양안			지계양안		토지조사부	
	면적坪數 (%)	人數A (%)	인수B (%)	면적평수 (%)	인수 (%)	면적평수 (%)	인수 (%)
0	0 (0)	277 (31.1)					
0~0.3	116,334 (8.1)	296 (33.3)	296 (48.3)	126,396 (8.9)	307 (48.5)	99,664 (3.5)	202 (31.0)
0.3~1	350,520 (24.5)	209 (23.5)	209 (34.1)	351,253 (24.7)	211 (33.4)	403,569 (15.5)	230 (35.3)
1~2	261,319 (18.3)	60 (6.7)	60 (9.8)	273,105 (19.2)	68 (10.7)	524,908 (20.1)	125 (19.2)
2~3	183,802 (12.8)	26 (2.9)	26 (4.2)	167.165 (11.8)	23 (3.6)	290,816 (11.1)	41 (6.3)
3~5	165,380 (11.6)	15 (1.7)	15 (2.5)	181,196 (12.8)	15 (2.4)	278,771 (10.7)	25 (3.9)
5이상	354,247 (24.7)	7 (0.8)	7 (1.1)	321,691 (22.6)	9 (1.4)	1,022,138 (39.1)	28 (4.3)
합계	1,431,602 (100)	890 (100)	613 (100)	1,420,807 (100)	633 (100)	2,611,866 (100)	651 (100)

광무양안의 소유분화는 토지조사부에 비하여 양극분해가 심화되어 있는데 특히 하강분해의 양상이 급격하게 나타나고, 토지조사부는 광무양안에 비하여 양극분해의 양상이 둔화되어 있고 하강분해의 양상이 완만하며 전반적으로 소유규모가 크게 나타난다. 광무양안의 소유분화가 토지조사

부에 비하여 전반적으로 영세화되어 있는 것이다. 이것은 광무년간에 비하여 일제초기의 소유분화 양상이 둔화된 것을 의미하는 것이 아니며, 광무양안의 소유자들이 다수의 은결을 가지고 있을 뿐만 아니라, 실명을 사용하지 않고 가명을 사용하여 소유지를 분산함으로써 토지소유자의 소유규모가 줄어든 것으로 나타난 때문이었다. 이미 언급한 용인농민항쟁에서 大民의 縮結이 많았다고 지적한 데서 광무양안에 대토지소유자가 적게 나오는 이유의 일단을 발견할 수 있다. 그리고 토지조사부의 3정보 이상 소유지 8%(53인)의 면적이 전체의 절반을 차지하고 있는 현상은 당시 지주제의 존재양태와 관련하여 주목되어야 할 것이다. 상동촌면과 같이 산골짜기가 많이 있는 지역에서도 소수의 지주들이 절대 다수의 토지를 소유하고 있었던 것이다.

토지조사부의 소유분화 양상과 비교하여 보면 광무양안의 소유분화는 과도하게 표현되었다고 보아야 할 것이다. 그래서 소유분화의 양상을 보다 정확하게 파악하기 위하여 토지조사부의 소유분화를 검토하였는데, 그것이 <표 12>이다. 국공유지와 대지는 제외하였다.

<표 12> 토지조사부의 소유분화 양상(상동촌면지역)

구분	재지지주		부재지주		합계	
정보	면적평수(%)	인수(%)	면적평수(%)	인수(%)	면적평수(%)	인수(%)
0~0.3	65,568(3.7)	165(31.2)	22,784(3.4)	43(35.0)	88,352(3.6)	208(31.9)
0.3~1	330,039(18.4)	189(35.8)	77,736(11.4)	42(34.1)	407,775(16.5)	231(35.5)
1~2	455,187(25.3)	107(20.3)	65,396(9.6)	16(13.0)	520,583(21.0)	123(18.9)
2~3	243,694(13.6)	34(6.4)	49,241(7.3)	7(5.7)	292,935(11.8)	41(6.3)
3~5	221,558(12.3)	19(3.6)	56,011(8.2)	5(4.1)	277,569(11.2)	24(3.7)
5이상	479,554(26.7)	14(2.7)	407,966(60.1)	10(8.1)	887,520(35.9)	24(3.7)
합계	1,795,600(100)	528(100)	679,134(100)	123(100)	2,474,734(100)	651(100)

토지조사부의 소유분화 양상은 재지지주와 부재지주로 구분하여 분석하였다. 부재지주는 대체로 군의 경계를 넘어서는 자로 간주하였다. 토지

조사부에는 주소가 기재되어 있어서 부재지주의 여부를 분명하게 파악할 수 있다. 부재지주는 전체 651인 가운데 123인(19%), 면적은 전체의 28%를 차지하고 있다. 상동촌면의 경우에는 용인 읍치에서 40리 정도 내려가고 산골짜기가 많고 비옥한 평야지대가 없어서 부재지주의 토지집적의 대상이 되기에는 부적절한 지역이었을 것으로 짐작된다. 따라서 부재지주의 토지면적 28%는 상당히 높은 비율이었다.

용인농민항쟁을 수습한 사관이 용인 주변의 전토가 태반이 서울의 사음과 향대부의 소유라고 지적하였는데,[47] 서울의 부재지주는 13인(2%)이 233,600평(9%)을 소유하는데 불과하였다. 그렇다면 상당부분이 향대부의 소유라고 볼 수 있고, 그들을 추정해 본다면 3정보 이상의 소유자 45인(7%)이 965,065평(40%)을 소유한 것에서 찾을 수 있다. 대체로 지주층은 부재지주와 3정보 이상의 재지지주로 볼 수 있는데, 이들은 156인(24%)으로 그들이 소유한 면적은 1,380,246평(56%)에 달하였다. 이러나 비율은 총경지에 대한 소작지의 비율이 1914년 52.0%, 1915년 52.4%, 1916년 53.3%였던 사정과[48] 대략 일치하였다. 그러나 상동촌면 양지양안에서 살펴본 소작지율은 이와 상당히 다르다. 전의 소작지율은 23%, 답의 소작지율은 47%이고, 전과 답을 합한 소작지율은 35%에 불과하였다. 이미 지적하였듯이 양지양안의 시주, 시작 기재의 한계를 반영하는 것이다. <표 12>에서 보면 부재지주의 소유지 비율은 1정보 이하의 경우는 재지지주와 유사하지만, 1~3정보는 재지지주보다 적고, 3정보 이상은 재지지주보다 많은 것으로 나타나, 대체로 부재지주는 대토지를 소유하는 경향을 보여준다.

토지조사부는 동리단위로 조사되었기 때문에 동리별로도 소유분화의 양상을 파악하여 볼 수 있다. <표 13>은 동리별로 소유분화의 양상을

---

47) 주10)과 같음.
48) 小早川九郞편, 『조선농업발달사』(자료편), 1944, 통계 제9표.

조사한 것이다. 국공유지와 대지는 제외하였다.

<표 13> 토지조사부의 소유분화양상(동리별)

구분\정보	천리 면적평수 (%)	천리 인수 (%)	서리 면적평수 (%)	서리 인수 (%)	묵리 면적평수 (%)	묵리 인수 (%)	덕성리 면적평수 (%)	덕성리 인수 (%)
0~0.3	24,554 (3.7)	60 (31.7)	34,081 (5.4)	77 (36.7)	31,834 (6.0)	70 (34.5)	30,496 (4.7)	60 (32.1)
0.3~1	127,776 (19.4)	75 (39.7)	124,029 (19.7)	72 (34.3)	150,855 (28.2)	82 (40.4)	120,115 (18.4)	71 (38.0)
1~2	115,076 (17.4)	28 (14.8)	141,302 (22.5)	35 (16.7)	132,574 (24.8)	32 (15.8)	138,305 (21.3)	31 (16.6)
2~3	80,509 (12.2)	11 (5.8)	104,625 (16.6)	15 (7.1)	80,436 (15.0)	11 (5.4)	89,012 (13.7)	12 (6.4)
3~5	92,438 (14.0)	9 (4.8)	52,170 (8.3)	4 (1.9)	63,401 (11.9)	5 (2.4)	75,858 (11.7)	7 (3.7)
5이상	220,041 (33.3)	6 (3.2)	173,132 (27.5)	7 (3.3)	75,636 (14.1)	3 (1.5)	196,479 (30.2)	6 (3.2)
합계	660,394 (100)	189 (100)	629,339 (100)	210 (100)	534,736 (100)	203 (100)	650,265 (100)	187 (100)

　　서리와 묵리는 골짜기에 위치하고 천리와 덕성리는 비교적 넓은 개활지를 가지고 있는데 소유분화의 양상은 동리에 따라서는 큰 차이가 나타나지 않는 것 같다. 상동촌면 지역 전체의 분화양상과 대체로 일치하고 있다.
　　소유분화의 양상은 농민층분화의 실상을 그대로 전하여 주는 것은 아니다. 농업경영의 분화에 의하여 보완되지 않으면 안된다. 시주와 시작의 부정확한 기재로 말미암아 농민층분화의 실상을 그대로 전하여 준다고 보기는 어렵지만 현실적으로 지주전호관계를 기재한 자료가 없기 때문에 많은 한계를 전제하면서, 양지양안에서 소유분화와 경영분화의 양상을 분석하여 본 것이 <표 14>이다. 전과 답을 합산하고, 대지와 국유지는 제외하였다.

<표 14> 양지양안의 소유 및 경영분화 양상

구분	소유분화		경영분화	
정보	면적평수(%)	인수(%)	면적평수(%)	인수(%)
0	0(0)	300(33.7)	0(0)	190(21.4)
0~0.3	114,373(8.4)	283(31.8)	131,412(9.7)	297(33.4)
0.3~1	338,131(25.0)	203(22.8)	449,155(33.2)	266(29.9)
1~2	274,090(20.3)	63(7.1)	430,126(31.8)	100(11.2)
2~3	168,452(12.4)	23(2.6)	177,465(13.1)	24(2.7)
3~5	151,705(11.2)	13(1.4)	127,653(9.4)	11(1.2)
5이상	306,644(22.7)	5(0.6)	37,584(2.8)	2(0.2)
합계	1,353,395(100)	890(100)	1,353,395(100)	890(100)

<표 14>를 보면 소유지가 전혀 없는 자가 경영지가 전혀 없는 자보다
훨씬 많게 나타난다. 즉 소유에서 배제된 300인 가운데 일부는 소작지를
얻어 경영에 참가함으로써 경영에서 완전히 배제된 인물은 190인으로
줄어들었다. 이 190인 가운데에는 물론 토지를 대여만 하는 지주도 포함되
어 있다. 경영분화의 양상이 소유분화에 비하여 훨씬 급격한 모습을 보여준
다. 그런데 소유분화와 경영분화에 대한 이러한 평면적 비교로서는 농민층
분화의 실상을 파악하기가 어렵다. 경영지에는 자작지와 차경지의 구별이
존재하고, 경영에는 참가하지 않지만 대여지를 통하여 많은 수익을 올리는
지주도 있었기 때문이다.

<표 15> 소유와 경영의 상관관계

경영 / 소유	0	0~0.3	0.3~1	1~2	2~3	3~5	5이상	계
0	117(13.2)	95(10.7)	72(8.1)	14(1.6)	1(0.1)	1(0.1)	0(0)	300(33.8)
0~0.3	46(5.2)	188(21.1)	37(4.2)	11(1.2)	1(0.1)	0(0)	0(0)	283(31.8)
0.3~1	21(2.4)	12(1.4)	140(15.7)	27(3.0)	2(0.2)	1(0.1)	0(0)	203(22.8)
1~2	5(0.6)	2(0.2)	10(1.1)	43(4.8)	3(0.3)	0(0)	0(0)	63(7.0)
2~3	0(0)	0(0)	2(0.2)	5(0.6)	15(1.7)	1(0.1)	0(0)	23(2.6)
3~5	1(0.1)	0(0)	5(0.6)	0(0)	1(0.1)	6(0.7)	0(0)	13(1.5)
5이상	0(0)	0(0)	0(0)	0(0)	1(0.1)	2(0.2)	2(0.2)	5(0.5)
계	190(21.5)	297(33.4)	266(29.9)	100(11.2)	24(2.6)	11(1.2)	2(0.2)	890(100)

이러한 문제는 소유와 경영의 상관관계를 통하여 규명될 수 있다. <표 15>는 소유와 경영의 상관관계를 나타낸다. <표 15>의 세로는 소유분화를 가리키고, 가로는 경영분화를 가리킨다. 소유와 경영에서 완전히 배제되어 있는 인물이 117인 13%를 차지하는데 이들은 雇農으로 살아갈 수밖에 없는 자들이었다. 경영이 0으로서 순전히 대여만 하는 지주는 73인으로서 8%이고, 소유가 0으로서 순전히 소작만 하는 순소작농은 183인 21%였다. 그리고 0이외의 대각선상을 차지하는 인물들은 소유와 경영의 규모가 같은 자들, 즉 자작농에 해당한다. 이들이 394인 44%를 차지한다. 이 대각선 하부의 인물들은 소유의 규모가 경영의 규모보다 큰 자소작농으로서 40인 5%이고, 대각선 상부의 인물들은 경영의 규모가 소유의 규모보다 큰 소자작농으로서 83인 9%에 이른다. 이렇게 보면 지주가 8%, 자작농이 44%, 소작에 관계하는 인물이 35%로 된다. 소작지의 평가가 낮게 나타나고 있는 사실을 발견할 수 있는데, 이미 지적하였듯이 소작지율도 35%에 불과하여 1910년대의 소작지율이 대체로 50% 정도인 점이나, 상동촌면 지역 토지조사부의 소작가능지의 추정비율이 56%였던 점과 비교하면 현저하게 줄어든 비율이다. 이것은 역시 광무년간의 소작인 및 소작지가 토지조사사업 당시에 비하여 더 적었고 따라서 지주제의 발전 정도가 낮았다는 사실을 의미하는 것은 아니다. 광무양전의 의미가 결총의 재조정에 있었고 시주와 시작의 파악이 납세자의 파악을 위한 기초적인 작업에 치중되어 있었기 때문에 토지파악의 불충분함과 시주, 시작 파악의 부정확성이 초래된 데서 비롯되었던 것이다.

그런데 이러한 통계는 전과 답, 자경지와 대여지 및 차경지를 모두 동일한 수익을 나타내는 것으로 파악한 것이기 때문에 이를 보다 엄밀하게 정리하기 위하여 국유지와 대지를 제외한 뒤, 소작지와 대여지는 자경지의 1/2면적으로 산정하고 전도 답의 1/2면적으로 산정하여, 답의 자경지를 기본으로 농민분층분화의 실태를 재정리한 것이 다음 <표 16>이다.

<표 16> 농민층분화의 실태

정보	면적평수(%)	인수(%)
0	0(0)	117(13.1)
0~0.3	163,975(14.9)	455(51.1)
0.3~0.5	132,782(12.1)	114(12.8)
0.5~1	255,580(23.3)	123(13.8)
1~2	243,903(22.2)	59(6.6)
2~3	99,650(9.1)	14(1.6)
3~5	41,259(3.8)	4(0.5)
5이상	159,841(14.6)	4(0.5)
합계	1,096,990(100)	890(100)

<표 16>을 보면 117인 13%의 인물이 소작지와 자작지, 대여지를 전혀 가지지 못하여 소유와 경영에서 배제된 인물이다. 이들은 농민층분화의 결과 농촌에서 더 이상 생계를 유지하기 어려운 사람들로서 조만간 기회만 주어진다면 농촌에서 유리되어 갈 존재들이다. 조선후기 이래 끊임없이 전개된 농민층분화는 이와 같은 존재를 수없이 생산하여 도시, 광산으로 유출시켰고, 그리고도 여전히 농촌에 많은 고농(농업임금노동자)을 퇴적 시키지 않을 수 없었다. 개항 이후에는 개항장에서 많은 노동력을 필요로 하고, 광무년간에는 수많은 광산이 제국주의 열강에 넘어가 채굴되면서 광산노동자의 수요도 증가하였고 일본을 중심으로 한 철도 건설현장에도 많은 인부가 요구되어, 이들 분화되어 몰락한 농민들이 이 부분을 충당하여 나갔다. 특히 갑오농민전쟁에 의하여 향촌사회가 완전히 뒤집어진 이후에는 이들의 동요가 더욱 심각하여졌다. 제국주의의 침략이 표면에 떠올라 구체적으로 감지되었고, 그러한 상황은 농민들에게도 영향을 미쳤다. 민족적 위기감이 고조되어갔다. 이러한 와중에서 민족운동은 성숙되어 갔고, 갑오농민전쟁 이후 소강상태에서도 그러한 활동은 지속되었다. 東學餘黨

가운데 南接의 이념과 전통을 계승하려는 세력들이 민족적인 위기감에 접하여 반제국주의 운동을 집중적으로 벌이고 있었고, 명분을 바꾸어 英學黨을 조직하여 민족운동을 전개하기도 하였다. 화적떼의 활동도 활발하여지면서 반체제 반침략의 역사의식을 지닌 의적으로서 活貧黨의 운동도 나타났다. 이와 같은 상황은 농촌에 퇴적되어 있는 고농들에게도 자극이 되는 것이었다. 그들에게는 그러한 기회가 주어진다면 언제든지 향촌사회를 벗어날 사회경제적 조건이 갖추어져 있었다. 당시 용인, 이천, 광주지역에서도 이러한 활동이 전개되었다. 용인, 광주에서는 화적과 마중군의 활빈당이 활동하였다.[49] 이천에는 최시형 등 북접교단의 간부들이 피신하거나 왕래하는 일이 잦았고, 동학여당과 의병의 활동도 활발하였다.[50] 이와 같이 대한제국시기에는 농촌에서 분해되어 나오는 농민층이, 조직화된 민족운동의 영역을 메우고 있었다.

0.3정보 이하의 극빈농은 455인 51%로서 전체의 절반을 차지하고 있는 다수세력이다. 그리고 0.3~0.5정보의 빈농층은 114인 13%를 점하고 있다. 이 두 계층은 엄격하게 구분하기 어려워 0.5정보 이하를 빈농층으로 묶어도 무방할 것으로 생각된다. 이 두 계층이 농촌의 광범한 하층세력을 형성하고 있다. 극빈농의 처지는 고농보다는 조금 나은 형편이었다. 영세한 소유지와 영세한 규모의 소작지로 생계를 이어가지 않으면 안 되는 처지에 놓여 있었다. 이들은 농업생산에서 성장할 가능성을 상실하고 고농의 처지로 몰락할 위험에 놓여 있는 사람들이다. 오히려 소규모의 경영과 여기서 얻어지는 수입이 과감하게 농촌을 떠나지 못하게 붙잡고 있는 마지막 끈이었다. 이들은 끊임없이 고농으로 몰락해 가면서도 빈농층이 주축이 되는 반체제 반제국주의의 민족운동에 적극적으로 가담하였다. 이들 극빈

---

49) 『司法稟報』 甲, 乙未(1895) 3월 24일.
50) 『훈등책』, 이천 참조

농과 빈농층은 고질적인 병폐로 남아 있던 조세문제에 의하여 더욱 시달리고 있었다. 이들은 아직도 군현단위로 문제되고 있던 조세문제에 대한 개혁을 희망하고 있어서 군현단위의 농민항쟁에도 가담하고는 있었지만, 더욱 시급한 것은 기본적인 생계 보장이 안 되는 점에 있었다. 따라서 이들에게는 지주전호제의 억압이 심각한 문제가 아닐 수 없었다. 그러나 현실적으로 지주전호제는 여전히 존재하였고, 개항기 이래의 새로운 조건 아래서 지주의 각종 통제가 강화되면서 더욱 수탈당하는 처지에 놓여 있었다. 이들은 조세문제뿐만 아니라 지주전호관계까지를 포괄하는 체제모순의 총체적인 개혁을 희원하고 있었던 세력이었다.

0.5~1정보의 중농층은 123인 14%를 점한다. 농민층분화의 결과 중농층의 대부분은 빈농층으로 몰락하였고 소수는 부농층으로 성장하였을 것이다. 이들 중농층은 농민층분화의 원형을 보여줄 뿐이며, 성장과 몰락의 기로에 서있는 과도적 존재였다.

1~2정보는 59인 7%이고, 2정보 이상은 18인 2%인데, 이들은 부농, 지주층에 해당할 것이다. 개항 이후 일본에의 미곡수출을 통하여 이윤 획득이 가능한 상황하에서 지주제가 강화되어 나가고 있었기 때문에 부농층의 성장은 그만큼 어려워지고 있었지만, 부농층도 여전히 향촌사회에 존재하고 있었다. 그러나 개항 이전에서와 같이 이들이 향권을 장악해 나가면서 세력을 확대하고 있지는 못하였다. 더구나 제국주의의 경제적 침략은 이들의 이윤을 침해하고 있었다. 부농층은 토지집적을 통하여 지주층으로 변신하기도 하였으나, 부농층이 지니고 있었던 새로운 생산양식의 도입이라는 의미는 왜소화되지 않을 수 없었다. 부농층이 중심이 된 아래로부터의 사회변혁의 의미도 축소되는 상황이었다. 부농층에게는 이제 제국주의와 결탁할 수 있는 길도 열리고 있어서, 민족성과 매판성의 갈림길에서 동요하지 않을 수 없었다. 그러나 지주층은 미곡수출과 관련하여 상품시장을

장악하면서 지주경영을 강화하여 나가고 있었고, 직영지경영의 강화를 통한 새로운 생산양식의 도입에 나서는 자가 나오기도 하였다. 광무 양전·지계사업이나 토지조사사업은 이들 지주층의 토지소유권을 근대적인 법체계를 통하여 보장하여 주고 있었다.

이상에서와 같은 농민층분화의 양상은 당시의 계급구성을 크게 변동시키는 것이었다. 대한제국기 농촌사회의 계급구성은 지주층, 부농층, 중농층, 빈농층, 극빈농층, 농업임금노동자층으로 구분되었는데 지주층은 법적, 제도적으로 보호받는 처지에 있어서 부농층의 지주화가 가속화되고, 중농 이하의 계층은 그 이하로 몰락하여 갔다. 이러한 분화의 양상은 한편에 지주제의 생산양식을 재생산하면서 다른 한편으로 많은 몰락농민들을 임금노동자층으로 배출하는 것이었다. 즉 식민지지주제가 농촌에 형성되는 한편으로 새로운 자본주의적 생산관계에 편입될 임금노동자층이 형성되고 있었던 것이다.

5. 光武 量田·地契事業의 역사적 성격

이상에서 광무 양전·지계사업의 역사적 성격을 해명하기 위하여 광무 양안과 토지조사부를 비교 분석하여 보았다. 광무양안과 토지조사부에 대한 지역별 사례연구를 가지고 광무 양전·지계사업의 성격을 규정하는 것은 매우 어려운 일이지만, 연구의 결과를 사업의 역사적 성격과 관련하여 정리함으로써 결론에 대신하고자 한다.

광무 양전·지계사업을 양전사업과 지계사업으로 구분하여 볼 때, 양전사업은 收稅實結의 확보에 그 목적이 있다고 할 수 있다. 그것은 1899년 加結문제로 말미암아 일어난 용인농민의 抗稅運動을 통하여 확인할 수 있다. 용인농민의 항세운동에서 제기된 가결문제는 은결의 색출을 통하여 해결될 수밖에 없는 것이었고, 은결의 색출은 양전의 시행으로 가능한 것이었는데, 양전의 결과 토지등급을 상향조정함으로써 지나친 결수의 증가를 초래하고 말았다. 용인농민들은 이에 대하여 다시 저항하였고 그에 따라 실시된 재양전은, 이전의 수세실결을 기준으로 토지등급을 하향조정함으로써 결수를 축소할 수밖에 없었다. 토지등급의 조정에 의한 결수의 조작은, 그 이전과는 달리 면적을 평방척수로 기재하는 등 양전의 방향이 정확한 실면적을 파악하려는 데로 전환되는 과정에서 아직 結負制의 한계를 극복하지 못한 사실을 보여주었다. 국가의 토지파악이 조세수취와 밀접하게 연결되어 있었기 때문에 조세수입을 감소하지 않고 가급적 증가시키거나 현상유지하는 선상에서 기존의 문란한 징세대장을 정비하고 징세의 원활함을 기하려는 데 양전의 목적이 있었다. 무엇보다도 수세실결의 보전에 광무 양전사업의 중요한 의의가 있었다고 생각된다.

광무 양전사업이 결세를 담당할 수 있는 수세실결의 확보에 주안점을 두었기 때문에, 시주와 시작의 파악이 결과적으로는 지주전호관계를 보여주는 것이었지만, 그 기본적인 의도는 '납세자로서의 時主와 時作'을 파악하려 한 것이었다. 지대수취관행이 타작제와 도지제 사이에서 언제든지 변동이 가능한 것이었기 때문에 필지마다 개별적으로 실제의 납세자를 파악하여 시주나 시작을 기재한 것이라기보다는 납세자로서의 가능성만으로 시주와 시작을 전면적으로 파악하는 것이라고 생각된다. 中畓主가 개재되어 있었던 訓屯에서도 납세자의 가능성을 지닌 중답주와 작인을 모두 파악의 대상으로 삼았다. 진실한 납세자를 확정짓는 것보다는 납세자의 가능성이 있는 자를 대상으로 삼았다. 그 납세자의 이름이 실명인지 가명인지는 문제삼지 않았다. 납세자가 현실적으로 존재하면 수세상의 문제는 제기되지 않는 것이었고 군이 실명의 여부를 가릴 필요는 없었다. 양전사업의 목적이 이와 같기 때문에 수세결수에 포함시키기 어려운 陳田

은 파악의 대상에서 제외되었다. 기본적으로 광무 양전사업의 목적에 적합하게 광무양안(양지양안)이 작성되었다는 점을 이해하여야 할 것이다. 그러나 토지등급을 조정함으로써 실면적과는 별개로 결부를 조작할 수 있었던 점은 광무 양전사업의 토지파악의 한계를 보여주는 것이었다.

광무지계사업에서는 토지소유권증서로서의 지계발급을 위하여 진전을 포함한 모든 경지를 파악하였다. 진전은 개간과 수리시설의 확보를 통하여 起耕地가 될 수 있는 토지였고, 사실 이전에 이미 기경지로서 경작되다가 황폐하여진 것이기 때문에 엄연히 소유자도 존재하였다. 따라서 진전의 소유자에게도 소유권을 확인하여 두어야 하는 것이었고, 소유자가 없는 황폐한 진전은 또한 그것대로 조사하여 개간이나 국유화에 대비하여야 할 것이었다. 지계사업은 토지소유권의 확인에 목적이 있었기 때문에 시주 파악을 중요하게 여겼다. 시작은 파악할 필요가 없었다. 중답주가 개재되어 있는 훈둔에서는 훈둔과 중답주를 함께 파악하고 있는데, 一物一權의 토지소유권이 완전하게 확립되어 있지 않고 토지에 대한 권리가 중첩되어 있는 국유지의 상황이 그대로 노정되어 있는 것이라고 여겨진다. 지계사업에서는 민간에서 주로 사용하는 면적단위로서 斗落과 日耕의 단위도 기재하였는데, 이것은 지역과 관행에 따라 그 실면적을 달리하는 것임에도 불구하고 지계사업에서는 두락과 일경의 단위를 일정한 면적을 기초로 하는 단위로 확정하면서 이를 전국적으로 통일하려는 의도를 보여주고 있다. 미터법이나 町步의 단위가 도입되지 않은 상태에서 전통적인 면적단위를 활용하여 근대적으로 개량하려는 모습을 읽을 수 있다. 이와 같이 광무지계사업에 의하여 작성된 지계양안도 기본적으로 그 목적에 적합하게 작성되었다. 그러나 특히 시주가 실명이 아닌 가명으로 기재되어 있어서 아직 근대법적으로 소유권을 확인해주는 데에는 한계를 갖는 것이라고 하여야 할 것이다.

이와 같이 광무양안은 오늘날의 연구자가 알고 싶어하는 지적 욕구와는 관계없이 사업의 목적에 충실하게 작성되었다. 양전사업은 결부제에 입각한 수세실결의 확보에, 지계사업은 토지소유권의 확인에 그 목적이 있었고, 그러한 목적을 달성할 수 있는 차원에서 양안이 작성되었다. 지주제의 성격이나 농민층분화의 양상을 보여주는 것이 양안작성의 목적은 아니었다.

그러나 토지조사부와 비교하면 광무양안은 중세적인 성격을 여전히 가지고 있음을 알 수 있다. 토지조사부에는 토지의 비옥도나 생산성과는 관계없이 평수도 면적이 정확하게 산출되어 있는 점, 주소가 정확하게 기재되어 있는 점, 소유자의 성명이 실명으로 기재되어 있는 점 등이 특징으로 나타난다. 토지조사부는 토지의 위치와 면적, 소유자를 정확하게 반영하고 있어서 근대적인 토지대장으로서의 체계를 갖추고 있었다.

이상에서 광무양안과 토지조사부를 비교한 연구의 잠정적인 결과를 정리해보았다. 광무 양전 · 지계사업은 중세사회 토지제도의 최종적인 모습을 보여주면서 국가 또는 지배층을 중심으로 한 내재적 근대화의 방향을 암시해 준다고 생각된다. 수세실결의 확보, 실면적 산출의 의지, 국가의 납세자 파악방식, 중답주의 제거방향, 소유권증서로서의 지계발급은 그러한 노력으로 평가된다. 그러나 결부제의 한계, 실명제가 아닌 점 등은 여전히 중세사회 토지제도의 한계를 보여주는 것이었다. 그 이전의 양전사업에 비하여 중세적 성격을 탈피하려는 노력을 보이고 있었지만 아직 완전히 극복하고 있지는 못하였다.

제2부

대한제국기 소유권 조사와 법제화 과정

甲午改革期 국유지조사의 성격
－驛土調査過程을 중심으로－

박 진 태

1. 머리말－역둔토 정리방향

19세기 후반에는 조선사회에서 노정된 모순들을 극복하기 위한 방안들이 계급적 처지에 따라 내용을 달리하면서 다양하게 제기되고 있었지만, 개항 전후기에 집권층이 추진한 개혁방안은 일관되게 지주제를 바탕으로 한 것이었다. 1894년 농민전쟁을 진압한 위에서 추진된 갑오개혁도 개화파로 구성된 개혁주체세력들의 정치적 성격상 특히 일본의 명치유신을 모델로 하여 지주제를 근대국가의 경제기반으로 법제화하고 제도화하였다.

갑오개화파 정부의 역둔토조사에 대한 구체적인 논의는 별도로 심도있게 전개된 것 같지 않지만 군국기무처는 여러 가지 개혁안건을 처리하는 가운데 토지문제에 대해서도 분명한 방향성을 가지고 처리하였다. 즉 궁방전 관둔전 역토에 관하여, 1894년 6월에 우선 각 宮, 각 司, 각 營으로 하여금 導掌, 전답, 제언, 柴場, 수세에 관한 내용을 조사 보고케 하고[1] 이어서 8월의 의안에서는 "각 궁 소유의 토지에서 곡식을 수확하는 따위의 문제는 종전대로 각 궁에서 관리하게 하되, 지세는 새 규정에 따라 내도록

---

1) 『議案』(규20066) 개국 503년 6월 29일, 『議案·勅令(上)』, 서울대학교도서관 영인본, 1991, 6쪽, 45쪽.

하고, 만약에 각 驛에서 종전처럼 結稅를 적게 내거나 각 屯土에서 賭租만
내고 호조에 납부하는 결세가 면제된 것들이 있으면 모두 새로운 규정에
따라 작인과 馬戶로부터 징수케 할 것이다"²⁾라고 하여, 각 궁 등이 이미
소유하고 있는 토지에 대해서는 종전대로 지주경영을 하도록 법적으로
확인해주고 있으며,³⁾ 그것은 면세지를 陞總하여 탁지아문에 신식에⁴⁾ 따라
출세토록 조처하는 과정에서 이루어지고 있었다.

그리고 갑오년의 면세지 승총에 따라 이제 역둔토도 有土는⁵⁾ 지주제를
기초로 한 국유지로서, 無土는 驛과 屯에 대한 의무로부터 해방되어 사유지
로 확인되게 되었으나,⁶⁾ 작인 및 마호 곧 경작자로 하여금 출세토록 한
것은 유토에서는 지주경영의 강화를 의미하는 것으로, 경작 농민은 一土兩
稅의 부담을, 自耕無稅地였던 유토 역토에서의 마호는 자작농의 처지에서
완전한 소작농으로 전락하게 되었다. 또한 무토는 사유지로 구분되었지만
국가는 출세자에게 소유권을 인정해주는 조치를 취하지 않아 소유권분쟁
의 소지를 남겨놓게 되었다. 사적 지주제가 재확인되기 위해서는 근대적인
조세제도의 확립뿐만 아니라 토지의 소재도 확인해야 했고, 이에 따라
1894년 12월에는 金弘集·朴泳孝·魚允中 등이 연명으로 양전사업을 청

2) 『議定存案』(규17236) 개국 503년 8월 26일, 위의 책, 59쪽.
3) 金容燮, 「韓末에 있어서의 中畓主와 驛屯土地主制」, 『東方學志』 20, 1978 ; 金容燮,
   『韓國近代農業史硏究(增補版)』下, 一潮閣, 1990, 397~398쪽.
4) 각종 부세를 金納化하고, 전세의 경우는 結價를 정하여 경기지역부터 시행하도록
   한 조처를 말한다(『議案』 개국 503년 7월 10일 및 8월 22일 참조, 앞의 책, 10쪽,
   39쪽).
5) 『結戶貨法細則烈』(규古5127-10)에 의하면, 有土免稅結에는 2종류가 있으며, 제2종
   유토는 "官으로브터 或 民有地를 限ᄒ야 其稅金을 與ᄒᄂᆫ 者"로서 갑오개화파
   정부에 의해서도 일단 민의 사유지로 구분되고 있다.
6) 역둔토의 구성이 이처럼 국가적 차원의 지주제에 의거한 국유지로 단일화한
   것을 소유권의 근대적 정비라는 측면으로 이해하기도 한다(裵英淳, 「韓末 驛屯土
   調査에 있어서의 所有權紛爭」, 『韓國史硏究』 25, 1979 ; 『韓末 日帝初期의 土地調
   査와 地稅改正에 관한 硏究』, 서울대 박사학위논문, 1988, 59쪽).

하여 이듬해 봄부터 시행하도록 결정을 보기도 했다.[7] 이러한 전국적
규모의 양전사업은 즉각 실시되지 못했으나 이듬해 봄에 지방제도의 개혁
과 이어서 재정제도의 개혁이 이루어지면서 종래 전국 각지에 산재하여
지방재정의 자원으로 되었던 국관유지부터 중앙정부에서 파악하기 시작
하였다. 그것은 우선 농상공부에 의한 역토조사로 나타났다.

　이와 같이 갑오개혁에서의 역둔토를 비롯한 토지문제는 개혁의 전반적
인 성격과 함께 구래의 지주제를 법적으로 재확인하면서 그것을 강화해
간 것으로 귀결되었음은 이미 밝혀져 있다.[8] 본고에서는 이러한 연구성과
를 바탕으로 갑오개혁기 개화파 정부의 단일 기관에 의해서 최초로 실시된
전국의 역토조사과정을 구체적으로 살펴봄으로써 국유지 조사의 성격을
규명해 보고자 하였다. 대체로 전국적인 토지조사에 앞서 실시되는 국가에
의한 자체의 국유지 조사는 기본적으로 지주의 私庄조사의 성격을 지니나,
이후 국가적 차원의 지주제가 발달하기 시작하는 시기의 군부 혹은 내장원
에 의한 국유지 조사와는 일정한 차별성을 보이기도 하였다. 이러한 측면에
주목하여 본고는 근대국가로의 이행기에 지주적 조사의 초기적 성격을
보여주는 농상공부의 역토조사과정에 대해서 우선 사판위원의 파견 내용
과 사판규례를 통하여 국유지 조사의 大綱을 먼저 살펴보고, 이어서 각지
사판위원들의 보고서 및 質稟書, 농상공부를 비롯한 탁지부 등 관련기관의
訓令과 指令, 照會와 照覆 등 조사시기의 일차적 자료를 엄밀히 분석함으
로써 역토조사의 實際를 규명하고자 하였다. 즉 역토조사 곧 국유지 조사에
대한 국가적 의도와 현실적 진행과정을 아울러 검토하는 방법을 통하여
이 시기 국유지 조사의 성격에 구체적으로 접근해보고자 하였다.

---

2. 驛土의 이속과 査辦委員의 파견

갑오개혁에서 행정 및 관료제를 포괄한 지방제도와 재정제도의 개혁은 근대국가의 수립을 위해서는 반드시 있어야 할 관료제도 재정제도의 근본적인 개혁이었다. 정부는 종래의 8道를 23府의 행정구역으로 세분 개편하였을 뿐만 아니라 府·牧·郡·縣의 읍체계를 일괄 군으로 개편하여 그 행정의 효율적 운영을 기하고,9) 吏屬까지 포함하는 관료제도의 일원화를 기하며,10) 각 지방이 자치적으로 운영하던 재정제도를 중앙재정에 흡수함으로써 국가재정 전반의 합리적 운영을 기하고자 하였는데 이러한 개혁과정에서 역둔토도 조사정리되었다.

1894년 6월 중앙관제의 개정과 더불어 역제도는 공무아문의 驛遞局에서 관장하게 되었고, 이듬해 3월 공무아문과 농상아문이 병합하여 농상공부로 개편되면서 그것은 농상공부의 통신국 사무로 이속되었다.11) 이와 함께 농상공부에서는 驛傳 및 驛田의 제도와 아울러 驛傳비용의 징수와 지출에 관한 방법을 조사하도록 하였고,12) 이어서 1895년 6월부터는 한성·인천 지역을 비롯하여 우체사관제를 시행하고,13) 기타 지역에서도 遞傳人夫를 代立함에 따라 종래 馬戶首의 立馬의 役이 폐지되었다. 그리고 1896년 1월에는 각 역의 察訪 및 驛屬을 아울러 폐지하였다.14)

역제도가 이와 같이 바뀜에 따라 역에 부속된 토지의 관리도 그 방식을

---

9) <勅令 제98호 地方制度 改正에 관한 件>, 『高宗實錄』 고종 32년 5월 26일.

10) <勅令 제101호 地方官制>, 『日省錄』 고종 32년 5월 26일.

11) <議案 各衙門官制>, 『章程存案』 개국 503년 6월 28일 ; <勅令 제48호 農商工部官制>, 『勅令』 개국 504년 3월 25일.

12) 『奏本』 개국 504년 3월 29일.

13) <勅令 제125호 郵遞司官制>, 『日省錄』 고종 32년 윤5월 26일.

14) <勅令 제9호 各驛察訪及驛屬 廢止>(건양 원년 1월 18일), 『勅令』(규17706) 제4책, 앞의 책, 297쪽 ; 『驛土所關文牒去案』(규17898-2 : 이후 『去案』으로 약칭함) 1, 각부 관찰사에의 훈령(1896.1.21) ; 『韓末近代法令資料集』 2, 18쪽 등 참조.

달리할 수밖에 없었다. 역제도와 함께 전국의 역토를 이속받은 농상공부는 1895년 9월부터 위원을 파견하여 역토조사에 착수하였다. 즉 농상공부령 제8호에서,

本部所管 各驛屯畓을 原來 各 馬戶首에게 排給ᄒ야 耕作收穫ᄒ고 立馬應役ᄒ게 ᄒ얏더니 本年 六月붓터 立馬舊規는 廢止ᄒ고 人夫를 代立ᄒ야 各府郡에 公文을 遞傳ᄒ디 今年 臘月後 擧皆 廢止홀 터인則 該田畓을 査明改正홈이 可ᄒ 故로 規例를 另定ᄒ야 各府郡에 査辦委員을 左갓이 派送홈[15]

이라고 하여, 마호수의 입마응역하던 종래의 규정이 폐지되고 역토에서 마호가 배제됨에 따라 역토의 소출은 중앙 농상공부의 재정으로 귀속되었으며, 이러한 역토의 새로운 관리경영을 위해 전국의 역전답을 중앙기관에 의해서 최초로 일괄 조사하게 되었다. 이때 역토사판을 위해 파견된 위원은 다음 <표 1>과 같다.

1895년 5월에 개편된 23개 부의 행정구역 가운데,[16] 제주부를 제외한 22개 부에 33명의 사판위원을 파견하였다. 대체로 15개 군 이상을 관할하는 광역 부에는 2명의 사판위원을 파견하고, 13개 군 이하를 관할하는 11개 부에는 1명을 파견하고 있다. 파견된 위원의 신분은 구체적으로 파악할 수 없으나, 위원에게 지급된 여비는 내국여비지급규정의 제3등급에 해당하는 奏任官 예에 의거하여 轎馬費 매 10리에 2냥과 日費 매 1일에 6냥 5전을 지급토록 하고 있는 것을 보아,[17] 이들의 관등은 주임관에 준하고

15) <農商工部令 제8호 驛田畓 調査에 關한 件>, 『舊韓國官報』 개국 504년 9월 26일.
16) 이 23부의 지방제도는 1896년 8월에 다시 13도로 개정됨에 따라 1년여 정도 시행되었다(<勅令 제36호 地方制度 官制 俸給 經費 改正>, 『日省錄』 건양원년 6월 25일).
17) <勅令 제77호 內國旅費支給規程>, 『高宗實錄』 고종 32년 4월 7일 ; <農商工部驛畓査辦規例> 참조.

있음을 볼 수 있다. 이는 역시 주임관으로 임명된 각 지방 군수와[18] 역토조사 사무를 대등하게 '協議妥定'하도록 하기 위한 조치이기도 하였다.

<표 1> 農商工部 驛土 査辦委員

府名(郡數)	査辦委員	備考
漢城府(11)	張濟英	
仁川府(12)	金龍河	李泰來로 교체(1895.11)
忠州府(20)	李運永 韓成敎	
洪州府(22)	李錫璉 孫承鋪	
公州府(27)	孔承鐸 李鍾益	
全州府(20)	白鳳洙 金一河	
南原府(15)	康台鉉 金鍾萬	
羅州府(16)	閔建鎬 鄭亮善	
晋州府(21)	金炳檜 金道根	金道根→盧相說(1896.1)
東萊府(10)	尹憘模	
大邱府(23)	元世性 孫弘遠	元世性→李秉哲(1896.3)
安東府(17)	劉 堂 鄭熹煥	
江陵府(9)	金翼濟	
春川府(13)	李國範	
開城府(13)	玄濟綱	
海州府(16)	金永杓 姜潤熙	金永杓→金永模(1896.5)
平壤府(27)	崔昌斗 李碩源	
義州府(13)	金相鳳	
江界府(6)	李魯洙	
咸興府(11)	全容默	
甲山府(2)	金河聲	全容默 겸임(1896.1)→朴奎元(1896.5)
鏡城府(10)	李日炯	

자료 : 『舊韓國官報』 개국 504년 9월 26일 ; 『驛土所關文牒去案』(규17898-2) ; 『驛土所關文牒來案』(규17898-3) ; 『驛土所關査員質報存檔』(규17896) ; 『驛訓指』(규17898-1)

임명된 사판위원은 대체로 10월 중하순경에 각 관찰부에 도착하여 늦어도 11월 초부터는 농상공부 소관의 역토조사에 착수하였다.[19] 그리고 신병

---

18) 앞의 <勅令 제101호 地方官制> 제14조.
19) 『驛土所關文牒來案』(이후 『來案』으로 약칭함) 각 부 관찰사의 보고 참조.

으로 인해 교체된 인천부의 김용하, 진주부의 김도근, 대구부의 원세성, 해주부의 김영표 등 4명의 위원과20) 역에 도착 즉시 驛丞을 축출하고 사사로이 印信을 빼앗는 등의 작폐로 인해 해임되는 갑산부 사판위원 김하성을 제외하고는 을미·병신년간의 역토사판 업무에 끝까지 종사하고 있다.21) 갑산부의 查務는 우선 함흥부 사판위원 전용묵으로 하여금 겸관케 하다가 1896년 5월에 박규원을 다시 별도로 파견하고 있다.22)

그리고 농상공부의 사판위원들에 의한 역토조사의 종료시기는 <표2>와 같이 살펴볼 수 있다. 사판업무는 지역에 따라서 1896년 3, 4월경에 일찍 종료되기도 하였으나, 대체로 6월 말경에 이르러 일차적으로 마무리되며, 이후에는 토지 등급에 따른 定賭 내용의 재조정과 斗落·日耕 수에 대해 結數 배정을 현실적으로 조정하는 등 문부를 정리하고, 또한 궁내부 등의 소관 토지를 조사 정리하는 대로 8, 9월경에는 수정 정리된 각 역전답 성책과 역에 관한 모든 조사 문부를 사판위원의 신장과 함께 농상공부로 상송하여 사판사업을 완료하고 있다.

그러나 '匪徒' 등의 출몰로 인한 역토조사의 지연과 기타 지역적 사정에 의해 특히 황해도와 경상남북도, 강원도 및 함경북도 등의 일부 지역의 경우에는 12월경까지 조사가 계속되기도 하였다.23)

---

20) 『去案』1, 인천부(1895.11.8)·대구부(1896.3.9)·해주부(1896.5.11) 관찰사에의 훈령 및 『來案』1, 진주부 관찰사의 보고(1896.1.28).
21) 다만 대구부 제2사판위원의 경우, 農商工部令 제8호에는 李宜貞으로 기재되어 있으나, 실제 1895년 11월에 孫弘遠이 파견되고 있다(『來案』1, 대구부 관찰사의 보고(1895.11.5), 『驛土所關査員質報存檔』(이후 『質報存檔』으로 약칭함) 1, 대구부 사판위원의 보고서 참조).
22) 『去案』1, 내부대신에의 조복(1896.1.25) ; 함흥부 관찰사에의 훈령(1896.1.20) ; 함경남도 관찰사에의 훈령(1896.9.16).
23) 『去案』1, 13도 관찰사에의 훈령(1896.12.2) 별지 ; 『質報存檔』2, 춘천부 사판위원 李國範의 보고 제9호(1896.12.17) 등 참조.

<표 2> 각 부별 역토사판 완료 시기(1896년)

府名	査辦委員	査辦完了時期	府名	査辦委員	査辦完了時期
漢城府	張濟英	9.18*	東萊府	尹喜模	6.11(2郡未畢)
仁川府	李泰來	8.22*	江陵府	金翼濟	8월초(未畢)
忠州府	李運永	?	洪州府	李錫雉	?
	韓成敎	9월말		孫承鏞	8.20
公州府	孔承鐸	9월	全州府	白鳳洙	5월말(7월*)
	李鍾益	10.16*		金一河	5월말
南原府	康台鉉	3.28	羅州府	閔建鎬	6.20
	金鍾萬	4.8		鄭亮善	9.8
晋州府	金炳檍	8월(未畢)	大邱府	李秉哲	9.29(未畢)
	盧相說	12.16*		孫弘遠	7.2*
安東府	劉 堂	4.12(2郡未畢)	海州府	金永模	9.28(未畢)
	鄭喜煥	3월말		姜潤熙	6.2(9.30*)
平壤府	崔昌斗	6.29(4郡查辨)	春川府	李國範	12월(未畢)
	李碩源	10.4*	開城府	玄濟綱	10.9(4站未畢)
義州府	金相鳳	8.10*	江界府	李魯洙	6.6
咸興府	全容默	3.26	甲山府	朴奎元	11.15(未畢)
鏡城府	李斗炯	6.12*			

자료 : 『驛土所關査員質報存檔』(제1책, 제2책) 수록 각부 사판위원들의 보고서
비고 : 대개 역전답 査辦成冊을 上送한 날짜를 중심으로 확인한 것이나, 각 부 관하 전체 역전답에 대한 각 査員의 사판완료일은 정확하지 않다. 다만 사판위원의 信章을 함께 상송한 *표의 일자는 사판업무의 종료일자로 보아도 될 것이다.

　　한편 반년 내지 1년 가까이 진행된 사판사업이 완료되고 각 조사성책이 상송됨에 따라 농상공부에서는 그것에 의해 파악된 정도 내용에 의거하여 국내 각 역토의 先賭錢 독쇄를 강화해 갔다.[24]

---

24) 위의 『去案』 1, 같은 훈령.

3. 査辦規例의 검토

1) 토지에 대한 調査規程

역토사판이 결세 및 관유지의 조사에 관해서는 탁지부와 관련되고, 지방 査正에 관해서는 內部와 관계되었기에 농상공부는 우선 이들 각 부와 협의를 거친 후 역토조사를 시행하였다.[25] 그리고 농상공부에서는 사판위원을 파견하면서 각 부 관찰사에게 査辦規例를 첨부한 훈령을 발하여,[26] 위원이 도착하면 각 군수로 하여금 규례에 준하여 協議妥定하게 하고 郡吏 중 解事者 1인을 정하여 사판사무를 幹當케 하며 사판을 완료한 文簿는 본 군에 1건을 비치하여 참고하도록 하였다. 즉 각 1부에 1~2명으로 파견된 사판위원은 독자적으로 역토를 조사한 것이 아니라 각 군의 협조를 얻어 군수와 협의하여 조사를 진행하였고, 특히 실무는 그 군의 이속이 담당하였다. 뿐만 아니라 각 역의 찰방 재임시에 사판을 시행하게 함으로써 역에 관한 査務는 찰방의 협조를 받기도 하였다.[27]

농상공부 역토조사의 章程이 된 「農商工部驛畓査辦規例」는[28] 총 38항목으로서 토지에 관한 사항뿐만 아니라 이전 역의 재정관계 조사와 새로운 遞傳制 실시에 따른 재정운용에 관한 사항도 규정하고 있다. 즉 농상공부의 을미사판은 "각 郵(驛)의 廨舍와 金穀木布와 傳來文簿와 馬位土의 實數와 冒入川反의 現狀과 復結의 陞總과 郵況의 酌給과 驛遞人夫의 從新遞立等項을"[29] 査檢歸正하는 것이었다. 이와 같이 역토 및 역의 운용상황을 조사하기 위해 규정된 사판규례의 여러 항목 중에서 가장 중심적인 토지 및

---

25) 위의 책, 내부대신에의 조회 제80호(1895.9.21), 제82호(1895.9.23) ; 『來案』 1, 내부대신의 조복 제9호(1895.9.22) 참조.
26) 『去案』 1, 각 부 관찰사에의 훈령, 개국 504년 9월 28일.
27) 주25)의 내부대신에의 조회 제80호 참조.
28) 주26)의 훈령 별지 참조.
29) 주27)과 같음.

작인의 조사에 관한 사항을 보면 다음과 같다.

- 一. 各驛田畓의 結卜原數와 度支部陞總혼 結數와 隱結未顯을 築底査錄ᄒ미 可흠.
- 一. 田畓의 斗落及 日耕實數와 上中下 品等과 作人姓名을 査錄ᄒ미 可흠.
- 一. 田畓의 流來陳廢川反과 或有還墾 斗落數롤 査錄ᄒ미 可흠.
- 一. 田畓의 公用을 憑ᄒ고 成給完文ᄒ야 永賣及 權賣와 擅賣ᄒ야 冒入川反과 劣薄民田으로 品土幻弄을 査覈詳錄ᄒ미 可흠.
- 一. 公須位田畓의 幾斗落과 首吏都長等의 例下田畓 幾斗落을 査錄ᄒ미 可흠.
- 一. 各郡에 劃定혼 復戶 幾結과 復戶錢中 立馬와 馬戶首 自立馬를 築底査錄ᄒ미 可흠.
- 一. 各驛에 屬혼 分俵買付田畓의 幾何有無롤 査錄ᄒ미 可흠.
- 一. 各驛에 附屬혼 養山과 柴場及 地質과 公付錢穀을 査錄ᄒ미 가흠.
- 一. 養山과 柴場은 本郡邑誌에 謄錄ᄒ고 姑先保護케 ᄒ미 可흠.
- 一. 各該郡의 所在量案과 各驛의 存貯量案을 參考ᄒ야 査錄ᄒ미 可흠.
- 一. 量案이 或該郡 經擾에 闕失이면 踏驗尺量ᄒ야 結數執總ᄒ미 可흠.
- 一. 田畓이 川浦의 害롤 受ᄒ면 舍音이 該郡守의게 報告ᄒ야 踏驗혼 後에 修築ᄒ되 費項은 賭錢上納中으로 劃用ᄒ고 明細히 馳報케 ᄒ미 可흠.
- 一. 委員에 旅費ᄂ 三等 奏任例롤 從ᄒ야 轎馬費ᄂ 每十里에 二兩이오, 日費ᄂ 每一日에 六兩五錢式으로 定ᄒ니, 所到 各郡에 該郡守가 公錢上納 中에서 挪貸劃給ᄒ미 可흠.
- 一. 各郡에서 劃給혼 公錢은 該委員의 領收票롤 受領ᄒ야 報告ᄒ고 該郡守가 舍音의게 捧納ᄒᄂ 賭錢 中에셔 該錢을 明細히 核除ᄒ미 可흠.

우선 조사대상 토지에는 유토인 역전답(馬位田)을 비롯하여 결세를 역에 획급한 公須位田畓과 驛首吏 등의 예하 전답(長急走位田) 및 復戶結 등 역과 관련된 일체의 토지가 포함되었다. 이외에도 역에 속한 '分俵買付田畓'의 유무를 조사하도록 하였으며, 역에 부속된 養山과 柴場 등은 이를 조사하여 각 군 읍지에 등록하여 보호를 받도록 하였다.

조사내용으로는 각 역 소유의 전답은 結卜原數와 탁지부 출세결로서 승총된 결수를 아울러 조사하되 은결을 철저히 사핵토록 하였으며, 도전의 책정과 관련된 실면적으로 두락과 일경수를 조사하고, 전품을 상중하 3등급으로 나누어 사록하게 하였다.

또한 유토역토에 대해서는 필지별로 작인의 성명을 조사하여 기록하게 하였다. 입마응역의 역제도가 폐지됨에 따라 종래 마호들이 경식하던 역토에서의 경작은 반드시 그들에게만 한정될 이유가 없어졌고 농상공부에서도 명년부터는 '許民耕作'하도록 함에 따라[30] 을미사판에서의 작인의 조사는 경작인의 새로운 선정작업을 의미하는 것이었다. 면적조사와 함께 賭稅납부자로서의 경작자에 대한 파악은 지주의 자체 토지조사에서 가장 중요한 작업이었다.

그리고 은결 색출뿐만 아니라, 賭稅의 收捧과 관련하여 역전답의 陳廢川反 및 還墾 상황을 조사하고, 여러 가지 이유와 방법으로 역전답이 매각된 경우를 파악하도록 하였으며, 토지의 등급을 속이거나 혹은 川反된 것으로 買入한 것, 그리고 민전으로 환롱한 것들을 사핵하도록 하였다. 혹 이후에 川反浦落의 해를 입더라도 畓音이 군수에게 보고하여 답험한 후에 수축하도록 하였다. 이는 소유권과 관련된 역전답 토지 자체의 색출과 전답등급의 환롱을 이정토록 한 것으로서 지주에 의한 자체 토지조사에서 가장 적극성을 띨 수 있는 조사항목이었으나, 반면 역토에 混奪入된 민전의 소유자나 역토 작인에게 있어서는 조사과정에서 분쟁의 소지가 따를 수 있는 것이었다.

한편 각 역, 각 항의 支放을 위해 결세를 획급하였던 復戶結은 결수를 파악토록 하고 있지만, 역시 이전에 결세만 획부되어 각 역에서 '各自收稅'하던 무토역토인 공수위전답을 비롯하여 走位田畓, 長田畓 등의 경우도

---

30) 주26)과 같음.

갑오면세지 혁파 조치와 함께 탁지부 출세의 토지로 승총됨에 따라 역토사
판에서 필요에 의해 조사를 한다면 결수 정도를 파악해야 할 것이나 규례에
는 두락을 조사토록 하고 있다. 이것은 역토사판의 주무기관인 농상공부가
공수위전답 등의 토지성격을 제대로 파악하고 있지 못한 데 기인한 것으로
볼 수 있다.

조사의 방법으로는 각 군이 소장한 郡量案과 각 역이 보존하고 있는
개인양안으로서의 驛量案을 참고로 하여 조사하도록 하였고, 사문기는
배제되었다. 다만 양안이 서실되어 참고할 자료가 없는 경우에 한해서는
실지를 踏驗尺量하여 결수를 산정하도록 하였다. 을미 · 병신년간의 농상
공부의 역토조사는 기본적으로 文簿調査에 의거한 것이었으며, 그것도
각 군의 행정조직의 협조를 바탕으로 시행하는 것이었다.

2) 賭錢의 책정과 收捧上納

지주에 의한 자기 토지관리에 있어서 가장 중요한 것은 地代의 수입으로
나타난다. 그리고 그것은 지대의 책정과 수납방법으로 구체화된다고 할
수 있다. 전국의 역토를 이속받은 농상공부에 있어서도 그것의 효율적인
관리를 위해서는 토지의 소재와 면적을 조사함과 아울러 토지의 등급별로
賭稅를 책정하고, 그것을 작인으로부터 수봉하여 상납하는 기구를 마련하
는 것이 중요한 작업이었다. 한편 농상공부에서 관리하는 역토에서의 제
수입은 결국 국가재정의 강화로 귀결되는 것이어서 同 부에서는 賭錢督刷
의 중요성을 租稅上納과 같이 여기기도 하였다.[31] 농상공부의 역전답사판
규례에도 도세의 책정 및 그것의 수봉상납에 관한 규정이 명시되어 있어

---

31) 『去案』 1, 13도 관찰사에의 훈령(1896.12.2), "國內 各該驛土 先賭錢의 督刷等節이
　　現係本部管轄이오나 收入總額은 終歸度支部이온 즉 關係의 綦重홈이 租稅上納
　　과 一般이온지라."

농상공부의 역토관리의 내용을 살펴볼 수 있다.

一. 各田畓所在 近地에 信實人을 擇ᄒ야 舍音을 置ᄒ되 每一站 或二站에
　　一人式 定ᄒ고 文憑을 成給ᄒ야 該田畓을 照檢케 ᄒ미 可홈.
一. 各舍音의 姓名과 居住를 編錄ᄒ야 一置本郡ᄒ고 一件은 齎上ᄒ미 可홈.
一. 賭租로 捧入ᄒ면 自多錯亂ᄒ니 賭錢으로 酌定ᄒ미 可홈.
一. 賭錢定額은 兩南의 土品이 比他稍沃ᄒ니 畓賭ᄂ 每百斗落에 二百五十兩
　　式이요 田賭ᄂ 每百斗落에 五十兩式이며 外他各府郡의 畓賭ᄂ 每百斗落
　　에 二百兩式이요 田賭ᄂ 每百斗落에 四十兩式으로 定ᄒ니 此를 照ᄒ야
　　永式케 ᄒ미 可홈.
一. 田一日耕은 畓七斗落과 相等으로 准照ᄒ야 定賭ᄒ미 可홈.
一. 每百斗落 賭錢은 上中下 三等으로 從其土品ᄒ야 加減均排호되 該舍音과
　　洞頭民과 作人이 公議妥定ᄒ미 可홈.
一. 舍音의 料費ᄂ 每百斗落에 三十兩式으로 定式ᄒ야 原賭錢과 一體로 分等
　　均排ᄒ야 徵收ᄒ미 可홈.
一. 畓賭上納ᄒᄂ 定例ᄂ 舍音이 今年붓터 每年 十一月內로 徵收ᄒ야 該郡守
　　의게 准納ᄒ면 每年 臘月內로 輸上ᄒ미 可홈.
一. 田賭上納ᄒᄂ 定例ᄂ 舍音이 明年붓터 每年 六月內로 徵收ᄒ야 該郡守의
　　게 准納ᄒ면 每年 七月 內로 輸上ᄒ미 可홈.
一. 作人이 賭錢을 愆納ᄒ미 有ᄒ면 舍音이 該郡守의게 報告ᄒ 後에 改立ᄒ미
　　可홈.

　우선 농상공부의 역토사판 시에 도세는 1894년의 각종 부세의 금납화
조치를 따라 현물지대에 속한 賭租가 아니라 賭錢으로 작정케 하였다.
그리고 도전의 정액은 토품을 기준으로 경상·전라의 양 지역과 기타
지역을 구분하여 100두락을 단위로 하여 도액을 정하고 있다. 즉 兩南지역
의 매 100두락당 畓賭는 250냥, 田賭는 50냥이며, 기타 지역의 경우 그것은
각각 200냥, 40냥으로 정하여 이를 영식케 하였다. 그리고 매 100두락의
도전은 상중하 3등급으로 구분된 토품에 따라 가감균배하되 사음 및 洞頭

民과 작인이 공의하여 결정토록 하였다. 사음료비 역시 100두락을 단위로 30냥씩 책정하여 原賭錢과 함께 분등균배하게 하였다.

兩南지역에서의 답 1두락당 도전 2냥 5전은 1894년 당시 1石(15斗) 米價 22냥 5전으로[32] 계산하면 米 1.6斗에 해당하고, 租로는 약 6斗에 해당하며,[33] 이것은 1두락당 소출을 租 1石(20斗) 정도로 볼 때, 소출의 대략 30%정도로 계산된다. 여기에 舍音料 두락당 3錢(米 0.2두=租 0.7두)과 지세(결세) 1할을 가하면 양남지역의 역답 작인은 대체로 소출의 40% 남짓한 부담을 지는 것으로 나타난다. 이것은 '比他稍沃'한 양남지역의 답의 경우이고 전반적으로는 두락당 4~5두에 해당하는 도전으로 책정되어 소출의 20~25%, 높은 경우도 30% 정도가 지대 명목으로 작인에게 부과되었던 것으로 보인다.[34] 이와 같이 대체로 分半小作制에 비해서는 물론이고, 私畓의 도조액보다도[35] 도전 정액을 낮게 책정한 것은 우선 흉풍에 관계없이 정액제를 채택하고 또한 先納賭錢制로 마련되었기 때문이었다. 이러한 기본 입장에서 사판 후의 여러 가지 이유로 인한 작인들의 도전 감액 요구는 대부분 철저히 거부되고 있다.[36]

---

32) 『韓國稅制考』(규 想伯古 336.2) 제2장 租稅, 제1절 地稅, 42쪽.
33) 전주군 삼례 역답의 도전 책정에 관한 사판위원 白鳳洙의 질품서(1896.2.2) 중 "全州郡 參禮驛畓 七百十斗落段은 雖是洑坪이오나 高燥處가 太半이옵고 以私畓으로 論ᄒ여도 賭租가 上不過七八斗이온즉 以二兩八錢으로 排定ᄒ오면 每斗落의 七斗式이요 每石價이 八兩이며 假量一人이 耕作二十斗落則 賭錢이 爲五十六兩이오니 窮民之事勢가 實爲難辦이오니 以此準捧則 將有陳廢之慮이오니 特存審失之義ᄒ야 幷舍音料費ᄒ야 每斗落에 二兩式 排捧이 宜흠."(『質報存檔』 1)에 의하면, 租 1石(20斗)價는 8兩으로 1兩은 租 2.5斗로 계산되고 있으며, 1斗의 米價 1兩 5錢에서 1兩의 가치가 米 0.67斗로 환산됨으로 兩者를 비교하면, 米 1斗는 租 3.7斗 정도로 통용되고 있음을 알 수 있다.
34) 朴贊勝, 「韓末 驛土 屯土에서의 地主經營의 강화와 抗租」, 『韓國史論』 9, 1983, 288쪽 참조.
35) 상등 私畓의 賭租라도 1두락당 7~8두에 불과함을 알 수 있다(주33) 참조).
36) 『去案』 3, 진천(1896.10.1)·직산(1896.10.9)·김산군수에의 지령(1896.10.10) 등 참

그리고 100두락을 단위로 도전을 정한 것은 그것을 기준으로 도전의 대체적인 總額을 정해둔 것으로 보인다. 즉 사판위원이 역토의 필지별 도전을 일일이 심사하여 책정하지 않더라도 3등급의 토지품등에 따라,[37] 사음 동두민 작인이 공의하여 균배하도록 함으로써 어느 정도 공평성을 기하고 조사의 번거로움을 피하고자 했던 것으로 볼 수 있으나,[38] 기본적으로는 단위면적당 총액제적 운영을 고려한 조처로 이해된다.

역토에서 마호가 배제된 이후 농상공부는 이속받은 역토의 경영을 舍音을 통하여 하도록 하였다. 사음은 1~2站에 1인의 사음을 각 역전답 소재지 부근의 신실한 사람으로 정하여 사판위원의 문빙을 성급하여 역전답을 관리케 함에 따라, 역토사판시에 선정한 사음의 성명과 거주를 편록하여 성책한 2건 중 1건은 군에 비치하고, 1건은 농상공부로 보내도록 하였다. 이것은 역토의 관리, 곧 도세의 수봉은 사판위원을 통해서 농상공부가 파악한 사음으로 하여금 직접 관장하도록 한 것이다.

그러나 역토 경영의 궁극적 목적인 도전수입의 확보는 농상공부 자체의 재정에 속하지 않았고 종국에는 탁지부로 귀속되어 공식적인 국가재정으로 되었기 때문에[39] 농상공부의 역토관리는 엄격한 의미에서 탁지부의 업무를 대행하는[40] 역할을 수행하는 것이었다. 따라서 농상공부는 사음에 의해서 수봉된 역토 도전을 농상공부로 輸上納하는 과정에 있어서는 일반 행정기관을 이용하게 함으로써 국세의 징수상납과 동일한 형태를 취하였다. 즉 역답의 도전은 사음이 이듬해 분을 매년 11월 내로 징수하여 군수에게 준납하면, 군에서는 도전 중에서 계감할 체전인부의 料資와[41] 역토

조.

37) 토지가 척박한 곳에서는 5등급으로 토품을 나누어 定賭하기도 하였다(위의 주36) 진천군수에의 지령 참조).
38) 裵英淳, 앞의 논문, 69쪽 참조.
39) 앞의 주31) 참조.
40) 裵英淳, 앞의 논문, 70쪽.

潰缺處수축비, 그리고 사판이 진행되던 시기에는 사판위원 여비 折半條[42] 등을 핵제한[43] 후 12월 중에 이를 輸上하게 하였고, 田賭의 경우는 수봉 및 상납기한을 6월과 7월로 각각 정하였다.[44]

그리고 역토 작인에 대한 관리, 특히 도전 건체 등에 의한 작인의 改差문제도 군수에게 보고한 후에 改立토록 함으로써 사음의 자의적인 작인 교체의 폐단을 막고 역토 관리의 객관성과 공정성을 기하고자 하였던 것으로 보인다. 요컨대 농상공부는 역토 작인과 직접적인 관련을 가지지도 않았고, 역토의 지주경영에 있어서도 이후 군부 및 내장원 등의 관리기구에 의한 그것보다는 강도가 훨씬 약하였으며, 공적인 행정기구를 통하여 객관적인 관리의 입장을 유지하였다고 할 수 있다.

4. 驛土調査의 실제와 紛爭地 처리

1) 사판위원의 역토조사과정

농상공부의 역토조사는 기본적으로 규례에 준하여 실시되었으나 사판의 진행과정에서 나타난 조사의 실제를 통하여 한층 구체적으로 그 성격에 접근할 수 있다.

우선 파견된 사판위원들은 농상공부 소관의 역토를 조사하는 것이 목적

---

41) 체전인부 每名 每朔에 15냥식으로 정해졌다(동 사판규례 참조).

42) 1896년 2월부터는 농상공부 소관 역전답과 궁내부 소관 각 둔목전답을 병행사판하였기 때문에 사판위원의 여비는 양 부에서 분반 支撥하였다(『去案』 1, 탁지부대신에의 조회 제42호(1896.9.1) 및 『去案』 2, 광주부윤에의 지령(1896.12.18)을 비롯한 역전답 도전 중 사판위원 여비 지급건에 관한 각 지방관에의 훈령과 지령 참조).

43) 역전답 도전의 지출 내용에 대해서는 朴珍泰, 『韓末 驛屯土調査의 歷史的 性格 硏究』, 성균관대 박사학위논문, 1995, 2장, 23~24쪽 참조.

44) 역전답 도전 수납기일은 1896년 7월 이후, 畓賭는 음력 6월 晦日, 田賭는 7월 晦日로 각각 변경되었다(『去案』 1, 각 부 관찰사에의 훈령(1896.7.22)).

이었으나 1896년 2월부터는 조사 대상 토지가 역토에 한정되지 않고 全驛屯土로 확대되고 있음을 알 수 있다. 1896년 2월 5일자로 농상공부에서 각부 관찰사에게 발송한 훈령에 의하면,

> 宮田畓의 結數斗數와 秋收穀數를 査覈ᄒ디, 舍音·作人을 勿爲擅改ᄒ며, 度支部上納 屯田畓과 及他 京各部에 關ᄒ 屯田畓이며, 各郡의 官屯이며, 廢止ᄒ 各營鎭에 關ᄒᄋᆺ든 田畓은 另加査出ᄒᄋᆞ야 一併 驛田畓의 規例를 依ᄒᄋᆞ야 定賭稅 立舍音ᄒᆯ 意로 査辦委員의게 方爲訓飭ᄒᄋᆺ거니와 其已經査辦ᄒ 郡은 該委員의 因此更往ᄒ미 事涉煩弊ᄒ 故로 玆에 訓令ᄒ니, 委員已經ᄒ 郡에ᄂᆫ 各項屯土의 定賭稅 立舍音ᄒᄂ 節을 該郡에 訓飭ᄒᄋᆞ야 專任處辦ᄒᄋᆞ야 昭詳報明케ᄒ며, 畓賭稅ᄂᆫ 不日上納ᄒ고 田賭稅ᄂᆫ 舊曆 7月로 上納케ᄒ미 可홈[45]

이라고 하여, 역토 외에 궁내부 및 탁지부 소관 둔전답과 기타 중앙 각부에 관련된 둔전답, 각 군의 관둔전, 舊營鎭 소속의 둔전 등 일체의 국관유지를 驛田畓査辦規例에 의거하여 조사하고 定賭하며 사음을 新立하게 하였다.[46] 즉 중앙정부에서는 농상공부에서 역토사판을 시행하는 차제에 궁내부의 목둔토뿐만 아니라 일체의 공토를 농상공부 사판위원에게 위임하여 조사하고자 하였던 것이다.

각 둔토를 농상공부역전답사판규례에 의거하여 '定賭稅 立舍音'하도록 한 것은 동일한 지대율에 의거하여 지대를 도전으로 책정하고, 사음으로 하여금 수봉하게 하여, 역토의 도전과 함께 일반 행정기관을 통해 상납토록 한 것을 의미하며, 이것을 전 역둔토에 대한 일괄적인 도세의 책정과 그 관리방식의 단일화를 추구한 것으로 볼 수 있다면, 을미·병신년간의 역둔토조사는 이후 국가에 의한 국유지의 통일적인 관리에 접근해 가고 있는

---

45) 『去案』 1, 훈령 각부관찰사 제345호~제365호(1896.2.5).
46) 다만 각 궁 소유 전답의 경우 사음·작인을 임의로 교체하지 못하도록 한 것은 궁방전의 독자적인 관리와 관련하여 여전히 주목된다.

것이었다.

그러나 역토에 관한 조사가 착수된 지 3개월 이상 지난 뒤에 취해진 조치로 인해 이미 역토사판을 마친 각 군의 경우는 둔토에 관한 조사를 그 군에서 '專任處辦'케 하였을 뿐만 아니라, 실제 조사과정에 나타난 사판위원들의 주된 임무는 역토와 목장토를 중심으로 한 궁내부 소관의 둔토를 查辦定賭하는 것이었다.[47] 그리고 이후 사판위원의 여비도 사판사업이 완료되기까지 농상공부와 궁내부에서만 절반씩 부담하고 있었다.[48] 말하자면 1896년의 각 공토 조사는 궁내부 내의 각 궁 둔토까지 포함한 것이었지만 소관 기관 자체에 의한 조사도 아니었고 농상공부의 역토사판에 위임한 것이었으며, 또한 일반 지방 행정기구를 이용한 간접적인 조사였다고 할 수 있다.

한편 이 조치 이후 사판위원 가운데는 각종 둔토의 幷査로 인해 농상공부의 查務가 지체됨을 보고한 경우도 있듯이,[49] 1896년 3월 말경의 사판사무 마감 독려 훈령에도 불구하고 각 지역의 역토사판의 일차적인 완료시기가 대체로 6월 이후로 지연된 것은 궁내부 소관 목둔토를 비롯한 각 공토의 병행 사판 때문이기도 하였다.[50]

다음으로 현지에서의 역토사판 과정을 살펴보면, 우선 파견된 사판위원은 각 관찰부에 도착하여 공문을 교부한 후에 각 역참을 주행하여 位田, 驛事, 馬政, 漁基 등 소관 諸件을 일일이 채탐하고 조사를 행하였다. 그리고 역토 조사는 대체로 사판위원이 각 역에 도착하여 먼저 "形止를 考察ᄒ고,

---

47) 『去案』1, 평양부관찰사에의 훈령(1896.5.28), "該委員의 所掌은 驛土와 牧場을 查辦定賭ᄒ야 各 該郡으로 收捧케ᄒ고, 各 宮 屯土의 斗數와 作人을 査錄홀 뿐이어늘"
48) 주42) 참조.
49) 『質報存檔』1, 나주부 제1사판위원 閔建鎬의 보고 제1호(1896.2.15).
50) 『去案』1, 나주·진주·의주부에의 훈령(1896.3.28);『質報存檔』1, 의주부 사판위원 金相鳳의 보고 제2호(1896.4.3) 참조.

邑驛案을 相准ㅎ야, 馬位田畓을 踏驗き 後, 結數 斗數와 舍音 居住姓名을 開錄ㅎ야 修案賷上"하는[51] 방식으로 전개되었다. 즉 규례에 의거하여 읍 양안과 역양안을 서로 대조 확인하고, 이번 사판에서 가장 중요한 조사대상 이며 농상공부 소관으로서 소유권이 국가에 있는 마위전답을 중심으로 답험한 후, 定賭의 기준이 되는 실면적으로서의 두락수와 탁지부 상납 결세부과의 기준인 결부수를 전체적으로 파악하고, 이어서 사음을 정하였 다. 필지별로 작인을 선정하며 토지 품등에 따라 排結執卜하고 도전을 책정하여 역전답성책을 작성하는 것은 이후의 작업이었다.

이때 역에 可考할 문부와 양안이 없는 경우는 군양안만으로 逐塵改量하 기도 하였다.[52] 특히 1894년 농민전쟁을 거치면서 역과 군에는 근거할 만한 舊양안이 서실되어 남아있지 않은 경우가 많았는데,[53] 이후 군에서 자체적으로 新양안을 만든 경우는 이를 참고하기도 하였으나 그렇지 못한 지역에서는 일단 '村閭에 躬往하여 査得'하거나,[54] 또는 각 戶首 등이 지니고 있던 秋收記를 수합하여 이를 빙거하기도 하였다. 그러나 양안 없이 추수기만을 가지고 역토를 査結定賭하는 것은 '昏夜에 黑牛를 찾는' 격이어서, 字號와 結卜의 집총이 어려우며, 陳起를 구별하는 것은 더욱 난망임을 토로하기도 하였다.[55] 이들 지역에서는 결국 규례에 따라 답험적

---

51)『質報存檔』1, 안동부 제2사판위원 鄭喜煥 보고서 제11호(1896.1.27) 별지.

52) 위의 책, 진주부 제1사판위원 金炳憶의 보고서 제3호(1896.3.12).

53) 1894년 '東擾'로 인해 군과 역의 양안 및 문부가 서실되어 없는 지역은 사판위원들 의 보고서에 나타나는 경우만을 대략 살펴보더라도, 태인군 居山驛, 구례군의 本驛과 外站, 장흥군의 碧沙驛, 해주부 하의 각 군 특히 해주군의 靑丹驛, 봉산・서 흥군의 金郊驛, 평양부의 황주・중화・평양・순안 4군, 의주부의 大同驛에서 의주에 이르는 각 역, 충주부하 여주군의 安平・新津・楊化 3站, 죽산군의 分行・ 佐贊 2驛, 춘천부의 21개 站 등 전국에 걸쳐 있다(『質報存檔』1, 2책 참조).

54)『質報存檔』1, 평양부 사판위원 崔昌斗의 보고서(1896.3.17) ; 같은 책, 의주부 사판위원 金相鳳의 보고서(1896.1.11), "爲先 各面里田畓結卜을 頭民處에 査實ㅎ 와 定賭".

ᅟ

량하여 성책 보고하고 있다.

이와 같이 사판위원들에 의한 역토사판은 기본적으로 문부조사였으나 답험하는 과정을 거쳤다. 특히 조사의 기본 자료인 군 혹은 역의 양안이 부재한 지역에서는 일단 동두민을 査質하거나 기타 유사 자료를 수집한 뒤 이를 근거로 실지를 踏驗尺量하여 전답의 소재(자호)와 두락과 결수를 집총하였다.

그리고 현지에서의 사판 기간은 역참의 규모에 따라서 다르고, 또 사판 시의 기후 및 지역적 사정에 따라서 일률적이지는 않지만, 대체로 평상시에 1站을 사판하는 데 소요되는 시일은 4, 5일 정도였고,[56] 양안이 서실되어

---

55) 위의 책, 해주부 제2사판위원 姜潤熙의 보고서(1895.10).

56) 사판업무가 별 무리없이 진행되어 6월 초에 사판을 완료한 鏡城府의 사판일정을 보면 다음과 같다(『質報存檔』 2, 사판위원 李斗炯의 보고서(1896년 8월)로 작성).

到着日	驛站(郡)名	周行距離(里)	查辦日數	到着日	驛站(郡)名	周行距離(里)	查辦日數
1895.11.7	鏡城郡 孟店			4.4	穩城郡*	40	4
1896.1.3	永康站	40	7	4.8	潼關鎭(宿)	40	
1.11	朱村站	50	8	4.9	鍾城郡*	15	6
1.20	鏡城郡 孟店	90		4.16	防垣鎭(宿)	30	
2.6	輸城站	40	6	4.17	會寧郡*	65	11
2.13	富居站	60	10	4.29	浦下鎭(宿)	30	
2.23	會寧 樂山站	50	7	4.30	豊山站	30	2
3.2	鍾城 鹿野站	50	5	5.3	茂山站	80	5
3.8	穩城 德明站	50	5	5.9	𢈥田站	40	2
3.14	慶興 江陽站	60	5	5.12	富寧站	50	5
3.20	雄武站	30	2	5.18	輸城站(宿)	60	
3.23	燕基站	60	3	5.19	鏡城府 孟店	35	
3.27	慶源郡*	50	6	6.12	發程		
4.3	黃拓坡鎭(宿)	40		合 計		1185	99

총 사판일수는 1895년 11월 7일(양 12.21)에 위원이 경성부에 도착하여, 사판업무를 필하고 상경한 1896년 6월 12일(양)까지 172일로 계산하고 있으며, 이에 대한 사판위원의 日費(1일 6냥 5전) 1,118냥, 남북 周行이 합 1,185리로서 輔馬費(10리당 2냥) 237냥, 그리고 公用紙屬債(매참 5냥) 합 23站 115냥으로 산정하고 있다. 여기서 실제 23참의 사판업무에 종사한 日數의 합은 99일이므로 1站에 대한

답험척량할 경우에는 10여 일이 소요되기도 하였으며,[57] 역전답 자체가 많거나 기타의 사정에 따라서는 사판위원이 1군에 1개월 이상을 머물러 逐塵改量하기도 하였다.[58]

1895년 겨울 사판위원이 역토를 조사하기 위해 각지로 파견되었을 때, 현지의 토지상황은 매우 복잡하였다. 역 및 군의 양안이 상실된 경우는 조사에 임하기가 더욱 난감하였지만, 보존되어 있는 양안도 대부분 18세기 초 庚子改量田시의 것이어서 현실의 내용과 부합하지 않는 경우가 많았다. 안동부 제1사판위원 劉堂이 1895년 11월 초 예안군에 도착하여 군결총을 조사 보고한 것을 보면 다음과 같다.

先到禮安郡ㅎ와 偵探本郡結摠ㅎ온즉 原結爲一千三百九十八結零數온듸 今年 陞總結爲五百結四十七負이읍계 田畓을 尺量ㅎ여보온즉 數百年廢置量 案이와 一不相符ㅎ고 所謂郡吏도 一無知事之人ㅎ와 虛實相朦ㅎ오니 驛土만 尺量ㅎ야 校正키難ㅎ고 隱結採出도 猝難ㅎ오니 以此斗邑으로 推觀ㅎ오면 各郡이 亦復ㅎ올터이요 至於山郡ㅎ야는 川反浦落으로뼈 新起還墾을 比ㅎ오 면 起墾이 尤多ㅎ온즉 王事急務가 莫過改量이오니[59]

즉 舊양안의 原結이 1,398결인데 금년의 陞總結은 500결 47부로서 차이 가 심하여 전답 일부를 척량해보니 수백 년 폐치되어 온 舊양안과 전혀 부합하지 않았고, 군의 이속 중에도 그 원인을 알고 있는 자가 없어 허와 실을 알 수 없으며, 川反浦落으로 기재된 것 중에는 新起還墾하여 기간인 것이 많을 터이지만 이러한 상황에서 은결 색출은 어려우며, 그것은 역토만

사판의 實 소요일수는 평균적으로 4~5일 정도임을 알 수 있다.

57) 주23)의 춘천부 사판위원 李國範의 보고 참조.

58) 『質報存檔』1, 평양부 사판위원 李碩源의 보고서(1896.5.18), 해주부 사판위원 金永枸의 보고서(1896.5.26) 및 『驛訓指』2, 보령군수에의 지령 제4호(1898.9.8) 참 조.

59) 『質報存檔』1, 안동부 제1사판위원 劉堂의 보고서(1895.11.4).

척량하여 교정될 문제가 아니라는 것이다. 또한 이러한 토지 상황은 각 군이 마찬가지일 것으로 파악하여 국가적 차원에서 量田의 필요성을 제기하고 있다. 요컨대 역토조사를 위해 파송된 사판위원은 국가가 토지를 제대로 파악하고 있지 못한 사실을 현지에서 접하고 있었다.

사판위원이 각 역전답을 行審할 시에 가장 중요한 사항은 전답의 소재와 절대면적을 파악한 후 두락당 結稅와 賭錢을 정하여 作人을 妥定하는 것이었다. 따라서 위원은 각 역에 도착하여 전답과 결수를 査探하였는데, 현존하는 역전답의 실면적과 구결총이 일치하지 않으며, 면적에 비해 결수가 과중하게 배정되어 있는 경우가 많았다. 대구부에 파견된 사판위원 孫弘遠의 보고와 이에 대한 지령에 의거하여 농상공부의 역토사판의 일면을 볼 수 있다

> 本府 所管 各驛의 到ㅎ야 田畓과 結數을 査探ㅎ온니, 結數ᄂᆞᆫ 舊摠이 在ㅎ고, 田畓은 浦地에 川浦와 峽地에 陳頉이 多ㅎ와, 時存을 査得ㅎ야 結卜을 打量ㅎ니 或半減도 되며 或三分之一도 되어 實難備摠ㅎ며, 賭錢을 依章程分等ㅎ온 즉 亦難備數ㅎ와셔, 結卜과 賭錢을 一依章程하고 一依民論ㅎ야 妥定ㅎ오나 分等加減이 規例에 有違ㅎ옵게로 玆에 報告ㅎ온니 査照ㅎ심을 要흠.[60]

대구부 각 역의 전답은 川浦되거나 진폐된 것이 많아 현재 起耕 전답을 조사하여 결복을 타량하니 결수가 구총에 비해 절반 내지는 1/3로 줄어들어 총액을 마련하기 어려우며, 도전을 또한 장정에 의거하여 3등급으로 나누어 책정해도 陳頉田을 포함한 두락수에 의거하여 定賭된 원액수를 채우기가 힘들다는 것이다. 즉 문부상의 구결총과 전답 원면적을 기준으로 장정에 의거하여 결복과 도전을 산정하는 것은 현실과 괴리된 것으로 그 각각의 총액을 辦備할 수 없으니, 장정에도 의거해야 하지만 한편으로는 民論에

---

60) 위의 책, 대구부 제2사판위원 孫弘遠의 보고서(1896.1.17).

따라 결복과 도전을 현실적으로 가감해야 할 터인데, 이는 또한 규례에 위배되는 것이므로 이에 대해 조처해 줄 것을 요구하고 있다. 이 보고에 대한 농상공부의 지령과 그것에 따른 사판 과정을 보면 다음과 같다.

各驛土 結難備摠이요 賭難備數之意로 前已質稟ᄒᆞ엿삽ᄃᆞ니 旣到指令를 奉准ᄒᆞ온즉, 川浦陳結은 舊摠中 除減ᄒᆞ면 時起實摠이 自在홀거시니 與隣耕民田畓으로 比等執卜ᄒᆞ고, 賭稅ᄂᆞᆫ 今不可遽然減定이라 上中下를 統同均排ᄒᆞ라ᄒᆞ엿싯기로, 結卜段은 一從時起ᄒᆞ와 與隣耕民田畓으로 比等執卜ᄒᆞ오니 較諸本摠에 川陳이 居半ᄒᆞ오나 逐塵查辦ᄒᆞ고 從等執卜즉 更無加括고로, 從實數陞付邑摠ᄒᆞ와 妓郡으로 勘於觀察府즉, 結數가 不足ᄒᆞ고 農商工部知委가 不在ᄒᆞ다ᄒᆞ고 捧勘치안ᄒᆞ오니, 依査辦摠捧勘之意로 訓令於觀察府ᄒᆞ와 掣碍之端이 無케ᄒᆞ시옵고, 賭稅段은 上中下等 統同均排之指令 非不得當이나, 各驛土가 上小下多ᄒᆞ와 上之所加로 充其下減즉 多小가 不適ᄒᆞ야 備數末由샌드러, 若欲備數ᄒᆞ와 不上而定上ᄒᆞ고 當下而不下즉 徒致民怨이요 有欠査體고로, 緣由을 又此質稟ᄒᆞ오니[61]

농상공부의 조치는 結卜에 대해서는 川浦陳結을 구결총 중에서 제감한 時起전답을 기준으로 실결총을 산출하여 인근의 민전답의 등급에 비준하여 집총하도록 하였고, 賭稅는 전답 총면적에 의거하여 규례에 따라 定賭되는 원액을 감할 수 없으니 지역 전체의 역전답을 통괄하여 상중하 3등급의 토품을 적절히 배정함으로써 소출에 대한 도세의 비율을 균등하게 하고 도세의 총액도 판비토록 하였다. 말하자면 結卜의 산정은 時起實結을 民田例에 따라 집총하도록 함으로써 결세부과의 현실화를 꾀했다고 한다면, 賭稅의 경우는 토지의 陳起와 무관하게 원도액을 고수하고 있어 도세운영의 總額制的인 성격을 강하게 보여주고 있다고 하겠다.

그러나 문제는 여전히 남아 있었다. 결세의 收刷上納은 여전히 지방관인

---

61) 위의 책, 동 위원의 질품서(1896.3.17).

군수의 관장사항이었고,[62] 매년 관하 각 군의 결세 총액에 대한 조정권을 지니고 있던 관찰부에서는 구결총에서 역토의 진탈결을 제감한 邑摠의 보고에 대해 이를 결수부족으로 처리하고 捧勘하지 않았다. 또한 도세의 책정에 있어서도 역전답 전체를 상중하 3등급으로 '統同均排'한다고 하더라도 역토의 전반적 상황이 상등은 적고 하등이 많아 상등에 추가하는 것으로 하등의 감소액을 감당할 수가 없어 原賭額을 판비할 방법은 여전히 없었다. 그렇다고 하여 토지 등급을 무시한 채 하등 전답을 상등으로 규정하여 定賭한다면 民怨에 이를 뿐만 아니라 사판의 목적과도 어긋남으로 결국에는 현실의 토품에 따른 原定賭額의 감하, 즉 두락당 賭錢의 신축적인 감하로 귀결될 수밖에 없는 것이었다.

대구부 제2사판위원이 담당한 21개 驛站의 전답 사판은 1896년 6월 중순경에 일단 완료되고, 7월초에는 관내 각 군 각 역의 査簿를 수정하여 輸上하고 있다.[63] 6월 13일의 동 위원의 보고서에 의하면, 역전답에 대한 排結뿐만 아니라 賭錢의 책정도 현실화하고 있음을 볼 수 있다.

> 管內 各郡 所在ᄒ 各驛田畓에 結卜이 比民田倍加ᄒ고 土劣賭重ᄒ야 作人을 得지못ᄒ기로 前已論報ᄒ야삽건이와 土品을 從치안이ᄒ옵고 章程을 依ᄒ야 定賭ᄒ오면 作人을 立지못ᄒ와 田畓이 陳廢에 至ᄒ깃기로, 地方官과 協議ᄒ옵고 結卜은 隣耕民田으로 比等執卜ᄒ옵고, 賭錢은 土品을 보와 停當定賭ᄒ 後에 修正成冊ᄒ야 玆에 輸上ᄒ오니 照亮ᄒ시믈 務望흠[64]

즉 대구부 관내의 劣薄한 역전답에 대한 조사에서 결복은 인근에서 경작되고 있는 민전에 比等하게 집총하고, 도전의 책정도 장정에 의거한 原賭額을 중심으로 하는 것이 아니라, 현지의 토지품등을 우선적인 기준으

로 하였다. 역전답 면적에 대한 執卜과 定賭과정에서 사판위원과 군수의
협의를 통한 이러한 현실적인 조처는 作人選定과 더불어 역토의 경작과
관련된 것이었다. 손홍원의 사판지역 21개 站 가운데 河陽, 淸道 등 읍의
11개 참은 토지가 비옥하여 전답 賭價를 장정에 의거하여 액수를 정하였지
만,65) 나머지 역참의 전답은 대부분 척박한 토지로서 결복이 민전에 비해
배가되고 있을 뿐만 아니라, 여기에 장정대로 원도액에 맞추어 定賭한다면
경작할 작인이 없어 마침내 진폐될 처지의 것들이었다. 이러한 전답에
대해서는 결복의 排定뿐만 아니라 도세의 책봉에 대해서도 지방관과 협의
하여 토품을 기준으로 타당하게 정도하여 수정된 성책을 輸上하고 있다.66)
  賭稅를 정하여 作人을 선정하는 데는 이와 같이 언제나 結卜의 산정과
결부되고 있었다. 1896년 1월 안동부 제2사판위원 鄭喜煥의 보고서에 의하
면,

  本委員이 各驛站에 抵하야 斗數를 査ㅎ오며, 各郡에 抵ㅎ야 陞總흔 結數를
考ㅎ온則 果是 各驛田土가 斗數는 少ㅎ고, 結數는 多흔 故로, 其原委를 詳知코
져ㅎ여 到底이 査探得實ㅎ오니, 明是驛土는 無結稅흔 緣故로 尺量成案홀
時에 附近흔 田土에 私結이 吏胥의 弄奸으로 驛案에 冒載홈이읍고 全혀 闊失
과 川浦와 陳廢로 緣홈은 아니오며, 川陳闊失로 言ㅎ야도 權賣홈을 査推흔
處도 或有ㅎ오며, 川浦陳廢는 到底이 査錄ㅎ엿스오나, 斗數와 結數를 相准ㅎ
온則 一斗落 卜數가 猶爲八九負零이오니, 以此徵稅ㅎ오면 賭錢이 雖無ㅎ와도
民不耕作ㅎ다ㅎ는 土이 多흔 故로, 各驛站에 査得흔 現耕田土로 六等을 分ㅎ
야 量宜定結ㅎ야 以爲應稅應賭에 使民無怨케ㅎ고 使田不閑케ㅎ오니. 以此

---

65) 위의 책, 동 위원의 보고서(1896.6.15).
66) 山郡과는 달리 海風으로 인한 재해 등 변화가 무상한 海郡의 경우는 상중하
   품등마저 별도로 정하지 않고, 군수와 협의하여 전년 추수 중 조금 좋은 것을
   査錄하여 上中으로 하였으며, 賭錢은 전답 전체에 통괄적으로 부과하고(田畓都數
   下 統同磨鍊) 필지별 作人名 下에는 별도로 부과하지 않아 共同納制인 형태를
   취하기도 하였다(『質報存檔』 1, 동래부 사판위원 尹熺模의 보고서(1896년 6월)).

照亮ᄒ시믈 要홈.[67]

이라고 하여, 승총 결수가 토지면적에 비해 과다한 원인과 그것의 조정을
보고하고 있다. 즉 안동부 관하 각 역참 전답의 면적 곧 두락수는 적은데
비해 결수가 많은 것은 경작지의 상실이나 川浦와 陳廢로 인한 것이라기보
다는, 전답을 척량하여 양안을 작성할 때 吏胥輩가 결세를 면제받기 위해
부근 전답의 私結을 驛案에 冒錄하여 농간한 때문으로 파악하였다. 그리고
두락과 결수를 서로 비교한 즉 1두락의 토지에 8, 9負로 排結되어 있으며,[68]
이로써 결세를 징수하면 도전을 비록 책정하지 않더라도 작인이 경작을
원하지 않는 그러한 토지가 많으므로 査得한 역참의 起耕 전답을 중심으로
토품을 6등으로 나누어 적절히 결복을 排定해야 작인이 결세와 도세에
응할 수 있을 것으로 보았다.

또한 평양부 사판위원 崔昌斗의 보고에,[69] "無論某田畓ᄒ고 公에 屬ᄒ
와 免稅ᄒᄂ 土은 等數가 太高ᄒ야 비록 薄品이라도 無非 二, 三, 四等이옵
고, 民에 私土은 高不過五, 六等이오니"라고 하여 역토를 포함한 공토의
경우 사토에 비해 토지품등이 높게 책정된 것도 절대면적에 대한 結卜이
많은 것을 의미하며, 따라서 "且賭錢을 定ᄒ야 許民耕種키ᄒ와도 作農홀
者 無ᄒ야 陳廢을 可見홀터오니, 革舊維新ᄒ 此際에 民私庄의 等數와

---

67) 위의 책, 안동부 제2사판위원 鄭喜煥의 보고서 제9호(1896.1.27).
68) 1結(100負)의 結價(結稅)가 30兩이므로, 1斗落에 8, 9負로 排結이 될 경우 斗落當
   結稅는 2.4兩 내지 2.7兩에 이르게 된다. 한편 두락당 소출을 租 1石(20斗)=10兩으
   로 볼 때 結稅는 소출의 24~27%를 점하게 되고, 이것은 일반적으로 소출에
   대한 결세의 비율을 10% 정도로 볼 때 2배 이상이 된다. 역전답에 대한 승총결의
   이러한 현상은 대구부 관하의 "結卜이 比民田倍加ᄒ고"(주64) 참조)라든가, "原結
   摠을 推考ᄒ오니 畓 每斗落에 7, 8負式 歸ᄒ오며, 田 每斗落에 4, 5負式 排定이되
   와"(위의 책, 대구부 제1사판위원 元世性의 보고(1896.11.16)) 등의 표현에서와
   같이 일반적인 것이었다.
69) 위의 책, 평양부 사판위원 崔昌斗의 보고서(1896.1.13).

平同케ᄒᆞᆯ믈 民願과 郡議가 有ᄒᆞᆯ뿐아니오라 公土도 無陳케ᄒᆞ고"라 하면서
마위전답과 각 공토를 민전의 6등으로 減定하고 있다.70) 역토 등에서의
이러한 현상은 전국에 걸쳐 나타나고 있는 것이어서 농상공부에서도 관찰
부로 하여금 "結多土少ᄒᆞ야 隣結贅附ᄒᆞ者ᄂᆞᆫ 從當改量査正ᄒᆞᆯ際에 必有相
當釐正이어니와 結卜相左ᄒᆞᄆᆞ로 賭稅定作에 携貳之端이 無케ᄒᆞᆯ 意로"
관하 각 군과 각 역에 훈칙하도록 하였다.71) 그러나 사판시에 역전답의
結卜도 대체로는 3등급으로 나누어 집총되고 있으며, 상등답 1두락은 3負,
상등전 1일경은 7~10負 정도로 배정되고 있음을 볼 수 있다.72)

요컨대 농상공부의 역토 사판사업은 기본적으로 文簿를 중심으로 조사
하고, 踏驗하는 과정을 거쳐 토지의 소재와 면적을 파악하며, '定賭稅
立作人'하여 역전답성책을 완성하는 것이었다. 그러나 파견된 사판위원들
은 현지에 도착하여 은결색출뿐만 아니라 川反浦落의 상황과 驛吏들이
權賣한 토지 등을 査定한 후 실경작면적을 중심으로 토지품등에 따라
적절히 排結執卜하고 定賭하여야 했다. 특히 역토 결수의 집총과정에서는
과거 양전시에 이속배의 농간으로 인근 민전의 결수를 冒載하여 생긴
虛結을 舊摠에서73) 劃除해야 했을 뿐만 아니라 사토에 비해 높게 책정된
공토의 토품도 현실적으로 이정해야 했으며, 賭稅의 책정도 토품을 우선적
인 기준으로 하여 규례의 두락당 정액보다 낮추어 현실적으로 정도하기도
하였다. 이러한 현실적인 結卜의 집총과 定賭는 직접적으로 역토작인의
선정과 관련된 것이었으며, 한편 조사의 성격을 보여주고 있다고 하겠다.

---

70) 이러한 견해는 함흥부의 경우에서도 동일하게 보인다(위의 책, 함흥부 사판위원
全容默의 질품서 제1호(1895.10.27)).
71) 『去案』 1, 충주부 관찰사에의 훈령(1895.11.1).
72) 『質報存檔』 2, 한성부 사판위원 張濟英의 보고서 제16호(1896.9.18) 別紙.
73) 甲午陞摠시에도 양전없이 면세지의 舊結을 그대로 승총했던 것으로 보인다.

2) 역토조사에서 분쟁지 처리

을미·병신년간의 사판은 무엇보다도 농상공부 자체 소관으로서 단일 명목의 역토를 조사하는 것이었다. 同 부는 역토 구성상의 유토뿐만 아니라 무토, 그리고 심지어 共有地조차도 역과 관련된 경우는 모두 역의 소유지로 인식하여 사판정도하고자 하였고,[74] 이러한 과정에서 소유권분쟁이 발생하지 않을 수 없었다.

토지소유권 귀속을 중심으로 한 분쟁의 처리과정에 대해서는 우선 공유지의 경우를 살펴볼 수 있다. 농상공부는 지역적 특수성에 의해 각 역과 관련되어 있던 토지로서 補給田畓 등도 역토로 파악하여 조사하고자 하였는데, 원래 이 명목의 토지는 그 성립사정상 吏廳 등의 共有地 성격이 강한 것이었다. 보급전답의 조사에 관해서는 홍주부의 사례를 들 수 있다.

홍주군에 소재한 前金井驛 부속 보급전답은 "該驛 重記와 事例冊子에 昭在ᄒ야 前錦營에 年年報勘ᄒ고, 同田畓 所出은 該驛丞 官況과 驛站公用을 全當ᄒ고 或有闕驛馬購立時에 一匹添價 七兩 五錢式 備給之資"하던 토지로서, 사토가 아니라 당당한 공토이기에 홍주부 사판위원 孫承鏞이 이미 그 都總數爻를 사록하고 사음도 차정하였는데, 역의 首吏 金仁澤, 李在益 등이 "至於補給田畓ᄒ야는 原來雖是公土나 旣非原馬位土則 何可混同査執이라"하여 방해함에 따라 賭錢을 작정하지 못하여, 동 위원은 이 사실을 농상공부에 보고하였고,[75] 이에 대해 同 부에서는 "該田畓의 補給根因이 本驛 文簿에 旣已昭載ᄒᆯ뿐더러 靑陽古金井驛 補給田畓은 該査員이 業已査執定賭"한 토지라는 견지에서 구역속배의 주장을 거부하고, 군수로 하여금 그 토지에 대하여 자호, 두락, 夜味, 등급 및 結卜分排를

---

74) 다만 여주, 이천 등지에 소재한 靑坡·蘆原 양 역의 전답은 軍部에 속한 것으로서 사판위원으로 하여금 일체 거론하지 말도록 하고 있는데, 이는 토지의 句管문제로서 주목된다(『去案』 1, 군부대신에의 조복 제3호(1896.9.10))..

75) 『質報存檔』 2, 전 홍주부 사판위원 孫承鏞의 보고 제7호(1896.8.30).

규례에 의거하여 妥定하고, 작인을 선정하여 작인명 하에 도전을 區別懸錄하여 보고하도록 하였으며, 한편으로는 사판위원이 차정한 사음으로 하여금 도세를 督刷輸上케 하고, 양 驛吏를 조사하여 엄징토록 조처하였다.76) 소유권이 역에 있는 마위토가 아니기 때문에 이들 토지와 混執될 수 없다는 역토 구성상의 논리에 기초한 역리들의 주장에 대해 농상공부는 역의 문부를 근거로 이를 일축하고 있다.

한편 이 훈령을 집행한 군수의 보고내용과 이에 대한 농상공부의 지령을 보면 다음과 같다.

> (洪州郡守의 報告) 李·金을 捉査ᄒ온즉, 供稱 該田畓이 本非官物이오 乃是 吏廳私買온디, 本驛 補給兩廳이 漸至難保 故로 諸吏가 會議ᄒ야 該田畓을 劃付ᄒ고 官簿에 記載ᄒ야 後弊를 永防ᄒ얏습더니, 何年에 驛丞이 賭租에 流涎ᄒ야 十餘包를 官入ᄒ오니 不敢違拒ᄒ야 便成年例오나, 結稅는 民結을 依ᄒ옵고 賭租는 矣等이 收入ᄒ얏사오니 驛土와 逈殊ᄒ온지라. 査員이 事狀을 詳知ᄒ야 古金井所在 田畓은 査錄ᄒ옵고 其餘는 特爲許給ᄒ온 故로 本年 秋收는 矣等이 照檢이오며, 一朝屬公ᄒ오면 吏屬은 渙散乃已라ᄒ오니, 參酌 供辭에 容有可原이나, 吏廳文蹟이 今無可據ᄒ오니 公土가 아니라 謂치 못홀지라.……査辦홀 時에 量案 一件과 賭錢成冊 一件이 本郡에 在ᄒ온디 補給田畓은 載明치 아니ᄒ옵고, 古金井 補給田畓도 該吏가 句管ᄒ든 거시온디 緣何 彼査此漏ᄒ얏는지 詳認치못ᄒ오며,……
>
> (農商工部 指令) 驛丞의게 納賭홈이 旣成年例ᄒ고, 吏廳으로 私買홈이 又無可據훈 즉 該吏輩의 從中幻弄홈이 極爲痛駭ᄒ지라. 首唱諸吏는 到底嚴懲ᄒ야 以杜後弊ᄒ며, 該田畓을 旣已査得ᄒ얏신즉 該私員의 緣何漏査훈 委折은 不須 苟論이며,……77)

위의 전 금정역 수리 김인택, 이재익의 供辭 내용을 분석하면, 보급전답

76) 『去案』 3, 홍주군수에의 훈령 제1호(1896.10.15).
77) 위의 책, 홍주군수에의 지령 제5호(1896.11.5).

은 吏廳에서 사사로이 매입한 이청 소유의 전답으로서, 본 역의 補給
양 청이 점차 지탱하기 어렵게 됨에 따라 諸吏가 公議하여 그 전답을
획부하여 관청 장부에 기재함으로써 뒷날의 폐단을 방지하고자 했던 것인
데, 어느 해인가 驛丞이 도조에 군침을 흘림에 따라 10여 包를 관청에
납입하는 것을 감히 거부하지 못하여 이후 연례로 되었던 것일 뿐이며,
실제 그 토지의 성격은, 결세는 民結에 의거하여 호조에 납부하고, 吏廳
곧 吏胥들이 작인들로부터 도조를 받는 일반공동체의 사유지, 즉 共有地였
음으로 역토와는 다른 성격의 토지였다. 사판위원도 이러한 상황을 알고
옛 金井 소재 (역)전답만 查錄하고 나머지는 許給하였던 것이며, 홍주군수
는 供辭를 이해할 수 있으나 근거할 만한 吏廳의 文蹟이 현재 없으니
공토가 아니라고 할 수 없다고 하면서도, 사판할 시의 양안과 賭錢成冊에는
보급전답이 분명히 실려있지 않아 의문이라고 보고하고 있다.

　이에 대해 농상공부는 역승에게 도조를 납부한 것은 이미 해마다의
관례로 되었고, 또한 이청에서 私買하였다는 근거가 없다는 점을 들어
諸吏의 주장을 이속배의 환롱으로 치부하였다. 더구나 해당 전답을 이미
査得했으니 이전에 사판위원이 어떠한 연유로 조사에서 누락시켰는지의
원인에 대해서는 논할 필요가 없다는 것이다 즉 농상공부는 역승의 비용에
資하는 토지로 파악하여 역토에 편입하고 있으며, 공·사토의 구분에는
매매문기 등 근거될 만한 증빙문적이 요구되었다. 더구나 농상공부가 소유
권 사정을 위한 별도의 기구가 아닌 한에 있어서는 누락된 토지의 査得으로
만족하고 누락된 원인을 까다롭게 考究할 필요는 없었다. 역토사판에서
일차적인 조사자료는 관의 문부였으며 이에 기초한 地主的 調査의 성격을
보여준다고 하겠다.

　다음으로 소유권분쟁은 주로 무토에서 발생하였다. 무토는 갑오 면세지
혁파시에 민결로 승총되었지만 소유권을 확인해주는 작업은 이루어지지

않았다. 그러나 역토는 둔토와는 달리『經國大典』을 비롯한 조선시대
여러 법전 상에 그 결수가 제시되고 있을 뿐만 아니라, 유토와 무토의
구별, 즉 馬位田과 院主田 등은 自耕無稅地로 유토이며, 公須位田과 長田
副長田 急走田은 各自收稅地로서 무토라는 구별이 가능하였다.[78]

　그러나 역토를 이속받은 농상공부는 역토사판에 착수할 때까지도 역토
의 구성상의 성격을 완전히 파악하고 있지 못하였다. 그것은 민전의 결수를
역에 획급하였던 무토로서의 공수위전, 장전 그리고 走位田 등도 마위전과
일체로 역의 소유, 곧 농상공부 자체 소관의 국유지(공토)로 인식하여
查辦定賭하고자 한 데서 드러나고 있다. 파견된 사판위원들도 현지에서
이들 토지에 대한 조사에 착수하면서 비로소 토지의 성격상 소유권의
귀속문제를 접하게 되었다. 다음은 무토역토의 사판과정에서 나타난 몇
가지 분쟁사례들이다.

　① 金海所在 德山驛土中에 有急走位名色ᄒᆞ여 田니爲五百餘斗落이오 畓니爲
　　七十餘斗落이압기 亦爲執稅이온즉, 該作人等所告內에 此本民土로 賦稅
　　條을 劃給該驛ᄒᆞ여 使之取用公費故로 自來私相賣買則 今此屬公이 實係
　　冤枉ᄒᆞ니 特爲勿施이다 屢次齊訴ᄒᆞ압기, 該郡量案으로 論之ᄒᆞ오면 急走
　　位下에 添書時作姓名이 與馬位로 有異焉ᄒᆞ옵고 且諸民呼冤니 果係矜悶
　　ᄒᆞ오니 特爲處辦흠.[79]
　② 咸陽郡 沙斤驛 長位畓이 熊坪員에 在ᄒᆞ옵ᄂᆞᆫ디 其結數을 査實ᄒᆞ야 畓庫를
　　懸錄ᄒᆞ오니 結數가 合六結三十六負六束이옵고 已往賭稅은 結每負에 租
　　一斗式每年準納于該察訪ᄒᆞ와 以爲永規遵行이다가, 今於査錄之日에 一
　　依陸總結數ᄒᆞ와 看檢畓庫이오며 懸錄作人이온즉, 該作人等訴內에 此畓
　　은 果是私土로 轉相賣買ᄒᆞ야 文記昭載이온즉 豈可爲沙斤驛位畓이리요ᄒᆞ
　　며 呼訴不止이오나, 字號結數가 昭載該驛量案이옵기 築底入錄이오니 作
　　人所願이 以此事狀으로 特報京部ᄒᆞ와 母至冤徵이옵기 一從民願ᄒᆞ와 玆

78)『經國大典』及『大典會通』권2, 戶典, 諸田條 참조.
79)『質報存檔』2, 진주부 사판위원 金炳檍의 보고(1896.8).

에 據實報告ᄒ오니[80]

③ 瑞興郡에 到ᄒ와 驛田畓을 査錄ᄒ옵는바……公須位田畓은 從其結數ᄒ야
稅米를 驛에 納ᄒ고 數百年 轉相賣買ᄒ야 私田이다 民訴가 多有ᄒ오나
不可擅便措處이옵기로 別件修成冊ᄒ오며,[81]

④ 各郡驛公須位土ᄂ 或以無土로 民結中 劃付ᄒ 郡도 有ᄒ오며, 或以有土로
應納ᄒ 郡도 有ᄒ옵기로, 無土ᄒ 郡은 以民結陞總ᄒ옵고, 有土ᄒ 郡은
公須結노 執結ᄒ야 作人及斗落日耕實數를 査實ᄒ와 章程디로 賭錢도 定
給ᄒ엿ᄊ오며, 白川郡 所在ᄒ 金郊 靑丹 兩驛 公須位土ᄂ 分明 有土結이옵
기로, 踏驗ᄒ 後 結은 査實ᄒ엿ᄉ오나, 斗數日耕數를 査得ᄒ여야 賭錢을
定給ᄒ깃ᄉᆸᄂᄃ 作人이 欺隱ᄒ와 實告치 아니ᄒ옵기로 結만 執草ᄒ와,
玆에 質稟ᄒ오니 査照ᄒ옵셔 如何措辦이 妥當ᄒ올ᄂ지 指令ᄒ시믈 要
흠.[82]

각각 急走田과 長田 및 公須位田에 관한 사판위원들의 조사보고 내용이
다. ①~③의 경우에 의하면, 이들 토지는 賦稅를 역에 획급하거나, 結
每負에 租 1斗씩을 매년 찰방에게 납부하며, 또는 稅米를 역에 납부하던
民土(私土)로서 轉相賣買되어 온 것들인데, 사판위원들이 이들 토지를
역토로 査執하자 民訴를 내고 있고, 사판위원들은 擅便措處할 수 없어
농상공부에 據實報告하고 있다. 査員들은 대체로 이들 전답이 역양안에
실려있다는 것을 근거로 하여 사록하고 있으나, 군양안을 조사하여 急走位
하에 침록된 時作人 성명이 마위토의 경우와 다름을 발견하고 있고(①의
경우), 또는 전상매매한 文記가 분명한 증거로 제시됨에 따라(②의 경우)
이들 토지를 역토로 확정하지 못하고 있었다.

한편 ④의 경우는 역토 중에는 무토로 구성된 것이 있음을 인식하고,
사판시 무토 역토는 民結로 승총하고 있지만, 법전 상에 各自收稅로 명시

---

80) 위의 책, 진주부 2사판위원 盧相說의 보고서(1896.9.7).

81) 위의 책, 해주부 사판위원 金永模의 보고 제3호(1896.9.12).

82) 『質報存檔』 1, 해주부 사판위원 姜潤熙의 질품 제3호(1896.6.4).

된 공수위전이 유·무토로 되어 있다고 판단한 것은 여전히 잘못된 생각이었다. 사판위원 姜潤熙는 백천군에 소재한 金郊 靑丹 양 역의 공수위토를 유토로 파악하여 결수뿐만 아니라 定賭의 기준이 되는 두락 및 일경 수를 사집하고자 했으나 작인들의 거부로 결국 결수만 대강 집계하고 있을 뿐이다. 이 질품에 대해 농상공부는 작인이 '公土를 隱匿'하여 사판업무를 방해한 것에 대해 지방관인 군수로 하여금 그들 작인을 조사하여 엄징토록 하고, 사판위원에게는 다시 사검토록 지령하였다.[83] 동 위원의 9월 1일자 보고에 의하면, 이 양 역의 공수위전답도 재차 답험한 후 결수도 사정하고 장정대로 定賭錢 定舍音하여 성책 2건을 만들어 상송하고 있지만,[84] 이후 이 지역 공수위전에서의 소유권분쟁으로 인해 농상공부는 여러 차례 탁지부에 조회하여 일단 분쟁을 해결하고 있다.

농상공부는 1896년 10월 1일과 9일 두 차례에 걸쳐 백천군과 경성 민인들의 等訴를 접하고 공수위전에 대한 토지의 성격에 대해 전국적인 차원에서의 그 관례를 탁지부에 조회하였다.[85] 즉 분쟁의 공수위전답은 "在於紙尺 角山이온바 結則以公須位로 付寶山驛이옵고 土則各有畓主ㅎ야 五百餘 年轉相賣買之地也라 該驛廢止後로 結則陞總이옵고 畓則各其畓主收稅" 하던 토지인데, 사판위원이 이를 역토로 사판정도하자, 작인들이 본군에 호소하고, 탁지부에 更訴하여, 탁지부로부터 "驛公須는 本是民結中除減 者오 非驛土"라는 題旨를 받아내어 이를 근거로 하여 1차로 농상공부에 등소하였다. 이때 농상공부의 답변은 "旣載量案ㅎ고 又經査執ㅎ니 不必煩 訟"이라 하여 작인들의 등소 내용을 거부하자, 이들은 다시 탁지부에 往訴 하여 "公須位는 本以民結로 該驛丞官況條劃給者"라는 답변을 얻었고, 다시 이에 의거하여 농상공부에 2차로 등소하여 公須結에서 징수한 바의

---

83)『去案』3, 백천군수에의 훈령(1896.6.25).

84)『質報存檔』2, 해주부 사판위원 姜潤熙의 보고(1896.9.1).

85)『去案』1, 탁지부대신서리에의 조회 제66호(1896.10.10).

민전의 賭錢은 영구히 頉下해주도록 요구하였다. 이에 농상공부는 탁지부에 다음과 같이 조회하고 있다.

此事件을 詳事ㅎ오니 各驛公須의 有土無土가 旣有流來傳說ㅎ고 狀民도 亦云載在驛案이라ㅎ즉 査員의 定賭陞總ㅎ 主意가 非無可據어늘, 民訴가 踵至ㅎ야 稱以私畓混執이오나 狀民이 査員의게 初不說明ㅎ고 郡牒道報에도 當初 根因은 都不劈破ㅎ고 泛稱冤鬱이라 ㅎ며, 本部에 可據홀 文獻이 且無ㅎ온즉 取準題判이 實無其道ㅎ더니, 今此 貴部題旨가 若是ㅎ오니 憑考홀 文蹟이 必有ㅎ올지라 國內各驛에 田畓과 公須結劃付ㅎ온 原委를 築底溯考ㅎ오셔 各驛 公須를 結卜으로만 劃給ㅎ고 田畓은 初無擧論이온지, 抑或田畓과 結卜을 幷ㅎ야 劃給홈도 有ㅎ되 唯獨黃海道三驛에는 結卜만 劃給ㅎ고 田畓은 劃給홈이 無ㅎ온지 消詳示明ㅎ야 該兩訴를 明白處辦케ㅎ심을 爲ㅎ야 玆에 照會하오니[86]

농상공부가, 공수위전이 유토와 무토로 되어있다고 '流來傳稅'로만 이해하고 있다는 점은 법전 상에 명시된 공수위전을 인지하고 있지 못하였음을 말해준다. 또한 同 부는 조사할 역토에 대해서는 驛案에 올라 있는 모든 토지를 망라하는 것으로 이해하고 있었다. 곧 농상공부는 역토 구분의 기준을 역안에 기재되어 있는지의 여부로 판단하다가 탁지부의 견해를 근거로 한 狀民들의 등소를 두 차례나 접하고서는 이제 직접 탁지부에 조회하여 분쟁을 해결하고자 하였다. 조회의 내용은 하나로 귀결되고 있다. 즉 국내 각 역에 전답(유토)과 공수결(무토)을 劃付한 전말을 전체적으로 살펴서 공수전을 結卜으로만 획급하고 전답으로 획급한 경우는 없는지의 여부를 조회한 것이다. 다시 말해 공수위전은 무토로만 존재하고 유토의 경우는 없는지의 여부를 파악하기 위한 것이었다.

이에 대한 탁지부의 조복을 접하고 농상공부는 재차 동 부에 조회하여

---

86) 위의 주85) 참조.

공수위전의 구성상의 성격을 확인하고 있다.

> [度支部 制80號 照覆] (貴 第66號 照會를 準하여) 相考租案則 驛公須位田畓
> 은 毋論某道某邑ㅎ고 原是免稅出賦者則 此其爲民土를 從以可知라 ㅎ시온바,
> [農商工部 第71號 照會] 此를 査ㅎ오니 免稅出賦는 俱是民土라ㅎ온즉 公土
> 에는 免稅出賦홈이 原無ㅎ온지 事件이 重大ㅎ와 不可以一筆句斷이오니 貴部
> 租案을 另加査明ㅎ야 俾作憑證케ㅎ시며, 不特公須位라 國內各驛에 馬位土와
> 急走位와 長走位의 名目이 不一ㅎ오니 何者는 原是公土며 何者는 原是免稅出
> 賦ㅎ는 私土이온지 秩秩히 區別繕撥ㅎ오셔 嗣後諸般處辦에 取準妥決케ㅎ심
> 을 爲ㅎ야 玆에 照會ㅎ오니[87]

즉 탁지부가 역의 공수위전답은 전국 어느 읍을 막론하고 원래 '免稅出賦'하는 토지임으로 민토라고 조복한데 대해, 농상공부는 다시 공토에는 면세출부하는 예가 없는지와 아울러 공수위전뿐만 아니라 마위전, 급주위전, 장주위전 등 역과 관련된 여러 명목의 토지에 대하여 공·사토의 구분을 요구하였다. 역토 사판의 주체인 농상공부는 사판과정에서 소유권분쟁을 접하고서야 역토 구성상 소유권의 귀속 문제를 확인하고 있었다.

위 농상공부의 조회에 대해 탁지부에서는 다시 조복을 통하여 "馬位田은 免賦稅하여 該驛에 劃給"한 것이고, "公須結은 以民結로 賦條는 上納ㅎ고 稅條는 該驛丞의 官況으로 收入ㅎ고, 急走位와 長走位도 民結로 賦條는 上納ㅎ고 稅條는 該驛이 長急走의 身役으로 出給"하는 토지임을 제시하였다.[88]

이후 농상공부는 탁지부 조복에 의거하여 백천군 및 장연군 소재 금교, 청단 양 역의 공수위전답을 각 전주에게 환급해 주도록 황해도 관찰사에게 지령하였다. 그러나 이때 해당 토지의 환급조건으로 양안 및 사판문부에

---

87) 위의 책, 탁지부대신서리에의 조회 제71호(1896.10.16).
88) 『度支部農商工部公文來去牒』 2(규17880), 농상공부대신에의 조복(1896.10.24).

기재된 내용을 아울러 성책보고하여 本 부의 결재를 얻은 후에 시행케 하도록 하였다.[89] 이 조건은 결과적으로 1897년 3월 이후 역토의 군부관리 시기에 황주 지방대에서 해당 토지에 대한 도전을 다시 책징케 하는 계기를 제공하기도 하였다.[90]

그러나 일반적으로 을미·병신년간의 역토사판에서 공토로 사집되었던 무토역토는, 탁지부의 조복 이후 군 및 역의 양안과 매매문권 등 증빙이 확실한 경우에 한하여, 중앙 농상공부의 역토에 관한 제 문부의 정리와는 별개로 일단 대부분 환급되었다.[91]

요컨대 을미사판에서 역토조사는 일단 역토라는 단일 명목의 토지를 査辦定賭하는 것이었고, 또한 각종의 둔토와는 달리 법전 상에서도 유토, 무토의 구별이 가능했기 때문에 소유권 상에 있어서 분쟁은 상대적으로 적은 편이었다. 그리고 1896년 2월부터는 궁내부의 둔목토까지 조사하였으나 이는 각 군수에게 專任시키거나, 농상공부 사판위원에게 위임되어 이루어진 것으로서 역토 조사에 비해 상대적으로 철저하지 못하였던 듯하고, 이들 둔토에서의 분쟁도 이후 시기에 비해 적었던 것으로 보인다.[92] 그리고 무엇보다도 소유권분쟁의 처리과정에서 기본적으로는 지주적 성격이 보이나 탁지부와 협의과정을 거치는 등 상대적 객관성을 확인할 수 있으며, 이러한 점은 사판업무를 방해하거나 역토의 관리 및 경작 상의 폐단에 대한 조치에 있어서 지방의 행정기관에 의뢰하여 처리한 경우에서도[93] 동일하게 나타나고 있었다.

---

89) 『去案』 1, 황해도 관찰사에의 지령 제1호(1896.10.29).
90) 「驛訓指」 황해도 관찰사에의 지령 제3호(1898.5.27) 참조.
91) 위의 주90) 및 『去案』 3, 인제군수에의 지령(1896.12.16) 등 참조.
92) 裵英淳의 앞의 논문(78쪽) 가운데 무토둔토의 분쟁사례 32건 중에서도 을미사판 시기의 것으로는 5건이 제시되고 있다.
93) 『去案』 1, 각 부 관찰사에의 훈령(1896.7.22).

5. 맺음말

19세기 말 갑오개화파 정부가 근대적 관료제 및 재정제도의 개혁 차원에서 우선적으로 실시한 국유지 조사를 농상공부의 역토사판을 중심으로 살펴보았다. 정부의 단일한 중앙기관에 의해서 전국의 역토를 최초로 통일적으로 파악한 을미·병신년간의 역토사판은 갑오개혁의 방향과 아울러 기본적으로 지주적 조사의 성격을 지닌 것으로서, 사판규례 및 실제 조사과정을 통해서 나타난 특징들은 다음의 몇 가지 점으로 구체화된다고 하겠다.

우선 조사방법에 있어서 그것은 기본적으로 문부조사였다. 농상공부는 역제도의 폐지와 더불어 이속받은 전국의 역토를 조사하기 위해 제주부를 제외한 22개 부에 33명의 사판위원을 파견하였고, 위원들은 각 관찰부에 도착하여 공문을 교부한 후 역참을 주행하며 조사에 임하였으며, 역토에 대해서는 군양안과 역양안을 상준하고 마위전을 중심으로 답험한 후 조사성책을 완성하였다. 다만 양안이 서실된 경우는 戶首 등이 지니고 있던 추수기를 참고하기도 했으나 결국에는 실지를 답험척량했으며, 이러한 경우는 보통 1역참을 조사하는 데 소요되는 4~5일보다 늘어나 그 두 배의 시일이 소요되기도 했다. 그리고 조사내용은 각 군의 지방관과 협의하여 타정하도록 함으로써 조사의 효율성과 객관성을 유지하고자 했다.

다음으로는 토지조사와 함께 소유권 귀속문제에 관한 농상공부의 입장과 조처에서 그 특징을 살펴볼 수 있다. 규례에 나타난 조사대상의 토지는 유토 역토인 마위전뿐만 아니라 민결을 역에 획급하여 '각자수세'로 운영되던 공수위전, 장전, 급주전 등의 무토까지 포함시켜, 이들 무토에 대해서도 결수만이 아니라 도세책정의 기준이 된 절대면적 곧 두락과 일경수를 동일하게 파악하도록 하였다. 그리고 이러한 규정에 따라 실제 사판과정에서 위원들은 토지 구성상의 유·무토를 구분하지 않고 또한 공유지 성격의 보급전답 등을 포함하여 역과 관련된 일체의 토지를 사판정도해 갔고, 이러한 가운데 분쟁이 발생하였다. 이청 등의 공유지라고 하더라도 역의 문부(驛案)에 실려있어 일단 역토로 조사되면 매매문기 등의 증빙문적이 없는 한 환급되기 어려웠다. 그러나 농상공부의 역토조사에서는 탁지부에 문의과정을 거쳐 무토를 민전으로 인정하는 조치를 취하고 있는데, 이러한 점에 있어서는 이후 국가적 지주제가 발달한 시기의 군부 또는 내장원의 조사가 배타적이고 독단적으로 이루어진 것과는 달리 상대적인 객관성을 보여주고 있었다.

　마지막으로 지주에 의한 자체의 토지조사에서는 지대로서의 도세의 책정과 그것을 납부할 작인의 선정이 중요한 조사내용을 이루는데, 역토조사에서는 도전으로 작정하되 100두락을 단위로 250~200냥(답), 50~40냥(전)으로 도액을 정하고, 상중하 3등급으로 구분된 토품에 따라 가감균배하되 사음 및 동두민과 작인이 공의하여 결정하도록 하였다. 100두락 단위로 원도액을 정해둔 것은 필지별 도전을 일일이 심사하여 책정하는 번거로움을 피하고자 한 것이었으나 기본적으로는 도세제 운영의 총액제적인 성격을 반영한 것이었다. 그러나 현지의 사판정도 과정에서는 원정도액보다도 토지품등을 우선적인 기준으로 하여 규례의 두락당 정액보다 낮추어 현실적으로 정도하기도 하였으며, 결복의 집총에서도 마찬가지였다. 이러한 현실적인 排結執卜과 定賭는 척박한 역전답에 작인을 선정하여 경작케 함으로써 휴경으로 인한 토지 자체의 진폐를 막기 위한 것으로 합리적인 측면을 보여주고 있었다. 요컨대 조사를 위한 별도의 독립된 기구가 설치되지 않은 채 농상공부가 자체 소관의 토지를 조사한 역토사판은 기본적으로 지주에 의한 私庄조사였으나, 조사의 公的인 특징들과 더불어 전체적인 측면에서는 지주적 조사의 초기적인 성격을 나타내주고 있다고 하겠다.

韓末 驛屯土調査를 둘러싼 紛爭事例
-京畿道 楊州郡을 중심으로-

박 진 태

1. 머리말

19세기 말 우리 사회는 근대로의 이행과정에서 위로부터의 부르주아적 개혁 경험을 지니게 된다. 개화파 정권에 의한 갑오개혁뿐만 아니라 '舊本新參'의 기조를 바탕으로 자주적 근대개혁을 표방한 광무년간의 개혁방향도 계급적 측면에서는 일관되게 地主的 방향을 취하고 있었다. 이러한 경향은 정치 및 행정분야를 비롯한 사회 전반적인 측면에서 그러하였지만 특히 경제분야에서도 두드러지게 나타났다.

중세 봉건사회에서 가장 중요한 생산수단인 토지의 소유형태에 관한 문제에 있어서도 대한제국 정부는 토지조사사업으로서의 量田事業을 통하여 구래의 봉건적 지주적 토지소유를 그대로 인정한 채 그 소유권을 近代法的으로 확인시켜 주었을 뿐이다.[1] 결국 조선후기 중농적 실학자들 이후 진보적 양반층의 주장과 일정하게 연결된 1890년대 농민층의 농민적 토지소유에 관한 요구는 농민전쟁의 실패와 함께 압살된 채 개항 이후 근대화의 길은 결국 "토지개혁 없는 부르주아혁명"의[2] 방향으로 귀결되었

---

[1] 金容燮,「光武年間의 量田·地契事業」,『韓國近代農業史硏究(下)』, 一潮閣, 1990 ; 한국역사연구회 토지대장연구반,『대한제국의 토지조사사업』, 민음사, 1995.

[2] 金容燮,「近代化過程에서의 農業改革의 두 方向」,『한국자본주의 성격논쟁』,

다.

한편 권력기구를 근대적으로 개편해 가는 과정에서 중앙 및 지방제도의 개혁과 아울러 근대적 관료제 및 재정제도 역시 요구되었다. 갑오개혁기 개화파 정부는 국가의 모든 재정을 탁지아문(탁지부)에서 일원적으로 관리 하도록 함으로써 驛土, 屯土 등의 형태로 전국에 소재한 國官有地를 중앙 에서 통일적으로 조사하여 파악할 필요가 있었다. 우선 봉건적 驛制度가 근대적 체신제도로 대체되면서 역토의 본래 기능이 상실되자 각 지역에 분산되어 있던 역토가 1895년부터 이듬해에 걸쳐 그 관리관청인 농상공부 에 의해서 가장 먼저 일괄적으로 조사되었고, 이어서 대한제국시기에 전국 의 모든 둔토 및 牧場土, 그리고 기타 共有地 등을 일체 內藏院에서 관장하 게 됨에 따라 내장원 주관하에 둔·목토를 중심으로 한 전체 驛屯土를 이전과 달리 전혀 새롭게 조사하였다.[3]

구한말 토지문제 중 역둔토 국유지에 관해서도 그동안 다양하고도 광범 한 연구가 축적되어 근대화 과정에서 그것이 지닌 역사적 성격을 일정하게 파악할 수 있게 되었다.[4] 그 가운데 특히 역둔토조사와 관련해서는 그 성격을 기본적으로 국유지 조사로 파악하면서도 '私庄調査'의 특성을 지 닌 것으로 이해한[5] 이래 배타적인 근대적 토지소유권제도가 성립되어

大旺社, 1988, 177쪽.

3) 朴珍泰, 『韓末 驛屯土調査의 歷史的 性格 硏究』, 성균관대 박사학위논문, 1996.
4) 구한말 역둔토문제에 관한 연구로는 權寧旭, 「日本統治下의 朝鮮에서의 所謂 '驛屯土'問題의 實體」, 1960 ; 鄭昌烈, 「韓末에 있어서의 驛屯土問題」, 1968 ; 金 容燮, 「韓末에 있어서의 中畓主와 驛屯土地主制」, 1978 ; 愼鏞廈, 『朝鮮土地調査 事業硏究』, 1979 ; 朴贊勝, 「韓末 驛土 屯土에서의 地主經營의 강화와 抗租」, 1983 ; 裵英淳, 『韓末·日帝初期의 土地調査와 地稅改正에 관한 硏究』, 1988 ; 金 洋植, 『大韓帝國 日帝下 驛屯土 硏究』, 1992 ; 金載昊, 「大韓帝國 內藏院의 驛屯土 관리」, 『經濟史學』 19, 1995 등을 들 수 있다. 이들 연구는 대체로 토지조사와 관련한 소유권 문제와 지주경영의 강화 문제로 대별할 수 있는데, 이에 관한 연구사 정리로는 위 박진태 논문 참고.

가는 과정에서 하나의 거대 지주로 등장한 국가가 자체 소유의 토지를 조사한 지주적 조사의 성격을 당해 시기의 정권의 성격과 더불어 주로 논증해 왔다.[6] 필자도 을미·병신년간의 역토를 중심으로 한 査辦과정과 대한제국시기의 光武査檢을 그 전개과정과 내용을 중심으로 구체적으로 분석하고, 아울러 이 시기 국유지 조사와 함께 폭넓게 발생한 역둔토분쟁을 주로 소유권분쟁 위주로 인식하여 이에 대한 국가기구의 조처를 개괄적으로 검토함으로써[7] 역둔토조사의 성격뿐만 아니라 궁극적으로 개화파 및 대한제국 정부의 개혁방향과 그것의 역사적 성격의 일단을 짚어보았다.

본고는 이러한 역둔토조사의 성격 분석과 관련된 사례연구이다. 즉 한말 역둔토조사와 아울러 발생한 국유지에서의 분쟁을 京畿道 楊州郡 지역의 驛屯土 사례를 중심으로 분석하였다. 조선시대 양주는 국왕의 직할지로서의 의미를 지닌 京畿 내에서도 이미 15세기부터 廣州·驪州·坡州牧과 더불어 牧으로 승격되어 正3品 牧使가 지방관으로 파견되었을 뿐만 아니라 廣州·水原·長湍鎭과 아울러 이곳에도 鎭(巨鎭)이 설치되어 從3品 兵馬僉節制使가 배치(牧使가 兼帶함)되는 등[8] 王都 漢城을 둘러싼

---

5) 裵英淳,「韓末 驛屯土 調査에 있어서의 所有權紛爭」,『韓國史研究』25, 1979, 78쪽.

6) 이러한 이해와는 달리 근자에는 驛屯土와 宮房 및 國家機構와의 관계를 내장원의 역둔토 運營문제를 중심으로 분석하여, 내장원은 본래 국유지인 역둔토를 자신의 소관하에 둔 이래 '황실 소유지'로 인식하여 私的으로 운영하였을 뿐이며 광무사검도 국유지 조사일 수 없다는 견해도 제기되었으나(朴性俊,「大韓帝國期 內藏院의 驛屯土 經營의 性格」,『朝鮮時代史學報』6, 1998), 대체로 갑오개혁 이후 대한제국 정부가 성립되어 주체적으로 추진한 근대개혁적 조처, 이른바 光武改革의 時代的 성격을 간과한 채 황제권의 강화를 통해 國王中心의 개혁과정에서 現象化할 수 있는 전근대적 왕실의 재정운영 스타일을 단편적으로 검출한 본질적인 한계가 지적될 수 있다.

7) 박진태,「대한제국 초기의 국유지 조사」,『대한제국의 토지조사사업』, 민음사, 1995 ;「甲午改革期 국유지 조사의 성격」,『成大史林』12·13합집, 1997.

8)『經國大典』吏典 外官職 京畿, 兵典 外官職 京畿 ; 陸軍士官學校 韓國軍事研究室,

행정 및 군사도시로서의 성격을 지니고 있었고, 교통·통신의 요지로 驛院
제도 역시 일찍부터 발달해 있었으며,[9] 한편으로 조선 태조의 健元陵에서
부터 구한말 고종의 洪陵 및 순종의 裕陵에 이르기까지 조선 왕실의 陵園墓
가 다수 위치해 있다.[10] 따라서 역토 및 둔토와 王室位土를 중심으로
한 궁방전 등이 타 지역에 비해 널리 산재하였고, 이에 관한 구한말의
자료도 비교적 다양하게 남아있는 편이다.[11] 대체로 규장각에 소장된 이들
자료와 『各司謄錄』 등에 수록된 내장원과 지방관 및 사판·사검위원과의
왕복서류, 역둔토분쟁을 둘러싼 訴狀 등을 토대로, 이 지역의 을미사판
과정에서는 역토조사를 둘러싼 분쟁을, 그리고 광무사검 과정과 그 이후
둔토를 중심으로 발생한 소유권분쟁의 사례를 검토함으로써 이 시기 역둔
토조사의 성격의 일단을 구체적으로 살펴보고자 하였다.

『韓國軍制史』(近世朝鮮前期篇), 陸軍本部, 1968, 157~163쪽 참조.

9) 迎曙道(屬驛-碧蹄·馬山·東坡·靑郊·浚焂·中連)와 良才道(屬驛-樂生·駒
興·金嶺·佐贊·分行·無極·康福·加川·菁好·長足·同化·海門), 그리
고 平丘道(屬驛-綠楊·安奇·梁文·奉安·娛賓·雙樹·田谷·白冬·仇谷·
甘泉·連洞)에 察訪(從6品) 3員이 파견되고 있다(『經國大典』吏典 外官職 京畿).

10) 京畿道, 『畿內陵園誌』, 1988 ; 國史編纂委員會, 『輿地圖書(上)』, 探求堂, 1973 등
참조.

11) 현재 奎章閣에는 궁방전 자료로는 조선후기의 龍洞宮 등 12개 궁방의 양안과
구한말의 明禮宮·龍洞宮·壽進宮·內需司·景祐宮·慶善宮의 秋收記 및 量案
이 있으며, 둔토 자료로는 주로 구한말의 것으로 經理廳(甲士屯)·忠勳府·糧餉
廳(親屯)·摠戎廳·龍虎營·御營廳·議政府屯 등의 양안 및 定賭成冊, 그리고
각 역토의 田畓案과 역토 중 各陵으로 移付된 사실을 기록한 전답양안 등이
남아있어 갑오개혁 이후 국유지 조사의 실태와 경영형태의 일단을 파악할 수
있다.
이들 자료를 중심으로 양주 지역의 역둔토 및 궁장토의 개괄적인 실태를 분석한
연구로는 趙錫坤의 「楊州의 土地所有 實態」, 『楊州郡誌』, 楊州文化院, 1992
및 「구리 역둔토 실태」, 『九里市誌』, 구리시, 1996이 있어 참고된다.

2. 갑오개혁기의 역둔토조사와 분쟁

1) 楊州郡에서의 乙未査辦

갑오개화파 정부는 軍國機務處를 통한 개혁과정에서 우선 1894년 6월에는 宮房田·官屯田·驛土에 관하여 導掌, 田畓, 堤堰, 柴場, 收稅에 관한 내용을 조사하게 하고, 이어서 8월에는 각종 면세지를 혁파하여 度支部에 陞摠함으로써 出稅케[12] 하는 조처와 함께 이들 토지에서의 지주경영을 법적으로 확인해 주었다. 그리고 이듬해 봄에는 지방제도의 개편과[13] 아울러 재정제도의 개혁이 이루어지면서 종래 전국 각지에 산재하여 지방재정 자원으로 활용되었던 國官有地를 중앙정부에서 직접 파악하기 시작하였다. 이른바 乙未査辦은 농상공부에 의한 역토조사로부터 시작되었다. 농상공부는 역제도의 폐지와 함께 자체 소관이 된 전국의 역토를 조사하기 위하여 1895년 9월 하순에 <農商工部驛畓査辦規例>를 마련하고 濟州府를 제외한 22개 府에 33명의 査辦委員을 파견하였다.[14]

漢城府 관하 11개 郡의 역토사판위원으로 張濟英이 임명되었으나 실제로 그의 책임 하에 역토조사가 실시된 지역은 楊州郡을 비롯한 역이 설치되

---

12) 갑오개혁기에는 각종 賦稅를 金納化하고, 結稅의 경우는 結價를 정하되 沿海邑은 30兩, 山郡은 25兩으로 하여 경기지역부터 시행하도록 하였다(『議案』(규20066) 개국 503년 7월 10일 및 8월 22일 ; 『結戶貨法細則烈』(규古5127-10)). 이후 결가는 다시 50냥(1900년), 80냥(1902년)으로 증액되었다.(『高宗實錄』 광무 4년 10월 19일 및 同 6년 11월 20일).

13) <勅令 제98호 地方制度改正에 관한 件>, 『日省錄』 고종 32년 5월 26일. 종래 8道의 행정구획을 폐지하고 전국을 23府로 나누었으며 기존의 牧 府 郡 縣을 모두 郡으로 바꾸고 장관의 명칭을 관찰사와 군수로 각각 개칭하였다. 이때 楊州郡은 漢城郡 廣州郡 積城郡 抱川郡 永平郡 加平郡 漣川郡 高陽郡 坡州郡 交河郡과 함께 漢城府에 속하였다. 그러나 이 23府의 지방제도는 이듬해 8월에 13道制로 다시 바뀌었다(『日省錄』 건양 원년 6월 25일).

14) 이상 甲午陞摠과 乙未査辦 과정에 관해서는 앞의 朴珍泰, 「甲午改革期 국유지조사의 성격」을 참조할 것.

어 있던 7개 郡이었으며, 특히 양주군에는 迎曙驛·雙樹驛·綠楊驛·平
邱驛·仇谷驛 등 5개의 역이[15] 설치되어 있어 타군에 비해 역 자체의
수가 많음에 따라 역전답의 규모도 컸었다.[16]

農商工部에서는 1895년 9월 하순에 사판위원을 임명 파견하면서 各
府 觀察使에게 査辦規例를 첨부한 訓令을 발하여[17] 위원이 도착하면 각
郡守로 하여금 규례에 준하여 協議妥定하게 하고 郡의 吏屬 중에서 토지문
제에 밝은 1인을 정하여 사판사무를 담당하게 하며 사판을 완료한 文簿는
농상공부로 올려보내는 것 외에 본 군에도 1건을 비치하여 收睹업무에
참고하도록 하였다. 양주군에는 한성부 사판위원으로 임명된 張濟英이
파견되어 당시 군수 任原鎬와 협의하여 조사를 진행하였으며, 실무는
이속들의 협조와 더불어 이루어졌겠으나 역토의 조사 및 사판문부의 작성
등의 업무는 사판위원의 書寫로서 처음부터 위원과 함께 일을 한 孔圭復이

---

15) 「楊州牧邑誌」, 『京畿誌』(규12178) 및 『京畿邑誌』(규12177), 『邑誌(京畿道①)』, 亞細
亞文化社 影印本, 1985, 5쪽, 391쪽. 5개의 驛 외에 撥站으로서 豆險站과 黔巖站이
있었는데, 神穴面에 소재한 黔巖站에는 撥馬 5匹이 부속되어 있었다. 한편 '迎曙
驛'의 경우 구한말 각종 자료에는 '延曙驛'으로 표기되고 있어 이후 後者로 명칭을
통일하였다.

16) 1896년 9월 한성부관하 각 군의 역토사판 종료 시에 각 驛別로 成冊이 納上되는
것을 보면, 楊州郡이 延曙驛·雙樹驛·綠楊驛·平邱驛·仇谷驛의 5역으로 가장
많고, 高陽碧蹄驛土楊州神穴面木岩里所在田畓成冊 1건이 양주군과 관련되어
있으며(역토조사와 관련하여 양주군 6역은 碧蹄驛을 포함한 것임), 加平郡의
甘泉驛·連洞驛과 積城郡이 湘水驛·丹棗驛으로 각각 2역이며, 나머지 抱川郡의
安奇驛, 永平郡의 梁文驛, 坡州郡의 馬山驛, 그리고 漣川郡의 玉溪驛에서 역토사
판 성책이 각각 1건씩 만들어지고 있다(『驛土所關査員質報存檔』 2(규17896)(이하
『驛質報』 2로 약칭함), 漢城府査辦委員 張濟英의 보고(1896.9.18)). 한편 행정구역
상으로 한성부에 속한 高陽郡 및 廣州郡은 仁川府査辦委員 李泰來에 의해 역토조
사가 이루어졌다(위의 책, 仁川府査辦兼漢城府査辦委員 李泰來의 보고(1896.
9.20)).

17) 『驛土所關文牒去案』 1(규17898-2)(이하 『去案』 1로 약칭함), 各府觀察使에게 보낸
訓令, 개국 504년 9월 28일.

담당하였다.18)

　임명된 사판위원들은 대체로 10월 중하순경에 각 관찰부에 도착하여 늦어도 11월 초부터는 각 군에 소재한 농상공부 소관의 역토조사에 착수하였다.19) 사판위원이 양주군에 도착한 일자는 확실히 알 수 없으나 1895년 12월에는 綠楊驛土를 답험하였다. 특히 田畓品等을 踏驗할 때에는 郡의 吏屬과 洞頭民, 그리고 馬戸 등과 함께 명확하게 협의하여 妥定하였으며 이듬해 정월에는 작인들을 새로 선정하여 균일하게 경작지를 분배하였다. 1896년 3월 말경에는 延曙驛田畓의 조사가 완료되었으며, 4월 초에는 平邱驛土를 사판하고, 6월 초순에 이르면 雙樹·仇谷驛 등을 포함한 양주군 관하 각 역의 역토사판이 거의 마무리되었고, 문부정리까지 완료된 雙樹驛 및 延曙驛의 경우는 踏驗成冊이 농상공부로 상납되고 있다.20) 평구·구곡역 등 답험이 끝났으나 사소하게 누락된 것이 있거나, 녹양역의 경우처럼 舍音 差定과 作人 선정문제로 오랫동안 분쟁이 지속되었던 곳도 1896년 9월 중순이 되어서는 장부를 마감정리하여 각 역별로 성책 1건씩을 上送하고, 사판위원의 信章까지 농상공부에 반납함으로써 양주군을 비롯한 한성부 관하 각 군의 역토사판을 종료하였다.21) 그러나 이후에도 사판위원은 일정 기간 현지에 머물면서 사판시에 누락된 전답을 追後 査執하거나 加錄·添錄 등의 誤記載로 인한 문제가 있을 시 이를 교정하는 등의 작업을 계속하였다.22)

　당시 양주지역의 驛土査辦文簿가 그대로 남아있지 않아 조사하여 파악

---

18) 『驛質報』 2, 漢城府査辦委員 張濟英의 보고(1896.9.18). 한성부관하 각 군의 驛土査辦事業이 완료된 이후 孔圭復은 사판위원에 의해 加平郡 連洞驛畓 7石 3斗 5升落과 田 48日 8息耕의 舍音으로 差定되었다.

19) 『驛土所關文牒來案』(규17898-3)1, 各 府 觀察使의 報告 참조.

20) 『驛質報』 15, 漢城府査辦委員 張濟英의 보고(1896.3.30, 4.8, 6.10).

21) 『驛質報』 2, 漢城府査辦委員 張濟英의 보고(1896.9.18, 9.20).

22) 위의 책, 前漢城府査辦委員 張濟英의 보고(1896.12.17).

한 역토의 전체적 규모(斗落·日耕數)와 필지별 작인, 토지의 등급에 따른 結數의 산정과 賭錢의 책정, 그리고 賭稅의 수봉상납을 비롯한 역토경영을 관장할 舍音(마름)의 선정 등에 관한 내용을 구체적으로 살펴볼 수 없으나23) 이 지역에서도 사판규례에 의거하여 답험하고 현실의 역전답 실태를 토대로 修成冊하였던 것으로 추정된다.

우선 양주군 소재 6驛土는 舊摠結이 780結 6負였으나 갑오년의 更張時에 郡에서 492결 70부를 '토지는 없으면서 結卜만 있는(無土有卜)' 소위 무토라 하여 이를 頃減하고 餘結 287결 36부를 6역의 전답에 排結하는 것이기는 하였지만, 특히 양주군은 이번의 역토사판에서 新起전답과 査得전답을 많이 파악하였기 때문에 무리없이 排結할 수 있었다. 그러나 漣川郡 玉溪驛과 積城郡 湘水·丹棗驛과 坡州郡 馬山驛 등의 각 역토의 경우 土品이 타 지역에 비해 劣薄할 뿐만 아니라 舊陞摠結(유토 역토에 대한 舊結摠을 의미함)이 매우 많아 排結에 어려움이 있었다. 즉 구승총결을 해당 전답에 수량대로 모두 分排하면 답은 每斗落에 10여 負, 전은 每日耕에 20負가 되어, 이와 같이 排結하고 또 賭錢을 추가하여 排定하면 작인이 경작을 꺼려 마침내 막중한 公土가 陳廢될 것을 우려하여 사판위원은 이들 각 역토를 일일이 답험하고 타 역의 例에 의거하여 結卜과 賭錢을 토품의 우열을 따라 공평히 배정하였다. 결국 驛田畓의 結卜 執摠도 3등급으로 나누어 上等畓 1斗落은 3負정도로, 上等田 1日耕은 7~10負를 배정하고 중·하등전답에 차등을 두어 排結하였다. 이로 인해 위의 4역토의 구결총 중에서 실제로 배결하지 못한 결수의 합이 142결 8부 1속이나 되었지만 사판위원은 이를 虛結로 보고하는 것으로 마무리하였다.24) 이는 연천·적

---

23) 다만 양주군 소재 延曙·平邱·綠楊·雙樹·仇谷·碧蹄 등 6역의 賭錢合은 10,277兩 9錢 9分으로 파악된다(『去案』 2, 楊州郡守 任原鎬에게 보낸 農商工部指令 제17호(1896.10.10)).

24) 『驛賚報』 2, 漢城府査辦委員 張濟英의 보고(1896.9.18).

성·파주·양주군 등지에서의 을미사판도 현실을 토대로 한 합리적인 조사로 이루어졌음을 보여주는 것이며, 여기서 이후 내장원에 의한 光武査檢과는 다른, 곧 '탁지부의 업무를 수행하는 입장에서 역토를 관리하고 있던' 농상공부에[25] 의한 을미·병신년간의 역토조사의 특성을 살펴볼 수 있다.

한편 사판위원을 파견하여 농상공부 소관 역토를 조사해 가는 과정에서 1896년 2월부터는 조사대상 토지를 역토에 한정하지 않고 전 역둔토로 확대하였다.[26] 즉 역토 외에 궁내부 및 탁지부 소관 둔전답과 기타 중앙 各部에 관련된 둔전답, 각 군의 官屯田, 舊營鎭 소속의 둔전 등 일체의 國官有地를 농상공부역토사판위원으로 하여금 驛田査査辦規例에 의거하여 조사하고 定賭하며 舍音을 새로 정하게 하였다. 물론 牧屯土를 중심으로 한 궁내부 소속의 전답은 사음과 작인을 사판위원이 임의로 바꾸지 말도록 하여 면적(結數, 斗數) 및 수확량을 토대로 조사한 賭稅를 새로 책정하는 것이었으며, 또한 사판위원의 역토사판이 완료된 지역의 경우는 해당 郡에서 專任處辦케 함으로써 한편으로는 지방관의 책임 하에 일반행정기구를 이용한 조사이기도 하였다. 이와 같이 각 둔토를 일체 조사하여 일정한 규정에 따라 지대를 賭錢으로 책정하고, 사음으로 하여금 그것을 收捧하게 하여 역토의 도전과 함께 일반행정기구를 통해 상납하도록 한 것은 전 역둔토에 관한 관리방식의 단일화를 추구한 것으로서 이후 국가에 의한 국유지의 통일적인 관리에 접근해간 것이었다.

양주군 소재 둔토의 경우 한성부사판위원의 명의로 1896년 8월에 작성된 『楊州郡所在忠勳府屯土成冊』이[27] 남아있어 당시 충훈부 둔토의 규모와 문부의 양식을 통해 조사내용의 일단을 살펴볼 수 있다. 接洞面 長承里

---

25) 주5)의 배영순 논문, 101쪽.
26) 『去案』 1, 各府觀察使에게 보낸 訓令 제345호~365호(1896.2.5)
27) 『楊州郡所在忠勳府屯土成冊』(규21030-62).

와 白石面 陵內里 등지에 주로 소재한 忠勳府屯土는 총 51筆地로 畓 15필지의 합이 2石 3斗 5升落이고, 田은 36필지의 합이 16日 7息 半半耕이고 家垈 2座가 포함되어 있다. 기재양식은 우선 소재지역이 面洞別로 기록되고, 전답의 品等이 上中下로 구분되고, 면적은 斗落과 日息耕으로 기재되었으며, 논의 경우는 夜味數가 조사되었다. 이어서 舊作人과 新作人의 성명을 기록하여 함께 파악하고 있다. 다만 필지별 賭錢과 排結된 結卜은 물론이고 그 총합도 파악되어 있지 않다. 따라서 이 문부는 田畓과 作人의 姓名成冊으로서 둔토를 답험하여 소재·면적·土品을 파악하고 작인을 새로 세우는 조사의 1차적 단계의 결과물이며, 이후 전답품등에 따른 賭錢의 책정과 結卜의 排定은 사판의 2차적 과정으로 남겨져 있었다. 필지별 신구 작인이 교체된 경우는 客舍村 3두락의 高順吉이 咸伯云으로 바뀐 것이 유일하고 작인의 변동이 거의 없었다. 둔토의 경우는 역제도의 폐지에 따른 전면적인 역토조사에서 작인을 전혀 새롭게 선정한 것과는 달랐다.

2) 査辦過程에서 驛土를 둘러싼 분쟁

양주지역의 역토사판 과정에서 크게 문제되었던 것으로는 2가지 정도를 들 수 있겠는데, 하나는 驛馬가 폐지되고(1895.6), 驛이 폐지됨에(1895.12) 따라 驛役으로부터 해방되었지만 한편으로는 농상공부가 역전답 일체를 새롭게 조사하여 작인과 마름을 새로 선정하는 과정에서 전혀 기득권을 가질 수 없었던 舊驛屬들을 지방 吏屬輩가 기만하여 토색한 사건이다. 양주군 소재 平邱驛의 吏房과 京主人(吳聖元)은 1896년 1월경에 永平郡 梁文驛을 비롯한 각 驛站을 몰래 내왕하면서 '驛을 更設復舊'한다고 칭하면서 수천 냥을 토색하였다.[28] 특히 양문역에서는 察訪의 官況과 1년

28) 『去案』 1, 法部大臣 張博에의 照會(1896.1.14 ; 1.28), 漢城裁判所檢事主事金洛憲에의 照覆(1896.1.28) ; 『驛質報』 15, 漢城府査辦委員 張濟英의 보고(1896.1.12 ; 1.2

公用馬貰라 칭하고 馬戶首들에게 800냥씩 거두어 3,000여 냥을 토색하였
으며, 이외에도 抱川郡 安寄驛에서 1,055냥, 양주군 仇谷驛에서는 馬位畓
이 3석 18두 5승락일 뿐인데도 1,235냥을 토색하였고, 加平郡의 連洞驛에
서 100냥, 甘泉驛에서는 마호수 3명으로부터 1,122냥을 토색해 감에 따라
馬戶들이 파산하여 흩어질 지경에 이르게 되었다. 각지의 마호들이 협잡배
들의 요구가 무리한 것임에도 불구하고 '驛復舊'라는 말에 기만당하여
쉽게 응할 수 있었다는 사실은 기왕에 역마를 기르면서 馬位田畓을 '自耕
無稅'하면서 自作農의 위치에 있었던 그들이 이번의 역토사판 과정에서
小作農 혹은 耕作權마저도 부여받지 못한 채 토지로부터 유리될 처지로
전락함에 따라 위기의식이 매우 컸었음을 보여주는 것이었다.

따라서 前馬戶首들은 역토사판시에 새로 선정된 舍音을 교체하여 자신
들을 마름으로 差定해 주도록 공식적으로 요구하게 되었고, 이러한 요구를
바탕으로 京畿觀察府는 이들 구역속들을 그대로 舍音으로 정하여 생계를
유지하도록 하는 한편 그들에게 公役을 부과하면 된다는 다분히 행정관료
적인 관점에서 이 문제를 농상공부에 質稟하기도 하였다. 그러나 농상공부
에서는 "역전답을 사판할 시에 舍音과 作人은 公議를 따라 擇定하였고
收賭업무를 잘 수행하고 있는 한 무고하게 사음을 교체할 수 없고, 이전의
驛馬戶首들은 이미 役이 삭제되었으니 其料도 없는 것이거늘 農業과 商業
에 종사하여 생계를 유지할 생각은 하지 않고 郡과 部에 寃을 호소하는
것만 일삼으니 불쌍히 여길 수는 있으나 일을 해결하는 것과는 거리가
멀고, 역토 舍音이 맡은 身役은 작인들을 권면하여 부지런히 작업하게
하고 賭錢을 파악하여 거두어 上納하는 일일뿐인즉 公役을 시킬 수 있다는
것은 이미 논할 수 없는 일이라"고 하여 거부하였다.[29] 이러한 상황에서

2 ; 2.21 ; 3.31).
29) 위의 책, 京畿觀察使 吳益泳에게 보낸 指令 제1호(1896.8.29).

한편으로 구 역속들은 驛土復舊說로 작인들을 선동하여 賭稅를 拒納하도록 함으로써 사음의 收賭업무를 방해하거나, 더 나아가서는 각 站의 驛民들이 聚黨(成群作黨)하여 蜂起를 도모하기도 하였다.[30]

둘째로는 작인 및 사음 선정을 둘러싸고 사판위원과 군수 및 狀民과의 갈등관계로서, 綠楊역토의 경우를 중심으로 살펴볼 수 있다.[31] 위에서 살펴본 대로 사판위원은 1895년 12월에 녹양역토를 답험하고 이듬해 1월에 작인을 선정하여 역토를 분배하였다. 이 과정에서 사판위원은 舊驛屬을 포함하여 綠楊驛洞에 거주하면서 역토와 관련을 가지고 있던 기왕의 驛民들 뿐만 아니라 인근 立石里에 거주하는 일반민들에게도 사판규례의 '許民耕作' 규정에 따라 균일하게 역전답을 分排하여 경작토록 하였다. 이에 불만을 가진 녹양역동의 '大小民人'이 1896년 4월 초에 농상공부에 等訴하여 '仍舊耕作' 내용의 題旨를 받아내면서 사건이 발단되었다. 양주군에서는 농상공부의 훈령에 따라 그 驛의 分作記를 토대로 양 지역 작인들을 招致하여 조사하였는데, 臨農奪耕을 당한 역민들의 호소는 이해할 수 있으나 사판위원의 驛土 分作이 공평하지 못한 것은 아니라고 보고하였다.

그러나 이 과정에서 사판위원이 이전에 驛과 관련이 없고 信實人이라고 판단하여 추천한 朴稚紹가 녹양역토 사음에서 배제되고 대신 綠楊里 民人들이 추천하고 郡守가 농상공부에 거론한 일반민 李孝仲과 驛民 尹學鍾이 差定되면서 문제가 확대되었다. 새로 차정된 사음 중 전자는 녹양역동 거주의 양반세력을 대변하고, 후자는 이전 마호수로서 驛屬을 대표하면서 이들은 사판시에 새로 선정된 작인들이 분급받은 토지를 강제로 빼앗아 移作시키는 등 작폐를 일삼았다. 사음 이효중의 숙부인 李信汝 및 그와

---

30)『驛賭報』15 및 2, 漢城府查辦委員 張濟英의 보고(1896.3.1, 9.21).

31) 綠楊驛土事件은『去案』2, 楊州郡守에게 보낸 訓令 및 指令(1896.4.11, 4.21, 5.11, 6.4, 6.6, 6.12, 7.28, 9.12) 및『驛賭報』15, 漢城府查辦委員 張濟英의 보고(1896.4.8, 4.30, 5.29, 6.10, 7.8, 7.25, 9.18)를 분석적으로 정리하였다.

함께 초기의 等訴과정에서부터 주도적 역할을 해온 李徹承 등은 이 지방의 대표적인 양반으로서 특히 이철승과 이신여의 아들 李冕容의 작폐가 심하였다. 이들 양인은 지난 1월의 사판위원에 의한 驛田畓 分作이 유독 不均하다고 하였을 뿐만 아니라 농상공부령에 의거하여 이번 5월 중순경 양주군수와 會同하여 함께 재조정한 分作 내용도 무시하면서 늑탈하였다. 李徹承은 자신이 특별히 분급받은 1石落은 타인에게 주어 并作하게 하고 녹양역동에 거주하는 崔斗承의 分給畓 10두락을 늑탈하여 金永山에게 分給條外로 濫給하였으며, 특히 李冕容은 인근 타 지역 立石里에 거주하는 新作人들의 토지, 곧 梁東岳의 分給畓 6두락, 黃蒙迒의 3두락, 張壽昮의 3두락, 張致克의 田 半日耕을 奪去하였고, 사음 尹學鍾은 小谷에 거주하는 朴稚紹의 분급답 3두락을 奪耕하였을 뿐만 아니라 驛畓 4두락을 사사로이 팔아버리기도 하였다.

이러한 상황에서는 各處所在驛土文簿를 磨勘整理하기 어렵다고 판단한 사판위원 張濟英은 농상공부에 辭意를 표명하기도 하였으나, 결국 6월 중순에 들어서서는 위의 奪耕사실에 대한 조사와 原作人으로의 還給 조치가 이루어지고, 7월에는 군수와 同議하여 사음 이효중과 윤학종을 汰去하고 녹양역토 舍音에는 朴稚紹를 비롯한 6명을 다시 差定하여 각각 10여 石落씩을 관할하도록 함으로써 마무리되었다. 녹양역토는 답험뿐만 아니라 문부정리도 일찍 이루어졌지만 저간의 이러한 사정으로 역토 문부는 여러 차례 개정되다가 결국 이 사건이 마무리되면서 마감 정리될 수 있었으며, 9월에 한성부사판위원 관할 각 군의 역토성책과 함께 상송되었다.

요컨대 녹양역토사건은 역토사판으로 역토의 분작에서 소외된 綠楊驛洞의 驛民들 뿐만 아니라 같은 洞의 양반 지주들까지 합세하여 일으킨 것이었다. 이들 연합세력은 농상공부에 의한 새로운 역토경영 하에서도 지역적·신분적 기득권을 다시 확보하기 위해 지방관을 통해 녹양역동의 유력자로

하여금 사음을 得差하게 하고 인근 立石里 新作人의 분급답을 늑탈하면서
결과적으로 규례에 따른 역토조사를 방해했던 것이라고 하겠다.

이외에 延曙驛土 작인 白化敬의 巨馬坪 소재 所耕畓이 6두락임에도
사판성책에 11두락으로 기재되어 있어 加錄된 5두락 및 그 賭錢을 除減하
여 성책을 바로잡는 데 있어서도 을미사판의 특성을 살펴볼 수 있다. 즉
量案과 實地를 사검하되 구체적으로 郡量案의 字號等數와 結卜四標와
持主作人의 姓名을 조사하고, 전후 轉賣한 文券을 확인하며, 아울러 驛土
査辦文簿에 기재된 斗落結卜과 賭額實數와 時作人 姓名을 대조하고, 농상
공부 主事가 파송되어 更査移作할 시에 添錄한 近因을 밝히고 당시 參証한
사람을 조사하게 하는 등 再査, 三査를 요구함으로써 조사의 엄격성을
유지하고 있으나 합리적인 정황만을 토대로 수정되기도 하였다.[32] 배타적
인 지주적 조사에 있어서는 아직 초기단계에 머물러 있었다.

3. 광무개혁기의 역둔토조사와 분쟁

1) 楊州郡에서의 光武査檢

大韓帝國期의 舊韓國 政府는 전국적인 양전을 통하여 토지를 조사하고
그 소유권을 확인하기에 앞서 다양한 명목으로 전국에 산재해 있던 국가
자체의 所有地를 일괄적으로 조사 정리하였다.

갑오개혁에서 중앙 및 지방관제의 개혁에 의해 각 營門·衙門, 기타
각 屯이 폐지됨에 따라 그에 소속되었던 屯土도 각기 그 내용별로 度支部와
宮內府, 軍部 등으로 나뉘어 관리되어 오다가 1899년에 이르러 전국의

---

32) 『去案』1, 京畿觀察使 吳益泳에게 보낸 訓令 및 指令(1896.9.22, 11.3) ; 『驛質報』
   2, 漢城府査辦委員 張濟英의 보고(1896.9.17) ; 『驛質報』6, 楊州郡守 任原鎬의
   보고(1897.10.30, 11.6, 11.17).

모든 둔토는 궁내부 內藏院 관할로 재편되었다. 그리고 1895년에 驛站制度가 철폐된 이후 그 전체의 관리권이 농상공부로 귀속된 驛土는 이후 군부 (1897)→ 탁지부(1898)로 이속되어 오다가 1900년 9월에 이 역시 내장원으로 귀속되었다.

전국의 驛土, 屯土, 牧場土 등을 모두 자기 관하로 귀속시켜 통일적으로 관리할 수 있게 된 내장원은 해당 토지를 보다 정확히 파악하고 도조액을 재조정할 목적으로 査檢章程을 새로 마련하고, 1899년 6월부터는 屯牧土에 대하여 査檢委員을, 이듬해 9월부터는 驛土조사를 위해 전국 각 도에 捧稅官을 파견하여 둔목토 및 역토에 대한 전국적인 조사에 착수하였다.[33] 이른바 光武査檢을 실시하여 내장원은 역둔토 경영을 강화해 나갔다.

光武査檢에서 양주군을 포함한 경기도 지역에 소재한 역둔토를 조사하기 위한 査檢委員으로는 李泰河와 姜鳳憲이 1899년 6월 1일자로 임명되었고,[34] 양주군 지역은 강봉헌이 사검을 담당하였다.[35] 양주군에서도 1899년 5월에는 이미 군수 주관 하에 각 둔토의 斗落 및 結卜의 수량을 파악하는[36] 등 사검을 위한 자료를 준비하였다. 査檢章程에 의하면[37] 사검위원(봉세관)이 郡에 도착하는 날에는 군의 書記 1명과 使僮 2명을 대기하도록

---

33) 광무사검에 관한 일반적 내용은 앞의 박진태, 「대한제국 초기의 국유지 조사」를, 양주군 庄土에서의 지주경영 사례 분석은 앞의 趙錫坤, 「楊州의 土地所有 實態」를 참조할 것.

34) 『舊韓國官報』광무 3년 6월 3일. 이후 李泰河(9品)는 같은 해 12월 10일에 査檢委員 兼督刷官으로, 이듬해 9월에는 捧稅官으로 재임명되면서 경기도 지역의 屯牧土의 調査와 收租업무를 지속적으로 관장하고 있으나, 姜鳳憲(6品)은 1899년 12월 7일자로 濟州牧의 督刷官으로 파견되었다(박진태, 위의 논문, <표 1> 참조).

35) 『楊州郡宮內府所管各屯土査檢案』(奎21024-①), 광무 3년 10월, "郡守 趙鼎九 宮內府査檢委員 姜鳳憲."

36) 『楊州郡所在各屯土斗落及結卜區別成冊』(奎21046-⑤), 광무 3년 5월, 楊州郡守 趙鼎九.

37) <內藏院各牧場驛土各屯土各樣稅額捧稅官章程>(奎20627).

하였으며, 이들과 함께 역둔토를 조사한 후 작성된 각양의 文簿에는 郡守와
사검위원이 交換捺印하도록 하여 형식상 조사의 주체는 내장원 소속의
사검위원 및 지방관이었다.

양주군에서 사검이 진행된 과정을 구체적으로 보여주는 자료는 없으나
이 지역에서도 대체로 그 해 11월경에는 둔목토의 조사가 완료되어 문부가
작성되고 있다. 광무사검에서 작성된 문부는 크게 두 종류로 나누어 볼
수 있는데, 하나는 소유자의 개인양안으로서 驛屯量案이고, 다른 하나는
賭租簿에 해당하는 定賭成冊이다. 전자는 2건, 후자는 3건을 만들어 양자
모두 내장원과 본군에 1건씩 비치하고 후자의 1건은 숨音에게 내어주어
收賭上納 자료로 삼게 하였다. 그리고 이외에도 사검위원은 위 두 종류의
문부를 토대로 하여 각 군별 둔토별로 전답의 면적과 도액의 합계를 산출하
여 各郡各屯土執賭都案을 작성하여 내장원에 보고하고 있다.

양주군의 光武査檢文簿는 남아있는 것이 많지 않지만 대표적 사례로
『前經理廳甲士屯田畓斗落卜數作人姓名及捧賭成冊』(규22096-60)과 『楊州
郡宮內府所管各屯土査檢案』(규21024-①)을 들 수 있다. 전자는 1899년 11
월에 작성된 楊州郡 芚夜面 各洞 소재의 甲士屯 전답의 定賭成冊에 해당하
는 것으로 각 동별로 전답의 일경 및 두락, 결복, 작인 그리고 도조를
기록하고 있다. 그런데 이 갑사둔의 경우는 이때에 둔토양안을 별도로
작성한 것 같지는 않다. 왜냐하면 2년 전에 郡에서 이 둔토를 조사 정리한
것이 있기 때문인 것으로 보인다. 즉 위 갑사둔의 정도성책은 1897년 10월
에 작성된 『楊州郡所在前經理廳甲士屯田畓斗落耕數結卜査檢成冊』(규
21147-④)을[38] 저본으로 하고 그 내용을 그대로 轉載한 뒤에 '依今秋査檢委

---

38) 이 査檢成冊은 郡에서 작성한 것으로, 지역별로 전답의 필지별 斗落(답의 경우
夜味 포함) 및 日耕, 作人 및 結負를 파악하고 있으나, 字號·地番·四標·토지등
급 등은 생략되어 있어 제한적 성격의 경리청 개인양안 혹은 田畓案으로 볼
수 있다. 田 66日 6息耕, 畓 27石 14斗落, 9結 78負 4束의 합계를 산출하고 있다.

員定賭規例'라 하여 답 1두락에는 賭租 7두, 전 1日耕에는 도조 14두를 필지별로 일률적으로 부과한 것이다. 回龍洞을 비롯한 7개 지역에 산재한 총 172필지의 전답의 賭租合은 240石 10斗 4升이었다.

그리고 후자의 各屯土査檢案은 양주군의 執賭都案에 해당하는 것으로, 屯別로 그리고 둔토가 소재한 面里別로 전답의 합이 日耕 및 斗落으로 기재되고 면적합에 따른 賭稅의 합이 打租·賭租·賭太·賭錢 등의 형태로 기록되어 있어 이번 광무사검에 의해 파악된 양주 지역의 둔토의 전체적인 규모를 지역별로 파악할 수 있다. 이 문부의 마지막 부분에는 郡守 趙鼎九와 宮內府査檢委員 姜鳳憲이 함께 날인하고 있다. 이 屯土査檢案을 통해 1899년 내장원에서 파악한 양주군 소재 각 둔토의 면적 및 賭稅의 규모를 지역별로 살펴보면 다음과 같다.

<표 1> 糧餉屯(親屯)土의 면별 면적 및 도조

面名		田畓	斗落	日耕	賭租(斗)	賭錢(兩)	備考
白石面	坌業里	답	7		42		打租
		전		1	10		
	防築里	답	4		40		
		전		3			
	莘池里	답	42		118.5		賭栗30斗(賭租外 추가)
		전		11.5			
邑內面	外岩 下里	답	2		19		打租
		家垈				8.66	
伊淡面(東頭川里)		답	3.5		82.5		賭太 / 田9日耕幷家垈
		전		9			
芚夜面(把撥幕里)		답	8		20		
		전		5	24		
檜岩面		답	6		43		
九旨面(牛尾川里)		전				34.35	면적누락
上道面	墨洞里	답	0.5			3	
		전		0.5			
	墨洞里*	답	18		126		'自完和宮已賣于霍郞廳 今爲 私土云'
		전		9.5	180		
		家垈			30		

神穴面	雪里洞	전		1	2	
		전		1	0.6	
		답	3		2	
乾川面	長自洞	전		0.5	2.5	新査得
	砥石隅	전		0.5	2	新査得
接洞面(遠隅)		전		4		12	新査得
長興面(西山)		답	65.5		742.75		打賭租
古州內面		답	8		62	
合 計			167.5	46.5	1544.25	62.61	

<표 2> 忠勳府 둔토의 면별 면적 및 도조

面名	田畓	斗落	日耕	賭租 (斗)	賭錢 (兩)	備 考
接洞面	답	10		70		
	전		11.1	157.5		
	柴場				7	柴場1鹿의 柴稅
邑內面	답	4		28		
	전		0.5	7		
廣石面	답	28		196		
	전		2.5	35		
伊淡面	전		0.5	7		
忘憂里面	답	14		98		三巨里(6), 內洞里(6), 直谷(2)
	전		4.3	60.2		三巨里(2), 黃村里(1.2), 土木洞(0.1), 內洞里(1)
九旨面 (一橋)	답	11(17)		79		*17두락→11두락(추정)
	전		1.5(0)		10(0)	*田과 賭錢은 추가, 조정함
府內面	답	2		14		馬場里
	전		1.7	23.8		眞八里(1.1), 馬場里(0.1), 枉尋里(0.5)
계		69(75)	22.1(20.6)	775.5	17(7)	*"錢120兩 延禧宮所在條 追査"

<표 3> 기타 각 屯別, 면별 둔토 면적 및 도조

屯名	面名	田畓	斗落	日耕	賭租(斗)	賭錢(兩)	備 考
經理屯	芚夜面	답	338.5		2369.5		
		전		68	952		'民相賣買 今始定賭'
	計		338.5	68	3321.5		

摠戎屯	伊淡面	답	26.3		52.6		1두락 도조2두 1일경 도조4두
		전		83.3	335		
	嶺斤面	답	131.6		263.2		
		전		124.1	497		
	(火粟結)					320	20結稅錢
	계		157.9	207.4	1147.8	320	
龍虎屯	東大門外	가대				8	家垈稅錢
官屯	邑內面	답	14		98		'賭租6石, 賭錢7兩8錢5分'
		전		7.5		6.77	
	禁營	답	2.7		22		
		전		1.2		1.08	
	計		16.7	8.7	120	7.85	
禦營屯	青松面 山內面						'火粟秋收爲600餘石可量, 洪陵移付云'
議政府屯	議政府坪	답	2000				'宣禧宮所管云'
		전		53.2			

　양주군에는 군내의 가장 많은 지역에 분산되어 있는 糧餉屯(일명 親屯이라고도 함)의 둔토를 비롯하여 충훈둔·경리둔(일명 甲士屯이라고도 함)·총융둔·용호둔·관둔·어영둔·의정부둔 등 8종류의 둔토가 분포되어 있었다. 이 가운데 青松面 및 山內面에 소재했던 어영둔토는 이미 洪陵으로 이속되어 그 면적과 도조를 파악하지 않고 있으며, 또한 議政府坪 소재 의정부둔토는 1899년 당시 宣禧宮 소관으로 운위되고 있어 賭稅를 파악하지 않은 것은 물론이고 면적도 개략적으로만 파악하고 있었던 것으로 보이는데, 이 양자를 제외한 6개 둔의 둔토의 합은 畓이 37石 9斗 6升落 (749.6斗落), 田이 352日 7息耕으로 파악되고 있으며, 이러한 규모의 둔토에서 거두어들일 도세의 합은 賭租(打租 포함)가 345石 9斗 5合, 賭錢이 415兩 4錢 6分으로 집계되고[39] 있다. 그러나 이후 의정부둔은 다시 내장원

---

39) 자료상의 '都以上合租 339石 9斗 5合'과 '都以上合錢 534兩 8錢 5分'과 비교할 때 각각 6石이 많고, 119.39兩이 적은 것으로 나타나고 있는데, 그것은 의정부둔토와 관련이 있으리라고 추정되지만 정확한 원인은 알 수 없다.

소관으로 되었고[40] 1901년 내장원에서 파악하고 있는 의정부둔의 전답은 의정부를 비롯한 8개 지역에 산재한 총 200필지로서 답이 45石 11斗 5升落 (911.5두락)이고 전이 51日 7息耕이다. 답 가운데 8필지의 舊陳 1석 15두락 을 제외하면 실제 경작하고 있는 논(實畓)은 43석 16두 5승락인데 여기에 부과된 도조는 164석 19두 5승이며, 밭의 도조는 12석 12두 5승으로 합하여 177석 12두를 책정하여 이 중 15석은 舍音의 料費로 제하고 162석 12두를 實上納租로 확정하고 있다.[41] 따라서 당시 양주군 전체의 둔토의 실질적인 면적은 畓 83石 1斗 1升落과 田 404日 4息耕으로서 賭稅는 賭租 523석 1두 5합과 賭錢 415냥 4전 6푼으로 파악되고 있었다고 하겠다.[42]

단위면적당 도조의 경우, 의정부둔에서는 畓의 斗落當 평균 賭租는 3.76斗, 田의 日耕當 평균 賭租는 4.88斗로 낮게 책정되고 있는 편이지만, 기타 둔토의 경우 伊淡面과 嶺斤面에 소재한 摠戎屯土의 경우(두락 및 일경당 도조는 각각 2斗와 4斗를 적용함)를 제외하고는 대체로 畓의 斗落當 賭租는 7斗, 田의 日耕當 賭租는 14斗가 적용되고 있으며,[43] 광무사검

---

40) 楊州郡守 趙鼎九에게 보낸 訓令(1902.3.12),『訓令照會存案』(규19143) 제29책. 1901 년 가을 査辦한 후에 宣禧宮에서 內藏院으로 부속하였다.

41)『內藏院所管楊州郡議政府屯畓調査定賭成冊』(규20709), 광무 5년.

42) 경리둔의 경우는『前經理廳甲士屯田畓斗數結卜作人姓名及捧賭成冊』(규22096-60) 에서의 면적 및 도조의 합과 차이가 있다. 이 자료에 의하면 경리둔토는 총 172筆地로서 畓 554斗落(27石14斗落)과 田 66日 6息耕이고 賭租는 240石 10斗 4升이 다. 따라서 이것에 의거하여 양주군 둔토의 전체 규모를 정리하면 답에서 215.5두 락(10석 15두 5승락)을 더하고 전에서 1일 4식경을 제하며 도조에서 1488.9두(74석 8두 9승)를 더하여, 결국 畓 93石 16斗 6升落, 田 403日耕, 그리고 賭稅는 賭租 597石 9斗 9升 5合과 賭錢 415兩 4錢 6分으로 파악된다.

43) 이것은 1895년의 驛土査辦規例와 1899년의 査檢章程에서 일반적으로 통용되고 있던 "田一日耕은 畓七斗落과 相等으로 准照定賭事"와 크게 다른 듯하나, 실제 田 1日耕의 규모는 畓의 면적단위로 할 때는 7斗落에 해당하지만 이때 田 1斗落은 畓 1斗落의 0.3배의 가치밖에 지니지 않는다(楊州郡 所在 前經理廳甲士屯에 보낸 完文(1900.11.6),『(內藏院) 完文』(규18939)). 따라서 답 1두락과 전 1일경의 도조를 각각 7두와 14두로 하여 이것을 이 지역 사검위원의 '定賭規例'로 적용하고 있다

초기에는 賭租－賭錢간에 '量宜定賭'하도록 하였기 때문에[44] 양주군에서
도 賭錢定賭의 경우는 있었으나 매우 드물었다. 즉 이 지역에서는 家垈와
총융둔에 소속된 火粟結 20結의 '稅錢' 320냥을 제외하면 일반 전답에서
錢으로 정도한 경우는 미미한 편이었다. 그리고 초기의 이러한 규정은
1899년 10월부터 '或有査檢官之代錢定賭處라도 以本穀으로 這這收穫積
峙하라'는[45] 조치와 더불어 이후 도전이 아닌 현물납의 本穀으로 定賭하고
수봉상납하게 되었다.

糧餉屯土 가운데 건천면 長自洞의 전 半日耕과 砥石隅의 전 半日耕,
그리고 접동면 遠隅의 전 4日耕은 이번 사검에서 새로 조사되어 사검문부
에 登載된 것으로서 '新査得'으로 표기되고 있으며, 접동면의 것은 賭錢(12
냥)으로 定賭되고 있어 주목된다. 그리고 상도면 墨洞의 답 5升落과 전
半日耕의 경우는 전답을 합하여 도전 3냥으로 정도하고 있고, 같은 지역의
답 18두락과 전 9日 半耕은 完和宮에서 이미 霍郞廳으로 팔아버렸기 때문
에 지금은 私土로 운위되던 것이라는 표시와 함께 이러한 토지도 역시
내장원 소관 둔토로 사검정도하고 있다. 이러한 측면은 '民相賣買'되고
있던 둔야면 소재 經理屯土를 내장원에서 '今始定賭'한 경우도 마찬가지
로서, 광무사검에서는 無土屯土를 포함한 私土 혹은 共有地 등 토지 자체
의 성격과 관계없이 屯名으로 표시된 모든 토지를 내장원 소관의 토지로

(『前經理廳甲士屯田畓斗數結卜作人姓名及捧賭成冊』(규22096-60)).

44) 忠北査檢委員에의 훈령(1899.8.30), 『訓令照會存案』(규19143), 서울대학교 규장각
　　영인본 1권, 1992, 173쪽(이하 영인본을 『訓照』로 약칭하고 권수 및 쪽수는 이를
　　따름).

45) 13道觀察使에의 照會(1899.10.17), 全國各郡守에의 訓令(1899.10.20), 京畿査檢委員
　　에의 訓令(1899.10.3), 『訓照』 1, 222, 255, 259쪽. 특히 경기사검위원 李泰河, 姜鳳憲
　　에게는 현재 各郡調査成冊 중 代錢으로 되어있는 것은 모두 환수하여 爻周하고
　　반드시 本穀으로 査覈한 바를 따라 다시 文簿를 정리하여 來納하도록 지시하고
　　있다.

조사하였다. 이는 광무사검의 地主的 調査로서의 성격을 보여주는 것으로
이후 소유권분쟁의 실마리가 되기도 하였다. 그리고 柴場의 柴稅와 家垈의
稅錢을 아울러 조사하고 있으며, 이담면 소재 양향둔토의 경우처럼 콩(太)
으로 도세를 책정하기도 하였고, 백석면 신지리 양향둔토에서는 전답에
부과한 도조 외에 밤(栗)을 도세로 추가하기도 하였다. 내장원은 다양한
세원을 철저히 파악하고 있으며, 양향둔토에서 볼 수 있는 것처럼 답의
경영형태상 지대를 打租로 파악한 경우도 있었다.

2) 光武査檢 이후 驛屯土에서의 분쟁

양주군에서도 광무사검 과정과 혹은 그 이후에 소유권분쟁을 비롯한
경작권 및 도세문제를 둘러싼 분쟁이 지속적으로 발생하였다. 역둔토에
대한 내장원의 지주적 조사의 성격이 강화된 것은 이미 이러한 분쟁을
증폭시킬 개연성을 충분히 내재하고 있었다. 광무사검 직전에도 예컨대
延曙驛土와 관련되어 民畓이 국가기구에 의해 억탈되거나, 매매문기의
유무와 관련된 이중매매로 민인 사이의 사사로운 소유권분쟁이 발생하는
등 분쟁은 다양하게 있었지만,[46] 내장원의 역둔토조사 이후의 그것은 국가
(내장원) 혹은 그 대리인과 일반 민인 사이의 분쟁이 주류를 이루었다.

양주지역에서 이와 같은 분쟁의 대표적 사례는 비교적 방대한 규모로
존재했던 전경리청 소관 둔토, 일명 갑사둔토와 의정부둔토에서 찾아볼
수 있다. 양주군 내의 둔토조사가 일단 마무리되는 1899년 10월 중순에는
各屯을 관리할 監官을 파견하였는데 주로 이전부터 둔토 관리를 맡고
있던 屯監을 그대로 내장원에서 임명하는 형태를 취하고 있었다.[47] 그러나

---

46) 『皇城新聞』 광무 2년 10월 22일, '籍奪民畓' ; 同 광무 3년 3월 31일, '知而故誤'.
47) 楊州郡守 趙鼎九에게 보낸 訓令(1899.10.13), 『訓照』 1, 238, 241쪽. 勳屯監官 姜錫文,
   摠屯經屯勳屯監官 姜錫泰, 親屯監官 金福成을 같은 날짜로 3차례에 걸쳐 임명하

한편 내장원에서는 경기도 각 군 소재 屯牧土에 관한 조사내용이 누락되어 사실과 다른 점이 많다고 판단하고 그 해 12월초에는 李泰河를 京畿道査檢委員兼督刷官으로 仍派하여 다시 조사하도록 하였을 뿐만 아니라,[48] 양주군 갑사둔에는 監官 朴弘錫을 별도로 파견하여 本屯의 量案을 토대로 隱漏된 것을 철저히 盤覈토록 하였다.[49]

갑사둔에서의 분쟁은 無土屯土로 인한 소유권분쟁으로 파악된다. 1899년 12월에 내장원으로 발송한 양주군수의 보고서를 살펴보면,

(a) 이 둔을 본래 摠戎廳에서 句管할 時에 屯監을 差送하여 그 토지에서 거둔 바는 돈으로든 곡물로든 邑에서 애초에 相關함이 없었으며, 그 廳을 經理廳으로 호칭을 바꾼 이후에도 그 屯을 전과 같이 구관하다가, (甲午)更張 이후에 그 廳은 폐지하고 그 結은 陞摠함에 따라 본 郡에서 結稅만을 거두어 度支部에 上納하는 고로, 그 내용(源委)을 살펴보면 이 토지가 비록 屯案에 실려있지만 免稅되는 것으로 인해 結卜만 該廳에서 각 作人들로부터 거두어 가고 그 토지는 경작하는 民이 轉相賣買함으로 사토(私耕)인즉, 甲土屯이라고 이름을 칭하는 것은 언제부터 시작되었고 무엇에 근거하고 있는지를 알지 못하며, 소위 經理屯은 곧 갑사둔이라 백성들이 사토로 알고있는 것이 오래되었는데, 丁酉年(1897) 가을에 宮內府에서 屯監을 차출하여 그 토지를 査檢하고 賭稅를 징수하고자 한즉, 해당 각 作人들이 놀라고 의심스러워하여 기백 명이 무리를 지어 郡과 (觀察)府에 呈訴하여 舊例를 회복하기를 기대하고 前에 의거하여 結錢으로 應納했는데,[50]

고 있는데, 이 가운데 姜錫泰는 屯監으로서 1898년 11월에 작성된 양주군의 摠屯賭錢收捧冊(奎22040-23)과 勳屯秋收冊(奎22036-22)의 작성자로 기재되어 있다. 그리고 1898년 10월에 작성된 親屯秋收賭租成冊(奎22036-9)의 마지막 면에는 屯監 李福祥이 기재되어 있어 위의 친둔감관 金福成과의 관련성도 참고할 수 있다.

48) 京畿査檢委員兼督刷官 李泰河에게 보낸 訓令(1899.12.9) 및 京畿觀察使 趙鍾弼에게 보낸 照會(1899.12.10), 『訓照』 1, 484~485쪽.

49) 楊州郡守 趙鼎九에게 보낸 訓令(1899.12.18), 위의 책, 529쪽.

50) 楊州郡守 趙鼎九의 보고서 제1호(1899.12.26), 『各司謄錄』 2, 國史編纂委員會,

라고 하고 있는데, 이 자료에 의거하면 갑사둔토는 無土免稅地이었음이 분명하다. 즉 갑사둔이라는 명칭이 언제부터 사용되었는지는 분명하지 않지만 그 토지가 총융청과 경리청에 소속되어 각 청에서 관리할 당시에는 免稅地로서 作人(소유자)들은 戶曹(탁지부)에 납부해야 할 結稅(結卜)를 屯監을 통하여 해당 관청에 납부하면 그만이었기에 지방행정기구인 邑에서 일체 간섭하지 않았던 것이다. 그리고 1894년에는 경리청이 폐지되었을 뿐만 아니라 免稅地陞摠 조처로 인해 有土 無土를 막론하고 면세지가 혁파되어 出稅하게 됨에 따라 이들 無土에서는 이제 郡을 통하여 結稅만을 度支部에 상납하면 되었다. 결국 이 둔토도 지대를 납부한 적이 없는 民有地로서 일찍부터 경작인들 사이에 轉相賣買되어 왔기 때문에 이들 사이에서는 자연스럽게 私土로 인식되어 있던 토지였다.

그러나 農商工部 소관의 驛土가 軍部로 이속되면서 도조의 인상 등을 통하여 그 지주적 관리를 전반적으로 강화해가던 때인 1897년에 궁내부에서도 갑사둔을 소유토지로 인식하여 度支部納의 結稅 외에 賭稅를 징수하고자 屯監을 파견하여 査檢定賭를 시도하였다. 그렇지만 丁酉年 당시에는 作人들이 지방행정기구인 郡과 觀察府에 합법적으로 呈訴한 것이 인정되어 결국 도세를 책정하지 못하다가,[51] 1899년의 광무사검에 이르러서야 내장원에서 "民相賣買 今始定賭"라는 표현과 함께 畓 338.5斗落과 田 68日耕, 賭租 3321.5斗를 사검정도하여 위에서 살펴본 各屯土査檢案에 기재하고 있고, 갑사둔의 정도성책에는 다시 필지별로 도조를 책정하여 전체적으로 畓 554斗落(27石 14斗落), 田 66日 6息耕, 그리고 賭租 4810.4斗(240石 10斗 4升)와 結卜 9結 60負 4束을 파악하고 있는 실정이다.[52] 그리고 내장원

1981, 3쪽.
51) 이때 조사정리된 장부가 『光武元年十月日楊州郡所在前經理廳甲士屯田畓斗落耕數結卜査檢成冊』(규21147-4)으로서 여기에는 도세가 책정되지 않은 채, 전답의 면적(두락·일경)과 작인 및 결복이 파악되어 있다.

은 여기서도 누락된 것이 있다고 보고 재조사를 지시한 것이다. 요컨대
갑사둔의 토지는 비록 屯案에 실려 있지만 지금까지 賭稅를 내어본 적이
없고 結稅만을 총융청, 그 이후에는 경리청, 그리고 1894년 이후에는 郡을
통하여 탁지부에 납부해 왔던 소위 무토둔토였던 것으로, 소유권에 있어서
는 民田, 民有地였던 것이다.

양주군에서는 이러한 둔토의 사정을 인지하고 군수는 牧民官으로서
丁酉(1897)年의 例로써 시행할 것을 요구하나, 내장원에서는 한마디로
語不成說이라는 입장이다. 즉 당당한 公土를 '非公伊私'라 칭하고 차라리
(이 토지를) 잃어버릴 요량을 하라는 군수의 보고내용은 놀라울 뿐이니
郡에서는 鄕長·首書記를 별도로 파견하여 監官과 함께 도조를 수봉하도
록 재차 훈령하고 있다.[53]

내장원에 의해 역둔토의 조사가 강화되었을 뿐만 아니라 파악된 역둔토
에서 내장원은 점차 지주제 경영의 형태로 그 관리를 강화해갔지만 그것은
소유권이 확실한 有土屯土인 경우였고, 양주군 갑사둔에서와 같이 무토로
서의 존재형태와 그 내력이 뚜렷한 경우에는 대한제국의 실질적인 권력기
구인 내장원이라 하더라도 민전 지주지에서처럼 도세 수봉을 강제할 수
없었다. 이후 이 갑사둔토에 대한 조사가 새롭게 이루어진 흔적은 없고,
결국 내장원에서는 1899년 11월에 최종적으로 정리된 정도성책인 『前經理
廳甲士屯田畓斗數結卜作人姓名及捧賭成冊』을 토대로 도세를 수봉코자
하였으나 그것마저 제대로 이루어지지 않았다. 이러한 도세 거납상황은
이듬해 가을까지 지속되었던 듯하다.[54]

52) 『前經理廳甲士屯田畓斗數結卜作人姓名及捧賭成冊』(규22096-60), 楊州屯夜面各
洞, 광무 3년 11월.
53) 楊州郡守 趙鼎九에게 보낸 訓令(1899.12.28), 『訓照』 1, 560쪽.
54) 楊州郡守 趙鼎九에게 보낸 訓令(1900.10.31), 『訓照』 2, 398쪽. 내장원은 도세수봉을
위해 監官 朴弘植(錫)을 파견하였으나 지금까지 끌다가 아직도 납부하지 않음을

내장원 파견 監官 및 郡의 행정력을 동원한 賭稅督捧에도 불구하고 도세수납이 잘 이루어지지 않자 내장원에서는 1900년 11월 초에 일방적으로 타협적인 조처를 취하였다. 내장원은 收賭시에 매번 문제가 있어 상납이 愆滯된다고 생각한 양주군 소재 갑사둔에 完文을 발하여 갑사둔의 도세를 賭錢으로 새로 책정하였다. 즉 답 27石 14斗落(554두락)에 매두락 賭錢 2兩씩을 부과하여 合錢 1,108냥과, 전 66日 6息耕은 每日耕을 7斗落으로 대체하여(田 466두락) 매두락 도전 6錢씩을 부과함으로써 합전 279냥 6전으로 정하여 갑사둔의 田畓合 賭錢을 1,387냥 6전으로 조정하고 매년 10월 내에 准納하게 하였다. 그리고 監官은 둔토 所在處의 洞頭民으로 1인씩 차정하여 수납하게 하였다.[55] 이러한 조처는 역둔토 지주제를 강화해 가는 내장원의 입장에서는 대단한 결단이었다. 穀價를 비롯한 지속적인 물가상승과 지역간의 곡가의 차이로 인한 이득까지 내장원이 장악하기 위해 지금까지 賭錢定賭하던 곳도 本穀으로 다시 도세를 책정하던 내장원이 갑사둔에서는 오히려 도전정도로 환원시켜 주었고, 답과 전의 단위 두락당 賭稅를 각각 2兩과 6錢으로 정한 것은 下等 전답의 賭錢 기준에도 미치지 못하는 아주 낮은 수준이었다.[56]

내장원의 이와 같은 전향적이고도 절충적인 조처에 작인들은 다수가 마지못해 호응했을 것으로 보인다. 관례상 갑사둔의 토지가 민유지임이 분명하다고 해도 한편으로는 엄연히 屯案에 실려있는 토지이기도 한 고로 민유지임을 증명해줄 수 있는 서류상의 명백한 증거자료가 없는 한 강력한

개탄하고 지방행정기구로 하여금 도세수봉을 독촉하도록 할 뿐만 아니라 책임을 묻겠다고 압박하고 있다.

55) 楊州郡 所在 前經理廳甲士屯에 보낸 完文(1900.11.6), 『(內藏院)完文』(규18939).

56) 忠北査檢委員 李芳烈에게 보낸 訓令(1899.8.30), 『訓照』1, 173쪽. 光武査檢 초기의 賭錢定賭하는 곳에서 定賭 기준의 대강을 제시하고 있는데, 土品을 보아서 畓 每斗落에 上等은 3兩 5錢, 中等은 3兩, 下等은 2兩 5錢, 田 每日耕에 上等은 7兩, 中等은 6兩, 下等은 5兩씩 액수를 정하는 것이 타당하다고 보고 있다.

국가권력을 상대로 지속적인 소유권 투쟁을 전개한다는 것은 쉽지 않은 일이었다. 그러나 한편으로는 아무리 낮은 수준의 도세라고 해도 그것은 분명히 그 토지에 대한 내장원의 所有權을 인정하는 것이었다. 이러한 사정은 지난 해 이미 내장원에서 갑사둔토에 執賭하기 시작한 이후 屯土作人(田畓主)들 가운데는 토지를 팔거나 혹은 토지를 버리고 다른 지역으로 이사(搬移)하는 경우를 초래하였다. 그리고 '新畓主'는 賭錢으로 減下 조처된 이후의 1900년도 賭稅는 마련하여 납부하더라도 전년도의 도세는 완고하게 거부하는 경향이 많아 도세수봉자의 어려움이 많았던 것으로 보인다.[57] 도세의 懲納 실태는 내장원의 사검 이후 2년째인 1901년에도 여전하였다. 따라서 내장원은 지난 1900년 11월의 完文을 통하여 갑사둔에서 도세의 收捧上納은 특별히 民情을 헤아려 該屯民(洞頭民)으로 하여금 자율적으로 거행하도록 한 내용을 바꾸어 他屯土에서와 같이 내장원에서 별도로 舍音(咸元根)을 파견하여 그로 하여금 收賭輸納 업무를 전담하도록 하였으나,[58] 位土를 칭하거나 權勢家에 藉托하여 거납하는 등 건체 사례는 오히려 다양해지기도 하였다.[59]

이와 같은 소유권분쟁은 양주군 소재 의정부둔의 전답에서도 나타났다.

57) 京畿道 楊州郡 甲士場民 金錫汝 등의 請願書(1901.1.), 『各司謄錄』 2, 479쪽 ; 楊州郡守 趙鼎九에게 보낸 訓令(1901.1.25), 『訓照』 3, 61쪽. 청원서에서 屯民 등이 둔토의 賣買 혹은 둔민들의 搬移 사실을 표현함에 있어서 '畓主' 또는 '新畓主' 등으로 표현하고 있는 것과는 달리 내장원의 훈령 내용에서는 '作人輩'로 표현하고 있는 데서 이 둔토를 둘러싸고 소유권에 관한 인식이 상반됨을 알 수 있다. 그리고 둔민 金錫汝 등은 이미 해가 바뀌었는데도 전년도(1900) 갑사둔의 총도세 1,387냥 6전 내에 768냥만을 수납하고 나머지 619냥 6전은 미납이나 자신들의 私力으로는 收刷하기 어려움을 호소하고 있다.
58) 楊州郡守 趙鼎九에게 보낸 訓令(1902.1.27), 『訓照』 4, 15쪽. 그러나 咸元根 역시 東幕洞 소재 甲士屯畓 1石落을 경작하고 있는 자로 보인다(『前經理廳甲士屯田畓斗數結卜作人姓名及捧賭成冊』(규22096-60) 참조).
59) 楊州 甲士屯 舍音 咸元根의 訴狀(1902.3.), 『各司謄錄』 2, 616쪽.

앞에서도 살펴보았듯이 의정부둔은 1901년에 내장원으로 부속되었고 그
해 가을 驛屯土에 대한 내장원의 강화된 地主的 조사로 인해 이후 內藏院과
屯民들 사이에 다양한 분쟁이 발생하였다. 그 가운데는 우선 사검과정에서
고의든 실수든 간에 단순히 私土(민유지)가 의정부둔토에 混入되어 屬公된
경우가 있었는데, 대체로 소유권분쟁에는 해당 지역의 郡守가 직접 참가하
거나 혹은 郡에서 파견한 鄕長 · 書記와 그 洞里의 領所任 등이 함께 문제의
토지에 대한 再調査를 실시하지만 결정은 재조사 보고된 내용을 토대로
내장원이 일방적으로 처분을 내릴 뿐이었다. 이때도 芚夜面 犯洞 소재
金敬實의 私畓 8두락이 의정부둔토에 혼입된 경우처럼 우선 수백 년 轉相
賣買된 文券이 있고, 그 외 토지의 위치와 경계, 의정부둔의 來歷과 이
토지의 시기별 관련 내용, 洞民들의 견해 등 군의 서기와 영소임이 함께
조사한 내용과 군수의 종합적인 판단이 명확해야만 내장원으로부터 대체
로 긍정적인 반응("第當另査措辦向事")을 얻을 수 있었고,[60] 芚夜面 回龍
洞 洪承旨宅 雇傭이 주장한 바와 같이 그들이 대대로 경작해온 400년
전래된 賜牌基址의 경우처럼 이전 宣禧宮이 사검할 때에 頉免되었다거나
혹은 후의 내장원 봉세관도 頉을 인정하였다는 등의 주장과 아울러 洞民
전체가 둔토와 무관하다고 共知한 사실 등 비록 전반적인 정황이 사유지로
인정될 수 있다고 하더라도 의거할 만한 文蹟(文券)이 없을 경우에는 頉給
될 수 없었다.[61] 그리고 내장원의 광무사검이 이전 조사에 구애되지 않고
전반적으로 새로 조사하여 定賭한다는 원칙이었기 때문에 이전 宣禧宮監

---

60) 楊州郡守 洪泰潤의 보고서 제13호(1902.11.24), 위의 책, 175쪽.
61) 楊州郡守 洪泰潤의 보고서 제6호(1903.5.30), 위의 책, 196쪽. 증빙이 될 만한 文券은
   몇 해 전에 화재로 인해 소실되었고, 宣禧宮監 및 捧稅官의 査檢頉免한 사실은
   郡에서 공식적으로 파악하고 있지 못했으며, 문제의 賜牌基址는 屯土成冊에
   등재되어 있는 상태였다. 이 보고에 대한 6월 13일자의 內藏院 指令 내용은
   "一准捧稅官査檢冊子 收納向事"였다.

이 査檢頉免한 사실은 내장원의 所有權 査定에서 규정적인 것이 될 수 없었다.

그리고 이 의정부둔토에서는 사검시에 면적이 加錄되거나 토지品等 및 名字가 誤錄되는 것에 의한 분쟁도 발생하였다. 둔야면 虎洞에 거주하는 李用成(李敬萬)이 경작하는 議政府屯畓은 8두락 뿐인데 屯案에는 이외 그의 형 用根 名下에 6두락 답이 가록된 것을 둘러싸고 분쟁이 발생하여 군에서는 서기를 파견하여 역시 영소임 입회 하에 해당 토지를 摘奸한 결과 실제로 사검시에 洞民의 指尋이 잘못된 것으로 名字의 加錄(誤錄), 疊錄(添錄)으로 파악되었으나 1902년에 문제가 발생한 이래 2개년이 지나도록 완전히 해결되지 않았다.[62]

또한 의정부둔 작인 李再龍(金守甫)의 所作畓 3두락은 진황지와 다름없어 賭租를 책봉한 적이 없이 原結 3負에 해당하는 結稅만 납부하던 토지였지만 1902년 가을에 上畓의 賭租例에 따라 매두락 6두씩 합 18두를 책징하여 분쟁이 발생하였고, 역시 의정부둔 작인 金今東(金萬心)이 5년간 경작하던 下畓 5두락을 1902년에 捧稅官이 上畓 7두락으로 定賭하여 합도조 10두에서 2석 2두를 督捧함으로써 역시 분쟁이 일어났는데, 이들 분쟁은 作人의 本郡 및 內藏院에 대한 여러 차례의 告訴와 郡의 조사 보고가 이루어져 1904년 8월에 가서야 "이미 斗落의 濫執에 관계된 즉, 事實을 쫓아 執摠하고 收納하여 公私가 서로 妥當하게 할 것"이라는 막연하지만 작인의 요구를 일정하게 수용하는 듯한 지령을 받게 되었다.[63] 1901년에

62) 楊州郡守 洪泰潤의 報告書 제7호 및 제13호(1903.5.30 ; 10.24), 제10호(1904.8.30), 위의 책, 197, 222, 263쪽. 특히 1903년 10월의 제13호 보고에는 誤指된 연유를, "李用成·用根이 같은 집에 사는 형제로서 産業에 彼我의 구분이 없기에 洞民이 指尋할 때 혹 이르기를 用成이라 하고, 혹 用根이라 하여 이와 같이 疊錄되기에 이르렀다."고 설명하였다.

63) 楊州郡守 洪泰潤의 報告書 제11호, 제16호(1903.9.12 ; 12.17), 제6호(1904.7.24), 위의 책, 216·233·259쪽. 郡의 收賭冊子-양주군의 경우 驛屯賭稅의 收捧上納

내장원에서 이 둔토를 조사한 이후 지주적 경영을 강화해 가는 가운데 부분적인 조사정도작업이 이듬해까지 지속되는 과정에서 발생한 분쟁들이었다.

그러나 이 둔토에서의 기본적이고도 주된 분쟁은 여전히 無土 둔토와 관련된 소유권분쟁이었다. 議政府屯民들의 呼訴 내용을 통해 이 둔토의 변천 과정을 살펴보면,

(b) 本坪의 전답은 300년 轉相賣買해온 땅으로, 지난 丁酉年(1897)分에 이 전답을 宣禧宮에 부속하여 結租는 每結에 4石씩 奉上했는데, 금년(1901)에 이르러서는 다시 本院(내장원)에 부속된 바, 듣건대 結稅는 양주군에 납부하고 賭租는 本院에 납부하라 하오니, 이것은 어찌 1土 兩稅가 아니옵니까.……이전 선희궁에 納租한 例에 따라 매결에 4石式 代錢奉納케 하시어(64)

(c) [議政府屯土作人 등의 訴求] 저희들이 本境 전답을 各自 轉換하여 농사를 지어왔고 土理가 본디 瘠薄한데도 수백 년 許相賣買하면서 耕作해왔는데, 戊戌年(1898)分에 선희궁에서 의정부둔토라 칭하고 每結에 4石씩 捧賭하옵기에 감히 거역하지 못하고 勢不得已 應賭하였더니, 뜻밖에 작년(1901) 가을에 捧稅官이 上畓에 每斗落 6斗式, 中畓에 4斗式, 下畓에 2斗式 定賭하옵고, 結錢은 또한 該畓主로부터 徵納케 하오니 어찌 억울하지 않겠습니까.……인근 지역의 甲土屯土는 土品의 肥薄을 논하지 않고 매두락에 2斗式 代錢捧賭하오니, 該屯此屯이 公土는 한가지요 民 또한 한가지인데 오직 이 屯民만이 失業하여 渙散할 境遇에 이르렀으니 특별히 처분하시어 甲土屯 例로 賭稅를 거두어 납부케 하시길 바람.(65)

을 1902년부터는 郡에서 專管하고 있다(楊州郡守 洪泰潤의 報告書 제9호(1902.9.20), 위의 책, 164쪽).─에는 金今東은 金萬心, 李再龍은 金守甫로 기재되어 있으며, 巡校 혹은 書記를 파견하여 實地를 摘奸한 내용은 대체로 "畓土는 매우 瘠薄하고, 斗落은 濫執"으로 정리되었다.

64) 京畿道 楊州郡 議政坪居 農民 金允植 等 39名의 請願書(1901.11.), 위의 책, 574쪽.
65) 楊州郡守 洪泰潤의 報告書 제2호(1902.5.26), 楊州 議政府坪民人等狀(1902.8.), 위의 책, 142쪽, 670쪽.

(d) [의정부둔 結民等呼冤] 본 둔토를 어느 해에 창설하였는지는 알 수 없으나 수백 년이래 轉相賣買하여 단지 結錢만을 납부하고 폐단없이 耕食해 왔는데, 丁酉年(1897)分에 선희궁에서 屯監을 정하여 내려와서 打租를 하고자 했으나 結民의 억울하고 원통한 것을 살피시어 그 토지는 그대로 本主에 부속하여 전과 같이 耕食하여 每結에 賭와 結을 막론하고 租4石씩 舍音이 專管收刷하여 하나는 本宮의 賭錢으로 납부하고 다른 하나는 本郡의 結錢으로 납부하였다. 그리고 매결 租 4석 외에 結錢은 애당초 各戶에 책징하지 않아도 稅納은 전에 비하여 배나 무거워 民情이 험악한데, 갑자기 작년(1901) 가을에 査檢委員이 도착하여 매결 4석 租稅를 조금 헐하다고 하고 上中下 畓을 分定하여 賭租를 전에 비해 배로 늘리고, 結稅도 上中下 3등급으로 較定하여 彼田此畓의 結政이 갑자기 변하고 전에 비하여 지금은 그 납부하는 것이 偏重하오니, 賭租의 加倍가 이미 원통하거늘 結稅變革이 한층 더 억울하오니……[군수의 보고 내용] 본 군의 결세에 관한 행정(結政)이 他郡과 달라 甲午(1894) 이전에도 都結로 定式하여 비록 成川되어 虛結인 경우라도 變通할 수 없거늘, 幾百年 應納하던 結數를 토지측량도 하지 않고 붓으로써 더하고 빼면 結民이 어찌 呼冤하지 않겠습니까.[66]

우선 분쟁은 1901년 11월에 의정부둔토에 대한 내장원의 사검이 일단 완료된 직후에 金允植·姜順哲·姜順一 등 屯民 39명이 연명으로 請願書 (b)를 내장원에 제출하면서부터 시작되어 이듬해 말까지 지속되었던 것으로 보인다. 이 둔토의 성립사정은 그 시기를 비롯하여 정확히 알 수는 없으나 이 둔전답은 대체로 과전법체제가 붕괴된 이후 折受 등의 방법을 통해 궁방전 및 각종 둔전이 설치되는 16세기 말 내지는 17세기 초에 설치되어 300년(b) 동안 轉相賣買되어(b, c, d) 온 民田, 民有地로서[67] 단지 結稅만을 戶曹 대신 해당 屯에 납부해 온 無土屯土였다. 1894년에 모든 免稅地가 혁파될 때 이 토지도 陞摠되어 탁지부에 出稅하게 되었을 터인데, 어떠한 연유에서인지 1897년에 宣禧宮에 다시 부속되었다. 선희궁에서

66) 楊州郡守 洪泰潤의 報告書 제5호(1902.8.4), 위의 책, 161쪽.
67) 京畿道 楊州郡 議坪民人 鄭日同 等訴狀(1902.11.), 위의 책, 696쪽. '自前民有之地'.

차정한 屯監은 일반 지주지에서의 정률지대인 打租制를 실시하고자 했으나(d) 둔민의 저항으로 실시될 수 없었을 것이고, 결국 선희궁은 경작인을 토지 소유주로 인정한 채(d) 賭와 結을 통합하여 結當 租4石을 책정하였을 뿐인데(b, c, d), 이것은 조선후기 이래 結稅에도 미치지 못하는 수준이었다.[68] 따라서 선희궁 句管 시기의 이 토지는 갑오승총과 더불어 제도적으로 혁파되어야 했음에도 불구하고 여전히 무토둔토적인 성격으로 존재했었다고 할 수 있다. 말하자면 1894년의 면세지 승총으로 인해 법적 형식적으로도 완전히 民田化한 이 지역 전답의 소유주들은 1897년에 다시 이 토지들을 '의정부둔'이라는 명칭으로 선희궁에 부속시켜 도조를 책정하는 것을 묵인하되 결세보다 낮은 수준에서 타협한 것으로 이해된다.

그러나 이러한 非法的이고 中世的인 타협적 관계는 결국 근대적 토지소유권 제도가 발달하고 특히 내장원에 의한 국가적 지주제가 강화되어 가는 과정에서 그 소유권마저 잃게 되는 처지를 초래하게 되었다. 그것은 1901년 10월에 전국에 소재한 선희궁 구관 둔토의 내장원 이속 조치와[69] 함께 이 토지가 내장원으로 부속되면서 구체적으로 현실화되었다. 내장원은 토지의 성격을 논하지 않고 屯名으로 기재된 모든 토지를 國官有地로 파악하여 이제 자신이 토지소유자로서 전혀 새로 査檢定賭하고자 했기 때문이다. 이미 이 해는 宮房田 외 모든 둔토와 역토가 내장원에 부속하여 역둔토 사검이 일단락된 상태여서 새로 부속한 의정부둔토의 도세는 한층 비교되었을 것이다.

가을에 사검위원으로 내려온 내장원 봉세관은 상·중·하 3등 土品制에 따라 두락당 각각 6~2두씩을 차등 定賭하였을 뿐만 아니라, 公私土를

---

68) 조선후기 이래 結稅는 田稅·大同米·三手米 등 定規稅, 定規附加稅 및 規定外 附加稅를 합하면 1결당 租 100斗에 해당한다(金容燮, 『朝鮮後期農業史硏究』 1, 一潮閣, 1970, 175~177쪽).
69) 京畿捧稅官 李泰河에게 보낸 訓令(1901.10.7), 『訓照』 3, 528쪽.

막론하고 地代를 定額制인 賭租로 책정하였을 경우 結稅는 마땅히 作人이 부담하는 관례를[70] 적용함에 따라 자신들을 실질적인 토지소유주로 인식하고 있던 이 전답의 경작자들은 '一土兩稅'임을 들어 부당하고 억울한 사정을 호소하기도 하였다(b). 실제로 이때 사검정도한 장부인『內藏院所管楊州郡議政府屯田畓調査定賭成冊』(奎20709)에 의하면 畓 145筆地 중 舊陳 8筆地(35斗落)를 제외하면 두락당 평균 도조는 3.76斗로 定賭되고 있음을 알 수 있다.[71] 이는 이번 이 둔토사검시에 적용한 中畓 1두락 도조기준인 4斗에 못 미치는 수준이었지만 한편 그것은 이전 宣禧宮 句管 시기의 賭稅보다는 倍加된 것이었으며(d),[72] 무엇보다도 이들 작인은 다시 상중하 품등별로 부과된 結稅(d)를 별도로 郡에 납부해야 하였기에(b, c, d) 둔민들의 전체적인 부담은 전에 비하면 엄청나게 과중하게 되었다. 말하자면 이전의 실질적인 自作地에서 내장원의 완전한 小作地로 전락한 처지가 되었던 것이다. 소유권분쟁의 충분한 여건이 주어졌다.

의정부둔토를 둘러싸고 일어난 분쟁은 다음 <표 4>에서와 같이 단계적인 抗租運動의 형태로 진행되었다. 우선 이전 선희궁 구관 시기의 納租例를 회복하여 실질적인 소유권을 유지하고자 했던 초기의 請願書활동(b)은

---

70) 楊州郡守 趙鼎九에게 보낸 訓令(1902.2.26, 3.12),『訓照』4, 31쪽, 82쪽, "無論公私土하고 旣以定賭則 結稅之作人當納은 乃是不易之規" ; 楊州郡 議政府屯舍音 金喜根 徐莫同의 訴狀(1902.3.),『各司謄錄』2, 604쪽.

71) <議政府屯土에서의 斗落當 및 日耕當 賭租>

	筆地	斗落(a)	日耕(b)	結卜(負)	賭租(斗)(c)	c/a	c/b
田	55		51.7	361.0	252.5		4.88斗
畓	137(145)	876.5(911.5)		1523.8	3299.5	3.76斗	
合計	192(200)	876.5(911.5)	51.7	1884.8	3552.0		

자료 :『內藏院所管楊州郡議政府屯田畓調査定賭成冊』(奎20709), 1901.11.
* ( ) 안의 수치는 舊陳條를 포함한 내용임.

72) 中畓 1結의 면적을 약 40斗落으로 계산할 수 있다면(丁若鏞,『經世遺表』地官修制 田制10 井田議2), 이번 새로운 査檢定賭로 인한 1結의 賭稅는 7石 10斗 4升으로 이전 1結 租4石의 약 2배에 가깝게 되었다.

곧바로 豪勢家를 중심으로 한 賭租의 拒納운동으로 나타났고 그 결과
내장원이 사검한 첫 해(1901)의 도조는 이듬해 5월이 되도록 '太半 未收'되
기에 이르기도 하였다.[73]

<표 4> 楊州郡 議政府屯民들의 抗租運動

	(1)請願者(1901.11)			(2)拒納者 및 賭租(1902.5)		(3)等訴者	
						(1902.8)	(1902.11)
名單	金允植 千萬謙 李成來 延喜俊 金善汝 林學基 陳仁甫 朴用伊 嚴致玉 金應三 崔奉俊 金云善 李大用 (39명)	姜順哲 李龍文 金聖完 千士祿 鄭基浩 朴萬甫 洪大俊 咸永植 金光必 孫成玉 鄭圭浩 朴京守 朴弘根	姜順一 元致成 成壽甫 金興根 金興得 金石基 孫連化 金光辰 孫元俊 金辰元 李德壽 韓奉用 金明云	鄭千京 咸秀龍 李小用 裵永石 韓鳳用 李用文 洪正奉 池千實 陳仁甫 洪五公 許學伊 孫叔安 李正萬 (13명)	17石10斗 9石2斗 5石16斗 8石16斗 6斗 15斗 4石 1石8斗 6斗5升 3斗 3斗5升 (都合 48石 6斗)	李允政 李正萬 金建培 韓鳳龍 姜順哲 (5명)	柳春植 鄭日同 金明五 李正萬 朴光赫 金建培 姜順哲 韓奉用 (8명)
屯民의 要求內容	依前宣禧宮納租例ᄒ와 每結에 4石式代錢奉納			(拒納)		不論土品之肥瘠ᄒ고 甲士屯例로 每斗落 2斗式代錢捧賭(當五錢10兩)	
內藏院 指令 및 訓令	一依査定實數 不日准納 無至怠滯拒納			賭租拒納屯民을 左開하니 准捧		該賭租一依捧稅官査定實數准納	
資料	京畿道楊州郡議政坪居農民請願書,『各司謄錄』2, 574쪽			京畿捧稅官 李泰河의 報告 제19호(5.19),『各司謄錄』2, 139쪽 ; 楊州郡守 洪泰潤에게 보낸 訓令 10호(5.22),『訓照』4, 213쪽		楊州議政府坪民人等狀,『各司謄錄』2, 670쪽	京畿道楊州郡議坪民人等訴狀,『各司謄錄』2, 696쪽

---

73) 京畿捧稅官 李泰河의 報告 제19호(1902.5.19),『各司謄錄』2, 139쪽 ; 楊州郡守
洪泰潤에게 보낸 訓令 10호(1902.5.22),『訓照』4, 213쪽.

그리고 1902년 8~11월에 걸친 시기에는 위에서 살펴본 바 있는 인근 갑사둔토에 대한 내장원의 조처와 같이 토지품등에 관계없이 매 두락당 2斗씩을 賭錢(當五錢 10냥)으로 책정해주도록 等訴운동을 통해서 지속적으로 요구하고 있다. 이들 請願·拒納·等訴者 명단을 구체적으로 살펴보면 위 <표 4>와 같다.

우선 청원서에는 의정부둔민 가운데 39명이 서명을 하고 있고, 봉세관 보고서에는 13명의 거납자가 보고되고 있으며, 그리고 두 차례에 걸친 등소장에는 각각 5명과 8명이 이름을 밝히고 있다. 청원서 및 등소활동에서 訴頭에 해당하는 대표자로서는 청원서에서 金允植·姜順哲·姜順一과 등소장에서 李允政, 鄭日同·柳春植 등이, 그리고 거납자로 가장 먼저 주목받고 있는 자로서 鄭千京이 두드러졌는데 이 가운데 김윤식은 洞任으로[74] 밝혀지고 있다.

그리고 1902년 5월 중순까지 도조를 미납한 둔민은 13명으로 의정부둔토 전체 경작인 85명의[75] 15.3%에 지나지 않으나, 미납된 賭租의 合은 48석 6두로서 이는 舍音料費 15석을 제한 이 둔토의 實上納租 162석 12두의 약 30%에 해당하는 것이다. 그리고 거납자 중에는 鄭千京 17석 10두를 비롯하여 3석 이상 도조를 납부하지 않은 경작인이 7명이며, 또한 韓鳳用(5석 16두), 李用文(8석 16두), 陳仁甫(4석) 등은 초기 청원서 활동(b)에서부터 등장하고 있고 특히 한봉용은 이후 1902년 8월과 11월의 議政府坪 民人들의 等訴운동에도 지속적으로 참가하고 있는 핵심인물로 나타나고 있다.

---

74) 『內藏院所管楊州郡議政府屯田畓調査定賭成冊』(규20709). 이 자료에 의하면 金允植은 回龍洞과 殿坐洞에 각각 田(1日耕, 7戶의 垈地 포함)과 畓(2斗落) 1筆地씩을 경작하고 있으며 合賭租는 10斗로 책정되어 있다. 그리고 洞任으로는 虎谷 지역에서 25호의 대지를 포함하여 3일경을 경작하고 있는 李允之 1인이 더 확인되고 있다.

75) 위의 定賭成冊에 의하면 이 지역 의정부둔토 총 200필지를 85명의 작인이 경작하고 있는 것으로 파악된다.

다만 李正萬은 미납된 도조가 3두 5승인 것으로 나타나고 있지만 이후
두 차례에 걸친 등소운동에 金建培와 더불어 적극 참여하고 있으며, 또한
姜順哲은 거납자 명단에는 들어있지 않지만 초기의 청원활동에서부터
등소활동에 이르기까지 꾸준히 참가하고 있어 주목된다.

정도성책에 등재된 85명의 작인과 청원·거납·등소자로 거론된 총
59명 사이에 성명이 일치하는 자는 16명으로서,76) 이들의 개략적인 의정부
둔토 보유상황과 아울러 청원·거납·등소자 명단에 2번 이상 거론된
작인들을 중심으로 그들의 의정부둔토 필지별 경작실태를 구체적으로
파악해 보면 다음 표들과 같다.

<표 5> 請願·拒納·等訴者 16人의 議政府屯土 耕作 規模(1901.11) 및 拒納內容(1902.5)

作人	筆地	畓(斗落)	田(日耕)	結負(負)	賭租(斗)	未納賭租(斗)
1) 金興得	12	110.5	2.6	214.3	453.5	
2) 李正萬	12	41.0	3.6	97.6	176.0	3.5(2.0%)
3) 鄭千京	8	103.0		166.9	338.0	350.0(103.6%)
4) 陳仁甫	7	54.5	3.0	88.9	121.0	80.0(66.1%)
5) 韓奉用	7	36.0	3.0	90.3	168.0	116.0(69.0%)
6) 千萬兼	6	12.0	0.7	23.3	34.5	
7) 姜順哲	5	8.0	4.5	39.8	44.0	
8) 李用文	5	19.0	1.0	38.2	66.0	176.0(266.7%)
9) 池千實	5	13.0	0.6	19.9	24.0	15.0(62.5%)
10) 孫成玉	4	9.0	0.1	15.7	29.0	
11) 洪正奉	4	8.0	2.0	23.9	30.0	6.0(20%)
12) 許學伊	3	14.0	1.0	36.2	80.0	6.5(8.1%)
13) 金善汝	2	11.0		14.3	22.0	
14) 金允植	2	2.0	1.0	10.6	10.0	
15) 洪五公	2	10.0		16.5	34.0	28.0(82.4%)
16) 孫叔安	1		0.5	4.0	3.0	3.0(100%)

자료 : <표 6>의 자료와 동일.

---

76) 정도성책이나 일반문서의 인명 분석에서 姓名의 漢字가 다르더라도 그 음이
같으면 同一人으로 처리하였다. 예컨대 韓奉用과 韓鳳用 및 韓鳳龍은 한봉용(韓奉
用)으로, 李用文과 李龍文은 이용문(李用文)으로 파악하여 각각 동일인으로 처리
하였다.

<표 6> 주요 抗租運動 屯民의 의정부둔토 경작상황

地域	字號	等級	地目	斗落	夜味	日耕	結卜(負)	賭租(斗)	作人	備考
1) 議政府	雁	中	田			3.0	24.0	18.0		
2) 議政府	雁	上	畓	8.0	8		18.4	48.0		
3) 議政府	雁	中	畓	4.0	2		7.2	16.0		
4) 議政府	雁	中	畓	5.0	1		9.0	20.0	韓奉用	賭租 116斗
5) 議政府	雁	上	畓	7.0	5		16.1	42.0		(69%) 未納
6) 議政府	雁	下	畓	5.0	3		6.5	10.0		
7) 虎谷	雁	下	畓	7.0	14		9.1	14.0		
小計				36.0	33	3.0	90.3	168.0		
1) 議政府	雁	中	田			1.5	12.0	9.0		
2) 虎谷	雁	下	田			2.0	12.0	8.0		
3) 虎谷	雁	下	田			0.1	1.5	1.0		
4) 議政府	雁	下	畓	3.0	2		3.9	6.0		
5) 議政府	雁	上	畓	4.0	3		9.2	24.0		
6) 議政府	雁	上	畓	5.0	4		11.5	30.0	李正萬	賭租 3.5斗
7) 議政府	雁	中	畓	4.0	4		7.2	16.0		(2%) 未納
8) 議政府	雁	中	畓	6.0	3		10.8	24.0		
9) 議政府	雁	上	畓	6.0	7		13.8	36.0		
10) 虎谷前坪	雁	下	畓	2.0	4		2.6	4.0		
11) 虎谷前坪	雁	下	畓	7.0	11		9.1	14.0		
12) 虎谷	雁	下	畓	4.0	10		4.0	4.0		
小計				41.0	48	3.6	97.6	176.0		
1) 議政府	雁	下	田			2.0	12.0	8.0		
2) 虎谷	雁	下	田			0.5	3.0	2.0		
3) 虎谷	雁	下	田			2.0	12.0	8.0	姜順哲	
4) 篤洲川	雁	中	畓	6.0	3		10.8	24.0		
5) 直谷	雁	下	畓	2.0	5		2.0	2.0		
小計				8.0	8	4.5	39.8	44.0		
1) 虎谷	雁	下	田			3.0	18.0	12.0		
2) 虎谷前坪	雁	下	畓	1.5	3		2.0	3.0		
3) 虎谷前坪	雁	下	畓	4.0	6		5.2	8.0		
4) 虎谷前坪	雁	下	畓	7.0	7		9.1	14.0	陳仁甫	賭租 80斗
5) 議政府	雁	下	畓	15.0	15		19.5	30.0		(66.1%) 未納
6) 虎谷	雁	下	畓	7.0	15		9.1	14.0		
7) 虎谷	雁	下	畓	20.0	30		26.0	40.0		
小計				54.5	76	3.0	88.9	121.0		
1) 議政府	雁	中	田			1.0	8.0	6.0		
2) 議政府	雁	中	畓	3.0	1		5.4	12.0		賭租 176斗
3) 議政府	雁	中	畓	6.0	3		10.8	24.0	李用文	(266.7%) 未
4) 篤洲川	雁	中	畓	2.0	1		3.6	8.0		納
5) 氷庫峴	雁	下	畓	8.0	15		10.4	16.0		
小計				19.0	20	1.0	38.2	66.0		
	(확인 안됨)								金建培	

자료 : 『內藏院所管楊州郡議政府屯田畓調査定賭成冊』(규20709) ; <京畿捧稅官李
泰河의 報告 제19호(1902.5.19)>, 『各司謄錄』 2, 139쪽 ; <楊州郡守洪泰
潤에게 보낸 訓令(1902.5.22)>, 『訓照』 4, 213쪽.

우선 <표 5>의 이들 16명은 강순철, 김선녀, 김윤식, 김흥득, 손성옥,
손숙안, 이용문, 이정만, 정천경, 지천실, 진인보, 천만겸, 한봉용, 허학이,
홍오공, 홍정봉으로서 청원 · 거납 · 등소자 전체의 28.6%에 해당하며, 그
중에는 孫叔安의 경우처럼 田 5息耕 1筆地를 경작하는 자도 있으나 대체로
2필지 이상 최고 12필지를 경작하는 자들로 구성되었다. 그리고 답 110두
5승락과 전 2일 6식경으로 최대의 경작지를 보유하고 결세의 부과 기준인
결부수로도 전답 합 2결 14부 3속으로 파악되어 총 22석 13두 5승의 도조가
책정된 의정부둔토 최대 규모의 경작자인 金興得과 답 103두락 경작의
鄭千京 등 100두락 이상 경작자를 비롯하여 전답의 절대면적 및 토품을
토대로 책정된 도조의 규모가 6석 이상인 최상위 경작자들이 모두 포함되
어 있었다.

특히 <표 6>에서와 같이 請願 · 拒納 · 等訴를 통한 抗租運動 과정에서
2번 이상 서명에 참여한 적극적인 屯民 가운데 경작규모가 확인되지 않은
金建培를 제외한 5명의 경우는 여러 지역에 걸쳐서 5∼12필지를 경작하고
있다.

개인별 경작 규모는 韓奉用이 답 36斗落과 전 3日耕, 李正萬이 답 41斗落
과 전 3日 6息耕, 姜順哲이 답 8斗落과 전 4日 5息耕, 陳仁甫가 답 54斗
5升落과 전 3日耕, 李用文이 답 19斗落과 전 1日耕으로써 대체로 廣作을
하고 있으며, 특히 한봉용과 이정만 그리고 진인보의 경우는 結負數로도
각각 90負 3束, 97負 6束, 88負 9束에 이르고, 賭租 또한 8石 8斗, 8石
16斗, 6石 1斗로 정해진 中農 이상의[77] 처지에 속한 자들로 파악된다.

---

77) 金容燮 교수는 「量案의 硏究」, 「續 · 量案의 硏究」를 통하여 조선후기 농민층의

이들 5명 중 가장 큰 규모의 토지를 경작하고 있는 진인보의 경우는[78] 7필지 모두 하등 전답으로 조사되어 경작면적 규모에 비해 도조는 적게 책정되는 등 이들 토지도 전체적으로 中·下等 전답으로 파악되고 있지만 한봉용과 이정만의 경우는 上等 답으로 파악되는 필지도 있는 것으로 보아 이들은 상대적으로 비옥한 토지를 보유하고 있는 층이라고 할 수 있다. 결국 내장원에 대한 청원·거납·등소운동을 주도했던 이들 의정부 둔민들은 경작토지의 규모나 비옥도의 측면에서 우세한 위치에 있었던 자들로서, 이들은 結稅 수준으로 賭租를 인하함으로써 이전과 같이 둔토의 명칭하에서나마 경작토지를 자신들의 소유상태로 확보하고자 했다고 할 수 있다.

이전 선희궁 구관 시기의 납조례로 매결에 4석씩 代錢奉納을 요구한 청원운동이 거부된 이후, 한층 적극적인 저항형태로서 제기된 거납운동은 李正萬의 경우처럼 原定賭額 176두 중 3.5두만을 미납하여 겨우 2%의 미납률을 보여준 것을 비롯하여 洪正奉, 許學伊 등 20% 이하의 미미한 미납률로 참가한 경우도 있지만, 대체로 60% 이상의 미납률을 보여주고 있으며, 특히 정천경은 103.6%, 이용문은 무려 266.7%의 미납률을 기록하

분화를 논술하는 가운데, 自作農인 경우 1結 이상을 소유한 농민을 富農, 50負 이상을 中農, 25負 이상을 小農, 25負 이하를 貧農으로 구분하고, 小作佃戶인 경우는 소작료의 비율을 참작하여 이해한 바 있다. 그리고 경기지방의 田品等第는 4~6등으로 규정되고 있는데, 3~4等(中等)田은 40斗落이 1結, 5~6等(下等)田은 80斗落이 1結로 인식되고 있어 참고된다(『朝鮮後期農業史硏究(1)』, 一潮閣, 1970, 143~147쪽, 239쪽 참조).

78) 陳仁甫는 필지별로는 金興得·李正萬의 각 12필지와 鄭千京의 8필지에 이어 韓奉用과 더불어 각각 7필지를 경작하고 있었으며, 경작 畓의 절대면적 규모에서는 김흥득과 정천경 다음으로 54.5두락을, 그리고 경작 田에 있어서도 姜順哲 4.5일경, 이정만 3.6일경 다음으로 한봉용·李允之 등과 함께 각각 3일경을 경작하는 자로서 의정부둔토 전체 경작인 가운데서 3번째로 큰 규모의 토지를 보유하고 있었다.

여 지난해의 도조뿐만 아니라 그 이전 여러 해의 도조마저 납부하지 않은 형태로 거납운동을 주도하고 있는 것으로 나타나고 있다.

그러나 이 둔토의 存在形態를 통하여 볼 때 그것이 비록 농민들의 사유지였음이 인정된다고 하더라도 실질적인 증빙서류가 구비되어 있지 않는 한 국가권력을 상대로 소유권투쟁을 전개하는 것은 쉽지 않았을 터이다. 이러한 상태에서 이들은 賭稅의 減下를 요구하는 等訴운동을 전개할 수밖에 없었다. 둔민들은 1902년 5월말부터 시작하여[79) 8월과 11월에 걸쳐 郡과 內藏院에 각각 等訴하여, 賭와 結을 이처럼 督徵하면 '田畓主'는 토지를 버리는 것만 같지 못하여 마침내 전답은 방치되어 황폐해지겠고 또한 농민이 안심하고 농사를 지을 수 없으면 장차 離散할 수밖에 없다고 호소하고, 인근 甲士屯의 例에 따라 土品에 관계없이 매 두락에 2斗씩 代錢捧賭할 것을 요구하여 현실적으로 실현 가능한 방법을 스스로 제시하기도 하였다(c).[80) 이에 내장원은 갑사둔의 토지에 비하면 의정부둔은 토지 품등이 厚하다는 논리로 이들의 도조감하 요구를 거절하였고, 둔민들은 다시 의정평과 갑사둔이 한 地境에 소재하여 優劣이 없다는 현지의 事情을 강조하면서 11월에 재차 동일한 요구를 등소하였지만 결국 한결같이 査定實數 대로 准納하라는 내용의 指令과 함께 이들의 요구는 끝내 수용되지 않았다.[81)

내장원은 기본적으로 이 의정부둔의 토지를 有土屯土로 파악하여 자신의 확실한 소유권을 토대로 사검정도하고 이에 대한 농민층의 저항에

---

79) 8월에 내장원에 올린 楊州議政府坪民人等狀(1902.8)의 내용은 이미 5월 하순에 있었던 楊州郡守洪泰潤의 報告書 제2호(1902.5.26)(『各司謄錄』 2, 142쪽)내용 중 '本郡議政府屯土作人等의 訴求' 내용과 동일하다.

80) 위에서 살펴본 것처럼 甲士屯에서는 畓 每斗落에 2兩(田의 경우는 6錢)씩 定賭하였는데, 실제에 있어서는 답 매 두락에 當五錢으로 10兩씩 징수된 것으로 보인다(京畿道楊州郡議坪民人鄭日同等訴狀(1902.11) 참조).

81) 京畿道 楊州郡 議坪民人 鄭日同等訴狀(1902.11.), 『各司謄錄』 2, 697쪽.

대응해 갔다. 1901년의 사검은 선희궁 구관 시기의 턱없이 헐한 도조를 지주의 입장에서 전혀 새롭게 정리하여 현실화한 것이었고, 地代를 賭地로 정한즉 結稅는 마땅히 作人의 擔納이며, 또한 土地品等에 따라 定賭하였기 때문에 他屯의 例와 비교할 수 없으며, 拒納이나 收賭를 방해하는 경우는 지방의 행정력(공권력)을 통해서 엄하게 조처하였다.

한편 1900년 9월에 내장원으로 부속된 驛土의 경우는 이미 농상공부에 의한 乙未查辦으로 일단 전체적인 調査 및 定賭가 이루어졌을 뿐만 아니라 이후 軍部, 度支部에서 철저히 관리해 왔기 때문에 역토조사를 專管하기 위한 봉세관 파견 훈령[82] 내용과는 달리 실제에 있어서는 특별한 사검작업이 필요하지 않았다. 다만 역토의 소관 부처가 바뀌면서 도세가 증액되어왔음에도 불구하고 내장원은 역토의 도세가 헐하다고 보고 지역에 따라 加賭를 책정하기도 하였다.[83]

原定 賭額 외에 추가로 수봉하는 가도는 역토 작인들의 저항을 초래했는데 6개의 역이 위치한 양주군에서도 예외는 아니었다. 특히 綠楊驛土 작인들은 1901년 정월에 綠楊里·立石里 등 11개 지역 작인 87명의 연명으로 내장원에 발괄(白活)하였다. 지난해에는 旱災로 인해 거개가 진황되었음에도 불구하고 章程의 定式에 의거하여 納上할 수밖에 없어 白地徵稅라는 원망이 많았던 데다가 금년 들어 갑자기 도조를 첨가하여 전 1日耕에는 2斗, 답 1斗落에는 1斗 6升을 각각 排定하여 巡校를 보내 督捧함에 따라 집단적인 呼冤이 발생하였던 것이며, 더구나 녹양역토의 경우는 비옥한

---

82) 全國 13道 捧稅官에게 보낸 훈령(1900.9.), 『訓照』 2, 282쪽.

83) 양주군 仇谷驛土 중에는 3日耕이 채 되지 않는 驛田을 전후 사검하되 '意見'을 중심으로 혹 4日半耕, 혹 11日半耕으로 修成冊하여, 처음 農商工部에서는 1石餘를 捧賭할 수 있는 곳이라 하였고, 이후 軍部에서는 추가하여 2石 14斗를 도조로 거두다가, 이어서 度支部에서 다시 추가하여 3石 7斗 5升을 거두더니, 마침내 1900년 가을 內藏院에서 1石 2斗 5升을 加賭하여 4石 10斗를 책정하였다(楊州 仇谷驛作人 柳致仁의 請願書(1901.9.), 『各司謄錄』 2, 556쪽).

上·中의 전답은 各陵의 位土로 거개가 부속되어 나머지는 下田下畓이 대부분인데도 불구하고 별도로 加賭한 것이 작인들을 크게 자극하였던 것이다.[84] 이들 녹양역 하등 전답 작인들은 3월에 동일한 내용을 한 차례 더 호소하였지만 내장원 지령은 다음과 같이 여전히 부정적이었다.

(e) 前에 정한 賭租는 지극히 歇하여 庚子年(1900)부터 별도로 加賭를 책정하였으니 蠲減할 수 없다. 이후부터는 該驛의 賭租를 상납할 시기에 民願에 따라 該洞의 領所任으로 하여금 그것을 거행하게 하고 前 舍音을 시행하지 말 것(3.20).[85]

추가로 排定한 加賭는 봉세관이나 사음의 임의에 의한 것이 아니라 地主經營을 강화해 가고 있던 내장원이 공식적으로 인정한 내용이었다. 그리고 이 지역 역토에서는 경작권과 관련된 분쟁도 발생하였다. 녹양역토의 경우는 위 내장원의 지령에서와 같이 1901년부터 사음 대신에 민원에 따라 그 洞의 領所任으로 하여금 도세의 수봉상납을 담당하도록 함으로써[86] 이들 前舍音 및 영소임과 이들을 사칭한 유력자들에 의한 奪耕 移作 조치로 분쟁이 발생하였다.[87] 녹양리에 거주하는 李冕容은[88] 사음도 아니

---

84) 楊州綠楊驛土作人等 白活(1901. 음력 정월), 위의 책, 483쪽.

85) 楊州郡 綠楊驛土在下田畓作人等白活(1901.3.), 위의 책, 493~494쪽.

86) 녹양역토의 사음으로는 1899년 이전에는 李明善이, 이듬해 역토의 내장원 이속 직전에 度支部에서 認許를 받은 京居 韓承三과 이후 捧稅官이 差定한 尹奉學이 갈등하다가 결국 1900년 추수는 한승삼이 담당하였지만, 다시 11월 말에는 이명선으로 仍舊擧行토록 조처함으로써 이들 사이의 갈등이 끊이지 않았는데, 1901년 봄에는 마침내 사음을 폐지하고 洞 領所任으로 그것을 감당하게 하였다(사음 이명선 및 한승삼의 발괄과 양주군수의 6호 보고서 등 참조,『各司謄錄』2, 40, 432, 447, 500, 530쪽).

87) 楊州郡 綠楊驛在下畓作人 張致章等 原情(1901.3.), 楊州 柴北面 綠楊里 領所任等 白活(1901.3.), 京畿道 楊州郡 綠楊驛 領所任等 請願(1901.음력3.), 楊州郡 綠楊驛在下畓作人 張尙卜 白活(1901.4.), 楊州郡 綠楊驛在下畓作人 李先用 白活(1901.4.), 楊州郡 綠楊驛田作人 小谷居 梁成五 原情(1901.5.),『各司謄錄』2, 496, 504, 505,

면서 本郡 혹은 捧稅官의 差帖이 있다고 칭하고 移作 奪給하였으며, 작인들로부터 '挾雜輩'로 불린 金漢旭은 실제로 綠楊里 領所任 가운데 한 사람으로서[89] 자칭 내장원 봉세관의 임무를 부여받았다고 하면서 臨農奪耕을 일삼았다.

경작권을 둘러싼 분쟁 가운데 작인 李先用이 경작하던 전 半日耕과 답 3斗落의 경우는 한 해에 2번이나 탈경되었다가 회복되기도 하였다. 1901년 3월에 위의 이면용이 그것을 빼앗아 鄭千汝에게 주었으나 작인들이 내장원에 등소한 回指令으로 경작권을 되찾아 농사철이 되어 起耕落種할 수 있었다. 그러나 곧이어 4월에는 '仍舊耕作'하라는 내장원의 題旨를 자칭 봉세관이라고 하는 김한욱에게 압수당하고 所耕 田畓도 다시 빼앗겨 碑隅店에 사는 朴長安에게 지급되었는데, 이번에도 이선용은 내장원에 재차 발괄하여 경작권을 회복하였다.

이외에도 張致章·朴稚紹·張敬仲 및 梁成五가 각각 田 半日耕씩을 이면용에게 奪耕당하였고, 李元載의 田 半日耕과 畓 3斗落은 領所任들에 의해서 탈경되어 李福成에게 移作되었으며, 그리고 이미 起耕落種한 張尙卜의 畓 6斗落도 김한욱에게 臨農奪耕되었으나, 이들 작인들은 대체로 자신들의 발괄 및 原情, 심지어는 領所任들의 請願 및 발괄을 토대로 내장원이 판단하여 내린 指令에 의해서 경작권을 회복하였다. 작인이 도조를 납부하지 않거나 타지역으로 移居한 경우 사음이 간혹 이작하는 것은 이치에 타당하겠지만, 탈경당한 대부분의 작인들은 수년 동안 無弊耕

519, 520, 528쪽의 내용을 분석적으로 정리하였다.

88) 李冕容은 綠楊里 '大民(양반)' 李信汝의 아들로서 이미 乙未査辦시에도 移作 奪耕 등의 작폐가 심하였던 자이다(앞 절 참조).

89) 京畿道 楊州郡 綠楊驛 領所任等 請願(1901. 음력 3월),『各司謄錄』2, 505쪽. 여기서는 綠楊里領所任 金漢旭, 朴鳳安, 李致福 等이 연명으로 청원하고 있다. 다만 楊州 柴北面 綠楊里 領所任等 白活(1901.3.)에는 金漢旭 대신 金漢玉이 영소임 중의 한 사람으로 등장하나 관련이 있는 듯하다.

作하였고 1900년에는 旱災로 인한 흉년임에도 原賭 외에 加賭까지 上司의 知委를 준행하여 각별히 輸納했던 信實한 자들이었기에 내장원에서는 '庚子(1900)년 作人으로 仍舊耕農케' 하도록 지시하였다. 또한 臨農奪耕은 불법적인 것으로 처리되었다.

이와 같이 소유권과 관련되지 않은 분쟁에서 내장원은 일단 公的인 위치에 설 수 있었다. 내장원으로서는 지주경영의 합리화를 통하여 도세수입을 안정적으로 확보할 수 있으면 되는 것이었기에 경작관계를 둘러싼 분쟁에서는 객관적 합리성을 바탕으로 불법에 단호히 대처하였다.

지주경영에서 가장 중요한 것은 지대의 수취이다. 즉 적당한 지대를 책정하고 안정적으로 그것을 수취하는 일이다. 내장원의 광무사검도 결국 내장원 소유의 토지를 조사하되 전답의 소재지와 면적을 파악하여 토품에 따라 도조를 책정하고 아울러 지대로서의 도조를 안정적으로 납부할 수 있는 작인을 파악하는 일이 중심이었다. 그렇기에 내장원의 지대수취 강화 과정에서 양주군 소재 平邱驛土 작인들이 흉년에 打租制를 요구한 것은 결코 수용될 수 없었다. 평구역토의 경우는 1894년 陞摠 이후, 구체적으로는 乙未査辦 이후 도세(賭錢·賭租)를 책정해 놓고도 실제에 있어서는 舍音이 작인들로부터 打作例로 收租하여 그 중에서 租(賭租)는 部院(農商工部·軍部·度支部·內藏院)에 납부하고 結(結稅)은 本郡에 납부해 옴으로써 結稅를 애초부터 작인들에게 별도로 책징하지 않은 것이 7~8년의 관례였는데, 1901년 7월에 差定되어 1차 看坪한 내장원 평구역토 사음 高聖一은 그 해 큰 흉년으로 인해 上納 賭租의 수취 마저 어렵게 예상되자 역지에서 賭로 永定된 원칙을 적용하여 賭租와 結錢을 作人에게 責納토록 함으로써 분쟁이 발생하였다. 豊年에는 打作하여 分半하고 凶年에는 賭租로 정하여 結稅까지 매기면 무고한 殘氓이 어찌 살아 갈 수 있으며, 이렇게 토지에 일정한 규정이 없고 民이 안도할 수 없으면 公土는 버려지고

民은 흩어질 수밖에 없다는 작인들의 호소와 위협에도 불구하고, 內藏院은 사음이 중간에서 作奸한 것은 불법적인 것으로 폐단은 지방관으로 하여금 금단할 것이나 賭稅는 내장원의 査定實數에 따라 准納하고 아울러 定賭인 경우는 結稅는 마땅히 작인의 擔納이니 그동안 사음의 從中作奸을 빌미로 다시 사음에게 結錢을 책징할 수 없다고 원칙론으로 조처하였다.[90] 매년 打作으로 탁지부에 상납해 왔던 양주 於等山 院垈 소재 驛畓 15두락의 경우도 마찬가지였다.[91] 지방 현지에서 牧民하는 지방관의 판단과 국유지 地主로서의 내장원의 조처는 사뭇 다를 수밖에 없었다.

한편 내장원은 양주군의 각 역토 둔토에서 사음이나 혹은 영소임을 둘러싼 私的인 폐단을 방지하고 公的으로는 도세 愆滯의 폐단을 막아 지방행정과 내장원의 역둔토관리를 효율적으로 하기 위해 1902년 8월부터 郡에서 各驛屯土 도세의 收捧上納을 專管하도록 허용하였다.[92] 또한 그 해 흉년으로 인해 도조를 査定實數에 의거하되 本穀이 아니라 時價에 따라 代錢捧納토록 허용하였으며, 뿐만 아니라 시가에 따른 代錢責捧도 實穀(査定實數)을 토대로 하되 그 해 실질적인 수확량을 참작하도록 하였고, 지역에 따른 穀價 차이도 인정하여 실질적으로 효과가 있도록 본군에 도세수납의 일체를 일임하였다.[93] 내장원의 도세수취에 대한 엄격성과 관련해 볼 때 매우 예외적인 조처로 생각되나 흉년과 결부된 현실을 인정할 수밖에 없었던 것으로 보인다.

90) 楊州 平邱驛土 舍音高聖一의 訴狀(1902.3. ; 1902.5.), 楊州郡守 洪泰潤의 報告書
　　제3호(1902.5.27) 및 제6호(1902.8.5),『各司謄錄』2, 608, 638, 142, 162쪽 참조.
91) 楊州 於等山居 權致明・呂行先・李汝男의 訴狀(1901.11.), 위의 책, 591쪽.
92) 楊州郡守 洪泰潤의 報告書 제9호(1902.9.20), 위의 책, 164쪽.
93) 楊州郡守 洪泰潤의 報告書 제10호(1902.10.22), 제1호(1903.1.5), 제5호(1903.5.16) ;
　　京畿捧稅官 李泰河의 報告 제28호(1903.10.30), 위의 책, 169, 182, 194, 225쪽.

4. 맺음말

구한말 국유지 조사로서의 단초는 1895년 말부터 농상공부에 의해 실시된 전국 역토조사에서부터 마련되었다. 京畿道 楊州郡 소재 5개 驛을 중심으로 한 驛田畓을 조사하기 위해 파견된 한성부 사판위원 張濟英은 군수 任原鎬의 협조 하에 査辦規例에 의거하여 그해 12월에 綠楊역토를 조사하는 것에서부터 시작하여 이듬해 3, 4월에는 延曙·平邱역토를, 6월 초에 이르러 雙樹·仇谷역토까지 조사를 완료하였고, 이후 조사에서 누락된 곳과 분쟁지 문제까지 조정하여 9월 중순경에는 역별로 작성된 査辦文簿를 일체 上送하고 있다. 물론 1896년 2월부터는 중앙 및 지방 각 기구 소속의 둔토까지 확대하여 조사하지만 농상공부 사판위원 및 지방관에게 위탁된 조사로서의 성격상 토지의 소재·면적·土品 및 작인을 조사하는 것이 중심이었고 定賭 및 排結 문제는 유보되고 있으며 작인은 대체로 구작인을 그대로 파악하고 있는 등 제한적인 것이었다.

일반적으로 양주군을 비롯한 인근 지역의 역토사판 과정은 현실을 토대로 한 객관적 합리성을 일정하게 띠고 있었다. 특히 排結시에는 1894년의 免稅地陞摠 이후 無土에 해당된 結數는 공제하고 有土의 경우에도 舊結摠에 구애되지 않고 현실의 토지품등에 따라 적절히 배결하였다. 結摠의 파악은 탁지부의 收稅와 관련된 것이긴 하지만 이를 통해 역토조사의 성격의 일단을 볼 수 있다. 그리고 誤調査에 대한 수정도 매우 엄격한 재조사과정이 요구되었지만 합리성은 관철되고 있었다.

양주군에서 乙未査辦을 둘러싼 분쟁은 소유권보다는 역토 耕作權과 관련된 것이 지배적이었다. 농상공부에 의한 역토조사는 역제도의 폐지로 인해 자체 소관이 된 역전답의 소재지와 면적을 파악하고 아울러 작인을 전혀 새로 선정하여 賭稅를 부과하는 것이었다. 따라서 기왕의 馬戶들은

驛役에서는 해방되었지만 驛土로부터도 분리되어 '自耕無稅'하던 자영농적 위치에서 소작농으로 혹은 역토 경작에서조차 배제될 수 있었다. 이러한 위기의식을 지닌 채 舊驛屬들은 吏屬輩에게 쉽게 기만당하기도 하고, 한편으로는 자신들을 역토 사음으로 차정해 달라는 요구마저 거절되자 그들 자신이 驛土復舊說로 작인들을 선동하여 도세를 거납하게 하거나 봉기를 도모하기도 하였다. 특히 녹양역토를 둘러싸고는 綠楊驛洞의 驛民과 양반 지주층이 합세하여 새로운 역토경영 하에서도 그들의 지역적 · 신분적 기득권을 유지하고자 인근 立石里 新作人들의 分給畓을 늑탈하기도 하였다. 그러나 이러한 분쟁들은 대체로 사판규례에 의거한 농상공부의 원칙적인 조처로 인해 그 해결과정에서 객관성을 유지할 수 있었다.

內藏院은 1899년 6월부터 각 도별로 위원을 파견함으로써 소위 光武查檢을 시작하였다. 양주군에는 사검위원 姜鳳憲이 파견되면서 查檢章程에 따라 주로 踏驗 및 文簿를 중심으로 조사가 이루어졌으며, 각 屯別로 量案과 定賭成冊 그리고 執賭都案의 형태로 各屯土查檢案이 작성되었다. 양주군에 분포된 8종류의 둔토 가운데 糧餉屯土에는 新查得된 토지도 있었으나, 한편으로는 民相賣買되던 경리청둔토와 의정부둔토 등의 무토둔토를 포함한 민유지 및 공유지까지도 屯名으로 된 경우는 이를 일체 조사함으로써 이후 소유권분쟁의 실마리를 제공하였다.

광무사검은 이전 조사와는 달리 地主的 조사로서의 성격이 강화되었음을 보여주었다. 도세의 책정은 賭錢보다는 정액 현물납인 賭租의 형태로 답 1두락과 전 1일경에 대해서 각각 7두와 14두가 일반적이었으나, 의정부둔토의 경우처럼 평균 3.76두와 4.88두로 낮게 책정되기도 하였는데 이는 대체로 무토둔토에서 도조를 현실화해 가는 과정의 산물이었다. 전반적으로 이 시기에는 단위면적당 도조액이 을미사판에 비해 아직 크게 상승한 것은 아니었지만, 대신 내장원은 다양한 세원을 철저히 파악하고자 하였다.

그리고 광무사검 이후의 역둔토분쟁은 이전과는 달리 소유권을 중심으로 한 것이 주류를 이루었다. 소유권분쟁은 주로 前經理廳屯土(甲士屯土)와 議政府屯土를 중심으로 한 無土둔토에서 발생하였다. 甲午陞摠과 함께 有·無土를 막론하고 면세지가 혁파되어 탁지부에 出稅하게 된 이후 특히 무토는 명목상으로도 둔토가 아닌 民田·民有地化 하였는데, 대체로 1897년경부터 궁내부에서는 위의 양 토지를 각각 갑사둔, 의정부둔이라는 屯案의 명칭과 더불어 소유토지로 인식하고 屯監 등을 파견하여 토지를 파악하고 도세를 징수하고자 하였다. 그러나 당시에는 소위 둔민(작인)들의 강력한 저항으로 도세를 책정하지 못하거나 혹은 結稅 내지는 그 이하 수준으로 定賭함으로써 타협해 왔으나, 전국 역둔토를 이속받은 내장원이 배타적인 지주적 조사와 지주경영으로 관리를 강화해 가는 과정에서 그동안 미봉되었던 분쟁은 터져 나올 수밖에 없었다.

소유권분쟁은 간단히 해결될 성질의 것은 아니었다. 대한제국의 실질적인 권력기구인 내장원이라 하더라도 無土로서의 존재형태와 그 내력이 뚜렷한 경우에는 有土에서와 같이 도세 수봉을 강제할 수 없었다. 甲士屯에서는 작인들이 1899년의 사검내용을 부정하면서 賭稅를 拒納함에 따라 이듬해에 내장원은 畓과 田의 두락당 賭錢을 각각 하등 전답의 도세 기준에도 미치지 못하는 낮은 수준(2兩과 6錢)으로 다시 책정하였고, 강력한 국가권력을 상대로 지속적인 투쟁을 전개하기 어려웠던 屯民들은 내장원의 일방적인 타협책을 마지못해 수용할 수밖에 없었다. 그러나 한편으로 그것은 내장원의 소유권을 확인해주는 과정이었고, 이에 따라 둔민들은 지속적인 거납 외에 토지를 방매하는 등 다양한 저항을 초래하였다.

1901년에 議政府屯土가 내장원으로 이속된 뒤 그것을 査檢定賭하는 과정에서 둔민들은 이전보다 倍加된 도조뿐만 아니라 결세 마저 별도로

부담하게 되면서부터 그들의 처지는 이전의 실질적인 자작농에서 소작농으로 전락하게 되었고, 이후 발생한 소유권분쟁은 둔민들의 집단적인 請願·拒納·等訴운동의 형태로 전개되었다. 갑사둔토와는 달리 의정부둔토는 이미 1897년 이후의 宣禧宮 句管 시기부터 結稅보다 낮은 수준이기는 하지만 地代의 형태인 賭稅가 책정되어 있었기 때문에 이 토지를 둘러싼 실질적인 소유권투쟁은 賭租減下를 요구하는 抗租투쟁으로 나타났다. 이 투쟁에는 답 110.5두락과 전 2.6일경을 보유한 의정부둔토 최대의 경작자인 金興得을 비롯하여 도조의 규모가 6石 이상인 최상위 경작자들이 모두 참가하고 있으며 특히 그 가운데 韓奉用은 운동의 전 과정에 참가한 핵심 인물이었다. 단계별 항조운동에 두 번 이상 참가하면서 적극적으로 운동을 주도한 계층은 대체로 경작토지의 규모나 비옥도의 측면에서 우세한 위치에 있던 中農 이상인 자들로서, 이들은 대부분 거납운동에도 스스로 참가하면서 결국 결세 이하 수준으로 도세를 인하함으로써 이전처럼 屯名下에서나마 경작토지를 자신들의 소유상태로 확보하고자 했다. 그러나 이 둔토분쟁에서도 소유권과 관련하여 내장원은 어떠한 타협적 조처도 제시하지 않았고, 결국 배타적인 근대적 소유권이 확립되어 감에 따라 의정부둔토는 갑사둔토에 앞서 국유지로 轉化할 처지에 놓이게 되었으며 이후 국유지분쟁의 단서를 제공하였다.

　이밖에 사검과정에서 民田의 混入으로 인한 소유권분쟁은 郡의 재조사를 바탕으로 하면서도 賣買文券 등 의거할 만한 증빙서류가 있어야만 頉給될 수 있었고, 면적이 加錄되거나 토지品等 및 名字가 誤錄된 경우도 郡의 書記 및 洞里의 領所任이 摘奸하여 그 사실을 확인하더라도 오랜 기간동안 해결되지 않았다. 그리고 驛土에서의 加賭문제로 집단적 항조운동이 발생하기도 하였으나 加賭 역시 내장원이 지주경영을 강화해 가는 과정에서 공식적으로 인정된 것이라 농민층의 도조감하 요구는 수용되기

어려웠다. 다만 역둔토의 경작권을 둘러싼 분쟁에서 내장원은 분쟁 당사자
들의 白活 및 原情, 請願만을 토대로 신속하고 공정하게 처리하였다. 요컨
대 양주 지역 역둔토의 조사와 경영도 국가지주로 등장한 내장원의 지주적
성격을 그대로 반영하고 있었다.

대한제국시기 국유지의 소유구조와 中畓主

이 영 호

1. 머리말

일제의 식민정책 및 토지정책의 한 축을 형성한 것은 국유지조사와 정리·불하의 과정이다. 일제의 국유지 조사사업은 갑오개혁 이후 대한제국시기에 이르기까지의 국유지 조사정리사업을 배경으로 한 것이었다. 특히 中畓主의 처리방향과 관련해서는 대한제국의 방침을 일제가 적극적으로 수용한 것으로 이해된다.

이 글은 이러한 일제의 국유지 조사사업의 성격을 규명하는 전제로서 갑오개혁 이후 대한제국이 국유지의 소유구조를 어떠한 방향으로 재편하려 하였으며 그 과정에서 중답주를 어떻게 처리하고자 하였는지 光武量田·地契事業과 관련하여 검토하고자 한다.

대한제국시기 國有地에[1] 대한 연구는 주로 갑오개혁 이후 국가의 조사

---

1) 국유지는 국가 또는 국가기관의 소유지를 의미하는데, 中世의 왕조국가가 근대의 국민국가로 이행하는 과정에서 국가의 성격이 변화하였기 때문에 국가의 소유지를 규정하는 데에서도 중세와 근대 이후는 그 개념을 달리하는 것으로 보아야 할 것이다. 대한제국시기는 그 과도기에 있었고, 따라서 국유지의 개념도 변화하는 과정에 있었다. 이 글에서는 이러한 국유지의 개념에 대한 논란은 일단 접어두고 국가기관의 소유지를 국유지로 파악하기로 한다. 특히 왕실을 국가기관에 포함시킬 것인가의 문제는 많은 검토가 필요하지만 일제의 식민정책과정에서 그것이 국유지화 하였고, 그 소유구조와 다른 국가기관의 그것이 동일하다고 판단되기 때문에 국유지의 범주에 넣어 논의하기로 한다.

과정과 그 과정에서 나타난 국가와 민 사이의 소유권분쟁, 지대저항운동, 그리고 경영실태 등의 주제에 대하여 집중되어 왔다.[2] 국유지의 소유구조에 대한 실태적 연구는 부족한 형편이다.

이 글에서 다루는 국유지의 소유구조 및 중답주에 대하여는 연구가 풍부하지는 않지만 몇 가지 쟁점을 찾아볼 수 있다. 첫째로 국유지의 소유구조에 대한 것이다. 국유지의 소유규조를 民田의 소유구조와 같은 선상에서 파악하되 예외적인 현상으로서 중답주의 존재를 인정하는 견해와,[3] 국유지의 重層的 소유구조가 민전에 외연적으로 확장되어 있다고 파악하는 견해의[4] 대립이다. 둘째로 중답주 권리의 소멸과정에 대한 것이다. 중답주의 권리가 일제의 토지정책에 의하여 소멸되었다는 주장과,[5] 일제의 정책에 의해서가 아니라 향촌사회의 자율적인 조정과 지주제의 발달로 소멸되었다는 견해가[6] 대립적으로 제시되어 있다. 셋째로 일제의 토지조사사업에 의하여 國有와 民有가 확정되었고, 그 이전에는 有土免稅地의

2) 鄭昌烈, 「한말에 있어서의 驛屯土問題」, 서울대학교 국사학과 석사학위논문, 1968 ; 權寧旭, 「日本統治下の朝鮮における所謂驛屯土問題の實體」, 『朝鮮近代史料集成』 3, 東京 : 友邦協會, 1970 ; 裵英淳, 「한말 驛屯土 조사에 있어서의 所有權紛爭」, 『한국사연구』 25, 1979 ; 朴贊勝, 「1895~1907년 驛土·屯土에서의 地主經營의 强化와 抗租」, 『한국사론』 9, 1983 ; 金洋植, 「大韓帝國·日帝下 驛屯土 硏究」, 단국대학교 사학과 박사학위논문, 1992 ; 金載昊, 「大韓帝國 內藏院의 驛屯土 관리」, 『경제사학』 19, 1995 ; 朴珍泰, 「한말 역둔토조사의 역사적 성격 연구」, 성균관대학교 사학과 박사학위논문, 1996.
3) 중세사회의 토지소유를 封建的 私的 土地所有로 파악하는 견해는 대체로 이 경향에 속한다.
4) 安秉珆, 『朝鮮近代經濟史硏究』, 東京 : 日本評論社, 1975 ; 李榮薰, 『朝鮮後期社會經濟史』, 서울 : 한길사, 1988.
5) 愼鏞廈, 「李朝末期의 賭地權과 日帝下의 永小作의 關係-小作農賭地權의 所有權으로의 成長과 沒落에 대하여」, 『經濟論集』 4-1, 1967(『朝鮮土地調査事業硏究』, 서울 : 知識産業社, 1979, 재수록) ; 金容燮, 「韓末에 있어서의 中畓主와 驛屯土地主制」, 『韓國近代農業史硏究(增補版)』(下), 서울 : 一潮閣, 1984.
6) 이영훈, 「토지조사사업의 수탈성 재검토」, 『역사비평』 1993년 가을호.

소유구조 및 그로 인한 소유권분쟁으로 말미암아 국유와 민유의 구분이 불확실하였다는 지적이다.[7]

국유지의 소유구조에 대한 이러한 쟁점을 염두에 두면서 이 글에서 문제삼고 싶은 것은, 첫째는 과연 국유지의 중층적 소유구조가 민전에 광범하게 확산되어 존재하는가, 국유지의 중층적 소유구조는 국유지에서 어떠한 비중을 차지하는가 하는 점이다. 둘째는 대한제국은 국유지와 민전을 구분하여 파악하고 있는가, 대한제국은 중층적 소유구조를 量案上에서 어떻게 처리하고자 하였는가 하는 점이다. 이러한 문제를 중답주 권리의 소멸과정에 대하여는 보류해두고, 대한제국의 國有地 정책, 특히 中畓主에 대한 정책을 중심으로 주로 光武量案을 통하여 해명해보기로 한다.

2. 갑오개혁 이후 국유지 소유권의 정리방향

국유지의 소유구조는 庄土의 성립기원에서 비롯된 다양한 양상을 보여 왔다.[8] 국유지의 성립기원은 買得, 籍沒地의 賜與, 국가소유지의 賜牌, 無主陳荒地의 개간, 民田의 편입 등을 통하여 형성되었고, 그 과정에서 지대액의 차별적 적용이 행하여졌다.[9] 특히 무주진황지의 개간과 민전의 편입과정에서 지대액이 저렴해졌고, 따라서 여기에는 소위 중답주와 같은 형태의 중간소유자가 나타나게 되었다. 이 경우 토지소유권은 완전한 형태를 취하지 않았지만 지대액의 수준에 따라 소유권에 대한 권리가 분할

---

7) 宮嶋博史, 『朝鮮土地調査事業史の硏究』, 東京 : 東京大學 東洋文化硏究所, 1991.
8) 허종호, 『조선봉건말기의 소작제 연구』, 평양 : 사회과학원출판사, 1965 ; 李榮薰, 앞의 책 ; 朴準成, 「17·18세기 宮房田의 확대와 所有形態의 변화」, 『韓國史論』 11, 1984 ; 都珍淳, 「19세기 宮庄土에서의 中畓主와 抗租」, 『韓國史論』 13, 1985 참조.
9) 安秉珆, 앞의 책, 64~80쪽.

규정될 수 있었다.

그런데 이들 장토가 갑오개혁으로 出稅 조치되면서 지대 이외에 地稅를 부담하지 않을 수 없었고, 지대 수준에 의하여 규정된 토지소유권에 대한 정리가 요청되었다.

갑오개혁 당시의 국유지는 有土免稅地와 無土免稅地로 구분되어 있었다.[10] 각 宮房의 무토면세결은 2만 1,474結 91負, 유토면세결은 7,126결 55부, 각 衙門의 有・無土 면세결은 2만 2,757결 70부로서, 합계가 5만 1,359결 16부(陳田 포함)에 달하였다. 각도의 驛結 2만 6,846결 42부 5속을 더하면 7만 8,205결 58부 5속이 된다.[11] 그러나 무토면세결은 갑오개혁에 의하여 폐지되었으므로 순수한 국유지는 유토면세결에 한정될 수밖에 없고[12] 그것은 매우 적은 양이었다. 宮庄土의 경우 유토면세결은 7,126결 55부로서 무토면세결을 포함한 1894년 당시의 국유지 면적 전체의 9%, 1894년 時起結摠 81만 7,915결의 0.9%에 불과하였다. 여기에 역둔토의 유토면세결을 합하여도 그 양은 매우 적다는 것은 분명하다.

현존하는 토지관계 자료는 압도적으로 국유지에 대한 것이 많은데, 그것은 갑오개혁 이후 국유지를 정리하는 과정에서 조사 제출된 자료들이다. 그동안의 연구에서는 이들 자료를 통하여 국유지의 소유구조를 해명하는 데 그치지 않고 일반 민전의 소유구조까지 유추 해석하여 일반화하려는

---

10) 『結戶貨法稅則』, 1895. 이 자료에는 宮庄土만을 지적하고 驛・屯土에 대하여는 언급이 없지만 역둔토도 궁장토와 유사한 기원과 구조를 이루기 때문에 함께 포함하여 언급한다.

11) 『結戶貨法稅則』, 「免稅結收入表」, 「各道各都驛結」. 그러나 같은 책, 「八道五都田結總攷」에 의하면 국유지의 면적은 各陵園位免稅結 2,082결, 各宮房免稅結 2만 4,757결, 各衙門免稅結 4만 4,743결, 各樣雜位免稅結 11만 7,553결로서 모두 합하여 18만 9,135결인데 이것은 1894년 時起結摠 81만 7,915결의 23%에 달한다. 그러나 각양잡위면세결은 관청・향교・사원 등의 부지이므로 이를 제외하면 국유지는 7만 1,582결이 되고 이것은 9% 정도에 불과하다.

12) 이외에 면세의 대상이 아닌 궁방의 사적 소유지가 별도로 존재하였다.

경향을 보였다. 그러나 국유지의 면적이 전체 경작면적에서 매우 적은 비율을 차지하고 있다는 점을 고려하지 않으면 안 된다. 국유지는 특수한 장토 성립기원을 가지고 있고, 그 관리체계가 방만하여 지대의 중간유실이 적지 않고, 그 면적이 매우 적다는 점을 고려하면 국유지의 소유구조를 일방적으로 그 외연을 확장하여 민전의 소유구조를 설명하는 근거로 삼는 것은 문제를 안고 있다고 생각한다. 갑오개혁 이후부터 대한제국시기에 이르러서는 더욱 그러하다. 이 시기에는 갑오정권과 광무정권이 그 이전과는 달리 국유지의 정리를 꾀하고 있었고 그 과정에서 소유구조의 변동이 초래되고 있었기 때문이다.

갑오개혁의 국유지 처리방침이 잘 나타나 있고, 많은 연구에서 이 시기뿐만 아니라 조선시기의 국유지 소유구조를 해명하는 단서로 삼고 있는 『結戶貨法稅則』의 국유지 인식 내용을 살펴보자.

一. 有土免稅結에 二種이 有ᄒ야 其 區別이 左와 如ᄒ나 但 此 二種의 結數ᄂ 戶曹에서도 判明치 못홈.

第一種 各宮의 財産으로써 買入흔 土地에 其 租稅롤 免除ᄒ야 流來흔 者롤 云홈이니 但 各宮은 槪 小作人으로브터 每年 收穫의 一半을 徵收ᄒᄂ 例가 有홈.

第二種 官으로브터 或 民有地롤 限ᄒ야 其 稅金을 與ᄒᄂ 者롤 云홈.

一. 無土免稅結이라 홈은 或 民有地롤 限ᄒ야 其 稅金을 與ᄒᄂ 者롤 云홈이니 前揭흔 有土免稅 第二種과 差異ᄂ 左와 如홈.

(一) 有土ᄂ 其 土地롤 永久히 變치 아니ᄒ나 無土ᄂ 槪 三四年에 其 土地롤 變換홈.

(二) 無土ᄂ 必 官에서 徵稅ᄒ야 各宮에 與ᄒ나 有土ᄂ 不然ᄒ야 各宮으로브터 直接으로 徵收ᄒ거나 又 各邑으로브터 各宮에 送納케 ᄒ거나 二者 中 其一에 居홈.

一. 人民所有의 土地로서 名을 皇族의 有土에 藉托ᄒ야 脫稅를 謨ᄒᄂ 弊習이 從來 黃海道에 多有ᄒ나 然ᄒ나 昨年으로브터ᄂ 有土免稅도 徵稅홈으로

此 弊가 將無홀지로다. 但 第一種에 屬혼 有土地에 在ᄒ야ᄂᆫ 各宮에서 直接으로 小作人에게 收穫 一半을 依然 徵收홈.

이 기록은『結戶貨法稅則』「免稅結收入表」의 부록으로 제시한 「各宮房 有土免稅結」, 「各宮房無土免稅折受結」, 「各衙門免稅結(有土無土混合)」 의 통계에 대한 備考로서, 免稅結에 대한 해설을 붙인 내용이다.

기본적으로는 궁장토에 대한 설명이고 衙門屯土에 대한 것은 아니지만, 有·無土의 구분기준은 아문둔토에도 해당되는 설명이다. 또한 국유지의 소유구조를 설명한 기록이 아니라 재정관계기록으로서 免稅結의 종류를 설명한 것이지만, 그 과정에서 국유지의 소유구조에 대한 단서를 제공하고 있다.13) 또 한 가지 이 기록이 가지는 중요한 의미는, 조선시기의 소유구조 를 설명한 것이 아니라 갑오개혁의 국유지 정리방향을 나타내고 있다는 점이다.

이러한 점을 전제하고 위의 기록을 검토해보면, 우선 면세결은 有土免稅 結, 無土免稅結, 民田投托地의 3종류로 구분되는 것을 알 수 있다. 무토면 세지의 지세는 官(즉 戶曹)에서 징수하여 궁방에 보내며 3~4년마다 지역 을 옮겨 輪廻하는 것이고, 유토면세지는 장토가 고정되어 있고 궁방에서 직접 그 장토에서 지세를 징수하거나 각읍을 통하여 징수하는 것으로 설명되고 있다. 민전투탁지는 국가에서 궁방에 折受하여 준 것이 아니라 民 스스로 궁방에 투탁한 것이다. 이러한 국유지 유형구분은 지세수취의 주체와 장토의 고정 여부에 의하여 규정된 것이다. 유·무토면세지의 구분 이 장토의 기원이나 지대수준과 관련하여 규정되고 있는 것은 아니다.

---

13) 『結戶貨法稅則』은 免稅結을 중심으로 하였기 때문에 궁방의 소유지 가운데 일반 出稅田畓, 즉 별도의 私的 所有地에 대하여는 논의하지 않고 있다. 그러나 출세전 답의 소유구조도 면세전답과 큰 차이가 없을 것이다. 다만 갑오개혁 이전 출세의 과정에서 甲午陞總 이후에 광범해진 소유권분쟁이 조기 가시화될 수 있었을 것이다.

즉 소유구조의 차원에서 설명한 것은 아니다.

갑오개혁의 무토면세지 폐지와 출세조치에 의하여 무토면세지와 민전 투탁지는 궁방과의 관련이 차단되고 국가의 과세지로 편입되었다. 물론 유토면세지도 출세조치되었다. 국가의 모든 토지가 국가재정의 근원으로 서 과세지로 파악되었다.

갑오정권은 이와 같이 국가의 과세지를 확대하고 그 세원을 정확히 파악하며 이를 국가재정의 기본으로 삼으려 하였다고 할 수 있다. 이러한 점이 『結戶貨法稅則』을 작성한 기본의도였다.

그런데 국유지의 소유구조와 관련하여 주목되는 것은, 유토면세결에 제1종과 제2종의 두 가지 종류의 소유형태가 있다고 지적한 점이다. 제1종 은 각 궁의 재산으로서 매입지로, 제2종은 민전으로만 규정됨으로써 中畓 主가 존재하는 장토에 대한 규정이 결여되어 있다. 이것은 『結戶貨法稅則』 이 중층적 소유구조의 존재를 인정하지 않고 있는 것을 의미한다. 궁방의 소유지와 民田을 명백하게 구분하고 단일한 토지소유권만을 기준으로 국유지의 소유형태를 설명하고 있다. 제1종 유토면세지는 궁방의 소유지, 제2종 유토면세지는 민전으로 파악하고 있다. 이와 같이 중답주가 존재하 였음에도 불구하고 그것을 인정하지 않고 국유지와 민전으로 구분한 것이 갑오개혁의 국유지 처리방향이었다고 생각된다.

갑오정권과 광무정권의 국유지 처리방향은 驛·屯土 조사과정에서도 나타난다. 국유지로 인정된 장토에서 파악하고자 했던 것은 作人이었지 中畓主가 아니었다. 작인의 개념 속에 중답주를 포함할 수 있지만 중답주와 작인의 관계는 국가의 입장에서는 전혀 인정치 않는 사적 관계로만 존재하 였다. 중답주 권리의 성장 정도와 갑오정권·광무정권의 정책간에는 상당 한 괴리가 존재하고 있었다. 이 문제에 대한 구체적 내용은 기왕의 연구에 미루어두고, 토지관계장부 속에서 이 문제가 어떻게 처리되었는지에 대해 몇 가지 사례를 들어 검토하기로 한다.

3. 국유지 경영과 중답주

갑오개혁 이후 국유지에서 단일한 소유구조를 확립하고자 한 시도는 대한제국시기에 이르러서도 실현되지는 못하였다. 그것은 역으로 중답주의 권리가 소유권을 주장할 정도로 성장하였음을 반증하는 것이기도 하였다. 따라서 중층적 소유권을 어떠한 방식으로 국가의 토지대장인 광무양안에 등재할 것인가 하는 점이 光武量田事業의 과제가 되고 있었다. 京畿道 陰竹郡 龍洞宮庄土의 사례를 통하여 이 문제에 접근하여 보기로 한다.

경기도 음죽군 광무양안의 용동궁장토에서는 중층적 소유구조가 나타나고 있다. 용동궁장토는 음죽군 郡內面・南面・東面・西面・上栗面・下栗面 등지에 분산되어 있는데, 각 지역마다 상이한 양식으로 광무양안에 기재되어 있다. 이를 다음의 <표 1>, <표 2>와 같이 유형화할 수 있다.

<표 1> 陰竹郡 龍洞宮庄土의 소유구조 유형

유형	소유구조	지역
I	龍洞宮田畓－時主姓名－時作姓名	동면, 남면
II-1	龍洞宮田畓－時主 및 時作 姓名 1인	남면, 동면, 상율면
II-2	龍洞宮田畓－時作姓名	남면, 동면, 상율면, 하율면
III	龍洞宮結－時主姓名－時作姓名	남면
IV	龍洞宮結－時主 및 時作 姓名 1인	남면

출전 : 『京畿陰竹郡量案』(규17659, 量地衙門 編, 1901年 10月, 全17冊)

비고 : 광무양안에서 龍洞宮畓, 龍洞宮田畓, 龍洞宮屯田畓 등으로 표현되어 있는 것은 모두 '龍洞宮田畓'으로 통일하였다.

<표 2> 陰竹郡 龍洞宮庄土의 유형별 분포

類型	面積尺數(%)	結-負-束(%)	筆地(%)
I	135,714(6)	6-81-7(6)	66(8)
II	1,283,466(57)	60-96-7(57)	519(60)
III	311,761(14)	15-43-5(15)	92(11)
IV	523,116(23)	23-39-2(22)	184(21)
合計	2,254,057(100)	106-61-1(100)	861(100)

출전 : 『京畿陰竹郡量案』

비고 : II-1의 유형은 II-2의 유형과 동일한 것으로 간주하였다.

<표 1>, <표 2>에서 주목되는 것은 龍洞宮田畓 아래에 별도로 時主-時作관계가 존재하고 있다는 점이다. 筆地를 중심으로 볼 때 '龍洞宮田畓'은 68%에 달하고, '龍洞宮結'은 32%에 달하고, 龍洞宮-時作관계가 형성된 유형(II・IV)은 80%, 용동궁 하에 時主-時作관계가 형성된 유형(I・III)은 20%에 이른다. '龍洞宮田畓'과 '龍洞宮結'의 표현은 각각 상이한 개념을 지닌 것으로는 보이지 않는다. '田畓'과 '結'의 표시는 조사자의 인식의 차이에서 비롯된 것이고, 결국 수정과정에서 '結'을 삭제하고 '田畓'으로 통일하고 있기 때문이다. 따라서 같은 면에서도 다양한 기재방식이 병행되고 있는 것을 바로 소유구조의 차이라고 단정할 수는 없을 것이다.

문제는 20% 정도를 차지하는 I, III의 유형에 있다. 이들 장토에는 용동궁의 소유권 산하에 시주-시작관계가 형성되어 있기 때문이다. 용동궁의 소유지에서 이와 같은 시주-시작관계의 형성은 무엇을 의미하는 것일까?

궁장토・둔토에서의 중층적 소유구조는 기왕의 연구에 의하면 장토 성립기원과 그에 따른 지세 및 지대규정,[14] 갑오개혁 이후 驛屯土 地主制의 창출 및 지방제도 개혁과정에서의 民田 地主의 中畓主化와 地方官屬의

---

14) 李榮薰, 앞의 책 ; 都珍淳, 앞의 논문.

中畓主 寄生에서 비롯된 것으로[15] 이해되어 왔다. 음죽군 용동궁장토는
"本以賜牌之地 屢百年收穫需用", "原自本宮築洑起墾之地"로서[16] 賜牌를
받고 洑를 쌓아 개간하는 과정에서 중답주가 발생하였을 가능성을 배제할
수 없지만, 이 장토에서는 후술하듯이 '打作'과 '賭地'의 지주제적 경영을
시행하고 또 '稅租'를 별도로 납부하고 있어서 지대와 지세가 모두 부과되
고 있는 점, 1907년 10월 작성된 「秋收記」의[17] 표지에 있는 '財産整理局'의
도장과 '整理所' '放賣'의 附記가 1907년 3월 설치된 各宮事務整理所 또는
그것이 개편되어 1907년 12월 설치된 帝室財産整理局에서 용동궁의 음죽
둔을 방매한 것을 의미하는 점에서, 음죽둔의 장토는 용동궁의 완전한
소유지였던 것으로 파악된다. 그럼에도 불구하고 용동궁장토에 시주-시
작관계가 형성된 것은 어디서 연유하는 것일까? 음죽군 용동궁장토의
경영실태를 추수기를 통하여 확인함으로써 이 문제에 접근하여 보자.

음죽군장토에 대한 용동궁의 경영실태를 「추수기」를 통하여 조사하여
보면 다음의 <표 3>과 같다. <표 3>에서 볼 때 음죽군 용동궁장토는
打作지역과 賭地지역으로 구분 경영되었음을 알 수 있다. 타작지역에서는
種子를 궁방에서 부담하고 今災를 시행한 반면, 도지지역에서는 종자를
작인이 부담하고 今災를 인정하지 않았다. 그리고 타작지역이든 도지지역
이든 '稅租'는 모두 작인이 궁방에 납부하는 것으로 되었다. 栗屯의 3결
37부 4속과 本屯 및 東西屯의 20결 87부 5속, 합하여 24결 24부 9속이
舊陳田인데 이것들은 도지로 경영되었고, <표 3>의 '陳田'의 액수가 그것
을 의미한다. 추수기에서 볼 때 율둔에는 今災가 없는 것으로 보아 모두
도지지역으로 보이며, 본둔 및 동서둔에는 舊陳과 함께 今災가 있는 것으로
보아 타작과 도지가 병행된 것으로 해석된다.

15) 金容燮, 앞의 책.
16) 『龍洞宮公事冊』庚子(1900) 4월 7일 手本宮內府, 癸卯(1903) 8月 手本.
17) 『陰竹屯秋收成冊』(규20784), 1907.

<표 3> 陰竹郡 龍洞宮庄土의 경영실태

연도	打作 (石-斗)			賭地 (石-斗)			稅租 (石-斗)		合計 (石-斗)	實結 (結負束)	結當 負擔 (石)
	打租	種子	實	賭租	陳田	實	栗屯	本屯 및東 西屯	打賭 稅 合計		
1876	112-5	36-1	76-4	166-10	50-9	116-0	125-1	364-10	682-0	85-06-6	8.0
1877	317-6	〃	281-5	〃	〃	116-0	〃	397-10	920-1	91-06-6	10.1
1878	282-14	〃	246-13	〃	〃	116-0	〃	〃	885-9	〃	9.7
1879	276-2	〃	240-1	165-14	〃	115-4	〃	〃	878-1	〃	9.6
1893	274-11	35-11	239-0	167-7	57-0	110-6	〃	404-5	878-12	92-28-2	9.5
1896	224-11	〃	189-0	〃	67-3	100-4	〃	〃	818-10	〃	8.9
1897	142-14	〃	107-3	〃	65-13	101-9	〃	〃	736-13	〃	8.0
1898	179-7	〃	143-11	〃	65-13	103-1	〃	〃	776-3	〃	8.3
1901	115-8	〃	79-12	〃	96-9	70-13	〃	257-9	533-5	88-56-4	6.0
1905	198-2	〃	162-6	〃	87-1	80-5	175-7	461-3	879-6	110-18-2	8.0
1906	214-0	〃	178-4								
1907	192-9	〃	156-13	167-7	87-1	80-5	169-11	461-9	868-8	109-05-7	8.0

출전 : 『龍洞宮陰竹屯打賭稅冊』(奎19297, 전4책), 1876~1879 ;『龍洞宮陰竹屯秋收成冊』(奎20323), 1893 ;『龍洞宮陰竹屯秋收成冊』(奎20324), 1896 ;『陰竹屯秋收冊』(奎20563), 1897 ;『龍洞宮陰竹屯秋收成冊』(奎20337), 1898 ;『陰竹屯秋收冊』(奎20569), 1901 ;『龍洞宮陰竹屯秋收成冊』(奎20317), 1905 ;『陰竹郡屯田打賭稅成冊』(奎26482), 1906 ;『陰竹屯秋收成冊』(奎20784), 1907.

비고 : 1. 1石의 斗數는 묶는 방식에 따라 상이한데 이를 1石=15斗로 환산하였다.

2. 升 이하의 단위는 버림.

3. 實結은 陳田, 移去, 光武量田에 의한 增結 등을 加減하여 산정하였다.

타작지역에서는 해마다 타작하여 분배하기 때문에 궁방이 수취하는 打租가 매년 심하게 변동하였다. 그러나 대한제국시기로 내려오면서 타조액이 감소하는 양상을 보인다. 특별히 흉년을 입은 1901년은 별도로 하더라도 1870년대(1877~1879)와 1890년대 이후(1896~1898, 1905~1907)를 비교해보면 100여 석, 40% 정도의 감소를 나타내고 있다. 도지지역에서는 정해진 賭租를 납부하는 것으로 되어 打租에 비하여 크게 안정된 모습을 보인다. 그러나 도지지역에서도 舊陳田 외에 특별히 심한 成川·伏沙 등은 추가 면제되어, 시기가 내려올수록 도지가 줄어들었다. 대한제국시기에 들어와 지대액이 줄어든 것은 생산력의 발전이 정체되었다기보다는 대한제국시기의 정치적 혼란과 변동, 작인들의 지대저항운동, 용동궁의 장토관리 소홀 등에 연유한 것이 아닌가 생각한다.

「추수기」를 통하여 보면 稅租는 '栗屯'과 '本屯 및 東西屯'을 별도로 산정하고 있다. 그것은 두 지역이 장토 성립기원을 달리하고 있는 것으로 해석되며, 또한 지리적으로 天尾川을 경계로 두 지역이 분리되어 있기 때문이다. 栗屯의 경우에는 1負에 1斗의 稅租를 부과하여 結當 租 100斗의 세조가 부과되었고, 本屯 및 東西屯에는 1負에 8升 2合 5勺을 부과하여 결당 조 82두 5승의 세조가 부과되었다. 이 가운데 율둔은 今災에 대한 除減이 없고 본둔 및 동서둔은 매년 금재를 제외하여 장토의 納稅結數를 산출해내고 있다. 이러한 세조율은 結當 米 23斗의 민전 지세율에 비교하여 오히려 더 높은 편이다.[18) 음죽둔에서 보이는 특징은 이러한 세조의 납부 외에 또다시 타작과 도지의 지대를 용동궁에서 직접 수취하고 있는 점에 있다.

稅租의 경우, 갑오개혁 이전과 이후가 동일하게 나타나고 있음이 주목된다. 갑오개혁에서는 지세를 금납화하고 그 액수를 최고 結當 30냥으로 정하고, 이를 1900년 50냥으로, 1902년에는 80냥으로 인상하고 있는데, 음죽둔에서는 갑오개혁 이전과 마찬가지로 여전히 현물로서 결당 조 82.5 ~100두를 걷고 있다. 그렇다면 이 '稅租'의 성격은 일반적인 지세, 특히 갑오개혁 이후의 지세와는 개념을 달리하는 것이 될 것이다.『龍洞宮捧上 井間冊』에 따르면 '陰竹屯畓免稅'로 표현되어 있고, 秋收記에도 '打賭稅'

---

18) 물론 民田에서의 각종 賦役을 포함하면 더 높다고만 말할 수는 없을 것이다(丁若鏞, 『牧民心書』 戶典 稅法 참조). 그리고 租 100斗는 米 40斗이고, 미 23두는 약 조 60두에 해당된다.

를 합하여 수취하고 있기 때문에, 여기서의 稅租는 국가로부터 면세받은 부분을 용동궁에서 수취하는 것을 의미한다. 세조를 국가에 납부하는 것은 아니었다. 갑오개혁 이후에는 모든 국유지가 출세조치되었기 때문에 수취된 打賭稅 액수 가운데 국가에 내는 지세를 별도로 산정하여 이를 탁지부에 납부하였다.[19] 1907년조 추수기에 의하면 邑結 45결 18부 1속의 지세는 결당 80냥씩 총 3,614냥 4전 8푼이 지불된 것으로 되어, 추수기마다 확인되지는 않지만 별도로 지세가 탁지부에 납부되었음을 알 수 있다.[20]

打租와 賭租, 그리고 稅租를 합한 총액은 음죽군 용동궁장토의 작인이 납부하는 총액수이다. 작인 부담을 살펴보면, 타조·도조·세조를 합해 작인은, 최소는 1901년조 88결 56부 4속에서 결당 6석(90두),[21] 최대는 1877년조 91결 6부 6속에 대하여 결당 10석(152두)의 부담을 지고 있다. 대체로 결당 8~10석의 부담을 지고 있다. 이것은 결당 조 400~800두의 생산량을 가정할 때[22] 半타작에 훨씬 미달하는 액수이다. 타조액수의 풍흉에 따른 변동 때문에 일률적으로 말하기는 어렵지만 타조와 도조를 합한 지대액이 평균적으로는 稅租수입의 52% 수준에 머물고 있다. 갑오개혁 이후에는 지대가 세조의 절반에도 미치지 못하는 실정이다. 지대와 세조를 합한 작인의 부담은 일반 민전의 반 타작보다 저렴하고, 이것이 中畓主가 존재할 수 있는 조건이 된 것으로 해석된다.

---

19) 『龍洞宮公事冊』, 丁酉(1897) 10月 手本宮內府, "至於今秋作人等藉托元結陞總 頑拒不納 以渠輩論之 甲午以各結雖陞總 秋穫依例自宮句管 結錢亦是自宮擔當 移送度支部而已 陞總一款 有何相關渠作人輩乎."
20) 1907년의 實結은 109결 5부 7속인데 納稅額과 차이가 있는 부분은 추수기상에서는 설명되지 않는다.
21) 1901년의 本屯 및 東西屯의 지세가 극히 적어진 것은 舊陳, 今陳 외에 또다시 今災로서 126석 4두 8승을 감면했기 때문이어서, 이를 포함하면 결당 부담은 7.4석이 된다.
22) 茶山 丁若鏞은 結當 租 생산량을 많으면 800두, 적으면 600두, 더 적으면 400두라고 지적하고 있다(『牧民心書』 戶典 稅法 참조).

그런데 추수기 상에서는 확인되지 않는 중답주가 光武量案 상에서는
왜 표출되어 있을까? 이 문제를 行審冊 및 衿記(깃기)와, 光武量案, 그리고
秋收記를 대조함으로써 실마리를 찾아보기로 한다.

'行審冊'은 1900년 음죽군수가 지세 수취를 위해 舊量案의 용동궁장토
만을 字號順으로 발췌하여 陳田과 起耕田을 구별하고, 陳田에는 납세자가
없음을 '無主'로 표현하고 起耕田에는 납세자의 戶名을 기재한 장부이
다.[23] 타작지역이든 도지지역이든 稅租(地稅)는 모두 작인이 부담하는
것으로 되어 있었기 때문에 행심책에서 납세자 작인을 파악해 두는 것은
매우 당연한 일이었다. '衿記'는 1900년 음죽군에서 행심책에 의거하여
용동궁장토를 율둔·본둔·동둔·서둔으로 구분한 뒤 다시 納稅者別로
納稅結數를 모아 놓은 수세장부이다.[24] 행심책과 깃기는 상호 분명하게
일치되고 있다.

行審冊 및 깃기 상의 납세자와, 光武量案 상의 時主 및 時作, 그리고
秋收記 상의 耕作者를 1900~1901년의 동일 시기에서 비교하여보자. 광무
양안은 舊양안에 기초한 행심책 및 깃기와는 字號, 地番이 전혀 상관관계
를 갖지 않고 있는 점에서 볼 때, 광무양안은 구양안과는 관계없이 새로이
측량 작성된 것으로 파악된다. 행심책 및 깃기에는 戶名의 형태로 기재되
고, 광무양안에는 姓名의 형태로 時主 및 時作이 기재되어 所有者·耕作
者·納稅者의 상호관계를 찾기 어렵다. 行審冊의 納稅者 戶名을 광무양안
에 나타난 용동궁장토의 時作에서 姓을 뺀 이름과 비교하여보면 110명의
동일인이 보인다. 이것은 광무양안의 용동궁장토 時作 415명에 대하여
26.5%를 차지하고, 行審冊의 戶名 420명에 대하여는 26.2%를 차지한다.
행심책의 납세자 호명은 광무양안의 시작과 상당한 관련을 가지지만 납세

23) 『陰竹郡所在龍洞宮屯田畓打量行審冊』(규18296), 1900년 5월.
24) 『龍洞宮栗屯稅井冊』(규22041), 1900.

자 호명이 곧 時作名은 아니었다.

또한 行審冊과 秋收記를 대조하여 보면 40명의 동일인이 보인다. 마찬가지로 추수기의 성명에서 성을 뺀 이름만을 행심책의 납세자와 대조한 것이다. 40명의 수효는 행심책의 호명 420명에 대하여는 9.5%이고 추수기 작인 175명에 대하여는 22.9%에 달한다.

그리고 추수기와 광무양안의 時作을 비교하여보면 58명이 동일하다. 추수기 작인 175명에 대하여 33.1%에 달하고 광무양안 時作 488명에 대하여는 11.9%에 해당한다.

한편 행심책, 추수기, 광무양안의 時作에서 확인되는 인명은 모두 23명이다. 세 종류의 장부를 비교하면 상호간 긴밀한 관계 속에서 장부가 작성된 것이 아님을 알 수 있다. 지대수취를 위한 장토의 농업경영 장부인 秋收記와, 지세(세조)수취를 위한 行審冊 및 깃기, 그리고 국가의 지세수취와 토지소유권을 확인하기 위한 토지대장으로서의 光武量案이 각각 별도의 관리주체와 다른 목표하에 작성, 관장되고 있었다. 이 점 사적 토지소유권이 국가의 관리체계하에 일률적으로 편성되어 있지 못한 한계를 보여준다고 생각한다.

이러한 장부작성 상의 한계를 전제하면서도 주목하고 싶은 것은 납세자와 경작자 사이에 상당한 괴리가 존재한다는 점이다. 그것은 동일하게 경작자로 추정할 수 있는 광무양안의 시작과 추수기의 경작자 사이에 나타난 심각한 괴리에서 볼 때 당연한 귀결일 수도 있지만, 中畓主의 존재를 염두에 둘 때 납세자가 곧 경작자가 아니고 납세자 가운데에는 경작자가 아닌 인물이 존재하고 있음을 의미한다고 볼 수도 있다.

이 문제를 時主−時作관계가 형성된 지역의 시주를 다른 장부에서 확인함으로써 실마리를 찾을 수 있다. 光武量案의 시주−시작관계 속의 시주를 姓을 빼고 행심책과 비교하면 48명의 동일인이 확인되고, 이것은 시주

143명 가운데 33.6%를 차지하고, 추수기와 비교하면 8명, 5.6%에 달한다. 이 통계를 통하여 볼 때 음죽군 광무양안의 용동궁장토에 시주-시작관계, 특히 時主를 기록한 이유는 이들이 납세에 관계하기 때문인 것으로 해석된다. 중답주의 권리를 인정하였다기보다는 납세자의 자격으로 광무양안에 등재되었다고 보는 것이 옳을 것이다. 도지지역에서 지세를 지주가 납세하는 관행을 고려한다 하더라도 그 지주는 용동궁이 아니라 중답주였던 것이다.

이상에서 볼 때 음죽군 용동궁장토의 일부에서는 용동궁하에 지주전호관계가 형성되어 있는 장토도 존재하고 있었다. 그러한 중층적 소유구조는 지대수준으로 표출된 국유지 경영의 환경 속에서 실현 가능한 것이었다.

4. 광무양안에 나타난 중답주

여기서는 중답주가 광무양안의 두 종류 양안, 즉 量地衙門量案과 地契衙門量案에서 어떻게 표출되고 있었는지를 京畿道 龍仁郡 上東村面 訓練都監屯田의 사례를 통하여 검토해보기로 한다. 이 문제에 대하여는 이미 정리해둔 바 있지만,[25] 여기에서는 이전의 정리를 좀더 구체적으로 살펴보기로 한다.

龍仁郡 上東村面의 量地衙門量案은 『京畿道龍仁郡量案抄』의[26] 제16책(上卷)과 제17책(下卷)에 수록되어 있는데, 上卷에는 '訓屯'이 나타나고 下卷에는 '訓屯' 5필지 외에 대부분 '屯結'로 나타난다. 그런데 상권의 훈둔으로 표시된 토지는 田畓主欄에 '훈둔', 作人欄에 개인 성명이 나란히

---

25) 李榮昊, 「대한제국시기의 토지제도와 농민층분화의 양상-京畿道 龍仁郡 二東面 光武量案과 土地調査簿의 비교분석」, 『한국사연구』 69, 1990 참조.
26) 『京畿道龍仁郡量案抄』(규17645), 量地衙門 編, 1900.

기재되어 있고, 하권에는 전답주 및 작인란의 변방에 별도로 '屯結'임을
표시하고 있어서 상권과는 기재방식이 다르다.

量地衙門量案에 '訓屯＋人名'의 형태와 '屯結＋人名'의 형태 가운데
한 가지로만 기재되어 있다면 아마도 훈련도감 소유지에 작인의 성명이
수록된 것으로 보아야 할 것이다. 그러나 상동촌면 하권에서 보듯이 둔결이
라는 표시 외에 전답주와 작인이 나란히 기재되어 있기 때문에, 여기서의
전답주와 작인은 누구를 의미하는가 하는 문제가 제기된다. 용인군의 경우
에는 地契衙門에서 재차 양전을 시행하였기 때문에 동일한 지역에 두
개의 양안이 남아 있어 상호 대조가 가능한데, 地契衙門量案에서는[27)]
양지아문양안의 두 가지 기재방식이 모두 '訓屯＋作人名'의 형태로만 나
타난다. 量地衙門量案의 훈둔에 보이는 작인, 둔결에 보이는 전답주 및
작인, 地契衙門量案의 작인은 무엇을 의미하는가? 동일한 지역에 존재하
는 양지아문양안과 지계아문양안의 상호대조를 통하여 구체적인 실상을
살펴보자.

용인군 상동촌면 양지아문양안과 지계아문양안의 상호대조를 통하여
먼저 확인되는 것은 양지아문양안 상동촌면 상권의 훈둔이나, 하권의 둔결
은 지계아문에서는 모두 동일한 훈둔으로 나타난다는 점이다. 동일하게
훈련도감둔전이면서도 조사자에 따라 훈둔 또는 둔결이라고 표기된 것이
분명하다. 문제는 下卷의 '田畓主＋作人'이 기재된 屯結 부분이고, 이 문제
를 해결하기 위하여 이 부분과 지계아문양안을 대조하여보기로 한다.[28)]
대조 결과는 <別表>와 같다.

<別表>에서 보면 量地衙門量案 上東村面 하권의 屯結은 202필지, 地契
衙門量案의 訓屯은 182필지이다. 屯結 202필지 가운데 지계아문양안에서

---

27) 『京畿道龍仁郡量案』(규17644), 地契衙門 編, 1903.
28) 訓屯으로 표시된 부분은 후술하듯이 納稅者를 확인하는 입장에서 中畓主와 作人
　　중 하나만을 기록하였을 것이기 때문에 분석의 대상에서 제외하였다.

대체로 확인되는 것은 186필지이고, 訓屯 182필지 가운데 양지아문양안에
서 확인되는 것은 170필지이다. 둘 사이에 확인된 필지수에 차이가 있는
것은 인접한 토지의 경우 지계아문양안에서는 筆地가 통합되었기 때문이
다. 예컨대 冥자 58·60의 이임산, 冥자 80·136의 이한득, 冥자 132·135의
굴암승, 冥자 137의 이홍이의 경우가 그러하다.

필지 통합의 조건은 적어도 地目과 토지등급이 같아야 하고, 인접된
토지여야 하며, 소유자가 동일인이어야 하였다. 소유자가 동일인이라고
하여 통합할 수 있는 것은 지계아문양안이 토지소유권의 확인을 중요한
목표로 삼았기 때문이다. 양지아문양안에서처럼 作人이 파악되어 있다면
소유자가 동일하다고 하여 필지를 통합할 수 있는 것은 아니었다. 더구나
위의 예들은 한결같이 양지아문양안에 전답주 외에 작인이 각 필지마다
별도로 존재한 토지들이고 모두 垈地이다. 그렇다면 양지아문양안의 작인,
즉 가옥의 거주자들은 토지소유권과 관련해서는 전혀 무관한 존재임을
확실히 한 셈이다.

<별표>에서 보면 지계아문양안에서는 양지아문양안의 '田畓主'만을
다른 국유지에서처럼 作人으로 파악하고 있는 것인데, 그들이 중답주로서
가질 수 있는 권리에 대하여는 전혀 고려하지 않고 있음을 양안에서 읽을
수 있다.

양지아문양안에 전답주와 함께 작인명이 기재된 경우는 65필지로서
202필지의 32%에 이른다. 65필지 가운데 지계아문양안에서 확인되지 않는
것 9필지를 제외하면 56필지로서[29] 186필지에 대하여 30%에 달한다. 전답
주 외에 작인이 기재된 이 30%의 장토에서 전답주−작인의 관계가 나타난
것은 이들 전답주가 中畓主임을 의미하는 것이라고 해석할 수밖에 없다.
무토면세결이 폐지된 이 시기에 이것을 순수한 민전으로 해석할 수는

---

29) 이 중 전답주와 작인이 동일인인 경우는 8필지이다.

없다. 이들 전답주가 중답주임은 용인군 국유지에서의 소유관계가 형성,
변천해 온 역사적 배경에서도 확인되는 것으로서[30] 그것이 양안에서도
증명된 셈이다.

이 56필지는 田 7필지, 畓 4필지, 垈地 45필지로서 대지가 압도적 다수를
차지하고 있는 점이 주목된다. 186필지 가운데 대지는 45필지인데 대지에
서는 모두 중답주가 존재한 셈이다. 가옥의 대지에 대하여는 대지소유자에
게 地稅를 부과하고 가옥에 거주하는 사람에게 戶稅를 부과하기 때문에
대지의 경우에는 지세담당자로서 중답주를 전적으로 기재한 것이 아닌가
생각한다. 지계아문양안에서는 대지를 田으로 표시하고 있는데, 그것은
이처럼 대지의 납세자를 확인하고 여기에 지세를 부과하면 되었기 때문에
굳이 대지임을 밝혀 호세의 대장으로서의 역할을 부여할 필요가 없었을
것이다.[31]

이와 같이 용인군 상동촌면 양지아문양안 둔결에서 나타난 전답주—작
인의 관계에서 전답주를 중답주로 볼 경우, 작인이 나타나지 않은 나머지
130필지의 전답주는 어떠한 존재일까? '田畓主로 나타난 作人' 또는 '작인
으로 나타난 전답주'를 어떻게 해석할 것인가? 이들을 일률적으로 중답주
라고 할 수는 없지만 개연성은 남아 있다.

양지아문양안에서는 납세자를 파악하는 것을 중요시하였다. 따라서
훈련도감의 토지임을 밝히면서도 납세할 대상으로서 中畓主 및 作人을
동시에 파악하지 않으면 안 된다고 보았다. 경우에 따라서는 중답주가
파악되지 않을 수도 있고, 반대로 작인이 파악되지 않을 수도 있다.[32]

30) 李榮昊, 앞의 논문, 97~99쪽 참조.
31) 戶稅부과를 위하여서는 양안과는 별도로 「家舍案」 또는 「家戶案」을 작성하였다.
이영호, 「光武量案의 기능과 성격」, 『대한제국의 토지조사사업』, 서울 : 민음사,
1995 참조.
32) 상동촌면 양지아문양안 상권의 경우가 그러하다.

경우에 따라 중답주가 납세할 수도 있고, 작인이 납세할 수도 있었다. 어쨌든 양지아문에서는 납세대상자를 파악해두는 것이 중요하였다.

지계아문양안에서는 소유권을 누구에게 돌려야 할 것인가 하는 점을 중요시하였다. 따라서 중층적인 소유구조를 형성하고 있다 하더라도 국가기관인 훈련도감의 소유권만을 인정하고 중시하였다면 지계아문양안에는 훈련도감의 토지임을 표시하는 것으로 족하다고 할 수 있다. 그러나 국가의 토지대장으로서 지계아문양안에서도 소유권의 확인뿐만 아니라 과세대상의 확인이 필요하였다. 지세수취제도를 개정하여 지주납세제를 실현한다면 민전에서와 같이 지주로서의 국가기관을 기재함으로써 충분히 납세장부로서의 근거를 마련할 수 있었다.

그러나 국유지의 지세수취제도는 앞서 음죽군 용동궁장토의 사례에서 보듯이 별도로 행심책과 깃기를 작성하여 납부하는 관행을 지키고 있었기 때문에 그 기초대장으로서 지계아문양안에 납세자 '作人'을 파악할 필요가 있었다. 따라서 지계아문양안의 국유지에 작인을 기재한 것은 그 작인이 반드시 중답주임을 의미하지는 않는다. 중답주는 납세자로서의 작인으로 규정된다. 양지아문양안에서 확인되던 중답주의 권리는 오히려 소멸되어 가는 양상을 보인다.

<별표> 龍仁郡 上東村面 量地衙門量案과 地契衙門量案의 訓練都監屯田 비교

量地衙門量案								地契衙門量案							
字號	地番	屯結	田畓主	作人	地目	等給	尺數	束	字號	地番	時主	作人	地目	等給	尺數	束
漆	58	둔결	김유문		1	5	289	12	岫	65	훈둔	김유문	1	6	289	7
										68	훈둔	지오복	1	4	1170	64
										70	훈둔	장순집	2	5	1408	56
										9	훈둔	김유문	1	6	750	19
	76	둔결	이명신		1	5	2580	103	杳	13	훈둔	이유신	1	6	2580	65
	80	둔결	박성오		1	5	3472	139		17	훈둔	박성오	1	6	3472	87
書	12	둔결	이승대		1	6	80	2		21	훈둔	이성대	1	6	80	2
										34	훈둔	고경택	1	6	2562	64
	19	둔결	전춘금	박선경	1	5	585	23		39	훈둔	박선경	1	5	585	23
	20-4	둔결	임영보		2	5	1100	44		44	훈둔	임영보	2	5	990	40
	37	둔결	홍숙		1	5	2800	112								
	38	둔결	김천쇠		1	5	2725	109								
	41	둔결	홍숙		1	5	2414	97		68	훈둔	홍숙	1	5	2414	97
	48	둔결	김덕손		1	5	1977	79		76	훈둔	김덕손	1	6	1976	49
	50	둔결	임평근		1	6	840	21		78	훈둔	임평근	1	6	700	18
										77	훈둔	임평근	2	5	1055	42
										77	훈진	임평근	2	5	100	4
	51	둔결	이학보		1	6	1075	27		79	훈둔	이도보	1	6	924	23
	52	둔결	김덕손		2	6	600	15		80	훈둔	김덕손	2	5	490	20
	59	둔결	김덕손		2	5	784	31		87	훈둔	김덕손	2	5	636	25
	62	둔결	이임산		1	4	414	23		90	훈둔	이임산	1	5	414	17
	63	둔결	이임산	안득순	3	4	361	20		91	훈둔	이임산	1	4	361	20
	64	둔결	이임산	김기돌	3	4	4400	242		92	훈둔	이임산	1	5	4400	176
	65	둔결	이임산	이임산	1	4	392	22		93	훈둔	이임산	1	4	392	22
	66	둔결	김덕손	최봉팔	3	4	1496	82		94	훈둔	김덕손	1	4	1496	82
	67	둔결	이임산	양승서	3	4	700	39		95	훈둔	이임산	1	4	700	39
										96	훈둔	이만갑	1	4	221	13
	69	둔결	김덕손	양승서	2	5	896	36		97	훈둔	김덕손	2	5	671	27
	70	둔결	이만갑	김기돌	3	4	1911	105	冥	1	훈둔	이만갑	1	4	1911	105
	71	둔결	김덕손		1	5	630	25		2	훈둔	김덕손	1	6	630	16
	73	둔결	김홍식		2	5	3000	120		4	훈둔	김명식	1	5	2550	102
			○ ○							4	훈진	김명식	1	5	450	18
	74	둔결	김홍식		1	5	336	13		5	훈둔	김명식	1	6	336	8
	75	둔결	김덕순	이평녀	3	4	3500	193		6	훈둔	김덕손	1	6	336	8
	76	둔결	김덕손	박치연	3	4	420	23		7	훈둔	김덕손	1	5	420	17

77	둔결	김덕손	송명보	3	4	600	33
80	둔결	이한득		1	5	550	22
81	둔결	송명보		1	5	450	18
82	둔결	김삼만		2	5	600	24
83	둔결	이성택		2	5	425	17
		○ ○					
84	둔결	김삼만		1	5	360	14
85	둔결	김삼만		2	5	605	24
86	둔결	박치연		1	5	720	29
87	둔결	문회연		2	5	1728	69
88	둔결	이임산		1	5	245	10
89	둔결	이만갑		2	5	825	33
91	둔결	지인보		2	5	666	27
92	둔결	이만갑	김기돌	2	5	495	20
93	둔결	김덕손		2	5	405	16
95	둔결	남순장		1	5	1330	53
97	둔결	김덕손		2	5	486	19
106	둔결	장경선		2	5	2070	83
壁 7	둔결	이한득		2	5	910	36
9	둔결	이한득		2	5	1260	50
11	둔결	이봉진		1	6	672	17
12	둔결	이대금		1	6	237	6
13	둔결	이한득		1	6	2028	51
14	둔결	이한득	안국경	1	6	180	5
15	둔결	이임산	이대금	3	4	720	40
16	둔결	이임산	이행원	3	4	196	11
17	둔결	이임산	이화숙	3	4	165	9
18	둔결	이한득	이한득	3	4	169	9
19	둔결	이임산	조명보	3	4	225	12
20	둔결	이임산	이경옥	3	4	1715	94
21	둔결	이임산	김대경	3	4	144	8
22	둔결	이임산	이도원	3	5	250	14
23	둔결	이도원		1	4	400	22
24	둔결	이행원	우경보	3	4	2106	116
25	둔결	이대금		1	6	567	14
26	둔결	이대금		1	6	250	6

8	훈둔	김덕손	1	5	600	24
11	훈둔	이한득	1	6	825	21
12	훈둔	송명보	1	6	450	11
13	훈둔	김삼만	2	5	600	24
14	훈둔	이성택	2	5	175	7
14	훈진	이성택	2	5	250	10
15	훈둔	김삼만	1	6	360	9
16	훈둔	김삼만	2	5	525	21
17	훈둔	박치언	1	6	620	16
18	훈둔	문호연	2	5	1530	82
19	훈둔	이임산	1	6	105	3
21	훈둔	지성삼	2	5	825	33
23	훈둔	지인보	2	5	666	27
22	훈둔	김기돌	1	5	4550	182
24	훈둔	지성삼	2	5	420	17
25	훈둔	김덕손	2	5	405	16
28	훈둔	남순장	1	5	1330	53
29	훈둔	김덕손	1	6	1892	37
30	훈둔	김덕손	2	5	486	19
52	훈둔	이행원	1	5	854	34
54	훈둔	이봉진	1	6	672	17
55	훈둔	이대금	1	6	270	7
56	훈둔	이한득	1	6	2028	51
57	훈둔	이한득	1	6	180	5
58	훈둔	이임산	1	4	1044	57
		○ ○				
		○ ○				
59	훈둔	이한득	1	4	169	9
60	훈둔	이임산	1	4	2925	161
		○ ○				
		○ ○				
		○ ○				
61	훈둔	이행원	1	4	688	38
62	훈둔	이행원	1	4	2106	116
63	훈둔	이대금	1	6	567	14
64	훈둔	이행원	1	6	275	7

27	둔결	이임산	전금필	3	4	465	26
28	둔결	승	이도원	1	6	640	16
30	둔결	최성오		1	6	468	12
32	둔결	이한득		1	5	693	17
33	둔결	우경보		1	5	705	18
34	둔결	김영문		1	5	2337	58
35	둔결	최성오		1	5	1840	46
36	둔결	황채		1	5	1125	28
37	둔결	이임산		1	5	1125	28
38	둔결	양의서		1	6	1870	41
39	둔결	홍평심		1	5	588	15
40	둔결	이경백		1	5	1050	26
41	둔결	이응칠		1	6	336	8
42	둔결	최성오		1	6	510	13
44	둔결	유도연	유도연	3	4	1075	59
46	둔결	이한득	최성오	3	4	162	9
47	둔결	이한득	이응칠	3	4	81	4
48	둔결	이경호	이경호	3	4	100	6
49	둔결	홍평심	홍평심	3	4	169	9
50	둔결	최호연	최호연	3	4	420	23
54	둔결	홍평심		1	6	315	8
55	둔결	유경국	홍평심	1	6	265	7
55-	둔결	유도연		1	6	294	7
56	둔결	최호연		1	6	396	10
57	둔결	이국현		1	6	513	13
58	둔결	이국현	이국현	3	4	322	18
59	둔결	이경백	이경백	3	4	300	17
74	둔결	최성오		1	5	430	17
75	둔결	유도연		1	5	350	14
77	둔결	이한득		2	5	280	11
79	둔결	유경국		2	5	950	38
81	둔결	최호연		2	5	413	17
82	둔결	지인보		2	5	671	27
83	둔결	정춘심		1	6	390	10
84	둔결	장경선		1	6	517	13
85	둔결	지인보		1	6	828	21
86	둔결	유경국		1	6	488	12
87	둔결	유경삼		1	5	250	6
88	둔결	안순겸		1	5	600	15

65	훈둔	이임산	1	4	465	26
66	훈둔	굴암승	1	6	640	16
68	훈둔	목운봉	1	6	480	12
70	훈둔	이한득	1	5	693	28
71	훈둔	우경보	1	5	705	28
72	훈둔	김영문	1	5	2337	93
73	훈둔	최성오	1	5	1840	74
74	훈둔	황채	1	5	1125	45
75	훈둔	이도원	1	5	1650	66
77	훈둔	목중쇠	1	6	1760	44
78	훈둔	홍평심	1	5	588	24
79	훈둔	이경백	1	5	1050	42
80	훈둔	이두승	1	6	336	8
81	훈둔	최성오	1	6	510	13
83	훈둔	유도연	1	4	1300	72
84	훈둔	이한득	1	4	264	15
		○ ○				
85	훈둔	이경호	1	4	100	6
86	훈둔	윤치운	1	4	169	9
87	훈둔	최호연	1	4	420	23
92	훈둔	홍평심	1	6	315	8
93	훈둔	윤치헌	1	6	515	13
94	훈둔	유도연	1	6	294	7
95	훈둔	최호연	1	6	396	10
96	훈둔	이국현	1	6	513	13
97	훈둔	이국현	1	4	322	18
98	훈둔	이경백	1	4	300	17
113	훈둔	윤치헌	1	5	645	26
114	훈둔	유도연	1	5	350	14
116	훈둔	이한득	1	6	400	10
118	훈둔	유경국	2	5	950	38
120	훈둔	최호연	2	5	440	18
121	훈둔	지인보	2	5	671	27
123	훈둔	정춘심	1	6	390	10
124	훈둔	장경선	1	6	517	13
125	훈둔	지인보	1	6	1058	26
126	훈둔	유경국	1	6	488	12
127	훈둔	유경삼	1	5	250	10
128	훈둔	지순종	1	5	600	24

89	둔결	승	유경삼	3	4	225	12		129	훈둔	굴암승	1	4	225	12
90	둔결	이한득	유도녀	3	4	144	8		130	훈둔	이한득	1	4	144	8
91	둔결	장경선		3	4	375	15		131	훈둔	장경선	1	4	375	21
92	둔결	승	최봉현	3	4	195	11		132	훈둔	굴암승	1	4	1071	59
93	둔결	승	유치삼	3	4	196	11			○	○				
94	둔결	승	이칠룡	3	4	128	7			○	○				
95	둔결	승	지인보	3	4	256	14			○	○				
96	둔결	김만서	유도심	3	4	147	8		133	훈둔	김만서	1	4	147	8
97	둔결	장정운	유치선	3	4	224	12		134	훈둔	장정운	1	4	224	12
98	둔결	승	김만서	3	4	136	7		135	훈둔	굴암승	1	4	663	36
99	둔결	승	유경국	3	4	196	11			○	○				
100	둔결	이한득	정춘심	3	4	196	11		136	훈둔	이한득	1	4	576	322
101	둔결	이한득	안순겸	3	4	144	8			○	○				
102	둔결	이홍이	유치연	3	4	152	8		137	훈둔	이홍이	1	4	817	455
103	둔결	이홍이	서찬준	3	4	100	6			○	○				
104	둔결	이홍이	이중원	3	4	135	7			○	○				
105	둔결	이홍이	장경선	3	4	81	4			○	○				
106	둔결	이홍이	장정순	3	4	90	5			○	○				
107	둔결	이홍이	유경천	3	4	90	5			○	○				
108	둔결	김성오	김성오	3	4	225	12		138	훈둔	김성오	1	4	224	12
109	둔결	이홍이		1	5	748	30		140	훈둔	이홍이	1	5	748	30
110	둔결	이홍이		1	6	880	22		141	훈둔	이홍이	1	6	880	22
112	둔결	장경수		1	6	880	22		143	훈둔	장경수	1	5	880	35
114	둔결	지인보		1	6	627	16		147	훈둔	장경락	1	6	627	16
116	둔결	유경삼		1	6	759	19		159	훈둔	유경삼	1	5	759	30
117	둔결	장경선		1	6	1704	43		160	훈둔	장경선	1	5	1728	69
118	둔결	유경천		1	6	612	15	治	1	훈둔	유경천	1	5	612	24
119	둔결	이한득	유경국	1	6	600	15		2	훈둔	이한득	1	5	600	24
120	둔결	이한득		2	5	525	21		3	훈둔	이한득	2	5	525	21
121	둔결	김성오		1	6	841	21		4	훈둔	김성오	1	5	841	34
122	둔결	김성오		1	6	700	18		5	훈둔	김성오	1	5	700	28
123	둔결	이한득		1	6	1247	31		6	훈둔	이한득	1	6	1247	31
125	둔결	이한득		1	6	855	21		8	훈둔	이한득	1	6	1155	29
126	둔결	지인보		1	6	738	18		9	훈둔	지인보	1	6	738	18
128	둔결	유경삼		2	6	793	20		11	훈둔	유경삼	2	5	793	32
129	둔결	지인보		1	6	448	11		12	훈둔	지인보	1	6	448	11
133	둔결	김만서		1	6	275	7		16	훈둔	김만서	1	6	450	11
133-1	둔결	장경수		1	6	175	4		17	훈둔	장경수	1	6	175	4
133-2	둔결	지인보		2	5	520	13		18	훈둔	지인보	1	5	520	21

133-3	둔결	장경수		1	6	675	17	19	훈둔	장경수	1	6	675	17
139	둔결	진명오		1	6	1050	26	27	훈둔	진명오	1	6	1155	29
140	둔결	지인보		2	5	268	7	28	훈둔	지인보	2	5	368	15
141	둔결	유도심		2	5	495	22	29	훈둔	유도심	2	5	612	24
142	둔결	김성녀		2	5	738	30	30	훈둔	김성녀	2	5	756	30
145	둔결	유경천		2	5	1700	68	33	훈둔	유경천	2	5	1700	68
147	둔결	유경천		2	5	625	25	36	훈둔	유경천	2	5	625	25
153-1	둔결	임원보		2	5	600	24	42	훈둔	방선오	2	5	780	31
160	둔결	지원보		1	4	1062	58	52	훈둔	지원보	1	5	1062	42
163	둔결	지원실		1	5	840	34	55	훈둔	지원실	1	5	840	34
180	둔결	이송월		1	5	598	24	73	훈둔	이송월	1	5	598	24
192	둔결	임영보		1	5	508	20	85	훈둔	임영보	1	5	508	20
經 10	둔결	문정모		1	4	790	43	本 5	훈둔	문정모	1	4	790	43
14-2	둔결	이만복		2	4	910	50	11	훈둔	이만복	2	4	910	50
14-10	둔결	이현구		2	5	1512	60	19	훈둔	이만갑	2	5	1512	60
14-11	둔결	문복돌		2	5	1224	49	20	훈둔	문복돌	2	5	1124	49
14-16	둔결	송원준		1	5	1898	76	25	훈둔	송원준	1	5	1924	77
14-17	둔결	이만복		2	5	426	17	26	훈둔	이만북	2	5	426	17
21-2	둔결	이호선		2	5	2340	94	35	훈둔	이호선	2	5	2340	94
22	둔결	이만복		2	5	320	12	36	훈둔	이만북	2	5	320	13
23	둔결	이호태		1	5	488	20	37	훈둔	이호태	1	5	488	20
24	둔결	이연복		2	4	1314	72	38	훈둔	이연복	2	4	1314	72
26	둔결	이만복	윤계실	2	4	5160	284	40	훈둔	이만북	2	4	5160	284
27	둔결	문경호		1	5	1187	47	41	훈둔	문경호	1	5	1984	79
30	둔결	이연복		2	4	481	26	45	훈둔	이연복	2	4	481	26
38	둔결	김겸오		1	5	760	30	53	훈둔	김선오	1	5	760	30
府 2	둔결	이만복		2	5	568	22	55	훈둔	이만북	2	5	568	23
3	둔결	김겸오		1	5	344	14	56	훈둔	김선오	1	5	344	14
4	둔결	이만복		2	5	803	32	57	훈둔	이만북	2	5	803	32
7	둔결	서순녀		1	5	405	16	60	훈둔	서순녀	1	5	405	16
8	둔결	이만복		2	5	765	31	62	훈둔	이만북	2	5	765	31
9	둔결	이치유		1	5	416	17	63	훈둔	이치유	1	5	416	17
10	둔결	이정팔		1	5	320	13	64	훈둔	이정팔	1	5	320	13
23-7	둔결	임원준		2	5	2370	95	於 10	훈둔	임원준	2	5	2370	95
23-10	둔결	이연복		2	5	1316	53							
23-15	둔결	이연복	한영화	2	4	1750	96	18	훈둔	이연복	2	4	1750	96
39-3	둔결	이만복	김광산	2	4	285	16	37	훈둔	이만북	2	4	285	16
								50	훈둔	김원도	1	5	1519	61
羅 49	둔결	윤금득		1	4	554	30	農 31	훈둔	윤금득	1	4	738	41

구분	지번	둔/훈	時主	추가					구분	지번	둔/훈	時主				
	50	둔결	황대근		1	4	3744	206		32	훈둔	황대준	1	4	3744	206
	70	둔결	이일선		1	4	2822	155	務	6	훈둔	이일선	1	6	6380	160
	71	둔결	이삼록		1	4	4176	230		7	훈둔	이삼록	1	5	4176	167
將	14	둔결	박승집		1	4	3178	115		21	훈둔	박승집	1	5	3178	127
										22	훈둔	김원도	1	5	1970	78
	17	둔결	고치서		1	4	6512	358		24	훈둔	고치서	1	4	6512	358
	20	둔결	이삼록	전화경	1	4	2322	128		27	훈둔	이삼록	1	4	2320	128
										34	훈둔	이신길	1	5	525	21
	33-6	둔결	김명준		2	4	1320	73	妓	1	훈둔	김명준	2	4	1320	73
相	10	둔결	한영숙		1	5	300	12		16	훈둔	한영숙	1	5	300	12
	16	둔결	이재순	이수연	3	3	378	26								
	17	둔결	이재순	한기선	3	3	169	12								
	18	둔결	이재순	최승의	3	3	252	18								
	95	둔결	이재순	한영숙	3	3	144	10								
	96	둔결	이재순	남원삼	3	3	162	11								
	97	둔결	이재순	김원도	3	3	128	9								
	98	둔결	이재순	한정선	3	3	450	32								
	99	둔결	이재순	정선경	3	3	378	26								
路	6	둔결	이춘삼		2	4	1872	103								
	8	둔결	박성오		2	4	1750	96								
	13	훈둔	임영삼		1	5	4088	164	稼	40	훈둔	임영삼	1	5	4088	164
	14	훈둔	이중득		1	5	3516	141		41	훈둔	이중득	1	5	3627	145
	15	훈둔	이연복		1	5	4250	170		42	훈둔	이연복	1	5	5225	229
	19-2	훈둔	이춘실		1	6	630	16		48	훈둔	이춘실	1	6	630	16
	20	훈둔	이춘실		1	6	1170	29		56	훈둔	이춘실	1	5	1170	47
俠	56	둔결	신석분		2	4	5980	329	倣	16	훈둔	신석분	2	4	5980	329

출전 : 『京畿道龍仁郡量案抄』(규17645)   第17冊 ; 『京畿道龍仁郡量案』(규17644)
  第13冊

비고 : 1. 훈진은 훈련도감둔전으로서 陳田을 의미한다.

  2. 지번의 '-' 표시는 內分을 의미한다.

  3. 지계아문양안의 '時主'는 실제로는 표시되어 있지 않고 '訓屯'으로만
    되어 있다.

  4. 지목의 1은 田, 2는 畓, 3은 垈地를 말한다.

  5. 'oo' 표시는 筆地가 통합되어 있는 경우이다.

  6. 이만복과 이만북, 박치연과 박치언, 김덕순과 김덕손, 이승대와 이성
    대는 동일인으로 취급한다.

5. 地契와 중답주

여기서는 地契衙門에서 소유권을 증명하기 위해 국유지에 발급한 地契를 분석함으로써 대한제국이 국유지의 소유권을 어떻게 처리하려 하였는가 하는 점을 검토해보기로 한다. 현재 地契는 강원도 춘천군·강릉군 明禮宮庄土, 충청남도 평택군 內需司·明禮宮庄土, 그리고 강릉군의 民田, 춘천군의 民田所有者에게 발급된 지계 등이 남아 있다. 그 가운데 여기서는 강원도 춘천군 명례궁장토와 충청남도 평택군 내수사·명례궁장토의 지계를 검토해본다.

강원도 春川郡 北內一作面 明禮宮庄土의 地契는 1902년 12월 지계아문에서 明禮宮에 발급한 것이다. 지계상의 장토규모는 191필지, 13결 74부 1속이다. 명례궁장토의 지계가 수록되어 있는『江原道庄土文績』에는 각종 전답매매문기와 양안이 함께 묶여 있다. 함께 묶여 있는 각종 전답매매문기는 1856~1857년에 걸쳐 명례궁에서 전답을 매입할 당시 확보한 舊文記 및 新文記로 구성되어 있다. 명례궁에서는 1856년 752냥, 1857년 256냥을 지불하고 柴山員·玄巖員·松亭員 등지의 전답 3결 37부 8속을 매입하였다.33) 또한 1862년 24石 2升 5合落(5結 4束)의 장토를 1만 5천 냥에 玄察訪宅奴再甲으로부터 매입하였다.34) 이외에 명례궁에서는 1891년 12월 畓主 申錫孝로부터 춘천 북내면 칠산리 소재 正畓 28石落地, 田 16日耕(합계 6結 29負 4束)과 舍音家舍 및 추수한 正租 265석을 7만 5천 냥에 매입하였다.35) 이상에서 볼 때 춘천군 북내일작면 명례궁장토의 규모는

---

33)『江原道庄土文績』第13冊,『江原道春川郡北內面所在庄土明禮宮提出圖書文績類』내의「丙辰七月日柴山田畓興成記」(1856) 및「丁巳閏五月十五日柴山田畓價數爻」(1857), 그리고 각종 매매문기를 참조.

34)『江原道春川郡北內面所在庄土明禮宮提出圖書文績類』내의『春川府量案』(1872) 및 매매문기.『春川府量案』에는 田이 44부 3속, 畓이 4결 83부 9속, 합하여 5결 28부 2속으로 나타나고 있어 면적에 약간의 차이를 보인다.

3결 37부 8속, 5결 28부 2속, 6결 29부 4속을 합하여 14결 95부 4속이 되고, 지계상의 장토규모 13결 74부 1속과 유사하다.[36]

여기서 지적하고 싶은 것은 명례궁장토의 형성과정이 전적으로 매입에 의하여 이루어지고 있다는 점이다. 명례궁에서는 전답의 매입을 통하여 장토를 형성하였다. 지계아문에서 지계를 명례궁에 발급함으로써 명례궁의 토지소유권을 확인하고 인정한 것은 당연한 조치였다.

강원도 춘천군의 지계아문양안이 존재하지 않기 때문에 이들 장토가 양안 상에서 어떻게 표기되었는지 직접 확인할 길은 없다. 용인군 지계아문양안에는 국유지의 작인이 파악되어 있지만, 초기에 양전한 강원도 간성군과 평해군 양안에는 국유지의 작인을 파악하지 않아서 춘천군 명례궁장토에서도 양안 상에서는 작인을 파악하지 않았을 가능성이 없지 않다. 그러나 후에는 양안의 국유지에서도 작인을 파악하였기 때문에 작인을 파악하는 것이 양안 작성의 원칙으로 되었을 것으로 생각한다. 그렇다면 지계아문양안에서는 국유지의 작인을 파악하고 있었음에도 불구하고 국유지의 지계에는 왜 작인이 기재되지 않았을까? 그것은 지계의 기능이 오로지 토지소유권의 확인과 그 변동에만 있었음을 의미하는 것이다. 지계아문양안이 지세 부과를 위하여 국유지에서 작인을 파악하였던 점과는 분명히 다른 의미를 지닌다.

---

35) 『江原道春川郡北內面所在庄土明禮宮提出圖書文績類』 내의 매매문기. 申錫孝는 대한제국시기 용동궁 평산 稅錢 600냥의 수취를 책임진 인물인데(『龍洞宮捧上井間冊』), 동일인인지는 분명하지 않다. 동일인이라면 導掌·宮監·監官 등 장토관리인의 경제적 능력이나 궁장토 매입과정에서의 그들의 관련성을 반영하는 사례가 될 것이다.

36) 장토규모의 차이는 1856년 봄 扈衛廳에서 築堰防洑하면서 북내면 명례궁장토의 일부가 堰內陳址로 편입되었기 때문이다. 『江原道春川郡北內面所在庄土明禮宮提出圖書文績類』, 「淵陳災頉完文」(己未 1859年 4月, 陶井 柴山 板尾 支石) 및 「己未四月日奴順得淵陳成冊」 참조.

충청남도 평택군 군내면, 남면, 북면, 서면에 산재해 있는 內需司庄土는
일제의 導掌權 정리과정에서 朴弘來가 導掌으로서 인정받기 위하여 서류
를 제출한 곳이다.37) 그러나 박홍래는 도장권을 인정받지 못하였다.38)
박홍래가 제출한 근거서류는 내수사장토의 地契, 평택군 내수사전답 量案,
그리고 監官差帖이었다. 박홍래는 이들 서류를 제출하고 도장권을 인정받
고자 하였지만 이들 서류가 오히려 박홍래의 도장권을 부인하는 근거로
작용하였다. 내수사장토의 地契는 당연히 그 時主가 內需司임을 분명하게
기록하고 있고, 장토의 성립기원을 확인할 수 있는 量案은『平澤郡邑南西
北四面所在內需司田畓量案』인데, 작성일이 1898년 3월이어서 도장권의
성립 여부를 확인할 수 있는 장토의 성립기원을 알 수 없고, 오히려 내수사
의 소유지로서 작인이 기록되어 있고, 박홍래가 내수사로부터 받은 차첩은
1899년 1월 평택군 남면 松中里 畓 9石 12斗 5升落을 관리할 책임을 진
監官으로 임명하는 내용이었다.39) 도장임명 帖文이나 導掌權 매매문기는
전혀 확인되지 않고 오히려 감관으로 임명된 첩문만이 제시된 것이다.
감관은 궁장토의 관리인임을 의미하기 때문에 박홍래는 이 장토에 대하여
아무런 권리도 얻어내지 못하였던 것이다. 그런데 박홍래는 내장원에서
평택군 명례궁 堤堰畓의 舍音으로 임명한 자였다.40) 이렇게 보면 그는
舍音·監官의 역할을 담당하였고, 導掌權은 갖지 못하였던 인물이다.
　여기서 주목되는 것은 내수사의 地契를 박홍래가 제출하였지만 그것은
박홍래의 도장권을 확인한 것이 아니라 오히려 내수사의 소유권을 확인하

37)『忠淸道庄土文績類』第7冊,『忠淸南道平澤郡所在庄土朴弘來提出圖書文績類』.
38) 荒井賢太郎,『臨時財産整理局事務要綱』, 京城 : 朝鮮總督府, 1911, 124쪽.
39) 지계를 종합해보면 畓 31필지에 9석 7두 6승락(3결 2부 1속), 田 1필지에 2刻耕(2부
　4속)으로서 감관차첩의 면적과 대체로 일치한다.『臨時財産整理局事務要綱』124
　쪽에는 9석 12두 5승락으로 되어 있다.
40)『訓令照會存案』, 內藏院 편, 1899년 12월 14일 평택군수에 대한 훈령.

는 역할을 수행하였다는 점이다. 지계가 소유권의 확인을 분명히 하는 기능을 담당하였던 측면을 엿볼 수 있다. 일제는 국유지의 소유권을 정리하는 과정에서 국유지에 성립한 중층적 토지소유를 一物一權의 소유권으로 정리하고자 하였다. 관리인은 '宮庄監官'으로 정리하고, 장토에서 상당한 수익을 가져갔던 導掌은 그 수익의 3년치를 배상함으로써 소멸시키고, 그 과정에서 投托이나 混奪入地의 장토는 民田으로 환원하고자 하였다.[41] 평택 내수사장토의 사례는 그곳이 중층적 소유가 형성된 것임은 확인되지 않았지만 내수사가 소유자로서 지계를 발급받은 사실 자체가 일제로 하여금 국유지로 판단하게 만드는 근거로 작용하였다.

문제는 중답주가 존재하는 장토에서는 누구에게 토지소유권이 귀속되어 지계발급이 이루어졌을까 하는 점이다. 현존하는 지계를 통하여서는 이 문제를 확인할 길이 없다. 그런데 충청남도 평택군 남면의 명례궁장토에서 한 단서를 발견할 수 있다.

명례궁에서 제출한 圖署文績에는[42] 많은 매매문기와 함께 時主가 明禮宮인 地契가 85장 포함되어 있다. 매매문기와 지계는 이 장토가 모두 명례궁의 소유임을 의미하는 증거가 되고, 다른 도서문적처럼 도장권을 확인한 서류가 아니라 명례궁에서 명례궁의 소유임을 증명하는 근거로서 제출된 것이다. 지계상의 총면적은 43석 3두 7승락, 즉 15결 92부 7속이었다. 이 장토는 명례궁에서 1886년 1만 550냥에 16석락을, 1887년 550냥에 17두락을, 1888년 1만 6천 냥에 21석 13두락, 합하여 39석을 매입하여 형성한 것이다.[43] 제출서류에 포함된 매매문기는 매입시 인계받은 것이다.

41) 荒井賢太郎, 앞의 책 참조.
42) 『忠淸道庄土文績』第39冊, 『忠淸南道平澤郡南面所在庄土明禮宮提出圖書文績類』.
43) 『明禮宮新買新屬田畓收稅摠案』(內別置). 면적에 약간의 차이가 있지만 대체로 유사하다.

따라서 평택군 남면의 명례궁장토는 명례궁의 사적 소유지임이 분명하다.

그런데 이 지계에는 다른 지계에서 보이지 않는 특이한 점이 있다.[44] 바로 地契發給番號 一慕 9, 11, 107~114, 115~119의 14장의 지계 右邊 上段에 별도로 人名이 기재되어 있다는 점이다. 예를 들면 一慕 119, 重字 28호, 直畓 2집, 9斗 5升落, 6等級, 11負 8束, 時主 明禮宮 토지의 우변 상단에는 '朴萬石'의 인명이 기재되어 있다. 이 존재가 무엇을 의미하는지는 확인할 길이 없다. 작인을 의미할 수도 있고, 중답주일 수도 있다. 혹은 민전이 침탈된 것일 수도 있다. 만약 이들이 어떤 식으로든 소유에 관여할 수 있는 자, 혹은 중답주라면 이들이 지계상에서는 역시 전혀 소유권을 인정받지 못함을 보여주는 것이다.

이상에서 국유지에 발급된 지계를 검토해보았다. 춘천군 명례궁장토와 평택군 내수사장토의 지계에서는 명례궁과 내수사에 소유권으로서의 지계를 발급하였다. 대한제국 정부는 사적 토지소유권의 차원에서는 국가기관도 일개 지주와 동일한 권리를 가진 것으로 인정하였다. 中畓主가 존재하는 지역에서는 누구에게 지계가 발행되었는지 직접적인 사례로서 확인하지는 못하였다. 그러나 대한제국시기 국유지를 관장한 內藏院의 경우 光武査檢 과정을 통하여 국유지의 확대와 일원적 관리를 꾀하였을 뿐만 아니라 토지소유권분쟁이 일어날 경우 그것이 民田의 投托일 경우에까지 일관되게 국가기관의 소유지 즉 국유지임을 강조하여 수취를 강행하였고,[45] 광무 양전·지계사업의 과정에서도 누락된 國有地나 中畓主의 철저

---

44) 강원도의 경우 지계는 道단위 郡別로 千字文에 따라 민전과 함께 순서대로 발급번호가 붙여져 발급되었는데(이영호, 앞의 논문, 1995), 충청남도 평택군 명례궁장토와 내수사장토에서는 소유자의 출원에 따라 불규칙하게 발급되었다. 그래서 地契發給番號와 字號·地番이 불일치하고 같은 궁방의 장토도 발급시기가 상이한 경우가 적지 않다. 지계발급과정에서 강원도와 충청남도는 차이를 보이고 있다.

45) 裵英淳, 앞의 논문 ; 金洋植, 앞의 논문 참조.

한 확인을 양전의 원칙으로 채택하였고,[46] 용인·평택의 사례에서 보듯이 중답주를 부인하는 방향을 취하고 있었기 때문에, 중답주에게 지계가 발급 된 것으로는 보이지 않는다. 특히 1904년 8월에는 內藏院에서 高宗의 재가를 받아 中畓主를 금지하도록 전국에 지시함으로써[47] 중답주의 권리 는 정부나 내장원에 의하여 부인되었다. 갑오개혁 이후 대한제국에서는 一物一權의 사적 토지소유권을 확립하려 하였고, 그 과정에서 중답주의 권리는 인정치 않는 방향을 취하고 있었다.

6. 맺음말

甲午改革에 의하여 宮房과 衙門에서 독자적으로 관장하던 庄土는 단일 한 관리체계와 통일된 국가수취체계 속에 편입된 '국유지'로 통합 관리되 었다. 아문의 각종 屯田은 驛·屯土로 통합되고 대한제국시기에는 宮庄土 와 함께 內藏院에 의하여 통일적으로 관리되었다. 갑오개혁 이후의 국유지 조사사업 즉 乙未査辦과 光武査檢은 국유지의 통합과 통일적 관리의 과정 이었다.

그러나 국유지의 각 장토는 그 성립기원을 달리하고 地代規定을 달리 받았고 관리체계를 달리하여 왔던바, 그에 따라 소유구조에도 큰 차이를 내포하고 있었다. 갑오개혁 이후의 통일적 관리체계하에서도 그러한 소유 구조의 차이를 근본적으로 해소하지는 못하였다. 국유지의 出稅조치에 의하여 地代와 地稅규정의 오해와 혼란이 초래되었고 그것이 지대 및 지세저항운동으로 나타나고 문제의 근본적인 출발점인 소유권분쟁이 초 래되었다.

---

46) 『完北隨錄』 1903년 2월 27일, 「地契監理應行事目」 제24조.

47) 『訓令照會存案』 1904년 8월 20일 訓令.

갑오개혁 이후 대한제국시기에 이르기까지 이러한 사태를 근본적으로 해결할 토지소유구조의 개편은 이루어지지 못하였다. 그러나 國有地調査事業과 光武 量田·地契事業의 실시과정에서 이 문제가 제기되지 않을 수 없었다. 중층적 소유구조를 量案에 어떻게 반영할 것인가, 토지소유권은 누구에게 귀속시켜야 할 것인가 하는 문제가 발생하였다.

대한제국 정부는 皇帝權을 기반으로 하였기 때문에 황제권을 강화하기 위한 여러 가지 조치를 취하였다. 군사력의 확대와 황제 친위대의 강화, 황제 측근의 정치권력 강화, 황실재정의 확충 등이 그것이었다. 황실재정의 확충은 오히려 정부재정을 약화하기도 하여 권력의 취약점을 노출시켰지만 황실재정을 담당한 內藏院의 재정은 급속도로 팽창되었다. 내장원의 재정은 역둔토와 궁장토, 인삼, 광산, 각종 잡세의 확대로 나타났다. 그 가운데 토지수입이 압도적 다수를 차지하였다.

내장원의 재정확충은 국유지에서의 지대수취와 장토관리 강화로 나타났고, 중답주를 인정하지 않는 방침도 선명하게 표명되었다. 그러한 측면에서 光武量案에는 중답주를 등재하는 것을 원칙적으로 허용하지 않았다. 그러나 현실적으로 납세자가 작인으로 규정되어 있고 중답주가 납세자로서도 기능하고 있는 한 이들을 양안에서 배제할 수는 없었다. 그리하여 광무양안에는 납세자를 확인하는 차원에서 중답주를 기재하는 경우도 나오게 되었다. 광무양안이 토지소유권을 확인하고 지세수취의 근거를 제공하는 이중적인 기능을 수행하는 과정에서 중답주에 대한 일시적인 처리방식이었던 것으로 해석된다. 그러나 광무양안에 등재되었다고 하여 국유지의 중답주에게 토지소유권이나 그 일부를 귀속시킨 것은 아니었다. 地契에는 時主만 기재하도록 제한되었고 중층적인 토지소유권리는 인정되지 않았다. 현존하는 지계를 통하여서는 중답주의 권리가 전혀 확인되지 않았다. 중답주는 토지소유권을 확보하느냐 상실하느냐의 양자택일을 강요받고 있었다. 이와 같이 중답주의 권리는 갑오개혁 이후 부정되는 과정을 밟아갔다. 대한제국 정부는 이와 같은 방법으로 토지소유권의 중층성을 제거하고자 하였다.

일제도 국유지를 정리하는 과정에서 중답주의 권리를 인정하지 않았다. 導掌權에 대하여는 배상절차를 밟았지만 中畓主와 같은 국유지의 二重小作은 받아들이지 않았다. 일제의 중답주 정책은 대한제국시기 중답주 권리의 부정을 통한 국유지 확대 정책을 계승하여 국유지를 확대하는 방향으로 나아갔다.

19세기 후반 地契제도와 家契제도

최 원 규

1. 머리말

조선사회의 부동산 소유권 이전 방식은 대체로 관청의 행정 절차를 거치지 않고 매매 당사자 사이에 사적인 문서(明文) 교환만으로 이루어졌다. 소유권이 변동할 때마다 관청에 비치한 장부에 기록하여 관리하는 근대의 등기제도와는 크게 달랐다. 전근대 국가와 근대국가는 토지권을 운영하는 원리가 달랐기 때문이다.

조선국가는 법적으로 20년마다 量田을 하여 소유자 장부이며 地租부과 장부인 量案을 작성했다.[1] 양안에는 소유주이며 조세납부자인 主, 경지의 내용, 지조액 등을 기록했지만, 그 후 매매 상속 양여 등으로 발생한 소유권 변동은 기록대상으로 삼지 않았다. 따라서 세월이 흐르면 量案에 기록된 主名과 실 소유자는 다르기 마련이었다. 실 소유자는 量案 이외에 소유권 변동 행위가 발생할 때 작성한 私文記(土地文記 分財記 등)를 통해서만 확인할 수 있었다. 매매 등의 경우 官에서 立案을 받도록 법규를 정했지만,[2]

---

1) 『經國大典』, 戶典, 量田. 量案의 성격에 대해서는 김홍식 외, 『대한제국기의 토지제도』, 민음사, 1990 ; 한국역사연구회 근대사분과 토지대장연구반, 『대한제국의 토지조사사업』, 민음사, 1995 ; 김홍식 외, 『조선토지조사사업의 연구』, 민음사, 1997 참조.
2) 이러한 유형의 立案제도에 대해서는 박병호, 「賣買에 있어서의 公證制度」, 『韓國法制史攷』, 법문사, 1974 참조.

필수조건은 아니었다. 사문서와 연계되어 변동사실을 기록한 관문서는 없었다.3) 이같이 부동산 거래를 국가의 행정체계 내부에 포괄하지 않은 것은 향촌 안에서 거래행위가 이루어졌기 때문이다. 이 범주에서 벗어나는 일은 드물었다. 그리고 소송 등 특별한 경우 이외에는 국가가 개입하는 일은 없었다.

地租수납도 국가가 主로부터 직접 수납하지 않고, 향촌의 자치기구에 맡겼다. 실무 관리가 양안과 현지 조사를 기초로 별도의 수납장부(行審衿記 등)를 작성하여 집행한 것이다. 地租수납장부·私文記는 양안에 근거하여 만들어졌지만, 이후에는 양안과 직접적인 연계관계 없이 마치 별개처럼 작동했다.4) 국가와 향촌사회가 누층적 질서 아래 부동산권과 조세권을 운영하는 체계였다.

이러한 질서는 收租權이 소멸되고 사적 소유권이 배타적으로 성장 발전함에 따라 흔들리기 시작했다. 토지 시장권이 전국 단위로 발전해 가면서 구래의 제도는 한계를 드러냈다. 盜賣 偸賣 등이 발생 심화되어 간 것이다. 이에 국가적 차원에서 토지권을 관리해야 한다는 사회적 요구와 아울러 여기에 걸맞는 量田論이 제기되었다. 기존 생산량 단위의 結負制를 절대면적 단위의 頃畝法으로 전환하여 토지의 모양과 경계를 측량하고, 토지권을 조사 法認하여 국가가 관리해야 한다는 것이다.5) 국교확대 이후 외국인이 구래의 거래제도를 이용하여 잠매를 확대해가자 논의가 더욱 심화되었다.6)

---

3) 이 시기 고문서의 실례는 최승희,『한국고문서연구』, 한국정신문화연구원, 1981 ; 이수건,『경북지방 고문서집성』, 1981 등이 참고된다.

4) 장부들의 상호 관계에 대해서는 宮嶋博史,「量案から'土地臺帳'へ」,『朝鮮民族運動史研究』5, 1988 ; 최윤오,『朝鮮後期 土地所有權의 發達과 地主制』, 연세대학교 박사학위논문, 2001 등이 참고가 된다.

5) 김용섭,『한국근대농업사연구(증보판)』(상·하), 일조각, 1984 ; 최원규,「19세기 양전론의 추이와 성격」,『중산정덕기박사 화갑기념 한국사학논총』, 1996 참조.

본고는 대한제국이 근대국가의 토대구축사업으로 추진한 量田 官契발급사업의 역사성의 한 측면을 밝히기 위한 시도로, 이에 앞서 당면한 문제들을 해결하기 위해 시행한 여러 부동산권 관리책의 내용과 성격을 다음의 세 부문으로 살펴보려 한다. 첫째는 거류지와 그 10리 내에 실시한 지계제도이다. 이는 구래의 제도와 전혀 다른 근대적 토지권 관리제도였지만 열강이 조선침략의 발판으로 삼기 위해 시행한 것이다. 둘째는 도시화의 진전과 열강의 투자활동이 맞물려 家舍거래가 활성화되면서 거래제도의 불안성이 심화되자 그 안정성을 확보하고 외국인의 투자를 제한하기 위해 실시한 家契제도이다.[7] 셋째는 잠매와 같은 사태를 막기 위해 제정한 민형사법이다. 이러한 부동산권 관리책을 살펴보는 일은 우리 근대화 과정의 일단과, 일제가 이를 제압하면서 식민지 기초사업을 추진해가는 모순의 두 측면을 살펴보는 일이기도 하다.[8]

2. 토지 관계 조약과 지계제도

1876년 조선은 일본의 군사적 위협 아래 강제로 조일수호조규를 체결했다. 여기서 治外法權, 居住權, 通商權 등을 보장한 租界를 마련하여 일본인의 定住를 허용했으며,[9] 이어 작성한 조일수호조규 부록에서 일본화폐

---

6) 崔元奎,「대한제국기 量田과 官契發給事業」,『대한제국의 토지조사사업』, 민음사, 1995 참조.
7) 漢城府의 가계제도에 대해서는 왕현종,「대한제국기 한성부의 토지·가옥조사와 외국인 토지침탈 대책」,『서울학연구』10, 1998이 참고가 된다.
8) 국사편찬위원회가 편찬한『한국사』44(2001)의 '토지침탈' 부문에 이 글의 일부 내용을 실었지만, 여기서 전반적으로 다시 정리 보완했다.
9) 개항장 내의 租界에 대해서는 四方博,「朝鮮における近代資本主義の成立過程」,『朝鮮社會經濟史』, 1933 ; 奧平武彦,「朝鮮ノ條約港ト居留地」,『朝鮮社會法制史研究』, 1937 ; 李鉉宗,『開港場研究』, 일조각, 1975 등이 참조된다.

유통과 無關稅 무역을 허용했다. 불평등조약체제가 구축된 것이다.[10] 일본은 산업혁명의 단계에 진입하지 못한 낮은 경제수준을 반영하여 중계무역을 통해 조선상권을 장악할 목적 아래, 이를 강제했던 것이다.[11]

일본은 조선정부로부터 강제로 얻어낸 조계를 터전으로 전조선에 새로운 질서를 강요하기 시작했는데, 이때 조계에 허용한 토지권 운영의 내용을 보면 다음과 같다. 조선정부는 부산을 비롯한 3곳에 개항장을 열고 지정한 장소 내에서 일본인에게 토지와 가옥을 賃借·造營할 수 있는 권리를 허용한 것이다.[12] 그리고 租賃의 가격은 사유지는 지주와 상의 책정하고, 官·國有地는 조선인과 동일한 租額을 납부할 것 등 세부 내용을 정했다.[13] 이 안에서 일본인은 조선인과 동일한 자격으로 토지·가옥을 賃借할 수 있는 권리를 부여받은 것이다. 그리고 중심점에서 사방 10리라는 제한된 범위이기는 하지만 일본 상민은 상업활동과 통행권도 획득했다. 일본 상민은 이곳을 근거지 삼아 영국산 값싼 공장제 綿제품과 조선 쌀을 부등가 교환하는 무역활동을 전개한 것이다.[14]

조일수호조규 이후 일본을 비롯한 열강들은 조선정부에 더 유리한 조건을 요구했으며, 1882년부터 체결된 조약에 이것이 반영되었다. 먼저 거류지의 확대였다. 일본은 조일수호조규 속약에서 양화진을, 청은 조청상민수륙장정에서 양화진과 한성을 開市場으로 개방시켰다.[15] 다음은 조약내용

---

10) 姜德相,「李氏朝鮮開港初期朝日貿易の展開」,『歷史學研究』256, 1962 참조.
11) 불평등조약은 金敬泰,「對日不平等條約 改正問題發生의 一前提」,『梨大史苑』10, 1972 ;「不平等條約改正交涉의 展開」,『韓國史研究』11, 1975 등 참조.
12) 國會圖書館 立法調査局,『舊韓末條約彙纂』(上), 1964, 13～14쪽. 韓日修好條規 第4款.
13) 國會圖書館 立法調査局, 앞의 책(上), 1964, 21쪽. 韓日修好條規 第三款.
14) 개항후 韓日貿易에 대해서는 韓沾劤,『開港期의 商業研究』, 일조각, 1970 ; 姜德相,「李氏朝鮮 開港直後における朝日貿易の展開」,『歷史學研究』265, 1962 ; 大石嘉一郎編,「植民地」,『日本産業革命の研究』, 1975 ; 이병천,「開港期 外國商人의 侵入과 韓國商人의 對應」, 서울대학교 박사학위논문, 1985 등 참조.

에서 불평등성을 강화했다. 그 해 5월 22일 미국과 체결한 朝美修好通商條約에서, 조선정부는 미국인에게 소정의 地代를 지불한다는 조건 아래 조계 내의 토지와 가옥을 賃借하거나 주택 및 창고의 건축권을 부여했다.[16] 특히 最惠國待遇조항의 설치는 열강 상호간에 특혜를 공유할 수 있는 기틀을 마련해 준 것으로 불평등체제의 강화를 뜻하는 것이었다.

1883년 11월 26일 영국과 맺은 朝英修好通商條約은 열강이 토지권을 확보하는데 하나의 분수령을 이루는 조약이었다. 영국은 세계최강대국으로 전과 비교할 수 없을 정도로 매우 심한 不平等을 강요했으며, 부동산권에서도 전보다 훨씬 많은 것을 요구했다.

첫째 제물포·원산·부산·한양·양화진 등의 지정장소 내에서[17] 토지가옥의 賃借와 구매는 물론 각종 건축물의 건립권 등을 확보했다.[18]

둘째 조계 밖 10리까지 외국인에게 토지소유권을 허용했다.[19] 조계

---

15) 楊花津은 조일수호조규 속약에서 처음 개방되고 경성은 1883년 조청수륙무역장정에서 開棧되었다(國會圖書館 立法調査局, 앞의 책(上), 1964, 35쪽 ; (下), 396쪽).

16) 國會圖書館 立法調査局, 앞의 책(中), 1965, 300~301쪽에 'to lease buildings or land or to construct residences or warehouses therein'으로, 분명히 賃借라 규정하고 있다. 반면 조선인은 미국내에서 垈地賃借는 물론 토지매수와 주택 창고의 건축을 허가받았다. 이것은 조선인에게 유리한 것처럼 보이나 조선인이 미국에서 할 수 있는 것은 아무 것도 없다고 해도 과언이 아니다.

17) 조영수호조규에서는 인천부의 제물포 원산 부산 各口(釜山 1口設有 不宜之處 則可另揀附近別口) 幷漢陽京城楊花津(附近便宜別處)(國會圖書館 立法調査局, 앞의 책(中), 1965, 326쪽)이라 정하였으며, 이는 전 열강에 그대로 적용되었다.

18) 國會圖書館 立法調査局, 위의 책(中), 1965, 326쪽, 제2관, "At the above-named places British subjects shall have the right to rent or to purchase land or houses, and to erect dwellings, warehouses and factories……All arrangements for the selection, determination of the limits, and laying out of the sites of the Foreign Settlements, and for the sale of the land at the various ports and places in Corea open to foreign trades, shall be made by the Corean Authorities in Conjunction with the competent foreign authorities"로서, 문장내용에서 永租가 所有權 이전의 의미임이 분명히 드러나 있다.

19) 國會圖書館 立法調査局, 위의 책(中), 1965, 326쪽, "British subjects may rent or

지역을 넘어 조선정부 관할지역까지 영국인의 자유로운 활동을 강요당한 것이다. 이것은 일본인의 토지잠매에 결정적 계기로 작용했다. 나아가 영국인은 여행권 없이 開港場 밖 100리까지 자유로이 출입할 수 있는 권리도 획득했다.

셋째 영국은 治外法權도 강화하여 자국민이 조선 내에서 아무런 장애 없이 활동할 수 있도록 보장받았다. 이것은 朝英修好通商條約善後續約 (1883)에서 구체화되었다. 제1관에서 조선에서 영국인에 대한 治外法權은 "영국정부가 판단하여 조선의 法律과 訴訟수속이 영국인을 朝鮮裁判權 아래 두어도 異議가 없으리 만큼 수정되고 개정되는 때, 그리고 조선재판관 의 지위가 영국재판관의 지위와 동일한 법적 자격과 독립적 지위를 획득한 때에 폐기할 것"이라고 규정한 것이다.[20] 종전 보다 불평등성이 강화된 이 조약은 이후 통상조약의 모델이 되었다. 일본과 미국도 最惠國待遇 조항을 소급 적용을 받아 같은 혜택을 누릴 수 있었다.

열강들은 통상조약에 근거하여 각각 조계를 할당받았다. 1877년 釜山港 租界條約을 시작으로,[21] 1879년 元山津開港豫約(1881년 元山津租界協定 書 : 居留地 地租개정)[22]을 비롯한 각종 조계조약을 체결했다.[23] 조계구역 은 처음 설정한 대로 고정된 것이 아니라 한계에 이르면 확대할 수 있도록 정했다.

조계 내의 토지와 기간시설은 조선정부의 소유였지만, 운영방식은 상대 국과 조약을 맺어 결정했는데 크게 셋으로 분류할 수 있다. 하나는 조계

---

purchase land or houses beyond the limits of the foreign settlements and within a distance of the ten Corean li from the same."라 하여, 구매 즉 所有權의 매입인 것을 확실하게 했다.

20) 國會圖書館 立法調査局, 앞 책(中), 1965, 368쪽.
21) 國會圖書館 立法調査局, 위의 책(中), 1965, 1~3쪽.
22) 國會圖書館 立法調査局, 위의 책(中), 1965, 3~6쪽.
23) 각종 조약은 國會圖書館 立法調査局, 앞의 책(상), 1964 ; (중·하), 1965 참조.

구역의 운영 일체를 조약 상대국에 맡기고 조선정부는 지세만을 받는 방식이고, 또 하나는 조선정부와 조약국이 조계공사를 설치하여 공동으로 운영해 가는 방식이다. 그리고 서울, 평양 등 開市場의 경우가 있다.[24] 이곳에서 외국인은 조선인과 동등한 자격을 갖고 雜居했으나 조선정부의 행정계통의 일정한 관리 통제를 받아야 했다. 일본은 최혜국대우 조관에 따라 1884년 조약을 개정하면서 일반 일본인이 城안에 거주할 수 있게 되고, 조선인으로부터 필요한 대지나 가옥을 구입할 수 있었다.[25] 그러나 청일전쟁까지는 그리 용이하지 않았다. 일본 제국주의의 힘의 한계에서 기인한 것이지만, 漢城少尹 李建昌과 같이, 외국인 부동산거래의 허가를 담당한 지방관이 일본인의 토지매수에 반대하여 허가하지 않았던 점도 있었다.[26]

　첫째 지역은 조선정부의 통치영역에서 완전히 분리된 조선내의 외국이라 할 수 있는 전관 거류지이다. 사용권을 인계 받아 영사를 주재시켜 전일적으로 관리한 지역으로 부산과 원산 등이 여기에 해당되었다. 영사는 領事館 職務規則에 따라 영사재판권 등 전권을 갖고 관리 통제했지만, 행정관청의 역할은 居留民團 役所가 담당했다.[27]

　1880년 4월 일본영사관에서는 일본 거류민에게 거류지의 사용권을 부여

---

24) 서울 이외의 開市에 관한 건은 국회도서관, 앞의 책(중), 1965, 23~26쪽.

25) 京城府, 『京城府史』 2, 1936, 570쪽.

26) 1891년 일본인이 소유한 토지는 2만 3천여 평, 가격 3만 3천 원 정도였으며, 그나마 위치가 경성의 남쪽 구석이었다고 한다(京城府, 『京城府史』 2, 609~610쪽). 1880년대 서울에서 각국인들이 한성부에 가계를 신청하여 허락을 받았다. 그 실상은 서울특별시사편찬위원회, 『國譯漢城府來去文』(상), 各國家契, 1996 참조.

27) 釜山領事館, 『在朝鮮國釜山港領事館制定諸規則便覽』, 3쪽. 在釜山帝國居留地規則, 제1장 총칙 제1조에 "거류지에 거류지회와 거류민 총대를 두고 領事의 위임을 받아 이 규칙에 따라 거류지 내에서의 제반 사무를 의정 처리한다"고 정했다.

하기 위해 地所貸渡規則을 제정 공포하는 한편,28) 여기에 필요한 家屋構造
規則을 제정하여 거류지를 운영해 갔다.29) 사용권은 일본인에게만 주었으
며, 地券을 발급하여 배타적 권리를 인정했다. 그 권리자는 토지대장에
기록되었다. 이를 화보 유지하기 위해서는 일정 기간 내에 가옥을 건축하
고, 매년 地稅를 납부하는 조건을 이행해야 했다. 이와는 별도로 家屋稅,
營業稅, 酒醬油製造稅, 雜種稅, 戶別稅 등도 부과했다.30)

　　둘째 租界 가운데 조선정부와 조약국이 공동으로 관리하는 경우이다.

<hr/>

28) 地所貸渡規則은 다음과 같다(釜山領事館, 『在朝鮮國釜山港領事館制定諸規則便
　　覽』, 達第 15號 (明治13年 제정, 明治23년과 27년 개정), 29쪽).
　　제1조 모든 地所를 拜借하려는 자는 區名 町名 番號 상비한 繪圖面 相添하여
　　　　출원허가를 받아야 한다. 이미 허가한 地라도 만약 沙土를 취거하고 溝渠를
　　　　착하고 지정을 굴하는 등 모두 원형을 변개할 때 또한 같다.
　　제2조 모든 拜借地는 1家 1名 1宅地에 限한다. 단 상업상 경우에 따라 外로
　　　　添地를 요하는 자는 사실 취조한 뒤 허가해야 한다.
　　제3조 地所 拜借 허가한 뒤는 상당 수수료를 받고 拜借人에 地券을 부여해야
　　　　한다. 단 당분간 종전과 같다.
　　제4조 이미 拜借 허가를 얻은 地所는 모두 拜借人의 適宜 소유에 맡기더라도
　　　　재래의 樹木은 願出許可한 뒤 이를 芟伐해야 한다.
　　제5조 地所 拜借人은 拜借 허가의 날로부터 30일 내에 地基를 열고, 6개월 내에
　　　　가옥을 건축해야 한다. 만약 30일 이내에 地開않거나 6개월 이내에 가옥
　　　　건축에 착수하지 않을 때는 拜借의 효력을 잃는다.
　　제6조 拜借地를 양도할 때는 쌍방 연서로 地券 이름 교체를 출원해야 한다.
　　　　단 遺跡 상속에 관한 것은 상속인과 2명 이상의 친척 또는 보증인 연서해야
　　　　한다.
　　그리고 이 지역이 理事廳 관할이 되면서 1908년 6월 이를 개정했다. 그 내용은
　　일본전관거류지 내의 지구는 일본제국 臣民에 한할 것, 그리고 釜山理事廳 理事
　　官 名으로 永代借地券 증서를 발행하는 것 등이었다(釜山居留民團役所, 『釜山
　　居留民團例規類集』, 1909, 157~160쪽.).
29) 부산영사관은 家屋構造規則이나 一筆地내의 借地내에 본 가옥 외에 住家屋의
　　外에 住家를 증축하려는 자의 心得方의 件 등을 제정했다(부산영사관, 앞의 책,
　　31~35쪽).
30) 釜山居留民團役所, 「居留民團稅賦課規則」, 『釜山居留民團例規類集』, 1909, 215~
　　219쪽.

부산, 원산을 제외한 각 지역의 전관거류지와 각국 거류지 등이 여기에
해당된다. 여기서도 지계제도를 도입하여 토지권을 관리했다. 이 제도는
仁川港日本租界條約(1883년),[31] 仁川華商地界章程(1884년),[32] 仁川濟物
浦各國租界章程(1884년)[33] 등을 거치면서 체계적인 모습을 갖추었다. 鎭
南浦及木浦各國租界章程(1897년)에서 그 구체적인 내용을 살펴보자.[34]

먼저 租界 구역내의 개발계획을 지구별로 세운 다음, 측량에 착수했다.
지구별로 지형에 따라 等級과 경계를 확정한 뒤 지번을 정했다. 이 안의
조선인 가옥은 조선정부가 철거할 의무를 졌다. 다만 세관의 청사 창고
등 세관 사무를 위한 토지와 건물은 보유할 수 있도록 했다.[35] 조사가
끝나면, 외국인을 대상으로 경매(公拍法 : 競貸法)에 부쳤다. 경매는 지구
별로 진행하는데, 조선정부 관리가 각국 공사 영사 및 租界公司에 30일
전에 書面으로 통고하고 조계 내에 게시했다. 토지는 최고입찰자에게
매각했으며, 競落받은 자는 10일 이내에 지가를 지불하고, 地契를 발급받
았다.[36]

지계는 관리가 章程에서 정한 서식에 따라 3통을 교부했다. 매수인이
지계 말미의 誓約欄에 기명 조인한 다음, 1통은 한국정부에, 1통은 소관
영사관을 거쳐 매수인에, 1통은 租界公司에 保存登記를 했다. 소유자는
정해진 기간 내에 租界公司에 地租를 前納하도록 했다. 이때 지조를 체납
하거나 납부하지 않았을 때는, 租界公司가 지주자격을 박탈하고 토지를

31) 國會圖書館 立法調査局, 앞의 책(中), 1965, 7~13쪽.
32) 仁川華商地界章程 第七條의 地契式樣은 國會圖書館 立法調査局, 앞의 책(下),
    1965, 427쪽.
33) 國會圖書館 立法調査局, 앞의 책(下), 1965, 299~311쪽.
34) 國會圖書館 立法調査局, 위의 책(下), 1965, 311~338쪽.
35) 國會圖書館 立法調査局, 위의 책(下), 1965, 314쪽.
36) 『沃溝港牒報』, 『沃溝港案』에 群山港의 실태가 기술되어 있다. 『各司謄錄(全羅道
    編3)』 20, 國史編纂委員會編, 1986 수록.

경매 처분하도록 했다.

지계로 法認받은 토지권은 차지권이었지만, '永遠租與'한 영대차지권으로 매매 양여 상속이 가능했다.[37) 권리를 이전할 때는 舊地契를 조선 관리에 반납하고 新地契를 교부받았다. 지계를 상실했을 때는 舊地券을 폐지한다는 願書를 영사관을 경유하여 감리에 제출하고 그 사유를 1개월 간 광고한 후 新地契를 받았다.

<표 1> 조약에 예시된 居留地 地契양식

```
                            地        契
第幾號 四址東址某處爲界西南北一例開明 住址 幾百方米突 玆因收訖上開地址租價銅錢幾
    百千文本監理事務代本國政府據下文方法永遠租與日本商 人姓名或 其承繼人或嗣續人
一地稅應遵某年月日朝鮮政府與日本欽差所訂租界約條第四條照每方米突幾十文之例每
    年十二月十五日 先納明年之地稅幾百千文不得遲延
一倘罹火災或偸盜失此地契應詳開其記號米突之數立聲明後日雖獲所失地契作爲廢紙等
    因棄經日本領事官具報監理事務則據此轉行廣告一個月間徵常例規費更給新契但係廣
    告之費應歸棄報者鎖辦
一如有過納稅期不完納者由監理事務移知日本領事官辦理
一此地契應製二件盖戳一給租者收執一存朝鮮政府爲照
                                     年        月        日
                                     朝鮮國監理事務 姓名 印
```

조계 내에는 租界公司라는 법인체를 설치하여 행정업무 일체를 총괄하도록 했다.[38) 租界公司는 조선인 지방관리와 각국 영사, 그리고 선출된 지주 3명으로 구성되었다. 토지권을 매입한 외국인은 한국정부의 公證과 자국 영사관의 보호 아래 租界公司를 거쳐 지계를 발급받아 합법적인 권리자로 공인받았다. 이 과정에서 문제가 발생하면, 외부대신과 각국 영사로 조직된 법정에서 처리했다. 이 같이 지계로 획득한 부동산권은

---

37) 國會圖書館 立法調査局, 앞의 책(中), 1965, 12쪽.
38) 租界公司는 외국인의 토지소유를 제한적으로 허용한 조영조약에 처음 보였다(國會圖書館 立法調査局, 앞의 책(中), 1965, 327쪽).

제3자 대항권을 가진 배타적 권리였다.

이렇게 보면, 지계제도는 근대적 '부동산등기제도'의 모습 그것이었지만,[39] 조선에서 부동산권을 획득하려는 외국자본과, 이 권리를 조계로 국한시켜 관리하려는 조선정부가 절충하는 가운데 성립한 것이기도 했다.

지계제도는 조계뿐 아니라 조영수호조규에서 정한 조계 밖 10리 내에도 적용되었다. 여기서 외국인은 조선인으로부터 직접 부동산을 구매할 수 있도록 했으며, 지계를 발행하여 권리를 보호해 주었다.[40]

그 결과 1901년 부산지역의 居留地 내외에 조선인이 소유한 곳이 絶無할 정도로 빈번히 거래가 이루어졌다.[41] 지계 발급절차는 구입자가 원서를 영사관(居留地役所 경유)에 제출하면, 영사관은 감리서에 조회하고 감리서에서 등록 검사를 거친 다음 지계를 발행 영사관에서 교부하는 방식이었다. 이들은 매년 지세를 감리서에 납부해야 했으며, 居留民役所에서 이를 취급했다.

조계 밖 10리 내 지역은 조계와 달리 경매가 아니라 개인 대 개인의 사적인 거래로 이루어졌다. 매입자가 지계 발급을 요청할 때는 토지경계를 스스로 측량하고 도면을 첨부해야 했다. 그리고 대한제국의 법을 준수해야 하며 조세를 납부하지 않을 경우는 토지를 公賣 처분한다는 것을 전제조건으로 했다. 지계를 훼손하거나 잃어버렸을 경우는 영사관에 보고하고 광고한 후 감리서에 다시 청하여 발급하도록 했다. 그리고 매매 등 소유권을

---

39) 釜山府, 『釜山府史原稿』 6(민족문화 영인본), 부산, 1984, 43쪽. 1901년 1월 거류지 내의 토지소유자수는 314명, 거류지 내의 가옥소유자수는 323명이었다.

40) 國會圖書館, 앞의 책(상), 147쪽. 在조선국 일본인민통상장정 제42관 現時 또는 後日 조선정부가 何等의 권리 특전과 惠政 恩遇를 莫論하고 他國 관민에 베풀면 일본국민도 유례없이 일체 균점한다고 했다. 이리하여 거류지 외 1리의 토지를 구매하고 가옥 건축 등의 권리를 획득하는 영한조약을 적용받게 되었다.

41) 부산지역의 거류지와 10리 지역에서 일본인이 소유한 실태는 釜山府, 『釜山府史原稿』 6, 41~42쪽.

이전할 때도 같은 절차를 거쳤다.

이곳의 지계는 내·외국인 등 국적별로 양식이 달랐던 것으로 보인다. 조선인의 경우 아래 <표 2>의 三和港의 경우를 보면, "平安南道 三和港 民有地契"로 국적 표기가 없었다. 외국인의 경우는 <표 3>의 동래의 예를 보면, "東萊港 租界外區 各國商民地契"라 표기되었다. 新契는 매매나 훼손 분실의 경우 발급했다. 그리고 舊契로 사사로이 매매하다고 발각되었을 경우는 屬公 조처한다고 했다.

<표 2> 平安南道 三和港(진남포) 民有地契

平安南道 三和港 民有地契																
三和監理 書記	買主 面 洞居	賣主 面 洞居	光武 年　月　日	一該地契規費 領契時卽納事	一告示坊曲規費 登記規費　當納事	告示坊曲三朔以後新契更發事	一該地逢賊水火闊失之際其事由及該地米突字號等數開錄來訴	一舊契私相賣買現露之際該地屬公事	一新契領受時賣主買主	一該地賣買時買主繳還舊契請發新契事	一結錢每年春秋兩等依完納事	右查定後憑證准許事	東　西　南　北	通積　方米突價文	港 洞伏在 等地　地區　字　號	三和港 面　洞居　地契發給事	第　號

<표 3> 東萊港 租界外區 各國商民地契

앞면

契地民商國各區外界租港萊東

- 案照各國條約第四款爲發給地契事 第 號
- 東萊 字 第 號 面
- 土地持主 國人
- 一 此地租稅金 土地租稅金
- 右查定後憑證准許事
- 大韓國 東萊港 光武 年 月 日 監理

뒷면

注意

- 一 該地每年按每坪方米突完納租稅金5錢共納租稅金每年十二月一日至十五日間 上納于監理署事
- 一 領此地契者管掌其卜土地遵守大韓法令事
- 一 該地逢賊鬧失燒火之際具由先告該領事館廣告一個月然後請再領於監理署事
- 一 租稅不納之時該土地公賣事
- 一 土地境界自在測量圖面事
- 一 土地賣買讓與時換名一款經該領事館請願監理署事
- 登記年月日 | 賣讓與受人姓名印 | 賣讓受人姓名印

　　그러나 일본은 지계제도로는 만족할 수 없었다. 조선을 자본축적의 기반으로 삼기 위해서는 자기 발전에 조응하여 요구수준을 강화할 필요가 있었다. 1890년대 산업혁명단계에 진입하고 있던 일본자본주의는 조선을 직접 지배할 필요가 있었으며, 청일전쟁이 그 표현이었다. 일본은 전쟁에 승리했으면서도 삼국개입으로 조선을 '보호국화'하는 데 실패했지만, 제국주의로 성장 전화하는 일이 긴급한 국가적 과제였다. 이를 위해 조선에서 쌀을 확보할 필요가 있었으며, 이때 무역의 수준을 넘어 조선농업을 직접

장악할 계획을 세웠다.[42]

일제는 그 일환으로 농업 이민사업을 추진했으며, 이것은 조선지배의 토대구축사업이기도 했다.[43] 그러나 여기에는 두 장애물이 있었다. 하나는 일본인의 渡韓을 제한했던 법률적 규제를 풀고 '自由渡韓'을 실현하는 문제였다. 식민지화를 우려하는 여론이 비등했음에도 불구하고,[44] 일제는 商民의 자유로운 渡韓과 부동산 점유를 인정하는 '移民保護法中改正法律案'을 통과시키고,[45] 러일전쟁을 계기로 이 사업을 적극 추진했다.

일본정부는 농업식민을 위한 여론 조성작업과 조사 준비작업을 추진했다.[46] 한국의 현실적 특징을 농업기술의 미숙성과 개량 가능성・높은 지주 수익률・저렴한 地價수준・높은 金利수준・낮은 조세수준과 생활비 등이라고 진단하고 선전자료를 통해 농업이민을 유도했다.

또 하나의 장애물은 외국인의 토지권을 제약하거나 금지한 조약과 國內 法이었다. 이러한 규제 때문에 일본자본은 활동을 제한받을 수밖에 없었으며 온갖 수단을 동원하여 이를 무력화시켜 갔다. 불법적인 수단도 마다하지 않았으며, 일본정부 차원에서 조장하기도 했다. 다음은 1902년 6월 元山 居留民의 문의에 대한 日本領事館의 지령으로, 그러한 의지가 잘 나타나고

---

42) 日本資本主義와 地主制의 동향에 대하여는 楠西光速 外, 『日本資本主義の發展』, 1・2・3, 1957~59 ; 大內力, 『日本資本主義の農業問題』, 1961 ; 中村正則, 『日本地主制史研究』, 1979 참조.

43) 일제의 한국이민에 대해서는 趙璣濬, 『韓國資本主義成立史論』, 1973 ; 金容燮, 「日帝의 初期 農業殖民策과 地主制」, 『韓國近現代農業史研究』, 1992 ; 최원규, 「日帝의 初期 韓國殖民策과 日本人 農業移民」, 『東方學志』 77・78・79, 1993 등을 참고.

44) 『皇城新聞』 1901년 10월 14일.

45) 당시 이러한 사정에 대해서는 金容燮, 「光武年間의 量田地契事業」, 『韓國近代農業史研究(증보판)』(下), 1984 ; 최원규, 앞의 글, 『東方學志』 77・78・79, 1993 참조.

46) 한국 농업식민을 위한 제반 조사와 준비작업에 대해서는 金容燮, 「日帝의 初期 農業殖民策과 地主制」, 『韓國近現代農業史研究』, 1992 참조.

있다.[47)]

　　외국인의 토지소유권에 왕왕 疑團을 품은 자가 있는데 개항 거류지에서 1里 이내의 地(韓里10里 이내로 遊步規程內에 屬하는 地)는 현재 외인의 소유권을 인정하고 있을 뿐 아니라 그 이외라도 수확을 예매하고 사용권을 매수하는 일은 조약상 禁制의 明文이 없고, 어떠한 지방도 수확을 예매하는 관습이 있음으로 한인을 납세자로 公簿에 등록시켜 一切의 소유증권과 장기간의 수확을 併買할 때는 우리 권리를 순행하는 것이어서 위험에 처할 일이 없다.

　대한제국 정부는 외국인의 토지소유를 금지했지만, 일본정부는 사실상의 점유에 대하여는 異議를 제기하지 않는다는 점을 들어 거류민들에게 잠매를 독려했다. 잠매는 개별 일본인 자본가들의 사적인 이익추구와 한국을 식민지로 지배하려는 일본정부의 입장을 동시에 충족시키기 위한 사업이었다. 이러한 방식으로 많은 토지를 확보한 일본인 대농장주는 주로

---

47) 1902년 8월30일 원산 거류민들의 韓國土地所有에 대한 질의는 다음과 같다. ① 1876년 議定하고 約款 일한수호조규와 부록을 열람하건대 각 거류지 부근에서 한국정부 또는 한국인민으로부터 地基를 租賃할 수 있는 明文은 있는데 토지를 매득하는 명문은 보이지 않았다. 종래 일본인은 여하한 약관을 근거로 토지를 매수할 수 있었는지.
② 가령 매수할 수 있는 約款이 없어도 개항후의 관습 默認으로 인습이라 보아도 종래 성적으로 보건대 朝變暮改하는 韓廷이라면 만약 하루아침에 국제문제 湧起하여 완전한 권능을 갖지 않는 일부 有司 小吏등이 認許한 소유권은 부인되고 전연 기득권을 침해당할 우려는 없지 않은지.
③ 일설에 일본전관거류지계를 距한 사방 10韓里 이내는 토지소유권을 보유하여도 이것이 과연 里程約款인지.
④ 右는 約款없이 무릇 間行里程 10韓里를 應用準據한 것이라면 이는 이미 明治15년(1882) 議立守護條規續約에 의하여 사방 10韓里까지 擴開하고 이어서 明治17년(1884) 間行里程 取極約書附錄에서 다시 擴開함으로써 右 경계까지는 토지를 소유할 수 있는 것이 과연 如何한지.
⑤ 當韓國에서 確乎不拔하여 완전한 토지소유권을 얻는데는 여하한 방법이 있는지 또 里程區域은 如何(山本庫太郎, 『最新朝鮮移住案內』, 1904, 208～210쪽).

조선인을 소작농으로 삼아 경영을 했고, 일본인 자소작농을 이주시켜 이들을 지휘 감독하게 하기도 했다.[48]

3. 가계제도와 잠매방지법 제정

1) 가계제도의 내용과 성격

부동산을 매매할 때 관에서 증명을 받도록 한 立案制度는 조선전기부터 시행되었다. 관이 거래사실을 확인해 주는 일종의 公證制度였다.[49] 그러나 조선후기에는 이것이 死文化되고 부동산거래는 私文記인 매매문기의 교환으로 그 절차가 종결되는 것이 일반이었다. 사회적으로 주로 매매문기만을 위주로 소유권을 판단했을 뿐 立案을 반드시 요구하지 않은 것이다. 국가가 개입하지 않아도 사회적으로 큰 문제가 일어나지 않았기 때문이었을 것이다.

立案制度는 거래사실의 공증보다 收租權制의 운영, 즉 국가의 토지 지배력과 깊은 관련이 있는 것으로 보인다. 조선후기 토지소유권이 배타적으로 성장해가고 토지상품화가 활성화되어감에도 불구하고 立案制度가 유명무실해진 것이 이를 반증해 준다. 국가가 입안을 통하여 개간지의 소유권을 인정해준 점도 국가의 토지 지배력의 표현으로 보인다. 立案제도는 토지소유권의 배타적 성장과 역의 관계가 있었다고 할 수 있겠다.

그런데 토지상품화가 진전됨에 따라 미가가 상승하자 文記를 위조하여 盜賣 偸賣하는 일이 속출하고 爭訟이 그치지 않았다.[50] 여기서 관 증명제

---

48) 이 시기 일본인의 농업경영은 淺田喬二, 『日本帝國主義と舊植民地地主制(增補)』, 御茶の水書房, 1989 ; 최원규, 앞의 글, 『東方學志』 77 · 78 · 79, 1993 ; 최원규, 「19세기 후반 · 20세기초 경남지역 일본인 지주의 형성과정과 투자사례」, 『한국민족문화』 14, 1999 ; 최원규, 「토지침탈」, 『한국사』 44, 2000 참조.

49) 朴秉濠, 앞의 글, 『韓國法制史攷』, 법문사, 1974 참고.

도의 도입이 제론되었다. 종전의 입안과 같은 유형의 제도를 도입하여
이 문제를 해결하자는 것이다.[51] 私文記의 교환이라는 전통적 방식만으로
는 거래의 안정성을 기하기 어려웠기 때문이며, 이 문제는 외국인의 잠매가
성행하면서 더욱 빈발했다. 조선국가의 토지 거래제도가 밑에서부터 흔들
렸다. 제도개혁은 더 이상 미룰 수 없는 현안과제로 대두되었다. 향촌단위
의 유통권을 기반으로 한 구래의 거래제도가 이러한 변화를 감당하지
못한 것이다. 漢城府에서 특히 심각했다. 한성부는 開市場으로 개방되어
외국인의 거주가 많아졌을 뿐만 아니라 토지 가옥에 대한 거래도 빈번히
이루어졌다.[52] 더구나 농촌에서 몰락한 농민들이 대거 유입되고 있던 터였
다.[53] 거주문제가 심각해지면서 가옥권 분쟁이 빈발했다. 정부는 이를
해결하기 위해 국가가 가옥권을 관리하는 제도를 도입 확대해 갔다.

1893년 조선정부는 구래의 입안제도와 거류지에서의 지계제도 경험을
바탕으로 한성부에서 처음으로 가계제도를 시행했다.[54] 가계는 매매할

50) http://db.itkc.or.kr/index.jsp?bizName=MS 한국고전종합DB 『국역승정원일기』 고종
    30년 계사(1893, 광서 19), 2월 13일(병인) 맑음, 한성부에서 간행한 문권으로만
    매매하게 할 것을 '청하는 내무부의 啓 ○ 李重夏가 내무부의 말로 아뢰기를,
    "도성 내 5部의 坊과 里의 호적에 올라 있는 家戶는 각자 집문서를 소유하고
    있으며, 이것이 賣買하는 증빙 자료가 되고 있습니다. 근자에는 인심이 점점
    경박해져서 간사한 속임수를 부리는 일이 많이 일어나, 혹은 文券을 위조하기도
    하고 혹은 훔쳐다가 저당 잡히거나 헐값으로 팔아먹기도 하면서 전혀 꺼리는
    바가 없습니다. 그리하여 본래 주인은 가만히 앉아서 자기 집을 잃게 되니 소송이
    끊이지 않고 애달픈 하소연이 날마다 들려옵니다. 어찌 이와 같이 놀랍고 한탄스런
    풍조가 있단 말입니까."
51) 金容燮, 「茶山과 楓石의 量田論」, 「光武年間의 量田地契事業」, 『韓國近代農業史
    硏究(增補版)』(上·下), 1984 참조.
52) 한성부에서 외국인의 토지 가옥거래가 허용되었으며, 그 실태는 왕현종, 앞의
    글, 1998 참조.
53) 조성윤, 『조선후기 서울주민의 신분구조와 그 변화』, 연세대학교 박사학위논문,
    1992 참조.
54) http://db.itkc.or.kr/index.jsp?bizName=MS 한국고전종합DB 『국역승정원일기』 고종

때 발급했는데, 舊券을 반납하고 新券을 발급받도록 했으며, 이후는 이를 근거로 官契를 출원하여 발급받는 방식이었다. 서울이 외국인에 개방되어 내외국인을 구별하지 않는 것이 원칙이었지만, 외국인의 경우 거래관습의 차이, 등기제도의 미비에 따른 행정절차의 복잡과 지체, 그리고 한성부의 담당관리가 허가하지 않는 경우도 많아 지계의 적극적 이용에는 한계를 보였다.[55]

家契의 내용을 아래 <표 4>를 통해서 보자. 주소와 가옥의 종류(草·瓦·空垈), 間數, 가격, 세금 등의 내용을 기록했다. 여기에는 賣主와 買主, 중개자인 經紀, 실무관료인 摘奸書吏가 날인했으며, 관계 堂上이 花押했다. 家契는 2부를 작성 割印하여 하나는 관청에 보관하고 하나는 買主에 발급했다.[56] 家契는 내용상 구래의 家舍文記와 별 차이가 없지만, 거래내용을 관이 확인해 주는 동시에, 家契를 관에 보관하여 제3자가 내용을 확인할 수 있도록 한 일종의 공증제도를 도입했다는 점에서 구래의 방식보

30년, 계사(1893, 광서19), 2월 13일(병인), 맑음, 한성부에서 간행한 문권으로만 매매하게 할 것을 청하는 내무부의 啓, "이에 대해서 엄하게 科條를 세워 폐단을 막고 편안하게 살 수 있는 방법을 강구하지 않아서는 안 되니, 지금 이후로는 卿相의 집 이하 각 坊의 모든 가호에 한성부에서 문권을 간행하여 일일이 나누어 준 다음 이 문권이 아니면 감히 매매하지 못하도록 정식을 정하여 시행하는 것이 어떻겠습니까?"하니, 윤허한다고 전교하였다.

한편 일본도 소유권에 대한 안정성을 확보하기 위해 조선정부에 증명발급제도의 도입을 건의한 바가 있었다(京城府, 『京城府史』 2, 1936, 620~622쪽). 이에 앞서 1891년 한성부윤이 일본인이 조선인의 토지가옥을 典當했을 경우 일정한 절차를 거쳐 증명을 발급한다는 훈령을 내려 증명서를 발급한 바 있었다. 종전에는 일본인이 總代役長에게 신고하면 그가 영사관에 신고하는 것에 그쳐 詐欺 등이 발생했으나, 이 제도의 실시로 이를 약간이나마 해소할 수 있었다(京城府, 위의 책, 619~610쪽).

55) 서울특별시사편찬위원회, 『國譯 漢城府來去文』(상)·(하), 1996.에 실린 각 공문에서 보듯, 외국인 문제는 각국 공사 외부 내부 한성부 등 관할 관청이 업무가 복잡하게 얽혀져 있어 해결이 쉽지 않았다.

56) 和田一郎, 『朝鮮土地地稅制度調査報告書』, 1920, 271~272쪽.

다 한 단계 진전된 형태라 할 수 있을 것이다.[57]

<표 4> 漢城府 제1차 발행 地契

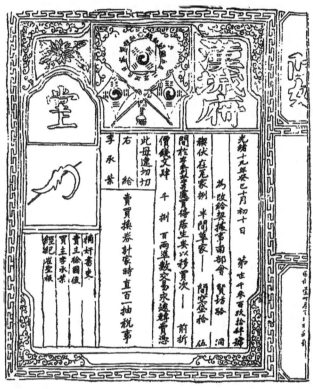

이 제도는 갑오개혁기에 더 구체적으로 정비되었다. 1894년 5월 舊家券과 소유토지 건물의 坪數와 圖面을 제출하도록 했으며, 11월에는 家券의 교부절차를 개정했다. 종전에는 賣主가 한성부에 출원하여 명의를 고쳐 買主에게 교부했지만, 이번에는 매매후 買主가 출원하여 발급받도록 했다. 매매과정에서 지방관이 간섭 저지하는 사태를 막을 수 있어 그만큼 일본인

57) 漢城府에서는 이후 총 4차례에 걸쳐 家契제도를 변경 발행했다. 최초의 家契양식은 朝鮮總督府中樞院, 『朝鮮田制考』, 1940, 406쪽, <표 4>.

들의 부동산 거래가 쉬워졌다고 할 수 있다.[58]

<표 5> 漢城府 제2차 발행 家契

漢城府爲給發契據事照得何部何坊何洞第何統第何號地所有家舍瓦何

間草何間空坌何間計何間時値何千何百兩　由本主某　主事情願賣與

某　居住爲此行給契仰

執契人員遵照後開六條章程毋得違越切須至契者

開國五百何年　何月　何日

堂上

後開

右給　某　持憑
家儈　某
保證　某

一家舍賣買在新契刊行以前者准其換給新分文不取

一家舍賣買在新契刊行後兩個月以外者就該家本價內抽納百分之一于本府

以充給各費

一家舍賣買時由該洞或附近他洞家儈應請本府給發契據交付買主然後始准

其越若過時不告或諱價不實除按例抽分外再向該家儈罰徵本價二百分一

一家舍非由家儈居間而自相賣買者由賣自行領契交付若過時不告或諱價不

實照上條家儈例懲罰

一家舍無舊券者非有家儈或保證記名畫押不准發給新契

一家舍領有癸巳五月日所刊發契據者除非改行賣買無庸換給若由家主有所

情願亦准其換去但每契一紙可納一文錢五枚

이 시기 개정한 家契양식이 <표 5>라고 판단된다.[59] 가옥대장이 없는 점에 유의하여 발급원칙을 정한 것으로 보인다. 매매행위시 가계를 발급할

58) 京城府, 『京城府史』 2, 1936, 631쪽.
59) 不動産法調査會, 『不動産法調査報告要錄』, 1908, 35~42쪽. <표 5>의 가계는 開國 기원과 何部라는 구역명칭을 사용한 것으로 보아 1894・5년경에 간행한 것으로 보인다. 部는 1895년 5월 1일 署로 변경되었다(박경용, 「한성부의 행정구역」, 『개화기 한성부연구』, 일지사, 1995 참조).

경우, 家儈가 있어야만 발급하도록 절차를 정한 점, 舊券이 없을 경우는 家儈와 보증인의 記名 畵押을 받도록 한 점, 매매의 경우 家儈가 본부에 발급을 청하여 교부하도록 한 점, 그리고 만일 시기가 지나거나 가격을 허위로 보고했을 경우는 家儈를 처벌하도록 한 점 등이 그것이다. 家儈가 반드시 거래 사무 일체를 담당 보증하도록 한 구조였다. 한편 재정수입도 고려하여 가계를 발급할 때 거래가의 1/100을 징수했다. 이러한 내용은 가계 용지에 인쇄하여 공신력을 높여갔다.

그러나 가옥거래가 더욱 활성화되면서 제도 자체의 결함으로 농간 등의 문제가 많이 발생했다. 그 예로는 타인의 가옥을 借居 혹은 貰居한 자가 주인이라 칭하고 盜賣하는 폐단, 文記를 전당잡히고서 분실했다고 立旨를 받아 私自放賣하는 폐단, 舊券을 은익하고 新契를 재발급하거나 前의 立旨를 숨겨두고 이중으로 新立旨를 작성하여 이중으로 暗賣하거나 典當하는 일 등이 그것이다.[60] 기존 제도로는 가옥주나 세입자 등의 사기 행위를 제도적으로 막기 어려웠으며, 가계발급과정에서 관리나 家儈 등의 자의성이 개입될 여지도 있었다. 가계발급을 의무로 규정하지 않았다는 점에서 新舊제도의 혼란도 야기할 수 있었다.

이 점을 감안하여 대한제국 정부는 두 방면에서 제도정비 작업을 추진했다. 하나는 가계제도 자체의 당면 결함을 정비해 가는 작업이고, 또 하나는 토지조사사업과 연계하여 그 작업의 일환으로 가계제도를 완결하려는 시도이다.

전자로는 1898년 6월 한성부에서 告示한 가옥매매規例를 들 수 있다.[61] 여기서 종전 발행한 家契에는 신용도에 문제가 있었다고 판단하고, 이를 확보하는 데 가장 중점을 두었다. 漢城府 스스로도 "甲午이전의 발행한

---

60) 서울시사편찬위원회, 앞의 책(상), 1996, 435쪽.
61) 서울특별시사편찬위원회, 앞의 책(上), 各部去文 告示7號, 1898년 6월, 430~434쪽 (원문), 166~168쪽(번역문).

가계는 근거가 없으니"라고 종전 가계의 문제점을 인식하고 "新契로 교환할 것"을 규정했다. 초기 가계를 전면 부정하고 새출발을 선언하는 것이나 다를 바 없었다.

이 고시는 1898년 무렵, 1896년에 공포한 戶口調査規則에 따른 조사작업이 어느 정도 성과를 거두었기 때문에 발표할 수 있었다고 생각된다. 호구조사작업은 10戶 1統制의 원칙 아래 戶의 주소를 확정하고, 戶口의 내용을 적도록 했다. 가주의 성명과 인구수는 물론 거주자의 가택 내용 등을 조사하는 일이었다. 所有·借居하는지의 여부, 瓦草의 구분과 間數 등이 그것이다. 이 조사를 토대로 개별가구의 戶籍 <표 6>과, 이를 근거로 統表 <표 7>을 작성했으며,[62] 1898년에 고시한 매매규례는 이와 연계되어 마련된 것으로 보인다. 새로 官契를 신청하는 사람은 新戶籍의 統戶數에 따라 新舊 家主가 家儈와 같이 와서 청원하라고 정한 점이 이를 말해주는 것이다.[63]

그리고 이 規例에서 가장 눈에 띄는 점은 부동산 중개인인 家儈를 관의 공식기구로 인정하여 절차를 정한 점이다. 家儈를 관에서 임명하고 담당구역을 정하여 구체적 임무를 부여한 것이다. 아마도 관이 戶口와 가옥에 대한 실태는 조사했지만, 그 소유권자까지 조사하여 法認한 장부를 마련하지 못한 한계를 家儈를 통해 해결하려고 한 것으로 보인다. 이 점은 家儈에게 담당 구역 내 가옥에 대한 구체적 상황을 조사하게 한 점에서 엿볼 수 있다.

첫째 가옥 부동산의 原居 借居 傳貰의 여부, 官契나 立旨의 有無, 典當 여부 등을 조사 成冊하여 보고하도록 했다. 新契를 발급할 경우는 成冊과 戶籍에 따라 승인 발급한다는 것이다. 둘째 담당 구역의 移去移來와 去地來

---

62) 建陽 원년 9월1일 칙령 제161호 戶口調査規則, 내부령 제8호 戶口調査細則, 대한민국국회도서관, 『한말근대법령자료집』 2, 164~169쪽.

63) 서울특별시사편찬위원회, 앞의 책(상), 1996, 67쪽.

地 및 연월일을 조사하여 成冊과 대조하도록 했다. 成冊의 내용이 실재와 늘 일치하게 주의를 기울이도록 한 것이다. 이러한 임무를 미끼로 家儈가 口文을 취하기 위해 잘못을 저지를 경우는 重罰에 처할 것을 엄히 경고도 했다.

<표 6> 戶籍樣式[64]

署 何 / 郡 牧 府				漢 城 府 / 何 道		
戶 第 統 第			契 坊 何 / 里 面 何			
建陽	外祖	曾祖	祖	生父	父	主戶
	屬親居同					年
年						本
月	宅家		口人存現		口寄	業職
日	共合	有己	女 男		女 男	號
郡牧府漢城判		草間 瓦間	口 口		前居地	明註
守使尹尹		有借	共合		傭雇	
印	間	草間 瓦間	口		女 男	月移日居

戶籍表 / 第 / 號 / 明註

---

64) 漢城府 告示 제1호는 "戶籍을 작성하되……잘못되거나 누락된 것이 있으면 가옥 매매시 官契를 발급하지 않을 것이니."(서울특별시사편찬위원회, 앞의 책(상), 1996, 161~162쪽)

<표 7> 統表 양식

建陽 年　月　日 郡牧府漢城判守使尹尹	共計口	第十	第九	第八	第七	第六	第五	第四	第三	第二	第一	戶號 戶主姓名	統表第 號
	合口											男（人口）	執綱姓名 章／署長姓名 章
	合口											女（人口）	交番所尊長姓名 章
	共計口 合間											瓦（家宅間守）	統首姓名 章
	合間											草	
												改籍時註明	

（표 상단 표제）漢何 城 府道／何 牧府／郡 署　　契 坊何／里 面　戶 第 統 第

　家契의 법적 완결성을 높이기 위해 新契 발급시의 유의점도 정했다. 新契를 발급 받으려 할 때 前文券이나 舊立旨를 은익하거나 농간할 경우 家主를 중죄에 처하도록 했다. 이 점은 '하나의 家舍=하나의 증빙서류'라는 원칙을 확립하여 盜賣를 막기 위한 조치였다. 그리고 官이 가옥권에 대한 관리권을 명확히 하기 위해 官契나 立旨 없이 사사로이 서로 매매한 家戶는 원통한 일이 생겨도 들어주지 않기로 정했다.

전당할 경우는 錢主와 家主가 한성부에 와서 등록하도록 했다. 전당권의 보장과 아울러 외국인 고리대자본이 부당하게 가계를 침탈하는 것을 막기 위한 조치이기도 했다.[65] 가옥권의 변동에서 家契 발급과 기록을 의무화하여 관 공증제도를 전면화 했다.

그럼에도 불구하고 가계제도는 시행과정에서 여러 문제가 드러났다. 한성부에서 처음 가계제도를 도입할 때는 모든 戶를 조사하여 대장을 만든 다음 문권을 발급하고 매매할 때 반드시 가계로 거래하도록 했다.[66] 이러한 의도는 앞에서 본 바와 같이 매주가 가계 발급을 신청할 때 舊文記를 지참하여 성책을 대조하여 발급하도록 한 점, 지참한 舊券을 新契로 발급하면서 없애도록 한 점 등에서 어느 정도 현실에 반영되었다. 서로 다른 두 문서가 존재함으로써 발생할 수 있는 불법적인 이중 거래를 막기 위한 것이었다.[67]

그러나 여기에는 한계가 있었다. 가옥권의 진위를 제3자가 판가름할 수 있는 것은 가계를 발급한 가옥에 한정될 수밖에 없다는 점이다. 가계는 관에서 소유권을 인정한 증표이기 때문에, 이를 받지 않은 가옥에서 불법적인 거래가 발생하는 사태를 제도적으로 완전히 봉쇄할 수 없었다. 또한 官에서 발급한 家契에도 문제가 있었다. 가옥대장이 없어 발급할 때 관리의 자의성이 개재되어 오류가 발생할 우려가 많았다.[68]

---

65) "외국상인이 우리나라 사람에게 빚을 줄 때는 집문서를 전당잡는 일이 더러 있습니다. 그런데 彼我의 백성들이 전당을 잘못 잡아 실패를 당하는 폐단이 많기 때문에 외국인이 사기 당하는 일을 막기 위하여 영일 두 영사에게 다음과 같은 내용의 조회를 하였습니다.……錢主와 집주인이 함께 우리 부에 와서 그 집의 내력을 자세히 탐문한 뒤 그 사람의 성명을 분명하게 기록화여 중간에 폐단이 없도록 하라"고 했지만, 이 일에 대해 오히려 외국인이 불평하기도 했다(서울특별시사편찬위원회, 앞의 책(상), 62쪽).

66) 『承政院日記』, 고종 12년(上), 465쪽. 내용은 앞의 주54) 참조.

67) 不動産法調査會, 앞의 책, 45쪽, 대구지역 家契 <표 13> 참조.

68) 家契 발급에 대한 공시제도의 미비로 家契를 분실한 자는 신문광고를 통해 자신의

이러한 문제에도 불구하고 가계제도가 효과를 보이자, 여러 지역에서 이 제도를 도입 시행한 것으로 보인다.[69]

<표 8>·<표 9>의 東萊府에서 시행된 가계를 통해 서울 이외의 지역에서 시행된 제도의 실체를 보기로 하자. 동래 監理 겸 府尹이 契券 사무일체를 담당하고, 契券은 가옥과 대지 각각 별도로 발급했다. 家契에는 草瓦의 구분과 間數, 가격, 四標 등을 기록했다. 新契를 수령할 때 家契의 경우에는 買主와 賣主가 戶대장과 新契에, 垈地契의 경우에는 토지대장과 新契에 날인하도록 했다. 그리고 契券은 買主가 舊契를 첨부하여 신청하며 구계를 없애고 新契를 받도록 정했다. 만일 舊契로 사사로이 매매하다 발각되면 屬公하도록 정했다. 典執이나 환퇴할 경우는 양 당사자가 관에 보고하고 등기하도록 했다. 家契를 소실하거나 잃어버렸을 때는 그 사유와 통 호 칸수 등을 開錄하여 관에 보고하고 3개월 이상 고시한 뒤 新契를 발급하도록 했다.[70] 戶대장과 토지대장을 준비 이용한 점에서 한성부의 家契에 못지않은 수준을 보여 주었다.

그러나 이것은 소유권을 査定한 장부는 아니었기 때문에 소유자가 아닌 자에게 家契를 발급하는 사태를 배제할 수는 없었다. 심지어는 거짓 발급받은 가계를 일본인 전당포에 전당 잡히는 일도 생겼다. 일본인 전당업자들은 관이 발행한 家契라는 점을 이용하여 전당한 자가 빚을 갚지 않을 경우

家契가 무효임을 공시하기도 하였다. 예를 들면 "南署회현방 송현계 家券을 遺失하얏기로 漢城府立志를 成來하얏스니 기실한 家券을 拾得하신 이가 有하더라도 勿施할터이니 僉君子는 조량하시압. 창동居 김현명 告白"이라 한 것이 그것이다 (『皇城新聞』 1900년 6월 7일, 廣告).

69) <표 8>, <표 9>의 東萊府 家契는 1901년도의 것이고, <표 12>의 동래군과 <표 13>의 대구 家契는 1905년의 것이라는 점을 볼 때, 관청별로 필요에 따라 가계제도를 시행한 것으로 보인다.

70) 東萊의 契券은 김동철, 「18-20세기초 동래부 巨闕里 南原 梁氏 집안과 그 고문서」, 『항도부산』 16, 2000, 441~442쪽.

<표 8> 慶尙南道 東萊府 民有垈地契

第二十七百八十二 號

慶尙南道 東萊府 民有垈地契

東萊府西上面巨坪洞居梁道源垈契發給事西
上面巨坪洞 字第 二 統五戶地垈
間卜
價文柒拾伍兩
東守明家 西武殼家 南渭錄家 北竹田
右査定後憑證准許事
一該結稅錢每年十月十日土地所在夫兊處完納事
一新契領受時買主繳還舊契請發新契事
一該地賣買時賣主繳還舊契請發新契事
一新契領受時賣主土地臺帳及新契捺印事
一以舊契相賣買現受時賣主土地臺帳及該垈屬公事
一該垈逢賊水火鬪失之際其事由及該字號卜間數開
錄來訴告訴坊曲三朔後新契更發事
一遇有地契典執與還推時與受者來告本
一告訴坊曲規費　登記事
一垈契規費　當納事
光武五年四月 日
賣主 面 洞居
買主 面 洞居
東萊監理兼 府尹 玄

<표 9> 慶尙南道 東萊府 民有 家契

第二十七百八十二 號

慶尙南道 東萊府 民有家契

東萊府西上面巨坪洞居梁道源家契發給事
西上面巨坪洞 字第 二 統五 戶瓦家
參間瓦行廊
參間瓦文柒拾伍兩
東守明家 西武殼家 南渭錄家 北竹田
右査定後憑證准許事
一戶布稅錢　分二二、八月初十日完納事
一新契領受時買主繳還舊契請發新契事
一該家賣買時賣主繳還舊契請發新契事
一新契領受時賣主家屋臺帳及新契捺印事
一以舊契相賣買現受時賣主家屋臺帳及該家屬公事
一該家逢賊水火鬪失之際其事由及該戶間數開錄
來訴告訴坊曲三朔後新契更發事
一遇有家契典執與還推時與受者來告本
一告訴坊曲規費　登記事
一該契規費　時卽納事
光武五年四月 日
賣主 面 洞居
買主 面 洞居
東萊監理兼 府尹 玄

잘못 발행된 가계라도 관이 발행했다는 것을 빌미로 가옥을 차지하려는
시도를 하기도 했다. 전당업이 활성화하면 할수록 피해자는 속출했으며,
이를 막기 위해 후술하는 전당포규칙을 제정하기도 했다. 그 결과 과장되었
겠지만 한성부는 외국인이 典執한 호가 전체 4만여 호 중 2/5나 된다고
할 정도였다.71) 그럼에도 불구하고 한성부에 주재한 각국 사신들은 전당물
에 대한 권리를 확보하기 위해 지권과 가계를 발급해 줄 것을 外部에
강력히 요구하기도 했다.72)

그러나 외국인에게 가계를 발급해 주면 곧 이들이 전부 차지할 것이라고
우려하며 반대하는 여론이 많았다.73) 한성부에서는 가계를 환급해 주되
永租가 아니라 暫租를 조건으로 하고 지역도 제한하기로 결정했다.74)
그럼에도 불구하고 외국인들이 가옥을 빈번히 매수하고 가계발급을 독촉
하자 漢城府나 仁川監理 등은 일단 문제가 있다고 판단하고 발급을 지체시
키기도 했다. 외국인들은 한국정부의 미온적 태도에 반발하면서 漢城
재판부에 수차례 청원했다. 외국인들은 典當을 통해 한국인의 권리를
넘겨받았지만, 한성부 등 지방관들이 家契를 무조건 발급해 준 것으로
보이지는 않는다. 한성부 관리들은 이와 관련한 조약문의 해석을 둘러싸고
밑줄 친 부분에서 보는 바와 같이 각국 사신과 차이를 보였으며, 이를
빌미로 契券 발급을 거부하기도 했던 것이다.

---

71)『皇城新聞』1901년 9월 3일, 「法部主事金南濟」; 1901년 9월 24일, 「家券弊斷」.
72)『皇城新聞』1902년 1월 8일, 「地券事段」.
73)『皇城新聞』1903년 1월 8일, 「外人典買」.
74) 이 논의는 1902년 12월 29일 外部 요청으로 이루어졌다. 주요 논점은 한국 측에서는
    이를 한성판윤의 임시조치로 할 것을 주장한 반면, 각국 사신은 영구적인 詔로
    할 것을 주장한 데 있었다(『皇城新聞』1903년 1월 8일, 「地契事段」; 1903년 3월
    13일, 「會商地券事」). 이 문제는 논의 끝에 4월 9일 한성부 소재 地契界限을 慶雲宮
    에서 250m, 그 외 廟社殿宮에서 150m로 하기로 확정했다(『皇城新聞』1903년
    4월 10일, 「地契議定」).

제4조 1항에 한양 경성에서의 통상무역에 대한 사항이 명기되어 있고 2항에는 가옥을 임대하고 창고를 세우는 일에 대한 사항이 명기되어 있을 뿐입니다. 永租地의 경우 '회동해서 상의 처리할 수 있다.'는 문구는 역시 2항 끝 부분에 명기되어 있다고는 하나, 이는 제물포 원산 부산 등 각 항구를 가리키는 것이지 한양 경성을 가리키는 것이 아닙니다. 따라서 2항에 있는 '회동해서 상의 처리한다'는 등의 문구 윗면에 특기되어 있는 조선의 통상항구 해안 등에 적용되는 것이지 경성과 각 항구 해안은 경우가 다릅니다. 그런데 지금 각 항구 해안 및 조계 안에서 시행되는 조약을 가지고서 장차 항구 해안지역이 아닌 경성에서 시행하려고 하니 불가불 이를 반박하지 않을 수가 없습니다.[75]

어쨌든 가계제도는 한성부에서 일본인 고리대 자본의 투기활동에 안정성을 제공하기도 했지만, 장애물로 작용한 측면도 적지 않았다.[76] 가계제도는 査定 장부의 미비와 같은 제도의 취약성, 지역적 제한성, 국적별 차별성 등 여러 한계에도 불구하고 나름대로 역할을 수행하고 있었다. 이와 동시에 대한제국은 궁극적 해결을 위한 제도를 강구하여 실천에 옮기고 있었다. 근대국가 수립을 위한 토대를 구축하기 위해 양지아문과 지계아문을 설치하여 토지조사사업을 추진한 것이다.

토지조사에서 지목은 田·畓과 아울러 垈地를 따로 구분 조사하여 量案에 기록했다. 그리고 이에 근거하여 지역별 統戶별로 가옥의 실태를 조사하여 家戶案, 家舍案 등의 장부도 완성했다. 여기서 조사 확정된 田畓垈 지목의 소유자에게 官契를 발급했으며, 家舍 소유자에게는 별도 조사 작성한 장부에 근거하여 家舍官契를 발급했다. 그 내용은 <표 10>에서 보듯 家舍案을 그대로 전재한 것이었다. 家舍의 소재는 양안의 字號地番制

---

75) 서울특별시사편찬위원회, 앞의 책(하), 1996, 164~165쪽. 이 조항은 조영수호통상 조약 제4조에 처음 설치한 조항이고, 각 열강은 조선과 통상조약을 체결할 때 이것을 거의 그대로 전재했다.

76) 『皇城新聞』 1905년 5월 19일, 「外人家契日繁」 ; 1908년 4월 23일, 「家契請認」(漢城府) ; 1906년 9월 20일 「訓飭發契」(仁川).

가 아닌 統戶制에 따랐으며, 가옥 규모는 瓦草를 구분하여 間數를 기록했다. 賣買할 때는 價格과 賣主·保證의 성명과 주소를 기록하여 거래사실을 증명하도록 했다.

<표 10> 家舍案과 家舍 官契 비교

家舍案										대한제국 가사관계					
		第二統一戶					第一統一戶		里	契官舍家				大韓帝國	
三戶	二戶	一戶	五戶	四戶	三戶	二戶	一戶			地契衙門總裁印	價金	光武年月日家住	第統第戶草瓦間共間	江原道郡北面洞所在	第割印號
草○間	草○間	草○間	草○間	草○間	草○間	草○間	草○間				賣主住 保證住	家主住			
家主○○○	家主○○○	家主○○○	家主○○○	家主○○○	家主○○○	家主○○○	家主○○○			地契監督印					
										地契衙門庶務課製調					

家舍案을 작성한 강원도와 달리 경상남도에서는 家戶案을 작성했다. 가호안은 가사안과 작성방식이 달랐다. <표 11>에서 보는 바와 같이 양안에 표기된 垈를 자호지번의 순서 그대로 뽑아 기록하되, 垈主와 아울러 家主를 별도로 조사 기록했다. 垈와 家舍의 권리를 별개로 본 것이다. 한 필지 안에 家舍가 여러 채가 있을 때는 家主별로 각각 그 가주와 草瓦의 間數를 기록했다. 이 경우 가사관계에 統戶를 기록하려면 호구조사시 작성한 統表와 대조해야 했지만, 垈地와 家舍를 일관성 있게 볼 수 있다는

점에서 한 단계 진전된 양식이라고 할 수 있을 것이다.

<표 11> 家戶案과 量案 비교

東萊府 家戶案(초록)					
	甘字		以字		
東萊郡	第四十五一等田二十八座	第五一等田一座	第七二等田一座	草梁洞	沙中面
家主 金尚允	家垈主吳仁奎	垈家主金成三	垈家主金先道		
草四間	草三間	草四間	草三間		

沙中面 量案(초록)		
坏後梁草		
第四十五直南田一座等	第五梁越直東犯田壹座等	甘字
南廣○○尺 長○○尺	南廣○○尺 長○○尺	
結○○負 積○○尺	結○○負 積○○尺	
○時○刻耕	刻耕	
西○○東○○	西○○東○○	
北○○南○○	北○○南○○	
時垈主吳仁奎	時垈主金成三	

이러한 官契제도는 대한제국이 토지조사사업을 통해 법인한 一物一主

의 배타적 소유권에 대해 제3자 대항권을 보장한 일종의 등기제도라 할 수 있을 것이다. 그리고 여기에는 대한제국 인민 이외에는 가사 소유주가 될 수 없으며 이를 위배한 거래는 그 물건을 屬公하겠다는 원칙을 분명히 한 것이었다. 외국인의 소유권을 전면 배제한 조치였기에 이 사업은 러일전쟁의 발발과 일제의 개입으로 사업자체가 중단되는 운명을 맞이했다.[77]

일제는 을사조약 이후 대한제국의 기존 제도 정비에 나섰다. 이때 家契 제도는 토지조사사업과 달리 양국의 이해관계에서 보더라도 별로 큰 차이를 보이지 않아 종전 제도를 계승하는 방향에서 그 틀을 정비했다. 1906년 5월 24일 內部令 제2호로 공포한 家契發給規則이 그것이다. 그리고 시행지역도 開城 仁川 水原 平壤 大邱 全州 등 전국의 대도시로 확대했다.[78]

가계는 賣買 新築 相續 流失 毁損 典當 등 권리변경이 일어났을 때 발급하도록 규정했다. 발급절차는 舊문권이나 舊가계를 첨부, 청구서를 제출하도록 했다. 청구서에는 소재지와 가옥의 草·瓦·空垈의 間數, 매매가격 등을 기록하고, 買主·賣主·家儈 보증인들이 연서했다.[79] 가계는 家契原簿와 대조한 뒤 발급하도록 했다. 장부의 작성과정을 알 수 없어 그 정확성은 불명이지만, 신축 가옥을 원부에 등록하도록 하는 등 전체 가옥의 실태를 기록하여 제3자가 권리자를 확인할 수 있다는 점에서 가계원부의 마련은 그 의의가 적지 않다. 그리고 가계의 뒷면에는 소유권 이동 상황을 기록하여 권리변동의 내력을 알 수 있도록 했다.

---

77) 家舍官契는 奎章閣의 장토문적 국립도서관의 고문서 등에서 찾아 볼 수 있다. 이것은 江原道 春川郡 郡內面 二作面 後洞 소재의 柳赫의 家舍官契이다. (국립도서관소장) 官契의 뒤면에는 <田畓山林川澤家舍官契細則>이 인쇄되어 있는데 田畓 山林 家舍 등의 종류를 제외하고는 내용은 모두 동일하다. 여기 예시한 家舍案은 江原道 杆成郡의 분을 참고한 것이다.

78) 和田一郎, 앞의 책, 1920, 277쪽. 양식은 지역적으로 차이를 보였다. <표 14>, <표 15> 참조.

79) 家契 청구양식은 대한민국 국회도서관, 『韓末近代法令資料集』 4, 1971, 580쪽.

<표 12> 漢城府 제3차 발행 家契와 東萊郡 발행 家契

東萊郡 발행 家契

第一千二百八號

東萊郡守爲給發契據事照得西上面巨坪洞第一統七戶地所有家舍

瓦間草 七間計時值陸陸百兩

由本主 情願賣與 居住

爲此合行給契仰

執契人員遵照後開三條章程毋得違越切切須至契者

光武 九年 九月 日 右給 持憑

郡守 元有常 後開

書記 家儈

鄉長 保證

一賣買時由本主對應買人眼同家儈帶舊券呈稟始許換給新契

一無舊券者非有保證人記名畫押不准發給

一買主領有新契始許拵按

漢城府 제3차 발행 家契

漢城府爲給發契據事照得何署何坊何契何洞第何統第何戶號所有家舍瓦

何間草何間空坐何間計何間時值何千何百圓

由本主 某 情願賣與 某

居住爲此合行給契仰

執契人員遵照後開三條章程毋得違越切切須至契者

光武 何年 何月 何日 右給 持憑

府尹 少尹 主事 後開 家儈 保證

一家舍賣買時由本主對應買人眼同家儈帶舊券呈稟始許換給新契紙價取五文

一家舍之無舊券非有保證人記名畫押不准發給

一買主領有新契始許拵按

<표 13> 慶尙北道 大邱郡契 公券認許狀

狀許認券公契郡邱大道北尙慶

大邱郡
間　面
坪　第　洞
舊賣主　第　號
新買主　統　戶

家
有地

右爲契公券發給事該 價值

錢　兩에賣買를認許事

一左開諸條를一遵無違홀事

一該을買得ㅎ는時에舊券은還納繳鎖ㅎ고新券을新買人의姓名으로

一請出ㅎ야公券에錯誤가無케ㅎ되萬一公券을不受ㅎ고私相賣與ㅎ면

摘發屬公홀事

一本券을遺失ㅎ야新券을更新ㅎ면該洞頭民과洞長의立保證書를確據

흔後에代券을繕給홀事

一此規를創立인바本券을逐戶頒給이나追干ㄴ賣買時뿐更爲印給이오

無得加給ㅎ며公券容入費는不可不備니無張에葉錢貳錢式新買主의

게抽入홀事

戶籍書記　郡守　光武年月日　總務鄕長　掌務首書記

本存 券契

大邱郡
面
洞第
統
戶
間　舊賣主　坪　新買主

家
有地

右爲契公券發給事該 價值

錢　兩에賣買를認許事

光武九年七月日 大邱郡 洞長

<표 14> 京畿道 水原郡 家券票

大韓帝國京畿道水原郡家券票						
陰曆 十二 八 丙午 月 日						開國 紀元
郡守	執筆	證人 李大榮	舊主 車運玉	光武十年 三月 十二日	家主 林興洙	價文葉錢 ○○○○○兩	草家○○間 舍內室內廊內外○○○○間 註明移賣又闕失時更票	北部面 普施閭 第 統 第 戶伏在

<표 15> 漢城府 제4차 발행 家契

앞면

家　　　　契								第 號
光武 年 月 日 漢城府尹	右合照于本府家契 原簿發給事	居住 所有主	計間數間	一家垈 間	一草家 間	一瓦家 間	所在 署 坊 契 洞 統 戶	

뒷면

이하 같은 형태	光武 漢城府尹 年 月 日	右據請願公證事 保證	光武 年 月 日 家儈居住	一賣買月日 買主居住	一金 賣主居住	一賣買時價 居住	漢城府尹 光武 年 月 日

<표 16> 漢城府 家契 原簿

考備	光武年 月 日	光武年 月 日	光武年 月 日	光武年 月 日	光武年 月 日	光武年 月 日	光武年 月 日	光武年 月 日	年月日家契	北署
									號家數契	順化坊
	草 瓦	草 瓦	草 瓦	草 瓦	草 瓦	草 瓦	草 瓦	草 瓦	間數	
	間	間	間	間	間	間	間	間		
									面基積址	司宰監契
								圓	市值	
									姓賣名主	
									姓買名主	
									年典月日當	洞第統戶
									號認數許	
								圓	債額	
									利子	
									期典限當	
									典執人名	

한성부의 家契原簿 <표 16>의 양식을 보면, 지역별로 署·坊·契·洞·統·戶순으로 전체 가옥을 조사하여 구체적인 사항을 기록했다.[80] 그 내용은 家契의 발급 년월일, 號數, 집의 間數(草·瓦 구분), 基址의 面積과 價格, 賣主와 買主의 성명 등이며, 거래 등으로 소유주가 바뀌면

---

80) 이 자료는 국사편찬위원회에 소장된 것이다. 정확한 작성시기는 알 수 없지만 1904년 이전에 작성이 완료되어 가계발급과 전당대장으로 사용되었던 것으로 판단된다. 1906년 토지가옥증명규칙이 시행되었을 때는 認許 증명의 기초장부로 활용된 것으로 파악된다.

변동사항을 기록하는 칸을 두어 권리관계를 분명히 했다.

典當도 인허가 사항으로 규정하여 原簿에 기록하도록 했다. 認許 사항, 負債額, 利子, 전당기한, 典執人의 성명을 기록하여 物權의 내용을 등기하도록 했다. 토지조사사업 이후 시행된 건물등기부 등본과 별 다를 바 없는 수준이었지만,[81] 垈地와 연계 없이 별도로 작성되었다는 점에 차이가 있었다.

2) 외국인 잠매방지법 제정

가계제도는 외국인의 부동산권 요구에 대한 방어책으로 일정하게 기능했지만, 한성부 등 일부 도회지에만 실시되었다는 점에서 지역적 한계를 보였다. 반면 외국인의 잠매는 개항장을 넘어 전국으로 더욱 확산되어 갔다. 더구나 내국인 사이의 거래는 사기가 행해지더라도 국권과 직접 관련되지는 않았으나, 잠매는 이와 직결된 문제였다.

이 문제를 해결하기 위해서는 구래의 부동산권 제도를 전면 개혁해야 했다. 대한제국은 그 일환으로 양전 관계발급사업을 계획 시행했지만, 여기에는 비용과 노력, 시간이 많이 필요했기 때문에, 당면 대응책으로 지계제도 이외에 각종 민·형사법을 제정했다.

첫 번째 조치는 갑오정권이 외국인의 잠매와 토지권 확대가 갈수록 심해지고 사회문제로 비화되자, 1894년 외국인은 부동산의 소유는 물론 점유도 할 수 없다는 관행적 법을 성문화한 법으로 했다.[82] 대한제국 정부

---

81) 度支部令 제10호로 가계수수료규칙이 같은 날 마련되었다. 이 제도는 한성 개성 인천 수원 평양 대구 전주 등 도회지만 시행하기로 정했다. 발급 수수료는 지역별, 草家·瓦家별, 間數별로 家契 발급시 수수료를 부과했다(대한민국 국회도서관, 『한말근대법령자료집』 4, 1971, 582쪽).

82) 『議定存案』 개국 503년 8월 26일 ; 內閣記錄局, 『法規類編』, 건양 원년, 212쪽. '國內土地山林鑛山 非本國入籍人民 不許占有及賣買事.'

는 이 법을 근거로 각 지방관에게 잠매를 단속하라는 훈령을 수시로 내렸
다.[83]

그러나 여기에는 몇 가지 문제가 있었다. 첫째 한국정부는 열강들의
이권침탈에 대한 대응에서 보듯, 이 법을 시행할 만한 통치력을 확보하지
못한 한계를 보인 것이다. 국가의 公權力이 외국의 압력을 견뎌내기에는
힘이 부쳤다.[84] 둘째 농민전쟁에서 농민적 개혁노선이 좌절되고 농민경제
가 극도로 피폐화 되었음에도 불구하고 아무런 대책 없이 농민들에게
이 법을 준수하기를 강요하는 것은 무리였다. 전북 均田收賭 지역에서는
왕실이 실 소유권자인 농민의 토지를 개간을 빌미로 빼앗으려 하자 이들은
생존권 차원에서 잠매로 처분하는 방식으로 여기에 대처했다.[85] 잠매는
열강의 이권점탈과 더불어 갈수록 내륙 깊숙이 확대되는 등 도를 더해갔다.
그 중에서도 京畿道 지방[86]이나 海岸지역, 通商區가 심했다.[87]

잠매는 처음부터 발생하지 않도록 철저히 단속하는 일이 무엇보다 중요
한 일이었지만, 기왕 발생했을 경우에는 이를 무효화하고 엄벌하여 다시
재발하지 않도록 조처해야 했다. 그러나 한국 정부의 대책은 이를 강력히
추진하지 못하고, 잠매한 조선인에게 還退하도록 명령하거나 처벌한다는

---

83) 『全羅北道去來案』, <訓令 제2호> 건양 원년 7월 14일(『各司謄錄』 53, 10쪽).

84) 利權침탈에 대하여는 이배용, 「舊韓末 鑛山利權과 列强」, 『韓國文化叢書』 50,
    1984 ; 정재정, 「韓末 京釜 京義鐵道 敷地의 收用과 沿線住民의 抵抗運動」, 『이원순
    교수 회갑기념 사학논총』, 1986 ; 주진오, 「독립협회의 대외인식의 구조와 전개」,
    『學林』 8, 1986 등을 참조.

85) 『海鶴遺書』 권4, 文錄2, 84쪽, "內地田土 潛賣外人 國法所禁 民猶犯焉." 여기에
    대한 연구로는 金容燮, 「高宗朝 王室의 均田收賭問題」, 『韓國近現代農業史硏究
    (증보판)』(下), 1984가 참고된다.

86) 『日省錄』 丁酉(1897)년 11월 28일, "挽近畿內名庄 混入於外人輕價亂買 若過幾年
    恐無遺地矣."

87) 建陽 元年 8월 14일 報告書 제1호, 『全羅北道去來案』 건양 원년 7월 14일(『各司謄錄』
    53, 10쪽), "訓令 제2호 木浦近處에 有別國人이 借托本國人氏名하고 潛賣地畝 或家
    屋云하니."

훈령을 내리는 일이 고작이었다. 內政개혁 없이 소토지 소유자인 농민에게
일방적인 강제만 함에 따라 공감대를 형성하지 못하여 효과를 거두기
어려웠다. 일본인은 이 틈을 타 잠매의 손길을 넓혀 갔다.

　정부는 사태의 심각성을 인식하고 근본적 해결책으로 토지조사사업을
추진하기도 했지만, 잠매 발생시 즉각 대응할 수 있는 민형사법을 제정하는
일도 동시에 진행시켰다. 민사법으로는 典當鋪規則, 형사법으로는 잠매자
처벌법 제정이 그것이다. 1897년 11월 2일 법률 제1호로 발포된 전당포규칙
은 고리대 자본의 무자비한 전당행위로 민인들이 재산권을 상실하여 농민
경제가 불안정하게 되는 사태를 저지하기 위해 제정한 것이었다.[88]

　대상 전당물품은 土地 家舍 등 부동산의 契券과 器用雜物 衣服 布帛
金銀 寶貝 등 動産 일체였다. 특히 부동산에 주안을 두고, 이를 典當할
때의 주의사항과 처벌규정을 다음과 같이 정하였다. 첫째 부동산 전당을
관청 허가사항으로 정했다. 전당 절차는 토지는 契券主가, 家舍는 家儈가
연서하여 관청의 허가를 받은 뒤 典用했으며, 鋪主도 官許가 확정된 것만
典執하도록 했다. 둘째 부동산 전당 영업은 한국인 전당포 이외에는 할
수 없도록 했다. 셋째 이를 어겼을 때는 刑律에 의거 笞刑에 처했다. 특히
두 번째 규정을 위반하였을 때는 契券 記載額의 반을 벌금으로 징수하도록
정했다.

　退典기한은 품목에 따라 3개월 혹은 5개월로 정하고, 退典하지 못할
경우에는 기일 3일 전에 점포주와 협동 방매하여 元利金을 청산하도록
했다. 退典기한이 지났을 때는 5일간 문전에 게시한 뒤 鋪主가 알아서
처리하도록 했다. 대한제국 정부는 특히 한성부에서 외국인에게 家舍를
전당한 뒤 소유권을 빼앗기는 사태가 빈발하자, 부동산 전당에 대한 규제와
관리를 정부가 직접 담당하여 막기 위해 제정한 것이다.

---

88) 서울대도서관,『詔勅 法律』, 1991, 728쪽, <典當鋪規則>.

그해 11월 14일에는 典當鋪細則을 발포하여 고리대 억제책을 동시에 강구했다. 여기서는 전당 액수에 따라 이자에 차이를 두었는데, 대체로 월 5푼~1할 정도로 여전히 높은 수준이었다. 그나마 이것이 현실의 전당 관계에서 제대로 지켜졌다고 보기는 어렵지만, 금리의 상한을 두었다는 점에서 무제한적인 고리대 착취를 제한하려는 의도는 엿볼 수 있다. 그리고 또 한편으로는 일본인 고리대 자본의 활동을 제한하는 조치였으며, 이를 계기로 이들의 반발을 사기도 했다.[89]

다음은 형사법으로서 잠매자 처벌법을 제정했다. 1900년 4월 28일 공포한 법률 제4호 依賴外國致損國體者處斷例改正件이 그것이다. 여기서 정부의 강력한 잠매자 단속의지를 엿볼 수 있다.

第二條 左開 氾法者는 已遂未遂를 勿論ᄒ고 明律盜賊編謀叛條에 照ᄒ야 處斷 홀 事.

第六 各國約章內 所許地段을 制限外에 一應田土森林川澤을 將ᄒ야 外國人에게 潛買ᄒ거나 或 外國人을 附從ᄒ야 借名詐認ᄒ거나 或 借名詐認ᄒᄂ 者에게 知情故賣혼 者.[90]

외국인에 잠매하거나 이름을 빌려준 자는 설사 미수에 그쳤더라도 明律盜賊編 謀叛條에 의거하여 처단하기로 규정했다. 대단히 엄한 처벌규정이었다. 이 법은 1898년(光武 2) 11월 22일 공포된 법률 제2호 依賴外國致損國體者處斷例를 개정한 것이다. 처음에는 이 조항을 설치하지 않았는데, 법을 개정하면서 새로 추가했다.[91] 이 같은 사실은 외국인의 잠매가 가속화

---

89) 고리대는 당시 커다란 사회적 문제로 농민경제를 파탄시킨 주범의 하나였다. 이후 일제도 실행효과는 의문시되지만, 이를 제한하려는 의도에서 이자제한법을 공포했다(이경란,『일제하 금융조합과 농촌사회 변동』, 연세대학교 박사학위논문, 2000).

90)『舊韓國官報』제1562호(1900.5.1), 8책, 430쪽.

91)『舊韓國官報』제1114호(1898.11.24), 6책, 788쪽 ; 제1582호(1900.5.1), 8책, 430쪽.

되어 위험 수위에 직면한 동시에, 정부의 대응도 그만큼 강력해졌다는 것을 반증해주는 것이었다.

그러나 이 법에는 여러 한계가 있었다. 잠매가 발생한 다음의 사후 처리법이었다는 점, 관계자가 고발하지 않는 한 알 수 없다는 점 등이 그것이다. 제도적으로 이를 막기에는 역부족이었다. 처벌도 한국인에 국한하고 외국인은 무관했다. 그리고 전층적으로 몰락해 가는 농민경제에 대한 고려 없이 그들의 마지막 생존수단인 토지 상품화를 막는 입법이었기 때문에 별 효과를 거두지는 못했다. 따라서 이를 해결하기 위해서는 이것을 유발시킨 구래의 부동산 관리제도 전반을 개혁해야만 했다. 정부가 외국인의 잠매를 막으려 해도 토지소유권의 변동을 파악할 수 있는 제도적 장치가 마련되어 있지 않아 이것이 사실상 어려웠던 것이다.

이러한 대책 차원에서 국가가 부동산권의 변동을 일일이 관리하는 부동산 등기제도와 같은 제도를 마련하지 않으면 안된다는 여론이 현실화되어 갔다. 여기에는 종래의 立案制度, 한성부의 家契制度, 居留地의 地契制度 등을 비롯하여, 구래의 양전제 개혁론과 서구의 측량법 등이 참고가 되었다. 대한제국 정부는 이러한 안들을 종합 수렴하여 量田 官契발급사업을 추진했다.[92] 그것은 전국의 토지를 측량하고 토지권자를 조사하여 법적으로 확정한 뒤 이들에게 官契를 발급해주고, 이를 근거로 국가가 토지권을 관리하려고 한 것이었다. 관계제도는 대한제국 전 영토내의 부동산권을 정부가 법을 제정하여 통일적으로 관리하려는 작업이었다. 그리고 그 권리는 대한제국이나 국민만이 소유할 수 있도록 정했다.

이러한 제도적 장치가 완비되면 盜買 偸賣는 물론 잠매도 차단할 수 있었을 것이다. 그러나 여기에는 두 조건이 완비되어야 했다. 첫째는 이 제도정비작업과 아울러 이를 지속적으로 수행할 만한 국가 공권력이 확보

---

92) 金容燮, 「光武年間의 量田 地契事業」, 앞의 책(下), 1988 참조.

되어야 했지만, 대한제국은 이 점에서 기본적으로 한계를 보였다. 또 하나
는 잠매 금지의 경우는 농민들의 토지 상품화의 한 통로를 차단하는 일이
며, 이것이 가능하기 위해서는 농민들이 토지를 잠매하지 않도록 농민경제
의 안정성을 고려한 土地制度가 확립되어야 했다.

4. 맺음말

근대국가는 국가운영의 기초로 '자본주의적' 토지제도를 필수적으로
갖추어야 했다. 우리의 경우 자주적 제도개혁 시도가 좌절되고 일제의
토지조사사업으로 귀결된 결과에서 보듯, 개항과 더불어 양자의 대결은
시작되었으며, 끝내는 후자가 승리를 거둔 것이다.

토지권 관리제도를 개혁하자는 여론은 개항 전부터 제기된 바 있지만,
현실적으로는 향촌질서를 토대로 한 구래의 거래제도가 운영되는 가운데
개항을 맞이했다. 이 사태는 이러한 방식에 여러 변화를 요구했다. 첫째
열강은 거류지를 할양받고 이를 운영하기 위해 지계제도를 도입했다. 이는
크게 일본이 완전히 할양받아 홀로 운영하는 곳과, 조선정부와 공동으로
조계공사를 설치하여 운영하는 곳으로 분류할 수 있다. 대체로 조선정부가
토지를 측량하여 사용권을 경매방식으로 분양하여 토지대장을 만들고
地契를 발행하여 관리하는 제도였다. 이 사용권에는 제3자 대항권이 부여
되었다. 일본은 지조개정에서의 경험을 여기에 도입 실시한 것이다.

둘째 조영조약에서 비롯되어 조계 밖 10리 안에 시행된 지계제도였다.
구래의 거래제도가 시행되는 지역에서 조선인으로부터 토지를 구입한
경우, 본인이 측량하여 작성한 도면을 첨부하여 지계를 신청하여 발급받도
록 한 것이다. 일본은 이 제도를 발판으로 내륙으로 잠매를 확대하여 식민
지화의 기초를 쌓아갔다. 후일 이를 토대로 대농장을 건설하여 안정적인

쌀 공급지를 확보한 것이다.

한편 지계제도는 외국인의 토지소유를 허용한 것이지만, 반대로 내륙으로의 확대를 막기 위한 조처이기도 했다. 家契제도도 이러한 내용을 갖는 것이었다. 한성부를 비롯한 여러 도시에서 家舍를 둘러싸고 발생하는 불법적인 거래와 잠매를 막기 위한 제도였다. 처음에는 신청자에 한하여 발급했으며, 내용도 거래사실을 증명하는 정도에 불과했다. 그러나 호구조사규칙 이후에는 전체 호구와 가사의 내용을 조사하면서 점차 가사대장을 완비하여 가계를 발급해 갔다. 소유권의 이동은 물론 전당도 대장과 가계에 기록하도록 했다. 가계제도는 기본적으로 불법적인 가옥권 거래를 막기 위한 제도로 국적별 제한이 없었지만, 내용적으로는 일종의 거래허가제도의 성격을 지닌 것이었다. 담당관리가 허가하는 과정에서 이를 저지하는 방안으로 이용했던 것이다. 1906년 가계발급규칙은 가사권 관리에서 '근대적' 등기제도의 모습을 보였지만, 垈地와 연계가 없는 점에서 제도적 한계를 보였다. 물론 외국인의 거래방어 임무도 포기한 것이었다.

한국정부는 이외에 민형사법을 제정하여 외국인의 부동산 확대를 막는 조치도 취했다. 형사법으로 잠매자 처벌법을 제정했지만, 한국인에 한정하고 그 대책도 없어 별 효과를 거두지는 못했다. 민사법으로는 典當規則을 제정하여 종전에 허용한 일본인 고리대 자본의 부동산 전당활동을 원칙적으로 제한하는 한편, 서민경제의 안정을 고려하여 이자를 제한하는 등의 조치를 강구했다.

대한제국은 부동산권 관리와 잠매 문제를 완전 해결하기 위해 근대적 토지조사를 계획하고 추진했으나, 일제는 이를 반대하고 자기 계획을 실천에 옮겨갔다. 가계발급규칙, 토지가옥증명규칙 등을 공포하여 외국인 토지소유의 합법성을 부여하는 한편, 불법적 거래 문제의 해소를 의도하면서 지배의 토대를 구축해 갔다.

결국 조선국가의 토지제도 개혁은 자주적 개혁론과 지계제도를 비롯한 외래제도가 대결하는 가운데 추진되었다. 양자 모두 자본주의적 토지권 관리제도였지만, 후자는 식민지 지배를 목표로 전자의 개혁시도를 압살해 가는 것이며, 그 결과는 1910년대 일제의 토지조사사업으로 나타났다.

대한제국기 한성부의 토지·가옥조사와
외국인 토지침탈 대책

왕 현 종

1. 머리말

19세기 후반 한국사회는 1876년 開港과 1880년대 초에 이루어진 제국주의 열강과의 通商 擴大로 말미암아 봉건사회의 구조적 해체와 사회계급간의 갈등이 크게 확대되고 있었다. 개항이후 상품화폐경제의 발달과 미곡무역의 활성화로 인하여 토지의 상품화가 촉진되었으며 토지소유를 둘러싼 계층간의 분해가 심화되었다.[1] 또한 제국주의 열강, 특히 청·일 상인층의 토지침탈과정이 동시에 진행되었으므로 토지문제는 국내의 문제에 국한되는 것이 아니라 민족간 및 민족내 계급문제로 비화되고 있었다. 특히 大韓帝國의 首都인 漢城府 地域에서 첨예한 대립을 야기시키고 있었다.

이에 대응하여 조선정부는 일련의 土地制度 改革政策을 추진하고 있었다. 1883년 이후 한성부는 開設行棧權의 철회와 관련하여 외국인의 토지거래를 규제하는 정책을 추진하고 있었으며, 이에 1893년 家契制度가 시행되었다. 또한 1894년 갑오개혁에서는 외국인의 토지소유금지 원칙과 외국인 거류지를 설정하려고 하였다.[2] 이러한 정책의 연장선상에서 1898년부터

---

1) 金容燮, 「近代化過程에서의 農業改革의 두 方向」, 『韓國資本主義性格論爭』, 대왕사, 1988.
2) 개항이후 외상의 서울 상권 침투에 대해서 다음과 같은 연구가 있다. 한우근,

실시되는 대한제국의 양전·지계사업이 추진되었다.[3] 1898년 7월 量田을
전담할 독립관청으로서 量地衙門이 설립되어 한성부로부터 시작하여 전
국적으로 토지측량사업을 진행시켰다. 동시에 한성부 내에 外國人의 家屋
土地所有에 대한 규제정책을 병행하고 있었다. 이렇게 한성부 내의 토지측
량과 토지소유문제가 당시 量田 地契事業에서 가장 핵심적인 현안이 된
이유는 기본적으로 대한제국의 정치·경제적 중심지로서 차지하고 있었
던 위치 때문이기도 했지만, 당시 개항장의 외국인 조계지는 합법적으로
개방된 지역이었으나 한성부 지역은 제국주의 열강의 강요에 의하여 설정
된 開市場으로서 각종 불법적인 토지침탈의 온상이었기 때문이었다.

그럼에도 불구하고 지금까지 연구에서는 漢城府 地域의 토지조사뿐만
아니라 토지소유제도의 개혁이라는 측면에 대해서 전혀 연구되지 못하였
다. 우선 한성부의 토지조사에 관한 사료가 극히 빈약하다고 할 정도로
거의 찾아볼 수 없다는 사료상의 문제점 이외에도,[4] 대한제국의 토지조사

『韓國開港期의 商業研究』, 일조각, 1970 ; 金正起, 「1890년 서울상인의 撤市同盟
罷業과 示威투쟁」, 『韓國史研究』 67, 1989 ; 李炳天, 「開港期 外國商人의 侵入과
韓國商人의 對應」, 서울대 경제학과 박사학위논문, 1985. 특히 孫禎睦은 漢城내
外國人의 居留經緯와 開棧權 문제를 자세히 규명하였다(孫禎睦, 『韓國開港期
都市社會經濟史研究』, 일지사, 1982 ; 『韓國開港期 都市變化過程研究-開港場 開
市場 租界 居留地』, 일지사, 1982).

3) 大韓帝國의 量田 地契事業에 대한 연구는 近代化 改革政策과 관련하여 양전과정과
量案의 기능 및 地契(官契) 발급의 성격을 중심으로 연구가 진행되었다. 金容燮,
「光武年間의 量田·地契事業」, 『亞細亞研究』 31, 1968(『韓國近代農業史研究』(下), 일
조각 재수록) ; 裵英淳, 『韓末·日帝初期의 土地調査와 地稅改正에 관한 研究』, 서울대
국사학과 박사학위논문, 1988 ; 金鴻植 외, 『대한제국기의 토지제도』, 민음사, 1990 ;
宮嶋博史, 『朝鮮土地調査事業史의 研究』, 동경대학 동양문화연구소, 1991 ; 왕현종,
「광무양전사업의 다양한 성격과 좁은 시각(서평)」, 『역사와 현실』 5, 1991 ; 崔元奎,
『韓末 日帝初期 土地調査와 土地法 研究』, 연세대 박사학위논문, 1994 ; 한국역사연구
회 근대사분과 토지대장연구반, 『대한제국의 토지조사사업』, 민음사, 1995 ; 金鴻植
외, 『조선토지조사사업의 연구』, 민음사, 1997.

4) 한성부의 토지조사에 관한 사료는 우선 담당관청인 양지아문과 한성부, 내지

사업에서 한성부의 문제가 핵심적인 위치를 차지하고 있는 배경과 이유를 충분히 인식하지 못했기 때문이었다.

그렇지만 19세기 말·20세기 초 한성부 지역의 토지조사와 관계발급제도는 이 지역에서 치열하게 전개된 토지문제를 둘러싼 갈등에 정면으로 대응하고 있는 주요한 정책이었다. 따라서 이 사업이 한성부 지역에서 구체적으로 어떠한 의도와 목적을 갖고 시행되었는가의 실체를 파악하는 것이 이후 근대적 토지제도의 발전과 자본주의 발전전망을 가름할 수 있는 관건이 되는 주제라고 할 수 있다. 따라서 본고에서는 大韓帝國에서 추진하는 量田·地契事業이 漢城府 地域에서 구체적으로 어떤 목적으로 시행되었으며 당시 토지문제의 해결방향을 어떻게 취하고 있었는가 하는 문제를 중심으로 하여 검토해보려고 한다.

이를 해명하기 위해서는 우선 1880년대 이래 漢城府 土地問題의 發生背景과 일련의 政府 政策의 추이를 검토할 필요가 있다. 한성부의 家屋과 土地侵奪을 둘러싸고 제국주의 열강의 상인과 국내상인과의 갈등이 어떻게 첨예화되었으며, 조선정부가 취한 家契發給制度와 外國人 居留地 制度가 어떠한 정책이었는지 살펴보려고 한다. 다음으로 1898년부터 추진된 大韓帝國의 土地調査事業, 즉 양전 지계사업의 추진과정에서 한성부 토지조사의 추진과정과 성격에 대해 검토해 보려고 한다. 이 시기 새로운 호구조사규칙의 시행과 아울러 일련의 가옥조사가 이루어져 이를 바탕으로 해서 외국인의 토지침탈 규제도 시행되고 있다는 점에 주목하려고 한다.

각기관과의 조회, 훈령 등의 서류들이 있다. 『漢城府去來案』(규17986), 이를 일부 번역한 『國譯 漢城府去來文(上)』(서울특별시사편찬위원회 편, 1996), 『外部量地衙門來去文』(규17817), 『地契衙門來文』(규17776), 『官報』, 『奏本存案』(규17704) 등이다. 또한 외국 공사관과의 왕복문서철인 『舊韓國外交文書』는 외국인 토지소유 분쟁과 관련하여 풍부한 사례를 제공해 준다. 또한 『皇城新聞』, 『독립신문』 등 신문의 잡보기사는 당시 정황을 잘 알 수 있다. 그렇지만 실제 한성부의 量案이나 家戶案, 혹은 당시 측량된 地籍圖 등은 발견되지 않고 있다.

무엇보다도 실제 한성부의 측량 사업이 구체적으로 어떻게 시행되었는가의 문제가 해명되어야 할 것이다. 이전의 家契發給制度와 달리 새롭게 시도되는 田畓·家舍 官契發行制度를 검토해야 할 것이다. 그리하여 당시 한성부 내지 대한제국이 외국인의 토지침탈의 확대를 규제하고 통제하기 위해서 취하는 여러 측면의 대책에 대해 검토함으로써 이러한 정책흐름과 官契發給事業이 어떻게 맞물려 있는지를 살펴볼 것이다. 마지막으로 이 시기 토지, 가옥거래의 활성화와 天井不知의 가격앙등이 초래되는 구조와 실태분석을 통하여 量田·地契事業의 시행의의를 살펴보려고 한다. 이러한 분석을 통하여 한국 근대의 토지제도의 발전과 근대화 개혁의 방향과 관련하여 한성부의 토지·가옥조사가 어떠한 의의를 가지고 있는가 하는 문제를 파악해 보려고 한다.

2. 개항 이후 외국인의 토지침탈과 한성부의 家契制度

19세기 후반 漢城府는 조선왕조국가의 수도이고 政治·經濟的 中心地로서 전국의 상품유통과 상업 활동이 집중하였다. 특히 17세기 이래 상품화폐경제가 발전하고 전국적 유통권이 발달함에 따라 서울을 끼고 흐르는 京江을 활용하여 이루어진 세곡의 수집뿐만 아니라 미곡, 어염, 목재 등 주요한 물화 유통의 중심지로 서울이 등장하였다.[5] 이에 상업도시로 발전하게 되고 인구도 증가하여 19세기 후반 한성부에서 조사한 호구수가 4만 6천여 호, 인구 20만여 명에 이르고 있었다.[6] 1890년대에는 실제로는 대략 40만여 명에 이르는 것으로 추정될 정도로 많은 사람들이 거주하거나 유동인구로서 서울을 주요한 활동지로 삼고 있었다.[7]

---

5) 高東煥, 「18, 19세기 서울 경강지역의 상업발달」, 서울대 박사학위논문, 1993, 139~156쪽.

또한 서울은 개항 이후 제국주의 열강의 정치·경제적 침탈에 핵심적인
지역으로 부상하고 있었다. 1882년 7월 17일 임오군변의 뒷처리 과정에서
일본과 체결한 조일수호조규 속약에서 이후 1년 이내에 楊花鎭을 開市場
으로 할 것을 규정하고 있는 바, 이것은 한성부내 상권침탈을 위한 초석을
쌓아나가려는 것이었다.[8] 이어 8월 23일에는 청국에 謝恩使로 가 있던
사신들과 청국정부 사이에 「中國·朝鮮商民水陸章程」을 체결하였는데,
제4조에서 "조선상민이 북경에서 교역에 종사하는 것을 규정에 따라 허용
하는 한편 중국 상민도 또한 조선에 입국하여 양화진과 한성에 거래시설을
갖추어 상거래에 종사하는 것을 허용한다"고 규정되었다.[9] 이른바 漢城과
楊花津에 開設行棧權을 인정해버렸다. 이에 따라 1883년 대외개방의 확대
와 함께, 영국과의 통상조약에서 한성개잔권이 명문화됨으로서 漢城開棧
權이 구미 각국에 均霑되었다.[10] 이제 공식적으로 외국상인들에게 都城내
에 거주 통상이 허용됨으로써 청국과 일본상인들을 비롯하여 구미인들도
都城내 家屋이나 垈地를 임차하거나 매매할 수 있었다. 이에 따라 상점확

---

6)　　　　　　　　<1864년 한성부 인구 호구수>(단위 : 名, 戶數)

	中　部	東　部	西　部	南　部	北　部	합　계
人口	24,372	31,330	68,118	51,239	27,580	202,639
元戶	4,451	7,621	16,891	11,336	6,265	46,564

출전 :『日省錄』1864년(고종 1) 12월 29일 ;『六典條例』권4, 戶部.

7) 兪吉濬, 「稅制議」, 『兪吉濬全書』4, 일조각, 1971, 185~187쪽.

8) 「朝日修好條規續約」1조(1882년 7월 17일), 『韓國條約類纂』, 89~90쪽.

9) "朝鮮商民 除在北京例准交易 與中國商民 准入朝鮮楊花津漢城 開設行棧", "While Corean merchants are by rule allowed to trade at peking, and while Chinese merchants are allowed to keep up establishments at Yang-hua-chin and Seoul in Corea"(「中國朝鮮水陸貿易章程」 제4조).

10) 『韓國條約類纂』, 「韓英修好通商條約」(1883.10.27), 138쪽, "第四款 一 兩國所立約條從施行之日 起朝鮮國仁川府之済物浦 元山釜山各口(釜山一口設有不宜之處則 可另揀附近別口) 并漢陽京城楊花津(或附近便宜別處) 皆作爲通商之處 任請英民來往貿易."

보와 商圈을 둘러싼 外商과 조선상인과의 대립이 첨예화되었다.

조선정부도 비로소 문제의 심각성을 인식하고 1885년 이래 漢城開棧을 철회하고 龍山을 외국인 거류지로 지정하여 移設할 것을 추진하였다.[11] 1887년 2월 김윤식은 "龍山 楊華津 開棧은 各國과 約條한 바이니 變更할 수는 없다. 다만 漢城開棧에 관해서는 이미 淸國이 撤銷키로 약속하였으니 각국도 이에 따라 撤銷케 될 것이다. 3, 4월까지 기다리면 各國政府의 回信이 來到할 것이니 日商들 또한 의당히 出城케 될 것이다. 그러므로 주민들이 家屋 地所를 사사로이 賣却하는 행위는 嚴重 禁斷하는 바이다. 모두 退去 歸家하여 各者의 生業에 충실할 것이며 부질없이 방황치 말라" 고 지령하면서 사전조치로서 당분간 주민들이 家屋 地所를 매각하는 것을 금지시키도록 하였다.[12] 또한 外商에 대항하여 종로 상인을 중심으로 한 서울 상인들은 1887년과 1890년에 여러 차례 漢城 撤棧을 요구하는 撤市 동맹파업을 시도하였다.[13] 그렇지만 외국 상인과 각국 사신들의 반대와 정부 예산의 부족으로 인하여 실행되지 못하였다.

이와 같이 1880년대 중반 이래 외국인의 토지·가옥침탈은 점차 확대되어 심각한 상황에 이르고 있었다.[14] 1890년에 작성된 「各國家契漢城府所來冊」에는 당시 외국인들의 가사 거래 및 家契 發給이 자세히 기록되어 있다.[15] 청국인과의 거래는 1887년 5월 27일 中部 長通坊 立塵契 金景三의

---

11) 『舊韓國外交文書』 8권, 淸案 1, 문서번호 462호 「外衙門 督辦 金允植 公文」.
12) 「漢城開棧ニ關シ京城市民集合ラ爲ス事」(명치 20년 2월 28일자 주조선 임시대리 공사 杉村濬이 본국 외무대신에게 보낸 機密信 제26호), 국회도서관소장 일본외무성 육해군성기밀문서사 106권, 186~199쪽(孫禎睦, 앞의 책, 1982, 187쪽 재인용).
13) 孫禎睦, 위의 책, 189~190쪽.
14) 1885년 4, 5월경부터 일본인의 입경 거류가 시작, 그해 말에는 거류 일본인수가 19호, 89인에 달했다(『京城府史』 2권, 977~979쪽 ;『京城發達史』, 421~424쪽 ; 孫禎睦, 위의 책, 251쪽).
15) 『漢城府去來案』(규17984), 「各國家契 漢城府所來冊」(庚寅, 1890).

瓦家 13間, 前空垈 25間, 前後空垈 半間 등을 華商 北公順寶號에 2,800냥에 매도한 것을 처음으로 華字 1호로 기록하고 있다. 일본인과의 거래는 1885 년 3월 南部 籌洞契에 살던 金聖一의 草家 6간 空垈 10간을 和瀧東三太郞에게 錢文 100냥으로 永買한 事로부터 시작되었다. 이밖에 1887년 3월 法國人 白圭三의 남부 명례방 중종현 일대의 20개 지역 땅을 매입한 20건의 거래를 비롯하여, 1888년 1월 26일에 체결된 미국공사관 관사 거래 3건, 1888년 2월 미국인 언더우드(Underwood, 元杜尤)의 가옥 매입 13건, 1889년 12월에는 미국인 선교사 아펜젤러(Appenzeller, 阿扁雪羅)가 西部 皇華坊 聚賢洞契 瓦家 77간 空垈 200간 價錢 6,250냥에 매입한 家契 60건 등을 제출하였다.16) 이렇게 1880년대 후반 이들 외국인이 매입한 토지 가옥건수를 연도별로 구분하여 예시하면 다음과 같다.

<표 1> 연도별 외국인 토지매입 추이

	청국인	일본인	법국인	미국인	합계
1885	0	2	0	0	2
1886	6	0	5	0	11
1887	10	2	13	0	25
1888	20	28	0	16	64
1889	28	56	0	60	144
미상	5	0	2	0	7
합계	69	88	20	76	253

출전 : 『漢城府去來案』(규17984), 「各國家契 漢城府所來冊」(1890년).

위의 표는 1889년 말에 조사된 한성부의 외국인 토지 가옥 소유신고에

---

16) 정부는 1년여 동안 여러 차례 가계 발급요구를 들어주지 않다가 1890년 2월에서야 발급해주었다.『舊韓國外交文書(美案 1)』10권,「阿扁雪羅 元杜尤家契印發催促」, 1889년 음 6월 6일(미공사 丹時謨→ 서리독판 趙秉稷) 437~438쪽 ;「元杜尤 阿扁 雪羅 原家契의 繳呈과 阿扁雪羅 家契再送來要請」, 1889년 7월 20일(서리독판 趙秉 稷→ 미공사 丹時謨), 451~452쪽 ;「阿扁雪羅 家契發給要請」, 1890년 2월 25일(미 공사 丹時謨→ 서리독판 閔種默), 485~486쪽.

대한 연도별 추이를 나타낸 것이다.

1885년에 일본인 2명이 한성부의 토지 가옥을 매입한 이래 1886년에는 11건, 87년에는 25건, 88년에는 64건으로 크게 늘었으며 1889년 한해동안 무려 144건에 이르러 이전까지의 거래건수의 배가 넘을 정도였다. 특히 일본인의 매입상황에서는 1888년과 1889년에 집중적으로 가사 매입이 이루어졌는데, 그 중에서도 1889년 9월과 10월에는 38건으로 집계되어 있다. 이에 따라 1889년 현재 외국인의 가옥 토지매입 건수는 청국인 69건, 일본인 88건, 법국인 20건, 미국인 76건 등 모두 253건에 달하고 있었다.

당시 외국인의 거주 지역은 우선 미국인의 경우 西部 皇華坊 大貞洞의 미국공사관 건물 주위인 皇華坊 聚賢洞, 大貞洞, 倭松洞 등지였으며 日本人의 경우 南部 薰陶坊 泥峴, 鑄字洞 및 明禮坊 羅洞, 扈洞 등지였다. 淸國人의 경우 中部 長通坊, 貞善坊, 南部 會賢坊, 西部 黃華坊 등 다양하게 분포되어 있음을 알 수 있다.

그렇다면 당시 한성부의 토지·가옥에 대한 외국인 침탈 규모와 내용을 보다 구체적으로 검토해 보자. 여기서는 1885년 2월부터 1889년 10월까지 5년간 일본인의 토지침탈의 사례 가운데 전체 구입가와 매입가옥 간수를 비교하여 작성하여 보았다.17)

이 표에 의하면, 전체 58건 중 와가는 21건에 불과하고 초가가 37건으로 높은 비중을 차지함을 알 수 있다.

---

17) 전체 88건 중 가옥 간수가 표시된 부분 58건을 매입가별로 재정리한 것이다. 기준은 와가, 초가 구분과 지역 구분이 있다. 지역을 나눈 것은 薰陶坊(泥峴, 鑄字洞 등)과 그 이외 明禮坊(羅洞, 扈洞), 西部 餘慶坊(西學峴) 등을 구분한 것이다. 단 전체 토지매매가격에는 家屋 이외에 空垈도 포함하고 있었는데 본 표의 작성에는 생략했으므로 표에 제시된 가격은 실제 보다 높게 평가되었을 가능성이 높다.

<표 2> 일본인의 매입가옥 가격별 현황(1885~1889) (단위 : 兩)

가옥 종류	지역명	1-49	50- 99	100- 149	150- 199	200- 249	250- 299	300- 349	350- 399	400-	합계
瓦家	훈도방	1	4	3	2	1	1				12
	그외		3	1	2	1		1		1	9
草家	훈도방	4	10	10	3	1					28
	그외		1	2	4	1	1				9
총계		5	18	16	11	4	2	1		1	58
비율		8.6	31.0	28.6	19.0	6.9	3.4	1.7		1.7	100

출전 :『漢城府去來案』(규17984),「各國家契 漢城府所來冊」(1890년).

　　매입 가옥의 가격은 1간당 50냥 이상 100냥 미만이 18건으로 가장 많다. 그런데 와가의 가격은 초가에 비해 비교적 높은 가격을 이루고 있으며, 특히 훈도방 진고개 지역보다 이외의 지역이 초가나 와가 모두 높은 가격대를 차지하고 있음을 알 수 있다. 매매 건수로도 남부 훈도방에 위치한 경우가 40건으로 상당수를 차지하고 있는 것과 관련하여 주목된다. 따라서 일본인이 훈도방 진고개 지역에 집중적으로 거주하게 된 이유는 이곳이 일본 공사관 근처라는 점 이외에도 다른 지역에 비해서 상대적으로 가옥의 가격이 낮았다는 이점이 작용했음을 알 수 있다.

　　이때의 가사거래신고는 기왕의 매매에 관련된 문기를 모아 한성부에 제출하여 허락을 받아내는 방식으로 진행된 것으로 보이는데, 이는 기존의 가옥매매에 대한 관공서의 立旨를 받는 제도를 활용한 것이었다. 엄밀히 말해서 그 가옥의 거래 내역을 관공서가 추인해 주는 제도에 불과할 뿐, 가옥의 소유권 자체를 그대로 보장하는 것은 아니었다. 이는 이후 시행되는 家契發給制度의 先例를 이루는 점에 주목된다.

　　한편 1891년 漢城府 小尹 李建昌은 외국인이 永買한 家舍가 4백여 처에 이른다고 지적하고 있다.[18] 그렇다면 1889년까지 한성부에 신고된 253건

18)『日省錄』1891년(고종 28) 11월 19일,「漢城 少尹 李建昌 上疏」, 370~371쪽.

이외에도 2년간 백수십 건의 토지 가옥 거래가 이루어졌음을 알 수 있다. 이때에 당시 신고된 수백 건의 가옥거래에는 文券을 위조하거나 훔쳐 典質하여 家屋所有者의 所有權을 침해하는 등 거래의 혼란을 수반하고 있었다.

이에 따라 조선정부에서는 1893년부터 한성부내에서 모든 家戶를 대상으로 家契를 발급하여 거래의 혼란을 방지하고 간접적으로 외국인의 소유 확대를 저지하려는 정책을 실시하였다.[19] 이 법령을 제안한 李重夏는 종래의 매매문기만으로는 폐단을 시정할 수 없으므로 卿相家로부터 모든 가호에 이르기까지 京兆刊出文券을 발급해야 하며 이를 통해서 모든 부동산 거래에 반드시 활용시킬 것을 주장하였다.[20] 이때 발행한 가계 양식은 다음과 같다.[21]

이 가계양식은 먼저 가계의 발급 연월과 호수를 적어 넣게 되어있으며 그 다음에 5부와 각방 동·계 등을 기록하며 특히 와가 몇 간, 초가 몇 간, 공대 몇 간 등을 표기하게 되어 있다. 그리고 매매의 결과 매매당사자를 반드시 기록하고 해당관리의 이름도 적게 되어 있다. 특히 주목되는 부분은 바로 空垈 몇 間을 표시하게 되어 있는 점인데, 이는 가옥의 매입 이외에도 토지의 매입도 허용되었다는 것을 말해준다. 이러한 가계양식을 통해서도 알 수 있듯이, 정부에서 직접 가계를 발급하여 외국인의 토지침탈에 대한 일정한 통제하에 두려는 대책이었지만, 동시에 한성 개잔 이후 빈번하게 제기되고 있었던 외국인의 토지 가옥거래의 官印 요청에 대해서 어쩔

---

19) 1893년 한성부내의 가계발급은 종래의 立案制度와 조계내에서의 地契 발급 경험을 바탕으로 하였다고 하여 소유권의 근대화라는 측면에서 파악되고 있으나(和田一郎, 『조선토지지세제도조사보고서』 1920, 271~272쪽), 이전의 외국인 가사거래신고에 비해 보다 적극적인 규제정책으로 시행된다는 점에 주목해야 한다.

20) 『承政院日記』 12권, 「李重夏 啓」, 1893년 2월 13일, 465쪽.

21) 이 그림의 상단에 태극기가 그려져 있으나 여기서는 생략하였다.

수 없이 수용할 수밖에 없었던 정부, 한성부의 입장을 그대로 나타내주고 있는 것이었다.

<그림 1> 1893년 家契樣式

光緒十九年十月二十九日　第玖百陸拾貳號	爲發給據事　西部　仁達坊　奉常寺	稧伏在瓦家　間　草家　拾間　空垈　拾	間於裵聖賢　處買得居生矣以移買次　前折	價錢文　貳千伍百兩準數交易永遠轉賣憑	此毋違切切	右　給	金德柱	(手決)			
						賣買換券計時直百一抽稅事		摘奸書吏	賣主　金永俊	買主　金德柱	經紀　朴永祿

출전 : 朝鮮總督府 中樞院, 『朝鮮田制考』, 1940, 406쪽 ; 元永喜, 『韓國地籍史』 (四訂版), 1988, 그림도판 家契, 西部 仁達坊 奉常寺의 家契(1893) 재인용.

이 시기 家契發給制度에 의하면, 가옥을 매매할 때는 구래의 문기나 舊契를 반납한 후 新契를 발급받도록 하고, 전당할 경우에는 당사자가 소관 관청에 신청하여 가계를 그 旨를 懸錄받도록 하였다.[22] 家契發給制度 는 종래 매매문기상 쌍방간의 거래사실을 확인해 주는 立案이나 立旨와 비슷한 제도였지만, 일정한 양식으로 관에서 발급내역을 기록·보관하여

---

22) 1894년 이후 발급된 家契制度는 家契 2장을 割印하여 하나는 관청에 보관하고 하나는 買主에 발급하였다(和田一郎,『조선토지지세제도조사보고서』, 1920, 271~ 272쪽). 그런데 1893년 5월부터 발급한 1차 가계는 매주에게 발급했으나 관청은 다만 그 발급 내역을 기록하는 것으로 그치고 있었다. 이는 위의 家契樣式에서도 알 수 있다.

거래사실을 확인할 수 있었다. 그러한 점에서 不動産 公證制度의 한 단계의 진전을 가져온 것이었다.[23] 그렇지만 원래 계획한 대로 민간의 모든 호에게 발급되지 못하고 매매상 필요한 경우로 축소되었으므로 실효를 거두지 못하였다.

이러한 토지문제에 대한 정부의 대책은 이후 1894년 甲午改革에서는 보다 적극적인 방향으로 추진되었다. 이러한 정책은 갑오정권의 핵심인사였던 유길준이나 김윤식에 의해 이루어진 것으로 추측된다. 유길준은 이미 1890년에 쓴「地制議」라는 논문에서 토지거래의 부정을 방지하기 위해 田土文券을 제작 반급하여 사용하도록 제시하고 있는데, 이 文券은 본국민에게만 사용이 가능하고 외국인에게는 永買, 權買, 典當 등을 할 수 없도록 규정하고 있다.[24] 그가 구상한 地券制度는 결국 외국인의 토지매매나 전당을 금지시키는 것을 전제로 이루어지고 있었다. 또한 김윤식도 한성개잔권의 부당성을 이미 1885년 당시에도 절감해오던 터였으므로 한성내의 외국인의 상업 및 토지침탈을 그대로 두고 볼 수는 없는 것이었다.[25] 따라서 8월 군국기무처에서는 '國內土地山林鑛山 非本國入籍人民 不許占有 及賣買事'라는 議案을 결의하여 외국인 토지소유금지 원칙을 강조하는 입장이 재천명되었다.[26]

1895년에는 外部大臣 金允植은 구체적인 토지정책으로서 이전의 漢城 撤棧이 현실적으로 집행되기 어렵다고 파악하고 도성 안에 외국인 거류지를 만들고자 하였다. 즉「漢城內 外國人 居留地 設定案」이었다. 이 안건은 1895년 윤 5월 11일에 제기되었다. 처음에는 일본측에 요구하였으나 당시 井上馨 공사는 비협조적이었으므로 미국공사 시일(Sill, 施逸)과의 협의를

23) 최원규, 앞의 논문, 1994, 36~38쪽.
24) 『兪吉濬全書』 4, 地制議, 166~170쪽.
25) 『雲養集』 권7,「漢城開棧私議-乙酉」.
26) 『議定存案』 1894년 8월 26일 議案.

통해 조선주재 외국공사를 대상으로 직접 협상을 갖게 되었다.27) 이러한 일련의 협상을 바탕으로 해서 마침내 「漢城內 外國人 雜居地를 限定하는 件」으로 閣議에 제출되었다.

　　爲漢城褓居地로 請議
　　漢城開棧이 弊가 多호 事情으로 各國 使臣과 往復商論ᄒ온즉 各公使가 會同ᄒ야 議論ᄒ기로 貞洞으로부터 泥峴가지 이믜 外國人이 錯雜ᄒ야 居住ᄒ는 터이니 水道를 限ᄒ야 西南村은 各國人 雜居地로 稱號ᄒ고 本國人民도 依前ᄒ야 同居ᄒ되 租稅도 갓치 納ᄒ고 雜居地 以外의는 다시 外國人이 貿購房屋못ᄒ게 ᄒ미 合宜ᄒ다 ᄒ오니 細節目은 次第 議定ᄒ려니와 雜居地劃定便否를 輕遽이 中斷홀 길읍ᄉ오니 閣議의 提出ᄒ야 確定ᄒ미 可홀가 ᄒᄂ이다
　　右 依內閣官制 第八條 第四項 提出閣議
　　開國五百四年 七月 十日 外部大臣 金允植
　　　　　　　　　　　　　　內閣總理大臣 金弘集 閣下 查照

이 안건은 內閣會議에서 의결한 후 국왕의 재가를 받았다. 이후 외무대신 김윤식은 각국 공사와의 협의를 통해 한성내의 조계 설정과 관련하여 다음과 같은 원칙을 마련하였다. 우선 한성내 租界 내에서 각국의 상민들이 토지를 永租하고 房屋을 賃購하여 設棧, 즉 상점을 개설하여 貿易에 종사하는 것을 허용한다는 것이다. 현재 조계 이외의 지역에 거주하는 외국 상인은 당분간 거주를 허용하되 훗날 그 房屋을 수용하게 될 때 公估, 즉 公賣를 통해서 구매할 수 있도록 하였다. 이는 조계내에 거주하는 조선인민에게도 마찬가지로 적용되도록 하였다. 그리고 각국의 조계를

────────────

27) 『일본외교문서』23권 事項 7, 一 京城撤棧ノ件(附記 1) 명치 28년 7월 3일자(杉村濬 임시대리공사가 본국 외무대신에게 보낸 기밀 제 64호,「漢城撤棧問題ノ再起幷之 關スル 處分法ニ付意見上申」) ;『구한국외교문서(美案 2)』11권, 1391호「漢陽楊花津 各國租界劃定會議의 件」1(1895년 음 5월 11일, 양 7월 3일) ; 1393「漢城租界劃定條件問議의 件」(1895년 윤 5월 17일) 111～112쪽.

따로 나누지는 않고 雜居하는 것으로 하였다.[28] 이는 이전에 한성개잔권을
둘러싼 조선정부와 외국과의 갈등을 일단 무마하면서 개잔을 허용하는
방향으로 전환하였으므로 종래의 정책에서 후퇴한 것이라고 말할 수 있다.
그렇지만 그렇게 한성내의 조계에 한정하여 개잔권을 인정하더라도 그
이외의 지역은 토지 구입, 방옥 임대 등을 일체 허용하지 않는다는 방침을
세운 것에 주목해야 한다.

　이러한 정책은 당시 외국인의 상권침탈과 토지침탈에 대한 구체적인
대책으로 의미를 가지는 것이었으나 日帝가 정면으로 거부하고 있는 가운
데 1895년 말 甲午政權이 몰락함으로써 실현되지 못하였다. 그렇지만
이러한 漢城府의 外國人 雜居地設定 원칙은 이후에도 그대로 적용된 것으
로 보인다. 1897년 5월 26일 미국공사의 조회에 따라 미국인 빈튼(Vinton)이
매입한 家屋及地段에 대한 請發官契事業에 대해서 5월 31일 정부는 불가
하다는 입장을 표명하였다.[29] 즉 "본대신은 실제 해당 의사 빈톤에게 해당
땅을 환퇴하라고 훈칙하기도 어려우며 또한 暫准의 契를 발급하기도 어렵
다. 만약 日後에 귀정부와 각국 관원이 한성조계를 확정하는 날에는 미국인
민도 界限에 준하여 지키도록 해야 할 것이다"라는 것이었다. 이는 1895년
7월 15일 결의된 한성부내 외국인 雜居地의 원칙과 雜居地界圖에 따른
것이었다.[30] 그렇지만 이후 외국인의 토지침탈에 대한 규제조치가 보다

---

28)『구한국외교문서』11권 1396호,「漢城租界劃定條件問議에 關한 件」(1896년 6월
　 19일), 118쪽 ; 1401호「漢城租界劃定에 對한 外部照會承認의 件」(미공사 施逸→
　 외부대신 金允植, 1895년 7월 10일), 122~124쪽 ; 1402호「同上回答」(1895년 7월
　 15일, 외부대신 金允植→ 미공사 施逸), 124~125쪽.
29)『구한국외교문서』11권, 1571호「빈튼 所買地段契券不給에 대한 抗議에의 回答」
　 (외무대신 李完用→ 미공사 施逸, 1897년 5월 31일), 230~231쪽.
30) 결국 "이렇게 定界하기 전에 約款이 소재한 바에 따라, 한성에는 어떤 곳이나
　 十里内의 購買地段이라고 한 것 등에 따라 관리함이 가할 것이다"는 수준으로
　 후퇴하지 않을 수 없었다(『漢城來案』「訓令 4호」(외부대신 이완용→ 한성부 판윤
　 이채연, 1897년 6월 7일 ;『구한국외교문서』11권, 부 1「美人 빈튼 所買家屋契券發

구체적으로 마련되지 않는 한, 현실적으로 외국인의 토지침탈 현상은 시정
될 수 없었다. 이를 배경으로 해서 1898년부터 실시된 大韓帝國의 量田·地
契事業에서 새로운 방향의 토지정책으로 전개되었다.

3. 대한제국기 한성부의 토지·가옥조사와 官契事業

1) 한성부의 신호구조사와 가옥매매정책

대한제국기에 들어와서 대한제국의 수도인 漢城府 地域에서는 토지문
제를 둘러싸고 여러 사회세력이 첨예하게 대립하고 있었다. 한편 이 시기
한성부에서는 호구에 대한 새로운 조사 규칙을 발포하고 이에 근거하여
가옥 매매에 대한 관의 통제를 강화하려고 하였다.

이 시기에 호구조사는 漢城府와 警務廳의 협조하에 이루어지고 있었다.
한성부 5부 구역에는 관리구역을 나누어 5개의 경무서를 두었으며, 이에
따라 한성부의 관할구역명칭이 종래 5部에서 5署로 변경되었다.[31] 즉 中
署, 東署, 西署, 南署, 北署 등으로 나뉘어져 그 이하에 47개의 坊과 각
坊 밑에 340개의 契가 있었다. 이 시기 5署의 구역 내 각 坊의 소재를
살펴보면 <표 3>과 같다.

또한 1896년 9월 1일에 반포된 칙령 61호 '戶口調査規則'에 따라 구체적
인 호구조사방식이 결정되었다. 戶籍과 統表는 漢城 5署에서 매년 1월
내로 수취 수정하여 2월 내로 한성부에 보고하고 3월 내로 다시 내부에
보고하여 내부에서는 5월까지 이를 편집하여 上奏하는 것으로 되었다.[32]

給要請에 對한 回答」(외무대신 李完用→ 미공사 施逸, 1897년 5월 31일, 371쪽).
31) 『官報』 2卷(上), 「칙령 85호, 警務廳官制」 17조, 1895년 5월 1일, 567~576쪽.
32) 『官報』 4책, 420호, 「칙령 61호, 戶口調査規則」, 1896년 9월 4일, 571쪽.

<표 3> 漢城府의 行政區域(1895년)

署別	坊 名		總計
	城 內	城 外	
中署	瑞麟 堅平 慶幸 澄淸 壽進 寬仁 長通 貞善		8
東署	蓮花 昌善 建德 崇信 崇敎	崇信 仁昌	7
西署	仁達 餘慶 積善 養生 皇華 盤松 盤石	龍山 西江	9
南署	廣通 會賢 明禮 大平 薰陶 樂善 誠明 明哲	漢江 屯之 豆毛	11
北署	順化 俊秀 通義 觀光 安國 鎭長 嘉會 養德 廣化	常平 延恩 延禧	12

출전 : 朴慶龍, 「漢城府의 行政區域」『李載龒博士還曆紀念史學論叢』, 1990, 343~
376쪽(『開化期 漢城府 硏究』, 一志社, 1995 재수록) ; 楊普景, 「서울의 공
간확대와 시민의 삶」, 『서울학연구』 1, 서울학연구소, 1994, 56~61쪽.

따라서 漢城府에서 추진한 호구조사 체계는 구역에 따라 統首, 巡檢交番
所, 5署, 漢城府, 內部로 이어지는 계통을 갖추게 되었다.[33]

따라서 새로운 호구조사과정은 우선 호구의 자진신고를 기초로 하여
이루어지는 '戶籍' 작성과정과 일정한 조사원칙에 따라 일률적으로 조사
되는 '作統' 과정으로 나뉘어져 이루어지고 있었다. 이전과 마찬가지로
자진 신고를 기초로 하여 호적이 작성되었지만, 戶主가 戶籍紙 左右片에
기재할 내용을 작성한 후 관청에 신고하면 이를 검사하여 오른쪽은 해당
관청에서 보관하고 왼쪽은 호주에게 頒給하여 주는 방식으로 바뀌었다.
이는 戶籍申告書와 戶籍原帳을 동일하게 작성하여 양문서의 연계와 증명
을 자연스럽게 일치시켜가기 위해 고안된 방식이었다.

또한 한성부는 토지 가옥 거래에 대한 대책으로서 호구조사규칙에서는
漢城府 5署內 家屋의 소유와 賃借관계 등을 자세히 조사하도록 하고 있었
다. 호구조사의 내용 가운데 統·戶數와 家主 姓名과 人口 數爻를 조사하
고 가옥의 草家 瓦家 間數 등을 구분하여 기재했다. 특히 戶籍樣式에서
家宅의 소유와 借家 여부를 반드시 표시하게 하였다. 따라서 호적양식에서

---

33) 『官報』 4책, 420호, 「內部令 8호, 戶口調査細則」, 1896년 9월 8일, 578~582쪽.

家宅의 己有 借有와 間數가 작성되고 이후 통표에서도 10家 1統내의 家宅 間數와 瓦·草家가 조사됨으로써 일목요연하게 1統의 家宅狀況을 알아볼 수 있게 하였다.[34] 이처럼 戶口와 家屋을 동시에 파악할 수 있는 戶籍과 統表를 대조하여 일치시키게 되었으나 이것이 토지 가옥의 소유권 여부를 판별하는 기본장부가 되기 위해서는 토지소유권의 조사와 등록이 연계되어야 했다. 그러한 단계로 나아가기 위해서 한성부는 1898년 초부터 새로운 호구조사와 가옥상황에 대한 구체적인 조사를 시도하였다.

1898년 1월 7일에 공포된 한성부 고시문에서는 새로 내부에서 제정한 戶口調査規則에 따라 새로이 호구조사와 호적작성을 독려하고 있었다. 여기서 주목할 부분은 "統戶數號와 家口姓名과 人口數爻와 家屋에 草瓦間數가 誤漏ᄒ미 有ᄒ면 家屋賣買時 官契를 不給ᄒ리니"라고 하여 기재사항을 빠짐없이 기록해야만 가옥을 매매할 시 官契를 발급해준다는 것이다.[35] 이는 호적신고과정에서 작성된 호적과 통표를 가옥의 매매시 대조할 원본 장부로서 간주하고 여기에 기록된 가옥 상황과 대조함으로써 가옥매매를 증명하려는 정책을 제시하고 있는 것이었다.

그렇지만 현실의 토지 가옥매매는 매우 빈번하게 이루어지고 있었고 이에 따라 여러 가지 폐단이 속출하고 있었다. 예를 들면 다른 사람에게 가옥을 빌렸다가 本主라고 칭하여 盜賣하는 경우도 있었으며 本文記를 전당잡히고 잃어버렸다고 하면서 立旨를 발급받아 사사로이 방매하려고 하는 등 폐단이 발생되었다. 그래서 1898년 6월에는 그동안 한성부의 가옥매매에서 발생한 여러 가지 폐단을 시정하기 위해 다음과 같은 고시문을 반포하여 가옥매매의 원칙을 제시하였다.

---

34) 「칙령 61호, 戶口調査規則」 중 戶籍式樣 및 統標式樣 참조.
35) 朴慶龍, 「大韓帝國時代 漢城府 研究-漢城府 [去文] 內容을 中心으로-」, 『水邨朴永錫 敎授華甲紀念-韓國史學論叢』(下), 1992, 202쪽, 주14) ; 서울특별시사편찬위원회 편, 『國譯 漢城府來去文』(上), 「各部去文」, 334~336쪽.

— 지금부터는 가옥을 官契나 立旨가 없으면 賣買를 허락받지 못할 것.
— 금년 호적이 거의 편성이 마무리되었으니 새로 官契를 신청하는 사람은 새 戶籍의 統號數에 따라 新·舊家主가 家儈와 같이 와서 청원할 것.
— 新·舊 家主가 직접 올 수 없다면 믿을 수 있는 대리인으로 하여금 청원할 것.
— 部字 內·外契지역에 官契도 없고 立旨도 없이 사사로이 서로 賣買한 家戶는 이제부터는 원통한 일이 있어도 들어주지 않을 것임.
— 家儈를 선정하여 帖을 발급하여 각각 관장하는 곳에 몇 호씩 분장하고 그곳에 원래 原居와 借居와 貰居를 구분하고 官契나 立旨 有無와 典當 與否를 소상하게 조사하여 成冊하여 보고하면 新契를 바꾸어 발급할 때 成冊과 戶籍에 따라 승인 발급할 것.
— 賣買하는 사람은 이사하기 전 5일내에 官契를 발급받아야 뒤에 시비가 없게 할 것.
— 만약 前文券이나 舊立旨를 은닉하고 新契나 新立旨를 圖出하려고 弄奸하고자 하는 家主는 중죄를 면치 못할 것.
— 家儈가 해당 관할 지역에서 移去移來와 去地來地 및 年月日을 매달 그믐에 보고하여 관의 성책에 대조케 할 것.
— 家券을 典當할 때에는 錢主와 家主가 한성부에 함께 와 該家成冊에 등록한 후 전당하되, 와서 신고하지 않고 몰래 전당한 경우 뒤에 비록 돈을 받기 어렵게 되더라도 재판소에서 들어주지 않을 것임.
— 甲午 이전 洋紙에 새긴 家契는 근거 서류가 없으므로 한성부에서 시행하지 않은 지가 오래되었거늘 아직도 교환하지 않은 자가 있거나, 혹은 전당한 자도 있을 것이므로, 교환하지 않는 자는 즉시 와서 교환해 가고 전당을 잡힌 자는 錢主와 家主가 함께 와서 新契로 바꾸어 전당할 것.
— 家儈가 오로지 口文을 취하기 위해서 寡戶나 殘戶를 농락하는 폐단도 있으므로, 지금부터 각별히 유념하여 공평하게 가격을 결정하고, 賣買人으로 하여금 원통함을 호소하는 지경에 이르지 않도록 할 것.
— 이른바 口錢은 전례대로 家儈에게 주되, 한 푼이라도 더 주지 말 것. 또 새로이 이루어지는 매매가 아니고 舊契와 新契를 교환해 가는 경우에 家儈가 만약 한 푼이라도 토색질 하는 일이 있으면 家儈를 중벌할 것임.[36]

36) 『國譯 漢城府來去文』(上), 「各部去文」「告示 7호」, 1898년 6월, 430~434쪽(원문,

이 고시는 가옥매매시 부정의 소지를 미연에 방지하고 매매의 공정성을 확보하기 위해 몇 가지 전진적인 조치를 포함하고 있었다.

우선, 家屋을 賣買할 때 官契나 立旨가 없으면 매매를 할 수 없다는 원칙을 재확인하였다. 그리고 官契는 앞으로 완성될 戶籍 編成에 의거하여 발급한다는 원칙을 세웠다. 이러한 관계발급원칙은 매매시 반드시 적용되는 법적인 강제성을 띠게 되었으며 이는 전당할 경우에도 마찬가지로 적용되었다. 이는 1894년 이전에 이미 시행된 家契發給制度를 계승하면서도 한 단계 발전되리라는 것이었다. 토지와 가옥의 소유권을 확인해 주는 제도로서 官契發給制度는 전체 토지 가옥매매와 전당과정에서 필연적으로 강제 시행되는 제도로 활용될 것이었다.

둘째, 官契를 발급할 때 가옥의 소유, 전당 여부를 판별할 수 있는 별도의 장부로서 該家成冊, 즉 家屋관련장부를 새로 만든다는 것이다. 이를 작성하는 것은 호적조사시의 統首가 아니라 부동산 공인중개사인 家僧였다. 이들은 관장하고 있는 몇 戶를 대상으로 원거주자, 차거주자, 세거주자 등을 조사하고 官契와 立旨 유무와 典當 여부를 자세히 조사하여 장부를 작성한다는 것이다. 이는 종래의 호적이나 통표와는 다른 별도의 장부였을 것이다. 왜냐하면 이 成冊은 한 시점에서 일률적으로 가옥의 소유상태와 官認 및 典當 여부 등을 조사하여 기록한 것이었지만, 동시에 향후 거주자의 이동관계를 사안이 발생할 때마다 기록하여야 했으며 典當할 때도 이 成冊에 懸錄한 후 典當이 성립될 수 있도록 했기 때문이다. 이렇게 해당 가옥의 소유나 전당 여부 상태가 바뀔 때마다 반드시 謄錄되는 장부로서 '該家成冊'이 작성되었다.

그런데 이 성책이 곧바로 家屋臺帳으로 되는 것은 아니었다. 이 장부에는 가옥을 매매하거나 전당할 때 官契나 立旨 발급 여부가 기재되기는

345~351쪽).

하지만 소유자나 매매 여부를 그 자체로 등재하는 장부는 아니었다. 다만 현거주자의 가옥이용상태를 구체적으로 기재하는 장부였다. 이 該家成冊 은 소유권을 증명하거나 등기할 수 있는 기본대장은 아니었다. 따라서 所有權은 여전히 관에서 발급한 家契나 立旨의 유무로 판정되었다. 여기에 官契와 立旨를 발급하기 위한 根據帳簿로서 該家成冊과 戶籍臺帳이 기능 하고 있는 것이다. 따라서 戶籍과는 별도로 작성되는 該家成冊은 家契發給 의 原帳簿의 하나로서 기능한다는 점에서 한 단계의 진전을 가져온 것이었 다. 이와 같이 1898년 6월부터 한성부는 이제 가옥의 변동 상황을 기록하는 該家成冊을 작성하고 이에 근거하여 일체의 가옥매매와 전당을 통제해 나간다는 새로운 정책을 시행하고 있었다.

한편 대한제국 정부는 1898년 6월부터 전국적인 토지에 관한 측량을 준비하고 있었다. 「土地測量에 관한 請議書」에서 전국 각 지방을 대상으로 하여 일정 구역에 地質을 測量하는 것이 시급한 과제라는 것을 인식하고 단지 農地의 肥瘠이나 家屋의 占址에 그치지 않고 地質, 山林과 川澤 및 海濱, 道路의 상태에 이르기까지 모든 토지상태를 조사할 것을 제안하였 다.[37] 이렇게 전국부동산 일체에 대한 조사와 측량을 목표로 하고 있었다. 이때 시도된 양전사업은 일반 농지에 한하지 않고 모든 토지를 대상으로 토지측량을 시도하고 있다는 점과 아울러 토지소유제도의 개혁을 포함한 다는 점에서 이전과는 다른 사업이었다. 1898년 7월 6일 量田을 전담할 독립관청으로서 量地衙門이 설립되고 전국적인 토지측량사업을 추진하 게 되었다.[38]

이렇게 전국적인 토지조사가 정부 일각에서 추진되는 것과 아울러 동시

---

37) 「土地測量에 關한 事件」, 『去牒存案 (農商工部去來牒存案)』(규18152) 3책, 1898년 (광무 2) 6월 22일.

38) 金容燮, 앞의 논문, 1968, 502~528쪽 ; 왕현종, 「대한제국기 量田・地契事業의 추진과정과 성격」, 『대한제국의 토지조사사업』, 민음사, 1995, 51~65쪽.

에 한성부의 토지문제에 대한 대책도 마련되고 있었다. 1898년 6월 23일 度支部 司稅局은 '漢城五署字內에 國內外人民家屋基址를 定納年稅홀 事'라는 請議案件을 준비하고 있었다.[39]

> 漢城五署官有地管理定稅에 關혼 請議書
> 漢城五署區域이 原是官有地로 人民의 家屋營建과 田園耕種은 任便准許ᄒ야시나 該基址의 管理定稅가 確規를 未行ᄒᆷ 維新政治에 有欠이온즉 土地에 管理收用은 內部로서 專管ᄒ려이와 年稅若干은 度支部로서 分等實施혼 後에 家屋에 遷徙或新建은 認許호디 度支部元陛總田畓외에 毁屋혼 基址나 無屋土地ᄂᆫ 轉賣를 勿許ᄒ야 五署內 一切地段으로 官有에 常屬케 ᄒᆞ옵고 外國人住址로 言ᄒ오면 租界定限이 尙無ᄒᆞ야 本邦人民과 混同雜處이온즉 外部로서 各國公使領事에게 聲明照會ᄒ야 地段年稅를 我國自定規則에 依ᄒ야 一切遵照케 ᄒᆞ옵고 我國人民中에 無屋土地를 外國人에게 已經潛賣혼 者이 有ᄒ거든 賣土를 査嚴ᄒ야 卽刻還退케 호디 賣土를 追究키 難혼 境遇에ᄂᆫ 政府로서 原價를 替給ᄒ야 務歸劃一케 ᄒᆞ오미 妥當ᄒᆞ옵기 此段을 會議에 提呈事
> 光武 二年 七月 四日[40]

이 안건은 주로 漢城府 五署내의 家屋에 대해 家屋稅를 부과해야 한다는 내용이다. 먼저 請議書의 앞 부분에서 '漢城五署字內地段은 原屬官有之地也'라는 원칙을 강조하고 있다. 이는 내국인뿐만 아니라 외국인이 소유한 가옥을 대상으로 한 것이었다. 예를 들어 "毁屋한 基址나 無屋土地는 轉賣를 勿許하여 五署內에 一切地段으로 官有에 常屬케"한다는 방침을 제시하고 있다. 여기서 '毁屋한 基址나 無屋土地'란 원래 소유자가 있기는 하겠으나 현재 가옥이 무너지거나 없는 토지로서 소유권자가 불분명한 토지가 되기 쉬웠다. 외국인들이 이러한 토지를 집중적으로 매점하는 상황이었다. 이에 따라 원소유자와 현외국인 소유자간의 분쟁이 발생되기 쉬웠기 때문

39) 『外部去來牒』(규17889) 1책, 1898년(광무 2) 6월 23일.
40) 『奏本』奏142호, 「漢城五署官有地管理定稅에 關혼 請議書」(1898년 7월 4일).

에 대한제국 정부는 가옥이 없는 나대지의 잠매가 원천적으로 불법이라는
원칙을 내세워 이런 토지에 대해 국가가 관리하고자 하는 것이었다.

그런데 이러한 원칙이 내국인의 경우에 적용될 때에는 家屋의 地上權에
만 權利를 한정하고 실제 家屋이 있는 土地의 所有權을 인정하지 않는
것은 아니었다. 왜냐하면 기존에 설치된 가옥의 매매에 대해서는 아무런
제한 규정을 두지 않았으며, 현실적으로도 당시 관행상 家屋의 賣買行爲가
결과적으로 土地의 所有權까지 포함한다고 간주되었기 때문이었다.[41]
外國人의 土地侵奪은 다만 현존의 가옥을 사용하는 地上權에 한하여 허용
될 뿐이며 토지 그 자체의 所有權은 절대로 허용될 수 없다는 입장을
표명한 것으로 이해된다. 그래서 위의 청의안에는 "我國人民 中에 無屋土
地를 外國人에게 已經潛賣한 者가 有하거든 賣主를 調査하여 卽刻 還退
케" 한다는 원칙이 제시되고 있는 것이었다. 이러한 토지정책의 초점은
무엇보다도 外國人의 土地所有 擴大를 저지하고 大韓帝國의 土地主權을
확보하려는 데 있었다고 생각된다.

그렇다면 이렇게 토지소유와 가옥소유 권리에 대해 까다로운 범주설정
을 시도한 이유는 무엇인가. 大韓帝國의 입장에서 내국인의 토지소유권을
보호하고 외국인의 토지침탈을 방지하기 위한 새로운 차원의 土地政策이
필요했기 때문이었다. 물론 구체적인 사안이 진행될 때 외국인이 이미
매입한 토지에 대한 환수가 재정적으로나 정책적으로 어려운 상황이고
土地所有權에 대한 內·外國人의 2중적인 잣대를 어떻게 관철시켜 나갈지

---

41) 信夫淳平, 『韓半島』, 東京, 1901, 40~41쪽, "한국에는 垈地는 家屋에 종속한다는
   사실이다. 따라서 한국인으로부터 집을 한 채 사들이면 그 토지의 소유권은
   明約이 없어도 가옥의 소유권과 함께 買主에게 이전되는 것이다. 비단 가옥이
   서 있는 토지만이 아니고 거기에 붙은 밭이나 空地의 경우도 그에 붙은 가옥을
   매수함과 함께 이전된다. 그러므로 地所 또는 가옥만의 분리된 매매는 그 예가
   극히 드물어서 일본과 다른 점이다."

가 大韓帝國이 직면하고 있는 중요 난관이었다고 하겠다. 이렇게 1898년 6월 漢城府 지역에서 外國人 所有 家屋에 대한 통제나 관리를 국가적인 차원에서 강화하겠다는 방침을 세운 것이었다.

이러한 정책은 7월 6일에 내부대신 朴定陽, 외부대신서리 兪箕煥, 탁지부대신 沈相薰에 의해서 議政府會議에 중요한 안건으로 올려졌다. 이날 회의에서는 앞서 제기된 量地衙門을 설립하는 處務規定와 함께 이 안건을 처리하였다.[42]

그런데 전국적인 토지조사사업은 이전의 18세기 초 숙종조말 경자양전에 이어 백수십 년만에 시행되는 커다란 사업이었기 때문에 양전의 실무기구인 양지아문도 크게 확충되었다. 量地衙門의 機構는 독립된 하나의 관청으로서 설립되어 있었지만, 內部, 度支部, 農商工部 등 3部 및 漢城府와 긴밀한 협조관계 위에 있었다. 특히 양지아문 總裁官으로서 朴定陽, 沈相薰, 李道宰 등 內部와 度支部 및 農商工部의 3 大臣을 임명하고 副總裁官으로서 당시 漢城府 判尹인 李采淵과 學部協判인 高永喜를 임명하였다.[43] 이렇게 전국적인 양전사업에 한성부 판윤이 부총재관이라는 중대한 자리를 차지한 것은 이 사업에서 서울지역의 토지조사와 소유권제도의 확립이 가장 핵심적인 문제로 자리잡고 있었기 때문이었다.

이에 따라 양지아문의 處務規定에 '土地測量 自漢城五署爲始 以爲自邇及遠事'라고 규정되어 있듯이, 전국의 토지 중에서 제일 먼저 漢城府 五署 內의 토지를 대상으로 하였다.[44] 1898년 7월 14일에는 美國人 技士 크롬 (Krumm, 巨廉)을 5년간 고빙하여 그의 주도하에 측량견습생을 양성하고

---

42) 『奏本存案』(규17704) 3책, 『奏議』(규17715) 6책, 「奏本 142號」 참조.
43) 이들은 현직의 관료로서 다른 부서로 選任되거나 遷任될지라도 토지측량이 마치기 전까지는 量地衙門의 사무를 겸임하여 담당하도록 규정되었다(「勅令 제25호 量地衙門職員及處務規定」 제6조 ; 『日省錄』 1898년 7월 6일).
44) 「勅令 제25호 量地衙門職員及處務規定」 제17조.

서양의 측량방식을 사용해서 서울 및 지방의 양전을 담당하도록 하였다.[45] 이제 漢城府에서나마 開港 이후 대외개방된 지역에서 外國人의 土地所有를 금지하는 방침을 실질적으로 관철시키려는 것이었고 이러한 조치를 뒷받침하기 위해서 漢城 지역에서 처음으로 토지를 측량하려고 했던 것이었다.

2) 한성부의 토지측량과 官契發給原則

양지아문의 측량사업은 1899년 2월까지 거의 8개월 동안 시행되지 못했다. 이는 새로운 양전방식으로 채택된 측량법의 문제점과 양전과 지계발급 원칙에 대한 논란이 많았기 때문이었다.[46] 1899년 2월 6일 양지아문에서는 총재관 沈相薰과 부총재관 李采淵 및 미국인 首技師 크롬이 측량기사 견습생을 대상으로 측량시험을 치렀다.[47] 당시 양지아문 처무규정에 의하면 수기사를 돕는 技手補는 정원이 10명이었으나 4월까지도 6명만 채용하고 있어서 서울 시내의 측량에 인원이 매우 부족하였으므로 의정부에 기수보의 증원을 요청하고 있었다.[48] 드디어 4월 1일 量地衙門에서는 한성부지역에 처음으로 토지를 측량하기 위해 다음과 같은 훈령을 내렸다.

> 量地衙門에서 量地事務를 本年 四月一日붓터 施行ᄒᆞᄂᆞᆫ딕 崇禮門內로 始ᄒᆞ야 道路 長廣과 人家 基址及 官有 民有 一切地段을 次第測量ᄒᆞᆯ 次로 漢府에 訓令ᄒᆞ엿스되 貴府로서 各坊曲人民에게 准此告示ᄒᆞ며 外國人住址ᄂᆞᆫ 各該領

---

45) 「勅令 제25호 量地衙門職員及處務規定」 9조, 『各部請議書存案』 6책 ; 『奏議』 제18책 ; 『日省錄』 1898년 5월 18일, 「大韓政府에셔 美國量地技士 巨廉을 本國量地技師로 雇聘ᄒᆞᄂᆞ 合同」, 『外部量地衙門來去文』.

46) 1898년 및 1899년에 논란된 양전시행론에 대해서는 왕현종, 앞의 논문, 1995, 55~65쪽 참조.

47) 『황성신문』 1899년 2월 8일, 잡보 「量地試才」, 518쪽.

48) 『地契衙門來文』 1899년 5월 29일 문서 참조.

事에게 知照ᄒ야 公舘 敎堂과 私宅 棧房이라도 量地技師一行이 任便 踏査ᄒ야
測量事務에 無碍케홈이 爲宜라ᄒ엿더라.[49]

위의 훈령에서는 처음으로 측량하는 곳이 한성부 숭례문 내이며 이곳으
로부터 시작하여 주로 도로의 길이와 넓이, 인가의 집터 그리고 官有
民有의 일체 地段 등을 대상으로 측량할 예정이었다. 훈령의 문맥상으로
보면 우선 도로측량, 그리고 人家 基址측량, 마지막으로 집터가 아닌 관유
지, 민유지를 측량하는 것으로 되어 있다. 이는 당시 광무양전이 시행되는
다른 지역에서는 주로 관유와 민유지를 우선 측량하는 것이 일반적인
경우였는데 그러한 경우와는 상당히 달랐다. 또한 주목되는 것은 외국
공관, 교당, 사택 및 상점인 棧房 등 외국인 거주지를 측량에 포함시킨
것이다. 이는 측량의 편의를 제공하고자 외국인 일반에게 공고하는 것에
그치는 것은 아니었다. 주요한 이유는 외국인 거주지에 대한 세밀한 조사도
한성부의 측량목표 중의 하나였기 때문일 것이다.

실제로 4월 1일에 남대문 안의 큰 길을 측량하였는데, 크롬은 양지아문
의 학도를 데리고 측량하는 규칙을 자세히 가르치면서 측량을 개시하였
다.[50]

한성부 판윤 최영하 량디아문 관원 고영희 리해만 롱상공부 참셔관 변죵헌
제씨와 영어 학도 15인과 영국사람 ᄒ나이 4월 1일 브터 남대문 안에서 시작ᄒ야
슈표교로 ᄎᄎ 쳑량ᄒ야 다믄 방리 方里만 분별ᄒ고 셰젼은 ᄆ련 아니 ᄒ다더
라.[51]

한성부의 첫 측량은 한성부 판윤 崔榮夏과 양지아문 부총재관 高永喜,

---

49)『황성신문』1899년 4월 1일, 잡보「量地開始」, 679쪽.
50)『대한그리스도인회보』(3권 10호) 1899년 4월 5일, 82쪽.
51)『독립신문』1899년 4월 5일, 잡보「량디아문」, 290쪽.

그리고 양지아문 記事員인 탁지부 재무관 李海萬, 농상공부 참서관 卞鍾獻 등 측량사업에 직접 관련있는 관원들이 모두 참관하여 이루어졌음을 알 수 있다. 특히 양지아문의 첫 번째 측량구역은 남대문에서 수표교까지 측량하여 도로와 方里를 구별하는 데 목표를 두고 있었다.

한편 그해 4월 초 內部 版籍局에서는 各署의 警務官으로 하여금 戶口調 査新規를 설명하면서 가옥의 상세한 내역을 조사하려고 하였다. '各署 管內 家戶之新建과 頹壓과 毀撤과 外國人買家與人口와 借戶率戶寄口傭 口'를 일일이 조사하여 호구통표를 작성할 것을 당부하고 있었다.[52] 또한 책자편성시 號數를 정확히 기록하면서 아울러 문패를 달 것을 알리고 있는 것으로 보아 한성부의 토지조사와 관련해서 호적을 정비하려는 것으로 생각된다.

이제 양지아문의 측량사업이 본격적으로 개시되었으나 구체적인 시행 규칙이나 전국적인 측량계획 등이 확정되지 못하였다. 그래서 4월 5일에는 양지아문에서는 조세수입의 확대를 위해 전국적인 양전을 확대 시행하면서 각도에 양무감리를 파견하여 도단위로 해당 지역에 시험적으로 측량할 것을 제안하였다.[53] 양지아문은 측량지역의 확대에 대비하여 충분한 준비를 하지 못했는데, 때마침 한성부 지역 측량에 동원되었던 양지아문의 학도들이 충분히 보수를 받지 못하는 상황에 대해 불만을 토로하기도 하였다.[54] 더욱이 4월 29일에는 새문안에서 측량을 하다가 측량추를 분실하여 측량이 중단되기도 하였다.[55]

---

52) 『황성신문』 1899년 4월 12일, 잡보「更考版籍」, 715쪽.
53) 『各部請議書存案』 10책, 「各道量務監理를 該道內郡守 중에 諳術著績ㅎ 者로 擇任ㅎ야 爲先試可에 關ㅎ 請議書」 1899년 4월 5일 ; 『奏本』(규17703) 29책, 奏本 72호 1899년 4월 24일.
54) 『황성신문』 1899년 4월 20일, 잡보「學徒退去」, 743쪽.
55) 『황성신문』 1899년 4월 29일 광고 참조, 776쪽.

이렇게 내외적으로 난제가 계속 제기되었음에도 불구하고 1899년 5월 29일 양지아문의 계획에 의하면, 5署內 測量을 착수한 후 1년 이내인 1900년 5월경까지 완료할 수 있을 것으로 예상하였다.[56] 실제로는 순조롭게 측량이 이루어지지는 못해 다음해인 1900년 3월 9일에서야 외국인 거류지에 대한 측량에 들어갔다.[57] 3월 5일에는 일본공관에 공문을 보내 일본 공사관 기지와 수비대 영사를 측량하기 위하여 수기사 크롬과 기수보 4인, 순검 2인과 使傭人 2인 등 모두 9명이 해당 지역을 방문하기로 통보하였다. 이에 따라 3월 9일, 10일에는 일본 공관, 12일에서 13일은 竹洞 守備隊營을, 그리고 14일에는 駱洞 守備帶營을 측량하였다. 이들 지역의 측량은 해당 기관의 건물 및 부지를 대상으로 하고 있었다. 또한 4월 17일에는 러시아 공관을, 19일에는 법국 공사관을 측량하기로 예정되어 있었다.[58] 6월 14일에는 양지아문에서 기사 크롬이 기수보 8인을 대동하고 경운궁내에 들어가 地段 方面을 측량하였다.[59] 이와 같이 1900년 3, 4월과 6월 사이에 외국공사관 및 경운궁 등 주요 건물을 대상으로 측량하고 있었던 것으로 보아 1899년의 도로와 방리 측량에 이어 1900년 전반기에는 주요 건물을 중심으로 한 부분측량이 이루어졌다고 보아야 할 것이다.

다음으로는 1900년 하반기에는 한성부내 주거지역에 대한 측량에 들어간 것으로 보인다.

警部에셔 各署에 訓飭ᄒ되 現今量地衙門에셔 漢城內量地事務를 今幾告竣ᄒ얏슨즉 各交番所에 令飭ᄒ되 僻巷人家에 門牌를 種種不懸ᄒ야 該事務에 防碍가 齊一無漏케ᄒ라 ᄒ얏더라.[60]

56) 『地契衙門來文』 1899년 5월 29일 公文 참조.
57) 『황성신문』 1900년 3월 9일, 잡보 「居留地測量」, 198쪽, "量地衙門에셔 駐京各公領使舘及外國人居留房屋을 測量ᄒ기로 外部에셔 各該公舘에 知照ᄒ얏더라."
58) 『外部量地衙門來去文』(규17817) 「조회」 1900년 3월 5일, 「조회」 1900년 4월 12일.
59) 『황성신문』 1900년 6월 14일, 잡보 「宮內測量」, 530쪽.

이는 1901년 1월 12일의 신문기사로서 한성내의 양지사무가 거의 마무리되어 가고 있음을 보여주고 있다. 특히 各署의 交番所와 협조하에 인가의 통호수와 성명을 확인하면서 원활한 측량이 이루어지도록 당부하고 있었던 점이 주목된다. 거의 2년여에 걸친 양지아문의 측량사업이 이제 마무리되는 시점에 와 있던 것이었다.

이렇게 양지아문의 측량사업이 진행되면서 한성 주재 각국 공사와 외국인들은 이 사업에 주목하고 있었다. 특히 일본과 미국 공사는 이 양전사업에 깊은 관심을 표명하고 있었다. 미국공사는 양지아문이 장차 한성내의 家屋 地基를 측량하고 별도로 立案을 나누어주는 사업을 하는 기관으로 처음부터 파악하고 있었다. 그래서 그들은 자신들의 입장에서 자신들이 원하는 방향으로 양전사업이 추진되기를 바라고 있었다. 즉 외국인의 契案을 발급하여 타당한 법을 세울 기회로 파악하고 제도를 개항장에서 쓰이는 地契와 같은 제도를 만들 것을 제기하였다. 또한 가옥을 외국인이 서로 매매할 때 개항장에서 비용 5원을 수취하듯이 매매수수료를 거둬들이는 제도를 세워 재정에 보충할 것을 충고하고 있었다.[61]

1899년 3월 일본은 한성부 家券制度의 改正을 위해 보다 구체적인 조건을 제시하기도 하였다.[62]

― 適當혼 技師로 漢城府內에 土地·家屋의 位置 面積을 測量ᄒ야 不動産의 原簿를 調製홀 事.
― 原簿를 因ᄒ야 精確한 地券及 家券을 發給홀 事.
― 土地 家券 用紙는 其質이 粘硬ᄒ거늘 撰ᄒ야, 券面에는 精細히 各事項을

---

60) 『황성신문』 1901년 1월 12일, 잡보 「當懸門牌」, 436쪽.
61) 『구한국외교문서(미안 2)』 11권, 1935호, 「漢城家契詳訂要請의 件」(미공사 安連→ 외부대신 朴齊純, 1899년 3월 10일), 549~552쪽.
62) 『구한국외교문서(일안 4)』 4권, 5040호, 「漢城府家券制度改定實施要望」(일본공사 加藤增雄→ 외부대신 朴齊純, 1899년 3월 23일), 252~254쪽.

記載할 事.
— 無用次序를 省略ᄒ야 敏活ᄒ 事務를 另計홀 事.
— 證券發給에 對ᄒ야 一定ᄒ 所入費를 徵收ᄒ야 事務費를 補홀 事.
— 當該官廳에 適當ᄒ 技師를 置ᄒ고 事務를 監理케 홀 事.

위의 건의안에서는 우선 적당한 기사로 한성부 내 토지 가옥의 위치와
면적을 측량하되 부동산의 원부를 작성하라는 것이다. 그리고 부동산의
원 장부에 의거하여 지권과 가권을 발급해 달라는 것이다. 그리고 지계발급
사무를 원활히 수행하도록 별도의 관청을 세워 전담하는 관리를 두어야
한다는 것이었다. 이는 외국인의 토지 가옥소유를 보다 정확히 파악하고
공인하기 위해 測量事業과 地券 家券 發給事業을 연계하여 진행시켜야
한다는 주장이었다. 이러한 요구는 한성부의 토지 가옥의 소유 규모와
소유권을 엄격하게 조사하고 공인하는 제도로서 근대적인 토지소유제도
를 수립하라는 주장임과 동시에 외국인 토지소유의 합법화를 기도하는
것에 다름없었다. 특히 외국인 토지소유의 공인과 합법화는 대한제국의
토지주권뿐만 아니라 대한제국의 국민의 토지소유권의 해체와 수탈을
지향하고 있다는 점에서 대한제국이나 한성부의 입장으로서는 도저히
받아들일 수 없는 것이었다.

이러한 상황에서 量地衙門의 量田事業은 1900년 말 새로운 국면으로
바뀌고 있었다. 1900년 11월 중추원 의관 安鍾悳은 보다 구체적인 所有權
制度로서 官給契券의 필요성을 주장했다.[63] 개간지나 새로 만든 가옥,
문기가 없는 장토뿐만 아니라 산림과 방아간에 이르기까지 官契의 발행대
상을 일체의 不動産으로 확대하여 모두 官契를 지급하도록 해야 한다고
주장하였다. 또한 1901년 10월에는 中樞院 議官 金重煥은 이미 전국적인

---

63) 安鍾悳, 『石荷集』 9권, 雜著 中樞院建議 ; 『秘書院日記』 1900년(광무 4) 9월 11일(양
력 11월 2일), 中樞院議長 金嘉鎭 言事疏.

토지의 대부분이 私有로 된 상황에서 官契를 발급하지 않아서 소위 券契의 偽造나 盜賣로 인한 폐단이 많이 발생한다는 점을 지적하면서 '田土官契之法'의 시행을 촉구하였다. 특히 그는 별도로 官契條規를 만들고 전담할 관아를 임시로 세워 官契事業을 조속히 실시할 것을 강조하였다.[64]

이렇게 하여 1901년 10월 20일 地契衙門이 정식으로 설립되었다. 地契衙門은 漢城府와 13道 各郡의 田土契券의 釐整 實施하는 사무를 專行하는 기관으로 규정되었으며, 田土의 踏查와 新契의 還給 및 舊契의 繳銷, 賣買 證券의 發給 등을 담당하였다.[65] 또한 새로운 처무규정에 의해 지계발행의 대상이 확대 적용되었다. 즉 農地에 한한 것이 아니라 '山林土地田畓家舍契券'으로 확대되어 전국의 모든 山林과 土地 田畓 및 家舍에까지 포괄하게 되었다. 우선 지계아문의 시행범위를 한성부와 13도 전국으로 설정하였다.

이 지계아문의 사업에서 중요한 점은 토지계권의 발급대상 가운데 家舍契券은 한성부와 개항장에는 적용하지 않기로 했다는 점이다.[66] 이는 한성부에는 家舍이외의 土地契券 등은 새로운 제도로서 시행되지만, 1893년 이래 발급한 家契發給制度를 그대로 활용한다는 것을 의미하는 것이었다.

다음으로 종전에는 규정되지 않았던 外國人의 土地所有를 금지하는 조항을 삽입하고 있다는 점이다. 개항장을 제외하고 모든 지역에 적용되고 있는데, 특히 한성부에서도 이를 적용하고 있다는 점이 주목된다.[67] 이는

---

64) 『秘書院日記』 1901년 9월 1일(양력 10월 12일) 중추원 의관 金重煥 疏.
65) 勅令 21호 「地契衙門職員及處務規程」, 『奏議』(규17703).
66) 改正 「地契衙門職員及處務規定」, '第一條 地契衙門은 漢城府와 十三道各府郡의 山林土地田畓家舍契券을 整釐ᄒ기 爲ᄒ야 權設할 事 但 家舍契券은 漢城府와 各開港口內에는 不在此限홀 事.'
67) 「改定 地契衙門職員及處務規程」, 『各部請議書存案』19, 『관보』2041호(1901년 11월 11일), '第十條 山林土地田畓家舍는 大韓國人外에는 所有主되믈 得치못홀 事 但 各港口內에는 不在此限홀 事.'

외국인의 토지소유가 합법화되어 있는 개항장은 논외로 하더라도 종래 한성부에서 외국인의 소유에 대해 일정하게 허용하고 있었던 정책을 정면으로 부정한 것이다.

1898년 7월 양지아문의 설립과 동시에 추진되었던 한성부의 관유지 방침은 외국인의 토지소유는 금지하되 당분간 家舍의 所有를 허용하던 방침이었으나, 이제는 한 단계 더 나아가 일체의 외국인 소유를 금지하겠다는 개혁방향을 천명한 것이었다. 그렇다면 한성부 지역에서 일체의 외국인 토지소유는 금지할 정책적인 의지를 가지고 있었는가 하는 문제가 중요할 텐데 그것은 실제 지계아문의 측량사업 이후 전격적으로 시행될 관계발행 제도의 시행을 통해서 구체적으로 드러날 것이었다.

한편 地契衙門에서 발급하기로 한 官契는 종래 매매문기와 양안의 형식을 결합시켜서 만든 것이었다. 여기에는 所在地, 字號, 地目, 面積 및 結數, 四標, 發給年度, 時主 및 價金 賣主 보증인 등이 기록되고, 이어 地契衙門 總裁와 各道의 地契監督의 捺印을 표시하였다. 대체로 양안에서는 토지의 측량부분을 표기하는 것이었고 소유자인 時主란은 아마 매매문기가 중요한 기준이 되었을 것이다. 그런데 田畓官契와 家舍官契는 기재 내용상 커다란 차이를 가지고 있었다. 전답관계가 전답 소재지가 자호지번으로 되어있고 토지면적이 두락과 결부로 표기되어 있는 것과는 달리, 가사관계는 統戶數를 표시하였으며 가옥의 크기도 間數로 표기되었다.

이는 종래 家契의 형식과 호적제도에 기초를 두고 있는 것이었다. 특히 한성부에서는 1893년 이래 家舍文券을 발급해오고 있었고 이에 기초가 되는 가옥대장을 가지고 있었기 때문에 사실 기존의 家契발급제도를 정비한다면, 곧바로 가사관계를 발급할 만한 준비를 갖추고 있었다.

당시 한성부의 家契 및 家舍官契를 비교하면 다음과 같다.

<그림 2> 漢城府 家契 樣式

		第　号
	漢城府爲發契據事照得　署　坊　契　洞	
	号地所有家舍瓦　　間　　洞第	
	時値　　由本主　　間　間計	
	居住爲此合行給契仰　　情愿賣與	
	執契人員遵照後開四條章程毋得違越切切須至契者	
	光武　年　月　日　右給	
判尹　少尹　主事　保家證保　持憑		

後開
一家舍賣買時由本主對應買入眼同家儈帶舊券呈稟始許
換給新契價取四文
一家之無舊券者非有保證人記名畫押不准發給
一買主領有新契始許拚接
一家舍領有癸巳五月日刊發契據者除非改行賣買無庸換
給若家主有所情願亦准其換去

출전 :「漢城府爲給發契據事照得南署薰陶坊芋洞契」(규23192)

<그림 3> 大韓帝國 家舍官契 樣式

	家舍官契			大韓帝國		
第　號	地契衙門總裁　印地契監督　印	價金　賣主　保證　住住	光武　年　月　日　家主　住	第統第　戸　草瓦間間共間	道　郡　面　洞　所在	第　號

출전 :『家舍證券』(우촌 고문 21021-957)

위의 가계와 가사관계의 양식을 비교해 보면, 우선 발급내용에서는
대상 지역의 표시가 한성부의 고유지명, 매매가를 나타내는 價値 價金
등의 표현 차이에도 불구하고 통호수 기재, 가옥의 구분, 賣主, 보증인의
표기 등 기본적인 표기내용은 같았으며 가사관계가 더욱 일목요연하게
되었다. 크게 달라진 점은 발급주체가 한성부와 지계아문이 달랐으며 家契
의 경우 2편의 문서를 割印해서 본인과 발급관청이 보관하고 있었던 데
비해서 家舍官契는 3부 작성하여 지방관청과 지계아문 및 토지소유자에게
각각 분할하여 보관하도록 하였다.[68] 이는 후일 토지대장과 부동산 등기부
의 역할을 겸할 수 있도록 했다는 점에서 근대적 토지소유제도의 수립에
획기적인 의미를 가지고 있었다.

　보다 중요한 차이는 전답과 가옥의 매매시 발급되는 官契의 뒷면에
다음과 같은 발급원칙을 명기함으로써 매우 강제적인 시행효과를 거두고
자 한 점이다.

　一 大韓帝國人民이 家舍가 有훈 者는 此官契를 必有호더 舊契는 勿施ᄒ야
　　本衙門에 收納홀 事.
　一 家舍所有主가 該家舍를 賣買或讓與ᄒᄂᆫ 境遇에는 官契를 換去ᄒ며 或典質
　　ᄒᄂᆫ 境遇에는 該地方官廳에 認許를 得흔 後에 施行홀 事.
　一 家舍所有主가 官契를 不願ᄒ고 賣買或讓與홀 時에 官契를 換去치 아니ᄒ거
　　ᄂ 典質홀 時에 官許가 無흔즉 該家舍는 一切屬公홀 事.
　一 大韓帝國人民外에ᄂᆫ 家舍所有主 되ᄂᆫ 權이 無ᄒ니 借名 或私相賣買典質讓
　　與ᄒᄂᆫ 弊가 有흔 者는 幷一律에 處ᄒ고 該家舍는 原主記名人의 有홈으로
　　인ᄒ야 一切屬公홀 事(以下 省略).[69]

---

68) 「田畓山林川澤家舍官契細則」「地契監理應行事目」, 『完北隨錄』 上, 1903년(광무
　　7) 2월 27일 참조.
69) 『家舍證券』(우촌 고문 21021-957). 충청남도 평택군 북면 近乃洞 15통 1호 초4간,
　　1903년 12월 9일 가주 鄭文國의 家舍官契(발급번호, 1閭 11호)의 뒷면.

위의 규정 중에서 주목되는 것은 우선 家舍가 있는 경우에는 반드시 官契를 발급받아야 하며 이후 매매 또는 양여하는 경우뿐만 아니라 전당하는 경우에도 지방관청의 인허를 취득해야 한다는 것이다. 새로운 관계는 반드시 舊契와 교환하도록 하였으며 토지자호의 순서대로 발급하여 철하였으므로 매매나 전당시 官契의 진위 여부를 쉽게 판가름하게 하여, 전답 가옥매매시 위조와 혼란을 극복하고자 하였다.

다음으로 관계를 발급할 때 와가는 1간에 엽전 5푼, 초가는 1푼식 수입하고 매매하는 경우에는 1/100의 세금을 걷어들이는 규정을 명시하고 있다. 무엇보다 중요한 조항은 제4항의 조문으로서 대한제국의 인민 이외에는 가사소유주가 되는 권리가 없으며, 차명이나 사사로운 매매나 전질 양여 등을 전면 금지한다는 것이다.

따라서 이 시기 地契衙門의 설치는 모든 토지의 소유권의 확정과 이전에 관한 국가적인 法認과 통제를 목표로 하고 있었음과 더불어 외국인의 토지침탈을 방지하기 위한 시급한 조치로서 취해진 것이었다. 1902년 3월 지계아문이 양지아문과 통합됨에 따라 한성부의 토지조사와 관계발급은 보다 구체화되고 실질적인 추진력을 갖게 되었다.

4. 한성부의 외국인토지 대책과 官契制度의 시행

1) 외국인 토지소유의 확대와 한성부의 대책

대한제국시기에 한성부에서는 주기적으로 외국인의 거주상황이 조사되고 있었다. 1897년과 1898년 조사내용은 다음 표와 같았다.

<표 4>와 같이 1897년도 외국인의 총계는 849호, 3,257명이었으며 1898년에는 조금 줄어들어 720호, 2,854명으로 나타나고 있다.

<표 4> 1897~98년도 한성부내 외국인 거주상황

國籍		日本	淸國	美國	英國	法國	獨逸	俄國	총계
1897	戶	622	110	40	41	7	7	22	849
	口	1758	1273	95	37	28	9	57	3257
	人口比	54.0	39.1	2.9	1.1	0.9	0.3	1.7	100
1898	戶	480	181	32	15	6	4	2	720
	口	1734	981	62	42	17	9	9	2854
	人口比	60.7	34.4	2.2	1.5	0.6	0.3	0.3	100

출전 :『독립신문』 2권 38호 1897년(건양 2) 4월 1일, 151쪽(호수총계 원문은
767호지만 실제는 849호임) ; 信夫淳平, 『韓半島』, 「제29표 在韓日本人戶
口累年比較表」, 「제30표 明治31년 在仁川及 京城歐美人及 淸國人戶口前
年比較表」 중(686~689쪽) 일부 加工.

　　외국인의 거주상황이 내부적으로 크게 변하고 있는 모습을 파악할 수
있는데, 97년보다 98년에 청국인의 수가 300여 명 줄어들었으며 러시아인
도 50여 명 줄어들어 이들이 크게 감소한 데서 나타난 현상으로 생각된다.
따라서 외국인의 가호숫자는 日本人, 淸國人, 美國人, 英國人, 法國人,
獨逸人, 俄國人 순이었으며 그 중에서도 1898년에 日本人은 480호, 1,734명
으로서 전체 외국인 중 60.7%에 이르고 있었다. 이들 일본인의 호수가
압도적인 비중을 차지하고 있었던 것이 주목된다. 다음해인 1899년의 외국
인 거주상황은 각 서별로 통계가 잡혀 보다 구체적으로 분포상황을 파악할
수 있다.[70]

　　아래의 조사는 한성부 5서 관내에서 東署를 제외한 4서에서 조사된
결과인데, 1899년 현재 일본인이 526호, 1,770명이며 청국인이 181호, 890명
이었다. 그리고 미국, 영국, 독일, 법국, 덕국, 아국 순이었다. 외국인이
많이 사는 지역은 南署구역인데, 日本人은 南署구역에서 대부분이 거주하

---

70)『독립신문』에는 외국인 거주 총수가 남자 1901명, 여자 887명 도합 2,788명, 호는
　　756호로 되어 있는데,『황성신문』에는 총인구수는 같으나 호수가 736호로 되어
　　통계상의 오류가 있다. 본 표의 통계에도 남여 도합, 2,777명과 755호로 되어
　　약간 오차가 발생했다.

고 있으며 淸國人은 南署와 中署구역에 주로 거주하고 있고 미국, 영국인
을 비롯한 歐美人들은 주로 西署구역에 많이 거주하는 것으로 나타났다.

<표 5> 1899년도 한성부내 외국인 거주상황

國籍		日本	淸國	美國	英國	法國	獨逸	德國	俄國	總計
西署	戶	28	49	11	9	5	4	3		109
	口	72	172	22	27	6	9	6		314
南署	戶	489	73	3	3		1			569
	口	1673	462	12	11		8			2166
北署	戶	2	0	2	1	0	1	1	0	7
	口	8	1	4	2	3	1	1	3	23
中署	戶	7	59	2	2					70
	口	17	255	1	1					274
總計	戶	526	181	18	15	5	6	4	0	755
	口	1770	890	39	41	9	18	7	3	2777
比率(%)		63.7	32.0	1.4	1.5	0.3	0.7	0.3	0.1	100.0

출전 : 『독립신문』 1899년(광무 3) 2월 17일, 4권 32호, 127쪽 ; 『황성신문』 1899
년 2월 17일 제2권 33호, 531쪽.

이들 외국인은 수적으로는 전체 한성부 인구에 1.4%에 지나지 않았지만
이들이 소유한 가옥이 방대한 규모를 차지하고 있었으므로 당시 매우
커다란 문제를 야기하고 있었다.

이 시기 외국인의 토지 가옥매매가 빈번해짐에 따라 종래 토기 가옥문기
가 위조되어 매매되는 불법적인 부동산 거래의 폐단이 많아졌다.

　　近日漢城內浮浪悖類가 知名人의 家契를 或見失ᄒ얏다고도 ᄒ며 或板刻文
券을 買家時不出이라고도ᄒ야 何部官人이던지 知面人을 緣ᄒ야 新板刻을
圖出한 後에ᄂᆞᆫ 泥峴日人典鋪에 得債ᄒ고 因以逃避ᄒᆫ 後에 該日人이 當限ᄒ면
該家에 往ᄒ야 板門을 封鎖ᄒ고 家人을 逐出ᄒ기로 漢城府에 呼訴ᄒᆞᆫ자ㅣ
還至ᄒᆞᆫᄃᆡ 一率姓者ᄂᆞᆫ 該部板刻을 僞造ᄒ야 日人에게 典質債用ᄒ얏다가
現今漢城府에서 捉囚嚴徵ᄒ더라.[71]

위의 인용기사에서도 나타나듯이, 다른 사람의 가계를 잃어버렸다든지 판각문권을 매매시에 제출하지 않고 관인들을 동원하여 새로 판각문권을 만들어서 매매의 혼란을 초래한다는 것이다. 특히 薰陶坊 泥峴의 일본인 전당포에 전당을 맡기고 資金을 차용하고 도망가는 수법을 쓴다는 것이다. 이렇게 되면 원래 가옥의 소유주의 의사와 달리 타인에 의해 마음대로 매매되거나, 전당을 잡혀 이후 필연적으로 소유권분쟁을 초래하게 되었다.

더욱이 이런 불법적인 경우가 아니더라도 전당을 거치거나 여러 차례 매매가 이루어지면 당연히 동일한 토지에 복수의 소유권자가 나타나기 마련이었다. 그러한 예로서 南署 會賢坊 長洞 103統 9戶에 살았던 鄭肯朝 는 자기 소유 瓦家 69간을 1898년에 일본인 藤井友吉에게 전당을 잡혀 12%의 고리대를 지급하는 조건으로 銅貨 1萬兩 즉 954元을 차용하였다가 기한내로 갚지 못했다. 이에 미국인 헐버트(Helbert, 紇法)가 26,500냥으로 상환하면서 처음에는 朴喜南의 이름으로 官契를 받았다가 1900년 6월 9일 다시 자신의 이름인 紇法 명의로 관계를 발급받았다.[72] 이렇게 되어 원소유주인 鄭肯朝가 소유권을 잃어버릴 상황에 빠지고 원래 부채보다 많은 금액을 갚아야 하였으므로 헐버트를 盜買라고 해서 고소하였다. 이후 1901년 말 정긍조가 원래 文記를 바탕으로 해서 원소유권자의 권리를 인정받았으나 대신에 차용한 금액을 상환할 수 없었으므로 당시 가옥을 경매 처분하였다.[73] 여기서 우선 주목할 점은 전당으로 인해 소유권이 다른 사람으로 이전되었다고 하더라도 원소유자와 전당권자, 신소유자

---

71) 『황성신문』 1901년 9월 24일, 잡보 「家券弊端」, 450쪽.

72) 「家契抄謄」(규26134), 1900년 6월 19일.

73) 『漢城府來案』, 「報告書」(1901년 11월 6일, 한성부 판윤 李漢英→ 외부대신 서리 崔榮夏) ; 「매득가옥에 대한 공매일자 및 원매인의 통고(1901년 12월 2일)」(규 23235) ; 『구한국외교문서(미안 3)』 2542호, 「미인흘법과 정긍조가계에 관한 건」 (미공사 安連→ 외부대신임시서리 兪箕煥, 1902년 4월 14일), 262~268쪽.

등의 복잡한 소유관계가 형성되고 소유권분쟁이 치열하게 전개되었다는 것이다.

이러한 상황에서 서울에 있는 외국인 및 외국사절들은 한성부의 가옥매매에 대해 地券과 家契를 발급해 줄 것을 강력하게 요구하고 있었다. 家契가 반드시 필요했던 이유는 家契가 없으면 법적으로 명실상부한 소유권을 주장할 수 없기 때문이었다. 이들은 토지 가옥을 매매할 때 한성부에 종래의 방식대로 舊文記와 家契를 교환하며 소유권을 확인해 주도록 요구하고 있었다.74) 따라서 외국인의 家契發給要請은 당시 각국 공사관과 외부 한성부 등 정부의 유관기관 및 내·외국인 사이에 심각한 분쟁을 야기하는 현안이었다.

이에 대해 한성부와 정부에서는 일련의 양전·지계사업을 추진하면서 외국인 토지침탈에 대한 일정한 대책을 마련하고 있었다. 우선 양전사업이 마무리되어 지계사업이 추진되기까지 여러 가지 차원의 규제 정책이 마련되고 있었다.

이 시기 대한제국 정부가 개혁사업을 위한 여러 사업에 필요한 부지를 마련하기 위해서 서울지역의 토지 가옥에 대한 효과적인 통제관리가 필요했다. 예를 들어 새로운 황궁으로서 경운궁 주변지역의 정비, 탑골공원의 설치 등 도시개량사업,75) 철도건설 및 정거장 설치 등이 주요한 예라고 할 수 있다. 실제로 앞으로 설치될 서울의 철도정거장에 대한 부지를 마련해야 하는 현안이 나타났는데도 불구하고 해당 토지의 소유주가 외국인에게 매매했을 때 대처하기가 곤란하다고 지적되었다.76) 이에 정부에서는

74) 『漢城府來案』, 「報告書」(한성부판윤 이채연→ 외부대신 박제순, 1900년 3월 31일).
75) 이태진, 「18-19세기 서울의 근대적 도시발달 양상」, 『서울학연구』4, 1995, 17~33쪽.
76) 『漢城府來案』, 「報告書」 8호(한성부 판윤 김영준→ 외부대신 박제순, 1899년 9월 9일).

1899년 9월 비밀리에 경부철도정거장의 예정지에 대해 略圖를 작성하여 후일에 대비하기도 하였다.

또한 이 시기 외국인의 가옥침탈은 한성 내에 흩어져있는 각 궁궐 주변에까지 이르러 궁궐 가까이에 가옥을 사서 개축하여 궁궐 안을 들여다볼 수 있는 경우도 있었다.[77] 이에 대해 1899년 2월에는 궁궐 주위의 統內에 世居한 민이나 腋隷族屬에 한정하여 매매케 하였으나 이때는 단지 황제가 구두로 한 명령에 불과하였으므로 구속력을 갖기 어려웠다. 더욱이 1901년 5월 궁내부에서 미국인의 정동교회 기지를 매수하는 대신 다른 토지를 마련해주려고 하였으나 여의치 않아서 곤란에 빠지는 경우도 있었다.[78] 따라서 1901년 12월부터는 한성 내 宮闕 담장 500m 면적 내 가옥에 대해 외국인의 매득을 금지하고자 하는 정책을 추진하였다.

貞洞附近은 時御하신 皇宮이 密邇하야 所重이 自別흔 地區어늘 外國人의 層屋建築홈이 其高의 制限이 柔辭케로 各國公使에게 行文ᄒ야 會議議決흔 後 宮闕所在地位及可禁地區面積과 該地區內建築家屋所高制限을 昭詳繪圖ᄒ고 裁量塡書ᄒ야 一切報明ᄒ라.[79]

이에 따라 한성부에서는 1월 중순부터 궁궐 주위 지구와 건축물의 고도 제한을 조사하기 시작하였다. 철도원의 기사로 하여금 수개월간의 측량을 실시하였으나 1902년 10월 14일에서야 궁궐 담장 500m내에 외국인 가옥소유를 금지하기로 하였다.[80] 이는 1903년 4월에는 외국 공사관의 요구에

77) 「보고서」 한성부 판윤 민경식, 1899년 6월 16일,『漢城府來案』, "英人 景維賢收家屋事는 該家가 景慕宮右便에 在하온대 若造層家면 坐視宮內온즉 所重이 與他迥異할올뿐더러 田園은 官有에 係하얏사온즉 本判尹으로는 發契키 難하옵고."
78)『구한국외교문서(미안 3)』2372호, 「貞洞基址價의 速還要求」(미공사 安連→ 외부대신 朴齊純, 1901년 5월 30일), 134~140쪽.
79)『漢城府來案』, 「訓令 11호」(1901년 12월 13일).
80)『漢城府來案』, 「보고서」(한성부 판윤 張華植→ 외부대신 서리 崔榮夏, 1902년

못이겨 慶雲宮에서 250m, 다른 廟·社·壇宮은 150m로 축소하는 등 위축
되기도 하였다.[81]

한편 1900년 11월에는 서울의 주요 도로와 4대문에 다음과 같은 고시문
을 게시하였다.

告示 제16호

凡家契를 以板刻으로 准行홈은 即 防奸ㅎᄂ 急務라 家屋賣買之際에 錢與文
劵을 左授右捧ㅎ며 設或家契를 典當ㅎ얏드라도 賣買홀 時에는 賣主가 家劵을
推覓ㅎ야 越價之場에 即付買主ㅎ야 推劵홀 訟이 無케 ㅎ며 又外國人이 內國人
에 所有흔 家屋을 買受홀 時에ᄂ 居間흔 家儈가 無論某人ㅎ고 本府에 先即來告
ㅎ야 許可를 授훈 後 越價케 ㅎ야 官有 民有에 紛拏흔 弊가 無ㅎ기을 爲하야
玆에 告示ㅎ노니 大小人民은 一遵施行이되 若是不遵ㅎ야 文劵을 給價未推란
訟은 一幷聽理치 아니ㅎ며 外國人에 賣渡홀 時에 不授許可ㅎ고 暗相賣買홈은
居間人及 該家主를 斷當嚴處矣리니 咸須知悉ㅎ야 毋至追悔홀 事

光武 4년 11월 29일   判尹 李鳳來[82]

이는 내국인의 가옥 매매시에는 반드시 문권을 확인하여 매매하여야
할 것이며 또한 외국인이 내국인의 소유가옥을 사들일 때는 거간을 담당하
는 家儈가 미리 한성부에 보고하여 허가를 받은 후에 시행하라는 것이다.
이 고시문의 취지는 표면적으로는 가옥 거래상의 문란을 시정하고 정당한
거래관행을 정착시키려는 것이었지만, 실제적으로는 외국인의 거래행위
에 대해 관에서 통제하고 간섭하겠다는 의지를 표명한 것이었다. 요컨대
'외국인의 가옥거래 허가제'라고 할 수 있다. 이에 대해 외국공관과 외국상

10월 14일).

81) 『구한국외교문서(英案)』 14권, 2406호 「宮城等附近의 限界劃定事」(1903년 4월
   7일), 550쪽 ; 『황성신문』 1903년 4월 10일, 잡보 「地界議定」, 565쪽.

82) 『구한국외교문서(德案)』 16권, 2328호 「漢城判尹의 告示에 대한 異議」(德國領事
   瓦以璧→ 외부대신 박제순, 1900년 12월 26일), 223~225쪽.

인들은 강력하게 반발하였으며 지권 및 가계발급의 권한도 외부에서 한성부로 이관해 줄 것을 강요하고 있었다.[83] 급기야 1902년 11월 한성주재 일본전권공사 林權助, 미국전권공사 安連을 비롯한 8개국 대사들이 한데 모여 외국인 소유지단에 대한 지계를 원활하게 발급해 줄 것을 공개적으로 항의하기도 하였다.[84] 이들의 입장은 조약상 10리 이내의 토지매입과 관계 발급은 정당한 것이므로 일체 방해를 받아서는 안되고 지계발급을 위해 한성판윤이 전담하든지 아니면 한성부내에 한 부서에서 전담하도록 황제가 직접 윤허를 내리도록 촉구하고 있었다. 그렇지만 대한제국 정부는 외국인의 토지침탈을 무조건 개방할 수는 없었다.

따라서 한성부에서는 외국인이 가옥을 매매하고 가계발급을 신청할 때 이를 엄격히 심사하고 있었다. 구체적인 사례를 살펴보자. 1902년 10월 미국인 웜볼드(Wambold)가 新門外 芹洞에 基址를 매득하고 한성부에서 가계를 발급받아서 다시 미국인 프라이스(Price)에게 팔았다. 프라이스는 그 땅에 양옥을 건축하고 일부를 영국인에게 팔면서 한성부에 地契를 발급해줄 것을 요청하였다. 그러나 한성부는 "契券에는 草家 2간이라고 돼 있었지만 空垈라는 글자는 없었으므로 어떻게 양옥을 건축할 수 있었는가"라고 의문을 표시하며 새로운 가계를 발급해 줄 수 없다고 하였다. 미국영사는 이에 항의하여 우리 정부가 외국인이 空垈를 매득하는 것을 금하는 條款이 있었는지, 혹은 정부의 내부 규정이 있어서 외국인이 가옥을 건축할 때 먼저 한성부에 청원해야 하는지를 질의하였다. 이에 대해 한성부는 다만 家契를 환급하는 장정이 있을 뿐이며 원래 地段을 許與하는 권한은 없다는 유권해석을 내리고 있다. 그리고 본래 家契에 초가 2간으로만 표시

---

83) 『구한국외교문서(德案)』16권, 2332호 「한성판윤고시내용이 朝德約章에 위반된다는 지적」(德國領事 瓦以璧→ 외부대신 박제순, 1901년 1월 2일), 227쪽.
84) 『황성신문』1903년 1월 8일, 논설 「地券爭端」, 228쪽 ; 2월 12일, 잡보 「地券事未決」, 300쪽.

되어 있으므로 신축한 건물은 헐어버리고 추후에 새로 건축할 것을 결정하였다.[85] 이렇게 한성부에서는 기존의 가옥의 거래를 추인하여 관에서 가계를 발급하기는 하였으나 새로운 가옥의 신축이나 공대인 토지를 외국인에게 매매하는 행위는 절대로 인정하지 않았다. 그리하여 한성부 지역 내에 空垈나 菜田 등에 대한 외국인의 지계요청을 번번이 거절하고 있었다.[86]

이제 한성부에서는 외국인의 토지침탈을 근본적으로 방지시키려는 정책으로 바로 양전·지계사업과 연관시켜 나가기 시작했다. 한성부에서는 都城內 土地에 대해서는 賣買 讓與를 금지하는 원칙을 강조하면서 아직 토지조사가 완료되지도 官契가 시행되고 있지 않으므로 새로운 家舍官契 發給을 유보하기로 하였다.[87] 따라서 대한제국 정부나 한성부에서는 새로운 地券, 家契發給이 이루어질 때까지 舊文記 혹은 舊家契와 換給하되 永租가 아니라 暫租로 한다는 방침을 세우고 있었다. 이는 엄밀히 말해서 외국인의 가옥의 취득은 어디까지나 소유권 자체를 영구히 인정한다는 것이 아니라 잠정적으로 인정한다는 것이었다. 이는 외국인의 토지침탈을 근본적으로 방지하는 대책은 아니었지만 향후 가사관계의 발급을 통해 실질적으로 외국인의 토지소유를 금지시키려는 정책의 일환이었다.

2) 부동산 거래의 활성화와 官契發給政策

1899년 이후 양지아문의 한성부 토지측량이 진행되는 동안에도 한성부 지역의 토지 가옥매매는 더욱 확대되고 있었다. 당시 호적조사의 결과

---

85) 『漢城府來案』, 「報告書」 8호(한성부 판윤 張華植→ 외부대신 서리 崔榮夏, 1902년 10월 8일) ; 『구한국외교문서(미안 3)』 12권, 266호 「美人分賣芹洞地契의 二契分 發要求의 件」(미공사 安連→ 외무대신서리 崔榮夏, 1902년 10월 3일), 374~376쪽.
86) 『구한국외교문서(미안 3)』 12권, 3092호 「美女人買入地段契券發給要請」(미공사 安連→ 외무대신 李夏榮, 1905년 2월 28일), 702~706쪽.
87) 『황성신문』 1903년 1월 8일, 논설 「地券爭端」, 228쪽.

1899년 7월 현재 한성부 5서의 호구 상황은 다음과 같았다.[88]

<표 6> 1899년도 漢城府 五署內 家戶 및 戶口 狀況

署別	家戶				人口			1897년도	
	瓦家	草家	半瓦家	合計	男	女	合計	家戶	人口
中署	2,306	1,230	510	4,046	11,112	11,507	22,619	4,064	23,980
東署	769	6,645	501	7,915	18,466	15,800	34,266	8,202	36,496
西署	2,481	10,127	1,500	14,108	33,980	30,613	64,593	15,582	74,801
南署	2,370	6,956	1,348	10,674	26,300	23,690	49,990	11,023	53,755
北署	726	4,873	534	6,133	15,672	23,782	39,454	6,430	30,833
總計	8,652	29,831	4,393	42,876	105,530	95,392	200,922	45,301	210,632

출전 : 信夫淳平, 『韓半島』, 「제28표 명치 32년 7월 現在 京城五署戶口明細表」, 695쪽 ; 『독립신문』 1897년(건양 2) 3월 16일, 18일(2권 32호, 128쪽, 단 가호의 통계가 원문에는 가호수가 45,393호, 인구수 21,9865명으로 본문과 차이가 있음).

당시 호구수는 42,876호이며 인구는 200,922명으로 조사되었는데, 특히 가옥을 瓦家, 草家, 半瓦家로 구분하여 구체적으로 조사되었다. 서서와 남서의 인구가 가호나 인구수로도 상당히 큰 비중을 차지하고 있었으며 1897년의 통계와 비교해 보아도 이들 지역에서 인구이동 등 변화가 많았던 것을 알 수 있다.

이 조사 이후 4년 후인 1903년 당시 서울지역에서 주요 지역에 거주 가옥을 살펴보면,[89] 북서나 서서의 경우 성외지역이어서 와가보다는 초가

88) 1898년 12월부터 몇 차례에 걸려 훈령을 내렸으며 결국 1899년 3월 20일에는 한성 5署內의 戶口를 새로 파악하기 위해 통표지 4500장과 호적지 4만 5천장을 인쇄하여 各署에 보내 호구를 실사하게 되었다. 또한 한통의 10호 가운데 헐렸거나 퇴락하여 지금은 공지가 되었다 할지라도 통호수를 변경시키지 말고 실제 상황을 그대로 기록해 둘 것을 당부하고 있다(『國譯 漢城府來去文』(上), 「各部去文」「조회 8호」, 1899년 3월 20일, 381~382쪽).

89) 金泳謨, 「한말 한성부민의 신분구조와 그 이동」, 『성곡논총』 11, 1980, <표 12> 署 坊別 家屋間數(59쪽)에서 1903년 조사된 지역(『漢城府 光武戶籍』, 日本 京都大學 所藏)에 한정하여 재구성하였다.

가 압도적으로 많으며 계층간의 차이도 적게 나타나고 있지만, 성내지역이 주인 南署와 東署의 경우는 와가의 비중이 대부분을 차지하고 있으며 소유규모가 큰 차이를 나타내고 있었다. 남서 廣通坊의 경우, 와가 5간 이하의 경우는 4.1%를 차지한 반면, 11간 이상이 56.4%였으며 초가의 경우도 11간 이상이 4.6%를 차지하고 있었다.[90] 따라서 앞의 1899년 호적조사표에서 나타났듯이 남서지역의 경우 와가 비중은 22.2%이고 반와가까지 포함한다고 해도 34.8%에 지나지 않는 것에 비하여, 1903년 남서지역의 廣通坊, 會賢坊, 大平坊, 薫陶坊 등에서 대개 50%내지 80%에 이를 정도로 상당히 큰 폭으로 증가하였다. 그렇다면 4년 동안 이 지역에서는 가옥의 增・改築이 활발하게 이루어졌다고 할 수 있다.

또한 이 시기에는 지역적으로 거주인구의 변동이 격심하게 일어나고 있었다.[91] 1903년 당시 지역적인 분포의 차이가 드러나는데 성외지역에는 거주의 변동이 별로 나타나지 않았던 반면에, 남서지역에는 성외지역인 두모방을 제외하고 성내지역에서는 48.6~80.5%에 이를 정도로 빈번하게 거주지의 이동이 일어나고 있었음을 알 수 있다. 남서지역에서의 이사 추세는 타서와 자서로부터 전입하는 경우도 나타나고 있지만 동일한 坊에서도 일어나고 있어서 매우 빈번한 거주지의 교체가 있었음을 알 수 있다. 그렇다면 한성부 지역 거주자들은 南署지역을 중심으로 하여 빈번하게 가옥소유를 변동시키면서 활발한 경제활동을 통하여 계층적인 상승을 추구하고 있었다고 할 수 있다.[92]

---

90) 조성윤,『조선후기 서울주민의 신분구조와 그 변화』, 연세대 사회학과 박사학위논문, 1992, 145~147쪽.

91) 金泳謨, 앞의 논문, 1980, <표 20> 坊別 前居住地(68쪽) 참조.

92) 吉田光男은 1903년부터 1906년까지 堅平方, 安國坊, 嘉會坊, 廣化坊, 順化坊 등에서 가옥의 이동경험을 가진 호의 비율이 66.7%로 나타나 빈번하게 가옥이 이동되었음을 알 수 있으며 성내 중심부인 종로 남측을 최고점으로 하는 동심원을 그리고 있다고 파악하였다(「大韓帝國期 서울의 住民移動」,『朝鮮文化研究』1,

이렇게 한성부 중심지역에서 가옥 소유의 활발한 변동과 거주지의 빈번한 이동이 나타나는 원인은 무엇인가. 이는 다름아닌 부동산 거래 가격의 폭등현상에 있었다. 이 시기 한성부에서 거래되었던 가옥의 매매가격은 하루가 다르게 높아만 가고 있었다.

<표 7>은 西署구역 餘慶坊지역에 내국인 사이에 거래에서 발생한 가옥의 보유기간과 매매가격의 변동을 정리한 것이다.

<표 7> 西署 餘慶坊 소재 家屋 매매상황(1888~1902)

번호	지역	매입일자	매출일자	보유기간	매입가격	매출가격
1	西學峴	?	1888.10.	?	?	7250
2	長生契	1895.10.28	1902. 8.	6년 10개월	800	8400
3-1	備邊司契19-1	?	1899. 6.20	?	?	2500
3-2	備邊司契19-1	1899. 6.20	1902. 8.	2년 6개월	2500	15000
4	備邊司契17-6	1900. 1.11	1902. 7.	2년 6개월	3300	16000
5-1	長生契 18-4	?	1900. 4. 4	?	?	6500
5-2	長生契 18-4	1900. 4. 4	1902. 8.	2년 4개월	6500	26000
6-1	備邊司契19-5	?	1900.7.23	?	?	6100
6-2	備邊司契19-5	1900. 7.23	1902.10.	2년 3개월	6100	17000
7	備邊司契18-5	1900. 9. 2	1902. 7.	1년 10개월	6500	12800
8	備邊司契18-9	1900.12.13	1902. 7.	1년 7개월	7300	12000
9	備邊司契18-3	1901. 2. 4	1902. 7.	1년 5개월	4800	8700
10	長生契 18-5	1901. 5.12	1902. 7.	1년 2개월	10000	13700
11	備邊司契17-10	1901. 8.23	1902. 7.	11개월	7300	9750
12-1	備邊司契17-7	?	1901.12.27	?	?	4900
12-2	備邊司契17-7	1901.12.27	1902. 7.	1년 7개월	4900	7500
13-1	長生契 18-6	?	1901. 9. 1	?	?	6800
13-2	長生契 18-6	1901. 9. 1	1902. 1	1년 4개월	6800	7300
13-3	長生契 18-6	1902. 1	1902. 7.10	5개월	7300	8000
14	五宮洞 18-2	1902. 8. 8	1902. 8.	1개월	11000	20800
15	備邊司契19-3	1901. 8.	1902. 8.	1개월	12500	14000

출전 : 家舍文券(규21927) ; 協律社家舍文券(규21928)

<표 7>의 21개의 사례는 西署 餘慶坊內의 長生契, 備邊司契, 五宮洞

동경대학문학부 조선문화연구실, 1994, 137~164쪽).

등 인접지역에 위치하여 1888년 10월부터 1902년 10월까지 14년간 변동이 발생한 15필지의 가옥에 대한 보유기간 및 매입과 매출가격을 예시한 것이다. 여기서 사례 2는 1895년 10월에 사서 1902년 8월에 팔 때까지 6년 10개월간 보유했는데, 가격은 무려 10배가 올랐다. 또한 사례 3은 1899년 6월에 사서 2년 후에 팔았는데, 가격은 6배나 올랐다. 이러한 추세는 사례 6~9까지 동일하게 나타나 보유기간이 2년미만임에도 거의 2배 이상 가격이 올랐다. 특히 13의 사례는 불과 2년동안 가옥주가 3차례나 변동을 거듭하면서 가격이 6,800냥에서 8,000냥으로 상승하고 있었다.

<표 8> 西署 餘慶坊 소재 家屋 매매가 변동(1888~1902)

번호	날자	種類	間數	空垈	價格	間當價格	指數
1	1888.10.	瓦家	30	50	7250	90.6	27.5
2	1895.10.28	草家	6	10	800	134	40.6
3-1	1899. 6.20	草家	7.5		2500	333	101
4	1900. 1.11	草家	10		3300	330	100
5-1	1900. 4. 4	瓦家	10		6500	650	197
6-1	1900. 7.23	草家	10.5		6100	581	176
7	1900. 9. 2	草家	8		6500	813	246
8	1900.12.13	草家	8		7300	913	277
9	1901. 2. 4	草家	6		4800	800	242
10	1901. 5.12	草家	8.5		10000	1176	356
11	1901. 8.23	草家	6		7300	1217	369
13-1	1901. 9. 1	草家	7.5		6800	1103	334
12-1	1901.12.27	草家	5		4900	980	297
13-2	1902. 1.	草家	7.5		7300	973	295
13-3	1902. 7.10	草家	7.5		8000	1067	323
12-2	1902. 7.	草家	5		7500	1500	455
14	1902. 8. 8	草家	13		11000	846	256
3-2	1902. 8.	草家	7.5		15000	2000	606
5-2	1902. 8.	瓦家	10		26000	2600	788
15	1902. 8.	草家	10.5		14000	1333	404
6-2	1902.10.	草家	10.5		17000	1619	491

출전 : 家舍文券(규21927) ; 協律社家舍文券(규21928)

이렇게 동일한 가옥의 매매도 여러 차례 거듭되고 있었듯이 활발하게
매매가 이루어지고 있었다. 이 시기 토지 가옥의 매매가격의 변동을 연도별
로 재분류하여 제시하면 <표 8>과 같다. <표 8>과 같이 이 지역의 가옥은
瓦家가 세 경우이고, 이를 제외하고 나머지는 초가인데 간수도 대개 10간
전후로 가옥규모가 좀 큰 편이라고 하겠다. 매입가격은 1의 경우 30간짜리
와가와 공대 50간을 합하여 7,250냥이라는 거금을 지급하였지만, 이는
단순히 와가의 간수만을 대상으로 산정한 것은 아니라 공대의 간수가
크고 넓었기 때문이라고 생각하는데, 현존 건물의 간수만으로 산정하면
간당 241.6냥이지만 전체 넓이에 비하면 90.6냥에 불과했다. 또한 사례
2의 1895년에 매매된 초가 6간의 경우는 간당 134냥인 반면에 그로부터
4년 후인 1899년의 사례 3-1의 경우는 무려 2배가 넘는 간당 333냥에
거래되고 있었다.

그런데 1899년 이전의 사례는 불과 2건에 불과하므로 그 이후의 사례를
대상으로 분석해 보자.

1900년 1월의 사례 4를 기준 100으로 한다면 1899년 6월과는 별 차이가
없었지만, 1년 후인 1901년 2월 사례 9에서는 242로 2배 반이나 가격이
폭등했다. 그해 5월과 8월 사이에는 간당 가격이 무려 1,000냥을 돌파하기
도 하였다. 그리고 1902년 8월에는 다시 2,000냥을 돌파하여 1902년 말에는
1900년에 비해 거의 5배가 뛴 가격에 가옥이 매매되고 있었다. 이는 당시
백동화로 지불되었던 米價의 상승폭이 대개 1899년 10월 上米 1升에 9錢
6分이던 것이 1902년 9월 1兩 8錢으로 2배가량 상승하고 있었던 데에
비해,[93] 토지 가옥의 가격상승은 이를 크게 상회하고 있었다고 하겠다.
이렇게 불과 3년 만에 엄청난 가격의 폭등을 보인 이유는 이 지역이 주로

---

93) 都冕會,「갑오개혁 이후 화폐제도의 문란과 그 영향(1894-1905)」,『韓國史論』
   21, 1989, <표 9> 1894-1905년간 미가·임금·생활비 추이, 438~439쪽.

구미인들이 거주하던 장소였을 뿐만 아니라 내국인 상호간에도 빈번한 매매가 이루어졌기 때문이었다.

따라서 이 시기 토지 가옥매매의 활성화로 인해 초래된 토지가의 폭등현상은 각 계층간, 민족간의 대립양상을 심화시키고 있었다. 이 시기 한성부의 외국인 토지침탈 상황은 자못 심각한 것이었다. 1903년 1월 8일자 皇城新聞 論說 「地券爭端」에 의하면, 전체 4만여 가옥에 2/5에 이르는 1만 6천여 가옥이 외국인에게 典執되어 있다고 할 정도였다. 당시 한성부의 窮民들은 외국인에게 가옥을 전당잡혔으나 갚을 길이 없어 가계를 환급받도록 하고 地券을 신청하도록 압박을 당하고 있으며 5서내 번화가인 八路와 開棧設舖한 땅은 외국인의 소유가 아닌 것이 드문데 이렇게 暫租로 하여 환급한다면 몇 년 지나지 않아서 외국인의 가옥이 수천 수만에 이르러 우리 잔폐한 국민은 도산하게 될 것이라고 비판하고 있었다.[94]

이러한 상황에서 1903년 10월 29일에는 이제 地契衙門에서는 '漢城外西署 田畓家舍測量事務 實施'라는 훈령을 전격적으로 발령하였다. 이제 한성부 외곽에서부터 토지조사와 관계발급사업을 본격적으로 추진하기 시작했던 것이다.[95] 이에 따라 各署내에 가옥의 신축이나 도로 개축이 금지되었으며 외국 공사관에 조회하여 측량에 방해하는 일이 없도록 당부하고 있었다.[96] 이러한 관계발급제도의 시행은 이 시기 한성부 지역에서 외국인의 가옥침탈을 방지하고 소유권제도를 개혁하려는 정책에서 가장 근본적인 해결방안이었다. 따라서 1903년 당시 한성부의 가옥 전당과 매매가 빈번하게 이루어진 상황에서 지계아문의 토지조사 착수방침은 엄청난

---

94) 『황성신문』 1903년 1월 8일, 논설 「地券爭端」, 228쪽.
95) 『漢直日記』 1903년 10월 29일.
96) 『漢直日記』, "日館去照本府所管區域以所在田畓家屋行量時 申該貴民等無使阻碍事"(1903년 10월 30일); "地契衙門 去牒 漢城外所有田畓家舍測量人員及測量記示明事"(1903년 10월 31일).

파장을 가져오고 있었다. 官契制度의 실시는 토지 가옥의 소유자들 중에서
대토지, 대가옥 소유자들에게 상당한 부담을 지우는 동시에 부동산거래의
국가관리가 예고된 것이었다.

　이러한 상황에서 대한제국 정부가 추진하는 관계발급사업과 외국인토
지소유 금지원칙은 당시 한성부의 토지 가옥거래에서 주요한 자금 공급원
이었던 외국의 토지자본에게 결정적인 장애로 등장하였다. 특히 일본인들
에게는 불법적인 토지거래가 전면적으로 금지되고 장래 土地所有權 자체
를 환수당할 위기에 빠지게 되는 것이었다. 설혹 그렇지 않더라도 수많은
가옥을 典當한 일본 토지자본의 활동을 사실상 정지시키는 역할을 하는
것이었다. 이에 따라 일본제국주의는 대한제국의 개혁사업을 용납할 수
없었다. 이러한 상황에서 결국 지계아문은 폐지되었다.[97] 이제 더 이상
대한제국의 관계발급사업이 진행되지 못하고 중단됨으로써 토지 가옥소
유제도의 근대화와 외국인 토지금지정책은 더 이상 성과를 거두지 못하였
다.

5. 맺음말

　19세기 후반 한국사회에서는 1876년 開港과 1880년대 초에 이루어진
제국주의 열강과의 通商 擴大로 말미암아 조선봉건사회의 구조적 해체와
사회계급간의 갈등이 크게 확대되고 있었다. 이 시기 경제적 이해와 갈등은
토지문제에 집약되어 나타났다. 여기에서는 大韓帝國에서 추진하는 量

---

97) 1904년 1월 11일에 의정부에서는 '地契衙門革罷 屬于度支部'라 하여, 전격적으로
　　지계아문을 폐지하는 결정을 내렸다(『奏本 3』). 「度支部 量地局官制」가 제정되는
　　과정에서 종래 지계아문이 담당한 양전과 지계발행이라는 측면 가운데 지계발행
　　이 규정에서 제외되었다(왕현종, 앞의 논문, 1995, 114~116쪽).

田·地契事業이 漢城府 地域에서 구체적으로 어떤 목적으로 시행되었으며 특히 당시 현안이었던 外國人 土地所有 擴大에 어떻게 대응하였는가 하는 문제를 검토하였다.

우선 1882년 청국과의 불평등조약에 의하여 외국상인들의 한성개잔권이 허용된 이래 都城내에 거주 통상이 허용됨으로써 청국과 일본 상인들을 비롯하여 구미인들도 都城내 家屋, 垈地를 임차하거나 매매하면서 가옥 토지거래가 종전보다 크게 확대되었다. 실제 1890년에 작성된 各國家契漢城府所來冊에 의하면 당시 외국인의 토지침탈 실태를 보여주고 있는데 1889년 현재 253건에 이르렀고 1890년대에는 더욱 확대되는 경향을 알 수 있었다.

이에 대응한 조선정부는 1885년 漢城開棧을 철회하고 외국인 거류지로서 龍山을 지정하여 移設할 것을 추진한다든지, 1895년에는 한성내 외국인 잡거 구역을 설정하는 정책을 추진하기도 하였다. 그렇지만 뚜렷한 성과를 거두지 못하였고 다만 1893년 이래 외국인의 가옥 토지거래에 대해서 한성부 차원에서 거래를 신고하고 확인해 주는 家契發給制度를 시행하였다. 이 제도는 토지 가옥거래의 혼란을 방지하고 간접적으로 외국인의 소유 확대를 저지하려는 정책의 일환이었다.

대한제국기에 들어와서도 대한제국의 수도인 한성부 지역에서도 토지문제를 둘러싸고 첨예한 대립이 전개되고 있었으므로 한성부에서는 호적제도를 새로 정비하고 가옥매매에 대한 통제정책을 취하기 시작하였다. 이 시기 새로운 호구조사규칙에 의해서 호구와 가옥에 관한 상황이 상세히 조사되었으며 토지 가옥의 매매와 관련된 장부인 該家成冊이 새로 작성되기도 하였다. 그리고 1898년 7월 量田을 전담할 독립관청으로서 量地衙門이 설립되고 전국적인 토지측량사업을 추진하게 되었다. 양지아문의 처무규정에 전국의 토지 중에서 제일 먼저 漢城府 五署內 토지를 측량하도록 규정되어 있었다. 또한 한성부에서는 한성부 전체 토지를 관유지로 설정하여 외국인 토지소유를 배제하고 가옥소유에 한정하여 허용하려는 규제정책을 추진하였다.

1899년 4월 1일부터 전국에서 처음으로 한성부 남대문 지역으로부터 토지측량을 시작하였다. 측량일정은 처음에 예상한 것과는 크게 늦추어졌으나 1899년 4월부터 도로측량이 이루어졌으며 1900년 3월과 6월에는 주요 기관과 외국인 居住 基址측량이 진행되었으며 1900년 하반기는 서울 주민 居住址 측량이 이루어졌다. 구체적인 측량과정의 분석을 통하여 양지아문은 수기사 크룸의 지휘하에 서양식 측량술을 사용하여 한성부 지역을 측량하였음을 알 수 있었다.

양지아문의 양전사업은 완료되지 못한 채 지계아문의 관계발급사업으로 전환되었다. 1901년 10월 20일 地契衙門이 정식으로 설립되었는데, 지계발행의 대상이 農地에 한한 것이 아니라 '山林土地田畓家舍契券'으로 확대되어 전국의 모든 山林과 土地 田畓 및 家舍에까지 포괄하게 되었다. 또한 家舍官契는 형식상 3부로 나누어 토지 가옥소유권의 공증제도로서의 성격을 보다 강화한 것이었으며 특히 중요한 점은 외국인의 토지소유를 금지하는 조항을 삽입하고 있다는 점이었다. 이러한 제도를 통하여 대한제국은 토지소유의 근대적 제도를 수립하고 외국인의 토지소유를 배제하는 가운데 대한제국의 토지주권 강화와 국가적 토지관리정책을 수행함으로써 당시 토지문제의 해결을 지향하고 있었다.

이 시기 한성부 지역의 토지 가옥매매는 더욱 확대되고 있었다. 외국인들은 빈번한 토지가옥 거래에 대해 地券과 家契를 발급해 줄 것을 요구하고 있었다. 토지 가옥매매시 家契가 없으면 법적으로 명실상부한 소유권을 주장할 수 없었기 때문이었다. 이에 대해 한성부에서는 都城內 土地에 대해서는 賣買 讓與를 禁止하는 원칙을 강조하면서 아직 토지조사가 완료되지도 官契가 시행되지도 않았으므로 새로운 家舍官契發給을 유보하는 한편, 가계발급에 대해서도 궁궐담장과의 거리제한을 둔다거나 기존의 家契를 엄밀히 심사한다든지 하여 신중하게 대처하였으며 이후 발행된 家契도 永租가 아니라 暫租로 한다는 방침을 세우고 있었다. 이 시기 토지 가옥의 매매 상황은 크게 변화하고 있었다. 1900년의 가격을 기준으로 한다면 1902년에는 거의 5배가 폭등하였으며 南署지역 등 주요 상가지역에서는 50%이상 거주지의 이동이 발생하고 있을 정도로 극도로 부동산거래가 활성화되었다. 더욱이 외국상인에 의한 典當에 의해 토지소유의 확대가 필연적으로 이루어져서 부동산의 소유와 점유를 둘러싼 각 계층의 분해와 갈등은 극단화되고 있었다.

이러한 상황에서 1903년 10월에 地契衙門에서는 한성부의 토지조사와 관계발급사업을 본격적으로 추진하기 시작하였다. 따라서 19세기 말에서 20세기로 이어지는 시기에 한성부 지역은 외국인의 토지침탈을 방지하고 대한제국의 토지주권, 국가적 관리정책의 성공 여부를 가름하는 시험대를 이루고 있었다. 결국 1903년 말에는 토지소유권의 국가적 공인과 관리체계를 둘러싸고 민족간, 사회계급간의 분쟁이 크게 확대되어 파국의 국면으로 나아가고 있었다.

이와 같이 대한제국의 토지제도 개혁정책은 두 계통으로 이어져왔는데, 우선 1893년 이래 家契發給制度를 수립하여 종래 立案이나 立旨제도보다 진전된 不動産 公證制度를 수립하였고, 이어 1896년이래 새로운 호구조사 제도와 연계하여 該家成冊을 작성하여 官契發給時 대조되는 장부로서 기능하게 하였으며 1898년부터는 量田事業과 官契事業을 추진하여 단계적으로 근대적인 토지소유제도를 수립하려고 했다. 그리고 외국인의 토지 침탈 정책이 단계적으로 계속되었는데, 1885년 이래 한성개잔권 철회정책, 1895년 한성부내 외국인 잡거지 설정정책, 1898년 외국인의 한성부내 무가옥 토지매입 금지정책, 그리고 1900년 외국인 가옥거래 허가제 등이 추진되고 있었다. 이러한 두 가지 흐름이 1903년 한성부 지역에서의 官契發給事業의 시행을 통하여 수렴되었으므로 대한제국의 관계발급사업은 근대적인 토지소유제도의 확립과 외국인의 토지침탈 방지정책의 최종적인 귀결점을 이루고 있었다.

대한제국과 일제의 土地權法 제정과정과 그 지향

최 원 규

1. 머리말

19세기 조선사회는 중세구조가 전면적으로 해체되어 가면서 국가경제 정책에서는 부세문제가 현안으로 등장했다. 조선정부와 집권계층은 이 가운데 田政 문제를 해결하기 위해 양전사업을 대안으로 제시한 바 있었다. 조선정부는 경자양전 이후 전국적 규모의 양전사업을 시행하지 않았다. 다만, 賦稅不均 문제가 심각하게 제기된 지역을 대상으로 부분 양전을 실시하여 임시 방편으로나마 문제해결을 의도했었다. 이 같이 양전사업은 국가재정적 차원에서 부세담당자인 토지소유자를 조사하고 세액을 결정 하는 일이지만, 19세기 이후에는 여기서 한 걸음 더 나아가 토지권의 국가 관리 문제가 현안으로 대두되었다.[1]

이것은 다음 여러 사안과 관련이 있었다. 첫째 토지상품화의 유통권이 확대되어 가는 추세 속에서 고조되어 가는 盜賣·偸賣 등을 해소하여 거래의 안정성을 기도하는 일이었다. 둘째, 붕괴의 막바지에 달한 총액제

---

1) 이 시기 量田論과 量田事業은 金容燮, 「韓國近代農業史研究(增補版)」(上)·(下), 1984 ; 宮嶋博史, 「朝鮮土地調查事業史의 硏究」, 1991 ; 오인택, 「17, 18세기 양전 사업연구」, 부산대 박사학위논문, 1996 ; 최원규, 「19세기 量田論의 추이와 성격」, 『중산 정덕기박사 화갑기념 한국사학논총』, 1996 등을 참조.

적 전정체계를 극복하고 均賦均稅 이념을 달성하기 위해서 지세담당자와 지세액을 확정하는 일이었다. 셋째, 이것은 동시에 토지권 내부의 여러 권리, 소유권과 이를 제약하는 경작권, 즉 용익권의 권리내용을 확정하는 일이기도 했다. 그리고 개항 이후에는 외국의 조계지 조차문제, 청일전쟁 이후에 일본인들의 토지침탈이 거세어지면서는 영토주권 보호 차원에서 제정한 외국인의 토지소유와 점유 금지라는 국가의 토지운영 원칙을 관철시키기 위해서도 이 작업의 수행은 크게 부각되고 있었다.[2] 토지전반에 배타적 소유권이 성립되었으면서도 그 관리는 관행대로 자치관리 기존 향촌공동체의 자치관리 기능에 맡기고 있었다. 이대로는 이 문제를 해결할 수는 없었던 것이다.[3] 이를 종합 관리할 국가기구를 마련해야만 했다.

이 작업의 기초작업은 토지조사, 즉 양전사업이었다. 이는 일찍이 지주적 토지소유 유지를 전제로 정부 지배층이 제기한 현안사업이었지만, 지주제 개혁론자들도 토지개혁을 위한 기초작업으로서 제론하고 있었다.[4] 이들이 토지조사를 제기한 궁극적 목표는 서로 달랐지만, 토지조사는 양자 모두 자기 목표를 달성하기 위해 필요한 전제작업이었다. 이러한 목표를 겨냥한 전국적인 토지조사가 대한제국이 실시한 量田사업과 官契발급사

---

2) 연차별 전개과정에 대하여는 四方博, 「조선에서의 자본주의 성립과정」, 『조선사회경제사연구』, 경성제국대학 법문학회 논문집 제6책, 1933(『조선사회경제사』(上), 1976, 재수록)을 참고하고, 일제의 토지침탈과 일본인의 한국식민실태는 최원규, 「일제의 초기 한국식민책과 일본인 '농업이민'」, 『동방학지』 77·78·79합집, 1993 ; 「일제의 토지권침탈과 그 관리기구」, 『부대사학』 19, 1995 등 참고.

3) 立案制度에 대한 연구로는 朴秉濠, 「韓國法制史攷-近世의 法과 社會」, 1974 ; 宋讚燮, 「17, 18세기 新田開墾의 擴大와 經營形態」, 『韓國史論』 12, 1985 등을 참고. 전자는 부동산거래시의 立案제도, 후자는 미간지를 개간할 때 국가에서 所有權을 허락하는 입안제도에 대한 연구였다. 여기서 입안제도는 배타적 소유권이 관행적으로 완전히 성립하지 못한 토지에 대하여 국가가 소유권을 공인해 주는 제도라는 점을 엿볼 수 있다.

4) 金容燮, 주1)의 책 참고.

업이었다. 이것은 전국의 토지를 조사하고 구래의 소유권자를 '근대법'으로 추인하여 官契를 발급하는 동시에 조세 부담의 책임을 지도록 하는 한편, 경작자의 용익권도 부차적인 권리로 인정하려는 의도 아래 추진된 것이다. 물론 잠매토지를 색출하여 소유권을 회수하는 일도 포함되어 있었다.[5]

그러나 일제는 러일전쟁을 전후하여 한국에 대한 간섭을 강화하면서 전시상황론을 빌미로 이 사업을 일단 중단시켰다. 사업이 그대로 추진되면, 기존에 침탈한 토지는 물론, 차후 토지확보도 물거품으로 되어 일본의 지주제를 한국에 이식시키는 문제도 불가능하게 될 우려가 있었기 때문이었다. 일제는 을사조약(1905)으로 한국에 대한 독점적 지배권을 확보하면서 대한제국이 다시 추진하려 한 종전사업에 대한 의지를 꺾는 동시에, 강점 목적에 적합하게 기초를 다져나가는 작업을 더욱 구체화시켜 나갔다. 이 과정에서 두 국가는 모든 부면에서 갈등하였으며, 토지법 제정과정에서도 마찬가지였다. 대한제국이 기왕의 토지조사에서 추구한 목적에 짝하는 내용으로 근대적인 토지법을 제정하려 했다면, 일제는 대한제국의 방안의 일부를 수용하면서도 강점체제의 기초를 확보할 수 있는 방향으로 전체

---

5) 이 시기 토지조사사업에 대한 연구경향은 대한제국의 토지조사사업을 한국토지조사사업사의 최종 도달점이며, 이는 일제가 추진한 토지조사사업과 같이 근대적 성격을 가지면서도 내용에서 차이가 있다고 파악하는 견해와, 두 사업을 동일선에 놓고 전자는 후자의 전사적 성격을 갖는 것이며 전자의 발전적 완성체가 후자라는 견해로 대별된다(이영학, 「총론」, 『대한제국의 토지조사사업』, 1995 참조).
  이것은 분석시각과 관련 사료에 대한 해석차에서 연유한 것이지만, 앞선 시기 토지조사사업과 달리 이때 독특하게 등장한 官契에 대한 이해에서도 차이를 보이고 있다. 전자는 量案을 土地臺帳의 성격을 갖는 것으로 官契는 이를 근거로 토지소유권자에게 발급한 권리증으로 이해한 반면, 후자는 官契와 量案에 대한 상호관계, 그리고 官契에 대한 구체적 언급없이 量案분석을 근거로 대한제국의 토지조사사업을 일제하 '토지조사사업'의 전사로 이해하고 있다. 이에 대해서는 최원규, 「대한제국기 양전과 관계발급사업」, 같은 책 참조.

틀을 잡아갔다.

본고에서는 이 시기 양자가 벌인 토지법 입법과정의 전반적 검토를 통해 각각의 목표와 질적 차이를 살펴봄으로써, 이와 밀접한 관련 아래 서로 다른 시기에 추진된 대한제국과 일제의 토지조사사업이 갖는 의미를 재점검해 보고자 한다. 분석내용은 다음과 같다. 첫째, 대한제국 정부가 1906년에 마련한 不動産權所關法을 분석하여 이들이 궁극적으로 달성하려 했던 목표가 무엇이며, 이 법이 대한제국의 토지조사사업과는 어떠한 연관성을 갖는지를 파악해 볼 것이다. 둘째, 일제가 대한제국의 법제화 작업을 저지하면서 제정한 토지가옥증명규칙의 실상을 구체적으로 추출하여, 전자와 비교 검토함으로써, 양자의 차별성을 확인해 보려 한다. 셋째, 이를 둘러싼 한국민의 저항과, 일제가 이를 저지하면서 자기 의도대로 토지법을 계속 보완 실시해간 과정과 실태를 분석하여 그들의 목표가 무엇인지를 분명히 하고자 한다.6)

결과적으로 당시 일제는 한국에 대한 지배력이 미약하여 자기 의도대로 토지법제를 일거에 마련하지 못하고, 한국의 관행적 토지법을 최대한 활용하는 수준에서 토지법을 마련해 가기 시작하였다. 일본자본의 안정적이고 자유로운 토지투자를 위해서는 이를 통치체제 내에 포섭해야만 했던 것이다. 그리고 이 작업은 통치기반을 마련하기 위한 전제조건이었으며, 1910년 강점 후 한국의 '일본화'작업의 일환으로 본격적으로 추진한 토지조사사업 등 일련의 작업으로 최종 확정하였던 것이다.7)

---

6) 토지가옥증명규칙은 신용하, 『조선토지조사사업연구』, 1982 ; 박병호, 앞의 책 ; 宮嶋博史, 앞의 책 ; 조석곤, 「토지조사사업과 식민지지주제」, 『한국사』13, 한길사, 1994 등이 있다. 대체로 일제의 토지침탈법이라는 관점에서 논하고 있다. 그리고 宮嶋博史는 대한제국의 부동산권소관법을 소개하면서 이를 토지가옥증명규칙의 전사로 논하고 있다.

7) 대장성관리국, 『일본인의 해외활동에 관한 역사적 조사』(조선편 2분책), 1947 참조.

2. 대한제국의 토지법 제정작업과 이념

1) 대한제국과 통감부의 토지법 논의과정

일본 제국주의는 1905년 12월 통감부를 설치하고 한국을 영구히 일본 영토화한다는 계획 아래, 강점지배체제를 구축하는 작업에 착수하였다. 경제면에서는 토지제도를 재편하는 일이 기초사업이었다. 일본·대만·오키나와처럼 토지조사를 실시하여 地租의 기초를 확정하고 부동산에 관한 권리 소재를 명확히 한 토지대장을 제조하고, 이를 기반으로 등기제도를 시행하는 일이었다.[8] 즉 토지조사를 통해 토지권에 대한 '근대적' 국가 관리체제를 수립하는 일이었다. 이때 대한제국이 추진했던 기존사업을 기반으로 추진하는 방법이 가장 손쉬웠겠지만 근본 목적이 달라 일제는 강점지배에 적합한 방식을 강구하여 시행하지 않으면 안되었다.

그러나 의병전쟁 등 항일투쟁이 거세게 일어나고 있는 상황에서 토지조사를 하는 일이 쉬운 일은 아니었다.[9] 많은 경비와 시간도 요구되어 당시 일제의 국력으로는 힘든 일이었다. 이러한 객관적 정세 외에 외국인 토지소유금지라는 한국법 체제 아래서 토지를 측량하고 소유권을 확정하면 이제까지 일본인들이 불법적으로 차지한 토지권도 문제가 될 수밖에 없었다. 이러한 점을 감안하여 일제는 한국에 대한 장악력 확보와 아울러 기존 법질서에 대한 재편 수준에 따라 토지정책을 추진해 가는 것이 최선이었다. 통감 伊藤博文은 '韓國施政改善에 關한 協議會'(이하 '협의회')[10]라는 기

---

8) 韓國不動産法調査會,「土地家屋證明規則要旨」,『土地及建物의 賣買贈與交換及 典當의 證明에 關한 規則과 指令等 要錄』, 1907, 103~104쪽.

9) 이 시기 의병전쟁에 대하여는 김의환,『의병운동사』, 1974 ; 박성수,『독립운동사 연구』, 1980 ; 홍순권,『한말 호남지역 의병운동사 연구』, 1994 참고.

10) 韓國施政에 관한 協議會는 統監관저에서 개최되었으며, 참석자는 統監과 韓國大 臣들이었다. 議題는 한국통치에 관한 제반 사항이었다. 統監은 한국지배정책을 원활히 수행할 목적 아래 이 기구를 활용하였으며, 때로는 한국측 대신들을

구를 만들어 이러한 문제를 조정하고 추진해 갔다.

1906년 4월 19일 개최된 '제5회 협의회'에서 토지제도 개편문제가 처음 거론되었다. 伊藤博文은 이 자리에서, 탁지부 대신이 토지제도를 정리하고 토지소유자에게 地券을 교부하여 세입증가를 꾀하자는 제안을 하자 자기의 기본원칙을 제시하였다.[11] 국가에 대한 소유자들의 의무를 명확히 한 뒤 地券을 교부하고 등기소를 설치하여 소유권의 이동을 등록하게 하는 소유권 처리방식과, 내외국인의 소유권을 차별없이 인정해야 한다는 두 가지였다. 이것이 관철된 토지법을 제정하여 토지제도와 세입증대 문제를 동시에 해결하자는 것이었다. 이러한 伊藤博文의 사고는 明治헌법의 소유권 이념, 즉 소유권은 국가가 위로부터 부여한 것이라는 관점을 그대로 대한제국에 확장 이식시키는 것이었다.[12] 여기서 한일 양측은 盜賣·偸賣 등을[13] 유발한 관행적 토지거래 질서체계를 국가주도 아래 '근대적' 관리체계로 개혁하여 문제를 해결하려는 데는 동의하였지만, 구체적 내용에서는 차이를 보였다. 한국측은 외국인에게 토지권을 불허한데 반하여, 일본측은 전면 허용해야 한다는 쪽이었다. 소유권 부여 범위에서 입장 차이를 명확히 확인한 회의였다. 이러한 차이는 이후 논의과정에서도 계속 맞부딪쳤다.

1906년 6월 25일 열린 '제6회 협의회'에서는 伊藤博文의 제안에 따라 토지소유자에게 地券을 교부하여 재산권을 견고히 해 줄 法律을 제정하기로 하고, 일본민법 제정에 참여했던 동경제국대학 법과교수 梅謙次郎[14]을

협박하는 장소이기도 했다. 협의회의 회의기록은 金正明 編, 『日韓外交資料集成 (日韓合邦編)』 6의 上·中·下, 1964. 각 권에 회기별로 실려있다.

11) 金正明編, 앞의 책 6(上), 217쪽.

12) 伊藤博文의 소유권 사상은 水本浩, 『토지문제와 소유권』(개정판), 1980이 참고된다.

13) 최원규, 앞의 논문, 『부대사학』 19, 1995 참조.

14) 梅謙次郎은 프랑스에서 法學博士 학위를 받았다. 日本民法 제정에 참여하였으며,

초빙하여 맡기기로 결정하였다.[15] 후속조치로 7월 12일의 '제8회 협의회'
에서는 의정부에 부동산에 관한 연혁과 관습을 조사하기 위해 不動産法調
査會[16]를 설치하고 梅謙次郎을 회장으로 임명하기로 하는 등 기구설치
문제에 합의를 보았다. 그러나 구체적인 작업순서와 내용에서는 견해를
달리하였다.

伊藤博文은 토지소유자에 地券을 발급하도록 법으로 정하되, 구체적인
내용은 토지소유에 관한 종래의 제도 관습을 조사하고, 新舊를 참작하여
제정하라는 원칙을 梅謙次郎에게 제시하였다.[17] 이것은 먼저 법률을 새로
제정하여 소유권자를 확정한 다음 이를 토대로 토지를 측량하자는 先법률
제정 後토지조사 방안이었다. 이에 농상공부 대신 權重顯은 한국에도
매매증서를 소실하였을 때 이를 증명해 주는 관문서인 地券, 즉 立旨제도가
있으며, 급선무는 측량이니 먼저 측량을 한 다음 이를 토대로 법률을 제정
하자고 하였다. 탁지부대신 閔泳綺도 법률제정은 梅謙次郎에 맡기더라도
경지와 택지는 시급하게 정밀 실측하지 않으면 안되며, 실험결과 200명의
측량수만 양성하면 2년 내에 완료할 수 있다고 주장하였다. 한국측의 일관
된 입장은 先토지조사 後법률제정이었다. 이러한 차이는 형식적으로는
한국의 기존 법질서를 어떻게 인식하느냐 하는 문제였지만, 내면은 외국인
토지소유의 허용여부를 둘러싸고 이해관계가 달랐기 때문이었다. 후자는
현재의 법질서에 준거하여 측량하자는 것이며, 여기에는 외국인 소유금지

伊藤博文이 총재로 있던 帝室制度調査局에서 궁정제도 개혁을 담당하였다(金正
明編, 앞의 책 6(上), 256~257쪽과 東川德治, 「博士 梅謙次郎」, 1917 및 水本浩,
앞의 책 등이 참고된다).

15) 金正明編, 앞의 책6 (上) 220쪽.
16) 不動産法調査會에 대하여는 尹大成, 『日帝의 韓國慣習調査事業』(『昌原大論文集』
13-1, 1993 ; 정종휴, 『韓國民法의 比較法的 硏究』, 1989 ; 최종고, 『한국법학사』 ;
정연태, 「1905-1945년 한국의 농지제도」, 서울대 박사학위논문, 1994 참조.
17) 金正明 編, 앞의 책 6(上), 259쪽.

조치가 전제되어 있었다.

이러한 차이는 立旨에 대한 인식에서도 나타났다. 伊藤博文은 立旨는 특별한 경우에만 이용하는 변태이지 常態는 아니며, 측량수 양성과 삼각측량에도 많은 시간과 거액의 경비가 요구되므로, 면적에는 다소 오류가 있다 하더라도 먼저 地券을 발급하여 소유권을 확정한 뒤 매매 양여할 때마다 정밀하게 실측하여 보완하자는 방안을 내놓았다.[18] 측량보다는 소유권 확정이 급선무이며, 내외인의 차별도 철폐해야 한다는 것이었다. 이 문제는 당시 한국에 침투한 일본인들의 주요 관심사였다.[19]

일본측의 입장은 7월 23일의 '제9회 협의회'에서 더욱 분명히 드러났다. 伊藤博文은 외국인의 토지소유와 한국인이 토지를 담보로 일본인으로부터 借金하는 현실을 합법으로 인정한 위에서, 다만 한인들이 地券을 위조하여 일본인에게 전당 매매하여 실소유자가 알지 못하는 사이에 다른 사람이 토지를 차지하는 폐단을 예방하는 차원에서[20] 법안을 마련할 것을 제안하였다.[21] 일인이 주도해 가는 토지상품화를 안정 활성화시키는 방안을 강구한 것이다.

한국측은 일보 후퇴하여 부동산법조사회의 관습조사에 기초하여 법률

---

18) 金正明 編, 앞의 책 6(上), 259~260쪽.
19) 『皇城新聞』 1906년 6월 25일, 「對韓政策根本義」. 일본인 大隈重信은 '同化論'적 관점에서, 한국과 일본은 공동의 이해관계 위에서 일을 처리해야한다고 주장하였다.
20) 한국 구래의 법제에는 부동산권에 대한 국가의 권리보장 장치가 없었다. 소유권 이전 또는 전당권 설정은 문기나 手票 등 사문기를 교부하는 방식이었다. 외국인이 禁止 法網을 피해 한국의 토지를 점탈할 수 있었던 것은 이 같은 거래제도 때문이었다. 이 같은 사태를 방지하기 위해 대한제국 정부는 不動産權制度 改革을 추진하였지만, 일본인들의 잠매는 統監府에서 발행한 『韓國施政年報』의 제3절 法制 不動産法規에서도 공식적으로 언급할 만큼 거세게 진전되고 있었다. 그런 만큼 일본인들은 위조문기의 세례를 받아 분쟁에 휩쓸리는 경우도 빈번히 나타날 수밖에 없었다.
21) 金正明 編, 앞의 책 6(上), 298~299쪽.

을 만들자고 제안하였다.22) 伊藤博文은 이것도 다음과 같은 이유를 들어 거부하였다. 항구적인 법률을 제조하기 위해서는 면밀한 조사작업이 필요하며, 실무 담당자가 될 군수들도 수준이 낮아 시행하기 어려우니, 시세의 추이에 따라 우선 시행 가능한 수준에서 간단한 법을 만들어 실시하자는 임시변통적 방안을 제안하였다. 伊藤博文은 법률제도 정비과정을 두 단계로 상정하였던 것이다. 첫 단계는 구래의 거래관습에 기초한 임시조치법을 마련하여 지금까지 쌓아온 일본인들의 물적 기반을 합법화시키고, 나아가 더욱 이를 촉진시키는 일이었다. 다음 단계는 이를 토대로 한국을 항구적으로 지배할 수 있는 토지법제를 마련하는 일이었다. 전자는 후자를 마련하기 위한 事前 정지작업인 셈이었다.

伊藤博文은 다음과 같이 구체적인 방안까지 제시하였다. 먼저 종래의 입지제도를 활용하여, 舊 문권을 매매 전당할 때 각 촌의 鄕長에게 地券의 진위를 확인시키고 군수가 정확 여부를 증명하여 위조를 막도록 할 것, 만일 증명을 거치지 않은 위조권으로 거래하여 발생한 손해는 당사자의 손실로 할 것, 통감부도 이 같은 법규를 만들어 일본인에게 공포하여 폐해를 예방하도록 하자는 것이었다.23) 이 원칙은 이후 토지가옥증명규칙에

---

22) 탁지부 대신은 "우리나라에서는 고래……大家의 자제로서 地券 家券을 詐僞의 수단에 의하여 매매한 사실을 발견하면 大家의 주인은 무상으로 토지를 되찾을 수 있었다. 옛날의 大家는 대개 양반으로 서로 경계하여 이러한 재액을 만나지 않도록 노력하여 금일같이 詐僞사건이 일어나지 않았다. 그런데 외국인이 來往하면서 상대가 외국인일 때는 고래의 관례를 답습할 수가 없어 금일같은 상태가 되었기 때문에 법률로 이를 금지할 필요가 있다고 믿는다. 따라서 梅박사에 의뢰하여 조사하면 여하한지."라는 견해를 피력하였다(金正明 編, 앞의 책 6(上), 299쪽).

23) '제9회 협의회'에 동석한 國分書記官은 臨時法제정과 관련하여 일본인의 토지소유를 막기 위해 촌락에서 합심하여 鄕內 또는 親族에게 이를 매수시키는 것과 같은 排日的 弊害에 빠지지 않도록 주의할 것을 첨언하기도 하였다(金正明 編, 앞의 책 6(上), 300쪽).

그대로 반영되었다.

양측은 서로 의견을 달리하는 가운데 일단 법률제정 작업에 착수하였다. 대한제국은 구래의 관습 등 기초조사를 토대로 항구적인 민법전을 만드는 것이 목적이었지만, 우선 당면한 토지문제를 해결하기 위해 잠정적 성격을 갖는 토지법을 법부에서 제정하기로 伊藤博文과 합의한 것이다.

2) 대한제국의 토지법 제정 추진과 일제와의 갈등

대한제국은 토지법 제정작업을 두 계통으로 추진할 것을 계획하였다. 하나는 당면한 토지문제를 해결하기 위한 방안으로 추진한 잠정적 성격을 갖는 토지법 제정이며, 다른 하나는 부동산법조사회의 주관 아래 구래의 관습을 조사하여 永久的 성격을 갖는 民法典을 제정하는 작업이었다. 이 작업은 伊藤博文이 자기 의도를 반영할 수 있도록 협의하도록 하였지만, 양자는 지향점이 달라 의견 차이를 보였다. 한국정부는 비록 半강점상태에 있었지만, 法律案 제정의 주체로서 자기이해에 기초한 재산권 관계법을 제정하여 각종 권리를 확정하는 개혁의 필요성을 절감하고 있었다. 이것은 당시 사회 전반의 여론이기도 하였다. 일제의 한국지배력도 미약하였던 만큼 한국정부도 실현 가능성을 인식하고 일을 추진하고 있었다.

대한자강회도 1906년 5월19일 通常會를 열고 토지거래관행을 개선하기 위한 안건을 토론에 부쳐 '부동산매매시 증명서 발급건'을 정부에 건의하기로 결정하였다.[24] 5월 25일 총대를 뽑아 부동산증명제도 도입의 타당성과 방법에 관한 내용을 담은 건의서를 참정대신에게 전달하였다.[25] 이들은

---

24) 『大韓自强會月報』(上) 1, 1906, 43~44쪽 이 시기 계몽운동에 대하여는 金度亨, 「大韓帝國 末期의 國權恢復運動과 그 思想」, 1994 참조.

25) 건의서 내용은 『皇城新聞』 1907년 2월 5일, 「會質政府書」와 『大韓自强會月報』(上) 1, 1906, 58~59쪽 참조.

부동산거래에서 위조문권으로 잠매 도매의 폐가 성행한다는 점, 이 문제는
주로 부자간, 형제간, 친척간에 일어나 덕의가 손상된다는 점. 국가의 산업
발달과 관계된다는 점, 그리고 이러한 폐는 契券法이 확정되지 않아 관을
거치지 않고 매매하는 관행에서 연유한다고 진단하고 개혁안을 제시하였
다. 그 내용은 契券을 동장·면장의 인증과 지방관의 조사를 거친 후
증명을 받아 거래하는 방식이었다. 거래대상자는 大韓國 臣民에만 한정하
였다.26) 총대 윤효정은 건의서를 전달하면서 지계제도와 법률제도 정비가
일차적 과제이나 地契제도는 1, 2년에 될 일이 아니고, 지금은 속히 법률제
도를 정비하지 않으면 안될 정도로 심각하니 증명제도라도 하루바삐 실시
해야 한다는 부연 설명을 하였다.27)

대한자강회는 정부의 응답이 없자 1906년 6월 22일 총대를 파견하여
답변을 촉구하였다. 정부는 이를 긍정적으로 인식하지만, 民産契券을 확정
하기 전에 관이 증명하기는 어려운 일이고, 사기·위조 등 범죄는 우선
刑法大全에 정한대로 시행하면 된다는 법부의 견해 등을 고려하여 아직
논의가 확정되지 않은 상태라고 밝혔다. 이에 대한자강회에서는 民産契券
을 확정하기 전에 먼저 증명서로 폐를 막아야 하며, 刑法大全에 정한
田宅冒認과 契券僞造의 律은 사후 조처라 효과가 없으니, 증명제도를
도입하여 범죄발생 전에 미리 막아야 한다는 견해를 개진하였다. 정부도
원칙적으로 이를 채용하고자 한다는 입장을 밝혔다.28)

이 제안은 증명제도라는 측면에서는 伊藤博文의 주장과 다를 바 없었으
나 외국인 문제에서는 입장을 달리하였다. 대한자강회원 장지연은 土地權
을 자강주의의 기본토대로 보고 그 회복을 급무로 제기하였다. 그리고

26) 『大韓自强會月報(上)』 1, 1906, 43~44쪽.
27) 『大韓自强會月報(上)』 1, 1906, 57쪽.
28) 『大韓自强會月報(上)』 2, 1906, 129~131쪽 ; 『皇城新聞』 1906년 6월 23일, 「政府와 會員問答」.

한국의 田土産業과 土地權을 일본인이 장악할 수 있었던 것은 전통적인 契券 수수를 통한 거래방식 때문이라고 보았다. 이리하여 부형 인척들의 田土文券을 속여 일본인에게 典賣할 수 있었으며, 국가가 토지거래를 통제하기도 어렵다고 하였다. 나아가 일인에게 사기를 당해도 잠매를 금지한다는 禁令 때문에 처벌이 두려워 고발할 수도 없는 실정이라 하고, 두 해결방안을 제시하였다. 하나는 근원적인 방책으로 전국의 地契제도를 일정하게 하고 土地法을 제정하는 것이며, 다른 하나는 임시변통책으로 증명제도를 도입하자는 것이었다.29)

이상에서 모두 동의하는 원칙은 盜賣 등의 문제를 해결하기 위해 우선 급한대로 임시변통적인 증명제도를 실시하고, 최종적으로는 토지소유권을 査定, 官契를 발급하여 국가가 일원적으로 관리하여 문제를 근본적으로 해결하자는 것이었다. 그리고 외국인은 대상에서 제외하는 것이었다.

이러한 여론에 힘입어 한국정부는 토지제도·법률제도·조세제도에 대한 개정작업에 들어갔다. 1906년 7월 13일 토지소관법 기초위원회를 설치하고,30) 8월 15일에는 여기서 마련한 不動産權所關法을 '제10회 협의회'에 제출하였다.31) 이 법은 답·전·산림·천택 기타의 토지·가옥·토지의 정착물 등 모든 부동산권(매매·전당·賃租·양여)을 국가에서 관리하려는 의도 아래 대한제국이 마련한 법이었다.32)

29) 張志淵,「高齋漫筆」,『大韓自强會月報』(上) 3, 1906, 169~171쪽 ;『皇城新聞』1906년 12월 4일,「不動産證明書를 宜急速實行」. 여기서도 가장 커다란 문제는 官契가 없이 매매당사자 증인 執筆이 수결한 私券으로 증빙을 하기 때문에 盜賣가 발생한다는 점이라고 지적하고 있다. 이러한 폐는 전에도 있었으나 현재는 토지가 외인의 손에 들어가기 때문에 더욱 문제가 된다는 점을 분명히 하고 있다.
30)『皇城新聞』1906년 7월 16일,「制度委員會」;『皇城新聞』1906년 7월 17일,「土地調査會」.
31) 법내용은 부록 참조.
32) 不動産權所關法 제1조 및 제2조.

그 내용은 다음과 같다. 첫째, 地券에 부동산권의 변동사유를 명기하여
里長이나 면장(통수)의 인증을 받아 청원서를 작성하여 군수(감리)의 인허
를 받아 등기부에 기입하고 열람하게 하는 '부동산등기제도'를 도입한
것이다.[33] 등기제도는 국가가 토지조사를 한 뒤 소유권자와 토지내역을
등록한 토지대장을 전제로 하는 제도라는 점에서, 중단된 토지조사사업을
다시 하거나, 아니면 새로 토지조사를 해서 토지대장을 마련해야 시행할
수 있는 것이었다. 先토지조사 後법률제정의 입장에서 마련한 것이라
할 수 있다.

둘째, 외국인 관계조항은 없으나 본 법에 규정하지 않은 사항은 현행법
에 따른다고 규정함으로써 외국인 토지소유를 불허하였다.[34]

셋째, 전통적인 가족법제를 전제로 토지매매를 허가했다. 호주의 허가없
이는 토지를 매도할 수 없다는 제한 규정을 첨가한 것이다.[35] 이 규정은
당시 소유권분쟁이 주로 가족이나 친족이 매매문기를 절취하여 盜賣한
데서 발생하였으며, 외국인이 이를 더욱 부추겨 혈연질서가 파괴되고 토지
매매가 급속히 진전되어 농민들이 토지에서 배제되는 현실을 우려한 데서
채용한 것이었다.[36]

넷째, 이 법은 지주적 입장에서 제정되었지만 賃租權도 등기사항으로
규정했다. 임조권에는 가옥의 임대는 물론 경지의 소작도 포함하였다.
지주의 소유권을 일정하게 제한하여 현실적으로 빈번히 발생하고 있던

---

33) 不動産權所關法 제5, 6, 7조. 그리고 이후 제정된 「법률 제6호」 제7조의 제3자
   對抗權 규정, 그리고 제3조의 '확실한 地券'이라는 규정을 보아 단순한 증명제도라
   기보다는 등기제도를 목표로 한 법안이라 생각된다.
34) 不動産權所關法 附則 제23조.
35) 不動産權所關法 제9조.
36) 大韓自强會가 정부에 제출한 建議書에서도 盜賣로 인한 소유권분쟁은 주로 가족
   이나 친족 사이에서 발생하고 있다고 지적하였다. 당시 이러한 실태는 배영순,
   『한말 일제초기의 토지조사와 지세개정에 관한 연구』, 1988에 분석되어 있다.

지주-작인간의 대립을 완화시키려는 일종의 타협안이었다. 소작료율, 경작기간 등 實 내용을 정하는 문제가 남아 있기는 하지만, 지주의 자의적인 移作 奪耕과 소작료 강화를 제약하는 방안이었다. 용익권을 법제화했다는 점에서 부농의 존립과 성장, 경영지주의 확산을 예상해 볼 수 있다.[37] 이 규정은 대한제국의 토지조사사업의 이념을 반영한 것이며, 외세에 대응하기 위해 농민의 의지를 어느 정도 반영한 타협적 방안이라 할 수 있을 것이다.

다섯째, 법에 대한 위반자 처벌규정도 마련하였다. 허위로 인허를 신청하는 자, 허위임을 알고 매수한 자와 인허를 해 준 면·이장 지방관, 그리고 등기부의 기록·관리·열람을 규정대로 하지 않은 관리 등을 처벌하도록 하였다. 내용은 태형과 징역형 등 형법과, 손해배상제도 등 민법을 동시에 적용한 매우 강력한 것이었다. 登記簿 관련 범죄는 더욱 엄하게 다스렸다.

그러나 이러한 규정은 伊藤博文의 의도와는 커다란 차이가 있었다. 伊藤博文이 외국인의 토지소유를 허용하고 증명제도를 겨냥했다면, 여기서는 외국인의 토지소유금지를 전제한 등기제도를 의도했었다. 그리고 전자가 소유권만을 증명대상으로 했지만, 후자는 임조권을 物權으로 규정하여 소유권을 제약했다는 점에서도 차이가 있었다. 이러한 점을 고려할 때 일제가 이 법안을 받아들이기는 어려웠을 것이다.

伊藤博文은 '제10회 협의회'에서 梅謙次郎에게 법안을 검토하도록 지시하면서 자기원칙을 재확인하였다. 첫째, 토지소유권 문제를 다루는 정세한 법률, 민법 전반은 차후 梅謙次郎의 조사작업이 끝난 뒤 논의 결정하도록 미룰 것. 둘째, 지금은 사기를 방지하기 위한 법만을 다루고, 외국인의 토지소유를 허용할 것 등이었다.[38] 伊藤博文은 한국도 일본처럼 외국인의

---

37) 경영지주는 金容燮, 「朝鮮後期 兩班層의 農業生産」, 『朝鮮後期 農業史硏究(2)』(증보판), 1990 참조.

38) 金正明 編, 앞의 책 6(上), 326~327쪽.

토지소유를 금지하고 있지만, 한국에서는 이를 합법화해야 한다고 주장하였다. 그 이유는 일본은 외국인의 치외법권을 승인하던 때에도 이들에게 토지소유권을 주지 않았으며, 외국인이 일본인 이름으로 소유했다 하더라도 법정에서 이를 인정하지 않은 반면, 한국정부는 외국인의 소유를 묵인하였기 때문에 이를 禁하려면 배상비용이 엄청나 현실적으로 불가능하기 때문이라고 하였다. 따라서 治外法權을 철회하고 한국법 아래 외국인도 허락하는 대신, 이들에게 租稅를 부담시켜 차별없이 지배하는 것이 최선책이라는 견해를 피력하였다.[39]

梅謙次郎도 伊藤의 의견에 동의하면서 일본민법을 기초한 경험을 활용하여 '제10회 협의회'에 수정안을 제출하였다. 첫째, 법률안의 명칭을 내용에 걸맞도록 토지 건물의 매매 교환 양여 전당에 관한 법률로 정하고, 무상만을 의미하는 양여 외에 교환을 첨가하도록 하였다.

둘째, 등기하지 않을 경우 무효로 한다는 규정은 사기 발생의 우려가 있다고 하고 제3자 대항권을 부여하기로 하였다.[40]

셋째, 등기대상 권리에서 임조권은 제외하고 소유권과 전당권 변동만을 규정하였다. 賃租는 소작계약도 포함하니 소작계약에 관한 등기는 앞으로 만들 부동산에 관한 법률에서 다루는 것이 좋겠다는 의견을 제시하였다. 등기도 물론 할 수 있었으나, 의무조항은 아니었다.[41]

---

39) 金正明 編, 앞의 책 6(上), 326~327쪽.
40) 이에 대한 辭典的 정의는 趙相元編, 「圖解法律用語辭典」, 1985, 151쪽.
41) 수정안 제2조 제4항에 賃租를 등기할 경우 사유를 기입하라고 규정할 뿐이었다. 梅謙次郎의 견해에 한국측은 임조는 土地만이 아니라 家屋의 임차도 의미하고, 또 借地규정은 이제까지 종종 발생하던 弊害를 막기 위하여 설치한 것이라고 주장하였다(金正明 編, 앞의 책 6(上), 328~329쪽). 다음에 서술하는 법률 제6호에도 임조규정이 포함되었으나 이후 제외되었다. 당시 용익 경작권 종류의 권리관행은 가옥의 경우 대지권 보다 가옥권을 우선하였으며, 강제집행의 경우도 세입자의 권리를 우선하였다(『皇城新聞』 1909년 9월 8일, 「傳貰無效」). 이러한 용익 경작권이 이 시기를 전후하여 소유권 위주로 처리되어 단순 임대차 관계로 전화되기

넷째, 피해자의 경제적 손실을 최소화하기 위해서 형법 위주의 처벌규정
은 악의적인 경우에만 실시하고, 민법상의 손해배상 규정을 전반적으로
활용하도록 하였다.[42]

다섯째, 호주 이외의 가족 구성원이 재산권을 행사할 때 호주의 승인을
받도록 한 규정을 폐지하였다. 각자의 배타적 처분권을 인정하여 토지상품
화를 촉진할 수 있도록 하였다.

梅謙次郎은 부동산권소관법과 마찬가지로 등기제도를 채택하면서도
소유권을 크게 반영한 수정안을 마련하였다. 이것은 소유권 중심의 일본민
법을 적용하여 지주제에 기초하여 한국사회를 재편하려는 정책적 입장을
반영한 것이며, 외국인의 토지소유도 허용하는 것이었다.[43] 협의회 참석자
들은 법안을 신속히 확정 공포하는 데는 동의하였지만, 의견 차이를 반영하
듯 10월 16일이 되어서야 법률 제6호 토지건물의 매매 교환 양여 전당에
관한 법률로 공포하였다.

이 법은 '新舊參酌'의 원칙 아래[44] 부동산권소관법과 梅謙次郎案을

시작하였다. 이의 소멸과정과 원인에 대하여는 허종호, 『조선봉건말기의 소작제
연구』, 1965 ; 金容燮, 「수탈을 위한 측량」, 『한국현대사』 4, 1969 ; 愼鏞廈, 「조선
왕조말기의 '도지권'과 일제하의 '영소작'의 관계」, 『한국근대사회사연구』, 1987
참조.

42) 이 법안을 둘러싼 한국측 대신과 梅謙次郎 사이의 법리논쟁은 대체로 한국의
종전관습에 대한 활용문제를 중심으로 진행되었다. 梅謙次郎은 형법에서의 笞刑
규정을 민사에서의 손해배상 규정으로 바꾼 것은 笞刑의 경우 笞 1대當 얼마씩
벌금을 정하여, 관청에 지불하는 방식이어서 벌금은 손해를 본 당사자와 관계가
없기 때문에, 민사상의 손해배상규정을 활용하여 사적 소유자의 권리를 보호하는
방향으로 법률을 제정하자고 주장하였다(金正明編, 앞의 책 6(上), 328∼331쪽).

43) 梅謙次郎이 부동산권소관법 부칙 제23조 규정을 삭제한 데서 판단할 수 있다.
후에 그는 토지가옥증명규칙 제정과정에 대해 술회하면서, 이 규칙은 당시 사기
등의 문제를 해결하기 위해 임시방편으로 마련된 것이며, 한국인에게는 별 해당이
없고 일본인이나 외국인에게 피해가 많기 때문에 증명제도를 만들어 어느 정도
효과를 보았다고 하였다(梅謙次郎, 「韓國의 法律制度에 就하여(下)」, 『東京經濟雜
誌』 1514, 1909.10, 8∼9쪽).

조정하는 수준에서 마련한 것이었다.

<표 1> 법령별 주요 차이점 비교

구분	不動産權所關法	梅謙次郎案	法律제6호
管轄官중 監理有無	有	有	無
家屬 부동산처분시 戶主 허가 규정	有	無	有
외국인 토지소유 허가 여부	不許	許可	不許
賃租權 등기규정	有	無	無

   <표 1>에서 보듯 세 법안은 위와 같은 차이점을 보이면서도 구래의 소유권을 배타적 소유권으로 인정하여 契券을 근거로 채택하고,[45] 등기제도를 도입한다는 점은 일관되었다.[46] 그런데 등기제도는 토지실태를 정확히 파악하고 소유권을 査定한 장부를 마련하지 않으면 실행하기가 어려웠다.[47] 각 법령에는 토지대장에 관한 규정은 없었지만, 등기신청이 있을 때마다 소유권자를 조사하여 등기부에 기재하거나, 토지조사 후 契券을 소유자에 발급한 뒤 거래할 때마다 證認과 인허과정을 거쳐 등기부에 기재하여 제3자 대항권을 부여할 것을 계획한 것으로 판단된다.[48]

   그리고 부동산소관법의 임조권은 法律 제6호에서는 梅謙次郎의 제안에

---

44) 『皇城新聞』 1906년 10월 6일, 「法的 新舊」.

45) 토지건물의 매매 교환 양여 전당에 관흔 법률 제1조의 契券은 매매문기라 해석할 수도 있으나, 大韓自强會의 건의에 대한 답변에서 '民産契券'을 확정해야한다는 표현, 그리고 제7조의 제3자에 대한 對抗權을 인정한 登記制度를 시행한다는 점을 고려하면, 관이 査定한 소유권을 전제로 지급한 契券이라 해석해도 좋을 듯하다.

46) 土地建物의 賣買 交換 讓與 典當에 관흔 法律 제4조 제5조 제6조 제7조. 그리고 제13조에는 등기관리의 잘못에 대한 배상제도를 채택하였으며, 不動産의 移轉과 典當에 대한 認許제도 도입도 일관되게 지키고 있었다(제1조).

47) 최원규, 앞의 논문, 『대한제국의 토지조사사업』, 1995 참조.

48) 토지가옥증명규칙과의 차이는 地券이나 契券을 첨부하도록 한 점이다.

따라 잠시 유보하고, 임대차 관계자의 임의규정으로 처리하였다.[49] 외국인
토지소유는 不許했다. 이같이 대한제국은 경작권 문제는 일단 후퇴하였지
만, 소유권은 사회여론을 반영하는 선에서 법률안을 마련했던 것이다.[50]
그러나 이 법은 일제의 이해에 반한 때문인지 시행세칙도 마련되지 못한
채 사문화되어 버렸다. 곧바로 토지가옥증명규칙이 공포되어 시행된 것이
다.[51]

3. 일제의 임시변통적 토지법 제정과 시행

1) 토지가옥증명규칙 제정과정과 내용

대한제국 정부는 伊藤博文과 토지법을 논의하는 중에도 외국인의 잠매
나 황무지 개간 허가권의 양여, 典賣는 물론 공동사업도 금지하는 조치를
계속 취해갔다.[52] 그리고 외국인을 끌어들여 於音 手票와 家契田券을
위조 늑탈하는 일이 발생하자, 내부에서는 관찰부에 훈령을 내려 내국인은

---

49) 梅謙次郎은 日本民法과 같이 소유권만을 유일한 권리로 하고 경작권은 제외할
   것을 의도했겠지만, 立法과정에서는 한국측의 반발을 고려하여 별도로 처리하자
   고 제안한 것이다. 그만큼 耕作權을 物權으로 인정해야 한다는 한국측의 입장은
   강했다고 할 수 있다.
50) 賃租규정은 토지소유권자의 賃借人에 대한 수탈이 강화되고, 이에 대한 반작용으
   로 농민층의 경작권요구가 거세어짐에 따라 생겨나는 제반폐해를 제거할 목적아
   래 시행된 것이었다. 이러한 점은 光武量案에 時作을 기입한 점과 맥이 통하는
   조치라 할 수 있다(최원규, 앞의 논문, 『대한제국의 토지조사사업』, 1995 참조).
51) 政府不動産調査所에서 부동산에 관한 규정을 기초하고 정부에서 이를 인쇄하여
   13도 각군에 보냈다는 기사는 있으나(『皇城新聞』 1906년 10월 5일, 「不動産調査畢
   了」; 10월 6일, 「開鑛法案 起草」) 「법률 제6호」에 관한 내용이 관보나 신문지상에
   는 보이지 않았다. 토지가옥증명규칙만 내용을 발표하고 있다(『皇城新聞』 1906년
   11월 6일).
52) 『皇城新聞』 1906년 10월 2일, 「認久無效」; 『大韓自强會月報』(上) 3, 225~226쪽,
   「開墾規則」.

처벌하고 외국인은 신원을 조사 보고하도록 하였다.[53] 한국정부는 실질적
으로는 통감부나 이사관에 협조를 구하는 일 이외에 별 방법은 없었지만,[54]
토지가옥증명규칙을 공포한 10월까지도 외국인의 토지소유를 불허하는
입장은 강경하였다. 이러한 분위기 속에서 위기의식을 느낀 伊藤博文은
한국을 식민지화한다는 강력한 위협 아래 협의회의 분위기를 바꿔가면서,
항구적인 토지법을 제정하기 위해 관습 등 기초조사를 수행하던 梅謙次郞
에게 부동산법조사회 주도로 대체입법을 마련하도록 명하였다.[55] 같은
시기에 계통이 다른 두 법안이 준비되고 있었던 것이다.[56]

부동산법조사회는 의정부 예하기구였지만, 회장은 梅謙次郞이었다.[57]
조사위원으로 내부, 법부, 탁지부의 관리들 가운데 토지소유권에 관한
古來의 제도를 숙지한 사람, 토지에 관한 법규 先例 등을 숙지한 재판관,
납세제도에서 新舊 두 법에 정통한 사람들을 선발하였다.[58] 조사회의 임무
는 각종 부동산에 관한 연혁과 관습을 조사하는 일이었다. 이들은 관찰부를
순회하며 조사활동을 벌였다. 의정부에서는 각도에 훈령을 내려 老儒碩士
중 연혁 관습에 밝은 사람 1명씩을 선발하여 조사에 참여하도록 하였다.[59]

부동산법조사회가 현지조사에 착수한 것은 1906년 7월부터였다. 이

---

53) 『皇城新聞』 1906년 10월 13일, 「訓戒內外雜類」.
54) 『皇城新聞』 1906년 10월 18일, 「內訓各道」.
55) 金正明 編, 앞의 책 6(上), 218~231쪽.
56) 『皇城新聞』 1906년 9월 25일, 「土地證書修正」; 同 1906년 9월 28일, 「土地證明細則」;
    同 1906년 9월 29일, 「財産保護」; 『舊韓國官報』 제3608호, 1906년 11월 12일, 16책,
    1007쪽.
57) 재한 일본인 변호사들 역시 변호사협회를 조직하고 일본변호사협회와 연계하여
    統監府의 법률제정과정에 일조하고 있었다(『皇城新聞』 1906년 7월 16일, 「日人辨
    護規則」).
58) 度支司稅局長 李健榮, 종2품 金亮漢, 정3품 鄭寅興・李源兢, 前參書官 金澤, 法部
    刑事局長 金洛憲, 政府參書官 元應常, 內部參書官 石鎭衡등이 調査委員으로 敍任
    되었다. 目賀田 財政顧問도 참여하였다(金正明 編, 앞의 책 6(上), 257~258쪽).
59) 『皇城新聞』 1906년 7월 26일, 「不動産調査」.

작업에는 梅謙次郎 지휘 아래 中山成太郎, 山口慶一, 川崎萬藏, 平木勘太郎 등 일본인들이 참여하였고,[60] 한국인 관리들이 이들을 보좌하였다.[61] 정부에서는 관찰사 감리 군수에 訓令을 내려 조사활동에 편의를 주도록 하는 한편, 조사사항 설명서도 미리 발송하여 답변에 차질이 없도록 하였다.[62] 조사항목은 소유권을 비롯한 각종 토지권의 지방별 관습의 실태와 내용이었다.[63]

　이러한 조사활동은 한국지배를 위한 기본법을 제정하는 데 필요한 기초자료를 확보하기 위한 과정이기에 조사위원들의 주관이 조사활동에 크게 영향을 미쳤다.[64] 부동산법조사회는 조사활동과 더불어 伊藤博文의 지시에 따라 법제정 작업도 동시에 벌여나갔다.[65] 梅謙次郎은 조선의 민법체계는 일본과 달라야 하지만 토지제도만큼은 국적에 차별이 없도록 해야 한다는 입장이었으며,[66] 伊藤博文도 마찬가지였다.[67] 이러한 원칙 아래

---

60) 이들은 內閣不動産法調査會長 梅謙次郎, 內閣總理大臣 李完用, 統監 公爵 伊藤博文의 결재를 거쳐 임명되었다. 초기 不動産法調査會의 現地調査는 1906.8~1907.11에 이루어졌다(外事局, 「不動産法調査會案」, 1906.7).

61) 여기에 참여한 이들은 일제 강점하에도 법조계에서 활동하였다. 이들 중 일부는 崔鍾庫, 「韓國의 法律家像 : 石鎭衡」, 『韓國法學史』, 1990에 소개되어 있다.

62) 外事局, 「不動産法調査會案」에 수록된 '不動産法調査會 照會 第15號 本會調査用務', '議政府 訓令, 議政府 參政大臣의 郡守에 대한 指示事項' 등 참조.

63) 不動産法調査會, 「韓國不動産에 關한 調査記錄」, 1906 ; 『皇城新聞』 1906년 10월 17일, 「不動産調査問目」 참조.

64) 이러한 조사연구 결과는 곧바로 정리되어 책으로 편찬되었다. 이에 대해서는 朝鮮總督府 中樞院, 『朝鮮舊慣制度調査事業槪要』, 1928, 4~13쪽이 참고된다.

65) 당시 伊藤博文은 不動産法調査會에 근원적인 법안을 제정하게 하고 임시법 마련에 참여하는 것은 반대하였다(金正明 編, 앞의 책6(上), 299쪽). 관습조사사업은 1907년 부동산법조사회가 해체된 이후에는 法典調査局이, 일제하에는 朝鮮總督府 取調局, 參事官室, 中樞院이 각 각 담당하여 지배정책에 활용하도록 하였다(朝鮮總督府 中樞院, 『朝鮮舊慣制度調査事業槪要』, 1938 참조).

66) 梅謙次郎은 東京經濟學協會 9月例會에서 한 연설에서 한국의 독자적인 民法을 제정하여야 한다는 입장이었다. 그것은 나라마다 民法이 있고, 영사재판권의 철회를 위해서도 문명국과 같은 성문법으로 민법을 제정해야 한다고 주장하였다.

당장에 쓸 수 있는 임시조치법을 마련하고자 하였다. 그렇지만 일제는 자기 입장이 반영되지 못한 법률 제6호가 공포되자, 10여 일 후인 10월 26일 칙령 제65호 토지가옥증명규칙을 공포하게 하였다.[68] 후속조치로 통감부도 11월 16일 통감부령 제42호 토지건물증명규칙[69]을 공포하여 한국거주 외국인, 특히 일본인에게 이 규칙을 따르도록 조처하였다.[70]

구래의 관행에 관청의 認許可 증명제도를 첨가하여 공적 증거력을 제공해 준 이 규칙은, 문제가 된 盜賣 偸賣 潛賣 가운데 잠매는 허용하고 도매나 투매를 막기 위해 官 공증제도를 도입한 것이다.[71] 이 사고의 근저에는 한국의 토지소유권은 배타적으로 성장해 있어 매매하는 데는 아무런 문제가 없기 때문에, 다만 거래과정에서 생기는 폐해만 제거하면 된다는 인식이 깔려 있었다.

일제가 증명제도를 채택한 것은 외국인의 토지소유 합법화 문제와 직접

일본의 民法을 한국에 그대로 적용하는 것은 적당하지 않다는 입장이었다. 그러나 土地制度만은 일본인도 한국인도 장래 또 외국인도 공통하지 않으면 안된다고 주장하였다(梅謙次郎, 「韓國의 法律制度에 就하여(上)」, 『東京經濟雜誌』1512, 1909.10, 9~10쪽).

67) 金正明 編, 앞의 책 6(上), 326~327쪽.

68) 土地家屋證明規則은 11월 7일 법부령 제4호로 시행세칙이 발표된 데 이어, 그 해 12월 1일부터 시행되었다(『舊韓國官報』 제3604호, 1906년 11월 7일, 16책, 985~997쪽).

69) 『舊韓國官報』 제3598호, 1906년 10월 31일, 16책, 963쪽 부록 참조.

70) 韓國不動産法調査會, 「土地建物의 賣買 贈與 交換及典當의 證明에 關한 規則及指令等 要錄」, 1906, 1~2쪽 ; 統監府 地方部, 「平壤理事官에 對한 回答抄錄」, 1909년 4월 5일 ; 「土地證明에 관한 諸法令及實例要錄」, 1909, 62쪽에서 建物과 家屋은 동일한 의의라 했다.

71) 伊藤博文도 문기 위조사태에는 일본인들의 책임도 어느 정도 있음을 인정하고 있었다(金正明 編, 앞의 책6(上), 298쪽). 즉 일본인들이 僞造文記 세례를 받은 것은 투기적 日人資本家들이 한국내륙의 토지를 不法 잠매하는 데서 자초한 것이었다. 그러나 일제는 僞造행위만을 저지하는 수준에서 문제를 풀고 토지소유를 확대하려 한 것이다.

관계가 있었다. 증명제도는 등기제도와 달리 구래의 민간 거래관행을 성문 법화하여 기존 제도에 의거한 거래 행위에 합법성을 부여한 것이다. 한국정 부가 추진했던 토지조사사업과 장부체계를 무력화시키는 동시에,[72] 일본 인이 잠매에 이용하였던 전통적 거래관행에 준거하되, 다만 투자의 저지조 건이었던 사기나 위조를 최소화하는 선에서 법을 마련했던 것이다. 일제의 최종목표도 토지조사를 통한 일본민법체계의 완전한 이식이었지만, 여건 의 미성숙을 고려하여 과도적 단계로서 증명규칙을 제정한 것이다.[73]

이 규칙이 겨냥한 거래의 안정성과 소유의 합법성은 일제가 목표한 대농장 건설이나 토지담보 고리대업의 기초조건이었으며, 이것이 토지가 옥증명규칙 제정시 표면에 내건 '한국개발'의 실상이기도 했다.[74] 私文記 를 근거로 한 거래와 소유권 공인제도에 불안해 하면서도 현실적 대안은 여기에 머무를 수밖에 없었다.

정부 당국자들도 규칙제정의 목적을 민법의 未備로 부동산 契券에 관이 완전히 증명해 주는 제도가 없어서 발생하는 詐僞와 부정수단을 방지하고 부동산에 관한 정당한 권리를 보호하는 데 있다고 밝히고 있다.[75]

---

72) 대한제국 토지조사사업의 성과인 新量案의 유용성을 제기하는 자도 있었지만, 토지거래에서는 거의 활용되지 않았다(度支部, 『토지조사참고서』, 1907 참조).
73) 梅謙次郎은 이러한 문제를 해결하기 위해서는 經界를 분명히 하고 地券을 부여하 여 부동산을 보호하기 위해서는 토지측량을 해서 土地臺帳을 만들어야 한다는 案을 伊藤博文에게 제출한 바 있었다(梅謙次郎, 앞의 논문, 『東京經濟雜誌』 1512, 8쪽).
74) 토지가옥증명규칙은 伊藤博文이 한국정부에 위협을 가하여 얻어낸 산물이었다. 그는 이 법을 제정하면서 "한국을 개발하여 한국신민의 복리를 증진하기 위한 것이다"라는 표면적 목표를 내걸었다. 그러나 실제 목적은 외국인 토지소유금지 조치를 해제하여 일본인들을 개발주체로 삼으려 한 것이었다(韓國不動産法調査 會, 「土地及 建物의 賣買讓與交換及典當의 證明에 關한 規則과 指令等 要錄」, 1907, 105쪽).
75) 『舊韓國官報』 제3608호, 1906년 11월 12일, 16책, 1007쪽, 「法部大臣 李夏榮이 11월 9일 觀察使 府尹 郡守에 내린 訓令」;『皇城新聞』 1906년 11월 10일, 「法訓各

증명규칙의 특징을 대한제국의 법률안과 비교하여 간추려 보면 다음과 같다. 첫째, 토지권중 증명대상을 소유권과 전당권의 매매 증여 교환에만 한정하고 소유권 보존증명이나 임조권은 제외하였다. 이것은 부동산의 모든 권리를 포괄한 廣主義가 아니라 賣買 贈與 交換 典當 등 일부 권리변동만을 증명해 주는 狹主義를 채택한 데 있었다. 일제는 사무처리 능력을 감안해서 狹主義를 채택하였다고 밝히고 있으나,[76] 실은 을사조약 이후 격발한 반일여론 때문이었다. 일제가 잠매 토지의 합법화를 일단 보류하고 규칙시행 이후 발생한 권리변동만을 증명해 주도록 한 것은 여기서 연유한 것이었다.[77]

둘째, 公證契約制度로서 계약서에 한 증명의 효력은 계약자 쌍방에만 집행력을 가질 뿐 제3자 대항권을 갖는 것은 아니었다.

셋째, 認證權者를 전에는 量案의 단위인 면장과 이장으로 하였지만, 여기서는 향촌의 최하부단위인 통수와 동장으로 바꾸었으며, 認許權者인 군수를 증명권자로 변경하였다.

넷째, 대한제국 법제에서는 契券과 신청서를 제출하도록 하였지만, 규칙에서는 계약서에 官이 증명하는 방식을 택했다. 그리고 외국인의 토지거래를 허용했다.[78] 이 수준이 당시 일제가 토지 확보를 위해 할 수 있었던 힘의 한계이기도 했다.

또한 증명제도는 토지조사를 하지 않은 가운데 시행하는 것이기 때문에 거래의 안정성 확보를 위해 토지면적 경계나 이해관계자를 파악할 별도의

道」; 韓國不動産法調査會編, 앞의 책, 37~38쪽.
76) 廣主義는 소유권 보존증명도 포함하는 것이지만, 이는 전문관청을 설치하지 않으면 행하기 어렵다고 하였다. 즉 군수가 부차적인 사무로 취급하는 동안에는 狹主의를 채택할 수밖에 없었다는 것이다(韓國不動産法調査會編, 위의 책, 109~110쪽).
77) 統監府 地方部, 「1906년 12월 8일 平壤理事官에 대한 回答抄錄」, 앞의 책, 37쪽.
78) 統監府 地方部, 「1906년 11월 16일 各理事廳 理事官에 보낸 通牒」, 앞의 책, 36쪽.

조사과정이 필요했다.[79] 관리의 책임 아래 현장을 실사하는 事實調査主義
를 대안으로 채택하였다. 사실조사는 두 단계 과정을 거치도록 하였다.
첫 단계는 통수나 동장이 계약사항과 사실이 적합한지의 여부를 조사하여
인증해 주는 과정이었다. 조사항목은 토지종목 소재지명 字號 면적과
四標 가옥 족보 인증년월일 등이었다. 이것은 新量案이 아니라 그 이전의
장부와 관행에 기초한 것이었다.[80]

　다음 단계는 군수나 부윤이 인증을 기초로, 권리자의 정당성, 부동산표
시의 적합성, 계약의 허위나 강제성 여부 기타 등을 조사하여 증명해 주는
과정이었다.[81] 이는 대단히 번거로운 절차였으나, 내륙사정에 익숙하지
않은 일인들을 보호해 주기 위해서는 불가피한 일이었다.[82]

　증명관리에게는 조사를 원활히 할 수 있도록 일종의 사법권을 주었다.
당사자는 물론 관계인 등을 소환 심문하거나, 관리를 현장에 파견하여
조사할 수 있도록 한 것이다. 증명관리의 역할은 대단히 중요하였기 때문에
이들이 過失로 제3자에 손해를 끼칠 때는 배상하도록 하였다.[83] 이밖에
권리증빙서류의 관청 보존제도, 토지가옥증명대장제도, 일반공시제도, 異
議신청조사제도 등을 두어 사실조사를 뒷받침하였다.[84]

　증명규칙은 관습법에 준거하였으나, 한국인이 오히려 피해를 보기 쉬웠

---

79) 統監府 地方部, 「1907년 2월22일 各理事廳 理事官과 副理事官宛 通牒要旨」, 앞의
　　책, 45쪽.
80) 『舊韓國官報』 제3604호, 1906년 11월 7일, 16책, 985~987쪽, 「土地家屋證明規則施
　　行細則」 제3조.
81) 「土地家屋證明規則施行細則」 제5, 6조.
82) 早川保次, 『朝鮮不動産登記의 沿革』, 1921, 17쪽.
83) 「토지가옥증명규칙」 제6조 ; 「토지가옥증명규칙시행세칙」 제8조. 이 규정에서
　　해당사항은 증명의 거절, 태만, 부실기재 등이었는데, 이 중에서 일제가 가장
　　우려한 것은 관리들의 증명거절사태였다(金正明 編, 앞의 책 6(上), 299, 300,
　　389, 447쪽).
84) 神尾太治平, 『朝鮮不動産證明令義解』, 1912, 4쪽.

다. 예컨대 증명에 異議가 있으면 감독관청에 증명취소를 청구할 수 있었으나, 정해진 기간이 지나면 정당한 권리자라도 법적 효력을 상실토록 하였다.[85] 이 조항은 사무의 신속한 처리와 증명력을 강화하기 위하여 설치한 것이었지만, 일본인의 입장에서 새로 추가된 규정이었기에 한국인들은 자기 권리를 상실할 개연성이 충분히 있었다.[86]

일본인들을 위한 규칙이라는 점은 立法취지, 규칙시행 전 統監府가 각 이사관에 내린 규칙적용에 관한 통첩에 잘 드러나 있다.[87] 첫째, 규칙시행지역의 제한성이다. ① 전관 거류지와 각국 거류지, ② 거류지 밖 10리 이내의 지역과 잡거지는 종전대로 부동산등기법을 적용하였다.[88] 특히 ②지역은 법률적 효력이 일본인 사이에서만 그치고 한국인에는 대항력이 없었음에도 불구하고 등기제도를 그대로 유지하고 규칙적용을 강제하지 않았다. 이 점에서도 일제의 궁극적인 목표가 등기제도의 전면화라는 점을 예상할 수 있다. 그럼에도 불구하고 한국의 개혁 방향대로 등기제도를 시행하지 않고, 기왕의 기존 관행과 행정체계에 의거하여 법제화를 시도했던 것이다. 이는 일본인의 이해관계에 따라 지역별 차이를 두고 등기제도와 증명제도를 선택적으로 시행한 것이다. 이에 따라 규칙시행과 더불어 종래

---

85) 韓國不動産法調査會編,「土地及建物의 賣買贈與交換及典當의 證明에 關한 規則 及 指令 等 要錄」, 110쪽.
86) 또한 조사비용이 매매나 전당 가격보다 더 많이 들 경우는 관청이 부담하도록 하여 이 규칙을 자주 이용하는 일인들이 이익을 볼 수 있도록 하였다. 統監府 地方部編,「1907년 2월22일 各理事廳 理事官及副理事官宛 通知要旨」, 앞의 책, 1909, 45쪽.
87) 韓國不動産法調査會,「1906년 11월26일 各理事廳理事官宛通牒要旨」, 앞의 책, 59~60쪽 ; 統監府 地方部,「土地證明에 關한 諸法令과 實例要錄」, 1909, 35~36쪽.
88) 統監府 地方部編,「1907년 2월22일 各理事廳 이사관 부이사관에 대한 通牒」, 앞의 책, 46쪽. 이밖에 軍收用地도 不動産登記法을 적용하였다(統監府 地方部,「1907년 5월 1일 新義州 副理事官에 대한 回答 抄錄」, 앞의 책, 48쪽).

의 地契와 家契에 관한 규칙도 폐지하였다.89)

둘째, 증명절차에 특례를 두어 규칙전에 잠매한 토지를 합법화시킬
수 있는 조치도 강구하였다. 규칙 시행전에 한 계약이 그 후에도 진행중일
경우, 그리고 거래자 쌍방의 국적이 외국인일 경우에는 정상적인 거래에
적용하는 증명과정을 거치지 않고 증명 또는 사증을 줄 수 있다고 하여,90)
일본인들이 규칙 발효전에 잠매한 토지를 합법화시킬 수 있도록 한 것이
다.91) 統監府는 이 규정에 대한 이용방식을 각 이사청에 하달하여 사용을
장려하였다.92)

셋째, 실제 규칙적용에서도 일제는 최대한 융통성을 발휘하여 일본인들
의 토지거래와 권리획득에 도움을 주었다. 규칙실시 전 관청에 地契발급을
신청한 경우,93) 계약서를 제출하지 못했을 경우에도 출원인이 작성한 등본
이나 명문을 동장이 인증할 경우는 증명해 주도록 하였다.94) 이밖에 한국인

---

89) 다만 종래 발행한 地契와 家契는 그대로 효력을 갖는다고 규정한 것은 이것이
　　당해 부동산의 권리를 보여주는 유일한 증거물이었기 때문이었다. 統監府 地方部,
　　「1907년 2월 4일 元山理事官에 대한 回答抄錄」, 앞의 책, 42~43쪽 ;『舊韓國官報』
　　제3608호, 1906년 11월 12일, 「訓令」 16책, 1008쪽. 이 조항은 統監府 地方部,
　　앞의 책, 36쪽의 통첩에도 그대로 전재되었다.

90) 「토지가옥증명규칙」 제8조 ; 韓國不動産法調査會 編, 「1906年 12월27일 各理事廳
　　理事官宛 通牒 抄錄」, 앞의 책, 67쪽 ; 證明의 處理순서는『舊韓國官報』제3709호,
　　1907년 3월 9일, 17책, 226~232쪽 참조.

91) 韓國不動産法調査會, 「1906년 12월27일 各理事廳 理事官宛 通牒抄錄」, 앞의 책,
　　63~67쪽.

92) 하나는 전당을 통해 소유권을 보증받는 방식이었다. 典當의 쌍방을 일본인으로
　　하고 채권액을 소액으로 인위적으로 조작하여 이사관에게 전당 증명을 신청하여
　　간접적으로 자기 소유권을 보증받을 수 있도록 하는 것이었다. 다른 하나는
　　자기 소유지를 다른 일본인에게 이전한 뒤 다시 자기에게 이전하여 이사관으로부
　　터 증명받아 소유권을 보증받도록 하는 것이었다(韓國不動産法調査會, 「規則
　　이용에 관한 주의」, 앞의 책, 102~103쪽).

93) 統監府 地方部, 「1906년 12월6일 仁川理事官의 質疑에 대한 回答」, 앞의 책,
　　1909, 37쪽.

94) 統監府 地方部, 「1906년 12월 27일 각 이사청 이사관 부이사관 통첩」 ; 「1908년

으로부터 매수하고 통수나 동장의 인증을 받은 뒤 증명과 사증을 받지 않은 채 다른 외국인에 매도하는 未證明轉賣도 인정하고 활용을 권장하였다.[95]

넷째, 당시 토지거래시 가장 큰 문제 중의 하나였던 국유지를 민유지로 혼동하여 발생하는 문제를 막기 위해 통감부는 한국법전조사국의 조사에 근거하여 처리방침을 시달하였다. 의심가는 未墾地는 해당 관청에 조회하여 처리하고,[96] 탁지부 소속의 역둔토는 미리 재무서에 문의하여 국유지가 아니라는 증명을 받은 뒤에 처리하도록 하였다.[97] 탁지부 소관이 아닌 국유지는 이사청이 적당한 방법으로 조사하여 사증 또는 증명을 주도록 하였다.[98] 일인들이 토지매득 후 낭패를 당하지 않도록 각종 조치를 강구하였던 것이며, 다른 한쪽 권리자의 의사를 조사한다는 규정이 없는 것으로 미루어 官의 국유지 판정에 주로 의거한 것으로 보인다.

증명규칙은 한국 내부여론을 일부분 반영한 것이기는 하지만, 외국인까지 대상에 포함함으로써 사회여론에 반하게 제정되었다.[99] 그 결과 일인들이 우세한 자본력을 앞세워 토지확대를 강화시킬 수 있는 토대로 작용하게 된 것이다. 따라서 이 법은 구래의 관습법보다 토지거래의 안정성을 보장할 수 있는 형태라고는 할 수 있지만, 한국의 토지법발전사의 측면에서 보면 대한제국이 의도한 부동산권을 국가가 일원적으로 관리하는 근대적 관리

2월 4일 元山理事官에 대한 回答抄錄」, 앞의 책, 1909, 39~40쪽. 당시 시행세칙 대로 계약서를 2, 3통 작성한 사례는 대단히 드물었다고 하였다.

95) 統監府地方部, 「1908년 7월 9일 群山理事官에 대한 回答抄錄」, 앞의 책, 1909, 54~55쪽.

96) 統監府地方部, 「1908년 4월 10일 京城理事官에 대한 回答抄錄」, 앞의 책, 1909, 53쪽에 國有 民有 구분의 각종 例를 들고 있다.

97) 統監府 地方部, 「1909년 3월 16일 各理事廳 理事官宛 通牒要旨」, 앞의 책, 61~62쪽

98) 統監府地方部, 「1909년 7월3일 群山理事官에 對한 回答草綠」, 앞의 책, 66~67쪽.

99) 『皇城新聞』 1907년 2월 5일, 「會質 政府書」; 『舊韓國官報』 제3608호, 1906년 11월 12일, 16책, 1007~1008쪽.

제도, 즉 등기제도를 일제가 자기 이해에 기초하여 일단 저지하면서 제정한 임시적 형태라 하겠다.[100]

2) 토지가옥증명규칙의 보완입법

(1) 토지가옥전당집행규칙의 제정과 내용

증명규칙은 임시조치법으로 졸속 마련되었기 때문에 상황의 진전에 따라 수정 보완할 점이 많았다. 그 중에서도 두 가지 문제가 현안으로 제기되었다. 하나는 규칙 자체의 미비점을 보완하는 일이고, 다른 하나는 여기서 제외된 토지권 규정을 보완하는 일이었다. 전자는 토지가옥전당집행규칙, 후자는 토지가옥소유권증명규칙으로 각각 모습을 드러내었다.

증명규칙에는 전당증명을 받아도 채무자가 정해진 기한 내에 채무이행을 하지 않을 때 이를 강제할 규정이 마련되지 않았다. 따라서 전당권자가 법으로 실질적인 보호를 받을 수 없었다.[101] 토지가옥전당집행규칙(이하 전당집행규칙)은 이 문제를 해결하기 위해 제정되었다. 이 법은 1906년 12월 28일 칙령 제80호로 공포되었다.[102] 1907년 1월 11일에는 토지가옥전당집행규칙시행에 관한 세칙을 마련하여, 2월 1일부터 시행하기로 하였다.[103] 통감부도 2월 1일 통감부령 제3호로 토지건물전당집행규칙을 발표

---

100) 『舊韓國官報』 제4460호, 1909년 8월 21일, 21책, 970쪽. 漢城府尹 張憲植 告諭에서도 관습적 거래에 관청이 증명하는데 불과한 것임을 확인할 수 있다.

101) 統監府 地方部, 「1908년 12월 18일 各理事官前 通牒要旨」, 앞의 책, 55쪽.

102) 『舊韓國官報』 제3648호, 1906년 12월 28일, 16책, 1192~1193쪽 ; 『皇城新聞』 1906년 11월 28일, 「定會議案」 ; 1906년 12월 3일, 「不動産典當規則」. 그리고 1907년 1월 11일에는 토지가옥전당집행규칙시행에 관혼 세칙을 마련하여 2월 1일부터 시행하기로 하였다. 『舊韓國官報』 제3676호, 1907년 1월 30일, 17책, 94~96쪽(法部令 제2호 1월 29일 공포).

103) 『舊韓國官報』 제3676호, 1907년 1월 30일, 17책, 94~96쪽(法部令 제2호 1월 29일 공포) ; 『皇城新聞』 1907년 1월 12일, 「不動産에 關한 細則」.

하였다.[104] 여기서는 전통적인 典當을 일본민법의 抵當權과 質權으로 구별하여 처리할 것을 규정하는 등[105] 일본인의 이해관계에 기초하여 만들어진 것이었다.

이 같은 특징은 한국정부에서 1898년 11월 5일 공포 제정한 전당포규칙과의 비교, 전당의 강제집행과정 등을 통해서 구체적으로 살펴볼 수 있다.

<표 2> 典當鋪規則과 典當執行規則 비교

구분	典當鋪規則	典當執行規則
典當대상물	부동산과 동산일체	土地家屋
官廳의 역할	허가사항	證明사항
債務처리방식	利率규정	競賣, 流質契約
外國人규정	外國人 典當不可	국적제한 철폐
處罰사항	契券기재액의 반 ┐ 典當가액의 반 ┘ 벌금	日本理事官의 同意 裁定
還退規定	有	無

<표 2>에서 보듯 전당집행규칙은 구래의 전당관행을 국가관리하에 포섭하기 위해 제정했던 전당포규칙과는 상당한 차이가 있었다.[106] 먼저 후자가 외국인의 참여를 금지한 반면 전자는 이를 개방하였다. 국적 제한을 철폐하여 일인의 전당행위에 합법성을 부여해 주고, 담보물권을 전당권자가 확보할 수 있도록 채권자 위주로 제정하였다.

일본 고리대자본의 자유로운 典當활동을 보장해 준 것이었다. 이러한 점은 典當계약을 이행하지 않을 때의 강제집행 방식에 잘 나타나 있다. 여기서는 流質계약에 의한 집행과 競買를 통한 강제집행 등 두 가지 방식을 정하여 채무자가 돈을 갚지 못하는 등 계약조건을 이행하지 못했을 경우

---

104) 『公報』 제3호, 1907년 2월 19일(『統監府公報』(上), 亞細亞文化社 影印本, 15쪽).
105) 統監府 地方部, 「1909년 1월 17일 各理事廳 理事官及副理事官宛通牒」, 앞의 책, 68쪽.
106) 서울대학교 도서관, 「勅令 詔勅」, 59쪽.

채권자가 곧바로 이에 상응한 조치를 취할 수 있게 한 것이다.

流質契約은 경매라는 번거로운 절차 없이 계약 불이행과 동시에 담보물권을 곧바로 자기소유로 할 수 있도록 하는 방식이다. 이 계약은 전당권자가 처음부터 채권의 반환 보다는 담보물을 차지하는 데 주안점을 둔 것으로, 일본민법에서는 채무자인 소유자의 권리를 크게 제약하는 惡法이라 하여 인정하지 않았다. 그러나 일본인들은 토지를 점탈한 초기부터 이 방식을 즐겨 사용하였으며, 규칙에서 이를 합법화시켜 일인대금업자들의 활동영역을 크게 넓혀 주었다. 농민들은 대부분 생산 보다는 생계비를 위해 借金하였던 만큼 고리로 유질계약 체결을 감수할 수밖에 없었고 그만큼 기한내 상환도 쉽지 않았다. 게다가 몇 차례 연기가 가능한 한국의 전통적인 상환일과 달리 일인들은 즉시 집행하는 등 관습마저 달라 토지를 상실하는 경우도 많았다.[107] 이 방식은 토지를 한 곳에 집중적으로 마련하는 데는 문제가 있었지만, 헐값으로 토지를 집적할 수 있어 이를 이용하여 대지주로 발돋움하는 일본인도 상당하였다.[108]

경매제도는 채무자가 流質契約처럼 특약을 맺지 않았을 때 채권자가 채권을 확보할 수 있도록 한 제도였다.[109] 여기에는 채무자가 경매 당시 입회하지 않았을 때는 異議를 제기하지 못하도록 하였으며,[110] 전당증명을 받은 후 담보물의 가격이 하락할 경우에는 增擔保를 설정할 수 있도록 하는 등 채권자의 채권확보 방법을 규정하고 있다.[111] 그리고 구래의 방식과 달리 전당 토지라도 채무자가 매매 등을 통해 소유권을 이전할 수

---

107) 한국 구래의 전당에 대하여는 和田一郎, 『朝鮮土地地稅制度調査報告書』, 1920, 228~232쪽 ; 조선총독부 중추원, 『朝鮮田制考』, 1920, 409~416쪽 참조.
108) 度支部司稅局, 「韓國의 土地에 關한 調査」, 1908 참조.
109) 그 절차는 시행세칙으로 정하였다(『舊韓國官報』 제3676호, 1907년 1월 30일, 17책, 94~96쪽).
110) 統監府 地方部, 「1909년 6월 11일 各 理事廳 理事官의 通牒要旨」, 64~65쪽.
111) 統監府 地方部, 「1909년 4월 27일 各理事廳理事官宛 通牒要旨」, 63쪽.

있도록 조처하였다.[112] 전당잡힌 부동산이라도 채권자의 권리확보에 지장이 없는 한에서는 채무자가 자기 소유 담보물을 처리할 수 있게 한 것이었다. 이는 채무자의 처분권을 강화시켜주는 동시에 토지 상품화를 활성화시키는 조치라 할 수 있다. 그러나 일본인들은 전당계약을 체결할 때 전당권자 이외에는 매매할 수 없다는 조건부 계약을 체결하는 경우가 일반적이었고, 법으로 제한하지도 않았기 때문에 채무자의 관리처분권 강화규정은 별 효력이 없었다.[113] 전당집행규칙은 채권자의 이해를 반영한 법이라 할 수 있다.[114]

또한 이것은 일본 금융자본의 이해를 반영하여 제정된 것이기도 하였다. 당시 이들은 부동산등기제도가 성립되지 않아 한국진출이 제도적으로 저지 당하고 있었다. 이를 극복할 수 있는 대체 방안이 필요했으며, 증명규칙에 전당 항목을 설정하고, 전당집행규칙을 제정한 것은 그 일환이었다. 農工銀行條例가 발표되고 농공은행이 설립되는 과정에서 이 규칙이 제정된 것도 우연은 아니었다.[115] 증명규칙 시행 후 탁지부에서는 재무관과 농공은행 지배인을 중앙에 소집하여 각지의 시행상황을 점검하는 한편,[116] 부동산 담보대부를 할 때 주의할 점도 하달하였다. 증명규칙 실시지역에서는 증명수속을 밟을 것, 實地에 나가 면적 수확가격 저당권의 유무 등을 자세히 조사할 것, 관청의 장부와 문기를 대조하여 틀림이 없도록 할 것,

---

112) 統監府 地方部, 「1909월 4월 13일 大邱理事官에 대한 回答抄錄」, 62~63쪽.

113) 競賣제도가 실시되고 競賣所가 발달함에 따라 경매과정에서 典當물건을 둘러싼 일본인들의 농단이 그치지 않아 심한 폐단을 불러일으키기도 하였다.『皇城新聞』 1908년 7월 17일, 「競賣所의 內容」.

114) 典當執行을 통한 所有權 취득방식에는 流質, 競賣에 의한 競落, 競賣신청자가 없어 스스로 물건을 취득한 경우 등 세 가지 유형이 있었다. 어떠한 방식으로라도 소유권을 확보했을 경우는 곧바로 證明官廳의 「土地家屋證明簿」에 등재할 수 있었다(「土地家屋典當執行規則施行에 關한 細則」 제12조).

115) 『舊韓國官報』 제3409호, 1906년 3월 24일, 16책, 243쪽, 「勅令 제12호 農工銀行條例」.

116) 度支部, 「韓國財政整理報告」 제5회, 1907 하반기, 亞細亞文化社 影印本, .315쪽.

대부금 對 담보물의 비례를 낮출 것 등이 그것이다.[117] 이 법이 금융자본의
안정적인 투자보장책이기도 하였음을 엿볼 수 있다.

그러나 전당집행규칙은 증명규칙에 종속된 法체계였기 때문에 제대로
본래의 소명을 다할 수는 없었다. 토지대장 없는 증명제도로 僞造文券을
근절시킬 수는 없었던 것이다.[118] 금융기관은 이러한 법체계에 불안을
느껴 부동산담보대부시 자기 권리를 보호하기 위해 여러 보완책을 강구하
였다.[119] 첫째, 관청의 증명 이외에 은행이 별도로 사실을 조사하여 확인한
뒤 대부하는 방식을 취하였다. 둘째, 전당할 경우 군수와 부윤이 문기
등 증빙서류를 보관하고 은행은 증명서만을 보관하도록 규정한 증명규칙
시행세칙 제6조의 문제점을 지적하고 변경을 요구하였다.[120] 군수와 부윤
은 신용이 박약하여 이들이 전당서류를 보관한 상태에서 대부해주기는
곤란하다는 의견을 제시한 것이다. 정부는 이 의견을 받아들여 전당할
때 채권자가 문기를 보관하는 것은 종래의 관행이고, 본 규칙도 舊慣을
타파하는 것이 아니라고 입법 취지를 설명하면서, 구관에 따라 채권자인
은행에서 문기를 보관하도록 조처하였다.[121]

이상과 같이 전당집행규칙은 금융자본 고리대자본의 이해기반 위에서
제정된 것이었다. 특히 일본인지주와 대금업자가 기왕의 舊慣을 법제화하

---

117) 「農工銀行과 支配人會議」, 『財務週報』 2, 1907년 4월 22일, 31쪽 ; 「農工銀行에
    대한 주의사항」, 『財務週報』 22, 1907년 9월, 179~189쪽.
118) 『皇城新聞』 1907년 2월 8일, 「僞券典執」 ; 同 1907년 3월 29일, 「露奸何掩」 ; 同
    1910년 3월 22일, 「朴氏所爲」 등을 통해 사정을 엿볼 수 있다.
119) 海州農工銀行支配人, 「土地家屋證明手續의 境遇 文記保管의 件(5월 20일 政府財
    政顧問本部 理財部宛)」, 『財務週報』 10, 1907년 6월, 113쪽.
120) 地方金融組合이 설립되면서 大邱理事會의 조합 제안설명에서도 施行細則 제6조
    에 관한 건이 논의되고 있었다(度支部, 「韓國財務經過報告」 제1회, 1908 상반기,
    159쪽).
121) 「理財局商工銀行課에서 不動産法調査會로의 照會에 대한 回答」, 『財務週報』
    10, 1907년 6월, 114~115쪽.

여 이들 행위를 합법화시킨 것이었다. 전당증명도 제3자 대항권이 보장되
지 않았다는 점에서 금융자본보다는 주로 고리대자본이 애용하였는데,
그 방법이 혹독하여 농민 몰락을 한층 가속화시켜 갔다.

(2) 토지가옥소유권증명규칙의 제정과 내용

증명규칙은 거래계약을 증명하는 법이기 때문에 규칙제정 이전에 획득
한 소유권과 거래 이외의 방법으로 획득한 소유권은 증명할 수 없었다.
특히 잠매토지는 편법으로 합법화시키기도 했지만, 절차상 번거로운 점이
많았다. 이에 한국정부와 통감부는 법제정을 위한 기초작업에 나섰다.

우선 각지에 산재한 외국인 부동산 실태조사에 나섰다. 내부에서는
1907년 3월 29일 각도 관찰사에 훈령을 내려 외국인 소유 토지가옥 중
증명을 거친 것, 증명규칙 시행 이전에 외국인의 소유가 된 것, 그리고
외국인이 가옥을 임대하거나 구매하여 거주중인 호수와 남녀인구 실태
등을 매년 6월과 12월 두 차례에 걸쳐 조사 보고할 것을 지시하였다.[122]
일본 이사청도 각 군현에 공문을 보내 부동산실태 파악에 나섰다.[123] 이
조치는 증명규칙이 제대로 시행되지 않는데 따른 대책, 그리고 여기에
포함되지 않은 토지실태를 파악하여 구제책을 마련하기 위한 사전작업의
성격을 지니는 것이었다.

이러한 작업을 거친 뒤 한국정부는 1908년 7월 16일 칙령 제47호 토지가
옥소유권증명규칙(이하 소유권증명규칙)을, 법부령 제14호로 시행세칙을
공포하여 8월 1일부터 시행하기로 하였다.[124] 통감부도 부령 제24호 토지
건물소유권증명규칙을 발포하였다.[125]

---

122) 『皇城新聞』 1907년 4월 2일, 「內訓各道」 ; 同 1907년 8월 2일, 「內訓各道」.
123) 『皇城新聞』 1907년 8월 2일, 「地段調査」.
124) 『舊韓國官報』 제4138호, 1908년 7월 29일, 806~809쪽.
125) 『舊韓國官報』 제4130호, 1908년 7월 20일, 19책, 754쪽 ; 『統監府公報』 上, 1908년

소유권증명규칙은 증명규칙에서 제외된 소유권을 증명해 주는 규정이
었다. 여기에 해당되는 토지는, 증명규칙 시행이전에 매매(잠매) 증여 교환
유산상속 재산분배 가옥신축 재판 등 적법한 절차를 밟아 소유권을 취득한
경우, 유산상속 재산분배 가옥신축 재판 등 증명규칙에서 정한 것 이외의
원인으로 적법하게 소유권을 취득한 경우,[126] 기타 관유지를 불하받은
경우, 國有未墾地利用法[127]에 의한 대부 등이 있다. 이러한 유형의 토지를
소유자의 신청을 받아 公簿에 등록하여 소유권을 증명해 주도록 한 것이
다.[128] 국가가 법적으로 소유권을 증명해 줄 수 있는 범위를 전부동산으로
확대한 조치였다.

소유권증명규칙은 소유권의 존재사실을 증명해 주는 절차이기 때문에
신청절차도 증명규칙과 차이가 있었다. 인증절차 없이 신청서와 증빙서류
를 부윤 군수에게 직접 제출하여 증명을 받았다. 부윤 군수는 증명신청을
받으면, 2개월 이상 게시하여 異意신청을 하도록 告知하였다.[129] 열람기간
만료 내에 이의 신청이 없어 소유권이 확실하다고 인정될 때는 신청서에
증명을 하여 신청인에게 교부하고, 증명부에 등록하도록 하여 증거력을
부여하였다.[130] 이것으로 소유권과 전당권에 대한 일반 공시와 권리확보
가 가능하게 된 동시에,[131] 외국인에 대한 제한이 완전히 제거된 것이다.
증명제도의 제도적 완성을 본 것이다.[132] 일제가 토지가옥증명규칙이 아

8월 1일, 401쪽 ; 『皇城新聞』 1907년 12월 5일, 「證明規則頒布」.
126) 「土地家屋所有權證明規則施行細則」 제1조.
127) 「國有未墾地利用法」은 1907년 7월 6일 법률 제4호로 제정 공포되었으며, 9월
　　15일부터 시행에 들어갔다(『舊韓國官報』 제3811호, 1907년 7월 6일, 17책, 610쪽 ;
　　同 제3814호, 1907년 7월 10일, 17책, 627쪽).
128) 早川保次, 앞의 책, 20쪽.
129) 신청절차는 「土地家屋所有權證明規則施行細則」 제4조.
130) 統監府地方部, 「1909월 4월 13일大邱理事官에 대한 回答抄錄(法統庶 제97호)」
　　앞의 책, 63쪽 ; 早川保次, 앞의 책, 21쪽.
131) 早川保次, 위의 책, 20쪽.

닌, 소유권증명규칙으로 이러한 조치를 취해야 했던 것은 한일협약의 체결, 고종의 퇴위, 의병전쟁의 진압 등으로 초기의 정치적 한계를 벗어날 수 있을 정도로 지배권을 강화시킬 수 있었기 때문이었다.[133]

이리하여 부동산의 소유권과 전당권에 관한 증명제도는 일단 완성되었다.[134] 이 제도는 시간적으로 토지조사사업에 앞서 실시되었으며, 법적 연관성에서 볼 때도 토지조사사업의 최종 작업이었던 소유권 査定작업의 사전작업이었다. 따라서 일제는 이 작업에 앞서 일본인 소유토지의 법적 정당성을 미리 확보할 필요가 있었던 것이다. 이러한 이유로 일제는 대한제국이 추진했던 토지조사사업과 토지법 제정 시도를 저지시키는 가운데 이 작업을 추진할 수밖에 없었던 것이다.

4. 한국인의 대응과 이용주체

1) 일제 토지법의 문제점과 한국인의 대응

증명규칙이 공포되자, 외국인에게 허가하는 조항을 폐지해야 한다는

---

132) 일제가 이러한 법을 제정할 수 있었던 것은 한일협약의 체결, 고종의 퇴위, 의병전쟁의 진압 등으로 정치적 지배력을 강화시킨 데 있었다. 『舊韓國官報』 1907년 7월 25일, 17책, 689쪽, 「호외」. <韓日協約> 제1조, 한국정부는 시정개선에 대하야 통감의 지도를 受할 사.

133) 梅謙次郎, 「韓國의 法律制度에 就하여(上)」, 앞의 책, 7쪽 ;『舊韓國官報』1907년 7월 25일, 17책, 689쪽, 「호외」. <韓日協約> 참조.

134) 그러나 證明의 효력은 土地家屋證明規則의 증명과 같이 제3자 對抗權은 부여되지 않았다. 財産權을 국가로부터 보장받은 것은 아니었다. 또한 증명으로 권리를 획득하더라도 民事訴訟法에 의한 강제집행이나 差押 假差押 假處分을 증명할 방법이 없었던 것이다. 때문에 不動産 상의 권리를 취득한 제3자는 예측하지 못한 손해를 입기 쉬웠다. 나아가 官公署에 증명을 촉탁하거나, 증명의 변경 갱정 또는 抹消할 수도 없었다. 이러한 법률상의 해결점은 여전히 해결과제로 남았다.

사회여론이 거세게 일어났다. 대한자강회는 조목조목 비판을 가하면서
정부에 질문서를 제출하였다.[135] 앞서 정부에 건의한 증명제도는 외국인
에게 잠매하는 현실과 이로 말미암아 도매 투매 등이 발생하여 소송이
격증하는 폐해를 막으려고 의도하였다고 하였다. 그런데 정부에서는 전국
부동산을 외국인에 완전 개방하고, 조세부담도 내외국인이 동일하게 하라
는 훈령까지 내리고 있는데, 그 眞意와 이유를 밝혀줄 것을 요구한 것이
다.[136]

　일선 군수들 가운데도 증명규칙을 비판하는 자가 적지 않았다.[137] 통상
조약과 다른 규칙이 시행되면, 외국인이 내륙에서 증명을 청구할 경우
어떻게 대응할 것인지를 우려하는 의견도 제기되었다.[138] 중추원에서도
외국인의 通商租界外 認證件을 폐지할 것을 건의하였다.[139]

　증명규칙을 시행할 때 내세운 전제조건도 해결되지 않았다. 伊藤博文이
규칙을 제정하면서 치외법권을 철폐하고 외국인에게 토지소유를 허가하
는 대신 국내법을 적용하여 세금을 부과해야 한다고 표방한 것이 이행되지
않았던 것이다. 특히 지방세 문제는 난관에 봉착하고 있었다.[140]

　이러한 외적인 문제는 차치하고라도 시행과정에서도 여러 문제점이

135) 『大韓自强會月報』(下) 8, 1907, 56쪽.
136) 『大韓自强會月報』(下) 8, 1907, 76쪽.
137) 「土地家屋證明規則」이 발효되자 郡守 가운데 불평을 호소하는 자가 적지않다고
　　법부대신은 伊藤博文에게 호소하기도 하였다(金正明編, 앞의 책 6(上), 447쪽).
138) 『皇城新聞』 1906년 1월 31일, 「證明規則模糊」 龍川郡守 魚允迪 內部報告.
139) 『皇城新聞』 1908년 1월 31일, 「樞院決議」.
140) 伊藤博文은 "日本人은 法律的 思想이 발달하였기 때문에 統監府令으로 韓國政府
　　에 대하여 납세할 것을 규정한다하여도 이에 복종하지 않는다.……법률상 기초가
　　확실하지 않으면 不納者인 경우 이를 강행할 수 없다. 國稅는 부담하여도 地方稅는
　　성격상 외국인에 과세하는 것은 충분히 연구해야 한다. 外國人은 韓國法規에
　　적용을 받지 않는다. 외국인 규제법을 만든다 하여도 法廷의 현상은 事實 裁判을
　　할 수 없는 상태이다"라고 언급하면서 더 기다려보자는 입장을 취하였다(金正明
　　編, 앞의 책 6(上), 444~446쪽).

드러나고 있었다. 첫째, 준비과정이 불철저하여 규칙 발효일인 12월 1일에
도 시행하지 못하였다. 법부는 한성부와 各港場市에서 종전에 발급하던
가계 지계의 관한 규정을 폐지하기로 결정하고[141] 책자를 만들어 한성부
관찰사 군수에게 배부하였으나,[142] 양식과 훈령은 12월 7일이 되서야 해당
관청에 내려보내는 상황이었다.[143]

둘째, 시행주체인 지방 행정조직과 규칙에서 정한 관리조직 사이에
혼선이 생겨 담당자가 분명하지 않았다. 한성부에서는 조사 인증과정을
담당할 統首와 洞長 등 임원이 정해지지 않았을 뿐 아니라 장부도 아직
마련되지 않았다고 하면서, 1907년 1월 1일부터 이를 실시할 것을 건의하였
다.[144] 이에 법부에서는 규칙을 시급히 실시해야 한다고 강조하면서 종전
洞任으로 家僧[145]를 선정하거나 각 동에 거주하는 有信實人을 동장이나
통수로 선정하여 임무를 맡기도록 시달하였다.[146] 지방마다 사정이 다름
에도 불구하고 일률적으로 동장이나 통수라 정하여 담당자가 불분명하였
던 것이다.

셋째, 인증담당자인 동장이나 통수 등의 고의적인 반발과 자질도 문제가
되었다. 일본인들은 이들이 不在할 때가 많을 뿐 아니라 無筆 無能하여
인증할 수 없는 경우가 많다고 하면서 대책을 촉구하였다. 주무관청인
법부는 인증은 실시하되 당분간 '접수부'와 '인증부'의 기입은 생략하도록

141) 『皇城新聞』 1906년 11월 24일, 「證明規則實行」.
142) 『皇城新聞』 1906년 11월 24일, 「法頒證明規則」.
143) 『皇城新聞』 1906년 12월 7일, 「法訓各道」; 同 1906년 12월 27일, 「法訓槪意」.
144) 『皇城新聞』 1906년 12월 12일, 「漢府報告」.
145) 家僧는 당사자 쌍방으로부터 일정한 보수를 받고 계약을 매개하는 것을 업으로
　　하는 자로, 1893년 이래 한성부의 認許를 받도록 하였다(조선통감부 철도국,
　　『朝鮮不動産用語略解』, 66~67쪽).
146) 韓國不動産調査會編, 「1906년 12월 27일 각 이사관 부이사관宛 通牒抄錄」, 앞의
　　책, 63~64쪽; 『皇城新聞』 1906년 12월 21일, 「法訓漢府」.

하고, 인증 수수료를 인증권자의 소득으로 하여 이들의 적극성을 유도하였다.[147]

사실조사주의에서 동리에서 소유권의 사실 여부를 조사하는 인증과정이 증명의 가부를 사실상 결정하였던 것이다. 당시 문제가 되었던 도매현상은 대체로 이 과정에서 비롯되었다. 金海郡의 경우 도매하고 달아난 면이장이 40여 명에 달하였으며,[148] 槐山郡에서도 면장이 토지문권을 위조하여 지방은행에 典執하고 도망간 사건이 발생하였다.[149] 이러한 문제는 일제의 지배력이 최하 향촌단위까지 미치지 못했음에도 불구하고, 구래의 향촌질서체계와 관행적 질서체계에 기반하여 증명규칙을 시행한 데서 연유한 것이었다.

넷째, 증명권자인 지방관들의 이해부족이나[150] 규칙시행에 대한 반발도 있었다. 지방관 중에는 증명규칙이 발효된 뒤에도 외국인에게 토지를 매도하지 못하도록 단속을 강화하는 자도 있었다.[151] 이는 당시 사회전반에 흐르는 反日분위기를 반영하는 사태였으며, 이러한 요인들이 규칙시행을 어렵게 한 것이었다.[152] 증명규칙을 제정할 때 예상한대로 일부 지방관들

147) 統監府 地方部,「1907년 3월10일 光州 佐藤副理事官에 對한 回答抄錄」, 앞의 책, 46~47쪽 ; 韓國不動産法調査會編,「法部訓令 제3호(1906.3.7), 法部大臣 勳一等 李夏榮」, 앞의 책, 102쪽 ;『皇城新聞』1907년 3월 8일,「法訓各道」; 同 4월 3일, 「訓令」.
148)『皇城新聞』1908년 2월 7일,「面里長의 弊」.
149)『皇城新聞』1909년 1월 16일,「面長逃走」; 同 9월 16일 ; 同 10월 5일,「典執時 詐欺의 件」; 同 1907년 2월 8일,「僞券典執」.
150)『皇城新聞』1907년 1월 10일,「但有官印」.
151)『皇城新聞』1906년 11월 10일,「暗賣被囚」.
152) 그럼에도 불구하고 한국정부와 통감부가 이를 강력히 시행하려 하자, 진안군수 河圭一은 1906년 11월 22일 규칙의 시행에 따라 제기될 문제점을 검토 보고하였다. 즉 증명규칙 시행 전에도 외국인이 토지를 典執 탈점하고 헐가로 진황지를 구입하였다가 廣占 후 수리시설을 파괴하여 자기 땅에 물을 대기 때문에 한국인 소유의 옥토가 오히려 乾畓으로 변하여 인민이 유리 도산하여 세원이 없어지는 등 폐단이

은 이에 반발하여 조사를 이유로 고의로 증명을 늦추거나 해주지 않아[153]
일본인들의 권리행사를 어렵게 하였다. 조사과정을 저항수단으로 이용한
것이다.[154] 뿐만 아니라 실무담당자인 郡主事들이 증명시 수수료를 남봉
하는 사례도 발생하는 등[155] 규칙을 원활히 시행하는 데 여러 난관에
직면하고 있었다.

다섯째, 법령 상호간의 모순도 시행을 가로막는 한 요인이었다. 증명규
칙에서 외국인에 토지소유를 허용한 것은 형법대전 제9조 외국인에게
토지를 잠매한 자를 처벌하는 규정과 서로 모순되었다. 이 때문에 함북관찰
사 이하 각 군수는 형법을 폐지하기 전에는 증명규칙을 따를 수 없다고
정부에 건의하기도 하였다. 이에 통감부는 한국정부에 해당 도에 훈령을
내려 즉시 실시하게 하라고 강요하였다.[156] 당시 한국정부는 상위법과의
충돌을 문제삼을 처지가 못되었던 것이다. 또한 형법대전이나 조약과의
모순관계를 이용하여 일본인에게 토지나 가옥을 방매한 농민을 늑탈하는
지방관도 있었다.[157]

이러한 문제점으로 1907년 전반까지 시행이 매우 부진하였다. 이 영향은

많았는데, 그래도 이때는 소유권을 신청하면 조약을 근거로 거절할 수 있었다는
것이다. 그런데 이제는 이 같은 금지규정마저 없어져 전국의 토지가 이들의
손아귀에 들어가 인민이 생활을 보지하기 어렵게 되었다는 것이었다. 그러나
한국정부는 외국인 관계는 일본 이사관에 위탁하였으니 여기에 따르도록 하라는
지시만 내릴 뿐 속수무책이었다(『全羅南北道 來報』1906년 11월 22일, '質稟書
제1호' ;『各司謄錄(全羅道補遺編1)』, 국사편찬위원회, 53책, 1991, 83쪽).

153)『舊韓國官報』제4460호, 1909년 8월 21일, 969쪽.
154)『舊韓國官報』제3608호, 1906년 11월 12일, 16책, 1007쪽 ; 韓國不動産法調査會編,
「土地家屋證明規則要旨」, 앞의 책, 111쪽.
155)『皇城新聞』1907년 10월 25일, 「金海傳說」;『舊韓國官報』제4460호, 1909년 8월
21일, 「告諭」漢城府尹 張憲植, 21책, 969쪽 ;『皇城新聞』1906년 12월 12일, 「郡主
事銘心規則」.
156)『皇城新聞』1907년 3월 11일, 「統照法部」.
157)『皇城新聞』1909년 5월 29일, 「李郡守行政」.

토지거래만이 아니라 금융계까지 미쳤다. 家券이나 地券으로 전당할 수 없었기 때문에 부동산금융에 많은 지장을 초래하여 금융공황 사태에 직면한 것이다. 이에 경성상업회의소는 종전 방법대로 당분간 실행하게 하거나,[158] 이 법을 더 편리하게 시행할 수 있는 방법을 강구해 줄 것을 건의하기도 하였다.[159] 특히 한국 각지에서 부동산 금융을 이용하던 일본인은 시행이 부진하면 할수록 피해가 더 컸으므로 신속히 실행할 것을 강력히 요구했던 것이다.

한국정부와 통감부는 지방관에 수차례 훈령을 내려 강력한 실천의지를 표명하는 한편,[160] 실천방안도 다각도로 강구하였다. 부동산법조사회 직원을 각지에 파견하여 실태를 점검하고 독려하였다. 일본인이 토지를 왕성하게 집적하고 있던 경기, 삼남, 황해도를 대상으로 실시하였다.[161] 그리고 증명규칙의 내용과 현실조건의 차이를 고려하여 편리하게 시행할 수 있도록 지방마다 지침을 마련하기도 하였다. 특히 증명과정에서 가장 중요한 인증기구와 인증절차에 주의하였다.[162] 1907년 5월에는 외국인이 증명을 신청할 때의 처리방법에 대한 주의사항을 각 지방에 하달하였다.[163]

---

158) 『皇城新聞』 1907년 2월 21일, 「商所說明兩部」.

159) 『皇城新聞』 1907년 2월 27일, 「新規實施」.

160) 內閣 不動産法調査會에서는 1907년 3월 "郡守 府尹 등이 規則의 주지에 대하여 오해 또는 알지 못하였기 때문에 施行方에 遲疑했더라도 위로는 정부의 수 차례 훈령과 아래로는 증명을 받으려는 자의 자극에 의하여 각지 공히 점차 규칙의 요령을 知得하고 施行機關의 활동을 보기에 이르렀다. 지금 출장원이 돌아본 지방은 대저 20건 내지 50, 60건의 證明濟임을 보기에 이르렀다. 토지소유자는 규칙을 이용하여 충분히 은혜를 향수할 것을 바란다. 만약 군수 또는 부윤이 증명수속의 집행을 거부하는 등 부적합한 所爲가 있을 때는 속히 이사관 관찰사 또는 법부에 호소하여 救正을 구할 것"이라는 훈령을 하달하였다(韓國不動産法調査會, 「土地家屋證明規則要旨」, 앞의 책, 111~112쪽).

161) 토지가옥증명규칙의 시행실태조사에는 부동산법조사회의 일본인 위원들과 한국인들이 동원되었다(外事局, 「不動産法調査會案」).

162) 『皇城新聞』 1907년 2월 25일, 「證明規則施行」.

그러나 처리절차를 잘 마련한다 하더라도, 증명이 토지조사를 토대로 한 것이 아니었고, 근거자료도 불비하여 증명착오는 물론 때로는 소송까지 발생하였다. 더구나 그 책임은 조사를 소홀히 한 증명관리가 지도록 하였기 때문에,[164] 증명을 거절하는 일도 흔히 발생하였다.[165] 주무관청인 법부도 관찰사에게 훈령을 내려 혹시 착오가 일어나 나중에 책임을 지는 일이 발생하지 않도록 신중히 처리할 것을 지시하기도 하였다.[166]

이리하여 1907년 초반만 하더라도 성과가 대단히 미흡하였지만, 1908년 소유권증명규칙이 발포되고 관리체제가 자리를 잡아감에 따라 활용도가 높아지고 있었다.[167] 증명제도가 자리를 잡아간다는 것은 일본인들의 토지집적과 한국농민들의 토지상실을 의미하였다.[168] 여기에 위기감을 느낀 농민들은 대책을 강구하지 않으면 안되었다. 농업주식회사 설립이 한 예였다. 金海郡에서는 군민 천여 명이 군내의 방매토지가 일본인 손에 들어가지 않게 사전에 매수하여 농작에 힘써 생존을 기도할 목적으로 주식회사를 설립하고 있었다.[169] 密陽에서도 이러한 사업이 추진되었다. 密陽民들은 "일본인이 촌락에 들어와서 농업경영을 하면 대개 공유 수리를 壟斷하여 한인의 관개를 방해하여 농사를 망치게 하기 때문에 이를 막기 위해서" 회사를 설립한다고 하였다.[170] 농업경영에서는 토지도 문제였지만, 일본인들은 '多勞多肥的 明治農法'을 이용하였기 때문에 많은 물을 필요로 하여 기존 수리체계를 자기 위주로 재편해 갔던 것이다. 한국농민들의

163) 『皇城新聞』 1907년 5월 4일, 「法訓各道」.
164) 『皇城新聞』 1907년 7월 12일, 「證明錯誤起訴」.
165) 『皇城新聞』 1907년 8월 10일, 「不動産法頒布」.
166) 『皇城新聞』 1907년 7월 17일, 「證明實施訓飭」.
167) 『皇城新聞』 1908년 10월 5일, 「疑問답복」.
168) 『皇城新聞』 1906년 12월 31일, 「典土謀債」.
169) 『皇城新聞』 1910년 3월 13일, 「金海郡의 農業株式會社」.
170) 金正明 編, 앞의 책 6(上), 447쪽.

피해가 가중된 것이다.

농민들은 證明簿를 멸실시키거나 소실시키는 방식으로 저항하기도 하였다.[171] 이러한 사태로 시행이 어려워지자 일제는 1907년 12월 27일 토지가옥증명규칙중 개정건을 공포하고 여기에 대처하였다.[172] 개정 요점은 증명부가 멸실되었을 경우 법부대신이 기한을 정해 증명을 다시 받도록 하여 증명 효력이 중단되지 않도록 하는 데 있었다. 증명부 소실사태는 이후에도 여러 차례 발생하여 官報에 재증명 공고가 여러 차례 나가고 있다.[173] 이러한 노력에도 증명부 기재의 오류나[174] 위조문기 문제는 여전하였지만,[175] 증명규칙의 이용도는 1907년 하반기부터 급증하여 1910년경에는 초기의 2~3배 수준에 달하였다.[176] 이것은 일본인들의 손길이 그만큼 거세지고 있음을 말해주는 것이었다. 이에 따라 관습적으로 실제 소유자임이 분명하더라도 이를 증명할 증거서류가 없거나 불분명할 경우 소유권을 박탈당할 가능성이 상존했으며, 실제 발생하고도 있었다.[177]

171) 『皇城新聞』 1910년 3월 20일, 「證明執行期限」 ; 『皇城新聞』 1910년 5월 4일, 11쪽, 「再出證明」.
172) 『舊韓國官報』 제3758호, 1907년 12월 27일, 17책, 428쪽, 「勅令 제77호」.
173) 「法部告示 第6號」(『舊韓國官報』 제4141호, 1908년 7월 5일, 19책, 820쪽)에 咸鏡南道 文川郡 三水郡 江原道 楊口郡 京畿道 朔寧郡 등에 재증명 공고를 하고 있다.
174) 『皇城新聞』 1910년 1월 29일, 「證明紙의 胡亂」.
175) 『皇城新聞』 1910년 3월 22일, 「朴氏所爲」.
176) 統監府, 『統監府統計年報』, 각년판.
177) 『皇城新聞』 1907년 12월 11일, 「民有田土盜買의 弊」 ; 同 1907년 12월 10일, 「奸吏의 盜買民有土地」. 경남지역의 민유지 황무지에 일본인들이 대단히 많이 들어오고 있으며, 간리와 협잡배가 일인과 합작하여 황무지 개간이라는 명목으로 민전을 密賣 偸賣하는 경우가 많다는 점, 이러한 일은 낙동강유역 뿐만 아니라 영산강, 금강, 재령강, 대동강 유역에 걸쳐 공통적으로 널리 일어나고 있었다는 점, 농민들은 관에 고소하는 한편 대책마련도 요구하였으나 지방관들은 일제의 위세에 눌려 오래 전에 기간된 민전으로 소유권을 확인해 주지 못하고 있다는 점, 그리고 때로는 증거 불충분이라는 이유를 들어 오히려 일본인에 증명을 해주고 있으며, 농민들이 지대지불을 거부할 경우에는 순검을 파견하여 도조징수의 편의를 제공

증명규칙은 사실조사주의에 근거하였지만, 근거자료가 어떤 것이지 신청자가 누구인지가 증명과정에서 중요한 판단기준이었다. 일반 지역도 문제는 있었지만, 일본인 주 침투지역에서 많은 문제가 발생하였다. 매매 문기나 관문서 등으로 명확한 증거를 제시할 수 없는 토지는 증명관계자를 포섭하는 방식으로 점탈하기도 하였다. 개간한 민전이나, 鄕校畓,[178) 院畓 堤堰,[179) 국유지 등 공유적 성격을 갖는 토지에서 이러한 일이 일어날 확률이 높았다.[180)

이상에서 증명제도는 일본인이 주로 이용했지만, 토지거래 때마다 이용한 것은 아니었다. 주로 토지소유권 증빙자료가 불충분하여 소유권을 분명히 입증하기 어렵다고 판단되거나 강권적으로 토지를 확보할 필요가 있을 경우 등에 이용되었을 것이다.

2) 이용주체와 실태

다음으로는 규칙의 시행실태와 그 이용주체를 통계자료를 통해 살펴봄으로써 당시 토지상품화의 전반적인 성격을 검토해보기로 하자.

<표 3>, <표 4>에서 규칙의 이용빈도는 1907년 하반기부터 급증하기 시작하여 1910년에 이르면 2~3배나 증가하였다. 1910년 한해만 해도 所有權 보존증명을 제외하고 6만 건이나 되었다. 1907년 하루 100여 건 미만이던 이용건수가 1910년에는 200건 정도로 증가하고 있었던 것이다. 항목별로는 매매가 70% 이상을 점하였고, 20% 정도가 전당이었다. 소유권보존도 1909년까지는 얼마 안되었으나, 1910년도에는 3만 건이나 되었다. 1911년

해 주는 일이 벌어지고 있다는 점 등을 지적하고 있다.

178)『皇城新聞』1908년 5월 28일,「暗賣發覺」.
179)『皇城新聞』1908년 4월 24일,「勸告正當」.
180)『皇城新聞』1908년 4월 23일,「晋州不法」;同 1909년 9월 18일,「土地帳簿整理法」.

에는 총 12만 건으로 활용도가 놀라울 정도로 급증하였다.

<표 3> 토지가옥증명규칙 취급건수

년도	賣買	贈與	交換	典當	保存	계	登記	총계
1907	10,205	32	6	3.262		13,504	940	13,518
1908	28,239	566	12	10,282	451	39,550	1,500	39,739
1909	32,811	1,416	29	9,532	7,917	51,705	1,101	52,731
1910	47,740	1,820	57	9,889	29,860	89,366	1,581	91,414
1911								121,029

비고 : 1906년 12월~1907년 6월 계수는 조사 缺.

자료 : 統監府, 『統監府統計年報』, 각년판 ; 朝鮮總督府, 『朝鮮總督府施政年報 1912』, 51쪽.

<표 4> 일본인의 규칙 이용실태 (단위 : 坪)

도별	水田	%	田	합	%	소유자	평균면적 (町步)
경기	2,327,940	70	987,789	3,315,729	9	127	9
충남	2,021,120	64	1,147,348	3,168,468	9	59	18
충북	64,140	30	149,900	214,140	1	18	4
전남	2,950,000	86	500,000	3,450,000	10	85	14
전북	3,364,785	83	704,445	4,069,230	11	95	14
경남	2,221,480	12	15,664,020	17,885,500	50	532	11
경북	1,142,600	48	1,216,048	2,358,648	7	130	6
강원	1,200	12	9.160	10,360	0	2	2
황해	58,200	8	645.480	703,680	2	9	26
함남	10,000	54	8,500	18,500	0	20	0.3
함북	8,500	61	5,400	13,900	0	5	1
평남	15,200	8	185,000	200,200	1	32	2
평북	10,331	8	123,413	133,744	0	22	2
계	14,195,596	40	21,346,503	35,542,099	100	1,136	10

비고 : 1. 각 군수 증명보고한 것(1907년 분).

  2. 실재 일본인의 매수지에 비하여 월등히 적다.

자료 : 度支部司稅局, 「韓國의 土地에 關한 調査」, 1908, 9~11쪽.

취급건수의 증가는 토지거래액의 증가를 의미하였다. 1907년 하반기

500만 원 정도였던 것이 1911년에는 3천 6백만 원을 넘어설 정도로 크게 증가한 것이다. 이를 당시 토지평균가로 계산하면 18만 정보에 달하는 광대한 면적이었다. 수수료도 1907년 하반기 1만 3천 원에서 1911년도에는 11만 원으로 10배 정도로 급증하였다. 증명의 활용도가 급속히 증가하였다.[181]

증명규칙 이용의 활성화는 곧 일인들의 토지집적으로 나타났다. 이들은 정치적 위세를 뒤에 업고 규칙을 잘 활용하여 토지를 광점해 간 것이다. <표 4>에서 이들이 차지한 토지는 전국을 포괄하였는데, 특히 한성부의 시가지와[182] 삼남 일대에 집중적인 경향을 보이고 있다. 이에 따라 이 지역에서는 지가가 급등하고, 농민들의 방매도 심각히 전개되어 갔다.[183]

이용실태는 일본인의 실재 토지소유와 큰 차이가 있었다. 1907년 전남은 일본인 소유지는 水田 1,158.6만 평, 田 1,738.2만 평, 합계 2,896.8만 평(9,656 정보)이었으며, 전북은 3,900만 평(1만 3,000정보)에 달하였다. 전체의 약 10% 정도만 규칙을 이용하고 있었던 셈이다. 총면적에서는 매득지 5만 정보에 증명지 1만 1,847정보로 24%의 증명률을 보이고 있었다.[184] 이같이 이용률이 낮은 것은 잠매토지가 초기에는 증명대상이 아니었다는 점도 있었지만, 그보다는 소유권이 분명한 토지를 구입할 경우에는 수수료를 부담하면서까지 규칙을 이용할 필요가 없었기 때문일 것이다. 증명받은 토지는 소유권이 불안정하여 증거력을 확보할 필요가 있는 토지나 금융기관의 담보로 제공한 토지가 주류를 이루었을 것으로 판단된다.

---

181) 규칙의 연도별 취급건수와 거래액은 朝鮮總督府, 『朝鮮總督府施政年報』, 1911, 52쪽 참조.
182) 『皇城新聞』 1908년 1월 19일, 「日人買土調査」.
183) 『皇城新聞』 1907년 12월 28일, 「爭頭入港」.
184) 度支部司稅局, 「韓國의 土地에 關한 調査」, 1908, 8~11쪽. 이 면적은 육해군의 매수지 점령지, 철도관리국이 관리하는 토지 등은 계산에서 제외한 것이다.

일본인들이 증명을 근거로 토지 확대를 도모할 수 있었던 것은 그만한 이유가 있었다. 당시 사유지는 舊券으로 거래하거나 소유권을 증명하는 것이 상례였다. 때문에 舊券이 없을 경우, 토지분쟁이 발생하면 문서로서 소유자임을 증명한다는 것은 매우 어려웠다. 이때 증명을 통해 관습적 소유권을 박탈당하는 일이 종종 발생하기도 하였다.[185] 증명은 강권적 토지 확대의 좋은 방편이었던 것이다.

민족별 증명이용 실태를 보면 이러한 현상이 두드러지게 나타난다. 전북 옥구군 서수면 土地登記簿를 통해 살펴보기로 하자.

<표 5> 瑞穂面「土地證明簿」 원인별 등록실태(土地家屋證明規則과 證明令)

년도	보존				매매				합	
	두락	%	평	%	두락	%	평	%	두락	평
1908	29.5	3	715	1	901.0	97	111.972	99	930.5	112.687
1909	292.6	40	58.036	37	445.6	60	96.868	63	738.2	154.904
1910	74.1	36	13.933	32	134.0	64	29.009	68	208.1	42.942
1911	734.9	93	107.459	89	56.5	7	12.637	11	791.4	120.096
1912	314.2	96	67.667	98	12.0	4	1.641	2	326.2	69.308
1913	46.8	67	9.754	69	23.0	33	4.445	31	69.8	14.199
1914	476.8	74	95.916	73	170.2	26	36.066	27	647	131.982
1915	258.2	39	55.211	43	396.2	61	73.765	57	654.4	128.976
1916	282.6	70	54.010	69	120.5	30	23.740	31	403.1	77.750
1917	8.0	100	2.109	100		0		0	8	2.109

<표 5>에서 증명부 등록실태는 1908년도와 1909년도에 최대의 수치를 보이고 있다.[186] 1912년 조선부동산증명령 발효 이후에는 그전보다 그다

---

185) 김해군에서는 4개 면민이 소유한 수만 두락을 협잡배가 관증명을 얻어 일인에 典執하고 도주한 사건이 발생하였다. 일인들이 해당 토지에 木標를 遍揷하자 일반민들이 대분쟁을 일으켰다. 이 분쟁은 관헌의 壓伏으로 일시 鎭穩되고, 법부 관찰도 법무원에 소하였으나, 승소하지 못하였다. 도리어 도와 부에서는 訓飭으로 증명에 대해 지방관청에 유질 인증을 발급해주도록 하였다(『皇城新聞』 1910년 2월 26일, 「金海郡 土地事件」).

지 많은 건수는 아니지만 증명두락 수가 일정한 폭으로 증가하고 있었다. 이를 매매와 보존으로 나누어 살펴보면, 매매는 1910년대 이전에 높았던 데 비해, 소유권보존은 증명령 발효 직전부터 급증하는 양상을 보여준다. 그것은 일제가 한국을 완전 강점했다는 정치적 요인도 있었지만, 증명령의 증명은 규칙과 달리 제3자 대항권을 인정해 줌으로써 그 권리를 총독부로 부터 보호받을 수 있었기 때문이었다. 이외에도 증명령 이후에는 등록세가 더 높았다는 점, 그리고 일제가 강점하면서 지급한 임시은사금 退官賜金이 토지매매자금으로 사용된 데도 있었다.[187] 당시 등록이 급증하자 부군청에서 이를 처리하지 못하여 매매에 장애를 가져와 상업회의소와 도장관 총독부가 처리대책을 강구할 정도였다.[188]

이렇게 볼 때 규칙은 불안정한 토지소유를 안정화시키는 데 많이 이용되었으며, 강점 후에는 증명방식이 토지거래에서 당연한 과정이라는 인식이 서울지역부터 점차 확산되어 간 것으로 이해된다.[189]

<표 6>은 일본인과 한국인의 연도별 증명 이용실태이다. 1914년 이전에는 주로 일본인이 이용하였고, 한국인은 1913년 이후부터 이용이 급증하였다. 면 전체토지 중 증명토지는 극히 적었지만, 그중에서도 일본인이 증명률이 높았던 것은 이 같은 이유 때문이었으리라 판단된다.

---

186) 옥구군 서수면의 증명실태에 대한 전모는 알 수 없으나, 현존하는 瑞穗面土地登記簿를 통해 등기실시 이전의 증명실태를 어느 정도 파악할 수 있었다. 증명규칙에 의한 장부는 임피면 土地證明簿나 土地證明臺帳, 土地證明簿, 舊土地證明簿 등으로 기재하였으며, 조선증명령에 의한 장부는 瑞穗面 甲土地證明簿, 乙土地證明簿, 臨陂面 乙土地證明簿로 기재하였다. 이러한 기록방식을 검토하여 증명 실태를 어느 정도 파악할 수 있었다.

187) 『每日新報』1911년 9월 10일, 2책, 450쪽,「不動産證明激增」; 同 1911년 10월 31일, 2책, 622쪽,「不動産證明 激增」.

188) 『每日新報』1911년 11월 18일, 2책, 682쪽,「證明事務澁滯와 請願」; 同 1911년 11월 21일, 2책, 689쪽,「證明事務와 商會」.

189) 每日申報」, 1911.9.10, 2책, 450쪽. ; 9.14, 462쪽. ; 10.31, 622쪽. ; 12.8, 747쪽.

전당은 <표 5>에서 볼 때 취급건수가 적지 않았다. 그러나 서수면 등기부에는 소유권이동은 상당히 많았으나, 전당은 없고 경매도 2차례밖에 보이지 않았다.190)

<표 6> 瑞穗面 土地證登記簿 국적별 등록실태

년도	일본인						한국인						합		
	필지	%	두락	%	평	%	필지	%	두락	%	평	%	필지	두락	평
1908	211	100	925	99	111972	99	1		6	1	715	1	212	931	112687
1909	82	100	738	100	154904	100							82	738	154904
1910	51	94	180	87	36480	85	3	6	28	13	6462	15	54	208	42942
1911	112	100	791	100	120096	100							112	791	120096
1912	45	100	326	100	69308	100							45	326	69308
1913	4	33	23	33	3860	27	8	67	47	67	10399	73	12	70	14259
1914	95	61	369	57	76388	58	62	39	281	43	55594	42	157	650	131982
1915	157	87	569	86	106021	81	24	13	95	14	24982	19	181	663	131003
1916	22	32	135	33	22800	29	47	68	271	67	54950	71	69	406	77750
1917							4	100	8	100	2109	100	4	8	2109

정확한 이유는 알 수 없으나 서수면이라는 좁은 지역이라는 점과 금융기관이 이러한 농촌지역까지 포괄한 단계가 아니라는 점을 고려할 때 일면 수긍이 가기도 한다. 전당은 도회지에서 금융기관이 상인에게 대부할 때 주로 이용하였다고 생각된다. 서수면 같은 농촌지역에서는 고리대자본이 증명보다 종전대로 사문기에 의한 유질계약을 주로 이용한 것으로 보인다.

이같이 증명은 주로 일본인 지주 자본가들이 불안정한 소유권과 전당권을 확보하기 위한 방책으로 이용한 것으로 보인다. 초기에는 이용률은 낮았지만, 일본인들이 투자기반을 조성하는 데 유리한 방책이라는 효과가 입증되면서 건수가 대폭 증대하고 이들의 주거점지역에서 이용도가 높았

---

190) 서수면의 경매실태를 보면 1914년 3두락, 1915년 3두락이 경매신청되고 있었으며, 1916년는 9두락이 경매에서 낙찰되고 있었다.

다. 1908년 소유권증명규칙이 발효되는 시점에 이르러 정착단계에 들어갔다. 그럼에도 불구하고 도매나 사기거래는 여전하였다. 일본인들의 토지소유를 확대하여 침략기반을 조성하는 데 초점이 모아지면서 토지조사과정이 다음 순위로 밀렸기 때문이었다. 안정적인 토지상품화 조건을 마련하는 일은 부차적인 문제였던 것이다.

이 단계 일본인들은 자본력이 미약하여 투자활동에서 지역적 제한성을 보였다. 따라서 먼저 근거지를 확보한 다음 토지투기에 나섰으며,191) 이러한 점을 고려하여 규칙도 향촌단위의 유통권을 전제로 마련하였다. 이러한 초기적 투기단계를 넘어 투자범위가 전국적으로 확장되면서는 국가적 차원에서 부동산권을 전국단위로 관리할 수 있는 체제를 수립하는 것이 당면과제로 등장하였다.

5. 맺음말

국가가 소유권과 용익권을 중심으로 한 不動産權의 한계를 정하고 모든 토지의 형태와 가치를 측정하고 해당 권리자를 확정, 장부에 기록하여 그 후의 변동까지 체계적으로 관리하는 '근대적' 토지권 관리제도=등기제도를 완비하기 위해 대한제국은 토지조사사업을 수년간 지속적으로 시도한 바 있었다. 이 사업은 근대국가체제를 수립 유지하는데 근간이 되는

---

191) 度支部司稅局, 「韓國의 土地에 관한 調査」, 1908, 14~16쪽에서는 "지금 日本人이 토지를 매수하는 수속의 순서……먼저 文記가 위조인지 아닌지를 조사하고 다음으로 현지주로부터 전지주, 전전지주에 소급하여 조사를 하고 實地를 답사하여 경계지위 地味를 조사하고 近隣 또는 촌락의 신용있는 자에 취하여 이를 조사하여 확실하다고 인정한 후 비로소 이를 매수하여야 한다.……일본인이 토지를 매수하는 자는 대개 근거지를 정하고 그 부근으로 자기 세력범위로 하고 각자 일정한 장소에서 買收에 노력할 것"이라 하였다.

사업이며, 그 질적 내용은 국가의 지향을 보여주는 것이기도 했다. 그러나 사업은 예정대로 완료되지 못하고 중단되었다. 러일전쟁의 소용돌이 속에 일제의 강압으로 좌절된 것이었다. 일제의 한국지배 목적에 반하는 것이었기 때문이었다. 특히 외국인 소유금지와 경작권 보호라는 원칙이 문제가 되었다.

한국정부는 을사조약 이후 반강점이라는 조건 속에서도 중단된 量田을 다시 계획하는 한편, 이에 짝하는 토지법으로 1906년 7월 不動産權所關法을 기안하였다. 이 법안은 외국인의 부동산소유금지와 지권발행, 등기제도 등을 내용으로 하는 국가의 부동산권 관리제도였다. 또한 賃租權의 등기규정도 마련하여 경작권과 그밖의 용익권도 법률적으로 보호하는 조치를 취하였다. 대한제국의 토지조사사업의 이념을 반영한 법률안이라 할 수 있었다. 이 법안은 伊藤博文의 반대로 몇 차례 조정과정을 거쳐 10월 16일 법률 제6호 土地建物의 賣買 交換 讓與 典當에 관한 法律로 발포되었지만, 제대로 시행되지 못하고 곧 사문화되고 말았다. 이 법은 부동산권소관법과 달리 임조권은 제외하고 소유권 위주로 마련한 것이지만, 외국인 토지소유금지를 기본으로 하기 때문에 기생지주제를 이식시켜 한국을 지배하려 한 일제가 받아들일 수는 없었던 것이다. 그 대안으로 일제가 강요한 법이 '토지가옥증명규칙'이었다.

일제의 토지법 제정작업은 한국민의 저항정도와 그들의 지배역량에 따라 단계적으로 추진되었다. 토지가옥증명규칙은 일제가 한국 강점지배의 사회경제적 기초를 확립하기 위하여 취한 법제화 작업의 첫 단계 조치였다. 이 규칙은 종래의 관행적인 거래질서에 관이 거래계약을 증명하여 공적 증거력을 제공해주는 조치였다. 등기제도와 달리 제3자 대항권이 결여된 것이었다. 구래의 토지소유를 배타적 권리로 인정한다는 전제 아래, 부동산거래시 발생하는 盜賣, 偸賣 등을 막아 일본인의 안정적 거래를 겨냥한 것이었다. 그러나 이 단계에는 한국인의 저항을 우려하여 잠매토지까지 합법화시키지는 못하였다. 일제의 기본 목표는 국적에 차별없는 토지소유를 전제로 전국토를 조사하고 등기제도를 실시하는 데 있었지만, 이렇게 할 경우 잠매토지까지 부정당하여 지배의 기초를 상실할 우려가 있었기 때문에 증명제도에 만족하였던 것이다.

이러한 점은 토지가옥증명규칙을 보완하기 위해 마련한 토지가옥전당집행규칙과 토지건물소유권증명규칙에서 더욱 분명히 드러났다. 전자는 일인 고리대자본과 금융자본이 자금대부를 통해 안정적으로 토지투기를 할 수 있도록 한 법적 조치였다. 특히 유질계약을 인정하여 별도의 절차 없이 상환하지 못한 토지를 즉시 차지할 수 있었던 것이다. 후자는 소유권의 존재를 관이 증명해 주는 조치였다. 이것으로 잠매토지는 물론 국유지 불하토지 등 모든 토지의 소유권을 증명받을 수 있게 되어 일본인은 한국인과 차별 없이 어떠한 토지도 확보할 수 있게 되었다.

증명제도는 불안정했던 일본인들의 소유권에 안정성을 부여하는 데 일정한 기여를 하였다. 그렇지만 관행적 거래방식의 문제점은 거의 그대로 안고 있었다. 일본인들을 위한 임시변통책일 뿐 궁극적 해결책은 아니었다. 자유로운 자본 척식을 유도하는 제도적 장치로서는 한계를 가지고 있었다. 盜買나 詐欺거래는 여전히 제거할 수 없었다. 제3자 대항권도 없었으므로, 국가로부터 재산권을 보장받는 것도 아니었다.

증명제도의 운영도 기존 지방행정조직과 최하 단위의 자치조직을 근간으로 사실조사주의를 바탕으로 한 것이었다. 이것은 지역단위에 제한된 토지유통권에 기초한 관행적 거래질서를 근본적으로 벗어난 것은 아니었다. 당시 토지상품화 수준을 반영하지 못한 것이었다. 그럼에도 불구하고 일제가 증명제도를 택할 수밖에 없었던 것은 당시 아직 향촌을 직접 장악하지 못했다는 지배력의 한계, 기본적으로는 토지조사의 여건을 마련하지 못한 데 있었다. 여기서 일제는 일본인의 토지소유를 합법화하고 합법적 강제라는 방법을 동원하여 토지를 확대하여 추후 공인하려할 의도 아래 이 제도를 강행한 것이다. 증명과정에서 사실조사주의를 도입한 점도 이와 무관하지 않은 것이다.

이러한 점을 고려하여 일제는 한국을 강점하면서 지방제도 개편을 통해 행정기구를 장악하고, 일인들의 토지유통권을 전국적으로 확대하기 위한 기반으로서 부동산권에 대한 '근대적' 국가관리체제를 수립하는 작업에 나서게 된 것이다. 1910년 强占을 계기로 추진한 제반 立法事業과 土地調査事業이 그것이었다. 즉 증명제도는 일제가 한국에 대한 전면적 지배체제 구축을 위한 제도화 작업의 사전 작업적인 성격을 띠는 것이라 할 수 있을 것이다.

[부록 1] 法律 第   號 不動産權所關法[192]

제1조 本法은 人民이 所有한 不動産의 賣買 質入(原語 典當)賃貸(賃租) 讓與등
에 관한 規則을 定한 것이다.

제2조 本法에 不動産이라 稱하는 것은 畓 田(전) 山林 川澤 기타의 土地와
家屋 기타 土地의 定着物을 말한다.

제3조 不動産을 賣買 典當 賃貸 또는 讓與할 때는 所有主는 확실한 地券으로
事由를 明記하고 그 所在地의 里長과 面長의 證印을 받는 것을 添附하고,
該 地方 郡守 或은 府尹 或은 監理에 請願하여 認許를 받아야 한다.
但 京城에서는 統首의 證印을 받은 것을 첨부하고 漢城府에 請願해야
한다.

제4조 前條의 請願書를 提出할 때는 左記 事項을 記入하고 各 當事者及保證人
이 捺印해야 한다.

1. 不動産所在地名

2. 四標(境界)及 字號 卜數 或은 間數 步數

3. 賣價 或은 賃金 或은 貸金의 額

4. 不動産이 다른 質入 或은 賃貸할 경우에는 그 事由

5. 年 月 日

6. 當事者及 保證人의 住所 姓名

제5조 當該官은 登記簿를 作成하고 제 3조의 請願을 認許할 때마다 前條의
事項을 ――이 記入해야 한다.

제6조 登記簿를 永久보존하고 閱覽을 請求하는 者에 대하여는 許示해야한다.

제7조 賣買 讓與 質入 혹은 賃貸 등의 事項이 消滅할 時는 제 3조及 제 4조의
規則에 準하여 登記의 取消를 請求해야 한다.

제8조 當該官은 前條의 請願을 받고 錯誤없다고 認定할 때는 그 事由를 明記하
고 登記를 取消해야 한다.

제9조 家族의 別有不動産으로서 第3條의 사항을 行하려할 때는 該 戶主가
署名 捺印한 許可狀을 얻어야 한다.

제10조 共有不動産으로서 제3조의 사항을 行하려할 때는 共有者 3분의 2이상
의 合意로서 可決하고 委任者를 選定한 後 該證憑을 添付해야 한다.

제11조 前條의 合意에 同意하지 않는 共有者는 자기 부분의 分割을 요구할

수 있다. 但 分割의 請求를 받은 共有者는 相當한 價額을 代償할 수 있다.

제12조 제3조 제4조 제9조 제10조의 規則에 위반하는 자는 當事者는 笞五十에 處하고 保證人은 1等을 減한다. 그리고 虛僞의 事實을 記入하는 者는 각 一等을 加하고 該 事項은 無效로 한다.

제13조 正當 所有主아닌 자로서 詐冒하여 證印 或은 認許를 받으려는 者는 左記에 의하여 處分하고 保證人은 一等을 減하고, 該事項은 無效로 한다.

　　1. 證印에는 笞 七十

　　2. 認許에는 笞 一百

　　遂行하여 取財한 者는 그 贓을 計하여 詐欺取財律로서 處斷한다.

제14조 前二條에 의하여 無效로 돌아갈 경우 不正의 사실 없다고 확인된 當事者와 제3자에 대하여 그 損害를 賠償한다.

제15조 제13조의 所爲를 알고 買受하거나 質에 取하고 或은 賃借하고 或은 讓受한 者는 犯人과 同罪에 處한다.

제16조 統首 里長 또는 面長으로서 제13조의 所爲를 알고 證印을 捺한 者는 犯人의 罪에 一等을 減하고 調査에 失錯한 자는 二等을 減한다 하더라도 笞一百을 超過할 수 없다. 但 受財한 贓額이 本罪보다 重한 者는 枉法律로서 處斷한다.

제17조 當該官으로서 제13조의 所爲를 알고 認許한 자는 犯人과 同罰에 處하고 調査에 失錯한 者는 二等을 減하더라도 禁獄 一個月을 超過할 수 없다. 但 取財한 贓額이 本罪보다 重한 자는 枉法律로서 처단한다.

제18조 許與해야할 證印 認許 登記 또는 登記取消를 怠慢한 統首 里長 面長 當該官은 各笞三十에 處한다. 그리고 故意로 故障을 挾한 者는 各二等을 加한다.

　　前項의 所爲로서 取財한 者는 笞一百에 處하고 取財한 贓額이 本罪보다 重한 者는 不枉法律로서 處斷한다.

제19조 正當한 理由없이 登記簿 閱覽을 拒絶하거나 妨害한 者는 笞 四十에 處한다.

제20조 登記簿를 僞造한 者는 懲役 七年에 處하고 不正記入하거나 變改한 者는 二等을 減한다.

제21조 怠慢 또는 過失로부터 登記簿를 喪失하거나 毁損한 자는 笞六十에 處하고 故意로 喪失 又는 毁損 或은 隱匿한 者는 懲役 三年에 處한다. 但 保管者가 前項의 處爲를 行하는 者는 一等을 加한다.

제22조 前二條의 所爲로 因하여 取財한 者는 贓을 計하여 그 贓額이 本罪보다 重한 者는 枉法律로서 處斷한다.

　　[附則]

제23조 不動産에 關하여 本法에 規定이 없는 것은 現行法令에 依한다.

제24조 本法은 本年　月 日로부터 施行한다.

[부록 2] 法律 第 號 土地建物의 賣買 交換 讓與 典當에 關한 法律[193]

제1조 土地 又는 建物의 所有者가 土地 또는 建物을 賣却 讓與하거나 交換의 目的 或은 典當할 때는 契券과 그 사유를 具明한 書面을 土地 또는 建物의 所在地의 里長 또는 面長에 提出하여 證印을 받은 後 이를 郡守 府尹 又는 監理에 提出하고 認許를 얻어야 한다. 但 京城에서는 統首의 證印을 받은 後 漢城府尹의 認許를 받아야 한다.

제2조 前條의 書面에는 左의 事項을 記入하고 當事者와 保證人이 捺印해야 한다.

　1. 土地 또는 建物의 소재지

　2. 土地 또는 建物의 敷地의 四標 字號와 卜數 間數 또는 步數

　3. 賣價 交換物 또는 債權의 표시

　4. 土地 또는 建物이 旣이 典當 또는 賃租의 目的이 되었을 때는 그 事由

　5. 年 月 日

　6. 當事者와 保證人의 住所 姓名

제3조 土地 또는 建物의 所有者가 契券을 所持하지 않았을 때는 그 事由를 제1조의 書面中에 記載해야 한다.

제4조 郡守 府尹及 監理는 登記簿를 製하여 두고 제1조의 認許를 받으려할 때는 卽時 제2조의 사항을 登記簿에 記入해야 한다.

제5조 登記簿를 閱覽하려는 者가 있을 때는 郡守 府尹 又는 監理는 이를 許해야 한다.

제6조 賣買 交換 讓與 또는 典當이 無效가 되거나 또는 效力이 消滅할 때는 當事者는 遲滯없이 登記의 消滅을 請求해야 한다. 이 경우 郡守 府尹 또는 監理는 事實이라고 認定될 때에 限하여 抹消登記를 해야 한다.

193) 金正明篇, 앞의 책 6(上), 345~348쪽.

제7조 제4조와 前條의 規定에 의하여 登記해야할 事項이 登記되지 않았을 때는 이로서 제3자에 對抗할 수 없다.

제8조 土地 또는 建物의 共有者가 그 土地 또는 建物을 賣却 讓與하고 또는 이를 交換의 目的 或은 典當을 하려할 때는 제1조의 書面에 連印하고 또는 一人 혹은 數人에 委任하여 捺印할 것을 요한다.

共有者가 一人 또는 數人에 捺印을 委任한 경우에는 委任狀을 添附할 것을 요한다.

제9조 土地 또는 建物의 賣買 交換 讓與 또는 典當에 대하여 共有者의 協議調않 될 때는 각 共有者는 分割을 請求할 수 있다. 이 경우 다른 共有者는 時價를 提供하고 그 者의 持分을 買取할 수 있다.

제10조 土地 또는 建物의 賣買 交換 讓與 또는 典當에 대하여 所有者가 相對方에게 不實한 事項을 믿게 했을 때는 保證人과 連帶하여 損害賠償의 責任이 있다.

제11조 里長 面長 郡守 府尹 또는 監理가 故意 또는 重大한 過失로 所有者가 아닌 者의 請求에 기초하여 證印 또는 認許를 이유 없이 拒否하고 登記를 怠하고 不實한 登記를 하거나 또는 登記簿의 閱覽을 拒否할 때 이로 因하여 損害를 받은 者에 대하여 損害를 賠償할 責任이 있다.

제12조 當事者 保證人 里長 面長 郡守 府尹 또는 監理가 惡意로 前二條의 行爲를 했을 때는 笞三十乃至一百에 처한다. 但 刑法各本條에 비추어 處斷하는 것을 妨害하지 않는다.

제13조 惡意로 登記簿를 喪失 毀損 또는 隱匿한 자는 懲役 1년 乃至 5년에 처한다.

登記簿의 保管者가 前項의 所爲를 할 때는 一等을 加한다.

[附 則]

제14조 本法은　年　月 日로 부터 시행한다.

[부록 3] 法律 제6호 土地建物의 賣買 交換 讓與 典當에 關흔 法律[194]

제1조 土地나 建物을 賣却 讓與흐거ᄂ 交換 혹은 典當코져홀 時는 所有者가 契券及 其 事由를 書面에 具明흐야 土地ᄂ 建物의 所在地의 里長及 面長에

---

194) 서울대학교 도서관, 『詔勅 法律』(奎章閣 資料叢書), 1991, 688~690쪽.

게 其 證印을 受혼 後에 郡守 府尹에 提出ᄒ야 其 認許를 得홈을 要홈.
但 京城에는 統首의 證印을 受혼 後에 漢城府尹의 認許를 得홈을 要홈.

제2조 前條의 書面에는 左開事項을 記入ᄒ고 當事者及 保證人이 捺印홈을
要홈.

　1. 土地ᄂ 建物의 所在地

　2. 土地ᄂ 建物種類及 坐地의 四標 字號及 卜數 間數ᄂ 步數

　3. 賣買 交換物이ᄂ 債權의 表示ᄂ 讓與의 事實

　4. 土地ᄂ 建物이 임의 典當이ᄂ 賃租目的된 時ᄂ 其事由.

　5. 年 月 日

　6. 當事者及 保證人의 住址 姓名

제3조 土地ᄂ 建物의 所有者가 契券을 持치아니혼 時ᄂ 其 事由를 第1條의
書面中에 記載홈을 要홈.

제4조 郡守 府尹은 登記簿를 製置ᄒ고 제1조의 認許를 行혼 時ᄂ 直히 제2조의
事項을 其 登記簿에 記入홈을 要홈.

제5조 登記簿를 閱覽코져ᄒᄂ 자 有홀 時ᄂ 郡守 府尹이 閱覽을 許可홈을
要홈.

제6조 賣買 交換 讓與ᄂ 典當이 無效되거ᄂ 又 其 效力이 消滅홀 時ᄂ 當事者ᄂ
遲滯없이 登記의 消滅을 請求홀 것을 要홈. 前項의 境遇에ᄂ 郡守 府尹은
其事實이 有홈으로 認혼 時에 限ᄒ야 抹消登記를 行홈을 要홈.

제7조 제4조及 前條에 規定을 依ᄒ야 登記홀 事項이 登記치아니홀 時ᄂ 제3자
에게 對抗홈을 得지 못홈.

제8조 家屬이 령有혼 土地나 建物로 제1조의 事項을 行홀 時ᄂ 該戶主의
許可를 得홈을 要홈.

제9조 土地ᄂ 建物의 共有者가 其 土地ᄂ 建物을 賣却 讓與ᄒ거ᄂ 交換 或
典當코져할 時시ᄂ 제1조의 書面에 聯印ᄒ거ᄂ 其一人 或 數人에게 委任홀
境遇에ᄂ 委任狀을 添附홈을 要홈.

　共有者가 其 一人或 數人에게 捺印홀 境遇에ᄂ 委任狀을 添附홈을 要홈.

제10조 土地ᄂ 建物의 賣買 交換 讓與ᄂ 典當에 對ᄒ야 共有者의 協議가
合一치 못홀 時ᄂ 各共有者ᄂ 分割을 請求홈을 要홈. 前項의 境遇에ᄂ
他共有者ᄂ 時價를 提納ᄒ고 其 所持部分을 買受홈을 得홈.

제11조 土地나 建物의 賣買 交換 讓與나 典當에 對ᄒ야 所有者가 相對者를
詐欺ᄒ거ᄂ 其他 不實혼 事項을 信케혼 時ᄂ 保證人과 連帶ᄒ야 損害賠償

의 責에 任홈.

제12조 里長 面長 郡守 府尹이 故意或 重大흔 過失로 所有者가 아닌 者의
請求를 因ᄒ야 證印이ᄂ 認許를 行ᄒ거나 無故히 拒絶ᄒ거ᄂ 登記를 怠慢
ᄒ거ᄂ 不實흔 登記를 行ᄒ거나 登記簿의 閲覽을 拒絶흔 時ᄂ 此를 因ᄒ야
損害를 受흔 者에 對ᄒ야 其 損害를 賠償ᄒᄂ 冊에 任홈.

제13조 當事者 保證人 里長 面長 郡守 府尹이 故意로 前二條의 行爲를 行흔
者와 登記簿를 喪失 毀損或 隱匿흔 者ᄂ 刑法 各條에 依ᄒ야 處斷홈.
[附 則]

제14조 本法은 頒布日로붓터 施行홈.

光武 10年 10月 16日

[부록 4] 勅令 제65호 土地家屋證明規則[195]

제1조 土地 家屋을 賣買 贈與 交換 或 典當흔 時ᄂ 其 契約書에 統首 或
洞長의 認證을 經흔 後에 郡守 或 府尹의 證明을 受홈을 得홈이라.

제2조 前條의 證明을 受흔 契約書ᄂ 완전흔 證據가 되며 但 其 正本을 의ᄒ야
當該 官廳에서 卽 執行力이 有홈이라.

제3조 郡守及府尹은 土地家屋證明簿를 備置ᄒ고 제1조의 證明을 施흔 時ᄂ
卽 其 要項을 記載홈이라.

제4조 何人이던지 郡守或 府尹에 申請ᄒ야 土地家屋證明簿의 閲覽을 求홈을
得홈이라.

제5조 제1조의 認證 證明과 前條 土地家屋證明簿의 閲覽을 申請ᄒᄂ 者ᄂ
別定흔 바 手數料를 納홈이라.

제6조 統首洞長郡守及府尹이 故意過失로 權利가 無흔 者의 請求를 依ᄒ야
認證或證明을 施ᄒ거ᄂ 無故히 認證或證明을 拒絶或怠慢ᄒ거ᄂ 土地家
屋證明簿에 不實흔 記載를 行ᄒ거나 又 土地家屋證明簿의 閲覽을 拒흔
時ᄂ 此로 由ᄒ야 損害를 受흔 者에게 賠償ᄒᄂ 責을 任홈이라.

제7조 統首洞長郡守及府尹의 處分을 對ᄒ야 異議가 有흔 者ᄂ 其監督官廳에
卽申出홈이 可홈이라

제8조 當事者의 一方이 外國人으로 本則을 依ᄒ야 證明을 受흔 境遇에ᄂ

---

195) 『舊韓國官報』 제3598호, 1906년 10월 31일, 16책, 963쪽.

日本理事官의 査證을 受ᄒ되 若 査證을 受치 못ᄒ면 제2조의 效力을 生치못
홈이라.

當事者의 兩方이 外國人으로 證明을 받을 時ᄂ 日本理事官에 具申ᄒ야
日本理事官이 先히 當該 郡守或府尹에 知照ᄒ야 土地家屋證明簿에 記載
혼 後 證明홈이라.

附 則

제9조 本令은 光武 10年 12月 1日로부터 施行홈이라.

제10조 本令施行에 關혼 細則은 法部大臣이 이를 定홈이라.

光武 10年 10月 26日

[부록 5] 勅令 第八十號 土地家屋典當執行規則

제1조 本 規則은 土地家屋證明規則에 依ᄒ야 證明을 受혼 典當에 대ᄒ야
適用홈이라.

제2조 土地家屋을 目的ᄒᄂ 典當의 執行에 대ᄒ야ᄂ 流質契約을 結홈을 得홈
이라.

제3조 土地家屋을 目的ᄒᄂ 典當에서혼 債務者가 債務履行의 期日을 經過ᄒ
야도 債務를 償還치 아니ᄒᄂ 時ᄂ 別般의 契約이 無ᄒ면 債權者ᄂ 典當의
目的 土地及建物을 競賣홈을 得홈이라.

제4조 競賣를 行홀 時ᄂ 左記條件을 遵守홈이라.

一 競賣ᄒ기 前에 三日以上을 前期ᄒ야 競賣홀 意를 債務者의게 通知ᄒ고
且其立會를 救홀 事.

二 競賣의 目的혼 土地又家屋所在地에서 二週日以上 競賣의 目的物及日
時를 揭示及公告홀 事.

三 競賣의 目的혼 土地又家屋所在地에서 競賣홀 事
但 債務者의 同意를 得혼 時ᄂ 他處에서 競賣홈을 得할 事

四 競賣에ᄂ 統首 洞長 面長 등 公吏의 入會를 求홀 事
若此等吏員의 入會를 得ᄒ기 不能혼 時ᄂ 丁年以上의 男子二人으로
入會케홀 事.

五 債務者ᄂ 競賣의 始末書를 調成홀 事.

제5조 債務者가 前條 第一號의 請求를 受ᄒ고 入會치아니ᄒᄂ 時ᄂ 競賣에
關ᄒ야 何等 異意의 申提홈을 不得홈이라.

제6조 債權者는 第四條第一號의 通知를 爲ᄒ는 同時에 其典當의 證明을 行ᄒ 官廳에 競賣ᄒᆯ 意를 申提ᄒᆷ이라

前項의 申提를 受ᄒ 官廳은 土地家屋證明簿及 其保存ᄒ 契約書를 調査ᄒ야 競賣를 許치 못ᄒᆷ으로 認ᄒ 時는 卽 其競賣를 停止케ᄒᆷ이라.

제7조 競賣를 終ᄒ 時는 債權者는 其競賣代金으로붓토 債權額及競賣의 實費를 抑除ᄒ 後에 其餘額을 計算書와 함끠 債務者에 還付ᄒᆷ이라

當事者의 一方이 本國人된 時는 競賣代金이 債權及競賣實費額에 未達ᄒ야도 債權者는 其餘額을 債務者의게 請求ᄒᆷ을 得지못ᄒᆷ이라 但 當事者의 兩方이 外國人된 時는 此限에 不在ᄒᆷ이라.

제8조 競賣에 際ᄒ야 競賣를 申請ᄒ는 者가 無ᄒ 時와 右競賣의 申請이 有ᄒᆯ지라도 其金額이 債權額及競賣實費額에 未達할 時는 其債權還償에 對ᄒ야 競賣의 目的ᄒ 土地又家屋을 取得ᄒᆷ을 得ᄒ며 此境遇에는 競賣의 費用은 債權者 負擔ᄒᆷ이라.

제9조 左記境遇에는 債權者又競落人(買得人)은 典當의 證明을 行ᄒ 官廳에 대ᄒ야 認證을 求ᄒᆷ을 得ᄒᆷ이라

一 債權者가 流質契約을 爲ᄒ야 典當의 目的ᄒ 土地又家屋의 所有權을 取得ᄒ 時.

二 競賣를 依ᄒ야 其目的ᄒ 土地又家屋을 競落(買得)ᄒ 時

三 債權者가 前條를 依ᄒ야 競賣의 目的ᄒ 土地又家屋을 取得ᄒ 時

제10조 前條의 認證은 土地家屋證明規則을 依ᄒ야 行ᄒ 證明과 同一의 效力이 有ᄒᆷ이라

제11조 此規則에 依ᄒ 典當執行에 關ᄒ야 紛爭이 有한 時는 其目的ᄒ 土地又家屋의 所在地를 管轄ᄒ는 郡守或府尹이 裁定ᄒᆷ이라

債務者가 本國人이오 債權者가 外國人된 時는 當該日本理事官의 同意를 得ᄒ야 裁定ᄒᆷ이라

債務者가 外國人이고 債權者가 本國人된 時는 當該郡守或府尹의 同意을 得ᄒ야 日本理事官이 裁定ᄒᆷ이라.

債務者及 債權者의 兩方이 外國人된 時는 日本理事官이 裁定ᄒ고 當該郡守或府尹의게 通知ᄒᆷ이라.

[附 則]

제12조 本規則施行에 關ᄒ 細則은 法部大臣이 定ᄒᆷ이라

제13조 本規則은 光武11年 1月1日붓터 施行ᄒᆷ이라

光武 10年 12月 26日

[부록 6] 勅令 第四十七號 土地家屋所有權證明規則196)

제1조 土地 又는 家屋의 所有者가 左記各號의 一에 該當ᄒ는 者는 其所有權의
證明을 郡守 又는 府尹에게 申請흠을 得흠.

　一. 土地家屋證明規則施行前에 土地又는 家屋의 所有權을 取得흔 者.

　二. 土地家屋證明規則施行後에 賣買 贈與 又는 交換에 依치 아니ᄒ고
　　　土地 又는 家屋의 所有權을 取得흔 者.

제2조 前條의 境遇에는 土地家屋證明規則의 規定을 準用흠.

제3조 外國人이 第一條의 證明을 受코져ᄒ는 者는 此를 日本理事官에게 申請
흠이 可흠.

제4조 本令施行에 關흔 細則은 法部大臣이 此를 定흠.

　[附 則]

　本令은 隆熙 2年 8月 1日붓터 施行흠.

---

196)『舊韓國官報』제4130호, 隆熙 2년 7월 20일. 19책, 754쪽.

제3부
연구의 쟁점과 歷程

서평 : 광무 양전사업의 다양한 성격과 좁은 시각
―『대한제국기의 토지제도』(김홍식외 4인 공저, 민음사, 1991)―

왕 현 종

1

19세기 후반 이래 20세기 초에 조선사회는 전반적인 체제파탄이라는 위기를 겪고 있었으며 세계자본주의 열강의 침략을 받아 식민지화의 기로에 놓여 있었다. 이런 상황에서 근대사회, 근대국가로의 이행을 둘러싸고 제반 사회계급들이 대립하면서 여러 방향으로 변혁운동을 전개하고 있었다. 이 시기 주요한 변혁운동의 성격을 파악하려고 할 때, 지금까지 우리는 자연스럽게 1894년의 농민전쟁과 갑오개혁에 주목하게 되었다. 다음으로 1970년대 중반에 벌어졌던 논쟁, 즉 대한제국기의 '광무개혁'도 그러한 변혁운동에 속하였는지에 대한 성격논쟁에 주의하지 않을 수 없었다.

이러한 일련의 사건과 그 성격을 파악하기 위해서는 그러한 운동을 추동하는 주체들의 경제적 처지를 분명히 하는 과학적 분석이 전제되어야 한다. 다행스럽게도 우리는 이 시기 계급분석의 기초로 삼을 만한 자료를 발견하게 되었다. 그것은 다름 아니라 대한제국기에 전국적인 단위로 작성된 '量案'이었다. 이 양안은 종래 조선시기에 법제적으로 20년마다 한번씩 개별 토지를 측량·기록하는 양전사업을 통해서 만들어졌다. 양전사업에 대한 성격은 연구자에 따라 각기 해석을 달리하고 있지만, 광무양전이

경자양전 이후에 거의 180여 년만에 시행된 것이기 때문에 당시의 소유관
계나 경영관계를 가장 적절하게 파악할 수 있는 유일한 자료라 하겠다.

이 양안에 대한 연구는 1968년 김용섭에 의해 비롯되었다. 그는 광무년
간의 양전·지계사업에 대해서 조선왕조의 양전사업의 최종적인 형태인
동시에 근대적 개혁의 주요한 지주라는 시각을 가지고 접근하였다. 그는
양안 상의 '時主'나 '時作'을 하나의 농가세대로 취급하면서, 양안은 현실
의 농민층분화를 그대로 나타내 주며 조선후기 이래 지배적인 소유관계인
지주적 토지소유를 그대로 온존시키면서 근대적 소유권제도로서 추인해
주는 것이었다고 파악하였다.

이에 대해 1980년대 중반부터는 이러한 이해를 비판하면서 양안에 기록
된 '시주'란 하나의 농가세대로 취급할 수 없다는 새로운 견해가 제출되었
다. 몇 개 지역의 양안을 분석해본 결과, 도리어 양안이 현상적으로 보여주
는 농촌현실은 자작농 지배체제를 보여주는 것에 불과하였으며, 특히 사적
토지소유에 대한 근대적 법인형식은 결코 아니었고 양전의 목적이 단지
국가의 수세지의 확충을 기도하는 것에 지나지 않았다고 주장하였다. 이러
한 견해는 주로 이영훈을 위시한 경제사학회에서 제기한 것이었다. 따라서
기존의 연구가 대체적인 양전사업의 내용과 성격을 규명해온 데 반하여,
새로운 견해는 실증적인 사례연구를 통하여 양안에서 당시 소유의 법인이
나 농민층 분화양상을 밝힐 수 없다는 점을 입증해 낸 것이었다.

2

이번에 새로 정리되어 출간된 『대한제국기의 토지제도』는 경제사학회
에서 여러 해에 걸쳐 광무양안의 여러 지역사례를 지속적으로 검토하면서
나온 하나의 결실이라고 하겠다. 이는 본래 1987년 9월부터 충청남도 연기,

전의, 부여, 한산과 경기도 광주 등 5개 군의 광무양안을 분석하여 이듬해에 출간할 예정이었다. 그러나 이 책의 서문에서 밝히고 있듯이, 실제 공동연구가 계획대로 진행되지 못했던 것으로 보이며, 이번 연구성과는 실제 미야지마(宮嶋博史)와 이영훈의 두 논문에 그치고 말았다. 더구나 연기군의 양안에서 주로 '시주'의 파악방식만 내놓았다. 우리는 가능한 한 빨리 그러한 양안의 분석결과가 학계에 공표되어 양안 연구에 도움이 되었으면 한다.

이 책의 특징은 저자 5명이 공동으로 작업하면서도 각각의 주제에 대해 개별논문으로 제출되었다는 점이다. 따라서 공동작업에서의 어떤 원칙, 즉 연구의 목적이나 연구방법론의 설정이 명확하게 제시되어 있지 않다. 또한 각 논문마다 약간의 입장의 차이가 발견되고 있으며, 또한 대한제국기의 토지제도에 대해 종합적인 결론부분이 빠져 있다. 아직 이 문제에 대해 충분한 결론을 도출하지 못한 데서 연유한 것으로 보인다.

이 책에 소개된 논문의 저자와 제목은 다음과 같다.

김홍식, 「대한제국기의 역사적 성격」
미야지마 히로시(宮嶋博史), 「광무양안의 역사적 성격」
이영훈, 「광무양전에 있어서 '시주' 파악의 실상」
조석곤, 「광무년간의 호정운영체계에 관한 소고」
이헌창, 「구한말·일제초 농가경영의 구조와 상품화폐경제」

그러면 각 논문이 담고 있는 내용에 대해 주요한 논점을 중심으로 개괄적으로 소개해보자.

우선 김홍식의 논문은 이 책의 서장임에도 불구하고 간간이 수록논문의 시각과 나름대로의 비판점을 피력하고 있다. 그의 견해에 의하면, 이 시기

근대적 토지소유의 변혁내용은 근대적 지세제도의 성립으로 설명될 수 없고 도리어 전근대적 토지소유 그 자체의 구조의 해체와 재편이라는 시각에서 보아야 하는데, 그것은 바로 '중간적 지주제'의 형성에 초점을 맞추어야 한다는 것이다. 이는 새로운 역사상으로 나카무라(中村哲)의 '근대적 중간적 지주제'의 논리를 그대로 원용한 것이었다. 그런데 광무양안에서는 아직 조선국가의 국가적 토지지배가 관철되어 국가적 수조대상의 확보를 지향한 성격이었지만 사적 토지소유의 실태도 또한 수용되어 있었다고 파악하여 기존의 상반된 견해를 절충시켰다.

다음으로 미야지마(宮嶋博史)는 양안의 장부양식에 주목하여 국가의 토지파악의 역사적 의미를 살피려고 했는데, 광무양안에서 결부제적 토지파악방식과 경지면적 그대로를 파악하려는 두락제적 토지파악방식이 병존하고 있다는 것을 지적했다. 특히 결부제는 국가에 의한 수조권의 분여와 밀접한 관계가 있었다고 단정하였다. 이영훈은 충청남도 연기군의 양안을 실증적으로 분석하고 있는데, 우선 일제시기에 작성된 토지대장과 비교하여 양안은 지주제의 성립정도가 과소평가되어 있고, 양안 상의 '시주'는 광무년간의 호적·족보와 비교하여, 광범한 分錄과 代錄 등의 현상이 나타나고 있어서 현실의 사적 소유자와 크게 괴리된 것으로 파악하였다. 그래서 경자양안과 마찬가지로 '기주=농가세대설'은 광무양전에서도 타당치 못하다고 파악했다. 따라서 광무양전과정에서 국가의 사적 토지소유자에 대한 파악은 사실상 허구화하였으며, 양안작성에 실제 활용된 기본자료는 당시 매년 촌락마다 작성되고 있던 징세기, 곧 깃기였을 것이라고 추정하면서, 광무양전의 성격이 국가의 수세지 파악에 불과하였다고 결론지었다.

한편 조석곤은 광무호적대장이 가진 사회경제적 기능을 살피기 위하여 조선시기의 호적과 일제시기의 호적 등을 비교하면서 호구파악의 연속성과 단절성의 측면을 파악하고자 했다. 광무년간의 호적제도는 신분제 유지의 측면이 삭제되었지만 아직 호를 종전과 같이 생활공동체로 파악하고 있었으며, 그 목적이 호와 인구에 대한 정확한 파악에 있는 것처럼 보이지만 조세의 부담능력과 관계가 있는 것으로 보아 이전과 대동소이한 것으로 간주하였다. 다음으로 이헌창은 구한말·일제초의 농가경영이 상품화폐경제에 어떠한 방식으로 편입되었는가를 살펴보았다. 일제의 농가경제조사자료를 기본자료로 삼아 부농, 중농, 빈농이라는 농가의 계층구분을 추출하였고 각 계급간에 농작물의 상품화율은 3할 정도였을 것으로 추정하면서 중농과 빈농은 단순상품생산자적 성격을 벗어나지 못했으며 농촌 내의 분업은 압도적으로 농가간의 분업이었고 수공업자와 농가의 분업은 활발하지 않았고 당시 외국무역이 상품화폐경제의 성장을 주도하는 요인이었다는 점을 지적했다.

3

위의 공동논문에서는 무엇보다도 연구방법상에서 기존의 연구를 극복하는 진전이 있었다. 즉 이제까지 몇몇 논자들의 개별적인 연구에 그치던 한계를 뛰어넘어 공동의 연구성과를 일구어냈다. 다른 하나는 새로운 연구방법론의 진전을 이루었다는 점이다. 광무양안과 대조하여 검토되어야 할 일제시기의 토지대장뿐만 아니라 호적대장이나 족보 등 호구관련자료를 망라하고 있다는 점에서 기존의 협소한 연구영역을 타파한 것이었다. 비록 주도면밀한 공동연구라고 하기는 어렵지만 대한제국기의 토지제도에 대한 최초의 공동노작인 것이다.

이러한 의의에도 불구하고 이 책은 실제 광무양안의 내용분석에는 두 편의 논문에서만 본격적으로 다루고 있는데, 양안의 구체적인 분석에는 어느 정도 일정한 진전이 있었지만 그것의 성격을 부여하는 데에 여러 가지 무리한 해석이 내재하고 있다. 국가적 토지지배라는 관점에 집착하다 보니 양전사업의 접근방법이나 구체적인 내용분석, 그리고 전체적인 평가에 이르기까지 여러 문제점을 노출하고 있는 것이다. 또한 새로운 논쟁점을 다시 제기하는 측면도 있다.

첫째로, 광무 양전·지계사업에서 양안을 작성하는 근본의도가 무엇이냐 하는 점이다. 이는 조선시기 양전의 전개과정 가운데 광무양전의 위치설정과 관련이 있으며 당시 농촌현실을 어떤 측면에서 어떻게 반영하고 있는지에 대한 양안의 성격과 관련된 문제이다.

이 책에서 나타난 주된 논지는 19세기 후반기 농촌현실을 어느 정도 반영하고 있다는 전제하에 양안의 실증적 분석을 한 결과, 양안은 당시 지주제의 발전에 비추어 반 정도를 반영하는 것에 그치고 있으며, 특히 자작지율이 70%가 넘는 자작농지배체제였다는 분석결과를 도출해냈다. 또한 경자양전과 마찬가지로 양안 상의 인물 다수가 상호 간의 분록과 대록의 형태로 양안에 광범하게 등록시켰던 현상을 실증적으로 규명하였다. 따라서 이영훈은 소유자와 경작자의 파악에 관한 한, "양안은 사실상 虛簿와 다름없는 것"(「광무양전의 역사적 성격-충청남도 연기군 광무양전에 관한 사례분석」, 『근대조선의 경제구조』, 75쪽)이라고 결론지었다. 그렇다면 광무양전은 어떠한 성격으로 규정할 수 있는가. 이영훈은 "양전과정이나 그 결과인 양안은 결코 농민들의 사적 토지소유에 대한 국가적 법인체제나 그에 상응하여 배치된 법적 상부구조로서의 역사적 의미를 지니지 않았다"(위의 논문, 67쪽 참조)고 하면서 양전은 어디까지나 국가적 수취의 입장에서 그 수조지와 수조대상자를 확정하는 과정이었고, 결국 양안 자체가 징세기라고 파악하였다.

이러한 결론은 양안 개재내용의 분석에 기초해서 도출된 합리적인 해석방식인 것처럼 보인다. 그러나 양안이 당시의 농촌현실을 적절하게 반영하지 못했다고 해서 그러한 결과를 곧바로 양전사업 전체를 전혀 다른 성격으로 규정하는 데 논리상의 비약이 있는 것이다.

물론 광무양안의 작성의도가 현실의 농업경영관계를 상정하고 이에 대해 구체적인 지세부담자를 추적하려고 했다는 점에서는 사실이다. 예를 들어 온양군의 일부 지역에서는 기존의 '시주', '시작'의 표기뿐만 아니라 '結戶'와 '結名'이 표시되어 있다. 특히 이 표기는 지세납부 담당자와 관련된 것으로 보인다. 개별 경지에 따라 지주이거나 작인이 부담하는 방식이 구체적으로 나타난다는 점에서 특이한 사례이다. 여기서 '시주'와 '시작'은 단순히 지세부담자로만 설명하기는 어렵다고 생각한다. 왜냐하면 양안의 형식만 보아도 당시 징세기로서의 성격이 아니라는 증거가 많이 발견되기 때문이다. 예를 들어 충청남도 석성군의 양안을 보면, '시주'의 표기 대신에 '畓主'나 '田主'로 분명하게 표현되어 있으며 반면에 '시작'은 경작자를 나타내는 '作人'으로 기재되어 있다. 이 기재방식으로 추정해볼 때, '시주'와 '시작'은 일단 농지의 소유와 경영관계를 나타낸다고 볼 수밖에 없다. 기재양식의 사례를 살펴보면 일단 양안에 반영된 농촌현실의 내용분석은 별도로 논하기로 하고, 이 시기 양전사업에서 현실의 토지소유자와 경작자를 파악하려는 의도가 있었다는 것을 부정하기는 어려울 것이다.

더구나 양안이 수세원의 확보를 위한 장부라는 측면을 가지고 있었다고 하더라도 문제는 여전히 남아 있다. 양전을 통해서 각 지방에 수세지를 종전의 결총에 비해서 어느 정도 파악하고 있으며 그것이 당시 국가재정에 어떤 의미를 갖는지에 대해서 구체적인 언급이 없기 때문이다. 즉 광무양전에서 파악한 각군의 결총은 사실 종전의 총결총과는 차이가 있고 당시의 결총보다 20~30%가 증가된 만큼 국가재정에 커다란 기여를 했을 것으로 추측되지만, 양전사업의 과정에서 그러한 의미는 사실상 사상되고 있었다.

그것은 지세 규정과 부과기준이 달라져서 '增結'은 전국적인 양전이 끝난 후에 수조만에 반영된다 하더라도 별다른 의미가 없게 되는 것이었다. 이렇게 양전이 단순히 징세기라는 해석은 무엇보다도 갑오개혁 이후 지세의 성격, 즉 결세개정의 의미나 이후 지세부담자 선정방식의 변화 등에 대한 관점을 결여하고 있다는 데서 연유한 것이다. 따라서 이영훈의 시각은 양안의 여러 성격 중에 한 측면을 강조하면서 다른 측면은 사상해 버리는 오류를 범하는 것이며, 동시에 양안과는 다른 성격을 지닌 수조안이나 깃기의 성격을 혼동한 것으로 보인다.

한편 조선시기에 행해진 양전사업의 성격에 비추어 양안을 소유권조사로서의 성격을 배제하려는 시각에도 중대한 문제가 발생한다. 이영훈은 양안의 본래적 성격이 농민들의 사실상의 토지소유에 대한 국가적 토지소유의 중층적 규정에 있었으며 결국 광무양전에서의 소유권조사로서의 성격은 하나의 의제에 불과했다고 단정하였다. 반면에 미야지마는 양안이 국가수조지를 파악하려는 장부라는 성격보다는 수조권의 분여라는 문제와 관련되어 있으며 양안작성은 특히 국가의 정치적 편제에 관한 문제였다고 파악하면서 국가에 의한 수조권 분여를 위한 장부였다고 결론지었다.

광무양전이 종전의 양전사업과 다른 것은 바로 지계를 발행하고 있다는 점이다. 종전 사적 토지소유의 매매가 주로 사문기에 의해 이루어졌지만 이 시기에는 문기의 위조나 이중매매가 빈번하게 발생하였기 때문에 국가에서 이를 공적으로 관할하여 증명하려는 의도였다고 하겠다. 이는 일종의 등기제도라고 할 수 있다. 따라서 지계사업이란 종래의 立案이라는 형식을 대신하면서 전국적인 규모에서 토지매매나 소유를 공인화하는 것이라고 하겠다.

그렇다면 광무년간의 양전사업이 토지소유권자에게 지계를 발행하는 지계사업과 바로 연결되고 있다는 점을 어떻게 해석해야 되는가. 이에 대해 이영훈은 양전과정에서 소유권 주체들이 국가적 토지소유에 대항하여 소유관계를 분산 위장시켜 놓았기 때문에 당연히 그러한 목적은 단지 정책입안자의 의도일 뿐 현실적으로 실시될 수 없었다는 점을 들어 지계사업의 현실적 의의를 무시하고 있다. 그러나 이렇게 지계를 발행하게 된다면 개별 토지에 대해 소유자의 확인이 필수적으로 이루어져야 한다는 점에서 양안에 결국 토지소유자가 기본적으로 등재된다는 측면을 배제할 수 없는 것이다.

여기에서 양안기재 상의 문제, 즉 '시주'의 인명이 대록·분록·합록되고 특히 가명으로 기록되는 경우가 많았다고 하더라도 당시 '시주'의 기재가 잘못되어 있다는 기사는 간혹 있어도 그것이 소유권의 분쟁까지 발생한 사례가 있었는지 해명되어야 한다. 만일 지계발행과정에서 소유권분쟁이 발생되고 있었다면 그것은 바로 광무양전의 소유권조사로서의 성격을 단적으로 나타내줄 수 있는 것이다. 그러한 의미에서 지계가 이후 소유권분쟁의 기본자료로서 제시되기도 하는 사례는 간혹 발견되고 있기 때문에 앞으로는 지계의 성격을 면밀하게 재검토해야 하겠다.

둘째로, 광무양안의 기재내용이 어느 정도 당시의 농업현실을 반영하고 있는가라는 문제이다. 즉 양전과정에서 토지의 면적·지목·등급산정 등의 파악이 어느 정도 정확하게 이루어졌는가. 무엇보다도 이 시기 양안의 특징은 기본적으로 종전의 양전에서 나타난 결부제에 근거하여 토지를 파악하면서도 절대면적을 산정해낸 實積數의 기재나 두락이나 日耕을 표기하여 토지의 절대면적을 측량하려고 한 점이다. 이러한 두락제적 토지파악의 도입은 종래 봉건적인 결부제에 근거한 토지파악방식에서 벗어나는 것이었다. 미야지마의 논문에서 토지파악방식의 역사적 변천에 대해 종전의 결부제에 대한 성격을 부여하면서 "결부제란 국가에 의한 수조권 분여를 위한 제도였다(위의 논문, 78~79쪽)"고 해석하였다. 그러나 이러한 해석은 문제가 있다고 생각한다. 결부제란 국가의 수세를 위한 토지파악방식을 말하는데, 봉건사회에서는 특히 농업생산력의 불안정으로 인해 안정적인 수세지 파악이 어렵게 되어 있으므로, 경지상태의 빈번한 변동과 관련없이 일률적으로 세액당 일정 토지면적을 지정해 놓는다는 의미였다. 본질적인 성격으로 당시의 농업생산성의 일정한 반영물로 나타난 것이다. 더욱이 조선후기 이래 농업생산력이 발전함에 따라 사실상 민간에서는 두락을 토지측량단위로 쓸 정도로 거의 안정적인 토지생산력을 확보하고 있었던 반면에 수세가 종전과 같이 결부제로 지속되어온 이유는 수세의 편리와 함께 당시 지방사회에서의 자치적인 수세관행으로 인한 것이다. 다시 말하자면 조선의 집권적 국가권력의 한계 때문이었다.

결부제의 문제는 바로 토지의 등급을 일정한 기준 없이 여섯 가지로만 나누는데 있다. 즉 토지등급의 산정이 매우 불합리하다는 점이다. 그렇지만 이 시기에 양전을 시행하려는 논의 가운데 頃畝法의 시행론이 제기되었고 비교적 치밀한 토지파악이 가능하게 되는 丘井量法의 도입이 주장되기도 하였으며, 특히 토지등급이 지계의 발행과 맞물려서 地價와 연동되어 평가되어야 한다는 주장도 주목해볼 만하다. 그러한 논의가 실제 어느 정도 반영되었는지 아직 연구가 이루어지지 못했지만, 적어도 실적수의 산정이나 절대면적인 두락의 표기 등에서 결부제의 결함을 보완하려고 했던 것으로 보인다.

한편 결부제에 근거하여 전국적인 양전을 실시한 결과 어느 정도 토지를 파악하고 있었는가 하는 문제가 발생되는데, 이영훈은 충청남도 연기군의 용호, 합강리의 경우, 토지대장과 비교하여 86.6% 정도의 경지를 파악하고 있어서, 근대적인 삼각측량법에 비교할 때 양전과정의 전근대적인 측량방법의 문제가 있음에도 불구하고 비교적 토지를 정확하게 파악하였다고 평가하였다. 그렇지만 경기도 용인군 이동면의 사례연구에서는 거의 2배에 가까운 차이를 보이고 있다는 점을 고려하여 보면, 각 지역마다 현저한 편차가 발생했을 것으로 추측할 수 있다. 앞으로 구체적인 양전방식의 의문점, 즉 결부평가의 상향조정이나 지목의 현저한 변화, 특히 답결 비중의 증가, 陳田의 배제 등의 문제를 해결해야만 당시 농지의 실상과 양안 상의 반영현실을 파악할 수 있을 것이다. 따라서 여러 지역의 경우를 전후의 양안이나 토지조사 관련자료와의 엄밀한 분석이 뒷받침되어야 하겠다. 다만 통감부시기의 결부조사, 즉 은결의 색출을 통한 출세결의 증가량과 비교할 때, 광무양안 상의 結摠의 수준을 넘지 못하는 것으로 보아 당시 耕作實結은 어느 정도 파악해내고 있었다고 하겠다. 그러므로 광무양안에 당시 농촌실상이 반영된 측면과 반영되지 못한 측면을 구별하여 분석하는 태도를 가져야 할 것이다.

셋째로, 광무 양전사업이 조선후기 이래의 사회경제적 변화, 특히 19세기 말의 농촌경제의 토지소유관계를 어떻게 반영하고 있으며 이후 토지조사사업과 관련하여 어떠한 역사적 위상을 갖고 있는가라는 문제이다.

광무 양전사업에 대한 이 책 논자들의 기본시각은 국가적 토지소유의 지배적 규정성을 강조하면서 양전의 본래적 성격이 일반 농민과의 대항관계, 요컨대 농민들의 사실상의 토지소유에 대한 국가적 토지소유의 중층적 규정에 있었으며 나아가 국가적 토지소유가 그 자체로는 근대법적 형식으로 전환될 수 없었다는 것이다. 양전이란 어디까지나 국가적 수취의 입장에서 그 수조지와 수조대상자를 확정하는 과정으로 파악하고 있으며, 양안은 이와 대항적 관계에 있던 사적 토지소유로부터 일정한 대응형태를 수반하면서 작성된 것이라는 입장을 가지고 있다.

그렇다면 19세기 말에 있어 국가적 토지소유의 실체란 무엇인가. 양안이 사적 토지소유를 제대로 반영하지 못하고 도리어 소유자와 경작자에 관한 '허부'로서의 성격을 갖게 된다면, 도리어 양안을 통한 국가의 파악을 허구화하고 있는 것이며 국가적 토지소유란 사실상 지배적 규정성을 갖고 있지 않는 것으로 볼 수 있다. 더구나 이 광무양전이 소유권자의 조사가 전혀 아니라 수조지의 확보만을 의도했다고 인정하더라도 실제 조세수취에 반영되어 국가의 재정에 어느 정도 기여했는지를 전혀 밝히지 못한 상태에서 국가적 토지소유에 집착하는 것은 문제가 있는 것이다.

그러므로 이들의 기본시각과 이들이 내린 결론은 근본의도와는 상반되게 논리적으로 배치된 결과를 초래하였다고 하겠다. 그러한 논리상의 모순은 기본적으로 국가적 토지소유의 실체를 과도하게 잘못 규정한 것이지만, 이 광무 양전 사업에 한정하여 평가하면 무엇보다도 이 사업의 전체상을 정확하게 이해하지 못하고 있기 때문이다.

먼저 이 시기의 양전사업을 조선왕조 이래의 양전과 동일한 선상에서 이해하려는 입장을 가지고 있어서 양전에 이어 추진되는 지계사업의 현실적 의의를 사상하고 있다. 이 지계사업은 주도면밀하게 양전과정과 결합되지는 못했으나 적어도 사적 토지소유에 대한 근대적 법인을 목표로 한 것이며 그것이 단지 정책자의 주관적인 의도로만 치부될 수 있는 성질이 아니다. 양전이 아무리 수세치의 파악이라고 하더라도 해당 토지의 세금을 누가 부담하느냐는 문제가 중요시되며 그것은 바로 소유권자의 조사를 통하지 않고서는 이루어질 수 없는 일이기 때문이다. 실제 지계아문이 설치된 이후 지계가 발행된 것은 바로 전국적인 양전을 마친 이후에나 가능하였지만 부분적으로 강원도를 위시하여 충청남북도, 전북, 경북, 함남 등지로 지계위원들이 파견되는 것으로 보아, 순차적으로 실시될 예정이었다는 점에 유의해야 한다. 특히 19세기 말 높은 발전단계의 사적 토지소유가 그에 상응하는 법적 체계를 도입하려는 일련의 작업을 무시할 수 없을 것이다. 물론 광무정권이 근대국가가 아니라 절대왕정적인 속성을 갖고 있기는 하지만 광무 양전사업이 조선후기 이래 지배적 소유관계인

지주적 토지소유를 그대로 온존시키면서 그것을 토대로 하여 근대적 제개
혁을 추구한 지주·지배계급의 근대화노선을 나름대로 추구하고 있었다
는 점을 부인할 수는 없는 것이다.

또한 이들이 양전사업을 근대적 토지제도의 확립이라는 입장에서 일제
의 토지조사사업과 평면적으로 비교하는 방식에도 문제가 있다.

토지조사사업은 일련의 장부체계의 정리를 통하여 조선의 조세와 소유
권관계를 면밀하게 조사하고 이 기반 위에서 토지조사를 추진하는 것이며
현실의 지배적 토지관계인 지주제를 근대법적 형식으로 추인하고 식민지
지배기구의 일환으로 포섭하여 이루어지는 것이었다. 이에 비하여 광무년
간의 양전·지계사업은 주도면밀하게 이루어지지는 못했지만 거의 유사
한 과정을 밟고 있다는 점에 유의해야 한다. 역둔토에 대한 査辦, 국가재정
의 정비, 수세지조사와 소유자사정으로서의 성격을 갖는 양전, 소유자의
등기제도의 일환으로서의 지계발행 등 일련의 사업이 전개되었던 것이었
다. 다만, 토지조사사업과 본질적으로 다른 점은 외국인의 토지소유를
허용하지 않은 것이었다. 이것은 바로 조선농민에 대해 일제의 토지약탈이
라는 식민지지배의 본질을 단적으로 나타낸다. 따라서 광무 양전사업이
토지조사사업을 준비한 것이라는 시각은 근대법적인 토지제도의 확립만
을 근거로 내세운 편향된 시각이라고 하겠다.

그러므로 광무 양전사업의 전진을 위해서는, 이 책 논자들의 주장처럼,
필수적으로 조선전기 이래의 양전사, 그 역사적 전개과정과 그 가운데서
광무양전의 위치를 명확하게 설정해야 한다. 그러나 그러한 연구상의 과제
를 성취하려면, 광무양전을 종전의 양전사업의 연장선상에서 파악하는
것이 아니라 그것과의 단절성을 구분하여 이해해야 하며, 또한 토지조사사
업과의 본질적 동일성을 엄밀하게 분석하여 이해해야만 가능할 것이다.

4

19세기 말 조선사회가 처한 상황과 제 변혁운동에 대하여 우리는 근대적 개혁의 주체와 개혁의 방향, 그리고 그것의 역사적 성격을 규명하기 위해서는 객관적인 계급적 기초에 대해 일정한 과학적 분석을 전제로 하지 않으면 안 된다.

이 시기 계급관계를 적절하게 반영하고 있는 자료인 양안은 그러한 의미에서 그 중요성을 아무리 강조해도 지나치지 않다. 그렇지만 아직까지 양전사업에 대한 기본시각도 정립하지 못한 채, 광무 양전사업이 갖고 있는 정책적인 의도와 실제의 시행과정, 양안의 성격을 둘러싼 여러 논점들은 여전히 미해명의 과제로 남겨져 있다고 생각한다.

이번 공동연구의 성과는 그러한 의미에서 분석의 방법론이나 내용분석에서 한 단계의 진전을 이룬 것으로 평가해도 무리는 아닐 것이다. 그러나 이 책의 논자들이 주장하는 것처럼, 양전사업이 전혀 소유권조사의 의미는 없으며 단지 수조권의 조사에 지나지 않았다는 견해나 당시의 국가적 토지소유의 관철이라는 입장은 여러 가지 문제점을 가지고 있다.

이는 당시 발전된 사적 토지소유자의 존재와 괴리된 근대법적 법인형식이 마련되어 있지 않았던 역사적 현실을 체계적으로 해석하려는 연구방법론이 갖추어지지 않았기 때문인 것으로 파악된다.

결론적으로 말하자면, 이들의 분석은 양전·지계사업의 과정적 의미와 역사적 성격을 좁은 시각을 가지고 접근하였기 때문에 편협된 결론을 도출할 수밖에 없었다. 그러한 기본시각은 당시의 사적 토지소유의 전개와 지주제의 발전 및 농민층의 분화양상을 과학적으로 분석하기 어려울 것이며, 전반적으로 이 시기 봉건제의 해체를 초래하고 있던 자본주의 경제의 전개라는 역사상에 접근할 수 없을 것으로 생각된다.

이 양전·지계사업을 통해서 작성된 양안이 아직까지도 대부분 분석되지 못한 채 그대로 사장되어 있는 현실에서, 우리는 앞으로 양안의 분석방법을 보다 체계화하고 종합적인 해명을 추구하면서 연구의 수준을 제고해야 한다. 실제 여러 지역의 양안을 비교 분석해보면, 그 자체 기재내용이 매우 풍부하며 여러 가지 성격이 내재되어 있음을 발견할 수 있다. 그래서 양안의 기재양식을 단순 비교할 것이 아니라 그 내용에 대한 분석이 이루어져야 한다.

그러면 과연 광무양안을 통해서 당시 농촌사회에서 농민층의 계급분석을 도출할 수 있는가. 광무양안에서 '시주'의 기재가 광범위하게 분록·대록·합록의 형태로 기재되고 있어서 양안 상의 호가 직접적으로 농가세대라고 규정하는 것은 무리지만, 일제시기 토지대장에서 나타나는 소유자들이 모두 농가세대를 구성하는 것이 아닌 것과 마찬가지로, 양안 상의 호도 분산적인 형태로 표현되었을 따름이다. 또한 그의 구분에 따라 원호, 협호, 무가옥경영자, 무가옥 비경영자로 나누고 분석하는 방법에도 그 분류기준의 부정확성 때문에 여러 가지 오류의 가능성이 있다. 특히 작인 기재가 부정확하다는 점에서 소유자와 경작자가 실제 다름에도 불구하고 동일인으로 취급하여 자작농으로 취급하기 쉽다.

그렇다면 광무양안을 통해서 어느 정도까지 당시 농가경제의 실상을 추적할 수 있을 것인가. 광무양안의 내용분석에서 도출한 자작농의 존재와 지주제의 과소평가라는 결과분석을 지양하기 위해서 앞으로 새로운 분석틀을 마련할 필요가 있다. 그러한 연구방법론으로 영세한 빈농의 범주를 일단 구분해내고 부농의 경영형태나 지주제의 발전을 아울러 검출해보는 분석방식이 하나의 접근방식이 될 것이다. 이런 방법론이 성과를 거두기 위해서는 광무양안과 대조되어야 할 각종 장부류, 예를 들어 토지소유권관계, 호구 및 조세 관련자료를 가능한 한 동원하여 분석할 수밖에 없다.

특히 엄밀한 농가세대를 추출하기 위해 다른 방계자료, 즉 지주가의 토지문서나 경영문서가 뒷받침되지 않는 한, 농가 세대의 분석은 이루어질 수 없을 것이다.

다른 한편으로 보다 구체적인 분석방법으로는 광무 양전사업이 실제 각 지방에서 어떻게 실시되었는지가 밝혀져야 한다. 즉 양전을 통해서 '시주'와 '시작'은 어떻게 파악되고 있으며 실제 토지의 소유와 경영관계를 어떤 측면에서 반영하고 있었느냐 하는 이해를 전제로 해야만 그러한 작업이 성과를 거둘 것으로 생각된다. 만일 이런 이해가 수반되지 못하면 당시 농가경제를 일정하게 반영하고 있는 측면을 갖고 있음에도 불구하고 양안자료의 부실에만 매달려 중요한 내용을 놓치기 쉽기 때문이다.

앞으로 이 시기 농업구조의 해명을 위해서는 무엇보다도 광무 양전·지계사업에 대한 기본시각을 정립해야 한다. 또한 양안의 분석방법에 대한 면밀한 방법론적인 모색이 요청되고 있다고 하겠다. 이제 가까운 시일 안에 조선시기 양전사업에 대한 종합적인 분석이 이루어질 것이며 일제의 토지조사사업과 비교 검토를 통해서 이 사업의 역사적 성격이 보다 엄밀하게 규정될 것으로 기대된다.

이러한 작업을 통하여 이 시기 농촌경제의 실상, 즉 농민층의 분화현상의 검출과 지주제의 발전, 그것의 기초로 작용하고 있는 사적 토지소유권의 발전이라는 역사상에 보다 근접할 수 있을 것이다. 이는 물론 이 시기 사회경제적 변화양상과 변혁운동의 전개에 대해 본질적 이해를 전제로 하고 있다고 하겠다.

이런 작업은 어느 누가 혼자서 이루어낼 수 없는 어려운 작업이므로 공동연구를 통해서 집단적으로 이루어져야 한다. 다만 집단적인 연구작업이 일제시기와는 다르지만 또다른 형태의 편협한 시각을 가지고 이 시기 사회경제의 실태를 접근하게 된다면, 오늘날 한국 근현대 역사상의 새로운

모색과 관련하여 변혁운동의 방향과 성격에 올바르게 접근하기가 매우
어려울 것으로 생각된다.

광무 양전사업 연구의 동향과 과제

이 영 학

1. 머리말

19세기 중엽 이후 한국사회는 반제 반봉건의 역사적 과제를 안고 있었고, 당시의 사회세력은 자신이 처해 있었던 계급적 입장에서 그 과제를 해결하고자 노력하였다. 즉 조선인은 국내적으로는 19세기 이래 중세사회체제의 모순을 극복하고 근대사회를 건설해야 한다는 반봉건의 과제를, 국외적으로는 제국주의열강의 침략으로부터 국권을 수호해야 한다는 반제의 과제를 아울러 해결해야 했다.

당시의 각 사회세력은 사회적 과제를 해결하기 위한 방향을 둘러싸고 다양하게 분화되어 갔다. 지배층은 동도서기파, 개화파, 위정척사파 등으로 분화되어가고, 피지배층인 농민은 부농층과 빈농층으로 분화되어 갔다. 그들은 당시의 사회적 모순이 일어나게 된 원인과 그것을 해결하기 위한 방안을 달리 설정함으로써 각기 추진하고자 하는 변혁운동의 방향이 달랐다. 나아가 각 사회세력은 당시의 사회체제를 극복하고 난 이후의 새로운 사회체제의 내용을 달리 설정하였다.

이런 상황하에서 동도서기파 및 개화파들은 위로부터의 근대화를 수행하였으며, 피지배층인 농민들은 아래로부터의 근대화를 추구하였다. 아래로부터의 근대화는 1894년 농민전쟁이 패배하게 됨으로써 좌절되었으며, 위로부터의 근대화는 갑신정변, 갑오개혁 등이 실패로 이어짐으로써 그 지향이 크게 약화되었다. 그런 가운데 1896년 이후 독립협회의 결성과 1897년 대한제국의 성립은 위로부터의 근대화의 가능성을 다시 한번 시도하는 기회였으나, 그러한 노력은 성과를 얻지 못하고 조선은 영국과 미국의 담합에 힘입은 일본에 의해 식민지로 전락하였다.

이 글은 위로부터의 근대화의 가능성을 지녔던 대한제국이 시행한 정책 가운데 중요한 의미를 지녔던 양전사업의 과정과 그 추진의도를 살펴봄으로써 대한제국의 성격을 살피고자 한 것이다. 그러나 이 글은 새로운 연구가 아니라 기존의 연구성과를 정리함으로써 현재까지 밝혀진 부분이 무엇이며, 또한 무엇이 쟁점이 되고 있으며 나아가 앞으로의 연구에서 해결해야 할 과제가 무엇인가를 살피고자 하였다.

2. 광무 양전사업의 추진과정

1897년에 성립한 대한제국 정부는 왕권을 제한하는 갑오개혁의 개혁정책을 수정하여 '舊本新參'이라는 구호하에 많은 정책을 실시하였다. 대한제국 정부는 왕권을 강화해 가면서 양전사업의 실시, 재정제도의 개편, 군사제도의 개편, 상공업의 장려 등 여러 정책을 실시하였다.

대한제국 정부는 이러한 정책을 국가적 차원에서 집행해 가기보다는, 왕권을 강화해 가면서 황실이 중심이 되어 추진하고자 하였다.[1] 또한 열강의 대립 가운데 대한제국이 영향력을 행사하기 위해서는 군사력을 바탕으로 해야 한다고 여겨 군사제도를 개편해 갔다. 그리하여 宮內府의 재정과 권한을 강화해 갔고, 또한 군사력의 강화를 위해 軍部를 중시하였다. 국가의 재정수입은 度支部로 귀속되기보다는 많은 부분이 궁내부와

---

1) 徐榮姬, 「1894~1904년의 政治體制 變動과 宮內府」, 『韓國史論』 23, 서울대 국사학과, 1990.

군부로 들어갔고, 예산의 집행도 궁내부와 군부의 지출이 큰 비중을 차지하였다.[2]

대한제국 정부가 위와 같은 정책을 시행하는 데는 재원이 필요하였는데, 그것을 마련하기 위하여 재정제도의 개편과 양전사업을 추진하였다. 정부는 양전사업을 1898년부터 1904년까지 실시하였다. 그 이전 1720년의 庚子量案이 작성된 이래 약 180년 만에 실시되는 전국적인 양전사업이기 때문에 지세증수를 비롯하여 토지소유권의 확인 등 전반적인 조사를 시도하였다. 특히 재정수입을 늘리는 것이 주요 목적이었다.

정부는 이를 위해 1898년 7월에 量地衙門이라는 독립된 관청을 설립하였다. 양지아문은 內部·度支部·農商工部와 동등한 위치에 있으면서 서로 밀접한 관련을 맺게 하였다. 그 기관에서 量田條例 등 각종 법령을 정비하면서 준비작업을 행하다가 1899년 여름부터 양전사업을 본격적으로 실시하였다.

양지아문의 직제는 본부의 임원과 양전사업에 종사하는 실무진으로 구성되었다. 본부의 임원으로는 摠裁官 3명, 부총재관 2명, 記事員 3명, 書記 6명 등이 있었고,[3] 양전사업에 종사하는 실무진으로는 量務監理와 量務委員, 調査委員 및 기술진이 있었다. 초대 총재관으로는 내부대신 朴定陽, 탁지부대신 沈相薰, 농상공부대신 李道宰가 임명되었다. 또한 양전사업에 종사한 실무진으로는 양무감리로서 南萬里, 金星圭, 李台珏, 鄭道永 등이었고, 양무위원으로는 李鐘大, 李沂, 李喬赫, 宋遠燮 등이었다.

양전사업을 행하는 기본태도는 '구본신참'이었다. 즉 양전의 규례를 國朝舊典에서 끌어오고 이전의 토지소유관계를 그대로 인정한 위에, 서양의 기술을 이용하여 종전의 토지소유권을 근대적인 법제로 제도화하려는

---

2) 李潤相, 「日帝에 의한 植民地財政의 形成過程」, 『韓國史論』 14, 서울대 국사학과, 1986, 293~298쪽.
3) 그 외 雇員 3명, 使令 9명, 房直 3명이 있었다.

것이었다. 따라서 광무 양전사업은 구래의 양전과 같이 결부법과 전품6등제에 의해서 실시되었다. 이때의 量田事目에서는 몇 가지 점이 고쳐지기도 하였다. 전답의 형태를 그 생긴 모양대로 도형의 명칭을 정하여 양안에 기입하는 것,4) 면적을 尺數로 표시하고 등급에 따라 결부를 산출하는 것, 時主와 時作을 함께 기입하는 것, 가옥의 소유관계를 명기하는 것, 두락·일경을 기입하는 것, 民家의 間數를 기록하는 것 등이었다.5)

양전사업을 행하는 데 필요한 것은 비용이었다. 중앙의 양지아문에서 필요한 것은 탁지부가 비용을 부담하고, 지방의 경비는 우선 지방관청의 경비로 충당하고자 하였다. 그러나 지방관청에서 양전의 비용을 마련할 수 없게 되자 양전을 행하는 지역에서 자체적으로 조달하게 되었다. 이에 농민들의 원성이 심하였고 심지어는 양전비용 문제로 민란이 일어나기도 하였다.6)

양전을 실시한 지 2년 만인 1901년에 큰 흉년이 들어, 그해 12월에 양지아문에서 양전사업을 당분간 중지할 것을 계획하였다. 그때까지 양전사업을 마친 곳이 경기 15군, 충북 17군, 충남 22군, 전북 14군, 전남 16군, 경북 27군, 경남 10군, 황해 3군으로 총 124군이었다.

한편 양전사업으로 토지소유권자를 확인하여 양안에 기재함으로써 그 토지의 소유권을 보장해주는 것이기는 하지만, 그 후의 변동관계에 대한 아무런 규제가 마련되어 있지 않았다. 따라서 매매 등을 통하여 빈번히 교체되는 소유권 변동과 궁방의 민전 침탈, 盜賣, 외국인의 潛賣 등의

4) 庚子量案에서는 5가지 유형이었는데, 光武量案에서는 10가지 유형으로 정리·기록하였다(宮嶋博史, 『朝鮮土地調査事業史の硏究』, 1991, 242쪽 참조).
5) 金容燮, 「光武年間의 量田·地契事業」, 『亞細亞硏究』 31, 1968(『增補版 韓國近代農業史硏究』(下), 一潮閣, 284~295쪽 재인용).
6) 杆城과 定山 지역에서 양전비용 문제로 민란이 일어났다(『皇城新聞』 광무 7년 (1903) 5월 8일 ; 『定山郡民擾事査案』 참조).

부정한 방법을 통한 소유권 변동이 일어났다. 이에 토지소유권자나 관리들
은 토지소유권의 확인과 변동의 公認을 요구하였고, 정부는 그 요구를
수렴하여 1901년 11월에 地契衙門을 창설하고 양전사업과 함께 토지소유
권을 인정해주는 지계를 발행하기 시작하였다.[7] 지계아문의 초대 總裁署
理副總裁는 당시의 실권자인 李容翊이었다.

그 후 정부에서는 지계아문과 양지아문의 사업이 병행되어야 한다는
것을 인식하고, 1902년 3월에 두 기구를 合設하였다. 그런데 국가재정의
압박과 국제정세의 변화에 따라 대한제국의 위치가 불안정해짐에 따라
1904년 1월에 기구 개편으로 지계아문을 포함한 관청을 혁파하고, 대신
그 기구를 축소하여 탁지부에 편입시켰다.[8] 그 후 度支部 量地局에서
양전사업과 지계발행을 계속할 예정이었으나, 한국정부가 러일전쟁 속으
로 휘말려 들어가 작업이 중단되고 1904년에 메가다(目賀田種太郎)가 재정
고문으로 부임하면서 일본의 이해관계에 맞는 재정정리사업의 시행으로
양전사업은 포기되었다. 즉 1905년 2월에 양지국을 폐지하고 탁지부 사세
국에 양지과를 두어 기구를 吸收하였다.

지계아문에서 양전을 실시한 지역은 경기 6군, 충남 16군, 전북 12군,
경북 15군, 경남 21군, 강원도 26군으로 모두 96군이었다. 즉 양지아문
(1898~1902)에서 124군, 지계아문(1901~1904)에서 94군으로 총 218군에서
양전을 실시하였고, 전국의 9부 1목 331군의 2/3지역밖에 실시하지 못한
채 중단되었다.

이와 같이 광무 양전사업은 대한제국의 주도계층이 추구하였던 목적을

---

7) 裵英淳, 『韓末・日帝初期의 土地調査와 地稅改正에 關한 硏究』, 서울대 박사학위
　　논문, 1988, 42~50쪽 ; 金容燮, 「光武年間의 量田・地契事業」, 『亞細亞硏究』 31,
　　1968(『增補版 韓國近代農業史硏究』(下), 一潮閣, 295~315쪽 재인용).
8) 이 과정에서 양전사업을 추진하였던 이용익과 이도재 등의 주도층이 배제되면서
　　좌절된 내재적 요인도 존재하였다.

이루지 못하고 중간에 좌절되고 말았다.

3. 광무 양전사업 연구의 현황

광무 양전사업에 대한 본격적인 연구는 金容燮에 의해 1968년에 이루어
졌다. 그 이전에는 본격적인 연구라기보다는 간단한 언급과 평가만이 있었
을 따름이다. 일제시기에 광무 양전사업에 대한 언급은 토지조사사업을
미화하거나 합리화하면서 광무 양전사업을 그 역사적 배경으로서 평가하
거나,9) 혹은 조선시기 토지문제의 귀결점으로서 평가하였다.10) 해방 이후
1960년대까지 조선시대에서는 조선후기사에 대한 연구에 집중되어 광무
양전사업은 별로 주목받지 못하였다.

그 후 김용섭에 의해 광무 양전사업에 대한 본격적인 연구가 이루어졌다.
김용섭은 「광무연간의 양전·지계사업」에서 양전사업을 실증적으로 규
명하였다. 그는 대한제국 이전의 양전에 대한 논의를 살펴보면서 양전사업
을 시행하게 된 역사적 배경을 살펴보고 1898년에 양전기구가 설치되고
양전사업이 실시되게 된 경위와 사업의 결과를 규명하였다.

그는 양전사업에서도 대한제국기의 다른 개혁정책과 마찬가지로 '구본
신참'의 입장이 견지되었으며, '구본'은 구래의 토지소유관계인 지주전호
제를 그대로 인정하고자 한 것이고 '신참'은 서양의 측량기술을 이용하고
구래의 토지소유권을 근대적인 법제로 제도화하고자 한 것에서 살필 수
있다고 규정하였다.11) 즉 그는 양전사업을 "철저하게 봉건지주층을 위주

---

9) 和田一郎, 『朝鮮ノ土地制度及地稅制度調査報告書』, 1920, 114~117쪽.
10) 朴文圭, 「農村社會分化의 起點으로서의 土地調査事業에 對하여」, 『朝鮮社會經濟史
研究』, 1933 ; 李在茂, 「朝鮮에 있어서의 土地調査事業의 實體」, 『社會科學研究』
7-5, 1955.
11) 金容燮, 「光武年間의 量田·地契事業」, 『亞細亞研究』 31, 1968(『增補版 韓國近代

로 하고 그들이 중심이 되는 근대화방안"[12]이라고 규정하였다.

나아가 그는 5개 郡의 양안 중에 1개 面씩을 추출하여 토지소유상황을
분석한 것을 바탕으로, 농촌사회에서 토지소유에 의한 농민층분화가 격심
하였으며 자소작겸영인으로서 부농(경영형부농)이 된 자들도 존재하였고
그들은 자본가적 차지농으로 발달하였다고 결론지었다. 즉 농민층분화는
17~18세기에 광범한 현상으로 나타나다가, 개항 이후 외국자본의 침투로
더욱 촉진되어 이 시기에 절정에 이르렀다고 하였다.

결론적으로 광무년간의 양전사업은 소유주에게 그 소유권을 그대로
追認하면서도 지주제 속에서 성장하고 있는 근대적인 요소(봉건적인 지주-
소작관계의 점진적인 약화, 경영형부농의 성장)를 제도적으로 저지하지
않고 그대로 묵인하였는데 반하여, 일제의 토지조사사업은 양전사업에서
비롯된 이러한 성격의 토지소유관계를 재확인하고 토지의 약탈을 위해서
수행한 작업이라고 규정하였다.[13]

裵英淳은『한말·일제초기의 토지조사와 지세개정에 관한 연구』에서
김용섭의 연구를 계승하여 광무 양전사업을 토지소유에 대한 국가적 法認
을 의도하여 근대적 개혁의 기초를 마련하려 하였고, 국가가 직접 개별지주
를 파악해내고 그에 과세함으로써 結總制를 폐기하려고 한 지주적 토지소
유의 체제적 확립을 지향한 것으로 규정하였다.[14] 그는 지계발행도 근대법
적 보호를 받는 소유권으로 보장하기 위함이고, 이것은 부르주아적 소유의
개념으로 전화해 간다고 해석하였다. 아울러 갑오금납화 이후 지세를 結價
化한 것을 근대적 지세로 변화하여 가는 과도적인 것으로 평가하였다.[15]

農業史硏究』(下), 一潮閣, 286쪽 재인용).
12) 김용섭, 위의 논문, 384쪽.
13) 위의 논문, 389~390쪽.
14) 裵英淳,『韓末·日帝初期의 土地調査와 地稅改正에 關한 硏究』, 서울대 박사학위
논문, 1988, 30쪽.
15) 위의 논문, 122쪽.

결론적으로 그는 광무 양전사업은 지주적 개혁을 선택한 개화파 정권의 근대화 노선을 승계하면서 근대적 토지소유의 확립을 지향한 것이었다고 평가하였다.16)

이러한 광무 양전사업에 대한 연구는 1980년대 중반 이후에 활발하게 이루어지면서 기존의 연구결과에 대한 비판적인 견해가 제기되었다. 李榮薰은 광무양안에 기재된 '時主'의 의미를 재해석하였다. 그는 「광무양전의 역사적 성격」에서 양안과 호적 및 족보를 비교 분석함으로써 양안상의 시주는 奴名, 字名, 자식이나 선조 등의 명칭으로 代錄, 分錄되었기 때문에 하나의 농가세대를 나타내는 것이 아니며, 나아가 국가가 농민의 사적 소유권을 제대로 파악하고 있지 못하였다고 평가하였다.17) 그리하여 그는 "量田事業은 어디까지나 조선국가가 그의 收租對象地를 최대한 조사하고, 확정하는 과정임을 그 본질로 하고 있으며, 현실적으로 성립 발전하고 있는 농민의 사적 토지소유를 전면적으로 승인하고 그 체제적 확립을 지향한 소유권조사사업으로서의 성격은 하나의 擬制에 불과하였다"18)고 파악하였다. 즉 그는 양전은 어디까지나 국가적 수취의 입장에서 그 수조지와 수조대상자를 확정하는 과정이었고, 양안은 이러한 국가적 수취와 대항적 관계에 있던 사적 토지소유로부터 일정한 대응형태를 수반하면서 작성된 것이라고 하여 국가가 양전사업을 통하여 實所有者를 제대로 파악하지 못한 것은 농민이나 지주가 조세를 덜 내기 위하여 대록·분록을 통하여 저항한 것이라고 의미지었다.19)

그는 양전의 기초자료가 되었던 것은 당시 농촌사회에서 결세의 징수과

---

16) 위의 논문, 40쪽.
17) 李榮薰, 「光武量田의 歷史的 性格-忠淸南道 燕岐郡 光武量案에 관한 事例分析」, 『近代朝鮮의 經濟構造』, 比峰出版社, 1989.
18) 위의 논문, 39~40쪽.
19) 위의 논문, 40, 72쪽.

정에서 작성되었던 징세기 즉 깃기였다고 보고, 양전과정에서 사적 소유자
를 양안에 '기주'나 '시주'의 형태로 登載하는 일은 일차적으로 징세자료인
깃기상의 인물을 移記하는 형식을 취함이 대체적인 양상이었다고 보았
다.[20]

한편 미야지마 히로시(宮嶋博史)는 양안의 형식에 주목하여 양안의 성
격을 규정하려 하였다. 그는 「광무양안의 역사적 성격」에서 조선에서 국가
의 토지파악방식을 결부제적 파악방식에서 두락제적 파악방식으로 변화
해가는 것이 역사적인 흐름이라고 하고, 그 전개양상은 同積異稅로서의
결부제에서 異積同稅로서의 결부제로, 그것은 다시 斗落制라는 세 단계로
발전되어 간다고 파악하였다. 그것이 수조권을 분급하는 점에서 '이적동
세'로서의 결부제가 유지되다가 1894년의 갑오승총에 의한 궁방전이나
아문둔전의 면세특권의 폐지로 수조권 분여가 완전히 폐지되게 되면서
다시 '동적이세'로서의 두락제로 전환가능한 것이 되었다고 보았다.[21]

그리하여 광무양안의 역사적 위치를 "국가에 의해 수조권 분여가 폐지
된 것에 수반하는 '이적동세'로서의 결부제 존재근거의 소멸, '동적이세'로
서의 두락제, 町反坪制로의 이행, 양자가 교차하는 곳에 광무양안이 위치
하고 있다"[22]고 파악하였다.

아울러 그는 양안작성의 의도는 "지세수취만이 아니라 수조권의 분여라
는 국가의 정치적 편제에 관한 문제 때문"[23]이라고 파악함으로써 국가가
토지소유에 대해 갖는 규정력을 보강하였다. 나아가 양안의 형식면에서
일제의 토지조사사업은 광무 양전사업을 계승하여 '정반평제'라는 절대면

20) 李榮薰, 「光武量田에 있어서 '時主' 파악의 실상-忠淸南道 燕岐郡 光武量案의
사례분석」, 『대한제국기의 토지제도』, 1990, 136~137쪽.
21) 宮嶋博史, 「光武量案의 역사적 성격」, 『대한제국기의 토지제도』, 1990, 74~77쪽.
22) 위의 논문, 77쪽.
23) 위의 논문, 77쪽.

적의 파악방식을 이룩함으로써 조선사회의 근대화를 이루었다고 평가하
였다.24)

　이에 비해 李榮昊는 「대한제국시기의 토지제도와 농민층분화의 양상」
에서 광무 양전사업을 양전사업과 지계사업으로 구분하면서 量田事業(양
지아문에서 행한 사업)은 收稅實結의 확보에 중점을 두어 '납세대상자로
서의 시주와 시작'을 파악하려고 하였고, 地契事業(지계아문에서 행한
사업)은 토지소유권 증서로서의 지계발급을 위한 소유권 확인에 목적이
있었기 때문에 시주파악을 중시하고 시작은 파악하지 않았다고 하였다.
그리하여 전자는 당시의 지주-전호관계를 보여주는 것이고, 후자는 결부제
외에 두락과 일경을 면적파악 단위로 계산화해 감으로써 근대적 토지파악
방식으로 나아가고 있었다고 하였다.25)

　그는 "광무 양전사업을 중세사회 토지제도의 최종적인 모습을 보여주면
서, 국가 또는 지배층을 중심으로 한 내재적 근대화의 방향을 암시해준
다"26)고 파악하였고, 그 예로 수세실결의 확보, 實面積 산출의 의지, 국가의
납세자 파악방식, 중답주의 제거방향, 소유권증서로서의 지계발급 등의
노력을 들었다.27)

4. 광무 양전사업 연구의 쟁점

　이제 지금까지의 연구성과를 쟁점별로 정리해 보자. 먼저 광무양안에
기록된 '時主'와 '時作'의 실체에 관한 문제이다. 김용섭은 '시주'를 토지의

---

24) 위의 논문, 74~79쪽.
25) 李榮昊, 「대한제국시기의 토지제도와 농민층분화의 양상-京畿道 龍仁郡 二東面
　　'光武量案'과 '土地調査簿'의 비교분석」, 『韓國史研究』 69, 1990, 112~115쪽.
26) 위의 논문, 114쪽.
27) 위의 논문, 114쪽.

소유주, '시작'을 소작인(또는 경작자)으로 해석한 데 반하여,[28] 이영훈은
"소유자와 경작자의 파악에 관한 한 양안은 사실상 虛簿와 다름없었다"[29]
라고 규정하여 '시주'와 '시작'을 소유와 경영의 주체로 볼 수 없다고
하였다. 그 이유는 '시주'의 성명은 대록과 분록 등으로 실제의 소유주명을
기록하고 있지 않았기 때문이라고 파악하였다.

　물론 '시주'가 이영훈의 견해처럼 단일농가세대의 居戶가 아닌 것은
사실이다. 시주는 대록과 분록 등으로 실제의 소유주명을 기록하고 있지
않은 사례가 많기 때문이다. 그러나 시주는 토지의 소유주이거나, 소유주
와 관련이 있는 자를 기록하고 있다. 즉 양안에 기록된 시주명이 실제의
소유권자는 아니지만, 그 사람과 관계가 있는 자가 소유권을 행사한 것은
틀림없다. 예를 들면 '시주'가 노비명으로 기록되어 있으면 노비주가 소유
권자이었고, 나이 어린 자식명이나 죽은 선조로 기록되어 있는 경우는
호주가 소유권자이었을 것이다. 그런 예는 양전사업 초기에 양안을 작성한
실무자들이 '시주'를 '전(답)주[田主]'로, '시작'을 '作人'으로 파악하여 서
로를 섞어서 기록[換記]한 데서 방증된다.[30] 즉 양전사업의 담당자들은
'시주'를 토지의 소유권자로, '시작'을 토지의 경작자로 파악하고 기록하였
던 것이다.

　둘째는 양전사업이 실제로 시행되었는가의 여부이다. 한쪽의 견해는
양전사업이 實尺조사가 아니라 書員의 깃기(징세기)를 바탕으로 한 文書조
사였다고 파악하는 반면에,[31] 다른 한쪽의 견해는 문서조사가 아니라 현지

28) 金容燮, 「光武年間의 量田·地契事業」, 『亞細亞研究』 31, 1968(『增補版 韓國近代
　　農業史研究』(下), 一潮閣, 329쪽 재인용).
29) 李榮薰, 「光武量田의 歷史的 性格-忠淸南道 燕岐郡 光武量案에 관한 事例分析」,
　　『近代朝鮮의 經濟構造』, 1989, 75쪽.
30) 그것은 量地衙門에서 작성한 忠淸南道 燕岐郡 東一面(규17662의 17책 중 11책)의
　　양안에서 '時主'와 '時作'으로 기록하다가, 중간에 '田(畓)主'와 '作人'으로 기록한
　　예에서 확인할 수 있다. 그러한 사례는 다른 지역의 양안에서도 다수 나타난다.

에서 거주인(指審人이나 洞長 등)의 협조를 얻어 측량이나 조사를 행하였다고 파악한다.32) 전자는 배영순·이영훈의 견해로서, 양전사업이 실척조사로 보기에는 한 지역에서 조사를 마친 기간이 짧다든지 혹은 측량기술의 미비로 실제적인 측량은 제대로 행해지지 못하였을 것이라고 여긴다.33) 후자는 이영호·왕현종의 견해이다.34)

양전사업은 근대식의 삼각측량법을 동원한 측량을 행하지는 않았지만, 중세적인 측량수준에서 실제 조사를 행한 것 같다. 당시 외국인 기사를 초빙하여 측량기술을 전수받기도 하였고, 각 양안마다 양무위원 1인과 學員 4~5인을 적은 것을 보면, 깃기를 바탕으로 한 문서조사라기보다는 현지조사였을 것이다. 즉 측량기를 동원하여 실측을 행한 곳도 있으며, 또는 양전지역의 居住人의 협조를 얻어 측량이나 조사를 행한 곳도 있을 것이다. 후자의 방법으로 행한 경우에는 짧은 기간 내에 양전을 마칠 수 있었을 것이다.

셋째는 양전사업의 목적에 대한 문제인데, 이것은 첫 번째 쟁점과도 관련이 있다.35) 먼저 김용섭이 주장한 것으로, 양전사업이 지세징수와 함께 토지소유권의 확인을 도모하였다는 견해이며, 다른 견해는 이영훈이 주장한 것으로, 양전사업은 지세징수를 유일한 목적으로 행하였으며, 설사 추진계층이 토지소유권의 확인을 시도했다고 할지라도 이룰 수 없었다고 하였다.

---

31) 주20) 참조.
32) 李榮昊, 앞의 논문, 1990, 93쪽.
33) 『한국역사연구회회보』 9호, 7쪽. 나아가 서리들은 깃기와 함께 地形圖를 갖고 있었을 가능성도 있는데, 그것이 문서조사를 통한 양안작성을 수월하게 하였을 것이라고 추정한다.
34) 위와 같음.
35) 왕현종, 「광무양전사업의 다양한 성격과 좁은 시각(서평)」, 『역사와 현실』 5, 1991, 318~321쪽 참조.

전자에서 김용섭은 양안을 "본래 土地에 대한 稅를 부과하기 위하여 작성한 것이지만, 동시에 소유권을 보호하기 위한 登記簿의 기능을"[36] 지니고 있었다고 하면서 징세대장과 토지소유권부의 기능을 모두 지니고 있다고 보았다. 그는 지계아문에서 지계를 발행하는 것은 토지소유권을 인정해주는 절차라고 간주하였다. 그리하여 양전사업은 징세부과와 토지소유자의 확인이라는 목적을 지니고 수행되었다고 보았다.

이에 반해 이영훈은 양전사업은 처음부터 징세부과를 목적으로 시행되었다고 보았다. 설사 양전사업의 추진자들이 '토지소유권의 조사'라는 의도가 있었을지 모르지만 그 의도와는 달리 측량기술 수준의 미비와 농민들의 저항으로 인하여 토지소유권자를 제대로 파악할 수 없었으며, 오히려 양전사업을 실시할 때부터 징세대장인 '깃기'를 이용했고 양안도 징세기 이상의 의미를 지니지 않는다고 보았다.[37]

양전사업의 목적 중에 가장 중요한 것은 공평하고 증가된 징세징수를 위한 바탕을 마련하는 것이었다. 즉 隱結·漏結 등을 파악하여 지세를 증수하는 것이 주요 목적이었다. 그러나 180년 만에 처음 전국적으로 실시된 양전사업은 그 목적만 갖고 시행한 것은 아니었다. 양지아문에서 처음 실시한 양전사업에서는 양안에다 토지에 관련된 모든 것을 조사하고 기록하려고 시도하였다. 그리하여 토지의 면적, 등급, 형상 등 토지관계사항은 물론 시주, 시작, 結戶(名), 垈主, 家主 및 협호 등 토지에 관계된 사람(人的 事項)도 모두 기록하였다. 즉 토지의 소유자 및 경작자, 지세담당자 등 토지에 관계된 자를 파악하려고 노력하였다.[38] 그렇지만 그것을 모두 양안

---

36) 金容燮, 「光武年間의 量田·地契事業」, 『亞細亞研究』 31, 1968(『增補版 韓國近代 農業史研究』(下), 336쪽 재인용).

37) 주20) 참조.

38) 왕현종, 「광무양전사업의 다양한 성격과 좁은 시각(서평)」, 『역사와 현실』 5, 1991 참조. 전국적으로 초기에 실시한 忠淸南道 溫陽郡(1899년 11월 14일부터

에 기록하는 것은 비효율적이라고 여겨, 나중에는 토지의 소유자 및 경작자만을 기록하고 토지소유권의 확인은 지계를 발행하는 것으로 나타났다. 결론적으로 양전사업은 지세증가를 중요한 목적으로 추진되었지만, 그 외에 토지소유권의 확인이라는 목적도 있었다. 그리하여 1901년에 창설한 지계아문에서는 양안을 근거로 토지소유증서인 지계를 발행하였던 것이다.

넷째는 광무 양전사업에 의해서 작성된 양안이 직접 징세에 적용되었는가의 문제이다. 지금까지의 대체적인 통설은 광무 양전사업이 시행되다가 중간에 중지되었기 때문에, 실제로 양전사업에 의해 작성된 양안은 이용되지 못하였다는 것이다. 그러나 최근 李鍾範에 의해 '전라도 구례군 토지면 오미동의 사례'에서 관청에서 수세하는 데 광무양안이 적용된 사실을 밝혀냈다.[39] 물론 이는 특수한 사례로서, 광무양안 이전의 양안이 남아있지 않는 경우에는 광무양안을 이용한 지역도 있다는 것을 보여준다. 전반적으로 광무양안이 직접 수세에 이용되지는 못하였으나, 양안을 분실하는 등 특별한 사유가 있는 지역에서는 광무양안을 이용한 곳도 있었다.

마지막으로 광무 양전사업에 대한 평가이다. 이것에 대한 평가에는 세 가지의 경향이 존재한다. 첫째는 광무 양전사업에 대해 부정적으로 평가하는 경향이다. 즉 광무 양전사업은 조선시기의 양전사업과 마찬가지의 의미를 지니며, 크게 다른 점이 없다는 견해이다.[40] 그 점은 특히 이영훈의 견해처럼 양전사업이 수세를 위한 목적에서 진행되었다고 강조하는

12월 24일까지 실시)의 量案 中草本에 時主와 時作 이외에 結名이나 結戶를 더 파악하고 있었는데, 그것은 지세납부 대상자라고 여겨진다.

39) 이종범, 「1908~09년 일제의 과세지조사에 관한 실증적 검토-전라남도 구례군 토지면 오미동 사례」, 『역사와 현실』 5, 1991.

40) 李榮薰, 「光武量田의 歷史的 性格-忠淸南道 燕岐郡 光武量案에 관한 事例分析」, 『近代朝鮮의 經濟構造』, 1989, 41, 75쪽.

입장에서 두드러진다. 둘째는 토지파악방식을 기준으로 광무 양전사업을
근대화로 가는 과도기로 상정한다. 이는 미야지마 히로시(宮嶋博史)의
견해로서, 광무 양전사업이 결부제와 함께 두락제라는 표기를 사용하여
절대면적을 파악하려고 했다는 점에서, 그것을 근대적 토지파악방식으로
나아가는 과도기적 의미를 지니고 있다고 파악한다. 셋째는 광무 양전사업
이 토지소유권의 근대법적 확인을 지향했다는 점에서 근대화의 과도기로
평가한다. 이는 김용섭의 견해로 지계아문에서 지계를 발행한 사실을 바탕
으로 주장한 것인데, 실제로 시행하다가 중단되었지만 지계발행은 근대법
적 토지소유권을 법적으로 보장하게 한 시도라고 평가한다.[41] 이영호도
광무 양전사업을 국가 또는 지배층을 중심으로 한 내재적 근대화의 방향을
암시해준다고 파악한다.[42]

　　김용섭은 이 주장을 바탕으로 광무 양전사업을 포함한 개화파의 개혁정
책을 "토지개혁 없는 부르주아혁명"으로 규정하였다. 즉 토지소유의 재편
없는(즉 지주제를 유지하는) 위로부터의 근대화라고 본 것이다.[43] 이에
반해 이영훈은 "토지소유관계 그 자체에 대해 하등의 변혁적 재편을 가하
지 않은 근대적=부르주아적 개혁이 역사에서 존재할 수 없다"[44]고 하면서
대한제국의 개혁정책은 근대화가 아니라고 평가하였다. 그러나 역사상
토지소유의 개혁을 수반하면서 근대사회로 이행한 나라는 영국·프랑
스·러시아 등 소수의 나라뿐이며, 그 외의 다른 나라는 토지소유의 재편

41) 金容燮, 앞의 논문, 1968, 328~337쪽.
42) 주26) 참조.
43) 金容燮, 「近代化過程에서의 農業改革의 두 方向」, 『한국자본주의 성격논쟁』,
　　대왕사, 1988. 裵英淳은 광무 양전사업에 대해 지주적 개혁을 선택한 개화파정권
　　의 근대화노선을 승계하면서 근대적 토지소유의 확립을 지향한 것이었다고 평가
　　하였다(주16) 참조).
44) 李榮薰, 「光武量田의 歷史的 性格-忠淸南道 燕岐郡 光武量案에 관한 事例分析」,
　　『近代朝鮮의 經濟構造』, 1989, 77쪽.

없이도 근대사회로 이행하였기 때문에 그 점을 기준으로 평가하는 것은 무리라고 여겨진다.

한편 위의 광무 양전사업에 대한 시각은 일제시기의 '土地調査事業'에 대한 평가에도 영향을 미치고, 아울러 그 논점에 따라 토지조사사업에 대한 평가도 달리한다. 첫 번째 견해의 논자는 조선시기의 양전사업은 전근대적이고, 일제시기의 토지조사사업은 근대적인 것으로 확연히 구분짓는다. 이영훈은 "(조선시기의) 量案이 국가적 토지소유를 전제로 하고 그에 대해 시대에 따라 상이한 양상으로 전개된 농민들의 개별적 또는 집단적 대응을 내용으로 한다면, (일제시기의) 土地臺帳은 이 같은 농민들의 사적 토지소유를 근대적 토지소유의 형식으로 전면적으로 승인한 결과를 그 내용으로 하고 있다"[45]고 규정하였다. 즉 그는 토지조사사업을 조선시기의 양전사업 및 광무 양전사업과는 달리 근대적으로 토지소유권을 확인하는 작업을 행하였고 그에 따라 '토지소유권의 근대법적 확인'의 의미를 지닌 근대적 사업이라고 평가하였다.

두 번째 견해에서 미야지마는 일제시기의 토지조사사업이 광무 양전사업의 토지파악방식을 계승하여 절대적 토지파악방식을 이룬 근대적인 것으로 파악하였고, 특히 광무 양전사업에서 이루지 못한 것을 토지조사사업에서 이룩하였다고 평가하였다.[46]

세 번째의 견해에서는 '토지소유권의 확인'이라는 측면에서 토지조사사업이 광무 양전사업과 크게 다르지 않다고 평가한다. 단 토지조사사업은 총독부의 권력을 배경으로 하여 토지소유권조사작업을 마무리하였지만, 광무 양전사업은 대한제국 권력의 약화로 시행착오의 기회를 갖지 못하여 시도하기는 하였지만 실패하였다고 평가한다. 오히려 이 견해에서는 토지

---

45) 위의 논문, 75쪽.
46) 宮嶋博史, 『朝鮮土地調査事業史の硏究』, 1991.

조사사업의 약탈성을 강조한다. 광무 양전사업에서는 외국인에게 토지소
유를 허가하지 않았는데, 토지조사사업에서는 외국인에게 허가함으로써
토지약탈을 합법화하였다고 평가한다. 또한 토지조사사업 이후 소작관계
의 조정 및 소작료의 고율화 등으로 농민수탈을 위한 식민지농업체제를
갖추어갔다고 평가한다.[47]

  지금까지 광무 양전사업에 대한 연구 가운데서 논쟁이 되고 있는 부분을
정리하였다. 이러한 논쟁점은 중세사회의 사회구성상에 대한 시각과도
일정한 연관이 있으며, 나아가 근대사회의 사회구성상에 대한 시각과도
밀접한 관련이 있다. 이러한 점들은 앞으로 연구를 통해 밝혀지리라 여겨진
다.

5. 광무 양전사업 연구의 과제

  지금까지 광무 양전사업에 대한 연구의 현황을 검토하고 그 연구를
쟁점 중심으로 살펴보았다. 이 양전사업의 전개과정은 대한제국의 성격을
해명하는 데 중요한 부분이며, 조선사회가 일제의 식민지로 전락된 원인과
계기를 살펴보는 단서도 된다. 앞에서 언급했듯이 양전사업에 대한 연구는
미진하였다가, 1980년대 후반에 이르러 활발하게 전개되기 시작하였다.
이제 활발해지기 시작한 연구를 더욱 촉진한다는 의미에서 광무 양전사업
에 대한 연구과제를 제시하고자 한다.

  먼저 양전사업의 구체적인 실시경위가 밝혀져야 한다. 지금까지는 양전
사업의 실시경위 및 목적이 피상적으로 밝혀졌다. 이것은 사료상의 제약이
가장 크다. 양지아문의 기록 및 양전사목 등 양전사업의 계획, 목적 및

---

47) 金容燮, 「光武年間의 量田·地契事業」, 『亞細亞研究』 31, 1968(『增補版 韓國近代
   農業史研究』(下), 一潮閣, 388~390쪽 재인용).

실시과정을 밝힐 만한 사료가 남아있지 않다. 대한제국기에 그렇게 중요한 사업이었으면서도, 당시 量地衙門의 관청기록이 남아있지 않기 때문이다. 현재 논쟁이 되고 있는 양전사업에 대한 평가문제를 정확히 규명하기 위해서도, 자료의 발굴 및 『일성록』·『관보』 등 관찬사료를 엄밀히 검토하여 양전사업의 의도와 추진과정을 재구성해볼 필요가 있다.

양전사업은 대한제국의 지배층이 심혈을 기울인 것이었으며, 그것의 추진과정과 좌절과정을 살피는 것은 당시의 지배세력의 역학관계와 의도를 살펴보는 데 중요한 단서가 된다. 그런 의미에서 양전사업의 추진과정과 의도 및 좌절의 원인을 살펴보는 것은 당시 대한제국 정부의 정책의 성격과 한계를 고찰하는 데 필수적인 것이라 할 수 있다.

둘째는 광무양안이 어느 정도 농촌사정을 반영하는가라는 문제를 밝혀야 한다. 즉 양전과정에서 토지의 면적이나 등급사정 등을 얼마나 정확히 행하여 농촌사정을 반영하였는가를 밝혀야 한다. 또한 실소유자와 소작인을 어느 정도 기록하였는가도 검증해야 한다. 이것에 대해서는 논쟁되고 있는 점도 있지만,[48] 그러한 사실을 밝혀야만 양안을 자료로서 활용하여 당시의 농촌실상을 밝혀낼 수 있을 것이다.

셋째는 양전사업과 結價 인상을 한 사실을 결부시켜 체계적으로 해명해야 한다는 사실이다. 1900년 이후 광무정권은 양전사업을 중단하면서, 양전사업을 실시하는 데 노력을 기울이기보다는 결가를 인상함으로써 쉽게 재원을 확충하려고 한 것 같다. 광무정권은 1결당 30냥에서 1900년에는 50냥으로, 다시 1902년에 80냥으로 인상하였다.

즉 광무정권은 초기의 개혁적인 노력을 포기하면서, 양전사업이라는

---

48) 왕현종, 「광무양전사업의 다양한 성격과 좁은 시각(서평)」, 『역사와 현실』 5, 1991, 321~322쪽 참조. 李榮薰은 忠淸南道 燕岐郡의 사례분석에서 燕岐郡의 光武量案이 농촌사회의 지주제 실상을 반 정도밖에 반영하고 있지 못하다고 추정하였다(李榮薰, 1989 앞 논문, 52쪽 참조).

어려운 사업을 통하여 지세를 增收하는 것보다는 결가를 올리면서 쉽게 증수하는 것에 중점을 둔 것 같다. 그리하여 양전사업을 소홀히 하고, 징세과정의 문제점을 해결하는 징세제도의 개선에 노력하면서 결가를 올려 증수하는 정책으로 전환하였던 것이 아닌가 여겨진다. 그리고 당시 증수된 세금은 탁지부로 들어가기보다는 宮內府와 軍部에 들어가, 국가정책을 궁내부에서 주관하여 실시하려고 하였다.

넷째, 광무 양전사업에서는 국유지를 어떻게 처리하였으며, 광무양안에는 어떻게 기록하였는가를 검토해야 할 것이다. 갑오개혁 이후에 역둔토 등의 국유지를 조사하여 토지의 소유권을 확정하면서 조세를 국가에 납부하도록 하였다. 그러나 그 과정에서 無土(토지의 소유권은 농민에게 있으나, 조세는 궁방이나 관청에 냈던 토지)까지도 소유권을 국유지로 편입시키자 농민들이 크게 반발하였다. 특히 그러한 현상은 光武査檢(1900년 1월부터 1901년 5월 사이에 실시한 국유지조사사업)에서 심하였는데,[49] 광무 양전사업에서는 어떠하였는가가 궁금하다. 그것은 광무 양전사업의 성격을 밝히는 데 중요한 주제이며, 나아가 통감부 이후의 토지침탈의 과정 및 토지조사사업의 성격규명과도 연관되는 문제이기 때문에 중요하다.[50] 또한 일제시기의 토지조사사업은 외국인의 토지소유를 인정하였을 뿐 아니라 농민의 경작권과 도지권, 입회권을 부정함으로써 지주층에 유리한 사업이었는데, 이에 반해 광무 양전사업은 어느 계층에게 유리하였는가를 살피는 것도 필요하다. 그것은 광무 양전사업에 대한 평가와도 연관이 있는 문제이다.

다섯째는 광무 양전사업의 추진세력이 어떤 계층이며 그들은 어떠한

---

49) 裵英淳,「韓末 驛屯土調査에 있어서의 所有權紛爭-光武査檢期의 紛爭事例에 대한 分析을 중심으로」,『韓國史研究』25, 1979.

50) 광무 양전사업과 토지조사사업의 계승성과 단절성을 밝히는 데 있어서 하나의 단서가 된다.

지향을 가졌는가를 밝혀야 한다. 그들이 어떠한 정치세력이었는가에 대한 파악은 양전사업의 의도 및 목적을 살피는 데 매우 중요하다. 그들 정치세력은 1894년 갑오개혁 이후의 정치적인 변혁과정에서 개화파 및 갑오정권과는 어떠한 연관이 있으며, 나아가 독립협회를 주도했던 정치세력과는 어떠한 차이가 있는지를 밝혀야 한다. 그러한 정치세력에 대한 파악은 양전사업만을 고찰해서는 불완전하며 대한제국기의 여러 정책을 살펴보아야 하며, 또한 당시의 개혁적 지향을 포함한 정치적 역학관계도 고찰함으로써 가능한 것이다.

광무 양전사업의 역사적 성격

제1주제 : 광무 양전사업 연구의 성과와 과제

　　발표 : 이영학(서울대 강사)

제2주제 : 광무 양전사업의 추진과정과 양안작성의 의도

　　발표 : 왕현종(인덕공전 강사)

제3주제 : 충청남도 온양군, 연산군 광무양안 분석

　　발표 : 이세영(한신대 교수), 최윤오(충북대 강사), 박진태(성균

　　　　　관대 강사)

제4주제 : 1908~1909년 일제의 과세지조사를 통해 본 광무양안의 적용

　　　　　사례-전라남도 구례군 토지면 오미동을 중심으로

　　발표 : 이종범(조선대 교수)

종합토론

　　사회 : 이영호(과학기술대 교수)

　　토론 : 이영훈(성균관대 교수), 배영순(영남대 교수),

　　일시 : 1991년 6월 8일

　　장소 : 한국방송통신대학 본관 4층 회의실

1

　1897년에 성립한 대한제국 정부는 '구본신참'이라는 구호하에 많은 정책을 실시하였다. 대한제국 정부는 왕권을 강화해가면서 재정제도의 개편, 군사제도의 개편, 상공업 정책의 실시 등 여러 정책을 실시하였는데, 그

중 대표적인 것이 양전사업의 시행이었다. 양전사업은 1898년부터 1904년까지 실시하였다.

현재 한국사학계는 대한제국기의 정책을 둘러싸고 그 평가가 나누어져 있으며, 연구자들은 그 평가에 따라 근대 사회로의 개혁방향과 그것을 추진해가는 변혁세력도 달리 파악한다.

이에 공동연구팀은 광무 양전사업을 분석하기로 하였으며, 그것을 바탕으로 대한제국을 평가하는 하나의 단서를 마련하고자 한다. 본 공동연구자는 대한제국 정부의 중심사업인 광무 양전사업을 여러 각도에서 엄밀히 분석함으로써 대한제국을 평가할 수 있으리라 생각하며, 아울러 한국사회의 근대화에 대한 전망과 평가도 행할 수 있으리라 여긴다.

2

'광무 양전사업의 역사적 성격'에 대한 연구발표는 '토지대장연구반'의 공동작업의 성과를 중간보고 형식으로 발표한 것이다. 이번에 발표한 4개의 주제 이외에 광무양안의 기재양식, 국유지 문제, 일제시기 토지대장과의 비교분석 등의 주제들도 검토하고자 한다. 이러한 공동연구를 통하여 광무 양전사업의 역사적 성격과 한국토지제도 상에서 차지하는 광무 양전사업의 위치를 해명하고자 한다.

먼저 이번에 발표된 주제를 간략하게 요약하여 보기로 한다. 제1주제인 '광무 양전사업 연구의 성과와 과제'에서는 광무 양전사업에 대한 연구의 현황과 성과를 정리한 뒤, 그 쟁점과 과제를 제시하였다. 김용섭, 배영순, 이영훈, 미야지마 히로시(宮嶋博史)의 연구성과가 검토의 주된 대상이었다. 쟁점과 과제로서는 時主와 時作에 대한 해석의 문제, 양안 상의 시주가 단일한 농가세대인가의 문제, 양안에서의 토지파악방식에 대한 문제, 양안의 성격과 기능에 관한 문제 등이 제기되었다. 발표자는 이 문제들에 대하여 시주는 토지소유자, 시작은 소작인이라는 점, 양안 상의 시주는 시주의 성명이 代錄, 分錄되어 있기 때문에 단일한 농가세대를 구성하고 있지 않다는 점, 광무양안에서는 절대적인 면적 파악의 노력이 엿보이고 있다는 점, 광무양안은 토지소유자를 확인하고 이를 토대로 징세대장을 만들었던 기능을 지니고 있다는 점 등을 지적하였다. 이러한 지적은 좀더 검토되어야 할 문제이지만 이번의 공동연구에서는 대체로 이러한 입장에서 추진되었다고 볼 수 있다.

제2주제인 '광무 양전사업의 추진과정과 양안작성의 의도'는 광무 양전사업의 초기 추진과정을 해명함으로써 양안의 성격을 규명하는 데 기여하고자 하였다. 먼저 李沂의 양전론, 兪鎭億의 方田條例, 吳炳日의 양전조례 등을 검토하여 결부제를 토대로 하고 있으면서도 철저한 양전시행방법이 모색되고 있음을 지적하였다. 다음으로 충청남도 양전사례를 중심으로 초기 양전의 시행과정을 검토하였다. 그 과정에서 특히 주목되는 것은 온양군의 일부 지역 양안에서 시주와 시작 사이에 '結名', '結戶'라는 표기가 있어서 초기 양전과정에서는 지세담당자의 파악도 양전의 목적이었음을 알게 되었다. 즉 광무양안은 초기에는 토지소유자, 지세부담자, 호세부담자, 작인 등을 종합적으로 파악하려는 시도가 있었는데, 아직 검토되지는 못하였지만 이후의 양전과정에서 토지소유자와 작인만이 파악되게 되었다.

제3주제인 '충청남도 온양군, 연산군 광무양안 분석'에서는 온양군 서면, 연산군 부인처면, 적사곡면, 외성면의 광무양안을 분석하였다. 광무양안 상의 시주와 시작은 지주-소작관계로 전제하고 분석의 결과, 농민층분해가 양극분해로서 나타나고 있었고, 부농의 존재도 확인되었다. 분석의 내용에서는 자작농 범주의 농민이 다수 나타나지만 그들 대부분은 '하농'

으로서 자작농이라기보다는 영세한 소유와 경영 외에 점차 노임수입에 의존해 가는 반프로농민이었기 때문에 이들을 자작농으로 파악하여 당시의 토지소유관계를 '자작농체제'라고 규정하는 것은 동의할 수 없다는 견해가 제시되었다. 이러한 견해는 통계에 대한 새로운 해석으로 주목된다.

제4주제인 '1908~1909년 일제의 과세지조사를 통해 본 광무양안의 적용사례'는 전라남도 구례군 토지면 오미동의 사례를 중심으로 일제의 토지조사사업에 의하여 토지대장이 작성되기 이전인 일제 초기에 토지장부로서 중요한 역할을 담당한 결수연명부가 어디에 근거를 두고 성립하였는가를 검토하였다. 그리하여 1911년, 1913년에 작성된 오미동의 결수연명부는 재정정리의 일환으로 1908년 전국적으로 시행된 경작출세지조사 '戊申作夫'의 결과를 계승하고 있었고, 무신작부는 바로 광무양안의 결과를 계승하여 작성되고 있었다는 점을 확인하게 되었다. 동리 차원이기는 하지만 새로운 지방자료의 발굴을 통하여 광무양안이 토지대장 또는 그 참고자료로서의 역할을 담당하고 있었음을 확인한 것은 매우 중요한 성과라고 하겠다.

3

이상의 발표에 대하여 약정토론자의 토론과 종합토론이 있었다. 토론은 각 주제별로 약정토론자의 질문과 발표자의 답변이 있었고, 끝으로 종합토론과 방청객의 질의 및 토론이 있었다.

우선 제2주제에 대하여 이영훈 선생은 다음의 문제를 질의하였다.

1) 양전사업의 추진주체와 그 지향이 무엇인가? 즉 개혁사업을 주도하는 추진주체가 누구이며, 이도재, 김성규 등 양지아문 총재관이나 정파의

책임자의 지향이 무엇인지를 질문하였다. 2) 양전사업이 실시도중에 중단
되었는데, 5년 동안이나 진행된 큰 사업이 중단된 이유는 무엇인가? 1904년
1월 8일 고종의 조서에 의해 형식적으로 중단되었다. 이는 외세에 의해
중단된 것인가? 아니면 자체의 문제 때문인가? 3) 양안의 초기 성격이
토지공부, 지세, 호구 등 종합적 성격을 가지고 있었다고 하는데, 그러한
파악이 가능한 것인지? 그것이 양전사목 등에서 확인될 수 있는지? 4)
이기의 양전론과 관련한 광무양전의 사상적 이념적 성격을 질문하였다.

배영순 선생은 다음의 문제를 질문하였다.

1) 양전사업은 생산력과 생산관계를 정확히 반영한 사업은 아니었다.
양전사업은 실척조사가 아니라 서원의 깃기를 바탕으로 한 문서조사였다.
예를 들면 실척조사라면, 온양군의 필지수가 2만 필인데 어떻게 40일 내에
측량이 가능한가? 광무 양전사업에서 토지소유권을 확인한다는 것은 의도
일 뿐 객관적 토지조사와는 거리가 있었을 뿐이며, 그것이 광무정권의
불합리성을 보여주는 것이다.

발표자는 다음과 같이 답변하였다. 광무양안의 추진주체는 당시 광무정
권을 담당한 집권층인데, 광무정권은 부르주아 정권은 아니지만 나름대로
의 근대화정책을 추진하고 있었다. 먼저 1900년부터 실시되기 시작한 재정
정리사업, 군사력의 강화정책, 근대적 지세제도의 도입과 양전·지계사업
을 통한 소유권제도의 근대화, 법적 공인 등 경제적 측면에서 제반 근대화
정책을 추진하고 있었다.

양안의 추진과정과 그 결과는 하나의 단계적인 과정으로 파악해야 한다.
이를테면 처음에 양전을 통해서 지세와 관련된 토지조사, 호구파악을 위한
거주호의 파악 등을 한 연후에, 그것을 기초로 하여 소유권조사로서의
지계사업을 추진하고 있었다. 이는 1903년부터 실시되고 이제 일부의 도에
서 점차 확대되어 전국으로 실시될 예정이었으며 도중의 중단이 없었다면

전국적인 지계사업이 있은 다음에 전반적인 지세제도의 개정과 지계의 발행이 이루어져 근대적인 토지제도의 면모를 갖추었을 것이라고 생각한다. 그 과정에서 러일전쟁이라는 상황이 끝난 후 일제가 통감부를 설치함으로써 자주적인 근대화노력은 좌절된 것으로 보아야 한다.

실학파의 토지개혁 문제에 대해 아직 전반적인 성격을 파악하지는 못하였으나 이 시기 토지문제의 해결을 둘러싼 초기 논의과정에서, 발표문에 언급한 것처럼, 유진억과 같은 논자들은 토지 파악을 지가를 기준으로 해야 하며 토지의 소유권자에게 지계를 발행하고 소작료를 국가에서 관장하여 전체의 2/10을 수취하여 반은 지주의 지대로 반은 국가의 조세로 수취하자는 논의를 하고 있다. 여기서 '시주'라는 표기는 현실적인 소유자인 전주와 답주라는 성격을 가지면서 현재의 소유자라는 의미이다. 또한 당시 토지가 매우 빈번히 매매되는 상황에서 나온 것이라고 할 수 있다. 국가적 토지소유와는 관련이 없는 것이라고 생각된다.

양전과정에서 실지조사 의미는 유진억의 '방전조례'에서 보이는 것처럼 方田이라는 방식으로 행해졌을 가능성도 있는데, 이 방식에 의하면 일정 지역에서 객관적인 면적을 확정한 연후에 그 안의 토지면적과 토지소유를 신고함으로써 조사하는 방식을 말한다. 그렇기 때문에 짧은 시간 안에도 한 면, 한 군의 토지조사를 마칠 수 있다고 생각한다. 이런 신고에 의해서 이루어졌다는 것은 현지 거주인의 협조에 의해 측량이나 조사가 가능했다는 이야기이다. 그것은 구양안에 입각한 깃기를 통해서 토지의 소유자와 비척도 조사가 이루어졌을 가능성은 도리어 적었을 것이다. 그것은 신양안 상의 자호와 면적의 실제조사, 비척도의 판정, 소유자의 조사 등 여러 측면에서 종전의 깃기로는 담보할 수 없는 내용이 다수 존재하기 때문이다.

다음으로 제3주제에 대하여 이영훈 선생은 다음의 질문을 하였다.

1) 연기군의 양안을 분석해 볼 때 초본에는 호명이, 정서본에는 실소유자

명이 등장하는 것으로 보아 양안이 깃기를 통해서 작성되었을 것으로 생각된다. 온양군 서면의 경우에서 보이는 結戶도 정서본에서는 없어지는 것으로 보아 종전의 나의 주장에 도리어 적극적인 근거로 파악할 수 있다. 즉 양전의 당사자가 깃기를 근거로 호명의 형태로 조사한 것이다. 2) 시주와 시작관계를 지주와 소작관계로 파악했는데, 온양군 서면의 경우 거주호 345호는 1909년 446호, 1,087명과 차이를 보이고 있으며 부적면의 경우도 2,389호와 941호가 합호나 분호되어 1909년에는 1,577호가 되었다. 이는 자료에 한계가 많다는 것을 보여준다. 부적면 신교리의 경우 토지소유자 198호가 토지대장에는 148호로 나타나는데, 실제 확인할 수 있는 사람은 17명밖에 되지 않는다. 광무양안 상의 성명기재 방식에 커다란 문제가 있었지만 토지파악과 수조지의 파악에는 도리어 철저하였다. 양안에는 157정보로 파악되었는데, 토지대장에는 168정보로 거의 일치하고 있다. 3) 계급구분의 문제점이다. 지주, 부농, 자소작, 소자작, 반프로농민 등의 기준을 가지고 농가를 분석하고, 1결 이상을 부농의 기준으로 삼았는데, 고전적인 지주, 부농, 중농, 소농, 빈농의 계급구분을 해야 할 것이다.

이에 대해 이세영은 다음과 같이 답변하였다. 양전 초기에 만들어진 양안에는 수세장부로서의 성격도 가지고 있었던 것 같다. 초기 양안이나 초서본에는 원호, 협호 등을 구분하여 호구조사를 겸하고 있고, 지세와 관련해서는 온양군 서면의 양안과 같이 '결호'를 조사하여 지세담당자를 명시하고 있다. 그러다가 1898년 이후 호적제가 정비되고 신호적이 만들어지면서 호구조사가 별도로 분리되어가고, 지세담당자인 '결호'의 별도 표기도 지세담당자가 시주, 즉 토지소유자로 관행화되면서 소멸되어가고 있다. 온양군 서면의 경우 정서본이 없기 때문에 '결호'가 어떻게 해소되는지는 밝힐 수 없다. 다만 시주, 시작, 결호의 관계를 살펴보면, 시주가 결호를 겸하거나, 시주와 관계가 있는, 이를테면 실거주자 시주의 관리인이거나 중답주의 성격을 가진 것으로 추측되는 자가 결호가 되고 있으며, 시작이 결호를 겸하는 경우는 전체에서 차지하는 비중이 낮다. 따라서 그동안 지주의 결세부담이 계속 강요되고 있고, 1907년부터 지주의 결세부담이 원칙으로 확인되고 관철되면서 결호는 시주로 해소되어가는 과정이었다. 결국 초기의 양안은 이후 지세장부의 성격이 해소되면서 토지소유권부로서 굳어져갔고, 이를 바탕으로 지계아문에서 지계를 발행하고자 했던 것이다.

이 시기의 초기 양안 중에는 협호, 원호가 구분되어 실재호가 조사된 것 같다. 이 시기의 신호적과 비교해보면 호적 상의 호수가 양안 상의 호수보다 적게 나타나고 있다. 1907년 이후 새로운 호구조사규칙에 의해 새롭게 호구파악이 되면서 거의 전지역의 호구수가 거의 2배 가까이 증가되고 있다. 그 이유는 호적 상에서 漏戶한 廊戶, 率戶 등 협호와 1호로 합적되어 있던 부자형제가 分戶하면서 별도의 호를 구성했기 때문이었다. 따라서 1907년 이후의 호수와는 큰 차이가 났던 것이고, 양안 상의 호는 실재호였을 것으로 보인다.

지주, 부농, 중농, 소농, 빈농의 고전적 계급기준을 적용할 수 없다. 임의의 경작규모를 정하여 구분하는 것은 무의미하다. 따라서 여기서 '부농'은 그 지역에서 이른바 '上農'으로 불리면서 그 경작규모는 1~2결 규모로 나타나고 있기 때문에 '부농' 개념을 적용한 것이다. 그 지역사정을 전제하면서 농업수입 외에 기타 잡수입, 생활상의 여러 조건을 고려하여 계급구분을 시도해야 할 것이다. 특히 광무양안 분석결과에서 소작농이 보이지 않는다는 것이었는데, 그것은 50부 이하의 경작농민의 경우 농업수입 외에 기타 수입에 점차 의존해가는 반프로농민으로 간주하고, 농업수입에 의존하면서 농업에 종사하는 최소경작규모로 50부에서 1결 사이의 경작농민을 대상으로 파악하면 소작농민은 60~70%에 이르고 있음이

확인되므로 당시 지주제 일반을 반영하고 있는 것이다. 따라서 지주제하에
서 지주, 소수의 부농, 소작농민과 반프로농민의 존재를 당시 계급구조로
이해할 수 있을 것이다.

제4주제에 대하여 배영순 선생은 다음과 같이 질문하였다.

1) 오미동 나아가서 토지면에서는 광무양안 상의 신자호에 의한 토지파
악이 1908~9년의 과세지조사에 적용되었고 그에 따른 자호가 토지조사사
업까지 그대로 사용되었다고 하는데, 이는 일반사례가 아닌 만큼 오미동
사례를 준거로 광무양전이 일제에 의한 과세지확보정책에 그대로 활용되
었다는 일반론을 전개할 수는 없다. 2) 신결의 책정과 신결가의 규정으로
인해 한말 이래의 지세정책은 일단의 마무리를 짓고 이것이 이후 과세지가
제로 전환하는데 이때 토지별 지세액의 추이는 어떻게 되는가를 분명히
하여야 한다. 3) 지세정책의 측면에서 토지조사사업은 광무양전의 어떤
측면을 계승하고 그 한계점을 극복하였는가라는 점에 대해 결론을 유보하
고 있는데 이는 어떤 이유에서인가? 라는 질문을 하였다.

이에 반해 이영훈 선생은 1) 지주층에 유리한 신결가의 책정이라고
하는 점은 의문이다. 2) 무신작부에서의 面中公議의 실제는 무엇이며 그
주도층은 누구인가? 3) 혹시 류씨가 현존하는 지계를 발견하지 못하였는
가? 그리고 무신작부에 의해 새로이 결가가 부과된 화속전 등에서의 결세
금의 부담자가 실경작자인가 아니면 공동납인가를 질문하였다.

이에 대해 이종범은 다음과 같이 답변하였다. 먼저 오미동의 사례는
사례발굴의 차원에서 발표한 것이므로 이 사례를 일반화할 수는 없지만,
적어도 전라도의 경우 구양안이 농민전쟁을 통하여 거의 소실된 것으로
보고되어 있고 일제측 역시 광무양전이 토지파악에 있어서는 현상과 거의
일치한다는 점을 지적하고 있는 것을 보면 일제의 과세지확보정책에서
광무양전의 성과는 준용되었을 것이라고 생각된다. 다른 사례를 찾아보도

록 노력하겠다. 다음 신결의 책정과 신결가의 부과, 이후의 몇 차례에 걸친 결가의 인상 그리고 이후 과세지가제에 의한 지세부과체계간의 토지별 지세액의 추이는 일괄적으로 말할 수 없다. 다만 그간의 토지변동을 확인하여야 할 것이다. 그런데 오미동의 경우는 신기개간전으로서 낮은 등급의 결가가 부과된 화속전의 경우에 지세액의 인상폭이 컸음은 분명히 알 수 있다. 셋째로 토지조사사업은 지세정책사의 위상을 분명히 하기에는 아직 논구될 부분이 많으므로 이는 차후의 연구과제로 삼고자 한다.

오미동에서의 결세금의 부담은 정결이던지 화속결이던지를 막론하고 경작자가 하는 것이 자료 상으로 확인되고 있으며 류씨가에 현존하는 지계는 아직까지 찾지 못하였음을 답변하고 상층농민에게 유리한 신결가의 책정이라고 결론을 내린 것은 신기가경전의 비중이 큰 하층농민에게 일정 결수를 정결가로 책정하였기 때문이며, 실제 개인별 지세액의 증가폭은 하층민일수록 컸다는 산술적인 통계에서 그렇게 결론을 내린 것이며, 마지막으로 面中公議의 실제는 분명하지 않지만 서원작부체계를 대신한 면리작부를 면리 차원의 유력층이 개입하였기 때문인 것으로 생각되지만, 그 실체는 (호세문제나 사환미문제와 관련하여) 다른 측면에서의 고찰에 의해 정확히 드러날 것이라고 답변하였다.

한편 청중 가운데서 미야지마 히로시(宮嶋博史) 선생은 온양군의 결명과 결호가 구체적으로 어떤 표기방식인지를 질문하고, 면세토지와 진전이 포함되었는가? 또한 국유지의 문제는 어떻게 되는 것인지? 결수연명부는 민유지가 중심인데 반하여 광무양안은 국유와 민유로 구분된 이유는 무엇인지를 물었다.

이 문제는 사회자가 답변하였는데, 먼저 변화된 표기방식에 대한 검토가 있었고, 다음으로 '국유지문제'는 광무양안에서 국유지의 처리방식은 중요하게 살펴볼 필요가 있으며, 그렇기 때문에 국유지문제는 하나의 주제로 삼아 검토중이라고 언급하였다.

4

끝으로 종합토론에서는 배영순 선생이 광무 양전사업을 어떻게 평가할 수 있는지에 대해서 질문하였다. 나아가서 광무 양전사업과 토지조사사업을 비교하여 설명하면서 국사학계의 시각을 비판하였다. 즉 국사학계의 시각이 "식민지하의 근대화를 부정하려는 관점에서 고정되어 있다"고 비판하였다. 이영훈 선생은 광무 양전사업이 토지소유권조사라면 광범위한 소유권분쟁이 일어났을텐데, 그렇지 못하였다는 점에서 토지소유권조사는 본질적인 측면이 아니라고 주장하였다. 지주소작관계의 '시주'는 징세와 관련을 지닌 것이고, 소유권문제는 등기제도의 법인과정을 통하는데 이는 법제도의 정비를 통해서 이루어진다. 당시 매우 발달된 사적 소유권에 비해서 국가적 법인체계는 극히 발달되어 있지 않다는 것이 문제이다. 결국 사업의 본질은 징세제도의 개혁과 관련을 가지며 국가적 토지수취의 문제, 즉 국가의 토지지배가 의연히 관철되고 있다는 것을 뜻한다고 언급하였다.

이에 대하여 이영학은 광무 양전사업은 어느 정도 개혁정책을 추구해가고 있었다고 언급하였다. 결국 그것이 실패로 끝나고 말았지만, 광무정권은 군사제도의 개혁, 상공업정책 등과 함께 양전사업을 통하여 부르주아적 지향을 지니고 있었다고 파악하였다. 또한 '토지조사사업에 대한 평가'에 대해서는 아직 밝혀져야 할 부분이 많기 때문에 구체적인 평가는 유보하였지만, 현재 일부 연구자에 의해서 행해진 토지조사사업의 형식만을 부각시킨 평가를 비판하고 일제가 토지조사사업을 행하게 된 의도를 함께 검토하면서 파악하는 것이 중요하다고 지적하였다. 즉 그 사업은 일제가 식민지적

기반을 구축하기 위해서 행한 만큼 그 면도 아울러 평가해야 한다고 지적하였다.

또한 당시 사료인『황성신문』『대한매일신보』『관보』등을 살펴보면, 私文記를 둘러싼 盜賣, 외국인들의 潛賣 등이 성행하여 토지소유권에 대한 보호의 필요성이 제기되는데, 이것을 바탕으로 토지소유권에 대한 법적 확인이 필요하였고 지계아문에서 지계를 발행하는 계기가 되었다. 그것은 토지소유권의 근대법적 확인을 지향해가는 단계로 규정할 수 있다고 언급하였다.

끝으로 대한제국기의 정책에 대한 평가문제는 발표자 사이에 차이가 있지만, 대체로 한말의 근대화과정을 주체적 관점에서 파악하여야 하며 광무 양전사업이 가지는 의미도 이와 같은 관점에서 파악되어야 한다고 주장하였다.

(정리 : 이영호, 이영학)

서평 : 대한제국의 양전 지계발급사업을
둘러싼 제2단계 광무개혁 논쟁
─『대한제국의 토지조사사업』(한국역사연구회
근대사분과 토지대장연구반, 민음사, 1995)─

이 윤 갑

1. 김용섭의 「광무년간의 양전 지계사업」과
신용하의 반론

대한제국은 내외적 여건이 근대개혁을 불가피한 것으로 요구하던 때 출범하였다. 국내적으로는 농민전쟁과 갑오개혁을 계승하는 근대화투쟁이 영학당운동, 활빈당운동 농민항쟁(=민란)과 독립협회운동, 만민공동회운동, 근대학교 설립운동, 식산흥업운동 등등으로 활발히 전개되고 있었고, 이로 인해 정부 차원의 개혁은 어떤 형태로든 추진될 수밖에 없는 상황이었다. 대외적으로 보아도 개혁은 불가피하였다. 일본에 대한 삼국간섭으로 한반도를 둘러싼 국제적 세력균형이 일시적으로 형성되었지만, 그러한 가운데서도 일본을 위시한 제국주의 국가들의 침략은 날로 강화되고 있었다. 대한제국이 독립을 보전하고자 한다면 어떻게든 부국강병을 이룩할 근대개혁을 추구하지 않을 수 없었다.

대한제국 정권은 이러한 상황을 의식하여 그 나름의 근대개혁을 추진하려 하였다. 그들은 농민전쟁과 갑오개혁 모두에 대해 비판적이었다. 농민군의 혁명적인 근대개혁도, 갑오내각의 외세의존적 근대개혁도 결코 타당한 방법이 못된다는 것이었다. 그들은 이와는 다른 방식의 근대화를, 즉 '구본신참'의 개혁을 구상하였다. 그러나 대한제국의 개혁사업은 얼마 되지 않아 일본이 한국을 식민지로 강점함으로 인해 성과를 내지도 못한 채 끝나고 말았다.

이런 사정으로 인해 대한제국의 개혁사업은 역사적으로 특별한 의미를 지니게 되었다. 지배층 중심의 근대개혁이었으면서도 외세의존적이었던 개화파의 개혁과 사뭇 달랐던 점에서, 그리고 한말의 자주적 근대개혁운동이 최종적으로 도달한 수준의 한 단면을 보여준다는 점에서 그러하였다.

대한제국의 개혁사업에 대한 본격적인 연구는 김용섭에 의해 이루어졌다. 김용섭은 대한제국의 개혁사업에서 핵심적인 지위를 점했던 양전 및 지계발급사업을 연구하여 1968년에 「광무년간의 양전 지계사업」을 발표하였다.[1]

김용섭의 연구는 먼저 양전사업이 지니는 개혁적 의의를 분명히 하고자 하였다.

그것에 의하면 광무년간의 양전사업은 봉건적인 부세제도의 모순을 개혁하기 위해 개항 전부터 제기되어왔던 양전론 및 양전사업을 총결산한 것이었다. 19세기 후반의 양전론에는 두 가지 대립되는 입장이 있었다. 균세를 위해 양전이 필요하다는 주장이 그 하나였고, 균세뿐만 아니라 균부, 즉 균등한 토지분배를 실현하기 위해 양전이 필요하다는 주장이 다른 하나였다. 전자는 봉건지배층과, 그들을 주체로 하여 위로부터 근대개혁을 추진하려 하였던 개화파들의 입장을 대변하는 것이었고, 후자는 다산의 개혁사상을 잇는 실학파 후예들과 1894년 농민군의 입장을 대변하

---

1) 金容燮, 「光武年間의 量田地契事業」, 『亞世亞研究』 31, 1968(『韓國近代農業史研究 (下)』, 一潮閣, 1984 재수록).

는 것이었다. 이 두 계열의 양전론을 절충하여 자주적이면서 현실적인
개혁방안을 마련한 것이 광무년간의 양전사업이었다는 것이다.

그렇게 볼 수 있는 근거로는 광무 양전사업이 '구본신참'의 원칙에 입각
해 추진된 개혁사업의 일환이었던 점이 제시된다. 광무정권은 의병봉기와
아관파천으로 외세에 의존해 모방적으로 근대개혁을 달성하려 하였던
친일정권이 무너지면서 출현하였다. 그로 인해 광무정권은 구법과 구제를
무리하게 폐기하여 폐단을 일으키기보다 우리나라 현실을 숙고하여 구법
을 중심으로 신법을 참작하는 신·구법의 절충, 즉 구본신참을 원칙으로
근대개혁을 달성하려 하였다. 이러한 개혁은 먼저 의정부의 부활 및 개혁과
교전소의 설치로 나타났다. 광무년간의 양전사업은 이러한 정치개혁과
표리를 이루면서 추진되었고, 따라서 아주 주체적이며 현실적인 정책이
될 수 있었다는 것이다.

이 연구는 또한 광무양전이 많은 부분에서 海鶴 李沂의 양전론과 일치하
는 방향으로 추진되었던 점과, 官에도 오르지 않은 해학이 최초의 양무위원
으로 발탁되고 있었던 점에 근거해서도 그러한 성격을 입증하고자 했다.
이러한 사실들은 광무양전의 개혁성과 해학의 개혁사상 사이에 공통된
바가 적지 않았음을 반영한다는 것이었다. 즉 해학의 토지개혁사상은 "개
혁사업과도 관련되고 농민전쟁과도 관련되면서, 실학파의 학문적인 업적
이 토대가 되는 가운데, 그리고 그의 관심이 현실타개를 위한 자주적인
방안을 모색하는 데서 이루어진 것"[2]이었던 바, 광무양전 또한 많은 부분
에서 이와 공통된 성격을 지닌다는 것이다.

광무양전의 '구본신참'하는 개혁적 성격은 양전의 원칙에서 구체적으로
확인되고 있었다. 광무양전은 구래의 결부법과 田品六等制에 입각하여
양전을 실시하였고, 구래의 봉건적 토지소유관계를 그대로 인정하였다.

---

2) 위의 책, 438쪽.

그러나 동시에 그러한 양전법에서 오는 결함을 제거하기 위해 근대적인 서구의 측량기술을 도입하였고, 구래의 토지지배관계를 지도상 근대사회 의 그것으로 전환시켰다. 이러한 원칙은 이 사업이 구래의 봉건지배층을 위주로 추진되고 있음을 반영하지만, 동시에 다른 한편으로는 그들의 토지 소유를 인정함으로써 그들을 주축으로 자본주의 경제체제를 수립하려 한 개혁적 성격을 나타낸다는 것이었다.

김용섭은 광무양전의 이러한 특징이 지계발급에서 더 선명하게 드러난 다고 하였다. 量地衙門은 당시 활발한 토지매매와 潛買를 막기 위해 양전 사업과 나란히 지계발급을 계획하고 있었으며, 양전사업이 어느 정도 궤도 에 오른 광무 5년부터 본격적으로 지계를 발급하였다. 토지소유권 증서라 할 지계는 모든 토지를 대상으로 발급되었지만 철저히 내국인 토지소유자 에게만 ─ 따라서 소작지에서는 지주에게만 ─ 발급하는 것을 원칙으로 하 였다. 이러한 원칙은 광무양전사업이 제국주의 열강의 침략에 대응하는 구래의 지배층 중심의 자주적인 근대개혁이었음을, 달리 말해 지주층과 부상대고를 주축으로 자본주의 경제체제를 수립하려한 근대화 과정의 일환이었음을 반영한다는 것이었다. 그러나 그는 이 양전 지계발급사업이 구래의 지주제 속에서 성장하고 있는 발전적 요소, 이를테면 봉건적인 지주-소작관계의 점진적 약화나 경영형부농의 성장을 제도적으로 저지하 지 않고 있었다고 하였다. 한국농업의 근대적인 발전을 이 양전 지계발급사 업에서는 그대로 묵인하고 있다는 것이었다.

김용섭의 연구는 광무 양전·지계발급사업에 대한 선구적인 연구이면 서도 이 사업에 대한 사실적 이해를 체계화하였고, 역사주의적 관점에서 이 사업의 지니는 개혁사적 의의를 계통적으로 제시하는 등 탁월한 성과를 내었다.

김용섭의 연구에 대한 비판은 신용하에 의해 제기되었다. 신용하는

1976년에 김용섭의 『한국근대농업사연구』를 서평하면서 광무개혁과 양전 지계사업에 대해 비판하였다.[3] 그 비판의 초점은 광무개혁의 주체가 되는 대한제국의 집권세력은 친러수구파들로 규정할 수 있고, 따라서 양전 지계사업을 포함해 그들이 추진한 대부분의 정책은 결코 개혁적이지도 주체적이지도 않다는 것이었다.

신용하는 친러수구파 정권이 취한 수구적 정책들, 예를 들면 다수 열강에 대한 이권 양여, 독립협회 만민공동회 등 개혁파 단체 해산, 전제군주권 강화, 궁내부강화, 상업독점권 부활, 조세증징과 가렴주구 등등을 언급하고, 광무 11년 동안 지배층은 우리 민족의 시대적 과제를 해결할 수 있는 개혁다운 개혁을 한번도 제대로 하지 않았고, '구본신참'이라는 표어를 내걸어서 개혁파 운동을 탄압하면서 시대착오적인 수구고식책으로 일관하였다고 비판하였다. 그는 양전 지계발급사업에 대해서 다음과 같이 평가하였다.

> 김교수는 「광무개혁」 증거로서 「양전 지계발급」을 제시하면서 이것을 대단한 농업개혁 토지개혁으로 착각하고 있는 것 같은데, 그것은 농업개혁이나 토지개혁이 아니라 조세증가정책에 불과하였다. 이 사업은 원래 갑오경장 때와 그 후 개혁파들이 다른 개혁안과 함께 인구조사와 합쳐서 경지면적을 정확히 조사하자고 입안한 것인데, 집권한 친로수구파들은 당장 궁실수입이 생기지 않는 다른 개혁안과 인구조사까지도 미루어둔 채 운결을 찾아내어 조세수입을 증가시키고 지주의 사적 소유권을 지계로서 재법인하기 위해서 광무 3년부터 이 사업만 본격적으로 집행하다가 중단하였다.[4]

신용하의 비판은 양전 지계발급사업에 대한 실증적 연구에 근거하지 않았던 점에서 김용섭의 연구에 대한 본격적인 비판은 되지 못했다. 신용하

---

3) 愼鏞廈, 「金容燮 著, 『韓國近代農業史研究』書評」, 『韓國史研究』 13, 1976.
4) 위의 글, 147~148쪽.

의 비판은 양전 지계발급사업보다 오히려 '광무개혁'이라는 개념이 성립
될 수 있는가, 대한제국시기에 근대개혁운동의 주체를 누구로 설정할 것인
가 하는 점에 초점을 맞추고 있었다. 그럼에도 불구하고 양전 지계발급사업
의 주체가 된 광무정권의 개혁성을 문제삼고 있는 점은 자못 음미할 만한
비판이었다.

　김용섭은 자료 상의 제약으로 양전사업을 주도한 세력의 정치경제적
입장을 분명히 밝히지 못하였다. 또한 광무개혁의 전반적인 내용과 방향,
양전사업과 여타 개혁사업과의 연관성 등도 해명하지 않았다. 다만 객관적
조건에 비추어 개혁을 추진하지 않을 수 없었을 것이고, 국왕을 위시한
집권세력들이 주관적으로 개혁을 추진하려고 했다는 점에만 근거하여
근대적 개혁이 추진되었을 것으로 단정하고 있을 뿐이었다. 모순을 해결하
겠다는 것과 그것이 근대개혁이라는 것은 다르다. 양전은 굳이 근대개혁을
지향하지 않아도 시행될 수 있는 것이었다. 봉건사회 내에서도 양전론이
꾸준히 제기되었고, 봉건정부 스스로가 양전을 실시하기도 했던 것이다.
광무양전이 근대개혁의 일환이었음을 밝히기 위해서는 양전에 임하는
광무정권의 입장과 그들이 추진한 여타 개혁사업과 양전 지계발급사업의
연관성이 반드시 해명되어야 하는 것이다. 이것은 양전 지계발급사업을
분석하는 김용섭의 문제의식이 광무정권의 자주적 개혁성을 기본 전제로
하고 있다는 점에서 특히 그러하였다.

　이와 관련해 해학 이기의 양전론이 양전사업에서 상당부분 채용되었다
는 사실에 근거하여 이 사업의 근대개혁성을 입증하는 것은 곤란하다고
생각된다. 양전 및 양안작성법에서 일치한다 하더라도 사업 전체의 성격은
해학의 개혁사상과 다를 수 있다. 이기를 양무위원으로 기용한 사실에
대해서도 정부가 그의 개혁사상에 공감했다기보다 양전론을 높이 샀기
때문이라는 해석도 가능하다. 또한 金星圭의 사회경제론에 대한 평가도

양전 지계발급사업에 대한 평가와 구분할 필요가 있다고 생각된다.[5] 양자
가 일치하는 것으로 평가하기 위해서는 김성규가 양전 지계발급사업에서
지도적인 영향력을 발휘하였음을 입증하거나 아니면 양무감리로 임명된
다수의 인물이 김성규와 공통된 사상을 가졌음을 밝혀야 할 것이다.

2. 『대한제국기의 토지제도』의 광무개혁론 비판

광무 양전·지계발급사업에 대한 김용섭의 연구에 본격적인 비판을
가하고 나선 것은 1990년에 간행된 『대한제국기의 토지제도』였다.[6] 이
연구서는 김홍식, 미야지마 히로시(宮嶋博史), 이영훈, 조석곤, 이헌창의
공동연구 성과를 수록한 것으로, 그 가운데 김홍식, 미야지야 히로시, 이영
훈의 연구가 김용섭의 연구를 비판하였다.

김홍식은 「대한제국기의 역사적 성격」에서 김용섭의 광무개혁론에 대
해 지배계급에 의한 국가적 수취제도의 개혁이 어떠한 이론적 역사적
관련에서 근대적 개혁으로 평가될 수 있는지를 밝히라고 요구하였다. 김용
섭은 광무개혁이 '지주-전호'관계에서의 의미있는 개혁이 배제된 개혁노
선으로 규정하고 있는데, 단순한 상부구조의 영역으로 그 구조적 위치가
결정될 수밖에 없는 국가적 수취제도의 개혁을 중심적 내용으로 하는
개혁노선을 근대적 개혁으로 평가하는 것은 납득되지 않는다는 주장이었
다.

미야지마 히로시는 「광무양안의 역사적 성격」이라는 논문을 통해 광무
양안을 토지대장으로 보는 견해를 비판하였다. 김용섭의 연구는 광무년간

---

5) 金容燮, 「光武改革期의 量務監理 金星圭의 社會經濟論」, 『亞世亞研究』 48, 1972(『韓
   國近代農業史研究(下)』, 一潮閣, 1984에 재수록).
6) 金鴻植 외, 『대한제국기의 토지제도』, 民音社, 1990.

의 양전·지계발급사업을 봉건적 소유권을 근대법적으로 보장하기 위해 실시된 연속적인 개혁사업으로 파악하였는데, 미야지마는 양안은 결코 토지소유권을 보장할 수 있는 성질의 토지대장이 못된다는 견해로 김용섭의 '광무개혁'론을 비판한 것이다.

미야지마는 양안을 근대 이후의 토지대장과 기본적으로 공통하는 성격의 것으로 이해하는 것은 옳지 않다고 보았다. 양전의 '異積同稅'로서의 결부제에 근거한 토지 파악은 국가가 수조권 분여를 위해 마련한 제도였고, 따라서 양안은 토지의 경제적 실체를 객관적으로 기록한 것으로 볼 수 없으며 어디까지나 경제와 정치가 미분리 상태에 있는 전근대사회의 장부로서 파악되어야 한다는 것이었다. 그는 광무양안의 역사적 위치를 국가의 토지 파악이 '이적동세'로서의 결부제에서 '同積異稅'로서의 두락제 내지 町段坪制로 이행하는 교차점에 비정하였고, 따라서 그것이 지배층 중심의 자본주의 경제체제의 발전을 뒷받침할 경제적 개혁, 즉 근대적인 소유권의 보장이 되기에는 제한성이 크다고 하였다. 말하자면 그러한 개혁은 일제의 토지조사사업에 가서야 완결된다는 것이었다.

이영훈은 「광무양전에 있어서 '時主' 파악의 실상-충청남도 연기군 광무양안의 사례분석」을 통해 김용섭의 연구에 대해 두 가지 점에서 문제를 제기하였다. 첫째는 광무양전의 근대적 개혁으로서의 실질을, 광무양전의 실제 과정 또는 그 결과 작성된 광무양안 그 자체에 근거하여 실증적으로 분명히 하지 못하였다는 것이고, 둘째는 광무양전 이전 시기에 조선국가가 시행했던 제 양전의 역사적 성격을 규정하는 적극적인 문제의식이 결여되어 있었다는 것이다. 말하자면 김용섭의 연구는 광무양안을 실증적으로 분석해 그 개혁성을 밝혀낸 것이 아니고 정책사라는 관점에서 광무양전의 근대적=부르주아적 토지개혁으로서의 역사적 의의를 강조하는 것에 지나지 않는다는 지적이었다.

이영훈의 연구는 실증적으로 양안 상의 '시주'의 실체를 드러내는 데 초점을 맞추었다. 이 연구는 연기군의 광무양안(1900)을 토지대장(1912), 광무호적, 순흥안씨 족보, 남양홍씨 족보 등의 자료와 치밀하게 비교분석하여 양안에 올라있는 시주의 상당수가 分錄 또는 代錄되어 있음을 밝히고, 여기에 근거해 '起主＝農家世帶說'이 성립할 수 없고, 양안을 근대적 성격의 토지대장으로 보는 견해도 옳지 않다고 하였다.

그는 양전을 국가수세지에 대한 조사과정으로, 따라서 농민들의 사적 토지소유관계와는 대항적인 성격을 지니는 것으로 규정하였다. 즉 직접생산자 농민의 사실상 토지소유와 국가적 토지소유의 상호 대항관계의 실현 형태가 양전의 역사적 성격이라는 것이다. 이 점은 광무양안에도 공통되어 양안에 등장하는 제인물은 "사적 토지소유 관계 그 자체의 현실이 아니라 그것이 국가적 수세체제에 의해 규정된 말하자면 징세대상으로 굴절된 현실적 자태를 취하고 있다"[7]고 하였다. 바로 이러한 제한성 때문에 광무양전은 소유권에 대한 증명제도로서 지계발급을 동시에 추구하고 있었지만, 이 계획이 겨우 착수된 상태에서 중단되고 말았다는 것이다. 요컨대 광무양전도 국가의 수세지 파악이라는 양전의 특성에 규정되어 사적인 토지소유의 근대적 법인, 달리 말해 부르주아적 토지개혁에는 도달할 수 없었다는 것이다.

미야지마와 이영훈의 연구는 광무양안에 대한 실증적 분석을 통해 김용섭의 연구를 비판하였던 점에서 광무 양전·지계발급사업의 연구를 일층 전진시키는 계기를 마련하였다. 양전 지계발급사업이 근대개혁으로 규정될 수 있기 위해서는 그것을 추진한 주체의 개혁성과 그 사업들의 실제 내용에서의 개혁성이 동시에 입증되어야 한다. 김용섭이 광무정권 내지 광무개혁의 역사적 성격을 해명하는 데 초점을 맞추면서 양전 지계발급사

---

7) 위의 책, 137쪽.

업을 연구하였다면, 이들은 주체의 의도보다는 양안 자체를 실증적으로 분석함으로써 그 개혁성 여부를 검증하려 하였다. 이 점에서 이들의 문제의 식이나 연구성과는 경청할 대목이 많다. 이영훈의 연구가 분록과 대록 현상이 많이 '기주=농가세대설'이 성립될 수 없음과 지주적 토지소유가 현실보다 적게 나타난다는 점을 해명한 것과, 미야지마가 양안을 토지대장 이 아니라 봉건국가가 수조권 분여를 위해 마련한 전근대사회의 장부로 성격 규정한 것은 중요한 성과라 할 수 있다.

그러나 분록과 대록이 있음을 인정한다 하더라도, 그것이 당대 현실에서 사적토지소유를 법인받지 못하게 한 요인이 되었다거나, 따라서 지계발급 도 이로 인해 중단될 수밖에 없었다고 하는 이영훈의 주장과, 광무양안을 양안 일반의 성격 규정에 의거해 근대적 소유권을 보장할 수 없는 것으로 단정짓는 미야지마의 주장은 논리적으로나 실증적으로 문제가 있다고 생각된다. 분록, 대록된 토지가 전체에서 차지하는 비율도 문제려니와, 이들이 밝힌 양안의 제한성을 모두 인정한다 하더라도 양안에 근거한 지계발급이 결코 불가능하지 않으며, 그것으로 지주와 부상대고가 자본주 의 경제체제 수립의 주체가 되도록 그들의 토지소유를 보장하는 것이니, 외국인 특히 일본인에 의한 토지투매나 잠매를 막는 것은 얼마든지 가능하 다.

3. 『대한제국의 토지조사사업』의 문제의식과 성과

한국역사연구회 근대사분과 토지대장연구반이 공동연구한 성과를 묶 어낸『대한제국의 토지조사사업』은『대한제국기의 토지제도』에서 미야 지마와 이영훈이 제기한 문제에 대해 광무양전의 실시과정 및 사업의 구체적 경과와 양안 및 지계에 대한 실증적 연구를 통해 해명하고자 하였다. 이 공동연구의 문제의식은 아래와 같이 요약된다.

　　우리가 공동연구를 행한 것은 지금까지의 연구성과를 바탕으로 1898년부터
1904년까지 실시된 양전 지계발급사업을 토지제도사적 관점에서 근대적이었
는가를 검토하고자 한 것이다. 그것은 '一地一主的' 근대적 토지소유제와 소유
관계의 확립과 이에 기초한 근대적인 지세제도의 수립을 검토하고자 한 것이다.
나아가 '광무개혁'을 '근대화를 위한 개혁'으로 평가할 수 있는가에 대한 검토
이다(27쪽).

　미야지마와 이영훈의 연구가 광무양안에 대한 실증적 연구에 기초해
김용섭의 '광무개혁'론을 비판한 것이라면,『대한제국의 토지조사사업』은
광무양전 및 지계발급사업 전체에 대한 체계적이고도 치밀한 실증적 연구
를 통해 미야지마와 이영훈의 연구를 반비판한 것이다. 그 점에서 이 연구
서의 발간을 제2단계의 광무개혁 논쟁의 본격적 전개로 평가해도 크게
틀리지 않을 것이다.
　이 책의 목차를 소개하면 아래와 같다.

중심으로

왕현종이 집필한 제1장 「대한제국기 양전 지계사업의 추진과정과 성격」은 대한제국 정부 내에서 양전 지계발급사업이 추진되는 과정을 검토하면서 이 사업의 추진주체들이 의도하고 있었던 양안작성과 지계발급의 목적을 해명하였다. 왕현종의 연구에서 주목되는 성과는 양전사업이 실시되기에 이르는 대한제국 정부 내에서의 논의과정을 처음으로 밝힌 점이다. 이 연구에 따르면 광무 양전사업이 의정부의 심의에서는 부결되었으나 고종의 결단으로 시행될 수 있었고, 한성 우체사 오병일의 '量田條例'에 의거해 양전원칙이 마련되었으며, 1898년 6월 23일의 「토지측량에 관한 청의서」는 다목적의 토지측량을 제안하고 있었으나 양전사업을 직접 청원한 1899년 4월 5일의 청의서는 時起田畓의 隱漏結을 조사하고 結摠을 증대시킨다는 제한된 목적 하에 양전을 건의하는 차이를 보였다. 이러한 사실은 광무 양전사업이 이기나 유진억 등 실학파를 계승하는 토지개혁론자들의 사상과 다소 차이가 있었음을 보여주는 것으로 광무양전의 역사적 성격을 해명하는 데 중요한 실마리가 된다.

이 연구는 양전사업의 구체적인 전개과정에 대해서도 최초의 양전사업이 실시된 충청남도 아산군의 사례를 분석하여 면 리 단위의 실제 측량과정인 '野草'의 작성과 '中草冊 양안'의 작성, 그리고 이를 정서하여 '正書冊 양안'을 만드는 과정으로 진행되었음을 밝혀냈다. 또한 '야초'과정에서는 토지의 절대면적을 정확히 파악하는 것과 토지소유자와 더불어 작인을 상세히 파악하는 것에 주력하였다고 하고, 분록·대록·합록 등이 허용된 점에 대해서도 "국가는 어느 필지의 전답주가 개별적으로 누구인가에 대해 추구했다기보다는 그 필지의 소유에 관한 관련 인물만 파악하면 된다는 태도를 가졌"(94쪽)던 데서 그 이유를 찾을 수 있다고 하였다.

왕현종은 이어서 지계아문이 양지아문과는 다른 방식으로 양전을 실시
하였음을 해명하였다. 지계아문은 '구양안→ 신양안 초본→ 중초→ 陳落成
冊' 등의 순서를 거쳐 정서책 양안을 작성하였고, 토지면적을 표기할 때
결부만이 아니라 두락과 일경을 함께 표시하였고, 실제 토지소유지를 파악
하는 데 특히 역점을 두었다. 또한 지계를 발급할 때도 양전시의 시주임을
확인하고 아울러 반드시 실제 소유권을 입증할 수 있는 구권상의 명문을
확인하는 절차를 거치게 되었다. 왕현종은 지계아문의 이러한 양전 및
지계발급과정에 대해 "국가의 공인과 관리를 통해 토지소유권을 근대법적
으로 전환시키는 역할"(113쪽)이었다고 평가하였다.

이영호의 제2장 「광무양안의 기능과 성격」은 양전과 지계발급사업을
목적을 달성하려는 두 개의 사업으로 고찰하고, 양안이 실제의 측량을
거쳐 작성되었음과 지계가 토지소유권을 증명하기 위해 발급되었고 비록
가명, 호명, 노비명, 대리명 등으로 등재되더라도 소유권을 인정받고 법적
인 권리를 행사하는 데는 아무런 문제가 없었음을 해명하였다.

이 연구는 먼저 광무양안이 이전의 行審冊 내지 衿記를 移記한 것이
아니라 실제 측량을 거쳐 작성된 것임을 경기도 음죽군의 국유지, 경상도
동래군의 민전, 경상도 의성군 북부면, 보성군 율어면 상도지구 등지의
양안분석을 통해 입증하였다. 또한 양지아문의 양안과 지계아문의 양안에
대해 "광무정권 후기에는 세원확보뿐만 아니라 외국인의 토지침탈을 막기
위해 지계발급을 고려한 지계발급사업을 양전사업에 추가하게 되었
다"(148쪽)고 하고, 지계아문의 양안에서 지형도, 작인성명, 가옥 칸수 등이
삭제되고 대신 두락 및 일경이 추가로 기재된 것은 이러한 차이에서 비롯된
다고 하였다.

아울러 이 연구는 강원도 춘천군 남부내면 동내면 동산외일작면 부내면
등지의 명례궁장토의 지계와 강릉군 정동면의 민전 지계, 춘천군 북내일작

면의 家契, 경남 김해 동래 등 11개군의 家戶案 등을 폭넓게 분석하여 "지계아문의 양안은 지세수취뿐만 아니라 특히 토지소유권의 확인을 위한 기초대장으로서의 목적을 분명히 가지고 있었"(179쪽)음을 입증하였고, 아울러 '鐵道犯入田畓'을 분석하여 양안 상에 호명, 노명 등의 가명으로 등재되어 있더라도 그것이 국가에 의해 법인되는 데는 하등의 문제가 없었음을 밝혀냈다.

이영호의 연구성과는 광무양전이 실제 측량에 기초해 작성된 사실과 지계아문이 소유권의 증명으로 지계를 발급하였던 점, 양안 상의 대록이 지계발습의 제약으로 될 수 없었던 점 등을 여러 지역의 양안을 폭넓게 연구하여 실증적으로 입증한 점에서 특히 돋보인다. 이로써 광무양안이 광범위하게 분록 대록의 형태로 토지소유자를 등재함으로 인해 지계발급 사업이 실패할 수밖에 없었다는 이영훈의 주장은 성립될 수 없게 된 셈이다.

최원규의 제3장 「대한제국기의 양전과 官契發給事業」은 양지아문과 지계아문의 양전사업을 토지조사 항목별로 세분하여 검토하고 특히 관계 발급사업이 갖는 역사적 의의를 해명하는 데 역점을 두었다. 이 연구는 양지아문의 양전사업에 이미 盜買 僞造 潛買를 방지하기 위한 지계발급이 결합되어 있었다고 보았다. 양지아문의 토지조사와 관련해 이 연구에서 특징적인 주장은 '정서책 양안'에 시작을 기록한 것에 대해 당시 지주납세가 90% 이상인 점을 감안하여 작인에게 경작권을 일정하게 보장하려는 의도가 있었던 것으로 보는 것이다. 지계아문의 토지가 양지아문의 조사와 다른 이유에 대해서는 "국내외의 경제적 조건이 악화되어 토지소유자를 속히 파악하여 소유권을 사정하여 국가관리하에 둘 필요성"과 "양지아문 양전시에 생긴 일부 계층의 반발을 무마할 필요성"(230쪽) 때문이라 하였다. 또한 지계아문의 양안에는 "작인의 권리를 제도적으로 보호하려 했던 양지아문의 조치"가 배제되어 시작은 등재되지 못하며, 대신 진전이 있는 그대로 파악되어 陳主가 전부 등재되는 특징을 보인다고 하고, 이러한 특징에 근거해 "지계아문의 양전사업은 대한제국 정부가 지주적 입장에서 근대국가를 건설하기 위하여 시도한 토지조사의 일환"(256쪽)이라 규정하였다.

이 연구는 특히 관계발급사업을 해명하기 위해 많은 노력을 기울였다. 여기에 다르면 관계는 민유지 국공유지 구분 없이 모든 부동산을 대상으로 외국인을 제외한 대한제국인 토지소유자에게 발급되는 것이 원칙이었고, 그 발급과정에서는 양안 상에 시주로 등재되어 있음을 확인하고 아울러 반드시 부동산 거래문서인 전답 매매문권을 증빙자료로 제출하게 하였고, 강제신청주의에 입각해 관계를 발급하였다. 이 연구는 관계에 價金(매매가격)을 의무적으로 기록하게 한 것에 대해서 국가가 결부제적인 방식을 탈피하여 "지가에 의한 지세부과 방식으로 전환할 수 있는 기틀을 마련할 수 있었을 것"(290쪽)이라고 평가하였다.

이상의 검토에 근거해 이 연구는 대한제국의 토지조사사업을 근대적 소유권의 법적 확립을 이룩해 지주적 자본주의적 경제체제의 기초를 수립하려는 목적을 가진 사업으로, 동시에 지가세에 의한 개별 부과제로의 개편을 통해 근대적 지세제도의 확정을 겨냥한 사업으로 결론지었다.

최윤오·이세영의 제4장 「광무양안과 시주의 실상-충청남도 온양군 양안을 중심으로」는 광무양안이 이전의 양안과 다름없는 징세기나 혹은 근대적인 토지소유권부가 아닌 '實地調査簿'의 성격을 띠고 있음을 확인하고 있다. 이를 위해 이 연구는 전답주(시주), 작인(시작), 결명(결호)이 전부 조사, 기록되어 있는 중초책 양안을 정서책 양안과 비교분석하여 정서책 양안의 시주가 실질적인 토지소유자인가를 밝히고 있다. 이들의 분석에 따르면 온양군 일북면 갈산동 양안에서는 전체 시주의 13.8%가,

남상면 4개 마을 양안에서는 26.1%가, 서면 양안에서는 0.8%가 대록된 시주로 나타나고 있다. 이들이 실명만을 쓰지 않고 대록한 이유, 달리 말해 국가가 실명만으로 토지소유자를 파악하지 않은 이유에 대해서는 전답주가 대록을 하더라도 토지소유권을 행사하는 데 전혀 문제가 되지 않았기 때문이라 하였다. 이러한 분석에 입각해 이 연구는 국가가 개개 토지의 '현실'의 토지소유자와 토지소유관계를 철저하게 파악하고 있었고, 그것은 토지 자체에 대한 자세한 조사 측량과 맥을 같이하는 것이며, 이런 의미에서 광무양안은 '實地調査簿'의 성격을 갖는 것이라고 결론지었다.

이세영·최윤오의 제5장「대한제국기 토지소유 구조와 농민층 분화」는 온양군 양안을 통하여 당시의 농민층 분화양상을 검토하여 대한제국기의 토지소유 구조관계의 발전이 어떤 단계와 국면에 도달하였던가를 해명하려 하였다. 이 연구에 의하면 경지율, 농업생산력 수준, 상업권의 형성과 개항의 영향 정도에 따라 농민층 분화양상도 달랐다. 후진 지역에서는 소유지 이하로 경영면적을 줄이는 현상이 나타나는 등 부농이 실질적으로 존재하지 않았고 존재할 가능성도 없는 것으로 나타났지만, 상대적으로 농업생산력이 높고 유리한 시장을 끼고 있는 선진 지역에서는 소유지 이상으로 경영을 확대하여 영리를 추구하는 '자소작상농=부농'의 존재가 확인되었다. 이런 상황이었으므로 광무양전은 지주 부르주아들이 사적인 토지소유권과 지주적인 토지소유구조를 법제화함으로써, 안으로 농민의 저항을 막고 밖으로 일제의 토지침탈을 봉쇄하여 지주 부르주아계급의 지배체제를 확립하려는 의도를 반영하고 있는 것으로 보아야 한다는 것이었다.

박진태의 제6장「대한제국 초기의 국유지 조사」는 1899, 1900년에 내장원이 전국의 역둔토를 대상으로 실시한 조사정리작업, 즉 光武査檢의 조사과정과 조사내용을 분석하였다. 국유지 조사는 내장원이 주관하였고, 그 조사방법도 광무양전과는 완전히 달랐지만, 당시 내장원은 이미 국가 또는 국가지주로 의제화되어 있었던 까닭에 광무양전에 앞서 실시된 광무 사검에서 광무양전의 성격을 추출해볼 수 있다는 문제의식에서였다. 이 연구는 광무사검의 특징을 광무양안에 비해 더욱 세분화된 필지별로 실경 작자를 파악한 점에서 찾았다. 사검을 전후한 경상북도 지역의 역둔토 실수조면적의 변동을 수량적으로 분석하면 사검을 통해 15.4~16.6% 정도 의 면적이 증가하였다. 그러나 두락당 도조는 乙未査辨에 비교해 크게 증가하지 않은 점으로 미루어 사검의 목적이 실수조지를 확대하는 데 있었음을 알 수 있다. 말하자면 양전 관계발급사업의 목적과 의도가 그에 앞서 실시된 광무사검에서 이미 분명하게 나타난다는 것이었다.

　이종범의 제7장 「한말 일제초 토지조사와 지세문제」는 전라남도 구례군 토지면 오미동을 사례로 結數連名簿와 地主家文書를 분석하여 광무양전 으로부터 일제시기 토지조사사업으로 이어지는 기간에 토지조사방식이 어떻게 변했는지를 밝히고, 두 사업간의 계기성과 단절성을 규명함으로써 양전 지계발급사업의 역사적 의의를 드러내고자 하였다. 이 연구는 두 사업간에 토지를 실제에 가깝게 파악하려 한 점에서 일련의 계기성을 확인하였고, 일제의 토지조사사업이 앞으로 이용가능한 토지까지 파악하 였던 점에서 광무양전보다 토지소유관계를 실제대로 파악하는 경향을 더욱 강화하였다고 하였다. 광무 양전·지계발급사업의 성과가 일제에 의한 지세제도로 전환되기까지 수탈을 위한 재원 확보에 적극 활용될 수 있었던 것은 이러한 계기성에 연유하는 것이었고, 그것이 곧 조선후기 이래 토지조사방식의 발전이 도달한 수준을 반영한다고 보았다.

　이상의 공동연구를 총괄해 이영학의 「총설 대한제국기 토지조사사업의 의의」는 대한제국기 토지조사사업이 1910년대에 일제가 실시한 토지조사사업과 질적인 내용 면에서, 달리 말해 근대법적 토지소유권제와 지세제도의 확립을 목표한 점에서 별 차이를 보이지 않는다고 하고, 광무 양전·지계발급사업의 역사적 의의를 다음과 같이 결론지었다.

> 결론적으로 대한제국기의 토지조사사업은 단순히 지세징수만을 위한 사업이 아니라 국가의 전체적 경영을 위해 토지소유권의 확립, 호구 파악, 산업재편, 지세증수 등을 위한 총체적인 것이었다.……일제의 토지조사사업에 의해서 근대적인 토지소유권이 정착되고 그것에 의해 근대사회가 형성된 것이 아니라 대한제국의 양전 관계발급사업에 의해 근대적 토지소유권이 확정되는 절차를 밟아갔던 것이다.……대한제국의 토지조사는 토지제도상에서 볼 때 한국 중세사회의 최종 귀결점이면서 근대사회로의 출발점이라는 의의를 부여할 수 있을 것이다(35쪽).

요컨대 광무 양전·지계발급사업은 '일지일주적' 근대적 토지소유와 이에 기초한 근대적 지세제도를 확립시키려 한 것이고, 지주층 중심의 '근대화를 위한 개혁'으로 평가할 수 있다는 것이었다.

4. 논의의 진전을 위한 앞으로의 연구과제

한국역사연구회 토지대장연구반의 공동연구 『대한제국의 토지조사사업』의 가장 주목할 성과는 광무 양전·지계발급사업의 실시과정과 양안 및 지계를 실증적으로 폭넓게 연구한 것이다. 특히 양안 및 지계에 대한 체계적인 공동연구는 최초의 것으로 앞으로의 이 분야의 연구에 소중한 기초로 기여할 것이다. 양안 자체에 대해서는 이에 앞서 미야지마와 이영훈의 연구가 있었지만 양전에서의 토지파악 방식이나 기주의 실체 해명이라는 제한된 시각에 머물렀다. 그에 비해 토지파악 방식이나 기주의 실체,

양안을 작성단계별로 야초책, 중초책, 정서책 양안으로 구분하고, 아울러 양지아문양안과 지계아문양안으로 구분하여 각각의 특징과 변동과정을 해명하였고, 아울러 양안을 구성하는 여러 항목에 대해서도 상세히 연구함으로써 토지제도면에서 광무양전 및 양안 지계의 근대성을 밝힐 수 있는 종합적 근거를 마련하였다. 뿐만 아니라 중초책 양안과 정서책 양안을 대비하는 방법으로 분록・대록된 시주를 가려낼 수 있게 함으로써 농민층 분화를 실태에 더 가깝게 해명할 수 있는 길도 열어놓았다. 광무 양전・지계발급사업에 대한 역사적 성격 규명은 이러한 기초적 실증 연구가 전제되어야 가능한 것이었는바, 양전 지계발급사업을 중핵으로 하는 광무개혁에 대한 객관적 평가는 여기에 이르러 비로소 본격적으로 이루어질 수 있게 되었다고 할 수 있다.

또한 광무개혁 논쟁사와 관련해서 이 공동연구가『대한제국기의 토지제도』에서 광무 양전・지계발급사업에 대해 미야지마와 이영훈이 내린 역사적 성격규정이 사실에서는 매우 제한적으로만 타당하다는 점을 밝힌 것도 높게 평가되어야 할 성과이다. 미야지마와 이영훈은 양안의 일부 특징에 근거해 이 사업의 근대개혁성을 전면적으로 부정하였지만, 이 공동연구가 그것들이 결코 광무양안의 근대적 성격을 부정할 만한 것이 못된다는 점을 밝힘으로써 그들의 비판은 더 이상 타당하지 않게 되었다.

그러나 이러한 성과에도 불구하고 광무 양전・지계발급사업의 근대개혁성이 이 공동연구를 통해 충분히 입증되었다고 보기는 어렵다. 이영학이 공동연구 성과를 총괄하면서 이 사업을 근대적 토지소유권의 확립과정이자 동시에 지가에 근거한 근대적 지세제도를 시행할 수 있는 발판을 마련한 국가 전체의 근대적 경영을 모색하면서 실시된 근대개혁으로 평가하였지만, 이 사업의 성격 규정을 위해서는 아직도 실증적으로나 논리적으로 해명해야 할 과제가 많이 남아 있으므로 그렇게 단정하는 데는 신중을 기할 필요가 있다고 생각한다.

이 사업의 역사적 성격을 규명하기 위해서는 이 공동연구가 택한 토지제
도사적 관점 내에서도 해명되어야 할 문제가 적지 않다. 첫째는 양지아문이
행한 양전사업의 성격에 대한 것이다. 그 성격에 대해 이영호의 견해와
왕현종, 최원규의 견해가 뚜렷이 구분된다. 이영호는 양지아문의 양전사업
이 지세수취의 확대를 목적으로 하였고 토지소유권의 국가적 법인을 목적
하지는 않았다고 보았다. 토지소유권의 국가적 법안이 목적으로 된 것은
지계아문의 양전이었다고 하였고, 양지아문의 양전과 지계아문의 양전
사이에는 단계성이 존재하며, 그러한 차이는 각각의 사업을 추진한 정치적
상황과 정치세력이 상이하였던 데서 기인한다고 보았다(148쪽의 주43)
참조). 이렇게 보면 양지아문의 양안에서는 근대개혁성을 인정하기 어렵게
된다. 이에 비해 왕현종과 최원규는 양지아문의 양전사업이 착수될 당시에
이미 지계발급이 계획되고 있었다고 보았다. 최원규는 양지아문의 양전사
업의 목적이 균부균세적 차원에서 전정문란을 해소하는 것과 토지소유자
를 확정하여 지계를 발급하는 것이라 보았고, 왕현종은 19세기 말의 이기,
유진억 등의 양전론이 양전과 지계발급을 결합시켜 제안하고 있었던 점을
근거로 내세웠다. 양지아문 양전의 성격을 어떻게 규정하는가에 따라 양전
지계발급사업 전체의 개혁성을 평가하는 문제도 당연히 차이가 날 수밖에
없다.

이 문제의 해명과 관련해서는 왕현종의 연구에 주목할 필요가 있다.
왕현종은 한성 우체사 주사인 오병일의 '양전조례'가 광무 양전사업의
양전원칙이 되었음을 밝혔다. 오병일의 양전조례는 이기나 유진억의 양전
론과는 성격이 달랐다. 이기나 유진억은 토지개혁론의 일환으로 양전을
실시하고자 했으나, 오병일은 토지개혁론과는 무관하게 오로지 양전에
필요한 조직체계와 방법만을 구체적으로 제안하고 있었을 뿐이었다. 왕현

종의 연구는 또한 1898년 6월 23일에 내부대신 박정양과 농상공부대신 이도재가 의정부에 제출한 「토지측량에 관한 청의서」의 내용과 1899년 4월 5일 양지아문총재관 이도재가 의정부에 청의한 청의서의 내용이 달랐던 점에도 주목하였다. 즉 앞의 청의서가 모든 토지를 조사대상으로 하는 등 수세지 확보 이상의 목적을 가졌음에 비해, 뒤의 청의서는 "당시 국가재정의 중요한 원천인 결세의 확대를 위하여 시기전답의 은누결을 조사하고 결총을 증대시키기" 위해 시기전답에 대해서만 양전할 것을 청의한 것이다.

양지아문양전의 성격을 분명히 할 수 있는 실마리의 하나는 이러한 사실들에서 찾아질 수 있으리라 생각된다. 즉 19세기 말 이기, 유진억 등의 토지개혁론과 오병일의 양전조례 사이의 차이점과, 1898년의 「토지측량에 관한 청의서」가 1899년의 청의서로 변화되는 과정을 연구하는 데서 그 성격의 일단이 분명해질 것으로 기대되는 것이다.

둘째는 양지아문의 양안에서 시작명을 기록한 것을 이해하는 문제이다. 최윤오, 이세영, 최원규는 야지아문양안의 중초책에서 시주와 납세자의 이름이 같다는 사실에 착안해 이를 지주납세로 인정하고, 정서책 양안에 시작의 이름이 기재된 것은 작인의 경작권을 일정하게 보장하려는 의도가 있는 것으로 파악하였다. 이에 비해 왕현종과 이영호는 시작명을 기록한 것은 어디까지나 납세자를 확인하기 위한 조치의 하나일 뿐이라고 보았다. 이 문제 또한 광무 양전사업의 역사적 성격을 규명하기 위해 반드시 해명해야 할 문제이다. 이 문제를 밝히기 위해서는 시주명과 결호명이 일치하는 것이 바로 지주 납세를 의미하는 것으로 볼 수 있는지를 검증할 필요가 있다. 이 시기에 조사된 소작관행을 보면 소작인이 지세를 납부하는 경우가 결코 적지 않으며, 또한 지주납세제가 확립되었다는 일제시기에도 납세자의 명의는 지주로 되어 있으나 실제는 소작인이 지세를 납부하는 경우가 대부분이기 때문이다. 당시의 지주납세제가 소작인의 지세납부와 모순하지 않는다면, 양안에 시작명을 기재한 것을 소작인의 경작권을 보장하기 위한 조치로만 해석하는 것은 무리라고 생각된다.

그러나 이러한 문제보다 더 근본적인 한계는 이 공동연구가 이 사업의 주체가 된 대한제국 정권의 정치경제적 지향과 대한제국의 여타 정책과 이 사업의 유기적 연관성에 대해 거의 관심을 기울이지 못했다는 점에서 찾을 수 있다. 1976년에 벌어진 제1단계 광무개혁 논쟁은 이러한 문제들을 주된 쟁점으로 하여 전개되었다. 당시 신용하의 비판은 대한제국기 정치·경제정책에서 진정한 의미의 개혁체계를 실증적으로 제시할 수 있는가 하는 문제로 모아져 있었다. 이에 비해 제2단계 논쟁에서는 양안의 성격과 내용에 관한 문제들을 중심으로 쟁점이 형성되었다. 그로 인해 양전 지계발급사업에 대한 인식을 획기적으로 심화시키는 성과를 냈지만, 다른 한편으로는 논쟁의 구도가 협소하게 양전 지계사업에만 고립적으로 국한되는 한계를 나타냈다. 이러한 문제는 『대한제국의 토지조사사업』에서 더 두드러지는 것이었다.

『대한제국의 토지조사사업』은 토지제도사적 관점에서 양전 지계발급사업을 집중적으로 연구하였다. 이로 인해 이 사업을 대한제국 정권의 다른 개혁정책과 연관지어 파악할 수 없었다. 양전 지계발급사업은 지주적 토지소유를 '일물일주적'인 토지소유로 법인하는 사정 절차였다. 그것이 목표한 것은 형태상으로는 근대적인 소유이나 내용상으로는 반드시 근대적인 소유라 할 수 없었다. 자본주의적 소유관계를 법인하는 것이 아니라 봉건적 소유관계를 근대적 형식을 빌어 법인하는 것이기 때문이었다. 지세제도 또한 마찬가지였다. 최원규는 관계에 의무적으로 價金(매매가격)을 기록하게 한 것에 대해 국가는 이를 계기로 지가제에 의한 개별 부과제로의 개편을, 달리 말해 근대적 지세제도의 확립을 지향하였다고 보았다. 물론 근대국가에서는 이러한 형태의 지세가 보편화되어 있다. 그러나 지세가 이러한 형태로 바뀐다고 해서 바로 근대성을 획득할 수 있는 것은 아니다.[8] 지세에 근대성을 각인하는 것은 국가의 자본주의적 재정정책이다. 따라서 지주적 토지 소유의 근대적 법인이나 부분적인 지세제도의 변화만이 개혁의 전부라고 한다면 그것은 의제적인 근대화에 불과하며 결코 근대적 개혁이라 볼 수 없다.

그러므로 양전 지계발급사업이 근대적 개혁이 되기 위해서는 대한제국 정권의 다른 근대개혁정책과 유기적으로 결합되어 있지 않으면 안 된다. 예를 들면 지주자본을 육성하기 위한 대지주정책이나 식산흥업을 위한 재정정책 등과 연관시켜 이 사업의 근대개혁성을 밝힐 수 있어야 하는 것이다. 따라서 양전 지계발급사업의 역사적 성격을 제대로 해명하기 위해서는 이 사업 자체에 대한 미시적 연구를 대한제국 정권의 근대개혁 전체에 대한 거시적 연구와 유기적으로 결합시킬 필요가 있다.

이에 더해 양전 지계사업에 대한 여러 사회계급 또는 계층의 대응을 밝히는 연구도 이 사업의 역사적 성격을 규명하기 위해서는 반드시 이루어져야 할 과제로 생각된다. 여기에서는 특히 지주층과 부르주아층의 대응을 밝히는 연구가 중요하다.

---

8) 金鴻植, 「大韓帝國期의 역사적 성격」, 『대한제국기의 토지제도』, 民音社, 1990, 27쪽.

서평 : 한국역사연구회 근대사분과
토지대장연구반, 『대한제국의 토지조사사업』
(민음사, 1995)

조 석 곤

1

올바른 세계관에 입각한 과학적 역사관을 수립한다는 취지로 창립한 한국역사연구회는 지난 7년 동안 연구발표회와 대중강좌사업을 의욕적으로 벌여 왔다. 뿐만 아니라 분야별, 주제별로 팀을 조직하여 연구자들이 공동연구를 할 수 있는 여건을 조성했다. 그 결과 연구의 저변이 확대되었고, 그 성과를 꾸준히 단행본으로 출간하였다. 본서도 그러한 공동연구의 산물이다.

본서의 집필주체인 토지대장연구반은 1989년 7월에 조직되었는데, 이와 같이 구체적인 주제로 공동연구를 꾸릴 수 있을 정도로 한말, 일제초는 젊은 연구자들이 집중적인 관심을 가진 시기였다. 토지대장연구반은 이 시기의 농업사, 토지제도사에 대한 연구사 정리와 자료조사를 마친 후 개별적으로 7편의 논문을 집필하였고, 총설을 덧붙여 출판하였다. 몇 년 전 비슷한 주제의 공동 연구에 참여하여 이미 『대한제국기의 토지제도』를 발간한 적이 있는 평자로서는 본서가 어서 출판되기를 기대했다. 이제 대한제국기 토지제도에 관해서 학계는 2권의 공동연구성과를 갖게 된 셈이다.

광무양안에 관한 최초의 본격적 실증 연구서라 할 수 있는『대한제국기의 토지제도』는 光武改革論에 대한 문제제기였다. 이영훈은 광무양안도 舊量案과 마찬가지로 分錄과 代錄 현상이 많아 時主를 하나의 농가세대로 인정할 수 없음을 실증하였다. 宮嶋博史는 光武量案의 기재상 특징으로부터 그 역사적 성격을 유추하였는데, 광무양안은 여러 진보적인 특정에도 불구하고 異積同稅로서의 結負制 원칙을 고수했다는 점에서 경제와 정치가 미분리된 전근대사회의 장부로 파악했다. 본서는 집필자들이 각 논문에서 밝히고 있듯이 광무양안을 전근대적인 장부로 파악하는 비판적 논의에 대한 반비판을 의도하고 있다. 이제 본서의 내용을 살펴보자.

2

본서는 크게 3부로 구성되어 있다.

제1부「양전・관계사업과 양안의 성격」에 실린 3편(왕현종, 이영호, 최원규)의 논문들은 量地衙門, 地契衙門에서 量案을 만들고 官契를 발급하는 과정을 구체적으로 설명하고, 광무양안이 조선토지조사사업의「實地調査簿」에 준하는 성격을 지난 장부라고 평가했다. 제2부「광무양안과 토지소유구조」에 실린 2편(이세영, 최윤오의 공동집필)의 논문에서는 광무양안이 현실의 토지소유자를 정확하게 파악하였음을 보이고, 이러한 전제 아래 당시의 農民層分化 양상을 분석하였다. 제3부「대한제국의 국유지 조사와 이후 일제의 토지조사사업」에 실린 2편(박진태, 이종범)의 논문은 광무양전을 직접 분석한 것은 아니다. 한편은 光武査檢을 다루고 있고, 다른 한편은 전남의 한 동리에서 한말, 일제 초에 진행된 토지제도와 지세제도의 변화를 다루고 있다. 그 때문인지 제3부의 논문들은 앞의 논문

들과 내용적으로도 차이를 보인다.

이제 각 논문의 내용을 살펴보자. 제1장「대한제국기 量田·地契事業의 추진과정과 성격」(왕현종)에서는 양전·지계사업이 입안·진행되는 과정을 분석하고, 이 과정에서 "광무양안을 통해 토지와 소유자에 대한 조사가 이루어지고 이후 관계발급을 통해 근대적 토지제도로 확립"(43쪽)되었다고 주장하였다. 그는 大韓帝國 내부에서 양전이 논의되는 과정, 양지아문에서 양안을 작성하는 구체적인 과정을 묘사하였다. 특히 의성군 野草분석을 기초로, 광무양안을 작성하기 위해서 1일 120필 내외의 실지측량이 이루어졌으며, 이를 기초로 中草冊이 작성되었고, 이 中草冊은 중앙의 양지아문에서 정서되었음을 밝혀냈다.

그런데 양지아문의 양안은 實地測量에 기초하였고, 경작농민 보호를 위해 작인도 기록하였지만, 소유자 혹은 작인을 實名으로 파악한 것만은 아니어서 이것만으로는 토지소유권을 입증할 수는 없었다. 지계아문이 설치된 것은 官契를 발급함으로써 양지아문 양안이 지닌 이런 문제를 극복하려는 것이었다. 외국인의 국내토지 점유를 금지시키려 했던 대한제국은 지계아문에서 양안을 신속하게 작성할 수 있도록 구양안을 활용하였다. 그렇지만 斗落數를 표기한 데서도 알 수 있듯이 객관적인 토지면적의 파악에 관한 강한 의지를 드러냈다고 평가하였다. 관계는 文記 등 소유권을 입증할 수 있는 자료와 확인, 교환되었으며, 관계를 발급받은 時主는 국가가 최종적으로 공인한 토지소유자였다. 결국 관계발급은 토지소유권을 近代法的으로 전환시키는 역할을 수행하였다고 평가하였다.

제2장「光武量案의 기능과 성격」(이영호)에서는 왕현종과는 달리 정권이 시급히 해결해야 할 과제를 무엇으로 보았느냐에 따라 사업의 목적이 달라졌다는 관점에서 두 사업을 바라보고 있다. 稅源의 확대가 무엇보다 절실했던 광무정권 초기에 이루어진 양전사업은 지세수취 확대를 목적으

로 하였지만, 외국인의 토지침탈을 저지하는 것이 더 중요했던 후기에는 토지소유권의 國家的 法認을 목적으로 한 지계사업이 이루어졌다는 것이다. 지계아문에서 작성된 양안과 양지아문에서 작성된 양안이 차이를 보이는 것은 이처럼 양안의 작성목적이 달랐기 때문이라고 보고 있다. 물론 양지아문의 양안이 소유권을 보증하는 기능이 지니고 있다는 사실 자체를 부정하는 것은 아니다.

이 논문에서는 지계발급에 관한 폭넓은 분석을 통하여 지계발급이 소유권증명을 위한 것임을 주장하였다. 지계아문 양안에도 대록 현상이 발견되지만, 鐵路犯入田畓에 대한 보상과정에서 양안 상에 實名이 기록되지 않았다는 점이 소유권 보장에 아무런 문제가 되지 않음을 보임으로써, 역으로 지계아문 양안에 근거하여 관계가 발행되는 것이 가능했음을 보이고 있다. 또 그는 광무양안 작성과정에 관한 왕현종의 주장을 적극 수용하여 양안작성이 측량(野草)−작인조사(初査, 再査)−자호, 지번 부여(中草冊 작성, 初書, 再書)−결부 산정 재확인(初準, 再準)의 과정을 거쳐 작성되었다고 추론하였다. 특히 時主와 時作을 모두 파악한 것은 국가가 지주전호관계를 공식적으로 파악한 전무후무한 시도였으며, 이를 지세수취 체제를 변혁하려는 시도로 평가하고 있다.

제3장 「대한제국기 量田과 官契發給事業」(최원규)은 앞의 두 논문보다 훨씬 분명한 어조로 量田·地契事業의 근대성을 주장하고 있다. 양전·지계사업은 "중세적 토지법제를 근대법제로 전환시키기 위한 토지조사사업이며, 그 실질은 토지소유권을 追認하고 이를 기반으로 근대적 지세제도를 확립하는 데 있었다"(193쪽)고 한다. 그는 이를 입증하기 위해 양지아문과 지계아문의 토지조사 방식과 특징, 관계발급규정, 발급방식 등에 관하여 풍부한 사례를 인용하면서 서술하고 있다. 특히 官契發給事例를 구체적으로 분석한 것은 이 논문의 연구사적 기여부분이라고 할 수 있다. 官契는

모든 토지에 대하여 강제신청주의에 입각하여 舊文券과 교환되었으며, 관계발급과 함께 구문권은 효력을 상실했다. 그는 관계발급을 국가가 개별 토지소유권에 대한 관리권을 확보한 것으로 보았다.

이 논문은 양안의 기재사항에 관해서도 각각 큰 의미를 부여했다. 우선 양지아문이 時作까지 조사한 것은 조세납부 문제 외에도 작인의 作權을 일정하게 보장하려 했기 때문이라고 생각했고, 無主陳田이 없는 것은 소유의 역사 속에서 無主地의 해체라는 토지파악방식의 변화를 반영하는 것이라 생각했고, 田査地形圖를 그린 것은 지형파악방식이 추상적인 것에서 구체적인 것으로 변했다고 생각했다. 또 지계아문이 설립된 것은 양전을 속히 진행하여 하루빨리 토지소유권에 대한 국가의 관리체계를 확립하고자 하였기 때문이라고 보았다. 이렇게 하여 조사된 양안은 토지조사의 최종적 완성형태는 아니지만, 적어도 ‘實地調査簿’성격을 가지는 것이라 보았다.

제4장 「光武量案과 時主의 실상」(최윤오, 이세영)에서는 온양군 광무양안을 이용하여 양안에 기록된 時主들을 분석하고, 양안이 실지조사부의 성격을 가지는 것임을 확인하고자 하였다. 그는 온양군 광무양안이 중초책 단계에서는 結名이나 結戶를 표시하였지만 正書冊에서는 이들이 생략되었음에 주목하였는데, 그 이유는 時主와 時作의 성명을 파악하였기 때문에 결명·결호를 군이 기재할 필요가 없었기 때문으로 보았다. 정서책에 기재된 時主姓名이 결명을 이용하여 대록되는 경우가 있었지만, 그 경우에도 시주는 가공의 인물이 아니라 철저한 조사과정을 거친 ‘현실’의 토지소유자였다고 보았다. 즉, 양안은 토지형상을 정확하게 파악했을 뿐 아니라, 토지소유관계 파악에 있어서도 ‘현실’을 정확하게 반영하고 있는 ‘實地調査簿’의 성격을 띠고 있다고 평가하였다.

제5장 「대한제국기 토지소유구조와 농민층분화」(이세영·최윤오)에서

는 제4장에서 이용한 자료를 분석하여 농민층분화의 정도를 살펴보았는데, 농업생산력 수준이나 耕地率, 상업의 발달수준에 따라 농민층 분화양상도 달랐음을 보이고 있다. 선진지역의 경우 소유지 이상으로 경영을 확대하는 自小作上農層이 검출되기도 하지만, 후진지역의 경우는 富農이 존재하지도, 존재할 가능성도 없었다고 한다. 물론 이 사례분석은 시주, 시작이 현실의 地主, 佃戶와 정확하게 대응한다는 가정 아래에서 분석한 것이기 때문에 그 결론은 제한적으로 수용할 수밖에 없다. 특히 빈농, 부농 등의 분류기준 설정도 매우 자의적이다.

　제6장 「대한제국 초기의 국유지조사」(박진태)는 內藏院이 실시한 光武査檢을 분석했다. 광무사검은 광무 양전사업과 비슷한 시기에 실시되었지만, 상호보완적인 관계에서 실시된 것은 아니라고 하였다. 광무사검으로 역둔토의 면적은 증가하였으며, 이 과정에서 無土의 陞總, 共有地의 公土化 등 때문에 분쟁이 일어나기도 하였음을 지적하고 있다. 그는 賭租 책정과정에서 도조가 크게 증가하지는 않았으며, 이러한 내장원의 조치에 지방관청이 반드시 우호적이지는 않았다고 주장하였는데, 이는 본지에 실린 金載昊의 논문과 그 논지를 같이하는 것이어서 주목된다. 이 책의 주제와 관련해서는 광무사검이 광무양안보다 필지를 세분화하여 파악하고 있으며, 민간에서 사용하는 斗落으로 면적을 파악하였다는 점을 지적하고 있다. 그런데 이는 역으로 광무양안이 토지를 파악하는 방식이 당시 내장원의 토지파악방식에 비해 정확도가 떨어졌다고 해석될 수 있는 여지도 남기고 있다.

　제7장 「한말, 일제초 土地調査와 地稅問題」(이종범)는 구례군의 한 地主家文書를 기초로 한말, 일제초 대한제국과 일제에 의해 추진된 토지조사와 지세제도의 변화 등을 구체적으로 살펴보고, 그들 사이의 연관성에 대해 분석했다. 특히 일제가 新結數를 산정할 때 광무양안의 성과에 기초하였음

을 실증적으로 밝힌 것은 연구사적으로 중요한 의미를 지닌다. 지세액 산정도 광무양안에 기초하였지만, 추세적으로는 신개간지에 대해 重課脫가 이루어져, 결국 零細土地所有者에 불리한 방향으로 지세부담이 가중되었다고 보았다. 이러한 과정에서 실제 현지에서 토지조사가 어떻게 이루어졌는지, 그에 대한 인민의 반응은 어떠했는지를 구체적으로 묘사했다는 점은 큰 의미가 있다. 이 글은 광무양안에 대한 직접적 분석을 포함하고 있지 않기 때문에 광무양안의 역사적 성격에 대한 적극적 규정은 없지만, 광무양전과 결수연명부작성, 과세지견취도사업, 토지조사사업 등의 과정에서 토지파악의 정확성이 강화되고 있음을 보이고 있다. 이는 한말, 일제하의 토지조사를 일련의 과정으로 파악하려는 것으로 제1, 2부의 논자들과 일정한 차이를 보이고 있다.

3

본서는 공동연구의 장점을 최대한 활용하여 방대한 자료를 분석대상으로 삼을 수 있었다. 본서가 새롭게 발굴한 자료는 없음에도 불구하고, 기존 연구를 한 단계 뛰어넘는 실증성과를 보일 수 있었던 것은 자료에 대한 미시적 분석을 통하여 여러 가지 정보를 얻을 수 있었기 때문이며, 이는 공동연구였기 때문에 가능한 것이었다.

평자의 판단으로는 본서의 연구사적 기여도 주로 이 부분에 집중되어 있다. 광무 양전사업에 지계발급사업까지 포함시켜 각각 원사료를 이용하여 실증적으로 연구한 책은 본서가 최초이다 특히 양안 작성과정을 野草−中草−正書의 각 단계로 나누어 구체적으로 분석한 점, 양지아문과 지계아문 양안을 구분하여 그 특징과 차이점을 분석한 점, 양안의 기재형식이 담고 있는 역사적 의미를 해명하려 한 점, 관계의 발급과정과 그 실례를 분석한 점 등은 앞으로 양전 · 지계사업의 역사적 성격을 구명하는 데 중요한 디딤돌이 될 것이다. 앞으로 이 분야의 연구가 더욱 진전되기를 바라며 평자가 느낀 몇 가지 의문점을 제시하고자 한다.

첫째, 필자들간에 존재하는 이견에 대해 살펴보자. 제3부의 논문은 분석 대상을 달리하고 있으므로 논외로 한다면, 이영호의 논문은 다른 논문들과 양안의 성격파악에 미묘한 차이를 보인다. 이영호는 양지아문양안과 지계 아문양안은 작성목적이 달랐고 그러한 차이가 기재양식의 차이로 나타났다고 본 반면, 최원규 등은 그러한 차이를 중요하게 생각하지 않았다. 이 때문에 이영호는 양지아문양안에서 지형도를 圖示한 것에 큰 의미를 두지 않았지만, 최원규는 매우 높이 평가했다. 또 時作을 기입한 것에 대해서도 이영호는 납세자 확보차원으로 파악한 반면, 최원규는 경작권 보호차원으로 해석하고 있다. 물론 광무양전 전체의 근대적 성격에 대해서는 이영호도 동의하는 바이다.

둘째, 본서에서 가장 중요한 논점으로 잡고 있는 양안의 성격과 관련된 내용을 살펴보자. 이영훈, 宮嶋博史 등은 광무양안이 土地所有權簿의 특성을 갖지 않는다고 본 반면 본서의 필자들은 양안이 소유권의 최종 확정장부는 아니더라도, '實地調査簿'의 성격을 갖는다고 주장하고 있다. 그 근거로 양전을 위한 實地調査의 실시와 조사내용의 정확한 기재, 소유자 및 경작자에 관한 정확한 파악 등을 들고 있다.

우선 필자들은 중초책을 작성하기 전 단계에 먼저 野草를 작성하기 위해 세밀한 실지조사가 이루어졌으며, 양안에도 地籍圖에 준하는 전답도형도를 그려 넣었고, 實積數도 계산하여 기록한 점을 들어 토지를 객관적으로 철저히 조사하였다고 평가하였다. 그러나 토지파악의 종류가 늘어난 점, 실적수를 기록한 점 등이 구양안과 광무양안을 질적으로 다른 것으로 규정할 수 있는 요인이 될 수 있는지는 의문스럽다. 만일 실지조사를 했다는 사실이 광무양전의 근대성을 주장할 때 중요한 근거가 된다면, 이는 구양안은 실지조사도 없었거나, 있다 하더라도 부정확했을 것임을 전제하고 있는 것이다. 그러나 이 전제는 아무런 근거가 없는 것이다. 근대적 삼각측량법의 채택은 고사하고 魚鱗圖冊조차 만들지 않은 양전이라면 구래의 양전과 토지파악에서 질적인 차별성을 부여할 근거는 별로 없다.

다음 時主 파악의 현실성에 관한 문제를 살펴보자. 본서의 필자들도 양안을 통해 토지소유권이 전적으로 보증될 수는 없다는 점, 양안 상의 시주가 代錄 등의 형태로 기재되었다는 점 등은 인정하고 있다. 그러나 대록되었다 해서 향촌사회에서 그의 소유권이 부정되는 것은 아니었고, '현실'의 소유자는 분명하였기 때문에 비록 이름이 대록되었더라도 '현실'의 소유관계를 반영하는 것으로 보아야 한다고 주장한다. 그러나 대록이 이루어졌다는 것은 양안 자체만 가지고서는 토지에 관한 사적 소유권을 확인할 수 없다는 것을 의미하거나, 양안의 기재내용과 무관하게 현실의 소유관계는 존재할 수 있음을 의미한다. "국가가 실소유자를 양안에 등록하지 않더라도 향촌사회에서 사적 소유권은 명확하였으며, 토지거래 상의 문제도 그다지 제기되지 않았다"(206면)는 최원규의 주장은 量案이 토지소유자 확인과 무관하다는 증거는 될지언정, 양안이 登記簿 역할을 했다는 증거는 될 수 없다.

셋째, 官契에 관한 논의를 살펴보자. 관계를 발급하는 과정에서 구래의 문권을 확인하여 실소유자를 가리는 작업이 이루어졌기 때문에 관계발급은 소유권자를 査定하는 근대적인 토지조사사업으로 간주할 수 있다고 평가했다. 관계를 발급하게 된 동기로 외국인의 토지침탈을 방지하겠다는 의도가 있었다고 보고 있다. 그런데 모든 논자들이 외국인의 토지침탈이 지계발행의 결정적인 계기가 되었다는 점을 인정하면서도, 양자가 어떤 맥락에서 연관되는지에 관한 충분한 설명이 없다. 외국인 토지소유실태에

관한 조사는 1900년을 전후하여 이루어지는데, 조사하게 된 배경이나 양지
아문 단계에서 지계발행을 전제하지 않았던 사정 등에 관하여 충분한
설명이 있어야 관계의 역사적 성격도 비로소 분명해질 것이다.

넷째, 양전·지계사업을 통해 근대적 토지소유가 확립되었다고 설명하
면서도, 근대적 토지소유를 어떤 의미로 사용하고 있는지 분명치 않다.
양전과정에서 토지 및 소유권을 조사하고, 관계를 발급함으로써 토지소유
권을 근대법적으로 전환하였다는 왕현종의 설명을 받아들인다면, 여기서
말하는 근대적 토지소유란 기왕에 혼재한 사적 토지소유권을 法認하는
절차상의 문제에 지나지 않는다. 즉, 근대적 토지소유의 실질 내용은 양전
사업 이전에 성립된 것이다. 그런데 최원규는 양전·지계사업이 중세적
토지법제를 근대법제로 전환시키기 위한 토지조사사업이라고 보았으므
로, 양전·지계사업을 단순한 법인절차로 파악할 수만은 없다. 이 경우
이 사업에 의해 대체된 중세적 토지법제란 어떤 성격의 것인지 역시 애매하
다.

이러한 개념의 모호성은 책 제목에서도 나타난다. 토지조사사업이란
기존 연구에서는 일제의 조선토지조사사업을 지칭하는 것이었다. 그런데
본서는 대한제국기의 양전·지계사업도 토지조사사업으로 부르고 있다.
필자들이 두 사업을 동일한 범주에 넣고 있는 것을 짐작할 수 있지만,
두 사업을 추진한 정권의 계급적 기반이 다른 이상 개념의 사용에 보다
신중을 기할 필요가 있을 것으로 보인다.

양전·지계사업의 역사적 성격은 광무정권의 성격을 어떻게 규정하느
냐에 따라서 달라질 가능성이 있다. 평자는 본서가 결론짓고 있는 광무양안
의 역사적 성격규정에 관한 본격적인 평가는 차후로 미루고자 한다. 時主의
성격에 관한 인식에서 분명히 드러나듯이 대록 현상의 존재를 인정하면서
도, 그것의 역사적 평가는 상반된 형태로 제출되어 있다. 이러한 일이

벌어진 것은 연구자들이 대화노력을 포기하였거나, 자료해독방식 자체에 문제가 있기 때문이다. 엄청난 노력을 기울여 자료를 해독하고도 막상 그것의 역사적 의미를 해석할 때는 고정관념이나, 자료 외적인 요인들이 결정적 역할을 한다면 실증에 투입한 노력이 무슨 의미가 있을까?

이상 몇 가지 의문을 제시하였지만, 이 중에는 평자의 오해나 무지에서 기인한 부분도 있을 것이다. 본서에서 밝힌 양안의 작성과정, 지계의 발급 과정에 관한 실증연구는 평자의 문제제기와는 상관없이 큰 연구사적 의의를 지니는 것임에는 틀림없다. 평자의 문제제기가 이 시기 연구에 조금이나마 보탬이 되기를 기대한다.

토지대장연구반의 활동과
『대한제국의 토지조사사업』

이 세 영

1

　토지대장연구반은 1988년 연구회 창립과 함께 이전의 한국근대사연구회 경제사분과원들이 중심이 되어 결성하였다. 1989년 7월에 주로 농업사를 연구하는 회원을 중심으로 결성되었다. 당시의 연구반원은 박진태, 왕현종, 이세영, 이영학, 이영호, 최윤오, 최원규 등 7명이었다. 연구반의 연구목표는 한말·일제하의 토지소유와 경영구조를 한말과 일제시기에 걸치는 자료들을 발굴하여 비교 해명하는 것이었다. 우선 기초작업으로 1989년 7월부터 고대로부터 일제시기에 이르기까지의 농업사, 토지제도사 연구현황에 대한 정기적인 토론회를 가졌다. 특히 광무 양전사업과 토지조사사업에 대한 연구사 정리와 함께 국립중앙도서관과 서울대학교 규장각 소장자료 가운데 1차적인 자료를 재조사, 분석하는 한편 두 사업과 관련된 자료, 이를테면 광무양안과 광무년간에 작성된 호적, 토지조사부 등이 함께 남아있을 만한 지역으로 경기도 이천·수원, 충청도 부여·논산 등을 선정하였다.

　1989년 8월부터 12월까지 3차례에 걸쳐 이천지역을 답사하였다. 광무양안과 비교할 수 있는 일제시기의 토지조사부 혹은 관청서류나 농지개량조

합에 남아있는 문서와 대지주가의 고문서들을 조사하기로 하였다. 이천읍
사무소, 이천군청, 이천문화원, 이천농업고등학교, 이천농지개량조합, 여
주농지개량조합, 대지주가 등을 방문하였다. 이천읍사무소에서는 이천군
에 대한 전체적인 개황과 한말·일제시기에 관련된 문서나 혹은 그에
대한 정보를 약간 얻을 수 있었다. 일제시기 토지조사부를 얻기 위해 이천
군청 지적계를 방문했지만, 내무부의 지적도 열람 제한조치 때문에 자료를
복사해 줄 수 없다는 것이었다. 지적계장의 말에 의하면 토지조사부는
아직까지도 현재의 토지소유권의 근거가 된다고 하였다. 그러나 한국전쟁
에 의해 대부분의 지역에서 토지조사부가 불타버렸고, 있는 지역도 그
중간시기의 토지대장이 없어져 토지소유권을 제대로 확인하지 못하는
토지가 많다는 것이었다. 따라서 토지조사부를 근거로 분쟁이 일어날 소지
가 많고, 또한 그것을 근거로 가짜 문서를 만들어 토지소유주를 조작하는
'토지사기꾼'이 많이 나타나기 때문에 열람 제한조치가 내려져 있다는
것이었다.

이천의 대지주인 이용주가 헌금하여 설립된 이천농고를 방문했지만
성과는 없었다. 이천농지개량조합에서 일제말의 문서를 복원 확인하였고,
일제시기에 대지주였던 집안의 현재 상황에 대해서 설명을 들었다. 1990년
1월에는 수원시 권선구청을 방문하였지만 토지대장은 남아 있지 않았다.
1990년 여름에는 논산과 부역지역을 답사하였다. 논산군 토지개량조합에
보관되어 있는 일제시기의 문서를 모두 복사하였다. 부여군에서는 제적부
일부를 복사할 수 있었다. 그동안의 지역답사 결과 적절한 사례연구지역을
찾지 못했다.

지역답사와 그동안의 토론회, 광무 양전사업과 양안에 대한 분석결과를
가지고 1991년 6월 '광무 양전사업의 역사적 성격'이라는 주제로 제18회
연구발표회를 가졌다. 당시에는 소주제 논문 4편을 발표했다. 「광무양전사

업 연구의 성과와 과제」(이영학), 「광무양전사업의 추진과정과 양안 작성의 의도」(왕현종), 「충청남도 온양군, 연산군 광무양안 분석」(이세영·최윤오·박진태), 「1908~9년 일제의 과세지조사를 통해 본 광무양안의 적용 사례-전라남도 구례군 토지면 오미동을 중심으로-」(이종범) 등이었다. 특히 이종범의 논문은 오미동의 사례를 중심으로 일제의 토지조사사업에 의하여 토지대장이 작성되기 이전인 일제 초기에 토지장부로서 중요한 역할을 담당한 결수연명부가 어디에 근거를 두고 작성되었는가를 검토한 것이었다. 1911년, 1913년에 작성된 오미동의 결수연명부는 재정정리의 일환으로 1908년 전국적으로 시행된 결과 경자출세지조사, '戊申作夫'의 결과를 계승하고 있었고, 무신작부는 바로 광무양안의 결과를 계승하여 작성되고 있었다는 점을 확인하게 되었다. 동리차원이기는 하지만 새로운 지방자료의 발굴을 통해 광무양안이 토지대장 또는 그 참고자료로서의 역할을 하였음을 확인한 것은 매우 중요한 연구성과였다. 이 발표회를 계기로 이종범은 공동연구팀에 합류하게 되었다. 발표회를 통해서 연구반은 결국 처음의 연구계획을 부분 수정하였고, 일차적으로 광무 양전사업만을 집중적으로 검토하기로 한 것이다. 그리고 마침 대우학술재단의 공동연구지원이 있어서 「광무 양전사업에 대한 연구」(연구기간 : 1991년 6월~1992년 8월)로 공동연구과제를 신청하였고, 지원과제로 채택되어 연구비를 받게 되었다.

2

그런 사이에 『근대조선의 경제구조』(1989.11)와 『대한제국기의 토지제도』(1990.12)에 김홍식, 宮嶋博史, 이영훈 등이 대한제국의 성격, 광무양전과 양안에 대한 논문을 발표하여 광무개혁과 양전사업에 대한 종전의 이해를 비판하였다. 그러한 비판은 예상한 것이었다.

1960년대 이후 1980년대 중반까지 전근대사회의 농업사연구는 봉건적 토지사유론의 관점에서 이루어져 왔다. 따라서 양전사업은 전세를 받기 위해서만이 아니라 실제의 토지소유자와 경작자까지도 파악하였고, 그 결과 양안은 부세대장을 넘어서 토지대장의 성격까지도 갖는 것으로 이해 되었다. 봉건사회의 마지막 양전사업이었던 대한제국의 '광무 양전·지계 사업'은 구래의 사적토지관계 즉 지주제를 인정한 위에서 서양의 근대적인 토지관리방식과 측량기술을 이용하여 구래의 토지소유권을 근대적인 법 제로 제도화한 것이라고 보았다. 그리고 일제의 토지조사업(1910~1918) 은 수탈론의 관점에서 식민지 지주제를 수립하기 위한 기초작업으로 보았 다. 이러한 이해는 식민주의적 관점의 '정체론'의 대안으로 제시된 이른바 '내재적 발전론'이 농업사연구에 반영된 것이었다.

그런데 1980년대 중반부터 이러한 국사학계 주류의 시각을 비판하는 흐름이 나타나기 시작하였다. 주로 일본의 경제사학의 영향을 받은 경제사 학자들이 봉건적 토지사유론 대신에 토지국유론 혹은 '아시아적 생산양식 론'을 제기한 것이다. 그 배경은 일본에서 60년대 이후 근대화론의 비판 극복과정에서 아시아정체론의 핵심이 되었던 '국가'의 문제가 재검토되어 야 할 과제로 등장한 데에 있었다. 즉 현대자본주의 형성에 있어서 국가를 혹은 국가의 역할을 어떻게 이해해야 할 것인가의 문제였다. 이러한 논의의 연장에서 전근대의 국가의 문제 역시 재론되었고, 그 결과 국가를 기본적 생산관계의 한 요소로서 설정함으로써 국가적 토지소유를 포함하여 전근 대의 생산양식을 재구성하자는 것이었다. 또 하나는 식민지시기를 어떻게 볼 것인가와 관련된 것이었다. 그들은 1986년 이후 한국의 사정을 매우 낙관적이고 긍정적으로 보았다. 즉 경제의 선진자본주의화와 정치의 민주 화의 가능성을 믿었던 것이고, 이렇게 된 사정을 조선후기, 식민지시기,

해방후를 연결하여 지금까지의 부정적인 시각을 넘어서는 새로운 논리로 재검토해보자는 것이었다. 따라서 일제의 식민지배정책과 지배도 탈수탈론의 관점에서 재조명될 것이었다(1990년대에 들어서 결국 '식민지근대화론'으로 입론되었다). 1987년 10월 한국과 일본의 경제사학자 16명(한국의 안병직, 이대근, 허수열, 이영훈, 정재정, 이헌창 등 8인, 일본의 梶村秀樹, 中村哲, 吉野誠, 堀和生, 宮嶋博史 등 8인)은 한국근대경제사연구회를 결성하여 한국근대의 전 기간을 대상으로 하여 공동연구를 시작하였다. 특히 宮嶋博史와 이영훈 등은 충청도와 경기도 지역의 광무양안을 사례로 하여 광무양전을 재검토하고자 하였던 것이다.

3

연구반은 조선시기와 일제시기의 토지소유구조와 성격에 대한 대립적인 두 시각을 지양하고, 나아가 조선 봉건사회와 근현대 자본주의사회의 성격을 해명하기 위해서는 광무 양전사업과 토지조사사업을 재검토해야 한다는 점을 다시 한번 확인하고, 우선 광무 양전사업에 대한 공동연구를 본격적으로 추진하였다. 광무 양전사업의 추진과정을 재검토하고 양안의 기재 내용과 양식, 관계발급사업과 관계 등을 재분석하였다.

한편 분석대상의 양안이 온양군 양안이었기 때문에 아산군에 이어 두 번째로 양전한 온양군 일북면(現 탕정면)을 현지답사하였다. 일제시기의 토지조사부를 얻기 위해서였다. 법원의 등기부에서 대장을 찾았지만, 복사가 허용되지 않았다. 대신 탕정면사무소에서 광무년간에 살았던 실제의 인물들을 除籍簿를 통해 확인하고자 하였다. 양안의 토지소유자와 경작자 이름이 실명이 아닌 虛名임을 근거로 양전 사실과 양안 자체에 대해 의문이 제기되고 있기 때문이었다. 탕정면의 협조하에 격주로 다섯 번 내려가서

반은 베끼고, 반은 복사하였다. 뒤에 양안과 제적부의 인물을 대조해 본 결과 약 10% 정도 일치하는 사람들을 확인할 수 있었다. 물론 나머지 양안의 이름이 허명은 아니었다.

현지에서 자료를 입수하는 것은 쉬운 일이 아니었다. 관공서에 보관된 자료는 아직도 연구자들에게는 그림의 떡이었다. 자료의 성격에서 비롯되기도 했지만, 부동산투기꾼으로 오해받는 연구자들의 신세는 한심스러운 것이었다. 지역사례 연구의 경우, 현지의 대학 소속의 연구자들이라면 훨씬 쉽지 않을까 생각했다. 또한 개인 소장의 자료는 연고가 없으면 더욱 어려우나 교섭 여하에 따라서는 관공서 보관 자료보다는 쉽게 구할 수 있을 것 같았다. 그러나 대한제국기부터 일제시기에 걸쳐서 그런대로 지주로 행세했던 가문의 후손들은 고향에 사는 경우는 드물었고, 인근의 중소도시나 서울 등에 사는 것이 일반적이었으며, 그들이 조상의 옛 문서들을 가지고 갔을 리는 거의 없을 것으로 보면, 개인소장 고문서 확보도 쉬운 일은 아닐 것으로 보인다. 고문서를 아직까지 보관해 오는 현지 종가댁도 많지 않을 것이다. 1930년대에 263여 정보의 대지주였던 온양군(지금 아산군) 모산면 산촌에 거주했던 윤치소家를 답사했으나 어떤 자료도 구하지 못했다. 또 일북면(지금 탕정면) 가소지에는 죽산 안씨 종가댁이 살고 있었으나 역시 고문서는 없었다. 양안에서 지주로 파악되는 실제의 인물들은 이후 일제시기에도 대체로 대지주였음이 확인되고 그들은 대개 서로 인척관계에 있었음을 확인할 수 있었다. 지주들이 과거의 자신의 삶이 드러나는 것을 두려워하는 것도 연구자들에게는 안타까운 일이었다.

그동안의 중간발표회(제2차 발표회 : 1991년 12월, 제3차 발표회 : 1992년 1월)와 답사결과를 바탕으로 1992년 3월부터 8명이 소주제를 확정하고 분담해 초고를 작성하는 한편, 초고에 대한 공동토의를 진행했다. 연구회에서는 연구반의 활동이 부진하다는 여론이 비등하자, "양상현 회원을

특파하여 감시겸 독려하게 하였다"(양상현의 말). 양상현의 가입으로 연구
반원은 9명이 되었다. 그럼에도 불구하고 몇몇 연구반원이 학위논문을
쓰게 되면서 원고를 완성하는 데에는 예상 밖의 오랜 시간이 걸려서 1993년
9월에야 모든 초고를 마칠 수 있었다. 이 해 겨울방학에 합숙하면서 전체
초고를 검토하는 한편 주제와 전체 틀을 재조정하였다. 검토 결과, 양전관
계사업의 의도와 입안 과정, 입안의 핵심 주체 그리고 양전사업과 관계발급
사업의 관계가 명확히 밝혀지지 않았다. 1993년 9월『광무 양전지계사업에
대한 연구』로 최종 연구 결과를 제출하였고, 11월에 공동연구 예비심사
결과를 통보받았다. 통고된 내용은 내용보다는 용어 사용과 서술상의 문제
를 지적한 것이었다. 그러한 문제점을 수정, 보완한다면 '대우학술총서'로
출판할 충분한 가치가 있다는 것이었다. 11월 말에 예비심사 결과에 대한
의견서를 제출하고, 이후 내용을 보완하고, 문장과 오자를 교열, 수정하여
최종 원고를 민음사에 제출한 것은 1994년 9월이었다. 1995년 3월,『대한제
국의 토지조사사업』이 출간됨으로써 토지대장연구반은 연구반을 구성한
지 7년, 공동연구계획서를 제출한 지 4년여 만에 대장정을 마감했다. 너무
나 긴 여정이었다.

4

　연구회에서 연구반의 활동기간은 대체로 2년, 길어야 3년이다. 그에
비하면 토지대장연구반의 활동기간은 너무나 긴 것이었다. 3년이 지나면
서 연구위원회 때마다 질책이 뒤따랐다. 연구반에 여러 회원이 장기간
묶여 있어서 다른 연구반 구성과 분과의 활동을 어렵게 하였기 때문이다.
그러나 연구반원의 한 사람이 연구위원장이었기 때문에(?) 쏟아지는 비난
은 위원장의 직권으로 묵살되곤 했고, 나중에는 농담처럼 들려버렸다.

불행한 일이었다. 지금에 와서 얻은 교훈은 연구반을 구성할 때 구성원을 확실히 할 것, 연구목표를 분명히 할 것, 연구활동을 집중할 수 있도록 운영계획과 시간표를 짤 것, 적절한 활동비를 마련할 것, 자료의 유무와 확보 가능성을 미리 진단할 것 등이었다. 여기에 빼놓을 수 없는 것은 반원들 사이의 친목과 단결이었다.

   토지대장연구반의 활동을 마감하고, 그 연구반원이 중심이 되어 1995년 9월에 '한국중세 토지제도사반'을 구성하여 격주간으로 사료를 중심으로 토지소유와 농업경영 실태의 실상을 그려보고 있다. 중세의 토지제도사를 다시 쓸 원대한 꿈을 가지고 있다. 그러나 결국은 책이 나와봐야 알 것일까?

황소걸음 20년, 한국역사연구회
토지대장연구반

　오늘날 한국은 겉모습만 보면 제법 그럴듯한 외형을 갖춘 나라가 되었다. 경제규모가 세계 10위권이며, 민주주의도 상당히 제도화되었다. 그러나 안을 들여다보면 경제는 경제대로, 정치는 정치대로, 문화는 문화대로 부실하기 이를 데 없다. 경제는 외부의 도움 없이는 안정을 찾을 자기조절 능력이 없고, 정치는 구태의연하여 실망의 연속일 뿐이다. 문화는 어떤가? 쇠고기수입반대 촛불시위, 역사교과서 수정 찬반논쟁 등을 지켜보면 한국에서 민주주의는 하나의 제도일 뿐, 그 제도를 뒷받침하는 토론과 합의의 성숙한 문화는 찾아보기 어렵다. 어느 한 순간에 이런 문제들이 해결될 수는 없을 터이다. 아니, 한 칼에 해결할 수 있는 답안을 찾는 조급증 자체가 더 큰 문제이다. 언론의 주목을 받으면서 화려하고 번듯하게 한국의 미래를 논하는 것도 무의미하지는 않겠지만, 그보다는 시류를 타지 않고 차분히 하나하나 초석을 다져가는 우직한 노력이 더 존중받아야 하지 않을까?

　여기 한 연구모임이 있다. '토지대장연구반'이라는 모임이다. 이 모임이 만들어진 지 올해로 20년이 된다. 어느 문제든 10년을 파면 그 분야에 정통할 수 있다고 한다. 이 연구모임은 한국의 토지문제만 가지고 20년 한우물을 팠으니, 정통에 정통을 기하는 전문가들의 모임임을 알 만하다.

이런 풀뿌리 연구모임이 전국 곳곳에 많이 생겨날 때 비로소 이 땅에 학문의 초석, 나아가 문화의 토대가 굳게 세워질 수 있다고 믿는다. 모임 20주년을 축하하며 이 모임을 간략히 소개하고자 하는 이유이다.

1988년 9월에 '과학적 실천적 역사학'을 표방하는 한국역사연구회가 출범했다. 민주화와 자주화의 시대흐름에 동참하려는 한국사 연구자들이 결성한 학술단체이다. 이 단체를 비롯하여 역사문제연구소(1987), 구로역사연구소(1988, 현 역사학연구소) 등 이른바 진보적 역사 3단체가 출범하면서 한국사 연구의 풍토는 크게 변화했다. 상아탑 속의 연구보다는 현실참여적인 연구가 중시되었고, 개인연구보다는 공동연구가 강조되었다. 그리하여 무수한 연구모임이 3단체의 틀 안에서 만들어졌다. 그 많은 모임들 중에서 가장 생명력이 질긴 연구모임이 바로 '토지대장연구반'이다.

이 연구반은 한국역사연구회가 출범한 그해 12월에, 근대사·중세사 분과 회원들을 중심으로 결성되었다. 반장 이영학(한국외국어대)을 비롯하여 이세영(한신대), 최원규(부산대), 이영호(인하대), 박진태(대진대), 최윤오(연세대), 왕현종(연세대) 등이 첫 출발에 동참했다. 뒤이어 시기에 따라 이종범(조선대), 양상현(울산대), 이인재(연세대), 박종진(숙명여대), 안병우(한신대), 송찬섭(한국방송대), 박준성(역사학연구소), 오인택(부산교대), 김건태(성균관대), 염정섭(서울대 규장각), 남기현(성균관대 박사과정), 허원영(한국학중앙연구원) 등이 참여하여 연구를 행하기도 했지만, 현재는 초창기 멤버에 김건태(성균관대), 남기현(성균관대 박사과정), 허원영(한국학중앙연구원) 등이 참가하여 활동하고 있다. 이 모임을 처음 만들 때 구성원들의 나이는 20대 후반에서 30대 중반. 석사학위논문을 제출하고 막 연구자로서 활동을 개시한 시점이었다. 20년이 지나 이제 그들의 나이는 40대 후반에서 50대 중반으로 바뀌었다. 도중 합류한 허원영, 남기현 2명만 현재 30대인 상황. 결성 당시 대부분 시간강사로 여러 대학을 전전하던 처지도 바뀌어, 이제 이들은 거의 다 대학교수로서 학계의 중진이 되었다. 나이로 보나 경력으로 보나 소장연구자모임에서 중견연구자모임이 된 셈이다.

이들을 그토록 오래 한 모임에 붙들어 맨 끈은 과연 무엇이었을까? 역사 연구자들의 모임이니 기본적인 요소는 역시 공통의 역사의식에서 찾을 수 있겠다. 한국 역사학계에서 1980~90년대에 토지문제를 중심으로 한국근대사를 연구한다는 것은, 경제적 토대의 변동을 기본축으로 역사의 흐름을 구조적으로 이해하려는 문제의식, 즉 사회구성체적인 역사관을 반영하는 것이었다. 이러한 역사관은 학문 내적인 맥락에서 보면 식민사학 극복을 위해 '내재적 발전'의 시각에서 진행되어온 1970년대까지의 한국사 연구를 보다 구조적이며 역동적인 시각에서 재구축하고자 한 것이었다. 그리고 사회적 맥락에서 보면 역사의 주체를 민중에게서 찾으며 사회경제의 구조적인 변혁을 추구하는 진보적 역사의식을 반영하고 있었다. 연구반원들이 함께 엮어낸『대한제국의 토지조사사업』(민음사, 1995)에는 이러한 역사의식이 깊이 배어 있다. 이 책에서 필자들은 대한제국의 광무년간 양전 · 관계(官契)사업을 '지주 부르주아적 지배체제'의 구축과정이라는 맥락에서 파악했다. 이러한 시각은 단지 일제의 토지조사사업 이전에 근대적인 토지제도가 대한제국에 의해 자주적으로 성립했는지 여부를 논의하는 것 이상으로, 그 개혁의 계급적 성격을 파악하고 이를 통해 한국적 근대화의 길이 어떤 성격을 가지고 있었는지 해명하려는 보다 풍부한 문제의식을 반영한 것이었다.

그런데 공통의 역사의식이 있다고 해서 그 이유만으로 연구모임의 생명력이 길게 이어지지는 않을 터이다. 무언가 다른 이유가 있지 않을까? 국외자의 시각에서 볼 때 몇 가지 점을 더 찾을 수 있겠다. 무엇보다 이들에게는 강한 학문적 경쟁대상이 있어왔다는 점이다. 1980년대 후반부터 한국과 일본에서 한국사학계의 내재적 발전론, 식민지 수탈론에 반발하는 경제사 연구가 태동하기 시작했다. 1990년대에 이르러 그 흐름은 '식민지 근대화론'으로 체계화되었다. 그 학문적 흐름의 거센 도전에 맞서면서 한국사 연구의 주류적인 흐름을 계승 발전시키려는 문제의식이 이 연구반에 항상적인 긴장감을 불어넣어 주었고, 그것이 이 모임의 생명력을 강하게 해준 외적 자극제였다 하겠다.

이외에도 토지대장을 연구하는 작업은 어느 한 개인의 힘으로는 달성하기 어려운 방대한 작업이며 꾸준한 인내를 요하는 공부라는 점도 연구반의 생명력을 길게 한 이유였을 것으로 보인다. 연구반은 1989년부터 여러 해에 걸쳐 경기도 이천, 수원, 충청남도 부여, 논산, 경상남도 김해, 마산, 하동 등을 돌아다니며 그 지역의 관청과 지주가 등을 탐방하여 자료를 수집했고, 방대한 문서들을 전산화하면서 공동연구를 진행했다.

이 연구반의 활동은 크게 세 시기로 구분할 수 있다. 첫 번째 시기는 1989년부터 1995년까지로, 대한제국의 광무양전을 연구한 시기이다. 1989년부터 2년 동안은 고대사회부터 일제시기까지 농업사와 토지제도사 연구 현황을 검토했다. 그 뒤 대한제국의 광무양전을 연구하여 『대한제국의 토지조사사업』을 발간하게 된다. 대한제국의 토지조사사업에서 이들이 주목한 것은 官契(地契)의 발급이었다. 이를 통해 대한제국이 지향하는 바를 추적할 수 있었다. 관계사업에서는 시주-작인 외에 結名을 기록하여 전세를 납부하는 농민을 파악했는데, 이는 토지소유자를 확정하고 경작자를 확인하는 동시에 전세납부자를 확정하여 시주와 경작자에 대한 관계를 국가가 관리하겠다는 의지의 표현이었다. 나아가 외국인의 토지 잠매에 대응하는 데 조사사업의 목적을 두어, 외국인의 토지소유권을 인정하지 않고 한국인만이 관계를 발급받을 수 있게 했다. 대한제국 정부의 근대화

구상은 토지소유권자 확정을 통해 토지소유권자와 경작자를 보호하고, 나아가 근대적 토지소유권의 토대를 마련하는 것이었음을 확인할 수 있었다. 대한제국의 토지조사사업은 이전과는 달리 전 국토를 대상으로 전답도형도, 토지권, 지세 등을 조사하고 법제화함으로써 토지소유권에 기반을 둔 근대국가의 기초를 세우려 한 것이었다. 量田·地契事業이 바로 그것이라는 점을 확인한 것이 첫 번째 시기의 커다란 성과였다.

두 번째 시기는 1996년부터 2000년까지이다. 토지대장연구반이 조선후기 경자양전을 연구한 시기이다. 2000년에『역사와 현실』36호 특집으로 '조선후기 경자양전사업'이라는 제목 아래 연구성과를 발표한 뒤 이를 보완 정리하여『조선후기 경자양전 연구』(혜안, 2008)를 발간했다. 대한제국이 관계(지계) 발급을 통해 근대적 토지소유권을 지향했다면, 경자양전 단계에서는 전근대 토지소유권의 존재형태를 확인하는 데 그 의미가 있었다. 경자양전 단계에서는, 起主를 통해 확인되듯이, 토지를 개간하는 자를 소유권자로 확정하는 제도를 통해 토지생산력을 확보하고자 했다. 이 시기 연구반은 양전을 둘러싼 다양한 논의를 '양전의 정치학'으로 검토하는 가운데 양전사업의 목표가 최우선적으로 국가재정 확보였다는 점을 확인할 수 있었다. 18세기 경자양전사업은 조선 국가의 재정 확보에 목표를 두고 농민의 사적 토지소유권을 국가가 보장하는 방향으로 나타났던 것이다.

연구반은 사적소유권을 바탕으로 한 지주제의 발달과 그 모순형태를 통해 조선 국가의 체제위기와 극복방향을 제시하는 것을 장기적 목표로 하는 가운데 두 번째 시기의 작업을 마무리했다. 뒤늦게나마 관련 논문을 모아 단행본으로 발간하게 되었다.

세 번째 시기는 2002년부터 현재까지로, 일제의 토지조사사업을 연구해오고 있다. 경상남도 마산에서 토지조사사업에 관한 일련의 자료를 찾아내

분석하고 있으며, 먼저 『일제하 마산 창원 지역의 토지조사사업』(선인, 2008년 12월 발간예정)을 발간할 예정이다. 1910년부터 1918년까지 진행된 일제하 토지조사사업의 실제 자료를 발굴하여 정리 검토하는 중이다.

일본제국주의는 한국에 식민정책을 추진하면서 양전・지계사업을 중단시키고 자기 주도로 이른바 '조선토지조사사업'을 추진했다. 1905년 설치된 통감부는 기존 조선의 각종 관행과 장부체계를 조사하고 대한제국의 방침을 수정 보완하여 식민지배방침을 세웠다. 마침내 1910년 조선을 강점하고 들어선 총독부는 이를 근거로 구체적인 계획을 세우고, 시행기구로서 임시토지조사국을 설치하여 국가적 사업(1910~1918)으로 추진했던 것이다. 이 연구는 식민지 근대화론의 시혜론적 입장을 비판하는 자세를 견지하면서, 토지조사사업에 대한 실증적인 작업을 통해 내재적・주체적 발전론의 입장을 재확인하는 데 초점을 맞추고 있다.

이상의 세 가지 작업은 근현대 토지개혁 논의에서 서로 밀접한 관련을 지니며 하나의 계통적인 연구로 마무리되어야 할 것이다. 토지대장연구반은, 이 같은 작업이 정리되는 대로 이후 농지개혁 연구를 통해 한국 현대의 토지개혁이 어떻게 정리되었는지 연구하겠다고 밝히고 있다. 아직 마무리하지 못한 부분이 산더미 같지만 차근차근 풀어나가겠다는 결심이다.

화려한 조명을 피하면서 묵묵히 황소걸음으로 걸어온 20년. 그 연륜 속에서 한국 근대의 토지제도사를 엄밀한 실증을 바탕으로 구조적으로 밝혀내는 지난한 작업이 지속되어왔다. 그 황소걸음이 앞으로도 계속될 수 있을까? 연구반장 이영학 교수(한국외대)는 "밀도 높은 학문적인 도움을 받기에 20년 동안 연구자들이 이 모임을 떠나지 못하고 있다. 그렇지만 20년이나 해오니까 서로의 처지를 너무 잘 알아 서로 게으름을 용인해주는 문제도 있다"고 지적한다. 처음 10년간은 이 모임이 최우선 순위였는데,

그 이후 연배가 40대가 되면서 반원들이 대학에서 보직을 맡기도 하며 자세가 느슨해지고 초창기 문제의식도 약해지지 않나 반성하게 된다고 한다. 나이는 자꾸 드는데 새로운 후속 세대가 잘 나오지 않는 것도 걱정이란다.

그럼에도 이 연구반에게 주어진 소명은 아직 끝나지 않은 것 같다. 식민지 근대화론과의 경쟁구도는 여전히 존재하고, 내재적 발전론이나 사회구성체적 시각을 넘어서서 한국 사회가 나아갈 미래를 안내해줄 새로운 역사의식이 절실한 때이다. 무엇보다 아직도 연구해야 할 자료가 산더미 같다. 동아시아의 토지제도를 비교사적인 맥락에서 검토하고 이를 바탕으로 동아시아의 '근대'를 다시 묻는 작업이 요청되는 점을 고려한다면, 더더욱 연구할 과제가 누적되어 있다. 또한 토지박물관이나 토지문화센터를 만드는 새로운 구상까지 펼치는 것을 보면 아직도 이 연구반은 젊고 할 일이 많다. 20년 정도가 아니라 1백 년 이상 이어져 연구반의 발자취 자체가 하나의 귀중한 역사가 되기를 바라마지 않는다.

(취재 : 김성보 · 정윤경)

찾아보기

608

출 전

제1부 대한제국의 토지제도와 농촌경제

이영학, 「대한제국의 경제정책」, 『역사와 현실』 26, 한국역사연구회, 1997. 12.
이영호, 「근대 토지소유제도의 변천」, 『동양학』 37, 단국대학교 동양학연구소,
　　　2005. 2.
왕현종, 「광무 양전·지계사업의 성격」, 『한국농업구조의 변화와 발전-농촌100년
　　　사 논문집』, 한국농촌경제연구원, 2003. 7.
최윤오, 「대한제국기 충주군 양안의 지주제와 부농경영」, 『동방학지』 128, 연세대
　　　학교 국학연구원, 2004. 1.
이영호, 「대한제국시기의 토지제도와 농민층분화의 양상」, 『한국사연구』 69, 한국
　　　사연구회, 1990. 6.

제2부 대한제국기 소유권 조사와 법제화 과정

박진태, 「甲午改革期 국유지조사의 성격」, 『사림』 12·13, 수선사학회, 1997. 11.
박진태, 「韓末 驛屯土調査를 둘러싼 紛爭事例-京畿道 楊州郡을 중심으로-」, 『사림』
　　　14, 수선사학회, 2000. 10.
이영호, 「大韓帝國時期 國有地의 所有構造와 中畓主」, 『한국 근현대의 민족문제
　　　와 신국가건설』 김용섭교수정년기념한국사학논총(3), 지식산업사, 1997.
　　　10.
최원규, 「19세기 후반 地契제도와 家契제도」, 『지역과 역사』 8, 부경역사연구소,
　　　2001. 6.
왕현종, 「대한제국기 한성부의 토지·가옥조사와 외국인 토지침탈 대책」, 『서울학
　　　연구』 10, 서울시립대학교 서울학연구소, 1998. 5.
최원규, 「대한제국과 일제의 土地權法 제정과정과 그 지향」, 『동방학지』 94, 연세대
　　　학교 국학연구원, 1996. 12.

제3부 연구의 쟁점과 歷程

왕현종, 「광무 양전사업의 다양한 성격과 좁은시각-『대한제국기의 토지제도』(김
　　홍식 외 4인 공저, 민음사, 1991)」, 『역사와 현실』 5, 한국역사연구회,
　　1991. 6.
이영학, 「광무 양전사업연구의 동향과 과제」, 『역사와 현실』 6, 한국역사연구회,
　　1991. 12.
이영호·이영학, 「광무 양전사업의 역사적 성격」, 『한국역사연구회회보』 제9호,
　　1991. 9.
이윤갑, 「대한제국의 양전 지계발급사업을 둘러싼 제2단계 광무개혁 논쟁」, 『역사와
　　현실』 16, 한국역사연구회, 1995. 6.
조석곤, 「한국역사연구회 근대사분과 토지대장연구반, 『대한제국의 토지조사사
　　업』」, 『경제사학』 19, 경제사학회, 1995. 12.
이세영, 「토지대장연구반의 활동과 『대한제국의 토지조사사업』」, 『한국역사연구
　　회회보』 제27호, 1996. 10.
김성보·정윤경, 「연구모임탐방 : 황소걸음 20년, 한국역사연구회 토지대장연구
　　반」, 『역사비평』 2008년 겨울호(통권 85호), 역사비평사, 2008. 11.

필자 약력

이영학 | 서울대학교 국사학과를 졸업하고 동 대학원에서 박사학위를 받았다. 현재 한국외국어대학교 인문대학 사학과에 재직중이다. 한국역사연구회, 한국기록학회 회장을 역임하였으며, 논저로는 『대한제국의 토지조사사업』(공저), 『사회사로 보는 우리 역사의 7가지 풍경』(공저) 등이 있다. 최근에는 한국 근대기록관리의 역사와 일제의 토지조사사업 연구에 매진하고 있다.

이영호 | 서울대학교 국사학과를 졸업하고 동 대학원에서 박사학위를 받았다. 현재 인하대학교 인문학부 사학전공 교수로 재직하면서 인하대학교 한국학연구소장을 겸하고 있다. 저서로 『한국근대 지세제도와 농민운동』, 『동학과 농민전쟁』이 있다. 농민·토지문제와 동아시아 개항장에 관심을 가지고 연구하고 있다.

왕현종 | 연세대학교 사학과를 졸업하고 동 대학원에서 박사학위를 받았다. 현재 연세대학교 원주캠퍼스 역사문화학과에 재직 중이다. 논저로는 『대한제국의 토지조사사업』(공저), 『한국 근대 국가의 형성과 갑오개혁』, 『청일전쟁기 한중일 삼국의 상호전략』(공저) 등이 있다. 최근에는 동학농민전쟁 사료 수집과 일제의 토지조사사업 연구를 수행하고 있다.

최윤오 | 연세대학교 사학과를 졸업하고 동 대학원에서 박사학위를 받았다. 현재 연세대학교 사학과에 재직중이다. 논저로는 『조선후기 토지소유권의 발달과 지주제』, 『대한제국의 토지조사사업』(공저), 『한국노동운동사』, 『조선후기 경자양전 연구』(공저) 등이 있다. 최근에는 충주지역 광무양안 사례연구를 통해 농촌사회의 위기와 농민의 존재형태를 추적하고 있다.

박진태 | 성균관대학교 사학과를 졸업하고 동 대학원에서 박사학위를 받았다. 현재 대진대학교 사학과에 재직중이며, 대진대학교 인문학연구소 소장을 역임하였다. 『대한제국의 토지조사사업』(공저), 『1894년 농민전쟁연구 4』(공저) 등의 논저가 있다. 지금은 한말 일제시기의 국유지조사와 지역사 연구에 관심을 가지고 있다.

최원규 | 연세대학교 사학과를 졸업하고 동 대학원에서 박사학위를 받았다. 현재 부산대학교 사학과에 재직 중이다. 『대한제국의 토지조사사업』(공저), 『일제하 만경강 유역의 사회사』(공저), 『Landlords, Peasants & Intellectuals in Modern Korea』(Number128 in the Cornell East Asia Series) 등의 논저가 있다. 최근 일제의 조선토지조사사업에 관한 자료 수집과 연구에 매진하고 있다.

이세영 | 서울대학교 인문대학 국사학과를 졸업하였다. 현재 한신대학교 국사학과에 재직중이다. 한국역사연구회 회장과 학술단체협의회 상임공동대표를 역임하였다. 저서로는 『한국사연구와 과학성』, 『조선후기 정치경제사』, 『역사적유물론을 위한 변명』(역서), 『대한제국의 토지조사사업』(공저), 『조선후기 경자양전 연구』(공저) 등이 있다. 지금은 조선봉건사회의 경제사를 연구하고 있다.

근대 한국학 총서를 내면서

새 천년이 시작된 지도 벌써 몇 해가 지났다. 식민지와 분단국가로 지낸 20세기 한국 역사의 와중에서 근대 민족국가 수립과 민족문화 정립에 애써 온 우리 한국학계는 세계사 속의 근대 한국을 학술적으로 미처 정립하지 못한 채, 세계화와 지방화라는 또 다른 과제를 안게 되었다. 국가보다 개인, 지방, 동아시아가 새로운 한국학의 주요 연구대상이 된 작금의 현실에서 우리가 겪어온 근대성을 다시 한 번 정리하고 21세기에 맞는 새로운 모습으로 탈바꿈시키는 것은 어느 과제보다 앞서 우리 학계가 정리해야할 숙제이다. 20세기 초 전근대 한국학을 재구성하지 못한 채 맞은 지난 세기 조선학·한국학이 겪은 어려움을 상기해 보면, 새로운 세기를 맞아 한국 역사의 근대성을 정리하는 일의 시급성은 아무리 강조해도 지나치지 않다.

우리 '근대한국학연구소'는 오랜 전통이 있는 연세대학교 조선학·한국학 연구 전통을 원주에서 창조적으로 계승하고자 하는 목표에서 설립되었다. 1928년 위당·동암·용재가 조선 유학과 마르크스주의, 그리고 서학이라는 상이한 학문적 기반에도 불구하고 조선학·한국학 정립을 목표로 힘을 합친 전통은 매우 중요한 경험이었다. 이에 외솔과 한결이 힘을 더함으로써 그 내포가 풍부해졌음은 두말할 나위가 없다. 연세대학교 원주캠퍼스에서 20년의 역사를 지닌 '매지학술연구소'를 모체로 삼아, 여러 학자들이 힘을 합쳐 근대한국학연구소를 탄생시킨 것은 이러한 선배학자들의 노력을 교훈으로 삼은 것이다.

이에 우리 연구소는 한국의 근대성을 밝히는 것을 주 과제로 삼고자한다. 문학 부문에서는 개항을 전후로 한 근대 계몽기 문학의 특성을 밝히는 데 주력할 것이다. 역사부분에서는 새로운 사회경제사를 재확립하고지역학 활성화를 위한 원주학 연구에 경진할 것이다. 철학 부문에서는근대 학문의 체계화를 이끌고 사회과학 분야에서는 학제간 연구를 활성화시키며 근대성 연구에 역량을 축적해 온 국내외 학자들과 학술교류를추진할 것이다. 이러한 연구들은 일방성보다는 상호 이해와 소통을 중시하는 통합적인 결과물의 산출로 이어질 것이다.

근대한국학총서는 이런 연구 결과물을 집약적으로 정리하기 위해 마련하였다. 여러 한국학 연구 분야 가운데 우리 연구소가 맡아야 할 특성화된분야의 기초 자료를 수집·출판하고 연구 성과를 기획·발간할 수 있다면,우리 시대 연구자들뿐만 아니라 학문 후속세대들에게도 편리함과 유용함을 줄 수 있을 것이다. 새롭게 시작한 근대 한국학 총서가 맡은 바 역할을충분히 할 수 있도록 주변의 관심과 협조를 기대하는 바이다.

연세대학교 원주캠퍼스 근대한국학연구소